Grundbegriffe der Soziologie

Johannes Kopp · Anja Steinbach
(Hrsg.)

Grundbegriffe der Soziologie

12. Auflage

Herausgeber
Johannes Kopp
Universität Trier
Trier, Deutschland

Anja Steinbach
Universität Duisburg-Essen
Duisburg, Deutschland

ISBN 978-3-658-20977-3   ISBN 978-3-658-20978-0 (eBook)
https://doi.org/10.1007/978-3-658-20978-0

Die Deutsche Nationalbibliothek verzeichnet diese Publikation in der Deutschen National-
bibliografie; detaillierte bibliografische Daten sind im Internet über http://dnb.d-nb.de abrufbar.

Springer VS
© Springer Fachmedien Wiesbaden GmbH, ein Teil von Springer Nature 1986, 1986, 1992, 1995,
1998, 2000, 2001, 2003, 2006, 2010, 2016, 2018
Das Werk einschließlich aller seiner Teile ist urheberrechtlich geschützt. Jede Verwertung, die
nicht ausdrücklich vom Urheberrechtsgesetz zugelassen ist, bedarf der vorherigen Zustimmung
des Verlags. Das gilt insbesondere für Vervielfältigungen, Bearbeitungen, Übersetzungen,
Mikroverfilmungen und die Einspeicherung und Verarbeitung in elektronischen Systemen.
Die Wiedergabe von Gebrauchsnamen, Handelsnamen, Warenbezeichnungen usw. in diesem
Werk berechtigt auch ohne besondere Kennzeichnung nicht zu der Annahme, dass solche
Namen im Sinne der Warenzeichen- und Markenschutz-Gesetzgebung als frei zu betrachten
wären und daher von jedermann benutzt werden dürften.
Der Verlag, die Autoren und die Herausgeber gehen davon aus, dass die Angaben und Informa-
tionen in diesem Werk zum Zeitpunkt der Veröffentlichung vollständig und korrekt sind.
Weder der Verlag noch die Autoren oder die Herausgeber übernehmen, ausdrücklich oder
implizit, Gewähr für den Inhalt des Werkes, etwaige Fehler oder Äußerungen. Der Verlag bleibt
im Hinblick auf geografische Zuordnungen und Gebietsbezeichnungen in veröffentlichten Karten
und Institutionsadressen neutral.

Gedruckt auf säurefreiem und chlorfrei gebleichtem Papier

Springer VS ist ein Imprint der eingetragenen Gesellschaft Springer Fachmedien Wiesbaden GmbH
und ist ein Teil von Springer Nature
Die Anschrift der Gesellschaft ist: Abraham-Lincoln-Str. 46, 65189 Wiesbaden, Germany

Vorwort zur 12. Auflage

Mit der im Jahr 2016 erschienenen 11. Auflage der „Grundbegriffe der Soziologie" fand nicht nur ein Wechsel bei den Herausgebern statt, sondern es wurden auch viele der einzelnen Grundbegriffe vollständig neu geschrieben oder grundlegend überarbeitet. Bei einem solchen Unterfangen treten (leider) auch immer wieder Inkonsistenzen und kleinere Mängel auf. Es freut uns deshalb, dass wir nach einer für ein solches Nachschlagewerk relativ kurzen Zeit die Möglichkeit erhalten haben, eine durchgesehene und korrigierte 12. Auflage zu gestalten. Im Rahmen dieser Neuauflage wurden alle Beiträge noch einmal geprüft und teilweise – soweit es notwendig war – aktualisiert. Zudem haben wir zur besseren Übersichtlichkeit ein Inhaltsverzeichnis an den Beginn des Buches gestellt.

Die anhaltende Nachfrage nach einem Nachschlagewerk wie den „Grundbegriffen der Soziologie" zeigt uns, dass auch in Zeiten zunehmender Digitalisierung und ‚crowd wisdom' ein Bedarf nach klaren und nachvollziehbaren Einführungen in die wesentlichen Begriffe der Soziologie existiert. Wir freuen uns deshalb sehr, nun diese 12. Auflage vorlegen zu können. In diesem Zusammenhang möchten wir Sven Brocker (Universität Duisburg-Essen) danken, der die Herausgeber bei der Einarbeitung der Korrekturen und Aktualisierungen unterstützt hat.

Trier und Duisburg im Februar 2018 *Johannes Kopp und Anja Steinbach*

Inhalt

Vorwort V

A
Akkulturation (Hartmut Esser) 3
Alltag (Roger Häußling) 7
Alter (Karsten Hank) 11
Anomie (Dietrich Oberwittler) 13
Anthropologie (Christoph Antweiler) 17
Arbeit (G. Günter Voß) 21
Armut (Christoph Butterwegge) 29

B
Beruf (G. Günter Voß) 35
Bevölkerung (Anne-Kristin Kuhnt) 43
Bewegung, soziale (Annette Schnabel) 47
Beziehung, soziale (Johannes Kopp) 51
Bildung (Simon Gordt & Rolf Becker) 53

C
Charisma (Gert Albert) 59

D
Differenzierung, gesellschaftliche (Uwe Schimank) 67

E

Ehe (Johannes Kopp) 75
Einstellung, soziale (Udo Rudolph & Minkyung Kim) 79
Elite (Michael Hartmann) 83
Entfremdung (Carolin Amlinger) 87
Erklärung, soziologische (Paul B. Hill & Johannes Kopp) 91
Ethnologie (Michael Schönhuth) 95
Evolution, soziale (Heinz-Jürgen Niedenzu) 99

F

Familie (Paul B. Hill & Johannes Kopp) 107
Figuration (Norbert Elias) 115

G

Geld (Roger Häußling) 121
Gemeinschaft (Bernhard Schäfers & Bianca Lehmann) 125
Generation (Anja Steinbach) 129
Gerechtigkeit, soziale (Felix Heidenreich) 133
Geschlecht (Ilona Ostner) 137
Gesellschaft (Bernhard Schäfers) 141
Gesundheit (Rüdiger Jacob & Johannes Kopp) 147
Gewalt (Peter Imbusch) 151
Globalisierung (Jörg Dürrschmidt) 155
Grundgebilde, soziale (Bianca Lehmann & Bernhard Schäfers) 159
Gruppe (Bernhard Schäfers & Bianca Lehmann) 163

H

Handeln, soziales (Ingo Schulz-Schaeffer) 169

I

Identität (Jürgen Straub) 175
Ideologie (Carolin Amlinger) 181

Individuum (Albert Scherr) 185
Institution (Roger Häußling) 191
Integration (Jens Greve) 195
Interaktion (Rainer Schützeichel) 199

J
Jugend (Jens Luedtke) 205

K
Kapitalismus (Ulrich Brinkmann & Oliver Nachtwey) 215
Kindheit (Beatrice Hungerland) 221
Klasse, soziale (Reinhard Pollak) 225
Kommunikation (Albert Scherr) 229
Konflikt, sozialer (Thorsten Bonacker) 235
Kontrolle, soziale (Axel Groenemeyer) 239
Krise (Bernhard Schäfers) 245
Kultur (Christoph Antweiler) 249

L
Lebensformen (Anja Steinbach) 257
Lebenslauf (Martin Kohli) 261
Lebensstil (Stefan Hradil) 267
Legitimation (Stefan Machura) 271

M
Macht – Autorität – Herrschaft (Peter Imbusch) 281
Markt (Andrea Maurer) 289
Mechanismen, soziale (Dominik Becker) 293
Medien (Andreas Ziemann) 297
Methoden der empirischen Sozialforschung (Paul B. Hill) 301
Migration (Frank Kalter) 313
Milieu, soziales (Stefan Hradil) 319

Minderheiten (Albert Scherr) 323
Mobilität, soziale (Reinhard Pollak) 327
Morphologie, soziale (Markus Schroer) 331

N

Netzwerk, soziales (Christian Stegbauer) 337
Norm, soziale (Ulf Tranow) 343

O

Öffentlichkeit (Bernhard Schäfers) 349
Organisation (Karina Becker & Ulrich Brinkmann) 351

P

Prozesse, soziale (Norbert Elias) 361

R

Raum (Jan Wehrheim) 369
Recht (Stefan Machura) 373
Religion (Gert Pickel) 379
Ritual (Aida Bosch) 383
Rolle, soziale (Ingo Schulz-Schaeffer) 387

S

Schicht, soziale (Reinhard Pollak) 393
Segregation (Stefanie Kley) 397
Sinn (Gregor Bongaerts) 401
Situation, soziale (Ingo Schulz-Schaeffer) 405
Sozialisation (Albert Scherr) 409
Sozialstruktur (Marcel Erlinghagen) 415
Soziologie (Bernhard Schäfers) 419
Sprache (Joachim Renn) 425
Stadt (Bernhard Schäfers) 429

Status, sozialer (Reinhard Pollak) 433
Symbol (Dariuš Zifonun) 437
System, soziales (Albert Scherr) 441

T

Tausch (Roger Häußling) 447
Technik (Johannes Weyer) 451
Theorie, soziologische (Gregor Bongaerts & Ingo Schulz-Schaeffer) 455

U

Ungleichheit, soziale (Marcel Erlinghagen) 469
Universalien, soziale (Christoph Antweiler) 473

V

Verhalten, abweichendes (Dietrich Oberwittler) 479
Verhalten, soziales (Johannes Kopp) 483
Vertrauen (Martin Endreß) 487
Vorurteil (Albert Scherr) 491

W

Wahrnehmung, soziale (Johannes Kopp) 497
Wandel, sozialer (Wolfgang Zapf) 499
Werte (Tilo Beckers) 507
Wirtschaft (Andrea Maurer) 513
Wissen (Hubert Knoblauch & René Tuma) 517
Wohlfahrtsstaat (Carsten G. Ullrich) 521

Z

Zivilgesellschaft (Heiko Beyer & Annette Schnabel 527

Register 531
Verzeichnis der Autorinnen und Autoren 541

A

Akkuturation

Unter Akkulturation versteht man allgemein den Prozess der Übernahme von Elementen einer bis dahin fremden Kultur durch Einzelpersonen, Gruppen oder ganze Gesellschaften. Diese Übernahme betrifft Wissen und Werte, Normen und Institutionen, Fertigkeiten, Techniken und Gewohnheiten, Identifikationen und Überzeugungen, Handlungsbereitschaften und tatsächliches Verhalten, insbesondere aber auch die Sprache. Der Begriff entstammt der britischen und nord-amerikanischen Kulturanthropologie und wurde zur Beschreibung von Folgen des Kulturkontaktes zwischen einander fremden Kulturen im Verlaufe der Kolonisation zum Ende des 19. Jahrhunderts eingeführt. Der Begriff der Akkulturation ist von dem der Enkulturation zu unterscheiden, bei der es um den Ersterwerb kultureller Elemente im Prozess der frühkindlichen Sozialisation geht (vgl. Berry, 1990; 2003).

Die Akkulturation ist wie die Sozialisation und die Enkulturation im Prinzip ein Lernvorgang bzw. ein Vorgang der Übernahme von Dispositionen und Handlungsweisen. Akkulturation umfasst damit Prozesse der Internalisierung wie solche der Imitation und des Lernens am Modell. Weil die Akkulturation auf der Basis der Enkulturation stattfindet, ist die Prägung der Personen bei der Akkulturation grundsätzlich weniger stark als bei der Enkulturation. Voraussetzung für die Akkulturation ist irgendeine Form des Kulturkontaktes. Die wichtigsten Anlässe dafür sind Eroberungen und Kolonisationen, Migration und Tourismus sowie Handelsbeziehungen und wissenschaftliche Kontakte. Wichtigster aktueller struktureller Hintergrund sind ökonomische und institutionelle Interdependenzen, wie sie insbesondere im Zuge der zunehmenden Globalisierung entstehen, ebenso wie die Neubildung und Veränderung der Nationalstaaten und die Entstehung transnationaler Regime.

Die Akkulturation findet auf unterschiedliche Weise und mit unterschiedlichen Ergebnissen statt. Es ist eine unilaterale von einer reziproken Akkulturation und eine partielle von einer vollständigen Akkulturation zu unterscheiden. Bei der unilateralen Akkulturation erfolgt die Übernahme der fremden Kultur nur von einer Seite, bei der reziproken Akkulturation ist die Übernahme beidseitig.

Vollständige Akkulturation liegt dann vor, wenn eine Kultur alle Elemente der jeweils anderen Kultur übernimmt, bei der partiellen Akkulturation ist diese Übernahme nur ausschnittsweise und selektiv. Meist findet irgendeine Form der Kompartmentalisation statt, bei der die Übernahme der fremden Kultur nur in speziellen Bereichen und Sphären erfolgt. Das Ergebnis von Prozessen der Akkulturation kann auch ein Synkretismus sein: Ein bis dahin nicht gekanntes kulturelles Gebilde, das aus einer Vermischung der alten Kulturen und der Entstehung neuer, bis dahin unbekannter kultureller Elemente besteht.

Welche Form der Akkulturation stattfindet, hängt von Faktoren ab, die sich im Prinzip aus der lern- und verhaltenstheoretischen Grundlage des Vorgangs ableiten lassen. Die wichtigsten Faktoren sind die kulturelle (Un-)Ähnlichkeit, die Brauchbarkeit der neuen Elemente für die Alltagsgestaltung, die Passung der neuen Elemente in die alte Lebensweise, die Attraktivität der neuen Elemente und der Aufwand und die Kosten der Übernahme der neuen Elemente, nicht zuletzt für das eigene Selbstwertgefühl und den sozialen Status. Der Vorgang kann unter gewissen Umständen die Züge eines Diffusionsprozesses annehmen, wobei die latenten Bereitschaften zur Übernahme und die Chancen der Kontaktnahme und Beobachtung der neuen kulturellen Muster von Bedeutung sind.

Der Begriff der Akkulturation ist insbesondere im Zusammenhang mit dem Problem der Eingliederung von Migranten und ethnischen Minderheiten und der Entstehung multi-ethnischer Gesellschaften bedeutsam geworden (vgl. Esser, 1980; Heckmann, 1992; Esser, 2006). Das Ergebnis einer vollständigen Akkulturation wird auch als Assimilation bezeichnet. Der Gegenbegriff ist der der Segmentation – die vollständige kulturelle Eigenständigkeit und Absonderung der in einer Gesellschaft etablierten Kulturen. Akkulturation ist in diesem Zusammenhang der Prozess der Auflösung ethnisch-kultureller Segmentationen und der Entstehung kultureller Angleichungen zwischen Aufnahmegesellschaft und Migranten bzw. ethnischen Minderheiten. Es hat sich für die Assimilation eingebürgert, die Dimensionen der kognitiven, der sozialen, der strukturellen und der identifikativen Assimilation zu unterscheiden. Die Akkulturation bezieht sich dabei nur auf die kognitive Dimension des Erwerbs von Wissen und Fertigkeiten, auf die soziale Dimension der Aufnahme sozialer Beziehungen zwischen den Kulturen und auf die identifikative Dimension der Übernahme von Werten und Identifikationen, nicht aber auf die strukturelle Dimension der Einnahme von Positionen.

Von der Assimilation und den sie begleitenden Prozessen der Akkulturation ist die Integration der Migranten und ethnischen Minderheiten zu unterscheiden. Unter Integration wird allgemein die Entstehung von gleichgewichtigen Interdependenzen zwischen Personen und Gruppen verstanden. Dies kann bei Assimilation wie bei Segregation geschehen. Entsprechend lassen sich integrierte und nicht integrierte

Gesellschaften unterscheiden, die jeweils kulturell ethnisch homogen oder heterogen sein können. Eine multikulturelle Gesellschaft wäre dann jener Typ, bei dem sich die Integration mit der Nicht-Assimilation und dem Fehlen von Akkulturation verbindet. Empirisch treten derartige multikulturelle Gesellschaften meist in der Form der kulturellen Arbeitsteilung und der ethnischen Schichtung auf: Bestimmte kulturelle und ethnische Gruppen übernehmen systematisch bestimmte Funktionen und Ränge in der Gesellschaft. Solche gesellschaftlichen Systeme gleichen Stände- und Kastengesellschaften. Die Integration ohne ethnische Schichtung und ohne ethnische Arbeitsteilung setzt stets eine gewisse strukturelle Assimilation und damit zusammenhängend auch Prozesse der Akkulturation in anderen Bereichen voraus.

Eine häufige Folge von Kulturkontakten ist die Entstehung von Unsicherheiten, Anomie und Marginalisierungen. Hintergrund ist die Verunsicherung in den mit der Enkulturation aufgebauten Selbstverständlichkeiten der Alltagsgestaltung. Diese Verunsicherung, die sich immer bei einer Konfrontation mit Neuerungen ergibt, kann gelegentlich die Form eines Kulturschocks annehmen. Von Robert E. Park (1928) stammt in diesem Zusammenhang der Begriff des „marginal man", von Georg Simmel (1858–1918) und Alfred Schütz (1899–1959) das Konzept des „Fremden". Kennzeichen des Fremden bzw. des marginal man sind das Fehlen traditionaler Eingebundenheiten, die Erkenntnis der Relativität aller Regeln und der Zwang zur „Konstruktion" einer eigenen Handlungslinie einerseits und eine gewisse Objektivität, Distanz, „zweifelhafte Loyalität" (Schütz, 1972) bzw. die gleichzeitige „Nähe und Ferne, Gleichgültigkeit und Engagiertheit" (Simmel, 2006) andererseits. Sofern die Gelegenheiten es zulassen, entstehen als Folge von Migrationen meist neue kulturelle und ethnische Segmentationen, oftmals institutionell ausgebaut und verfestigt in den sog. ethnischen Gemeinden. Es ist eine rationale defensive Reaktion zur Vermeidung von Marginalisierung, Anomie und Deklassierung. Andere Reaktionen können die bewusste Abwehr der neuen und die fundamentalistische Pflege der hergebrachten Kultur, aber auch die oben beschriebene Kompartmentalisation, die Isolierung der neuen Elemente in spezielle Bereiche, sein.

Gelegentlich führt die Kontaktnahme zwischen einander fremden Kulturen aber auch zu offensiv abwehrenden Reaktionen, etwa als regelrechte soziale Bewegungen zur Abwehr von als Bedrohung erlebter Überfremdung, wie der Cargo-Kult in Polynesien, die Mau-Mau-Bewegung in Kenia oder der sog. Ghost Dance bei einigen Indianerstämmen in Nordamerika in der Vergangenheit. Einige der fremdenfeindlichen Aktionen in der Gegenwart können auch zu solchen Reaktionen gezählt werden. Der Hintergrund ist der Versuch, der drohenden Abwertung der eigenen Kultur und Lebensweise zu begegnen. Auch die neuerdings weltweit zu beobachtenden ethnischen Konflikte in Afrika, in der ehemaligen Sowjetunion und in einigen Ländern Westeuropas sind als Versuche zu werten, gewisse Traditionen und Lebensweisen in ihrem Wert als spezifisches, an die eigenständige Existenz der Gruppe gebundenes, kulturelles Kapital zu erhalten oder auszubauen (vgl. Horowitz, 2001; Hardin, 1997). Die Tendenzen zu ethnischen Konflikten als Reaktion auf Kulturkontakte sind dann besonders hoch, wenn die Verwendbarkeit und Hochwertung der Elemente einer bestimmten Kultur von der Existenz einer ganz bestimmten sozialen Organisation abhängig ist und wenn mit der Akkulturation das gesamte (kulturelle) Kapital der Gruppe oder Gesellschaft verfallen würde.

▶ **Gesellschaft; Individuum; Kultur; Migration; Minderheiten; Sozialisation**

Boas, F. (1896). The Growth of Indian Mythologies. Journal of American Folklore, 9, 1-11 • Berry, J. W. (1990): Psychology of Acculturation. Understanding Individuals Moving between Cultures. In: Brislin, Richard W. (Hg.): Applied Cross-Cultural Psychology. London: Sage: 232-253 • Berry, J. W. (2003). Conceptual approaches to acculturation. In K. Chun, P. Balls-Organista & G. Marin (Eds.), Acculturation: Advances in theory, measurement and applied research (pp. 17–37). Washington, DC: APA Press • Esser, H. (1980). Aspekte der Wanderungssoziologie. Darmstadt/Neuwied: Luchterhand • Esser, H. (2006). Sprache und Integration. Frankfurt a. M./New York: Campus • Hardin, R. (1997). *One for All. The Logic of Group Conflict*, Princeton. N.J.: Princeton UP • Heckmann, F. (1992). *Ethnische Minderheiten. Volk und Nation*. Stuttgart: Enke • Herskovits, M. J. (Hg.) (1958). *Acculturation. The Study of Culture Contact*. New York/Gloucester: Smith • Horowitz, D. L. (2001): *Ethnic Groups in Conflict*. Berkeley, 2. Auflage. Los Angeles/London: University of California Press • Park, R. E. (1928). Human Migration and Marginal Man. *American Journal of Sociology*, 33, 881-893 • Redfield, R., Linton, R. & Herskovits, M. J. (1936): Outline of the Study of Acculturation. *American Anthropologist New Series* 38, 149-152 • Schütz, A. (1972): Der Fremde. Ein sozialpsychologischer Versuch. In: A. Schütz: *Gesammelte Aufsätze Band. 2: Studien zur soziologischen Theorie* (S. 53-69). Den Haag: Nijhof • Simmel, G. (2006) (zuerst 1908). Exkurs über den Fremden. In: G. Simmel: *Soziologie*. 5. Auflage (S. 764-771). Frankfurt a. M.: Suhrkamp • Thurnwald, R. (1932). The Psychology of Acculturation. *American Anthropologist*, 34, 557-569

Hartmut Esser

Alltag

Als Alltag bezeichnet man den Handlungsbereich, der Menschen fraglos als ihr gewohntes Umfeld gegeben erscheint. Der Alltag ist maßgeblich für die Ausbildung von sozialen Orientierungen bei Individuen. Die meisten Handlungen sind wiederkehrender Art, so dass sie sich zu einer individuell habitualisierten und kollektiv jedermann verständlich erscheinenden, organisierten Lebenswelt zusammensetzen. Dieser sowohl intersubjektive als auch unmittelbar vertraute Charakter des Alltags und seine Stellung als vornehmliche Wirklichkeit jedes Menschen lassen den Alltag zu dem unmittelbaren Anpassungs-, Handlungs-, Planungs- und Erlebnisraum des Menschen werden.

Anders als bei den zusammengesetzten Begriffen Alltagsbewusstsein, Alltagsleben, Alltagstheorie oder Alltagswissen ist es strittig, ob die Bezeichnung Alltag überhaupt als soziologischer Terminus im engeren Sinne anzusehen ist. Wenn man Alltag als eine unmittelbare sozialräumliche Erlebenssphäre auffasst, nähert man sich damit dem von Edmund Husserl (1859–1938) geprägten Begriff der „Lebenswelt" an – als einer praktisch-subjektiven, vortheoretischen Deutung von selbsterfahrener Welt. Diese philosophische Perspektive wurde von Alfred Schütz (1899–1959) aufgegriffen und in seinem phänomenologisch orientierten Ansatz in die soziologische Theorie übernommen. Demnach besteht die Aufgabe einer verstehenden Soziologie in der wissenschaftlich-theoretischen Reflexion der von Menschen geschaffenen sinnhaften Strukturen ihrer alltäglichen Lebenswelt. An diese phänomenologische Soziologie anschließend haben sich in der soziologischen Theorie Denkrichtungen herausgebildet, die sich der Erforschung von Alltagsphänomenen zuwenden: Zu ihnen sind der Symbolische Interaktionismus (Herbert Blumer), die Ethnomethodologie (Harold Garfinkel, Aaron Cicourel) oder das Theorieprogramm der Interaktionsordnung von Erving Goffman (1922–1982) zu rechnen. Was sich bei den genannten Denkrichtungen bereits abzeichnete, wird vollends deutlich bei den Vertretern einer sozialwissenschaftlichen Hermeneutik (Roland Hitzler, Hans-Georg Soeffner, Ulrich Oevermann, Hubert A. Knoblauch).

© Springer Fachmedien Wiesbaden GmbH, ein Teil von Springer Nature 2018
J. Kopp und A. Steinbach (Hrsg.), *Grundbegriffe der Soziologie*,
https://doi.org/10.1007/978-3-658-20978-0_2

Nicht Alltag selbst wird untersucht, sondern das dokumentierte Alltagswissen, wobei von einem erweiterten Textbegriff („Die Welt als Text") ausgegangen wird. Durch die Fokussierung auf diese spezielle Wissensart kommt es auch zu einer Erneuerung der Wissenssoziologie, die sich nicht zuletzt institutionell in der Neugründung der DGS-Sektion Wissenssoziologie bemerkbar gemacht hat.

Eine ähnliche Erneuerung durch die Beschäftigung mit Alltagsphänomen hat auch die Kultursoziologie in den 1970er Jahren erfahren. Der Begriff der Alltagskultur steht hierbei Pate für die in westlichen Gesellschaften sich abzeichnende Heterogenisierung der Lebensstile, sozialer Milieus und Lebenslagen. Die kultursoziologische Alltagsperspektive bemüht sich, die Eigenständigkeit der Formen des normalen Lebens und Denkens jedermanns aufzudecken und zu ihren Wurzeln zurückzuführen. Dies geschieht teilweise in thematisch zentrierten Studien, die an Exkurse Simmels erinnern, etwa über Essgewohnheiten, Familienfeiern oder andere innerhäusliche Aktivitäten, über Kneipen- und Vereinsbesuche, Cliquen und „Anmache-Rituale" unter Jugendlichen. Andere Studien nehmen Zeitbudgets, Territorialverhalten, täglichen Umgang mit Technik oder Anpassung an Kommunikationssysteme zum Gegenstand ihres Erkenntnisinteresses.

In Deutschland hat Gerhard Schulze (2005) eine umfassende Systematik sozialer Milieus vorgelegt und eine durchgängige Erlebnisorientierung diagnostiziert. In Frankreich der 1960er Jahre untersuchte Pierre Bourdieu (1930–2002) das Spektrum des Alltagslebens und verwendete die Ergebnisse zur Stützung umfassender kultursoziologischer Konzepte mit dem Ziel einer Gesellschaftskritik. Sein Begriff des Habitus vereint in diesem Sinn kollektive Klassenzugehörigkeit und individuellen Lebensstil. Im englischsprachigen Bereich spricht man regelrecht von einem cultural turn. Vertreter der cultural studies (Richard Hoggart, Raymond Williams, Stuart Hall) sehen in der Gestaltung der Alltagskultur – gerade auch in der spezifischen Aneignung von Massenprodukten der „Kulturindustrie" (Adorno & Horkheimer) – Potentiale möglicher Gesellschaftskritik. Insofern schließen die cultural studies mit umgekehrten Vorzeichen an die neomarxistischen Bemühungen von Georg Lukács (1885–1971), Agnes Heller und Henri Lefebvre (1901–1991) an, die das Alltagsleben im Kapitalismus als gesellschaftsaffirmativ kritisiert haben.

Nach Hans-Georg Soeffner (2004) lässt sich ein durch Massenmedien erzeugter Weltalltag ausmachen, der die Symbole, Marken und Idole westlicher Gesellschaften zu weltumspannenden Orientierungsmarken menschlicher Wertsetzungen und Verhaltensweisen stilisiert. Dieser sich herausbildende Weltalltag dürfe allerdings nicht darüber hinwegtäuschen, dass es innerhalb nationalstaatlicher Gesellschaften zu einer Ritualisierung und Emblematisierung gesellschaftlicher Differenzen komme, indem die konkurrierenden Symbolsysteme der unterschiedlichen gesellschaftlichen Gruppierungen mehr oder weniger unvereinbar aufeinanderprallen.

▶ **Individuum; Lebensstil; Lebenslauf; Milieu; Theorien, soziologische**

📖 Arbeitsgruppe Bielefelder Soziologen (Hg.) (1978). *Alltagswissen, Interaktion und gesellschaftliche Wirklichkeit*, 2 Bde., Reinbek: rororo • Bourdieu, P. (2003). *Die feinen Unterschiede*. Kritik der gesellschaftlichen Urteilskraft. Frankfurt/M.: Suhrkamp (15. Auflage) • Endruweit, G. (2000). *Milieu und Lebensstilgruppe*. Nachfolger des Schichtenkonzepts? München/ Mering: Rainer Hampp Verlag • Greverus, I.-M. (1987). *Kultur und Alltagswelt*: Eine Einführung in Fragen der Kulturanthropologie, Frankfurt a. M.: Institut für Sozialanthropologie und europäische Ethnologie • Heller, A. (1978). *Das Alltagsleben*: Versuch einer Erklärung der individuellen Reproduktion, Frankfurt a. M.: Suhrkamp • Hitzler, R. & Honer, A. (Hg.) (1997). *Sozialwissenschaftliche Hermeneutik*. Eine Einführung, Opladen: Leske + Budrich • Hörning, K.H. & Winter, R. (Hg.) (1999), *Widerspenstige Kulturen*. Cultural Studies als Herausforderung, Frankfurt/M.: Suhrkamp • Klein, M. (Hg.) (1978). Materialien zur Soziologie des Alltags. *Kölner Zeitschrift für Soziologie und Sozialpsychologie*, Sonderheft 20. Opladen: Westdeutscher Verlag • Lefebvre, H. (1977). *Kritik des Alltagslebens*, Kronberg/Ts.: Athenäum • Schulze, G. (2000). *Die Erlebnisgesellschaft*. Kultursoziologie der Gegenwart. Frankfurt/M.: Campus (8. Auflage) • Schütz, A. (1974). *Der sinnhafte Aufbau der sozialen Welt*. Frankfurt a. M.: Suhrkamp • Schütz, A. & Luckmann, T. (1979/1983). *Strukturen der Lebenswelt*. 2 Bde. Frankfurt a. M.: Suhrkamp • Soeffner, H.-G. (Hg.) (1988). Kultur und Alltag. *Soziale Welt*, Sonderband 6. Göttingen: Schwartz • Soeffner, H.-G. (2004). *Auslegung des Alltags – Der Alltag der Auslegung*. Zur wissenssoziologischen Konzeption einer sozialwissenschaftlichen Hermeneutik, Konstanz: UVK (2.Auflage) • Lipp, W. & Tenbruck, F.H. (1979). Zum Neubeginn der Kultursoziologie. *Kölner Zeitschrift für Soziologie und Sozialpsychologie*, 31, 422-449

Roger Häußling

Alter

Alter ist insofern ein für die Soziologie grundlegender Begriff, als das kalendarische Alter eines Individuums ein wichtiges zugeschriebenes, sich veränderndes Merkmal darstellt (Altern als Prozess), anhand dessen der Zugang zu einer Vielzahl unterschiedlicher Handlungsoptionen und Rollen institutionell geregelt wird (z. B. Schulbesuch, Eheschließung, Wahlrecht, Renteneintritt). Solche chronologischen Altersgrenzen haben im Zuge der modernen „Institutionalisierung des Lebenslaufs" an Bedeutung gewonnen und können als gesellschaftliches Regulativ der individuellen Lebenslaufgestaltung betrachtet werden (vgl. Kohli, 1985). Neben gesetzlich verankerten Normen bestimmen Sitten, Bräuche oder Konventionen die dem sozialen Alter eines Individuums angemessenen Rollenerwartungen („Benimm dich wie ein Erwachsener!") und Handlungsweisen (z. B. sexuelle Aktivität). Die Zuschreibung spezifischer Altersrollen in einer Gesellschaft kann auch zur sozialen Platzierung des Individuums (Altersstatus) beitragen.

Die Altersgrenzen für bestimmte Übergänge bzw. Statuspassagen im Lebenslauf sind unterschiedlich verbindlich und historisch wandelbar, haben jedoch generell eine herausragende Bedeutung für die Gliederung der individuellen Biographie in Lebensphasen (z. B. Kindheit, Jugend, Erwachsenenalter, Altersphase). Eine historische relativ neue – quantitativ wie qualitativ bedeutsame – Lebensphase ist die des Alters als „Ruhestand", die ohne eine existenzsichernde Rentenversicherung und den deutlichen Anstieg der allgemeinen Lebenserwartung so nicht hätte entstehen können. Das höhere Erwachsenenalter ist jedoch eine außerordentlich heterogene Lebensphase, die einer entsprechend differenzierten Betrachtung bedarf. So unterscheidet etwa Baltes (1999) das ‚dritte' Lebensalter, welches – auch nach dem Eintritt in den Ruhestand – noch durch ein hohes Maß an Funktionsfähigkeit und soziale Teilhabe geprägt ist, vom ‚vierten' Lebensalter, in dem sich zunehmend massive psychologische und biologische Funktionsverluste einstellen.

Die durch die steigende Lebenserwartung immer länger währende Lebensphase des Alters bringt jedoch nicht nur neue individuelle Chancen und Herausforderungen mit sich (Mikroperspektive; z. B. aktive Gestaltung des Ruhestandes, Umgang mit Rollen- und Funktionsverlusten), sondern hat – im Aggregat – auch eine Reihe weitreichender gesellschaftlicher Folgen. Die sich in demographisch fortgeschrittenen Gesellschaften verändernde Altersstruktur der Bevölkerung – mit einer stark wachsenden Zahl Hochaltriger und dauerhaft unterhalb des Bestandserhaltungsniveaus liegenden Geburtenziffern – stellt insbesondere die modernen Sozialversicherungssysteme vor erhebliche Herausforderungen (Makroperspektive). Gleichzeitig sind aber auch die intergenerationalen Beziehungen in Familien (Mesoebene; z. B. Pflege der Eltern) betroffen. Gerade hier werden aber auch neue Chancen offenbar, etwa für eine längere gemeinsame Lebensspanne von drei oder mehr Generationen in einer Familie (z. B. Steinbach & Hank, 2015).

Die Wahrnehmung des Alters und die öffentliche Debatte über die Bevölkerungsalterung waren zuletzt lange durch negative Stereotype sowie einen einseitig negativen Duktus („Überalterung") gekennzeichnet, und Altersdiskriminierung („ageism"), vor allem auf dem Arbeitsmarkt, stellt nach wie vor ein Problem dar. Dennoch sind inzwischen auch differenziertere, der Heterogenität des Alters angemessenere Altersbilder entstanden, die auch auf bislang z. T. ungenutzte Chancen und produktive Potenziale des Alters verweisen (vgl. hierzu sowie zur kulturellen Variabilität von Altersbildern Ehmer & Höffe, 2009).

▶ Bevölkerung; Familie; Generation; Lebenslauf

📖 Baltes, P. B. (1999). Alter und Altern als unvollendete Architektur der Humanontogenese. *Zeitschrift für Gerontologie und Geriatrie, 32*, 433-448 • Bengtson, V., Gans, D., Putney, N.M. & Silverstein, M. (Hg.) (2009). *Handbook of Theories of Aging* (2. Auflage). New York: Springer • Ehmer, J. & Höffe, O. (Hg.) (2009). *Bilder des Alterns im Wandel* (Reihe ‚Altern in Deutschland', Bd. 1). Stuttgart: Wissenschaftliche Verlagsgesellschaft • Hank, K. & Brandt, M. (2013). Health, Families, and Work in Later Life: A Review of Current Research and Perspectives. *Analyse & Kritik, 35*, 303-320 • Kohli, M. (1985). Die Institutionalisierung des Lebenslaufs: Historische Befunde und theoretische Argumente. *Kölner Zeitschrift für Soziologie und Sozialpsychologie, 37*, 1-29 • Settersten Jr., R.A. / Angel, J. (Hg.) (2011). *Handbook of Sociology of Aging*. New York et al.: Springer • Steinbach, A. & Hank, K. (2015). Familiale Generationenbeziehungen aus bevölkerungssoziologischer Perspektive. In: Y. Niephaus et al. (Hg.), *Handbuch Bevölkerungssoziologie* (S. 367-392). Wiesbaden: Springer VS

Karsten Hank

Anomie

Der aus dem Griechischen entlehnte Begriff (a-nomos) bezeichnet wörtlich den Gegensatz oder die Abwesenheit von Gesetz und Ordnung und wurde von Emile Durkheim (1858–1917) zur Analyse sozialer Probleme, insbesondere abweichenden Verhaltens, infolge gesellschaftlicher Modernisierung verwendet. Seine weitere Verwendung in der Soziologie wurde maßgeblich von Robert K. Merton (1910–2003) geprägt, der Anomie mit den Folgen sozialstruktureller Ungleichheit in Verbindung brachte. Für die Kriminalsoziologie und Gewaltforschung ist Anomie bis heute ein wichtiger Begriff geblieben. Sowohl bei Durkheim als auch bei Merton ist Anomie eine Eigenschaft der Makroebene von Gesellschaften, während entsprechende individuelle Wahrnehmungen häufig als „Anomia" bezeichnet werden. Unter diesem Begriff wird in der Umfrageforschung jedoch eher politische Entfremdung und Machtlosigkeit gemessen.

In seinem Buch „Über soziale Arbeitsteilung" (1977: 421; vgl. Thome, 2004) erörtert Durkheim kritische Folgen des sozialen Wandels für den gesellschaftlichen Zusammenhalt. Der Prozess der Loslösung der Menschen aus traditionellen und kollektiven Bindungen und eine erzwungene Arbeitsteilung im Industriekapitalismus könnten im Extremfall eine Zerstörung der Solidarität und einen Mangel an Regulierungen bewirken, infolgedessen die Menschen nur noch ihren Eigeninteressen folgten. Eine Regulierung hielt Durkheim besonders in Hinblick auf unerfüllbare Ansprüche auf materiellen Wohlstand für notwendig. Die Gefahr der Regellosigkeit sah Durkheim in der Industriegesellschaft grundsätzlich gegeben, ganz besonders aber während Phasen beschleunigten sozialen Wandels und auch starken wirtschaftlichen Wachstums. In seiner „Selbstmord"-Studie führte er dazu aus: „Wegen des steigenden Wohlstands steigen auch die Bedürfnisse. Sie werden angestachelt durch die reichere Beute, die ihnen vorgehalten wird, und die althergebrachten Regeln verlieren ihre Autorität, weil man ihrer überdrüssig ist. Der Zustand der gestörten Ordnung oder Anomie wird also dadurch noch verschärft, dass die Leidenschaften zu einem Zeitpunkt, wo sie einer stärkeren Disziplin bedürfen, weniger diszipliniert sind." (Durkheim, 1983: 289). Für Durkheim war nicht Armut das Problem, sondern Wohlstand, der Begehrlichkeiten weckt und doch niemals gerecht verteilt werden kann. Das rücksichtslose Gewinnstreben vieler Investmentbanken, das die große Finanzkrise von 2007 mit verursacht hat, kann ebenso als Paradebeispiel anomischen Verhaltens gelten (Will et al., 2012), wie der starke Anstieg der Mordraten in Russland nach dem Zusammenbruch des Kommunismus zu Recht als Folge einer Regellosigkeit durch schnellen sozialen Wandel interpretiert wurde (Pridemore, 2006). Durkheim diente das Anomie-Konzept jedoch vorranging der Erklärung steigender Selbstmordraten, während er für Mordraten andere Erklärungsansätze bevorzugte (und Bereicherungskriminalität nicht in die Analyse einbezog). Sein Analyseschema gilt aufgrund hoher Komplexität mit den beiden Hauptachsen Integration und Regulation und der Annahme gewaltsteigernder Effekte an allen vier Extrempolen dieser Achsen als wenig konsistent und empirisch schlecht überprüfbar (Adler & Laufer, 1995; Bohle et al., 1997). Trotzdem beeinflusst Durkheims Anomie-Konzept bis heute die Soziologie, die sich mit der Entwicklung der Gewaltkriminalität (Thome & Birkel, 2007) und mit Desintegrationstendenzen (Heitmeyer & Imbusch, 2012) einschließlich des Rechtsextremismus (Rippl & Baier, 2005) als Folge gesellschaftlicher Modernisierung befassen.

Robert K. Merton griff Durkheims Grundgedanken der Regulierung materieller Ansprüche in seinem 1938 veröffentlichten Aufsatz „Social Structure and Anomie" auf und fragte „how some social structures exert a definite pressure upon certain persons in the society to engage in nonconformist rather than conformist conduct." (Merton, 1938: 672). Der Druck entstehe durch das Spannungsverhältnis zwischen kulturell vorgegebenen Zielen („cultural goals") – in den USA vor allem materieller Reichtum als Symbol des sozialen Aufstiegs – und der Unmöglichkeit für viele Menschen, diese Ziele angesichts sozialstruktureller Ungleichheiten mit legalen Mittel („institutional norms") tatsächlich erreichen zu können. Als eine von mehreren nicht-konformen Anpassungsformen nannte Merton Kriminalität, die er (wiederum in Anlehnung an Durkheim) als „Innovation" bezeichnete; als alternative Adaptionsformen beschrieb er Apathie, Ritualismus und Rebellion, ließ jedoch offen, welche individuellen Faktoren über die Wahl dieser Anpassungsformen entscheiden.

Bis in die 1960er Jahre bildete Mertons Anomiekonzept einen maßgeblichen Theorieansatz – teils ergänzt um Elemente der Subkulturtheorie – zur Erklärung höherer Kriminalitätsraten der Unterschichten in westlich-kapitalistischen Gesellschaften. Im Gegensatz zu Durkheims Anomiekonzept eignete sich Mertons Version besser zur Erklärung des Zusammenhangs von Armut und Kriminalität und wurde insbesondere in der Jugenddelinquenzforschung häufig angewendet, wenn auch empirisch nicht gut bestätigt (Albrecht & Howe, 1992; Engel & Hurrelmann, 1994).

Die makrosoziologische Perspektive auf Anomie als eine Eigenschaft von Gesellschaften wird in der von Steve Messner und Richard Rosenfeld (2012) formulierten „Institutional Anomie Theory" erneut aufgegriffen und weiter ausgearbeitet. Demnach unterscheiden sich Gesellschaften in der Machtbalance zwischen ökonomischen und nicht-ökonomischen Institutionen. Je mehr marktwirtschaftliche, auf materiellem Selbstinteresse und Konkurrenz ausgerichtete Prinzipien dominieren, und je mehr „the logic of the marketplace intrudes to other realms of social life" (Messner, 2004: 99), desto stärker ist der anomische Druck, der Kriminalität wahrscheinlicher macht. Länder, in denen starke wohlfahrtsstaatliche Unterstützungssysteme das marktliberale Wirtschaftssystem eindämmen und die Menschen durch „Dekommodifizierung" (Esping-Anderson, 1990) vor den Risiken des Konkurrenzprinzips geschützt werden, haben demnach niedrigere Kriminalitätsraten zu erwarten. Empirische Tests der Institutional Anomie Theorie haben jedoch höchstens partielle Bestätigungen erbracht (Hirtenlehner et al., 2010). Auch wenn die sozialen Mechanismen im Unklaren bleiben, so bestätigen empirische Studien jedoch immer wieder, dass Gesellschaften mit größerer sozialer Ungleichheit unter einer höheren Belastung mit Gewaltkriminalität leiden.

▶ **Ungleichheit, soziale; Verhalten, abweichendes**

Adler, F. & Laufer, W. S. (Hg.) (1995). *The Legacy of Anomie Theory*. New Brunswick: Transaction • Albrecht, G. & Howe, C.W. (1992). Soziale Schicht und Delinquenz. *Kölner Zeitschrift für Soziologie und Sozialpsychologie*, 44, 697-730 • Bohle, H., Heitmeyer, W., Kühnel, W. et al. (1997). Anomie in der modernen Gesellschaft. In W. Heitmeyer (Hg.), *Was treibt die Gesellschaft auseinander?* (S. 29-65), Frankfurt a. M.: Suhrkamp • Durkheim, E. (1983). *Der Selbstmord*. Frankfurt a. M.: Suhrkamp • Durkheim, E. (1977). *Über soziale Arbeitsteilung*. Frankfurt a. M.: Suhrkamp • Engel, U. & Hurrelmann, K. (1994). Was Jugendliche wagen. Weinheim: Juventa • Esping-Anderson, G. (1990). *The Three Worlds of Welfare Capitalism*. Cambridge: Polity Press • Heitmeyer, W. & Imbusch, P. (Hg.) (2012). *Desintegrationsdynamiken*. Wiesbaden: Springer VS • Hirtenlehner, H., Bacher, J., Oberwittler, D. et al. (2010). Kultur, Institutionen und Kriminalität. *Monatsschrift für Kriminologie und Strafrechtsreform*, 93, 274-299 • Merton, R. K. (1938). Social Structure and Anomie. *American Sociological Review*, 3, 672-682 • Messner, S. F. (2003). An Institutional-Anomie Theory of Crime. In D. Oberwittler & S. Karstedt (Hg.), *Soziologie der Kriminalität (S. 93-109)*, Wiesbaden: VS Verlag • Messner, S. F. & Rosenfeld, R. (2012). *Crime and the American Dream*, 5th edition, Belmont: Wadsworth • Pridemore, W. A. & Kim, S.-W. (2006). Democratization and Political Change as Threats to Collective Sentiments: Testing Durkheim in Russia. *Annales of the American Academy of Political and Social Science* 605, 82-103 • Rippl, S. & Baier, D. (2005). Das Deprivationskonzept in der Rechtsextremismusforschung. *Kölner Zeitschrift für Soziologie und Sozialpsychologie*, 57, 644-666 • Thome, H. (2004). Theoretische Ansätze zur Erklärung langfristiger Gewaltkriminalität seit Beginn der

Neuzeit, in: W. Heitmeyer & H.-G. Soeffner (Hg.), *Gewalt: Entwicklungen, Strukturen, Analyseprobleme (S. 315-345)*. Frankfurt a. M.: Suhrkamp • Thome, H. & Birkel, C., (2007). *Sozialer Wandel und die Entwicklung der Gewaltkriminalität*. Wiesbaden: VS Verlag • Will, S., Handelman, S. & Brotherton, D. (Hg.) (2012). *How They Got Away with it: White Collar Criminals and the Financial Meltdown*. New York: Columbia UP

Dietrich Oberwittler

Anthropologie

Anthropologie stellt die Frage nach dem Menschen. Als Wort bedeutet Anthropologie Menschenkunde, nach den altgriechischen Wörtern für „Mensch" (anthropos) und „Kunde" bzw. „Wissen" (logos). Anthropologie bezeichnet heute einen Strauß ganz verschiedener Wissenschaften oder Teildisziplinen, die sich mit dem Menschen, dem Menschsein, mit menschlichen Populationen und ihren Gesellschaften bzw. Kulturen inklusive ihrer materiellen Produkte befassen. Sowohl weltweit als auch im deutschsprachigen Raum wird das Wort für sehr unterschiedliche Disziplinen, Teildisziplinen, Forschungsrichtungen und akademische Lehrinhalte verwendet (als Übersicht Bohlken & Thies, 2009). Vielfach bestehen spezielle Bezeichnungen in nationalen Wissenschaftstraditionen. Im deutschsprachigen Raum ist Anthropologie als umfassende Wissenschaft, im Gegensatz etwa zu den Vereinigten Staaten, kein eigenes Lehrfach. Dennoch zeichnet sich eine neuere Tendenz ab, die Humanbiologie zusammen mit Sozial-, Kultur- und Geisteswissenschaften unter dem Dach „Humanwissenschaft" oder „Menschenwissenschaften" zu sehen.

International steht „Anthropology" oft verkürzend für „Cultural Anthropology" (z. B. Astuti & Stafford, 2007; Petermann, 2010, Eriksen & Nielsen, 2013), was der deutschen Bezeichnung „Ethnologie" (bzw. „Völkerkunde") entspricht. In den USA und einigen anderen englischsprachigen Ländern ist „Anthropology" der Überbegriff für den sog. „Four-Field-Approach", der "Biological Anthropology", "Archaeological Anthropology", "Linguistic Anthropology" und "Cultural Anthropology" umfasst. Von der Soziologie werden vor allem die Ethnologie und die Philosophische Anthropologie wahrgenommen.

Menschen haben Fähigkeiten zur Kultur und sie benötigen nichtgenetisch tradierte Informationen für das Überleben. Demnach kann es keine Definition des Menschen geben, die Kultur nicht beinhaltet. Die Ethnologie untersucht die Daseinsgestaltung in menschlichen Gruppen und neuerdings auch Netzwerken. Sie geht von einem breiten (holistischen) Kulturbegriff aus, der neben sozialem Handeln auch Kognition und materielle Dinge umfasst (Haller, 2010, Peoples &

Bailey, 2015). Die Ethnologie ist ein stark empirisch ausgerichtetes Fach und Ethnologen erforschen vor allem die Besonderheiten einzelner Kulturen. Dafür nutzen sie Feldforschung als erfahrungsnahen methodischen Zugang zu überschaubaren Gruppen als „Wir"-Gruppen („Ethnien") oder Teilgruppen bzw. Netzwerken in größeren Gesellschaften. Daneben fragt die Ethnologie nach Gemeinsamkeiten vieler oder aller Kulturen (human universals, Brown, 1991). Dafür werden systematische Vergleiche vieler (bis hin zu Hunderten) Gesellschaften angestellt.

Die Philosophische Anthropologie befasst sich mit der Natur des Menschen und seiner Stellung in der Lebewelt (Thies, 2013). Diese Richtung betont die biotische Unbestimmtheit des Menschen und damit seine Kreativität und Freiheit. Insbesondere Vertreter der deutschsprachigen Traditionen der Philosophischen Anthropologie (und teilweise auch die Kulturphilosophie) sprechen von einer „Sonderstellung des Menschen" (z. B. Gehlen, 2013; vgl. auch Suddendorf, 2014). Auch die historische Anthropologie betont die jeweilig spezifischen Umstände des Menschseins abhängig von Ort und Zeit und ist entsprechend skeptisch gegenüber anthropologischen Aussagen. Eng verbunden mit Fragestellungen und anthropologischen Annahmen der Philosophischen Anthropologie ist die zusätzlich praktisch interessierte Pädagogische Anthropologie (Wulf, 2009).

In der Soziologie werden anthropologisch relevante Themen in der Kultursoziologie behandelt. Außerdem bestehen in der deutschsprachigen Soziologie explizit anthropologische Ausrichtungen, vor allem unter den Bezeichnungen „Soziologische Anthropologie", „Anthropo-Soziologie" (Honneth & Joas, 1980; Claessens, 1994). Klassische soziologische Arbeiten berufen sich vor allem auf Fragen und Erkenntnisse der philosophischen Anthropologie. Schon in der „Ethnosoziologie" und verstärkt seit den 1990er Jahren nutzt die Soziologie Ansätze der Ethnologie. Neuere soziologische Arbeiten treten verstärkt in den kritischen Dialog mit Soziobiologie und Evolutionärer Psychologie (Schmied, 2007; Meyer, 2010). Andere Ansätze widmen sich den „Grenzregimen" zwischen Mensch und Tier sowie Mensch und Maschine und treffen sich mit der Diskussion um „Posthumanismus" (Latour, 2007; Lindemann; 2009, vgl. Beiträge in Corsten & Kauppert; 2013).

Soziologen betonen die Kontingenz menschlichen Lebens. Der Mainstream des Fachs ist anti-naturalistisch und anti-essentialistisch und misstraut damit anthropologischen Aussagen. Seit Max Weber fragen Soziologen, ob man noch von „Menschheit" sprechen kann und ob es in der Moderne noch eine universale „Wissenschaft des Menschen" geben kann (Rabinow, 2004). Die Frage nach dem Menschen hat sich aber nicht einfach erledigt. Die Soziologie kommt nicht ohne Menschenbilder aus. Auch die Rede vom Menschen als „nicht festgestellten Wesen" beinhaltet anthropologische Grundannahmen. „Gegen Menschenbilder hilft kein säkularisiertes Bilderverbot. Was nicht explizit gemacht wird, wird als implizite

Vorannahme mitgeschleppt" (Bröckling, 2004: 172). Wenn diese wissenschaftlich fundiert statt einfach gesetzt sein oder implizit bleiben sollen, brauchen wir eine umfassende Anthropologie.

Wie die Tiersoziologie und die Soziobiologie zeigen, ist Sozialität als solche kein Privileg des Menschen. Die Suche nach humanspezifischen und/oder kulturübergreifenden Mustern in Sozialität und Sozialstruktur bleibt eine Herausforderung. Für ein Verständnis des Menschen brauchen wir Wissen zur Phylogenese, Ontogenese und zur Tradigenese (kulturelle Tradierung, Transmission). Der klassische Streit Anlage vs. Umwelt ist nicht erledigt, sondern einer differenzierteren Sicht gewichen (Meyer, 2010; Grupe et al., 2012; Burda et al., 2014). Für eine integrative Anthropologie sind Beiträge gefragt, die eine ganzheitliche – tatsächlich bio-kulturelle – Sicht auf die Kulturen der Menschheit werfen. Wenn der ganze Mensch in den Blick genommen werden soll, müssen Kultur, Sozial- und Lebenswissenschaften verknüpft werden (als Bsp. Welsch, 2012 und das neue Jahrbuch „Interdisziplinäre Anthropologie", Hartung & Herrgen, 2013). Es ist nicht das Ziel der Anthropologie, normativ zu sagen, wie Menschen sein sollten, da das die Aufgabe von Religion und Politik ist. Eine biokulturell informierte Anthropologie kann aber wissenschaftlich fundierte Hinweise für eine menschen-gerechte Gesellschaft liefern. Die Anthropologie kann auch anthropologisch informierte Hinweise für die konkrete Lebensgestaltung liefern (Bruck, 1997).

▶ Ethnologie; Evolution, soziale; Gemeinschaft; Institution; Kultur; Sozialisation; Universalien, soziale

📖 Astuti, R., Parry, J. & Stafford, Ch. (eds). (2007). Questions of Anthropology. Oxford & New York: berg (London School of Economics Monographs in Social Anthropology, 76) • Bohlken, E. & Chr. Thies (Hg.) (2009). Handbuch Anthropologie. Der Mensch zwischen Natur, Kultur und Technik. Weimar etc.: J.B. Metzler • Brown, D.E. (1991). Human Universals. New York u.a.: McGraw Hill • Bruck, A. (1997). Lebensfragen. Eine praktische Anthropologie. Opladen: Westdeutscher Verlag • Bröckling, U. (2004). Um Leib und Leben. Zeitgenössische Positionen Philosophischer Anthropologie. In: A. Assmann, U. Gaier & G. Trommsdorff; Mitarb. K. Jeftic (Hg.): Positionen der Kulturanthropologie. Frankfurt am Main: Suhrkamp (S. 172-195) • Burda, H., Bayer, P. & Zrzavý, J. (2014). *Humanbiologie*. Stuttgart: Verlag Eugen Ulmer (UTB-Basics) • Claessens, D. (1994). *Das Konkrete und das Abstrakte Soziologische Skizzen zur Anthropologie.* Frankfurt a.M.: Suhrkamp • Corsten, M. & Kauppert, M. (Hg.) (2013). *Der Mensch – nach Rücksprache mit der Soziologie.* Frankfurt a.M.: Campus • Eriksen, Thomas Hylland & Nielsen, Finn Sivert (2013). *A History of Anthropology.* 2nd edition. London, Sterling, Vic.: Pluto Press • Gehlen, A. (2013) (zuerst 1940). *Der Mensch. Seine Natur und seine Stellung in der Welt.* 16. Auflage. Wiebelsheim, Hunsrück: Aula Verlag • Grupe, G., Christiansen, K., Schröder, I. & Wittwer-Backofen, U. (2012). *Anthropologie.*

Einführendes Lehrbuch. 2. Auflage. Berlin etc.: Springer-Verlag • Haller, D. & Rodekohr, B. (2010). *Dtv-Atlas Ethnologie.* 2. Auflage. München: dtv • Hartung, G. & Herrgen, M. (Hg.) (2013). *Interdisziplinäre Anthropologie. Jahrbuch 1: Soziale Kognition.* Berlin: Springer VS • Honneth, A. & Joas, H. (1980). *Soziales Handeln und menschliche Natur.* Frankfurt a.M : Suhrkamp • Latour, B. (2007). *Wir sind nie modern gewesen. Versuch einer symmetrischen Anthropologie.* Frankfurt a. M.: Suhrkamp • Lindemann, G. (2009). *Das Soziale von seinen Grenzen her denken.* Weilerswist: Velbrück • Meyer, P. (2010). *Menschliche Gesellschaft im Licht der Zweiten Darwinschen Revolution. Evolutionäre und kulturalistische Deutungen im Widerstreit.* Münster etc.: Lit Verlag • Peoples, J. G. & Bailey, G.A. (2015). *Humanity. An Introduction to Cultural Anthropology.* 10th edition. Belmont, Cal.: Wadsworth Cengage • Petermann, W. (2010). *Anthropologie unserer Zeit.* Frankfurt a. M. Edition Trickster im Peter Hammer Verlag • Rabinow, P. (2004). *Was ist Anthropologie?* Frankfurt: Suhrkamp Verlag • Schmied, G. (2007): *Das Rätsel Mensch – Antworten der Soziologie.* Opladen: Barbara Budrich • Suddendorf, T. (2014). *Der Unterschied. Was den Mensch zum Menschen macht.* Berlin: Berlin Verlag • Thies, Ch. (2013). *Einführung in die philosophische Anthropologie.* 3. Auflage. Darmstadt: Wissenschaftliche Buchgesellschaft • Welsch, W. (2012). *Homo mundanus. Jenseits der anthropischen Denkform der Moderne.* Weilerswist: Velbrück • Wulf, C. (2009). *Anthropologie. Geschichte - Kultur - Philosophie.* Köln: Anaconda Verlag

Christoph Antweiler

Arbeit

Arbeit kann soziologisch allgemein als eine zweckgerichtete bewusste Tätigkeit von Menschen definiert werden, die sie unter Einsatz von physischer Kraft und psycho-physischen Fähigkeiten und Fertigkeiten ausüben. Auch wenn Arbeit individuell verrichtet wird, ist sie zumindest indirekt immer in arbeitsteilige und sich historisch verändernde soziale Zusammenhänge (Kooperationen, Institutionen, Organisationen/Betriebe usw.) eingebunden und dadurch geprägt. Andere Wissenschaften verwenden den Begriff Arbeit ebenfalls, betonen aber andere Aspekte (Ökonomie: Arbeit als Produktionsfaktor neben Kapital und Boden; Physik: Arbeit als energetisches Produkt aus Kraft und Weg, $W = F \cdot s$).

Wie kaum ein anderer Begriff unterliegt die Vorstellung von Arbeit wissenschaftlich wie auch gesellschaftspraktisch einem tief greifenden historischen Wandel. Gerade in neuester Zeit entstanden weitreichende Debatten darum, was Arbeit genau sei. Dabei zeigen sich in neuer Weise fundamentale Spannungen und Paradoxien im kulturellen Verständnis von Arbeit:

Klassisch ist die Frage, ob Arbeit Last und Mühsal bedeutet oder ob sie nicht (auch), z. B. durch Erfolgserlebnisse und Entfaltungsmöglichkeiten, Lust bereitet oder bereiten kann und sogar eine für den Menschen wichtige positive Erfahrung darstellt. In dieser Unterscheidung stecken zwei Ebenen der Betrachtung: Arbeit als Grundlage jeglicher menschlicher Existenz kann durchaus allgemein als unverzichtbare Möglichkeit menschlicher Erfahrung angesehen werden, deren Fehlen sogar eine Verletzung menschlicher Wesenseigenschaften, wenn nicht gar der Würde des Menschen (vgl. Negt) bedeutet. Konkrete historische Erscheinungen von Arbeit waren (und sind nach wie vor) für nicht wenige Gruppen jedoch zugleich mit erheblichen Belastungen und sogar Gefährdungen verbunden. In manchen Sprachen drückt sich dies in zwei Begriffen für Arbeit aus, z. B. in der lat. Differenz von „labor" (Mühe) und „opus" (das Geschaffene), die sich in der engl. Unterscheidung von „labour" (ein Begriff, der auch auf den Geburtsvorgang angewendet wird) und

„work" wieder findet und auch in der deutschen Unterscheidung von „Arbeit" (u. Arbeit ahd. „arebeit", mühselige Tätigkeit) und „Werk" anklingt.

Berühmt ist zudem die (v. a. durch Marx bekannte, aber schon bei Arbeit Smith und Aristoteles zu findende) Unterscheidung von zwei systematisch unterschiedlichen Aspekten von Arbeit (Marx: „Doppelcharakter" der Arbeit): die Herstellung von „Gebrauchswerten" (Güter und Leistungen mit direktem praktischen Nutzen für Konsumenten) durch „konkrete" Arbeit und die Produktion von „Tauschwerten" (ökonomische Werte) durch „abstrakte" Arbeit. Nach Marx wird dieser Widerspruch durch die kapitalistische Ökonomie systematisch befördert und historisch zu einem immer stärkeren Widerspruch.

Wurde lange Zeit relativ undiskutiert davon ausgegangen, dass die Arbeit der Menschen in modernen Gesellschaften primär auf den Erwerb von Geldeinkommen gerichtet und insoweit eine im engeren Sinne ökonomische Tätigkeit ist (enger Arbeitsbegriff), wird in letzter Zeit immer häufiger anerkannt, dass nach wie vor höchst vielfältige Erscheinungen von Arbeit (weiter Arbeitsbegriff) zu finden sind. Dies verweist darauf, dass Arbeit immer in je historisch spezifischen und sich wandelnden sozialen Formen auftritt. Neben der Erwerbsarbeit (mit der Unterscheidung von abhängiger Lohnarbeit und selbständiger oder freiberuflicher Arbeit), wird dabei auf andersartige Formen verwiesen, z. B. ehrenamtliche, mandatäre oder Bürgerarbeit (gemeinnützige öffentliche Tätigkeiten ohne Erwerbsziel), Hausarbeit (haushaltsbezogene praktische Tätigkeiten, z. B. Reinigung, Kochen usw.), Familienarbeit (Tätigkeiten zur Bewältigung von privaten sozialen Anforderungen, z. B. Erziehung, Pflege usw.), Eigen-Arbeit (Tätigkeiten zur direkten individuellen Herstellung von Gütern, z. B. als do-it-yourself Betätigung), Konsumarbeit (Tätigkeiten, um auf Märkten Güter oder Dienstleistungen zu beschaffen und für die Nutzung vorzubereiten), Alltagarbeit (Organisation des tagtäglichen Lebensvollzuges), ja sogar Zwangsarbeit (z. B. die Arbeit von Gefangenen und Dienstverpflichteten oder von Sklaven).

In ähnlicher Weise wurde Arbeit bisher meist gleichfalls als vorwiegend produktive oder nützliche Tätigkeit gesehen. Inzwischen wird aber zunehmend darauf verwiesen, dass Arbeit auch unproduktiv und sogar destruktiv (kriegerische Arbeit, Naturzerstörung usw.) sein kann. Dies verweist u. a. darauf, dass Arbeit eine Veränderung von Form bedeutet, die eine neue Form (z. B. einen Stuhl) herstellt, dafür aber eine bestehende (z. B. einen Baum) zerstört. Hinzu kommt, dass Nützlichkeit sozial oft unterschiedlich zu bewerten ist: was im einen Bereich vorteilhaft ist, kann für einen anderen erhebliche Nachteile bedeuten; was kurzfristig nutzbringend ist, kann langfristig hohe Schäden zufolge haben.

In aktuellen Diskussionen zeigt sich schließlich in neuer Weise die berühmte Frage, ob Arbeit ein allein den Menschen auszeichnendes Merkmal ist, möglicherweise sogar die für ihn als „Gattungswesen" (Marx) entscheidende Wesenseigenschaft (auch dies ist umstritten: macht Arbeit das Wesen des Menschen aus, so u. a. Marx, oder nicht vielmehr der „Geist" oder „Seele"?), oder ob auch andere Lebenswesen (z. B. Primaten) arbeiten? Die neuere Ethologie zeigt, dass einige Säugetierarten zumindest arbeitsähnliche Tätigkeiten verrichten, nicht selten sogar rudimentäre Werkzeuge verwenden und sogar Werkzeuge produzieren – eine Einsicht, die schon bei Marx zu finden ist, der auch Tieren Arbeit zubilligt, „menschliche Arbeit" aber durch die Tatsache des Bewusstseins ausgezeichnet sieht (das Ergebnis sei vorher schon „in seinem Kopf" vorhanden, wodurch sich der „schlechteste Baumeister" gegenüber der „besten Biene" auszeichne, auch wenn deren Wachszellen manchen Baumeister „beschämt"). Heute wäre dieses Thema um die Frage zu erweitern, in wieweit nicht auch hoch entwickelte Maschinen und Automationsverfahren arbeitsähnliche Leistungen erbringen (z. B. Produktionsroboter oder Systeme künstlicher Intelligenz).

Die Grundspannungen des Begriffs verweisen darauf, dass Arbeit zwar allgemein thematisiert werden kann, soziologisch aber immer die Geschichte der konkreten Erscheinungsform (und ihrer sozialen Voraussetzungen und Folgen) sowie der kulturellen Verständnisse von Arbeit das vorrangige Thema ist. In der griechischen und römischen Antike ist die als Arbeit zu sehende Herstellung von lebenspraktisch nützlichen und notwendigen Gütern und Leistungen (v. Arbeit wenn sie auf körperlicher Tätigkeit beruht) primär den unfreien Sklaven (und den Frauen) zugewiesen, während die dem (männlichen) Vollbürger zustehende Tätigkeit v. a. die politische bzw. philosophisch-geistige Aktivität und evtl. auch noch der Kriegsdienst ist. Eine Zwischenform bildet die Kunstfertigkeit („techne") der Handwerker und bildenden Künstler.

Im christlich geprägten europäischen Mittelalter dominiert eine Vorstellung von Arbeit als körperliche, landwirtschaftliche Tätigkeit, dort v. a. auch weiterhin als abhängige Aktivität von Unfreien. Daneben gibt es jedoch weiterhin die freie Tätigkeit gesellschaftlicher Eliten, v. a. von Adel und Klerus. Bedeutsam ist dabei eine eher negative Bewertung der körperlichen Arbeit, gesehen als Strafe Gottes für den Sündenfall im Paradies; gottgefällig und hoch bewertet ist demgegenüber der direkte Dienst an Gott im Gebet („Gottesdienst"). Dies geht mit der Zeit in eine eher positive Sicht auch praktisch-körperlicher Tätigkeiten über, die Arbeit dann als der göttlichen Schöpfung ähnlich bewertet und dann sogar als Auftrag Gottes zur Bewährung des Menschen auf Erden sieht. Spätestens in den Klöstern entsteht daraus eine Kultur der zwar immer noch nicht dem Gottesdienst völlig gleichgestellten, aber doch zunehmend explizit hoch bewerteten produktiven Arbeit (s. die Benediktinerregel des „ora et labora" = Beten und Arbeiten).

Im Spätmittelalter geht dies mit der Ausweitung der Städte, der Handwerkskultur und des überregionalen Handels sowie nicht zuletzt durch den beginnenden technischen Fortschritt in eine zunehmende Hochbewertung nicht nur der produktiven Arbeit, sondern der unmittelbar ökonomischen, d.h. auf Gewinnerzielung gerichteten Aktivität über. Die Reformation und insbes. Luther geben dann gerade auch der erwerbsbezogenen Arbeit den Rang eines göttlichen Auftrags („Berufung", „Beruf"). Die damit entstehende Freisetzung von ökonomischen Dynamiken durch Enttabuisierung des Gelderwerbs und wirtschaftlichen Handelns sind kaum zu überschätzen. Max Weber spitzt dies später in der Protestantismusthese zu, indem er den in der Prädestinationslehre der Protestanten (v. a. im Calvinismus) angelegten „rastlosen" Zwang zur Suche des Einzelnen nach Zeichen für seine göttliche Auserwähltheit im beruflichen Erfolg als eine entscheidende kulturelle Grundlage für die Entfaltung des modernen westlichen („okzidentalen") Kapitalismus sieht.

Renaissance und Aufklärung betonen parallel zur fortschreitenden ökonomischen Sicht auf Arbeit die individuelle Bedeutung und erheben Arbeit zur wichtigen Möglichkeit der Selbstentfaltung und Selbstfindung, wenn nicht gar zum Naturrecht des Menschen (u. a. Rousseau).

Mit der Industrialisierung und der Entwicklung des modernen Kapitalismus setzt sich eine Einschränkung der Vorstellung von Arbeit als dominant ökonomische und auf Gelderwerb ausgerichtete Tätigkeit durch, neben der anderen Arbeitsformen und deren nach wie vor hohe gesellschaftliche Bedeutung (z.B. der Haus- und Familienarbeit) kulturell in den Hintergrund treten. Arbeit (d.h. hier: Erwerbsarbeit) wird dabei zunehmend als spezialisierte und in gesonderten Ausbildungen zu erwerbenden Spezialfähigkeiten („Qualifikationen") voraussetzende sowie immer stärker durch technische Arbeitsmittel geprägte produktive Tätigkeit mit eng wirtschaftlicher Ausrichtung gesehen. Der überwiegende Teil der erwachsenen Bevölkerung ist dabei unausweichlich darauf angewiesen (direkt oder vermittelt über andere, z. B. Lebenspartner), durch den Verkauf der Arbeitsfähigkeiten auf Märkten für Arbeit („Arbeitsmarkt") gegen „Lohn" die lebensnotwendigen Finanzmittel zu erwerben. Personen, die die Möglichkeit zur erwerbssichernden Arbeit nicht erhalten oder verlieren, gelten als Arbeitslose.

Die Realgeschichte der Arbeit verläuft parallel zur Kulturgeschichte bzw. zur Geschichte des sozialen Verständnisses von Arbeit; sie darf damit aber nicht gleichgesetzt werden. So deckt die jeweils vorherrschende Sicht auf die Aktivitäten der Menschen immer nur Ausschnitte des Spektrums relevanter Arbeitstätigkeiten ab und viele gesellschaftlich wichtige Aktivitäten (z. B. Hausarbeit, Arbeit der Unfreien usw.) werden systematisch ausgeblendet oder abgewertet. Zudem ist die Realgeschichte der Arbeit immer auch eine Geschichte der Arbeitsmittel und damit der Technik, eine Geschichte des Umgangs mit der äußeren Natur (Ökologie) wie auch der inneren Natur des Menschen (konkreter Umgang mit den arbeitenden Menschen). In diesem Sinne ist die Geschichte der Arbeit einerseits eine Historie erstaunlicher Erfolge in der Entwicklung der Produktivität und der menschlichen Fähigkeiten, der Naturerschließung und eines sprunghaften Fortschritts der technischen Möglichkeiten – sie ist zugleich aber auch eine Geschichte der Vernichtung von natürlichen und kulturellen Werten, der Ausbeutung und Entfremdung von Menschen durch Arbeit und eines sich immer wieder neu formierenden menschlichen Arbeitselends oder Arbeitsleids – und dies gilt bis heute und zunehmend, je weiter man sich im Weltmaßstab von den Kernländern des modernen Kapitalismus entfernt. Dazu gehört nicht zuletzt die Geschichte der von Arbeit und damit von Erwerbsmöglichkeiten ausgeschlossenen Menschen. Nachdem dadurch gerade zu Beginn der Industrialisierung massives Massenelend entstand, danach die sich etablierenden Wohlfahrtsregime und sozialen Sicherungssysteme in den erfolgreichen westlichen Wirtschaftsnationen die Risiken durch unmenschliche Arbeitsbedingungen und/oder Arbeitslosigkeit begrenzen konnten, nehmen solche Risiken im Zuge der Globalisierung und des damit entstehenden Drucks zur Flexibilisierung und Deregulierung der Sozialsysteme und Arbeitsverhältnisse weithin wieder zu.

Die Soziologie hat sich mit dem Thema Arbeit von Anfang an intensiv theoretisch wie empirisch beschäftigt. Dabei konnten auf wichtige Konzepte von einflussreichen Theoretikern aus der Philosophie, z. T. auch aus der Anthropologie und Ökonomie, zurückgegriffen werden. Aber erst ab dem ausgehenden 19. Jahrhundert und dann v. a. ab dem fortgeschrittenen 20. Jahrhundert kann man von einer eigenständigen soziologischen Theoriebildung zum Thema Arbeit sprechen. Aus der großen Zahl namhafter Autoren seien hier exemplarisch erwähnt:

Georg F. W. Hegel (1770–1831) ist mit seiner idealistischen Subjektphilosophie einer der einflussreichsten frühmodernen Theoretiker der Arbeit. Für ihn ist die Arbeit, als praktische, aber vor allem als geistig geleitete „Entäußerung" (und insoweit auch eine produktive Selbst-"Entfremdung") des Menschen, die Grundlage dafür, dass der Mensch (in seinen Produkten) zur Anschauung seiner selbst und über deren subjektive (Wieder-) „Aneignung" zu Bewusstsein und v. a. zu „Selbstbewusstsein" kommt.

Karl Marx (1818–1883) schließt (v. a. in den Frühschriften) systematisch an Hegel an und versteht Arbeit ähnlich als Grundlage des menschlichen Wesens, möchte diese aber nicht (wie er Hegel vorwirft) „rein geistig" sehen, sondern sein Vorbild materialistisch „auf die Füße stellen" und Arbeit als „sinnlich-menschliche Tätigkeit, Praxis" und letztlich als ökonomisch-produktive Aktivität begreifen. Diese zuerst einmal positive allgemeine Sicht von Arbeit wendet Marx dann aber (v. a. im ökonomischen Spätwerk) zu einer umfassenden Analyse und Kritik der Arbeit unter den sozialökonomischen Verhältnissen des Kapitalismus. Dort ist für ihn Arbeit dominant „entfremdete" „Lohnarbeit". Der Mensch kann nur noch existieren, wenn er das einzige ihm verbleibende Vermögen, das Vermögen arbeiten zu können („Arbeitskraft"), gegen Geld verkauft. Arbeitskraft wird zu einer „Ware", die vom kapitalistischen Betrieb zum Zwecke ökonomischer „Ausbeutung" mit dem Ziel der Produktion wirtschaftlichen „Profits" gekauft wird. Die menschliche Möglichkeit und anthropologische Notwendigkeit selbstbestimmter Erfahrung in der Arbeit und dann die Aneignung der produzierten Gebrauchswerte wird dabei systematisch verhindert.

Emile Durkheim (1858–1917) ist gegenüber Hegel und Marx ein genuin soziologischer Theoretiker, der in seinem Frühwerk zur „Sozialen Arbeitsteilung" ein Modell gesellschaftlicher Differenzierung entwickelt. „Arbeitsteilung" meint dabei nicht ökonomisch-technische Arbeitsteilung (z. B. im Betrieb), sondern allgemein (z. B. berufliche) Spezialisierung und Aufteilung der zentralen, gesellschaftlich zu erbringenden Leistungen (Funktionen). Historisch sieht er einen Wandel von einer gering entwickelten „mechanischen" Aufteilung von Funktionen (und dann einen entsprechenden, über geteilte kollektive Werte hergestellten, sozialen Zusammenhalt = „Solidarität") auf ähnliche soziale Einheiten in frühen Gesellschaften (Segmentäre Arbeitsteilung), zu einer ausdifferenzierten „organischen" Verteilung spezialisierter Funktionen (mit einer Herstellung des sozialen Zusammenhalts durch die mit der Spezialisierung entstehenden funktionalen Abhängigkeiten mit nur geringen Anteilen geteilter Werte) auf zunehmend unähnliche Einheiten in der Moderne.

Jürgen Habermas (1929–) unterscheidet in der Tradition der Kritischen Theorie handlungs- und gesellschaftstheoretisch zwei Formen des menschlichen Handelns: „Instrumentelles Handeln" (teilweise auch als „Arbeit" bezeichnet), dass sich auf die zweck- und effizienzorientierte Herstellung von Gütern und Leistungen richtet, und „Kommunikatives Handeln" (teilweise auch „Interaktion" genannt), dessen Ziel die soziale Verständigung und die Herstellung von Sozialität ist. Gesellschaftskritisch sieht er eine Tendenz dazu, dass das dominant in darauf spezialisierten sozialen „Systemen" (Wirtschaft, Staat) ausgeübte „Instrumentelle Handeln" (also „Arbeit") zunehmend das nach wie vor für den sozialen Zusammenhalt unabdingbare verständigungsorientierte Handeln in der sozialen „Lebenswelt" überlagert und gefährdet („Kolonialisierung der Lebenswelt").

Arbeit kann als eine der entscheidenden Grundtatsachen der Gesellschaft und eine unverzichtbare Grundlage der Vergesellschaftung von Menschen angesehen werden. In einer weiten Fassung betrifft Arbeit einen großen Teil der aktiven Tätigkeiten der Menschen – die menschliche Existenz reduziert sich jedoch keineswegs darauf. Nicht nur mit Habermas muss betont werden, dass (gleich wie man Arbeit definiert) der Mensch nicht nur arbeitendes Wesen und die Gesellschaft nicht nur „Arbeitsgesellschaft" ist. Wichtige Anteile des Menschseins und des sozialen

Geschehen sind andersartig. Gleichzeitig ist aber auch dies keineswegs leicht zu begreifen und zu definieren. Begriffe wie „Tätigkeit" und „Kommunikatives Handeln" versuchen dies anzusprechen, aber auch Kategorien wie etwa „Freizeit", „Muße" oder sogar „Faulheit" (einschließlich eines möglichen „Rechts auf Faulheit", wie es Paul Lafargue, der Schwiegersohn von Marx, provokant forderte) verweisen auf das ‚Andere der Arbeit' und sein Eigenrecht.

📖 Arendt, H. (1989). *Vita activa oder Vom tätigen Leben* (2. Aufl.). München: Piper (zuerst 1958) • Beck, U., Brater, M. & Daheim, H.J. (1980). *Soziologie der Arbeit und der Berufe. Grundlagen, Problemfelder, Forschungsergebnisse*. Reinbek: Rowohlt • Clausen, L. (1988). *Produktive Arbeit, destruktive Arbeit. Arbeit zwischen Genugtuung und Vernichtung*. Berlin/New York: DeGruyter • Conze, C. (1975). Arbeit. In O. Brunner, W. Conze & W. Koselleck (Hg.), *Geschichtliche Grundbegriffe* (S. 154-215). Stuttgart: Enke • Durkheim, E. (1988). *Über soziale Arbeitsteilung. Studie über die Organisation höherer Gesellschaften* (2. Aufl.). Frankfurt a. M.: Suhrkamp (zuerst 1893) • Frambach, H. (1999). *Arbeit im ökonomischen Denken - Zum Wandel des Arbeitsverständnisses von der Antike bis zur Gegenwart*. Marburg: Metropolis • Habermas, J. (1981). *Theorie des kommunikativen Handelns*. Frankfurt a. M.: Suhrkamp • Hegel, G.W.F. (1970). *Phänomenologie des Geistes* (Werke in zwanzig Bänden, Bd. 3). Frankfurt a. M..: Suhrkamp (zuerst 1807) • Jochum, G. (2010). Zur historischen Entwicklung des Verständnisses von Arbeit. In F. Böhle, G.G. Voß & G. Wachtler (Hg.), *Handbuch Arbeitssoziologie* (S. 81-162). Wiesbaden: VS Verlag • Komlosy, A. (2014). Arbeit. *Eine globalhistorische Perspektive: 13. bis 21. Jahrhundert*. Wien: Promedia • Lafargue, P. (1998). *Recht auf Faulheit - Widerlegung des ‚Rechts auf Arbeit' von 1848*. Grafenau: Trotzdem (zuerst 1883) • Marx, K. (1969). *Das Kapital. Kritik der politischen Ökonomie* (Bd. 1: Der Produktionsprozeß des Kapitals) (Marx Engels Werke, Bd. 23). Berlin (Ost): Dietz, zuerst 1867 • Marx, K. (1985). *Ökonomisch-philosophische Manuskripte aus dem Jahr 1844* (Marx Engels Werke, Bd. 40). Berlin (Ost): Dietz (zuerst 1932) • Mikl-Horke, G. (2000). *Arbeits- und Industriesoziologie*. München: Oldenbourg (völlig neubearb. 5. Auflage) • Negt, O. (2001). *Arbeit und menschliche Würde*. Göttingen: Steidel • Offe, C. (1983). Arbeit als soziologische Schlüsselkategorie. In J. Matthes (Hg.), *Krise der Arbeitsgesellschaft? Verhandlungen des 21. dt. Soziologentages in Bamberg*. Frankfurt a. M.., New York: Campus • Tenfelde, K. (Hg.). (1986). *Arbeit und Arbeitserfahrung in der Geschichte*. München: Vandenhoeck & Ruprecht • Voß, G.G. (2010). Was ist Arbeit? Zum Problem eines allgemeinen Arbeitsbegriffs. In F. Böhle, G.G. Voß & G. Wachtler (Hg.), *Handbuch Arbeitssoziologie* (S. 23-80). Wiesbaden: VS Verlag

G. Günter Voß

Armut

Armut bezeichnet einen Zustand, in dem Menschen ihre Grundbedürfnisse – Nahrungsaufnahme, Wohnen, eine den klimatischen Bedingungen angemessene Bekleidung, medizinische Basisversorgung – nicht befriedigen können (absolute, extreme bzw. existenzielle Armut) oder von der Beteiligung am sozialen, kulturellen bzw. politischen Leben ihres Landes weitgehend ausgeschlossen sind (relative Armut). Die hier getroffene Unterscheidung zwischen absoluter und relativer Armut hat sich in der soziologischen Forschung durchgesetzt, obwohl Armut, falls sie nicht sofort zum Tod führt, immer relativ ist, weil selbst das physische Existenzminimum und damit die absolute Armutsgrenze nur schwer festzulegen sind, hängen sie doch beispielsweise davon ab, wo jemand lebt: Wer in Sibirien keine Winterjacke besitzt, ist zweifellos arm, wer in Sierra Leone keine Winterjacke besitzt, ist deshalb aber noch lange nicht arm. Kulturelle bzw. religiöse Tabus spielen hinsichtlich der Frage, was gegessen und getrunken werden darf, eine wesentliche Rolle: „Selbst eine absolute Armutsgrenze kann also nur relativ im Hinblick auf die natürliche Umgebung und die Gesellschaft, in der die Menschen leben, bestimmt werden" (Hauser, 2008: 96).

Der „klassische" Armutsbegriff beschränkte sich auf die Frage, ob jemand mehr besaß, als er zum Überleben und bloßen Dahinvegetieren benötigte. Wer dieses Kriterium heute noch anlegt, verschließt sich der Erkenntnis, dass ein moderner Armutsbegriff sehr viel differenzierter sein und den die Armen umgebenden Wohlstand berücksichtigen muss (Schneider, 2015; Butterwegge, 2016 und 2018). Es gibt kein zu jeder Zeit und an jedem Ort der Welt passendes Maß für Armut. Als politisch-normativer Begriff ist Armut vielmehr moralisch aufgeladen, emotional besetzt und gleichermaßen umstritten wie umkämpft. Wer ihn benutzt, betritt ein ideologisch vermintes Gelände, auf dem über die Architektur und Machtstruktur der betreffenden Gesellschaft verhandelt wird. Tatsächlich handelt es sich bei Armut um ein soziales Konstrukt, das Politik, Wissenschaft und Medien entwerfen bzw. formen, im öffentlichen Diskurs jedoch auch laufend Veränderungen unterliegt (Jacobs, 1995). Es gibt keine allgemeingültige, von sämtlichen Fachwissenschaftler(inne)n akzeptierte Definition, weil Armut von den sozio-ökonomischen Bedingungen abhängt, unter denen sie herrscht. Armut ist ein relationaler Begriff, der nur im Verhältnis zu jener Gesellschaft einen Sinn ergibt, in der ein davon Betroffener lebt. In wohlhabenden und reichen Ländern bildet Armut die schärfste Ausprägung der sozialen Ungleichheit.

Georg Simmel bestimmte Armut zu Beginn des 20. Jahrhunderts über die Tatsache, dass jemand der (staatlichen) Unterstützung bedarf, um existieren zu können. Arme unterscheidet demnach von anderen Menschen, dass sie weder über ihr Schicksal bestimmen noch ihr Leben selbst gestalten können. Letztlich ist Armut laut Simmel ein Abhängigkeitsverhältnis bzw. ein persönliches Ohnmachtsgefühl. „Der Arme als soziologische Kategorie entsteht nicht durch ein bestimmtes Maß von Mangel und Entbehrung, sondern dadurch, dass er Unterstützung erhält oder sie nach sozialen Normen erhalten sollte" (Simmel, 1992: 551).

Simmel (1992) sprach auch von einer „Klasse der Armen" bzw. einer „Schicht der Armen", nicht ohne zu bemerken, dass diese aufgrund des wachsenden Drucks, sich zu verstecken, von sich aus und in sich weniger „soziologisch vereinheitlichende Kräfte" entwickeln können. Arme bilden eine heterogen zusammengesetzte Gruppe, in der sich „Deklassierte aller Klassen" sammeln. Gleichwohl ist Armut nicht von den bestehenden Klassen-, Eigentums- und Produktionsverhältnissen zu trennen. Olaf Groh-Samberg hebt den Zusammenhang von Armut und Klassenstruktur hervor: „Nach wie vor ist die soziale Klassenzugehörigkeit eine der prägendsten Determinanten der sozialen Ungleichheit von Lebenschancen" (Groh-Samberg, 2009: 203).

Leopold von Wiese (1954: 42) bemerkte, dass Armut ein schwer abgrenzbares und zahlenmäßig nicht präzise zu erfassendes Phänomen ist: „Wo Reichtum beginnt, wo Armut aufhört, kann niemand sagen. Zieht man den Begriff des Existenzminimums zur Klärung heran, so ist die Beweislast nur verschoben; denn dieses Minimum ist rechnerisch ebenso schwer erfaßbar." Arm ist nicht bloß, wer für eine längere Zeit das physische Existenzminimum kaum zu gewährleisten vermag, sondern auch, wer – meistens aufgrund materieller Deprivation – am soziokulturellen Existenzminimum lebt, den durchschnittlichen Lebensstandard jener Gesellschaft, in welcher er lebt, für längere Zeit unterschreitet und folglich nicht „mithalten" kann.

Armut ist ein mehrdimensionales Problem, das ökonomische (monetäre), soziale und kulturelle Aspekte umfasst. Heutzutage in einem reichen Land wie der Bundesrepublik arm zu sein bedeutet vor allem:

- Mittellosigkeit und Ver- bzw. Überschuldung als Folge mangelnder Erwerbsfähigkeit, fehlender Arbeitsmöglichkeiten oder unzureichender Entlohnung;

- einen dauerhaften Mangel an unentbehrlichen und allgemein für notwendig erachteten Gütern, die es Menschen ermöglichen, ein halbwegs „normales" Leben zu führen;
- Benachteiligungen in unterschiedlichen Lebensbereichen wie Arbeit, Wohnen, Freizeit und Sport;
- den Ausschluss von (guter) Bildung, (Hoch-)Kultur und sozialen Netzwerken, welche für die gesellschaftliche Inklusion nötig sind;
- eine Vermehrung der Existenzrisiken, Beeinträchtigungen der Gesundheit und eine Verkürzung der Lebenserwartung („Arme müssen früher sterben");
- einen Verlust an gesellschaftlicher Wertschätzung, öffentlichem Ansehen und damit meistens auch individuellem Selbstbewusstsein.

Man kann Armut nach den von ihr hauptsächlich betroffenen Personengruppen (z. B. Kinder-, Frauen-, Mütter-, Familien-, Migranten- und Altersarmut), nach ihrer Dauer (Kurzzeit-, Langzeit- bzw. Dauerarmut) oder nach der Region (ländliche bzw. städtische Armut) unterscheiden, in welcher sie vorkommt. Sinnvoller wäre eine Klassifizierung der Armut nach den Ursachen, die zu ihrer Entstehung führen. Niemand ist schließlich „von Natur aus", durch „göttliche Fügung" oder aufgrund biologischer Determinanten arm, wird dazu vielmehr von der Gesellschaft bzw. den diese sozio-ökonomisch entscheidend bestimmenden Kräften gemacht.

▶ **Ungleichheit, soziale; Wohlfahrtsstaat**

Butterwegge, Ch. (2012). *Armut in einem reichen Land. Wie das Problem verharmlost und verdrängt wird*. 4. Auflage. Frankfurt am Main/New York: Campus • Butterwegge, Ch. (2018). *Armut*. 3. Auflage. Köln: PapyRossa• Groh-Samberg, O. (2009). *Armut, soziale Ausgrenzung und Klassenstruktur. Zur Integration multidimensionaler und längsschnittlicher Perspektiven*. Wiesbaden: VS Verlag • Jacobs, H. (1995). Armut. Zum Verhältnis von gesellschaftlicher Konstituierung und wissenschaftlicher Verwendung eines Begriffs. *Soziale Welt,* 46, 403-420 • Hauser, R. (2008). Das Maß der Armut: Armutsgrenzen im sozialstaatlichen Kontext. Der sozialstatistische Diskurs. In E.-U. Huster, J. Boeckh, H. Mogge-Grotjahn (Hg.), *Handbuch Armut und Soziale Ausgrenzung* (94-117). Wiesbaden: VS Verlag • Schneider, U. (Hg.) (2015). *Kampf um die Armut. Von echten Nöten und neoliberalen Mythen*. Frankfurt am Main: Westend • Simmel, G. (1992). *Soziologie. Untersuchungen über die Formen der Vergesellschaftung*, Frankfurt am Main: Suhrkamp • Wiese, L. von (1954): Über die Armut. *Kölner Zeitschrift für Soziologie,* 6. 42-62

Christoph Butterwegge

B

Beruf

Beruf ist eine spezifisch zugeschnittene, auf produktive Aufgaben bezogene und aus gesellschaftlichen Bildungsprozessen hervorgehende soziale Form von Fähigkeiten und Fertigkeiten und/oder dazu komplementärer fachlicher Tätigkeiten und Leistungen. Berufe werden mehr oder weniger dauerhaft zur Erfüllung gesellschaftlicher (und insbes. wirtschaftlicher) Funktionen i. d. R. zum Erwerb von Geldeinkommen von Menschen übernommen (oder diesen zugewiesen). Die Inhaber der Berufspositionen werden dadurch gesellschaftlich eingebunden, sozialen Normen unterworfen und in wichtigen persönlichen Aspekten geprägt.

Die gesellschaftliche Verteilung der Berufe („Berufsstruktur") bildet eine basale Form sozialer Ordnung und Ungleichheit auf Basis einer fortschreitenden gesellschaftlichen Differenzierung von Funktionen („Arbeitsteilung"). Einzelne Berufsgruppen genießen Privilegien (Status, Macht, Prestige, Autonomie, Einkommen u. a. m.) als Ausdruck wahrgenommener Funktionen oder als Folge machtbasierter Strategien („Professionalisierung", „Berufspolitik"), insbes. bei den „Professionen".

Mit Beruf in diesem Sinne werden vielfältige, durch die Spezialisierung von Qualifikationen und Tätigkeiten bedingte Aspekte gesellschaftlicher Arbeit auf zwei Ebenen thematisiert: durch Berufe geprägte gesellschaftliche Strukturen sowie die durch Berufe geprägten Momente der Personen und ihrer Tätigkeiten. Soziologisch gesehen ist Beruf also ein spezifischer Modus der Vermittlung von Individuum und Gesellschaft. Ausgeprägte historische Berufe weisen (und auch regionale) Spezifitäten und Bedingungen auf, die oft mit erheblichen, epochal variablen normativen Wertbeziehungen einhergehen. Ein im Sinne Max Webers idealtypisch historisierender Blick zeigt, dass das soziokulturelle Vermittlungsglied Beruf in unterschiedlichen Modellen auftrat und dabei sozialstrukturell wie auch subjektbezogen sich stark wandelnde soziale Funktionen erfüllt hat:

1. Berufe als sozio-kulturelle Fähigkeits- und Tätigkeitsformen lassen sich in Europa bis ins früheste Mittelalter und davor bis in die römische und griechische Antike

zurückverfolgen. Eine umfassendere Bedeutung erreichen sie bei uns jedoch erst im ständischen Ideal der spätmittelalterlichen Handwerke und Zünfte und in den sich etwa zeitgleich systematischer ausbildenden klassischen Professionen (Arzt, Priester, Offizier). Immer schon stark religiös fundiert – etwa in der Idee einer göttlichen „Berufung" des Menschen zu bestimmten Aufgaben bei Thomas von Aquin (1225–1274) – erfährt dies in der Reformation (v. a. durch Martin Luther, 1483–1546) eine explizite Fassung und Überhöhung mit einer in gewisser Weise säkularisierten Vorstellung der göttlichen „Berufung", nämlich zu einer spezifischen diesseitigen und letztlich sogar explizit erwerbsorientierten Tätigkeit. Die Protestantismus-These von Max Weber (v. a. in 1986) spitzt dies in der Weise zu, dass die protestantische Lehre der göttlichen Vorbestimmtheit des individuellen Seelenschicksals („Prädestination"), dazu führe, dass die Menschen versuchten, über ein „rastloses" Berufliches Bemühen Gewissheit darüber zu erlangen, ob man von Gott auserwählt sei. Letztlich ist es ein solches stark religiös geprägtes Verständnis von Beruf, auf den sich konservative Positionen der älteren (dt.) Berufssoziologie und Berufspädagogik bis weit ins 20. Jahrhundert hinein als Leitbild bezogen haben.

Sozialstrukturell wird (neben anderen Mechanismen) über dieses Modell von Beruf ein stabiles System sozialer Ordnung und Integration geschaffen. Berufe vermitteln dabei gesellschaftlich wie individuell feste soziale Orte, aus denen eindeutige Rechte wie Pflichten erwachsen, und die gleichermaßen die gesellschaftliche Integration wie auch eine (meist krasse) soziale Ungleichheit sichern. Durch Beruf wird dabei einerseits die Reproduktion einer noch wenig dynamischen traditionalen Sozialordnung gewährleistet, andererseits bilden Berufe durch ihre religiös basierte normative Legitimierung von handfestem Erwerbsstreben und säkularer produktiver Tätigkeit sowie die Sicherung zuverlässiger fachlicher Standards eine zentrale Grundlage des aus Renaissance und Barock hervorgehenden Übergangs in den take-off der kapitalistischen Arbeits-, Wirtschafts- und Technikgesellschaft.

Die tätigen Subjekte werden durch jene frühen Berufe nicht nur oft bis in praktische Details ihrer Arbeitspraxis festgelegt, sondern unterliegen auch in den Formen des privaten Zusammenlebens, in ihren Lebenswegen und in der Praxis alltäglicher Lebensführung weitgehend festen Regulierungen. Sowohl die fachbezogenen Wissens- und Normbestände als auch große Teile des sonstigen Wissens- und Wertehorizonts werden durch die Berufe strikt fixiert, so dass durch sie im engeren Sinne Lebensberufe gebildet werden, die nicht nur den beruflichen Kontext, sondern letztlich die Lebensweise und die soziale Lage insgesamt konstituieren.

2. Mit der Industrialisierung verschwinden zwar nicht die traditionalen Berufe und Professionen, aber die neuen großbetrieblichen Produktionsweisen erfordern doch zunehmend Fähigkeits- und Tätigkeitsmuster, die nur noch bedingt auf deren

Rahmungen passen. Die Entwicklung forciert zudem die mit der Aufklärung entstandene Veränderung des Berufsverständnisses in Richtung einer nun weitgehend vollständig säkularisierten und schließlich unverschleiert ökonomisch geprägten Funktionsorientierung. Es entstehen zudem mit dem industriellen Proletariat völlig neue Erwerbsformen und Lebenslagen, die auf eine aus ständischen Strukturen freigesetzte und nur wegen ihrer Jedermanns-Qualifikationen nachgefragte Massenarbeitskraft zurückgreifen. Zugleich bilden sich aber nach und nach auch neuartige, beruflich spezialisierte Formen von Fähigkeiten und Funktionen, wie die Elitegruppen unter den Arbeitern (Meister, Vorarbeiter usw.), die ersten Verwaltungsfunktionen (Industriebeamte, Kontoristen, Angestellte) sowie neue Technikberufe mit höherer Fachbildung. Daneben existieren jedoch weiter zentrale Elemente des klassischen Berufssystems, v. a. in Handwerk, Handel, Landwirtschaft, Medizin und Kultur sowie in der staatlichen bzw. spätfeudalen Administration.

Sozialstrukturell schlägt sich dieser bis ins 20. Jahrhundert reichende Übergang in einem Nebeneinander von überkommenen Berufs- und Professionsstrukturen, einer wachsenden neuen Schicht von quasi Berufslosen, aber gleichwohl auf hoch spezialisierten Funktionen eingesetzten Massenarbeitskräften und ersten industriellen Berufen mit neuer Qualität nieder. Neben den persistierenden feudal-ständischen Arbeitsteilungsstrukturen zeigt sich eine auf fachliche Spezialisierungen zurückgehende soziale Differenzierung, die Personen nicht mehr per se qua Stand oder Herkunft in einem festgefügten Sozialsystem einen sozialen Ort zuweist, sondern zunehmend Ausdruck der dynamischen Funktionserfordernisse frühkapitalistischer Arbeitsmärkte und Betriebsformen ist, aber nach wie vor ein ziemlich starres und krasses Ungleichheitsgefüge konstituiert. Nach und nach entsteht daraus jedoch ein primär ökon.-technisch bedingtes Arbeitsteilungsgefüge mit ersten Formen öffentlich getragener systematischer Qualifizierung und sozialrechtlicher Regulierung.

Auch wenn erst sehr viel später ausformuliert, benennt die struktur-funktionale Sicht von beruflichen Funktionen und beruflich basierten sozialen Strukturen („Positionen") genau diese neue funktionale Qualität von Beruf in der Gesellschaft. Auch hier gibt es dann wieder eine „Berufung" zur diesseitigen Aufgabe, jetzt aber nicht mehr durch eine transzendente Instanz, sondern quasi durch die Gesellschaft resp. ihre normativ und institutionell abgesicherten Funktionserfordernisse. Für die betroffenen Arbeitssubjekte entsteht, jenseits der bezeichneten Unterschiede und Ungleichzeitigkeiten, aus diesem System der Tendenz nach eine Qualität von Tätigkeitsnormierung, die nicht mehr primär aus einem überkommen und ständisch-traditional, wenn nicht gar offen religiös fundierten Wertekanon resultiert. Jetzt wird Berufliches Handeln immer stärker strikt fach- und betriebsfunktional begründet, steht aber immer noch unter dem Postulat unhinterfragbarer Normbefolgung, die sich nicht nur auf die fachliche Seite der Arbeit, sondern auch auf allgemeine Verhaltenserwartungen, die sog. „Arbeitstugenden", beziehen (Disziplin, Ordnung, Gehorsam, Fleiß, Pünktlichkeit, Sauberkeit usw.).

Persönlich wie auch aus Sicht der Betriebe geht es dabei aber immer mehr auch darum, Tätigkeiten und zunehmend auch gezielte Ausbildungen zu finden, die angesichts kontinuierlich steigender Leistungserwartungen subjektiv bewältigbar bleiben oder sogar soziale Aufstiege ermöglichen, wozu ein optimierender Abgleich mit subjektiven Potentialen im Sinne von „Eignung" und daran ansetzende Qualifizierungen zunehmend wichtig werden. Trotzdem werden mit eingeschlagenen Berufswegen selbst über mehrere Generationengrenzen hinweg kaum revidierbare Weichenstellungen für die Lebenslagen und Lebensverläufe vorgenommen.

3. Der sich im ersten Drittel des 20. Jahrhunderts mit einem zweiten Industrialisierungsschub ausbildende fordistische Hochkapitalismus setzt die mit der frühen Industrialisierung entstandenen Veränderungen im Berufssystem fort, fügt dem jedoch wichtige Nuancierungen hinzu. Handwerke, aber auch die klassischen (zum Teil auch „neue") Professionen und das Bauerntum erhalten sich in sozialstrukturell verringertem Umfang, genauso wie eine proletarische Arbeiterschaft weiter wichtig ist, die jedoch zunehmend in Bedeutung und Umfang stagniert. Immer wichtiger werden dagegen strikt auf Funktion und Fachleistung ausgerichtete i. w. S. industrielle Berufe auf fast allen Ebenen (von „angelernten" Arbeitern und Verwaltungsgehilfen, über Facharbeiter und qualifizierte Angestellte, bis zu Meistern, Technikern und akademisierten Berufen), die ihren Ursprung in den stark steigenden Erfordernissen der Betriebe, aber auch eine entscheidende Basis in einem nun zunehmend öffentlich regulierten und massiv expandierenden Ausbildungssystem haben.

Sozialstrukturell ist das Berufssystem damit Ausdruck systematisch entwickelter und explizit gesellschaftlich (bzw. staatlich) flankierter sowie hoch standardisierter (und z. T. sogar rechtlich basierter) Muster von Fähigkeitskombinationen, wie sie eine subjektorientierte Berufssoziologie zur Basis ihres für diese Phase charakteristischen Berufsbegriffs macht. Darauf stellen sich Betriebe mit Gewinn genauso ein, wie das sich entlang der Berufslinien ausdifferenzierende und dabei ausbauende Bildungssystem und nicht zuletzt die für diese Phase grundlegende Sozialsysteme. Berufe prägen nach wie vor hochgradig eine immer noch reichlich starre Sozialstruktur, jetzt aber als Konsequenz eines öffentlich kontrollierten Funktions- und Statusverteilungssystems. Bildungs- und Sozialpolitik sowie subjektive Bildungsentscheidungen und Karrierebemühungen ermöglichen aber für nicht wenige eine (mehr oder minder begrenzte) Berufsbasierte soziale Mobilität und damit eine tendenzielle Demokratisierung des Berufssystems, wie sie vorher kaum denkbar waren.

Berufe sind zudem immer weniger auf hoch volatile Märkte für eine eher gering qualifizierte Ware Arbeitskraft wie in der Frühindustrialisierung ausgerichtet, sondern passen sich in ein Wirtschafts- und Sozialsystem ein, das Berufstätigkeit und damit eine Berufsbasierte Existenz hochgradig durchreguliert und damit stabilisiert. Genau genommen kann man infolgedessen gar nicht mehr von einem offenen Markt für Arbeit resp. Arbeitskraft sprechen, sondern von einem System von Arbeitsplätzen, die mit standardisierten und arbeits-, sozial- und tarifrechtlich gesicherten verberuflichten „Arbeitnehmern" besetzt werden.

Für die betroffenen personalen Subjekte sind Berufe nun die „Nadelöhre» für ihre personale und soziale Identität sowie ihre Lebenslagen und Lebenswege und damit für soziale Ungleichheit. Nicht mehr traditionale Berufszuweisung, sondern immer mehr eine individualisierte und rechtlich abgesicherte (faktisch mehr oder weniger) „freie" Berufswahl bestimmt die Verteilung der Betroffenen im Arbeitsteilungssystem, auch wenn immer kurzzyklischer schwankende Nachfragekonjunkturen auf den Arbeitsmärkten ein wichtiges Korrektiv sind. Eignung ist nicht mehr allein erfolgsentscheidend für die persönliche Berufsbasis und -entwicklung, sondern immer mehr auch individuelle, motivationsstiftende „Neigungen" (wie sie idealistische Berufskonzepte betonen) und schließlich sogar das Ziel einer irgendwie gearteten Selbstverwirklichung. Der dann schließlich in den 1970er Jahren diagnostizierte Wertewandel mit wachsenden Ansprüchen an persönliche Zufriedenheit und Entfaltung im Beruf treibt dies nur auf die Spitze. Selbst hier kann man dann noch den alten Topos der „Berufung" wiederfinden, nämlich als die subjektive Reaktion auf eine möglicherweise in sich verspürte persönliche Hinwendung zu einer Tätigkeit, auch wenn diese durch die vorgegebenen Berufsraster oder milieuspezifische Einflüsse hochgradig kanalisiert wird. Qualifikatorisch geht es hier schließlich zwar immer mehr um exponentiell steigende und dabei immer weiter spezialisierte Fachanforderungen, aber nach und nach geraten jetzt erweiterte überfachliche Fähigkeiten in den Fokus betrieblicher Erwartungen und der Formierung von Qualifikationen wie Zuverlässigkeit, Engagement, Leistungsbereitschaft usw., die aber immer noch stark den traditionalen Arbeitstugenden ähneln.

4. Seit den 1980er Jahren vollzieht sich nun im Zuge einer dritten Industrialisierung und post-fordistischen oder neokapitalistischen Restrukturierung der Wirtschaft ein fundamentaler Strukturwandel der bislang charakteristischen Organisation von Betrieben und erwerbsbezogener, formeller Arbeit, der auch das bisher dominierende Modell von Beruf tangiert. Dieser Wandel berührt viele Aspekte: Strukturen und Strategien von Betrieben, die Organisation konkreter Arbeitsprozesse, die für Arbeit und Produktion eingesetzte Technik, die daraus resultierenden Konsequenzen für Qualifikationen, Personalpolitik und Führung, das Bildungssystem, den Arbeits-

markt u. v. a. m. Bei allen Unterschieden dieser Aspekte ist ein sich durchziehendes gemeinsames Moment des Wandels der Arbeit, dass die bislang weithin leitende, i. w. S. tayloristische Logik der betrieblichen Organisation und Rationalisierung zunehmend an strukturelle Grenzen stößt: Eine weiter zunehmende horizontale und vertikale Differenzierung und formale Regulierung der Nutzung von Arbeitskraft verspricht angesichts neuer Marktanforderungen kaum mehr Effizienzgewinne. Im Gegenzug wird in immer mehr Bereichen versucht, bisherige Strukturen und Organisationsprinzipien von Arbeit und Betrieb mehr oder weniger tiefgehend und dauerhaft in fast allen Dimensionen, zeitlich, räumlich, fachlich, sozial aufzubrechen („Flexibilisierung", „Entgrenzung"). Die Arbeits- und Betriebsverhältnisse geraten infolgedessen nun auf vielen Ebenen (Arbeitsprozess, Betriebsorganisation, Interessenvertretung, Ausbildung, soziale Sicherung usw.) zunehmend in Konflikt mit dem bisher leitenden Modell von Beruf. Diese oft als Krise oder gar Ende des Berufs gesehene Entwicklung lässt sich auf drei Ebenen beschreiben:

1. Viele Entwicklungen deuten auf eine verringerte Bedeutung berufsfachlicher Strukturen für die Gehalte von Tätigkeiten und erforderlichen Fähigkeiten hin. Dies bezieht sich z. B. auf die steigende „Halbwertszeit des Wissens", d. h. das immer schnellere Veralten von fachlichen Kenntnissen und Fähigkeiten; auf die wachsende Bedeutung fachunspezifischer Funktionen und Fähigkeiten, die relativ gesehen Berufsfachliche Komponenten zunehmend entwerten; auf das Aufbrechen von Fachgrenzen und die Umkehrung der Tendenz zu immer weiter fortschreitender Spezialisierung mit nun einer Entwicklung zu wieder breiter und diffuser angelegten fachlichen Strukturen; sowie auf die verringerte biographische Dauerhaftigkeit fachlicher Bindungen von Personen und damit der Zwang zu immer häufigerer Beruflicher Umorientierung.
2. Zunehmend zeigt sich eine verringerte Bedeutung traditionaler Beruflichkeit für die sozio-ökon. Sicherung von Menschen. Dies bezieht sich insbes. auf die tendenzielle Entkopplung von Beruf und Erwerbsverlauf, die eine starre Bindung an einen festen Lebensberuf zum existenziellen Risiko macht; auf die zunehmende Ablösung der Platzierung von Beschäftigten im Betrieb und damit die betriebliche Personalentwicklung über tradierte Berufsmuster; sowie auf die zunehmende Dysfunktionalität der Orientierung der Sozialsysteme am bisherigen Berufssystem und der Fiktion stabiler lebenslanger Berufe.
3. Zum dritten gibt es schließlich schon länger Hinweise auf eine abnehmende Relevanz des Berufs für die allgemeine Sozial- und Lebenslage von Mitgliedern der Gesellschaft. Dies bezieht sich etwa auf die verringerte Bedeutung der konkreten Berufe für die Gestaltung des Alltags von Menschen, bei denen etwa über außerberufliche Bezugsgruppen vermittelte Lebensstile, Freizeitformen oder

Konsumpraktiken immer mehr berufsspezifisch geprägte Momente ablösen; auf die fortschreitende Entkopplung der Biographien von berufsgruppenspezifischen Lebensdynamiken; auf eine sich abschwächende Bedeutung von berufsfachlich basierten individuellen Werthaltungen und Lebensorientierungen und damit schließlich von personaler Identität; sowie auf eine abnehmende Wirksamkeit der erlernten oder ausgeübten Berufe für die generelle soziale Lage und damit die gesellschaftliche Integration und Verortung von Menschen.

Diese zunehmende Dysfunktionalität gewohnter beruflicher Formen ist Berechtigung genug, die zukünftige Bedeutung des bisher typischen Berufssystems skeptisch zu sehen und vielleicht sogar dem konventionellen Beruf als Kulturform von Arbeitskraft und Arbeit überhaupt eine Zukunft abzusprechen. Was Erwerbstätige als Fähigkeitskombinationen zunehmend brauchen und was Betriebe, wenn sie moderne Arbeitskräfte einsetzen, als Qualifikationsmuster verstärkt nachfragen, sind tatsächlich nicht mehr starre Raster von ausschließlich fachlich zugerichteten und eng spezialisierten Fähigkeiten, sondern hoch komplexe, möglichst entwicklungsoffene und vielfältig einsetzbare Qualifikationspotenziale stark individualisierter und flexibler Arbeitspersonen, bei denen fachübergreifende Kompetenzen und allgemeine Persönlichkeitsmerkmale tendenziell wichtiger sind als fachliche Spezialfähigkeiten.

▶ **Arbeit; Wandel, sozialer**

📖 Baethge, M. & Baethge-Kinsky, V. (1998). Jenseits von Beruf und Beruflichkeit? Neue Formen von Arbeitsorganisation und Beschäftigung und ihre Bedeutung für eine zentrale Kategorie gesellschaftlicher Integration. *Mitteilungen aus der Arbeitsmarkt- und Berufsforschung*, 31, 461-472 • Beck, U., Brater, M. & Daheim, H.J. (1980). *Soziologie der Arbeit und der Berufe. Grundlagen, Problemfelder, Forschungsergebnisse*. Reinbek: Rowohlt • Conze, W. (1972). Beruf. In O. Brunner, W. Conze, & W. Kosseleck (Hg.), *Geschichtliche Grundbegriffe* (Bd. 1) (S. 490-507). Stuttgart: Enke • Daheim, H.J. (1969). Berufssoziologie. In R. König (Hg.), *Handbuch der empirischen Sozialforschung*, Bd. 8 (2. Aufl.) (S. 1-100). Stuttgart: Enke • Geißler, K.H. (1994). Vom Lebensberuf zur Erwerbskarriere. Erosionen im Bereich der beruflichen Bildung. *Zeitschrift für Berufs- und Wirtschaftspädagogik*, 90, 647-654 • Demszky-v.d.Hagen, A. & Voß, G.G. (2010). Beruf und Profession. In F. Böhle, G.G. Voß, & G. Wachtler (Hg.), *Handbuch Arbeitssoziologie*. (S. 751–803). Wiesbaden: VS Verlag • Heinz, W.R. (1995). Arbeit, Beruf und Lebenslauf. Eine Einführung in die berufliche Sozialisation. Weinheim: Juventa • Hörning, K.H. & Knicker, Th. (1981). *Soziologie des Berufs. Eine Einführung*. Hamburg: Hoffman & Campe • Kurtz, Th. (Hg.). (2001), *Aspekte des Berufs in der Moderne*. Opladen: Leske & Budrich • Kurtz, Th. (2001). *Berufssoziologie*. Bielefeld: transcript • Voß, G.G. (2002). Der Beruf ist tot! Es lebe der Beruf! Zur Beruflichkeit des Arbeitskraftunternehmers und deren Folgen für das Bildungssystem. In E. Kuda,

& J. Strauß (Hg.), *Arbeitnehmer als Unternehmer?* (S. 100-118). Hamburg: VSA • Voß, G. (2012). Individualberuf und subjektivierte Professionalität. Zur beruflichen Orientierung des Arbeitskraftunternehmers. In A. Bolder, R. Dobischat, G. Kutscha, & G. Reutter (Hg.), *Beruflichkeit zwischen institutionellem Wandel und biographischem Projekt* (S. 283-317). Wiesbaden: Springer VS • Voß, G.G. & Wetzel, M. (2012). Berufs- und Qualifikationsstruktur. In St. Mau, & N. Schöneck, *Handwörterbuch zur Gesellschaft Deutschlands* (S. 80-96). Wiesbaden: Springer VS • Weber, M. (1972).*Wirtschaft und Gesellschaft. Grundriß der verstehenden Soziologie.* Tübingen: C.H.B. Mohr (zuerst 1921) • Weber, M. (1986). Die protestantische Ethik und der Geist des Kapitalismus. In ders. (Hg.), *Gesammelte Aufsätze zur Religionssoziologie* (Bd. I, S. 17-206). Tübingen: C.H.B. Mohr (zuerst 1920)

G. Günter Voß

Bevölkerung

Die Bevölkerung ist die Gesamtzahl aller Einwohner eines bestimmten Gebietes (z. B. Staates) zu einem bestimmten Tag eines Jahres. Zu jedem Stichtag kann die Bevölkerungszahl variieren, weshalb eine Bevölkerung keine konstante Größe darstellt. Zum Stichtag 31.12.2013 umfasste die Wohnbevölkerung der Bundesrepublik Deutschland insgesamt 81 Millionen Personen (Destatis, 2015a). Zu dieser Wohnbevölkerung zählen alle in Deutschland gemeldeten Personen inklusive in Deutschland gemeldeter Ausländer. Grundlegend bestehen Differenzierungsmöglichkeiten der Bevölkerung nach Alter, Geschlecht oder Kohortenzugehörigkeit. Betrachtet man die Zusammensetzung der Bevölkerung Deutschlands hinsichtlich ihres Altersaufbaus (Bevölkerungspyramide) im Jahr 2013 und vergleicht diese mit der Altersstruktur des Jahres 1990, wird deutlich, dass der Anteil an Frauen und Männern, die älter als 65 Jahre sind, in den letzten zwei Jahrzehnten deutlich angestiegen ist (Destatis, 2015b). Das Verhältnis von Frauen und Männern in dieser Altersstufe fällt dabei zugunsten der Frauen aus.

Die Perspektive, aus der Bevölkerung in der Demografie und der Bevölkerungssoziologie betrachtet wird, fällt unterschiedlich aus (Dinkel, 1989). In der Demografie steht die Beschreibung der Bevölkerung in ihrer statistischen Zusammensetzung (beispielsweise nach Alter und Geschlecht) und ihre Entwicklung hinsichtlich Fertilität (Geburten), Mortalität (Sterbefälle) und Migration (Wanderungen) im Vordergrund. Dabei geht es um eine möglichst exakte Abbildung dieser Zusammensetzung und Entwicklung, basierend auf der grundlegenden Gleichung:

$$\text{Bevölkerung}_t = \text{Bevölkerung}_{t-1} + (\text{Geburten} - \text{Sterbefälle}) + (\text{Zuzüge} - \text{Fortzüge})$$

Diese Gleichung gibt den Zusammenhang von Bevölkerungszahlen zu zwei bestimmten Zeitpunkten (t, t–1) und den demografischen Ereignissen (Geburten, Sterbefälle, Wanderungen) in der Periode zwischen diesen beiden Zeitpunkten wieder. Zentrale Datenquellen sind neben der amtlichen Statistik (Volkszählung, Mikrozensus) auch repräsentative Stichprobenerhebungen wie das Sozio-ökonomische Panel (SOEP) oder die Allgemeine Bevölkerungsumfrage der Sozialwissenschaften (ALLBUS), bei denen nur eine Auswahl der Bevölkerung befragt wird.

Die Bevölkerungssoziologie hingegen konzentriert sich auf die gesellschaftlichen Strukturen sowie die Frage nach den Zusammenhängen zwischen der Bevölkerungsstruktur bzw. -entwicklung, der Sozialstruktur und dem sozialen Wandel. Relevant sind dabei sowohl die Auswirkungen gesellschaftlicher Veränderungen auf die demografischen Parameter als auch die Rückkoppelungseffekte der demografischen Parameter auf die gesellschaftlichen Strukturen. Beispielhaft sei hier der Zusammenhang zwischen der rückläufigen Zahl der Geburten und der Bildungsexpansion vor allem bei den Frauen in Westeuropa in den letzten 60 Jahren genannt (siehe auch Lück, 2014). Im deutschsprachigen Raum fällt eine Differenzierung zwischen Bevölkerungssoziologie und Demografie nicht ganz einfach, da die Begriffe nicht eindeutig gegeneinander abgegrenzt und häufig sogar synonym verwendet werden (Schröder & Feldhaus, 2010). Auffällig ist die inhaltliche Überschneidung zu anderen Fachbereichen wie der Ökonomie. Dies unterstreicht die interdisziplinäre Anschlussfähigkeit der Bevölkerungswissenschaft. Erst in der Zusammenschau verschiedener Fachdisziplinen lässt sich eine annährend vollständige Analyse der Bevölkerungsentwicklung umsetzen.

Eine vielzitierte Bevölkerungstheorie, die sich mit der Erklärung der Veränderung von Mortalität und Fertilität auseinandersetzt, ist die Theorie des (ersten) demografischen Übergangs nach Mackenroth (1953). In fünf Phasen wird im Rahmen dieses Theorieansatzes der Übergang von hohen zu niedrigen Sterbe- und Geburtenziffern beschrieben. Idealtypisch beginnt dieser Übergang mit dem Rückgang einer hohen Sterblichkeit, wobei die Geburtenhäufigkeit zunächst auf einem hohen Niveau bleibt. Mit einer zeitlichen Verzögerung setzt dann ein Rückgang der Geburten ein. Sterbe- und Geburtenrate pendeln sich in der letzten Phase auf einem neuen, niedrigen Niveau ein. Da es sich hier um ein generalisiertes Modell handelt, kann der tatsächliche Verlauf des Übergangs von hoher zu niedriger Mortalität und Fertilität in den jeweiligen Ländern stark abweichen (Münz & Ulrich, 2007). Der zu beobachtende Übergangsprozess wird über die Industrialisierung und die damit verbundenen, umfassenden ökonomischen und gesellschaftlichen Modernisierungsprozesse erklärt. Trotz Kritik (vgl. Höpflinger, 2012; Niephaus, 2012) hat dieser Erklärungsansatz bis heute Bestand und trägt zu einer breiten Diskussion bei. Empirisch kann gegenwärtig in vielen Ländern eine Geburtenrate beobachtet werden, die unter der Sterberate liegt. Um diese Entwicklung zu erklären, wurde die Theorie des ersten demografischen Übergangs um die These eines zweiten demografischen Übergangs erweitert (van de Kaa, 1987). Darüber hinaus bietet das theoretische Konzept der Lebenslaufforschung, welches sich mit den Entwicklungsbedingungen individueller Lebensverläufe beschäftigt, weiteres Analysepotential an der Schnittstelle von demografischer und soziologischer Forschung (Kreyenfeld, Niephaus & Sackmann, 2015).

Beschreibende und erklärende Aspekte zum Thema Bevölkerung werden in Bevölkerungsvorausberechnungen gebündelt. Aktuelle Bevölkerungsvorausberechnungen des Statistischen Bundesamtes, die keine Prognosen, sondern Berechnungen einer zukünftigen Bevölkerung unter Voraussetzung bestimmter Annahmen sind (Projektionen), gehen für Deutschland von einem (weiteren) Rückgang der Bevölkerung aus (Destatis, 2015b). Als Annahmen werden eine konstant niedrige Fertilität, eine steigende Lebenserwartung und ein positiver Wanderungssaldo herangezogen. Da diese Berechnungen stark von den verwendeten Parametern Fertilität, Mortalität und Migration abhängen (günstige oder ungünstige Annahmen), werden verschiedene Szenarien kalkuliert, um ein möglichst realistisches Spektrum zukünftiger Bevölkerungsentwicklungen zu skizzieren. Haben gegenwärtig zu beobachtende Trends in Fertilität und Mortalität Bestand, würde die Bevölkerungszahl Deutschlands im Jahr 2060 zwischen 68 und 73 Millionen Personen betragen, abhängig vom Ausmaß der Nettozuwanderung (Destatis, 2015b). Ähnliche Zukunftsszenarien werden auch für die Weltbevölkerung berechnet. Im Hinblick auf die Anzahl der Weltbevölkerung geht man jedoch eher von einem weiteren Anstieg aus (United Nations, 2013). Vor dem Hintergrund dieser aktuellen Entwicklungen, die nach differenzierten Analysen zu Ursachen, möglichen Folgen und Problemlösungen verlangen, wird die Bevölkerungssoziologie künftig weiter an Bedeutung gewinnen (Schröder & Feldhaus, 2010).

▶ **Alter; Familie; Generation; Migration; Lebensform; Sozialstruktur**

📖 Destatis 2015a: *Bevölkerung und Erwerbstätigkeit. Vorläufige Ergebnisse der Bevölkerungsfortschreibung auf Grundlage des Zensus 2011.* Statistisches Bundesamt (Hg.). Wiesbaden • Destatis 2015b: *Bevölkerung Deutschlands bis 2060. 13. Koordinierte Bevölkerungsvorausberechnung.* Statistisches Bundesamt (Hg.). Wiesbaden • Dinkel, R. H. (1989). *Demographie Band 1: Bevölkerungsdynamik.* München: Verlag Vahlen • Höpflinger, F. (2012). *Bevölkerungssoziologie: eine Einführung in demographische Prozesse und bevölkerungssoziologische Ansätze.* Weinheim: Beltz Juventa • Kreyenfeld, M., Niephaus, Y. & Sackmann, R. (2015). Gegenstandsbereich der Bevölkerungssoziologie. In Y. Niephaus, M. Kreyenfeld & R. Sackmann (Eds.), *Handbuch Bevölkerungssoziologie.* Wiesbaden: Springer VS (3-18) • Lück, D. (2014). Family Values and Family Norms. What Impact Does Culture Have on Familial and Generative Behaviour? *Comparative Population Studies* 39, 451-464 • Mackenroth, G. (1953). *Bevölkerungslehre: Theorie, Soziologie und Statistik der Bevölkerung.* Berlin: Springer • Münz, R. & Ulrich, R. E. (2007). Bevölkerung. In H. Joas (Hg.), *Lehrbuch der Soziologie* (S. 570-595). Frankfurt a. M.: Campus Verlag • Niephaus, Y. (2012). *Bevölkerungssoziologie: eine Einführung in Gegenstand, Theorien und Methoden.* Wiesbaden: Springer VS Verlag • Schröder, T. & Feldhaus, M. (2010). Bevölkerungssoziologie. In G. Kneer & M. Schroer (Eds.), *Handbuch Spezielle Soziologien* (S. 51-65). Wiesbaden: Springer • United Nations. (2013). *World Population Prospects: The 2012 Revision. Volume I: Comprehensive Tables.* New York: United Nations Publications • van de Kaa, D. J. (1987). Europe's second demographic transition. *Population bulletin,* 42, 1-59

Anne-Kristin Kuhnt

Bewegung, soziale

Als soziales Phänomen haben soziale Bewegungen eine weltweite Verbreitung – sie gehören zu den wichtigsten Faktoren des sozialen Wandels moderner Gesellschaften. Die religiös-protestantischen Bewegungen im Mitteleuropa des 16. Jahrhunderts lassen sich als frühe Formen sozialer Bewegungen identifizieren. Weitere frühe soziale Bewegungen sind u. a. die Sklavenbefreiungsbewegung im 18. Jahrhundert, die nationalistischen Bewegungen der beginnenden Neuzeit, die Arbeiterbewegung und die Frauenbewegung. Zu Beginn des 20. Jahrhunderts entstehen anti-modernistische Jugendbewegungen sowie die ganz Europa in den 1930er Jahren erfassenden faschistischen Bewegungen. Mit zunehmender Ausdifferenzierung moderner Gesellschaften lässt sich eine thematische und ideologische Ausdifferenzierung sozialer Bewegungen beobachten: Jüngere Bewegungen sind u. a. die US-Bürgerrechtsbewegung, die Friedensbewegung, die Anti-Atomkraft-Bewegung oder die Tierrechtsbewegung. Aktuelle soziale Bewegungen richten sich gegen die zunehmende Globalisierung von Handels- und Finanzströmen (u. a. Globalisierungsgegner, OccupyWall-Street), gegen Korruption und Demokratie-Defizite und fordern mehr Mitspracherechte (z. B. Podemos, Anti-Überwachungsbewegung, „Arabischer Frühling"). Soziale Bewegungen sind nicht erst seit jüngster Zeit international – bereits die frühe Arbeiter- oder Frauenbewegung hatte transnationale Organisationen und internationale Agenden.

Ihre unterschiedlichen Erscheinungsformen machen soziale Bewegungen zu Mischformen, die sich zwischen unkoordiniertem, nur kurzfristig gleichmäßigem Handeln (z. B. Menschenmassen, Menschenmengen, Menschenaufläufen, sozialen Trends) und langfristig integriertem, durch formale Regeln auf einander abgestimmtem Handeln (z. B. Interessengruppen und formale Organisationen) ansiedeln lassen: Sie benötigen zur Zielverfolgung sowohl Massenhandeln wie Demonstrationen oder Go-Ins, als auch Organisationseinheiten, die die Handlungen der Aktivisten und Sympathisanten koordinieren.

Trotz einer Vielzahl von Definitionsbemühungen (eine der ersten stammt von Herberle, 1968), lassen sich gemeinsame Elemente finden:

1. Soziale Bewegungen bestehen aus den kollektiven Aktionen von individuellen oder korporativen Akteuren, die der Durchsetzung gemeinsamer Ziele dienen. Sie unterstützen oder verhindern sozialen Wandel und gründen sich auf Interessengegensätzen.
2. Die Akteure sozialer Bewegungen sind vernetzt und entwickeln eine kollektive Identität. Dies ermöglicht den Austausch von Informationen, materiellen Ressourcen, Ideen oder Emotionen. Mitglieder können in soziale Bewegungen relativ leicht ein- und austreten. Darum müssen Anreize geschaffen werden, damit die Mitglieder der Bewegung nicht abwandern. Soziale Bewegungen benötigen zur Planung und Umsetzung von Aktionen einen organisatorischen Kern.
3. Die kollektiven Aktionen sind auf relative Dauer gestellt. So können die Mitglieder stabile Erwartungen über die Kontinuität der gemeinsamen Arbeit aufbauen.
4. Soziale Bewegungen entstehen außerhalb des Bereichs etablierter Institutionen. Sie entstehen teils aus Protest gegen etablierte Interessenvertretungsorgane, teils weil bestimmte Interessen innerhalb der bisherigen administrativen Strukturen noch nicht vertreten sind.
5. Ihre wichtigste Aktionsform ist der Protest. Im Unterschied zu Organisationen bevorzugen soziale Bewegungen Strategien des Konflikts und versuchen, ihre Ziele mittels möglichst innovativer und spektakulärer Protestformen durchzusetzen.

In Anlehnung an Blumer unterscheidet die Bewegungsforschung vier idealtypische Stadien der Bewegungsentwicklung: „soziale Spannungen", „Konsolidierung", „Bürokratisierung" und „Institutionalisierung oder Auflösung". Soziale Spannungen können als Reaktion auf Unzufriedenheit mit sozialen, politischen und ökonomischen Rahmenbedingungen auftreten. In dieser Phase ist die Bewegung noch latent, es bilden sich erst langsam Kollektive für gemeinsame Aktionen. Einzelakteure oder Bewegungsorganisationen wirken als Agitatoren und bieten Interpretationsrahmen für Ereignisse oder Entwicklungen. Das nächste Stadium der Konsolidierung erreichen viele latente Bewegungen nicht. Es erfordert, dass potentielle Mitglieder Interessen gemeinsam artikulieren: Dies setzt voraus, dass die Mitglieder einander wahrnehmen, sich koordinieren und ihre Interessen bündeln. Gelegenheitsstrukturen wie öffentliche Treffpunkte spielen hier eine ebenso große Rolle wie die Rollendifferenzierung in Führungspersönlichkeiten, Aktivisten und Sympathisanten. In der Phase der Bürokratisierung oder Formalisierung treten soziale Bewegungen den Weg in die politischen Institutionen an. In diesem Stadium müssen strategische Kompromisse eingegangen werden und es muss aus taktischen

Gründen auf bestimmte Zielsetzungen oder Mittel (z. B. Gewaltakte) verzichtet werden. Dies führt zu Flügelkämpfen und Abspaltungen. Nach diesem Stadium lösen sich Bewegungen entweder auf oder werden Teil des etablierten politischen Entscheidungssystems. Oft passiert beides gleichzeitig. Dies lässt sich am Beispiel der deutschen Frauenbewegung beobachten: Die meisten der außerparlamentarischen Initiativen haben sich aufgelöst; gleichzeitig finden sich noch aktive feministische Gruppen und Internet-Foren; einige Ziele werden derzeit in Gleichstellungsstellen in Unternehmen und öffentlicher Verwaltung umgesetzt.

Das Phänomen der sozialen Bewegungen wird seit dem ausgehenden 19. Jahrhundert wissenschaftlich untersucht. Zu den ersten Analysen gehören diejenigen des Franzosen Le Bon, der soziale Bewegungen als Massenverhalten sozialpsychologisch analysierte. Gleichermaßen verstanden auch die Erklärungsansätze der Chicago School um E. Park und W. Burgess soziale Bewegungen als Form irrationalen Massenverhaltens, die ähnlich erklärt werden konnte wie Massenpaniken, Massenhysterie oder soziale Trends. Soziale Bewegungen wurden als Folge eines zu schnellen sozialen Wandels begriffen. Aktuelle Ansätze hingegen erkennen an, dass sich die Anhänger oft aus guten Gründen einer Bewegung anschließen und zur Durchsetzung ihrer Interessen rationale Strategien anwenden und Organisationen gründen. Sie werden als Verursacher sozialen Wandels begriffen.

Die Arbeiten von Blumer (1939) und Turner und Killian (1957 [1987]) gehören zu den ersten, die soziale Bewegungen als relativ stabile Form kollektiven Verhaltens verstehen, welche durch kognitive Ansteckung und Ausführung von kollektiv-orientierten Normen entstehen. Zu den aktuellen theoretischen Weiterentwicklungen gehören u. a. Deprivationstheorien (z. B. Gurr, 1972), die soziale Bewegungen als Ergebnis individueller Frustrationen erklären; Ressourcenmobilisierungsansätze (z. B. McCarthy & Zald, 1977), deren zentraler Erklärungsfokus auf der Bündelung individueller Ressourcen und der Bildung von Organisationen liegt; der political opportunity structure-Ansatz (Eisinger, 1973), der den Einfluss gesellschaftlicher, politischer und rechtlicher Rahmenbedingungen auf Entstehung und Erfolg sozialer Bewegungen untersucht. Neuere Ansätze wie der Framing-Ansatz (Snow, Rochford, & Benford, 1986), der Mikromobilisierungsansatz (McAdam, 1988) und Ansätze zur Entstehung und Entwicklung kollektiver Identitäten (Melucci, 1999) stellen den Einfluss von Gruppen und Gruppenprozessen in das Zentrum ihrer Analysen. Seit den 1990er Jahren werden auch zunehmend Theorien rationaler Handlungswahl oder collective action-Ansätze in der Bewegungsforschung angewandt (Marwell & Oliver, 2001). Diese nehmen das Kollektivgutproblem und damit die Unwahrscheinlichkeit der Genese sozialer Bewegungen zum Ausgangspunkt ihrer Analysen. In Deutschland wurde lange Zeit vornehmlich mit Theorien neuer sozialer Bewegungen gearbeitet, die die sozialen Bewegungen der 1960er

Jahre als Resultat der Krisen moderner Gesellschaften und des Wertewandels hin zu postmaterialistischen Einstellungen begriffen (Habermas, 1981; Brand, 1982; Rucht, 1994). In den jüngsten Untersuchungen zu sozialen Bewegungen finden u. a. Theorien der Migration von „Memen" Verwendung, um strukturelle Ähnlichkeiten zwischen international sehr verschiedenen Bewegungen in den Blick zu nehmen.

Diese Ansätze listen eine Vielzahl plausibler Faktoren der Genese, Mobilisierungs- und Durchsetzungserfolge auf. Dennoch bleiben selbst in einer Kombination dieser Theorien Erklärungslücken bestehen. U. a. gelingt keine überzeugende Erklärung, wie aus gleichen Interessen gemeinsame Interessen entstehen.

Soziale Bewegungen erlangen ihre Qualität als Grundbegriff durch ihre sozialphänomenale Omnipräsenz. Unter Rückgriff auf allgemeine Theorieentwicklungen hat die Bewegungsforschung darüber hinaus eine eigene Theorietradition und einen eigenständigen Begriffsapparat entwickelt, der sich gewinnbringend auf andere Themenfelder übertragen lässt.

▶ **Handeln, soziales; Interaktion; Wandel, sozialer**

📖 Blumer, H. (1939). Collective Behavior. In R. E. Park (Hg.), *An Outline of the Principles of Sociology* (S.221-280). New York: Barnes & Noble • Brand, K.-W. (1985). *Neue soziale Bewegungen in Westeuropa und den USA*. Frankfurt a. M., New York: Campus • Eisinger, P.K. (1973). The Conditions of Protest Behaviour in American Cities. *American Political Science Review*, 67, 11-28 • Gurr, T. (1972). *Why Men Rebell*. Princeton: Princeton UP • Habermas, J. (1981). *Theorie des kommunikativen Handelns* (Bd. 1). Frankfurt a.M: Suhrkamp • Heberle, R. (1968). Types and Functions of Social Movements. *International Encyclopedia of the Social Sciences*, Jg. 14, 438-444 • McAdam, D. (1988b). *Freedom Summer*. New York: Oxford UP • McCarthy, J. D. & Zald, M. N. (1977). Resource Mobilisation and Social Movements. *American Journal of Sociology*, 82, 1212-1241 • Melucci, A. (1999). Soziale Bewegungen in komplexen Gesellschaften. In A. Klein, H.-J. Legrand & T. Leif (Hg.), *Neue soziale Bewegungen* (S. 115-130). Opladen: Westdeutscher Verlag • Oliver, P. & Marwell, G. (2001). Whatever Happened to Critical Mass Theory? A Retrospective and Assessment. *Sociological Theory*, 19, 292-311 • Rucht, D. (1994). *Modernisierung und neue soziale Bewegungen*. Frankfurt: Campus • Snow, D. A., Rochford, E. B., Worden, S. K. & Benford, R. D. (1986). Frame Alignment Processes, Micromobilization, and Movement Participation. *American Sociological Review*, 51, 464-481 • Turner, R. H. & Killian, L. M. (1957 [1987]). *Collective Behaviour*. Englewood Cliffs: Prentice Hall

Annette Schnabel

Beziehung, soziale

Eine soziale Beziehung kann als realer oder auch nur virtuell-gedanklicher, strukturell wahrscheinlicher Kontakt wiederholbarer Art zwischen gesellschaftlichen Teilbereichen oder Gesamtgesellschaften, aber v. a. Personen, Gruppen und Organisationen definiert werden. Nach Max Weber (1864–1920) soll eine soziale Beziehung „ein seinem Sinngehalt nach aufeinander gegenseitig eingestelltes und dadurch orientiertes Sichverhalten mehrerer heißen", bei der die Chance besteht, dass in einer sinnhaft angebbaren Art sozial – also sinnhaft am Verhalten anderer orientiert – gehandelt wird (Weber, 1984). Soziale Beziehungen können unterschiedlichste Inhalte haben wie beispielsweise Kampf, Feindschaft, Liebe, Konkurrenz oder Freundschaft.

Im Rahmen der klassischen Beziehungslehre von Georg Simmel (1858–1919) und Leopold von Wiese (1876–1969) galt die soziale Beziehung als elementarer Grundbegriff zur Analyse des Sozialen und Gesellschaft wurde als Tatbestand der Wechselwirkung mehrerer Individuen definiert. Soziale Beziehungen werden dabei als zwischenmenschliches Geschehen der Annäherung oder Distanzierung, der Vereinigung oder Trennung verstanden, die sich im Rahmen formaler Netzwerke, d. h. von Inhalten, Motiven oder historischen Bedingungen unabhängig gedachten Beziehungsgeflechten oder Figurationen im Sinne Norbert Elias (1897–1990) in ihren unterschiedlichsten Formen abspielt. Aufgabe der Soziologie ist die Analyse dieser Formen der Vergesellschaftung.

Neuere Arbeiten analysieren soziale Beziehungen in sehr unterschiedlichen Perspektiven: Die Kleingruppenforschung beschäftigt sich mit den Folgen direkter Interaktionen als spezielle soziale Beziehungen. Die gegenseitige Bezugnahme und Perspektivenübernahme als Teil sozialer Beziehungen und die daraus folgende Verstetigung dieser Beziehungen zu sozialen Institutionen steht im Mittelpunkt des Symbolischen Interaktionismus (Berger & Luckmann, 2007). Auch innerhalb der Sozialpsychologie steht die gegenseitige Beeinflussung von Verhalten im Mittelpunkt des Interesses. So werden hier sowohl Austauschbeziehungen (Thibaut &

Kelley, 1959) und die daraus ableitbaren Machtstrukturen, als auch Freundschaften, Liebe und commitment untersucht.

Innerhalb der aus der Ökonomie stammenden Spieltheorie (Diekmann, 2009) werden diese Ideen weiter formalisiert und ausgebaut, um damit typische strategische Abhängigkeiten von Akteuren und dabei mögliche oder wahrscheinliche Lösungen mit Hilfe mathematischer Modelle zu untersuchen.

Im Anschluss an die Beziehungslehre und die Tradition der Soziometrie bestimmt die Netzwerkanalyse ebenfalls soziale Beziehungen und die aus den jeweiligen Konstellationen entstehenden Macht- und Einflussprozesse sowie mögliche und realisierte Kommunikationswege, Subgruppen und entsprechende Verhandlungsmöglichkeiten.

▶ **Figuration; Handeln, soziales; Interaktion; Macht; Netzwerk, soziales; Verhalten, soziales**

📖 Berger, P. L. & Luckmann, T. (2007). *Die gesellschaftliche Konstruktion der Wirklichkeit*: Frankfurt a. M.: Fischer • Diekmann, A. (2009). *Spieltheorie: Einführung, Beispiele, Experimente*. Reinbek: Rowohlt • Thibaut, J. W. & Kelley, H. H. (1959). *The Social Psychology of Groups*. New York: Wiley • Weber, M. (1984). *Soziologische Grundbegriffe*. Tübingen: Mohr

Johannes Kopp

Bildung

Als Allgemeinbegriff innerhalb der Sozialwissenschaften bezeichnet Bildung die Kultivierung von Handlungswissen einzelner Individuen. Bildung ist dabei eng mit Erziehung und Sozialisation verbunden. Während Erziehung die gezielte Formung der Heranwachsenden zum Zwecke der sozialen Integration bezeichnet, fokussiert Bildung vielmehr auf den Prozess der Herausbildung individuellen Handlungswissens durch soziale Austauschprozesse (Grundmann, 2011). Bildung in seiner neuhumanistischen Prägung nach Wilhelm von Humboldt (1767–1835) bezieht sich auf die Formung und Gestaltung des eigenen Selbst und den Erwerb von Handlungsselbstständigkeit des Menschen durch geistige Selbsttätigkeit (Hörner, 2010). In der empirischen Sozialforschung wird unter Bildung primär die formale Qualifikation verstanden, die über die Bildungsbeteiligung im Lebensverlauf und den erworbenen Bildungsabschluss indiziert wird. Anhand dieses Indikators werden Markt- und Lebenschancen und damit verbundene Klassenlagen, Lebensführungen und Sozialcharaktere in Verbindung gebracht (Becker, 2011). Im Unterschied zur bildungsökonomischen Sicht, bei der Bildung als Investition in das Arbeitsvermögen und Optimierung erwarteter Erträge (Lebenseinkommen) gesehen wird (Hummelsheim & Timmermann, 2010), beinhaltet der soziologische Bildungsbegriff auch die aufklärerische Komponente, der zufolge Bildung die Menschen befähigt, an gesellschaftlichen Ereignissen und Prozessen aktiv und gestalterisch teilhaben zu können (Dahrendorf, 1965). So gewinnt in den letzten Jahren der Begriff der Kompetenz als eine Schnittmenge von Bildung zunehmend an Bedeutung für die empirische Beschreibung erworbener Fähigkeiten und Fertigkeiten (Allmendinger et al., 2009). In konflikttheoretischer Perspektive gilt Bildung aus Sicht von Eliten als Mittel für die kulturelle Reproduktion von Klassenstrukturen und Sicherstellung gesellschaftlicher Privilegien (Bourdieu & Passeron, 1971). In formaler Hinsicht versteht Bourdieu (1983: 183) Bildung als institutionalisiertes und inkorporiertes kulturelles Kapital. Die ökonomischen, sozialen und kulturellen Kapitalien können zu Bildung in Form von Zertifikaten und Habitus konvertiert werden.

Wie sich die gesellschaftlichen Umstände wandeln, so wandelt sich auch die Bedeutung des Bildungsbegriffes. Der pädagogische Begriff Bildung entstand erst mit dem Aufkommen der modernen Gesellschaft. Mitte des 20. Jahrhunderts kam es zu einem fundamentalen semantischen Wandel des deutschen Bildungsbegriffes, indem sich die Rezeption des Bildungsbegriffes an dem anglo-amerikanischen Begriff „education" orientierte. An die Stelle des philosophisch-anthropologischen Elements trat das soziologische (Hörner, 2010). Bildung wird nicht mehr nur als Eigenschaft, Zustand und Statusmerkmal des Einzelnen verstanden (im Sinne von „sich bilden" sowie „gebildet sein"), sondern zunehmend auch als Funktion der Gesellschaft. Im Zuge dieser politisch-ökonomischen Funktionalisierung kommt es zu der „meritokratischen Wende" (Schelsky, 1957), in der sich Bildung zur gesellschaftlichen Schlüsselqualifikation und die Schule zur zentralen Instanz für die Zu- und Verteilung von Sozial- und Lebenschancen in modernen Gesellschaften entwickeln. Bildung eröffnet Handlungsoptionen, nimmt gesellschaftlichen Einfluss und verspricht soziale Anerkennung (Grundmann, 2011). Damit rücken gesellschaftlich relevante Kulturtechniken in den Fokus, die Erfolg auf dem Arbeitsmarkt versprechen. Bildung wird folglich als Qualifikation für den Arbeitsmarkt verstanden (Müller, 1998). Die Vorstellung von Bildung als Kapital und damit als Investition geht einher mit Bildungserträgen. Dabei lassen sich private Bildungsrenditen (individuelle Perspektive) von sozialen (die Allgemeinheit betreffend) und fiskalischen (öffentlich-staatlich) Bildungsrenditen unterscheiden (Becker, 2013). Bildung umfasst also sowohl eine Output- als auch eine Outcome-Orientierung. In diesem Verständnis erfüllt das Bildungssystem als solches neben seiner zentralen Aufgabe, Wissen und Kompetenzen zu vermitteln, zusätzlich in modernen marktwirtschaftlich orientierten Gesellschaften auch eine Selektions- und Filterfunktion.

Ein bedeutsames Forschungsfeld dreht sich neben der historischen Entwicklung von Bildungssystemen und der Bildungsbeteiligung (Müller et al., 1997) um die soziale Ungleichheit von Bildungschancen (Solga & Becker, 2012). Ungleiche Verteilungen von Bildungschancen nach sozialer und ethnischer Herkunft sowie nach Geschlecht sind empirisch belegt und Bestandteil des Alltagswissens (Becker, 2014). Eng damit verbunden sind Forschungen im Bereich der sozialen Mobilität in der Klassenstruktur (intergenerationale Mobilität), in der beruflichen Karriere (intragenerationale Mobilität) und auf Partnerschafts- und Heiratsmärkten, bei der Bildung eine zentrale Rolle spielt (Mayer & Solga, 1994; Blossfeld, 1989; Wirth, 2000). Erwartete und unerwartete Folgen der Bildungsexpansion zählen inzwischen zum Kanon der Bildungssoziologie (Müller, 1998). Verstärkt in den Fokus der Forschung gelangt die Bildungs- und Kompetenzarmut als sozialpolitisches Problem. Neben der Querschnittbetrachtung dominieren zunehmend dynamische Analysen von Bildungsverläufen im Längsschnitt (Blossfeld et al., 2011).

▶ **Lebenslauf; Sozialisation**

📖 Allmendinger, J., Nikolai, R. & Ebner, C. (2009). Soziologische Bildungsforschung. In R. Tippelt & B. Schmidt (Hg.), *Handbuch für Bildungsforschung* (S. 47-70). Wiesbaden: VS Verlag • Becker, R. (2014). Reversal of gender differences in Educational Attainment – historical analysis of the West German Case. *Educational Research*, 56, 184–201 • Becker, R. (2013): *Bildung. Die wichtigste Investition in die Zukunft*. In S. Hradil (in Zusammenarbeit mit A. Hepp) (Hg.), *Deutsche Verhältnisse* (S. 120-150). Frankfurt am Main: Campus • Becker, R. (2011). Bildungssoziologie – Was sie ist, was sie will, was sie kann. In R. Becker (Hg.): *Lehrbuch der Bildungssoziologie* (S. 9-36). Wiesbaden: VS Verlag • Blossfeld, H-.P., Roßbach, H.-G. & von Maurice, J. (Hg.) (2011). *Education as a lifelong process. The German National Educational Panel Study (NEPS)*. Zeitschrift für Erziehungswissenschaft (Sonderheft 14). Wiesbaden: VS Verlag • Blossfeld, H.P. (1989). Kohortendifferenzierung und Karriereprozeß. Frankfurt a. M.: Campus • Bourdieu, P. (1983): Ökonomisches Kapital, kulturelles Kapital, soziales Kapital. In: R. Kreckel (Hg.): *Soziale Ungleichheiten* (S. 183-198). Göttingen: Otto Schwartz & Co • Bourdieu, P. &Passeron, J.-C. (1971). *Die Illusion der Chancengleichheit. Untersuchungen zur Soziologie des Bildungswesens am Beispiel Frankreichs*. Stuttgart: Klett • Dahrendorf, R. (1965). *Bildung ist Bürgerrecht*. Hamburg: Rowohlt • Grundmann, M. (2011): Sozialisation – Erziehung – Bildung: Eine kritische Begriffsbestimmung. In R. Becker (Hg.): *Lehrbuch der Bildungssoziologie* (S. 63-86). Wiesbaden: VS Verlag • Hörner, W. (2010): I. Bildung. In: W. Hörner, B. Drinck & S. Jobst (Hg.): *Bildung, Erziehung, Sozialisation. Grundbegriffe der Erziehungswissenschaft* (S. 11-74). Opladen & Famington Hills: Verlag Barbara Budrich • Hummelsheim, S. & Timmermann, D. (2010). Bildungsökonomie. In: R. Tippel & B. Schmidt (Hg.): *Handbuch Bildungsforschung* (S. 93-134). Wiesbaden: VS Verlag • Mayer, K. U. & Solga, H. (1994). Mobilität und Legitimität. *Kölner Zeitschrift für Soziologie und Sozialpsychologie*, 46, 193-208 • Müller, W. (1998). Erwartete und unerwartete Folgen der Bildungsexpansion. In J. Friedrichs, M. R. Lepsius & K. U. Mayer (Hg.): *Die Diagnosefähigkeit der Soziologie* (S. 83-112). Opladen: Westdeutscher Verlag • Müller, W., Steinmann, S. & Schneider, R. (1997): Bildung in Europa. In: S. Hradil und S. Immerfall (Hg.): Die westeuropäischen Gesellschaften im Vergleich. Opladen Leske+Budrich, S. 177-244 • Schelsky, H. (1957). *Schule und Erziehung in der industriellen Gesellschaft*. Würzburg: Werkbund-Verlag • Solga, H. & Becker, R. (2012). Soziologische Bildungsforschung – eine kritische Bestandsaufnahme. In R. Becker & H. Solga (Hg.): *Soziologische Bildungsforschung* (S. 7-43). Wiesbaden: Springer VS • Wirth, H., (2000). *Bildung, Klassenlage und Partnerwahl*. Opladen: Leske+Budrich

Simon Gordt & Rolf Becker

C

Charisma

Charisma ist ein von Max Weber (1864–1920) prominent in die Soziologie eingeführter Begriff. Er steht neben anderen Begriffen wie bspw. Bürokratie im Zentrum seiner Herrschaftssoziologie, und kann, da wir in vielen Bereichen des sozialen Lebens Herrschaftsphänomene finden, überall dort auch relevant werden. Weber definiert den Begriff zunächst folgendermaßen: „‚Charisma' soll eine als außeralltäglich […] geltende Qualität einer Persönlichkeit heißen, um derentwillen sie als mit übernatürlichen oder übermenschlichen oder mindestens spezifisch außeralltäglichen, nicht jedem andern zugänglichen Kräften oder Eigenschaften [begabt] oder als gottgesandt oder als vorbildlich und deshalb als ‚Führer' gewertet wird" (Weber, 1980: 140). Charisma bedeutet dabei wörtlich ‚Gnadengabe' – Gnade ‚Zuwendung des Heils ohne Verdienst' –, was darauf verweist, dass Charisma in der Geschichte oft als eine Eigenschaft aufgetreten ist, die dem Charisma-Träger seinem eigenen Anspruch nach von einem Gott (oder Göttern) zwecks Bewältigung einer Mission übertragen wurde. Was bei dieser Definition weiterhin deutlich wird, ist zum ersten, dass Charisma eine objektiv beidseitige soziale Beziehung von Befehl und Gehorsam zwischen Führer und Geführten begründet: dem Legimititätsanspruch des Charismatikers entspricht dabei der Legitimitätsglauben auf Seiten seiner Gefolgschaft; zum zweiten, dass das Charisma in seiner qualitativen Eigentümlichkeit im Wesentlichen eine subjektive Zuschreibung der Gefolgschaft des Charisma-Trägers darstellt. Charisma kommt dann teilweise auch ohne übernatürliche Wesen aus: Die Zuschreibungen der Gefolgschaft von Charismatikern reichen von übernatürlichen Kräften, wie sie etwa Religionsstiftern oft von ihren gläubigen Anhängern zugesprochen werden, bis hin zu außergewöhnlichen Begabungen, die etwa einem Literaten von dessen Schülern aufgrund seiner literarischen Produkte zugeschrieben werden können.

Begriffsgeschichtlich lassen sich zwei Wurzeln des Charisma-Begriffs finden (Breuer, 2011): Zum einen – so Martin Riesebrodt – habe Weber eine religionssoziologische Bedeutung dieses Begriffs gekannt: Hier habe er sich an der ethnologischen Literatur seiner Zeit zu den Ursprüngen von Magie und Religion orientiert.

Dort verwendete Kategorien wie ‚mana' und ‚orenda', die für übernatürliche und unpersönliche Kräfte stehen, stellten für Weber eine Form des „magischen Charisma" dar. Zum anderen weist Weber selbst bei seiner Verwendung des Begriffs auf Rudolf Sohms hin, der in seinem 1892 erschienenen Buch ‚Kirchenrecht' den Charisma-Begriff zur herrschaftssoziologischen Analyse der frühchristlichen Gemeinden verwendet (Weber, 1980: 655). Diese Analyse als historisch wichtigen Spezialfall betrachtend, hat Weber darauf aufbauend seinen Idealtypus der charismatischen Herrschaft entwickelt.

Idealtypen und idealtypische Begriffe dienen Weber dem verstehenden Erklären sozialer Phänomene. Es handelt sich bei ihnen um idealisierte theoretische Modelle mit dem Status von Definitionen, die erst bei ihrer Anwendung zur Hypothesenbildung führen (Albert, 2006; 2014). Sie werden ‚genetisch definiert' durch kausale Regeln, also Gesetze, die weder generell gelten noch Notwendigkeitscharakter besitzen. Weber geht mit seinen makrosoziologischen Gesetzen der Herrschaftssoziologie davon aus, dass die Art der Rechtfertigung von Herrschaft, also ihre faktische Legitimität, „höchst reale Unterschiede" in ihren empirischen Herrschaftsstrukturen begründet (vgl. Weber, 1980: 549). Webers grundlegende Idee hinsichtlich des nomologischen Kerns seiner drei reinen Typen der Herrschaft lautet also: Wenn eine Herrschaft eine bestimmte Form der Legitimität (legal, traditional, charismatisch) besitzt, dann besitzt diese Herrschaft auch eine dieser Legitimität entsprechende Struktur. Verschiedene Legitimitätsformen sind als mit verschiedenen Herrschaftsstrukturen verbunden.

Die charismatische Form der Legitimität umfasst vier typlogische Merkmale: eine charismatisch relevante Situation, eine charismatisch qualifizierte Person mit der darin liegenden Sendung oder Botschaft, eine Anerkennung des Charismas und dessen Bewährung. Charismatische Herrschaftsansprüche werden in Situationen relevant, in denen sich eine Anzahl von Personen zumindest subjektiv in einer Krise befinden: einer inneren Krise bspw. psychischen, ethischen oder religiösen Charakters, oder einer äußeren Krise, bspw. physischen, politischen oder ökonomischen Charakters oder beidem zusammen. Personen mit charismatischem Herrschaftsanspruch bieten nun eine neue Definition dieser Krisensituation in Form einer Botschaft an. In dieser Botschaft binden sie eine Diagnose und eine Lösung der Krisensituation an ihre charismatische Qualifikation. Oft liegt die charismatische Qualifikation in einer Sendung von übernatürlichen Wesen, einer Mission Gottes oder Ähnlichem begründet. In stärker säkularisierter Form kann der Charisma-Träger auch beanspruchen, vom Schicksal oder ‚der Geschichte' geschickt zu sein. Aber auch szientistische Begabungsideologien können prinzipiell zur Rechtfertigung von Herrschaftsansprüchen herangezogen werden.

Sendung und Botschaft richten sich in der Regel dabei ihrem Sinn und Gehalt nach an eine örtlich, ethnisch, sozial, politisch, beruflich oder irgendwie sonst abgegrenzte Gruppe von Menschen, also an eine potentielle Gefolgschaft, der dabei selbst charismatische Eigenschaften zugeschrieben werden können („auserwähltes Volk'). Die Anerkennung des Charismas ist dem Legitimitätsanspruch nach Pflicht der potentiellen Gefolgschaft, zu der sie kraft ihres eigenen Charismas berufen ist. Faktisch jedoch beruht diese Anerkennung zunächst auf gläubiger Hingabe, auf Offenbarungs- und Heroenglauben, auf emotionalen Überzeugungen. Weiterhin ist diese Anerkennung aber von der Bewährung des Charisma-Trägers abhängig: seine Sendung und charismatische Qualifikation bewährt sich dadurch, dass seine Führung Wohlergehen für die Beherrschten bringt. Ist ihm solcher Erfolg versagt, so kann seine charismatische Autorität schwinden. In der Bewährung manifestiert sich also die charismatische Qualifikation des Charisma-Trägers.

Liegt diese Form der charismatischen Legitimität einer Herrschaft zugrunde, so ist Max Weber zufolge eine typische Struktur dieser Herrschaft zu erwarten. Sie umfasst folgende typologische Merkmale: eine emotionale Vergemeinschaftung, ein charismatischer Verwaltungsstab, Regelfremdheit, Wirtschaftsfremdheit und Außeralltäglichkeit. Die charismatische Bewegung oder Gemeinde ist eine emotionale Vergemeinschaftung, d. h. die Orientierung des sozialen Handelns beruht auf emotional-affektuell gefühlter Zusammengehörigkeit. Sie besitzt einen charismatischen Verwaltungsstab, Jünger und Vertrauensmänner, von Weber auch ‚charismatische Aristokratie' genannt. Ihre Kennzeichen sind vor allem der bürokratischen Herrschaftsform entgegen gesetzt, in der sämtliche Kompetenzen nach satzungsmäßiger Ordnung geregelt sind. Der charismatische Verwaltungsstab ist hingegen ein der Mission des Charisma-Trägers angepasster Apparat, der der Willkür seiner charismatischen Eingebungen folgt. Anstellung der Mitglieder des Verwaltungsstabs folgt ihrer charismatischen Qualifikation, Absetzung bei Nicht-Bewährung ihres Charismas. Es existiert keine geordnete Hierarchie mit geregelter Laufbahn, planbarem Aufrücken und Beförderung, sondern nur Berufung und Eingreifen nach Eingebung des Führers auf Grundlage der charismatischen Qualifikation der (Ab-)Berufenen. Es existieren keine Amtsbezirke (‚Amtssprengel') und sachlich abgegrenzte Kompetenzen, keine feststehenden Behörden, sondern nur Sendboten des Herrn, deren Kompetenzen sich aus dem Auftrag des Herrn sowie deren eigenem Charisma ergeben. Aus der Willkür der Eingebungen des Charisma-Trägers ergibt sich auch die Regelfremdheit der Herrschaft, eine Irrationalität im Sinne eines Fehlens der Bindung an diskursiv analysierbare Regeln. Die charismatische Herrschaft ist spezifische revolutionär, der Charisma-Träger fordert neue Gebote und schafft neue Ordnungen. Es existieren hier keine abstrakten Rechtssätze und keine formale Rechtsfindung, stattdessen dominieren offenbarte

Ordnungen und charismatisch qualifizierte Schiedssprüche und Streitschlichtungen mit ad hoc-Charakter.

Neben dieser Regelfremdheit zeichnet sich charismatische Herrschaft weiterhin durch ‚Wirtschaftsfremdheit' aus. Zunächst verwirft der Charisma-Träger typischer Weise eine reguläre, stetige ökonomische Verwertung seiner Gnadengabe als alltägliche Einkommensquelle. Überhaupt lehnt die charismatische Herrschaft die kontinuierliche wirtschaftliche Tätigkeit zwecks Erzielung regelmäßiger Einnahmen ab. „Mäzenatische – großmäzenatische (Schenkung, Stiftung, Bestechung, Großtrinkgelder) – oder: bettelmäßige Versorgung auf der einen, Beute, gewaltsame oder (formal) friedliche Erpressung auf der anderen Seite sind die typischen Formen der charismatischen Bedarfsdeckung" (Weber, 1980: 142). Typisch ist der ‚Lager- oder Beutekommunismus' bspw. politischer oder militärischer Führer oder auch der ‚Liebeskommunismus des Klosters': Kommunismus hier im Sinne eines Fehlens der ‚Rechenhaftigkeit' beim Güterverbrauch und nicht hinsichtlich einer rationalen Organisation der Güterproduktion.

Wirtschaftsfremdheit als Ablehnung kontinuierlicher rationaler Alltagswirtschaft ist dabei gleichzeitig ein Teil des umfassenden Merkmals der Außeralltäglichkeit der charismatischen Herrschaft, die sie den spezifischen Alltagsherrschaften legaler oder traditionaler Art entgegensetzt. Außeralltäglich ist die Herrschaft allein schon in dem Sinn, dass sie aus Krisensituation entsteht, die bisherigen Regeln des Alltags tendenziell umstürzt und die Alltagsform des Wirtschaftens ablehnt. Weiterhin zeichnen sich der Charisma-Träger wie auch dessen Jünger oder Gefolgsleute teilweise durch eine Weltabgewandtheit aus, insoweit sie außerhalb der Alltagsordnungen der Welt stehen: Außerhalb der Alltagsberufe wie außerhalb der alltäglichen Familienpflichten bspw. wegen Befolgung des Zölibats oder faktischer Ehelosigkeit. Ebenso für diese Weltabgewandtheit stehen Besitzverbote und Ausschluss der Annahme kirchlicher Ämter, wie sie kennzeichnend für die Jesuiten wie auch für andere religiöse Orden waren.

Mit diesem nomologischen Kern des charismatischen Herrschaftstypus lassen sich die charismatischen Strukturen von Herrschaftsgebilden durch deren spezifische Legitimität erklären. Leider hat Max Weber dieser erklärenden Grundstruktur bei seiner Schilderung der Herrschaftstypen selber keine Beachtung geschenkt. Daher neigen viele empirische Anwendungen der Herrschaftstypen auch zur reinen Deskription, bspw. wenn an einem Herrschaftsphänomen nur die eine Seite der Legitimation untersucht wird. Beachtet werden muss weiterhin, dass reale Herrschaftsphänomene oft Merkmale aller drei Herrschaftstypen in sich vereinigen können. Es handelt sich dann quasi um eine Überlagerung kausaler Einflüsse, die im idealisierten theoretischen Modell außer Acht gelassen wird (vgl. Schluchter, 1979; Breuer, 2011).

Charismatische Herrschaft ist als streng persönliches und außeralltägliches Gebilde spezifisch labil. Soll sie zu einer Dauerbeziehung werden, so muss sie sich veralltäglichen. Akut wird diese Frage oft beim Tode oder andersartigen Wegfall des Charisma-Trägers. Die Art der Bewältigung der Nachfolgerfrage entscheidet über den Charakter der nachfolgenden Herrschaftsbeziehung. Zentral für diesen dynamischen Prozess der Umbildung des Charismas sind die ideellen und materiellen Veralltäglichungsinteressen der Anhängerschaft, insbesondere aber des Verwaltungsstabes. Die dadurch vonstattengehende Institutionalisierung des Charismas ist Webers Auffassungen zufolge in der Regel mit einer Versachlichung des Charismas verbunden. Das reine Ursprungscharisma durchläuft einen Prozess der Entpersönlichung und haftet unabhängig von einer konkreten Person Institutionen an. Typischen Formen der Institutionalisierung des Charismas sind die Traditionalisierung hin zu einem ‚Gentil- und Erbcharisma' sowie die Rationalisierung hin zu einem ‚Amtscharisma'.

Davon zu unterscheiden ist der entwicklungsgeschichtlich feststellbare Versachlichungsprozess, wie ihn Wolfgang Schluchter charakterisiert hat: „Versachlichung des Charismas aber bedeutet, dass sich der Charakter der Sendung in entwicklungsgeschichtlicher Perspektive verändert, daß aus der magisch bedingten die religiös bedingte und schließlich die durch Vernunft bedingte Sendung wird" (Schluchter, 1979: 187). In dieser Perspektive wird bspw. diskutiert, dass die streng persönliche charismatische Herrschaft zwar gut geeignet erscheint, die faschistischen Führerdiktaturen Hitlers, Mussolinis und Francos zu erklären, nicht aber die stärker ideologieorientierten kommunistischen Herrschaften der Sowjetunion und des früheren Ostblocks (vgl. bspw. Lepsius, 1993; Breuer, 1994; Bach & Breuer, 2011). Mit der Formulierung der neuen Kategorie des Ideencharisma versucht man dieser entwicklungsgeschichtlich bedingten, partiellen Versachlichung charismatischer Herrschaftsphänomene gerecht zu werden (Breuer, 1994).

Eine wichtige Weiterentwicklung des Charisma-Begriffs stellt auch Wolfgang Lipps (1985) Versuch dar zu einer elaborierteren „generativen Theorie des Charismas" vorzustoßen. Er verortet die Entstehung charismatischer Bewegungen in Selbststigmatisierungsprozessen, wie sie erstmals Erving Goffman in seiner berühmten Studie über ‚Stigma' und damit verbundene Techniken der Bewältigung beschädigter Identität beschrieben hat. Michael Ebertz (1987) hat dieses Konzept dann erfolgreich auf die stigmatischen Züge der charismatischen Bewegung um Jesus von Nazareth angewendet. Zentrale Beiträge zur Frage der Institutionalisierung des Charismas hat schließlich Wolfgang Gebhardt geleistet (vgl. Gebhardt, 1987; 1994). Zum ersten hat er eine Theorie des Festes als zeitliche Eingrenzung des Charismas entwickelt: Feste sind danach zeitlich begrenzte Institutionen, in denen versucht wird, das reine Charisma des Ursprungs wach zu halten. Zum zweiten hat Gebhardt mit Charisma als Lebensform eine Konzeption der räumlichen Eingrenzung des Charismas entwickelt: Hier geht es etwa um den Versuch von Mönchsgemeinschaften, das reine Charisma des Ursprungs im räumlich begrenzten Bereich des Klosterlebens am Leben zu erhalten und gegen Veralltäglichungsprozesse zu schützen.

▶ **Legitimation; Macht – Autorität – Herrschaft**

Albert, G. (2006). Max Webers non statement-view, in G. Albert, et al. (Hg.), *Aspekte des Weber-Paradigmas* (S. 49-79). Wiesbaden: VS-Verlag • Albert, G. (2014). Idealtyp, in: H.-P. Müller & S. Sigmund (Hg.), *Max Weber Handbuch* (S. 63-66). Stuttgart: Metzler • Bach, M. & Breuer, S. (2010). *Faschismus als Bewegung und Regime*. Wiesbaden: VS-Verlag • Breuer, S. (1994). *Bürokratie und Charisma: zur politischen Soziologie Max Webers*. Darmstadt: Wissenschaftliche Buchgesellschaft • Breuer, S. (2011). ‚*Herrschaft'* in der Soziologie Max Webers. Wiesbaden: Harrassowitz Verlag • Ebertz, M. (1987). *Das Charisma des Gekreuzigten*. Tübingen: Mohr • Gebhardt, W. (1987). *Fest, Feier und Alltag*. Frankfurt a. M.: Peter Lang • Gebhardt, W. (1994). *Charisma als Lebensform*. Berlin: Dietrich Reimer • Lepsius, M. R. (1993). Das Modell der charismatischen Herrschaft und seine Anwendbarkeit auf den „Führerstaat" Adolf Hitlers, in R. M. Lepsius, *Demokratie in Deutschland* (S. 95-118), Göttingen: Vandenhoeck & Ruprecht • Lipp, W. (1985). *Stigma und Charisma*. Berlin: Ergon • Schluchter, W. (1979). *Die Entwicklung des okzidentalen Rationalismus*, Tübingen: Mohr • Weber, M. (1980). *Wirtschaft und Gesellschaft*, Tübingen: Mohr Siebeck

Gert Albert

D

Differenzierung, gesellschaftliche

Das Konzept der gesellschaftlichen Differenzierung verbreitete sich innerhalb der Soziologie seit Herbert Spencers (1820–1903) evolutionärer Deutung gesellschaftlicher Entwicklung „from incoherent homogeneity to coherent heterogeneity". Unter den soziologischen Klassikern waren Emile Durkheim (1858–1917) und Georg Simmel (1858–1918) explizite Differenzierungstheoretiker; andere klassische Gesellschaftstheoretiker, wie Karl Marx (1818–1883) und Max Weber (1864–1920), benutzten zwar den Begriff „Differenzierung" nicht an prominenter Stelle, leisteten aber dennoch wichtige Beiträge zur Sache. Unter den Klassikern der zweiten Generation waren Talcott Parsons (1902–1979) und Niklas Luhmann (1927–1998) bedeutende Vertreter einer differenzierungstheoretischen Perspektive. In den 1980er und 1990er Jahren wurde die differenzierungstheoretische Perspektive international von den amerikanischen „Neofunktionalisten", die kritisch an Parsons anknüpften, weiter getragen. Heute gibt es vor allem in der deutschen Soziologie einige Vertreter, die sich teils mit dem Werk von Luhmann, teils mit Weber auseinandersetzen, um die Differenzierungstheorie voranzubringen. Zu den verschiedenen Strängen expliziten und impliziten differenzierungstheoretischen Denkens in der Soziologie siehe Schimank (1996) und Tyrell (1998).

Gesellschaftliche Differenzierung bezeichnet sowohl einen Prozess als auch eine Struktur. In struktureller Hinsicht heißt Differenzierung, dass eine Gesellschaft aus einer Mehrzahl distinkter Teile besteht. Diese Teile können gleichartig sein, so wie Familien als Grundkomponenten von Stammesgesellschaften, oder ungleichartig – so wie die Teilsysteme der modernen Gesellschaft: Wirtschaft, Politik, Massenmedien, Bildung etc. In prozessualer Hinsicht bezeichnet Differenzierung die Dynamik, die eine bestimmte gesellschaftliche Differenzierungsstruktur hervorbringt und verändert.

Das Differenzierungskonzept ist auf alle Arten menschlicher Gesellschaften anwendbar, aber die moderne Gesellschaft und deren funktionale Differenzierung stehen im Vordergrund des Interesses. In der Soziologie finden sich zwei fundamental verschiedene, einander allerdings nicht widersprechende, sondern miteinander komplementäre Verständnisse gesellschaftlicher Differenzierung: das Dekompositions- und das Emergenzparadigma.

Durkheim und Parsons sehen gesellschaftliche Differenzierung als Prozess der Dekomposition einer funktional diffusen Einheit – einer Rolle oder Institution – in mehrere, mindestens zwei, funktional spezifischere Einheiten. Durkheims zentrales Beispiel ist die Spezialisierung von Berufen in der Industriegesellschaft. In Parsonx' abstrakterem systemtheoretischen Bezugsrahmen setzt sich die Gesellschaft aus vier analytisch unterscheidbaren Subsystemen (Wirtschaft, Politik, gesellschaftliche Gemeinschaft und Treuhandsystem) zusammen, von denen jedes eine von vier fundamentalen funktionalen Erfordernissen gesellschaftlicher Reproduktion erfüllt. Als Prozess sozialen Wandels tendiert gesellschaftliche Differenzierung Parsons zufolge zu einer immer weitergehenden Zerlegung jedes dieser Subsysteme in wiederum vier Subsysteme zweiter, dritter usw. Ordnung.

Diese Dekompositions-Perspektive auf gesellschaftliche Differenzierung hebt die Vorteile funktionaler Spezialisierung für die Gesellschaft als Ganze hervor. Spezialisierung sorgt für Leistungsverbesserungen. Wenn sich beispielsweise die schulische Erziehung von der Erziehung in den Familien differenziert, führt dies auf beiden Seiten zu Leistungsverbesserungen. Die Familie auf der einen, die Schule auf der anderen Seite können sich auf je unterschiedliche und einander ergänzende Erziehungsziele und -praktiken konzentrieren.

Im Gegensatz zu dieser Sicht gesellschaftlicher Differenzierung als einer effektiven und effizienten Arbeitsteilung porträtiert Weber die Geburt und den Aufbau der modernen Gesellschaft als Emergenz autonomer „Wertsphären". Nacheinander befreien sich Wissenschaft, Recht, Kunst, Politik, Wirtschaft, Sexualität und weitere Lebensbereiche von ihrer Unterordnung unter religiöse Doktrinen und brachten den modernen „Polytheismus" der „Wertsphären" hervor.

Luhmann spitzt diese Sichtweise weiter zu. Für ihn besteht die moderne Gesellschaft aus etwa einem Dutzend Teilsystemen (Wirtschaft, Politik, Recht, Religion, Wissenschaft, Kunst, Massenmedien, Erziehung, Gesundheit, Sport und Intimbeziehungen), von denen jedes einen autonomen, selbstreferentiellen Kommunikationszusammenhang darstellt, der einem je spezifischen binären Code unterliegt. „Wahr/unwahr" ist beispielsweise der Code der Wissenschaft, „rechtmäßig/unrechtmäßig" der des Rechtssystems. Ein ausdifferenziertes Teilsystem der modernen Gesellschaft besteht demnach aus Ketten von Kommunikationen, von denen jede auf andere Kommunikationen verweist, die sich am selben binären Code orientieren. Jede wissenschaftliche Veröffentlichung z. B., die überhaupt irgendeine Reaktion hervorruft, wird von späteren Veröffentlichungen entweder bestätigt oder kritisiert. Welche dieser beiden Reaktionen geschieht, ist im Hinblick auf die Reproduktion von Wissenschaft als gesellschaftlichem Teilsystem gleichgültig. Denn als ausdifferenzierter Kommunikationszusammenhang setzt sich Wissenschaft auf beide Weisen in Gestalt einer unaufhörlichen Folge von Publikationen fort. Innerhalb dieses Kerns wissenschaftlicher Kommunikationszusammenhänge zählen allein wissenschaftliche Gesichtspunkte; Analoges gilt für alle anderen gesellschaftlichen Teilsysteme. Das Gesamtergebnis dessen ist eine Multiplikation der sinnhaften Deutungen von Ereignissen in der modernen Gesellschaft. Ein Zugunglück beispielsweise stellt sich aus der Perspektive der Wirtschaft völlig anders dar als aus der Perspektive der Wissenschaft oder des Gesundheitswesens usw. Dies nennt Luhmann die „Polykontexturalität" der modernen Gesellschaft.

Zunächst einmal betont das Emergenz-Paradigma die „legitime Indifferenz" (Tyrell, 1978: 183f) der Teilsysteme füreinander, die aus der selbstreferentiellen Geschlossenheit der jeweiligen binären Codes resultiert. Das Wohl und Wehe der Wissenschaft etwa ist der Wirtschaft in ihrer monomanischen Fixierung auf Gewinne völlig egal – es sei denn, dass sich Entwicklungen der Wissenschaft, z. B. eine Vernachlässigung der Ingenieurdisziplinen, als dysfunktional für die Wirtschaft erweisen. In solchen Wechselwirkungen zwischen den Teilsystemen erkennt das Emergenz-Paradigma dann doch das Moment der gesamtgesellschaftlichen „Arbeitsteilung": Jedes Teilsystem erbringt Leistungen, die anderswo benötigt werden. Allerdings handelt es sich hierbei stets um eine sozusagen höchst eigensinnige und widerwillige „Arbeitsteilung", die sich aus der Sicht der Akteure eines bestimmten Teilsystems – etwa des Bildungssystems – wie folgt darstellt: Am liebsten wäre ihnen, wenn die je anderen Teilsysteme die jeweils von ihnen benötigten Leistungen zuverlässig erbrächten, man selbst aber nur den code-spezifischen Eigen-Sinn kultivieren könnte.

Vier Arten von Triebkräften gesellschaftlicher Differenzierungsvorgänge im Allgemeinen und der Ausdifferenzierung und weiteren Binnendifferenzierung der Teilsysteme der modernen Gesellschaft im Besonderen lassen sich unterscheiden: Leistungssteigerungen, Evolution, Rationalisierung kultureller Ideen und Akteurinteressen.

Leistungssteigerungen durch Spezialisierung werden besonders von Parsons hervorgehoben. Die Ausdifferenzierung des Erziehungssystems wurde beispielsweise durch Leistungsdefizite der Sozialisation in der Familie initiiert, wie sie angesichts der Qualifikationserfordernisse der industriellen Produktion zutage traten. Hier muss man sich allerdings vor einem funktionalistischen Fehlschluss hüten: Die Tatsache, dass irgendwo in der Gesellschaft ein Leistungsdefizit auftritt, sorgt keineswegs automatisch dafür, dass es zur Behebung dieses Defizits – etwa durch die Ausdifferenzierung eines darauf spezialisierten Teilsystems – kommt. Vielmehr müssen entweder Akteure das Defizit erkennen und ihm durch gezielte

Maßnahmen abzuhelfen versuchen; oder es kommt zu einer evolutionären Beseitigung des Defizits „hinter dem Rücken" der Akteure.

Entsprechend geht auch Parsons nicht davon aus, dass gesellschaftliche Leistungssteigerungen durch funktionale Differenzierung auf eine geplante Arbeitsteilung zurückgehen, wie es in Organisationen durchaus vorkommt. Für ihn ist vielmehr Evolution der zugrunde liegende Mechanismus. Auch Luhmann sieht Evolution als zentralen Differenzierungsmechanismus. In Anknüpfung an die neo-darwinistische Biologie begreift Luhmann Evolution als Zusammenspiel dreier Mechanismen: Variation, Selektion und Retention. Dabei hat jedes gesellschaftliche Teilsystem seine eigenen evolutionären Mechanismen. Im Rechtssystem z. B. sind neue Rechtsauffassungen, wie sie in Prozessen vorgebracht werden, Variationen des Rechtsverständnisses; weitere Urteile, die diese neuen Auffassungen bestätigen, bilden den Selektionsmechanismus; und wenn die neue Rechtsprechung sich in weiteren Prozessen und höheren Instanzen durchsetzt und zur „herrschenden Meinung" wird, findet Retention statt. Luhmann vermeidet mit diesem Modell, anders als Parsons, alle Forschrittskonnotationen. Luhmann zufolge kann Evolution leistungssteigernde, aber genauso gut auch dysfunktionale Differenzierungen hervorbringen. Doch selbst wenn eine evolutionär voranschreitende Differenzierung auf der Ebene jedes einzelnen Teilsystems Leistungssteigerungen hervor brächte, addiert sich das für die Gesellschaft im Ganzen nicht zu Fortschritt auf, sondern lediglich zu einer Komplexitätssteigerung, die sich auch in einer zunehmenden Instabilität und damit Riskanz der gesellschaftlichen Ordnung manifestiert.

Insbesondere Weber stellt die eigendynamische Rationalisierung kultureller Werte als Triebkraft gesellschaftlicher Differenzierung heraus. Vorangetrieben vor allem durch Intellektuelle, wurden die Implikationen jedes Wertes in allen Richtungen und immer radikaler durchdacht. Sobald dieses Durchdenken den Punkt erreicht hat, dass ein Wert wie Wahrheit, Recht, Bildung oder Profit rigoros für sich genommen reflektiert und zum Selbstzweck erhoben wird, findet schnell eine selbstreferentielle Schließung der betreffenden „Wertsphäre" statt, was dann eine entsprechende Ausdifferenzierung von Rollen, Organisationen und Teilsystemen nach sich ziehen kann.

Gesellschaftliche Differenzierung wird schließlich auch durch entsprechende Interessen von Individuen, Gruppen oder Organisationen vorangetrieben. So erklärt Durkheim die voranschreitende Arbeitsteilung u. a. als Resultat einer strategischen Konkurrenzvermeidung angesichts wachsender „sozialer Dichte". Andere Interessen, die oftmals Differenzierungsdynamiken auslösen, sind die Erhaltung oder die Erweiterung der eigenen Autonomie, der Kontrolle anderer Akteure und der eigenen Ressourcenbasis. Insbesondere die längerfristigen Politiken einiger Professionen wurden und werden von solchen Interessen beherrscht und haben die

Ausdifferenzierung bestimmter Teilsysteme wie Wissenschaft, Recht, Bildung und Gesundheitswesen sehr nachhaltig geprägt. Dabei ist nur selten eine Eins-zu-eins-Umsetzung individueller oder kollektiver Interessen in Differenzierungsstrukturen der Fall. Denn die jeweiligen Akteurkonstellationen sind in der Regel heterogen zusammengesetzt. Befürworter und Gegner bestimmter Differenzierungsschritte agieren in historisch kontingenten Kräfteverhältnissen. Paul Colomy unterscheidet diesbezüglich, ähnlich wie es in Forschungen über soziale Bewegungen geschieht, verschiedene „strategic groups": „institutional entrepreneurs" als Betreiber eines bestimmten Differenzierungsvorgangs, „institutional followers" als mobilisierbare Unterstützer, „institutional conservatives" als Widerstand leistende Verteidiger des Status quo sowie „institutional accomodationists" als mögliche Vermittler zwischen den Fronten.

Funktionale Differenzierung bedingt eine Reihe weiterer prägender Merkmale der modernen Gesellschaft: u. a. die Individualisierung der Personen, die immer stärkere Durchdringung fast aller Teilsysteme mit formalen Organisationen, die kulturelle Säkularisierung und das Aufkommen eines Fortschrittsglaubens, für den die Zukunft eine Projektionsfläche für Ansprüche an immer weitere Leistungssteigerungen aller Teilsysteme wird. Das so umrissene, um funktionale Differenzierung zentrierte Konglomerat von Strukturdynamiken der Moderne stellt sowohl für die Gesellschaft als Ganze als auch für jedes einzelne Gesellschaftsmitglied einen gemischten Segen dar.

Das moderne Individuum profitiert hinsichtlich seiner Lebenschancen von der immensen Optionssteigerung in allen gesellschaftlichen Teilsystemen – ob es um Konsumchancen oder Sportmöglichkeiten, „lebenslanges Lernen" oder medizinische Leistungen geht. Die Kehrseite ist der Verlust traditionaler sinnstiftender Bindungen der Person an stabile Gemeinschaften und Werte.

Für die Gesellschaft als Ganze ist funktionale Differenzierung evolutionär höchst erfolgreich gewesen. Alle Arten von traditionalen Gesellschaften sind durch diejenigen Nationen Europas und Nordamerikas, in denen sich funktionale Differenzierung historisch als Erstes durchgesetzt hat, wirtschaftlich, militärisch und kulturell überrannt worden. Diese offensichtliche evolutionäre Alternativlosigkeit funktionaler Differenzierung lässt allerdings keineswegs die gravierenden Risiken dieser Differenzierungsform für die gesellschaftliche Reproduktion übersehen.

Diese Risiken lassen sich erstens hinsichtlich der gesellschaftlichen Sozialintegration ausmachen. Der mit funktionaler Differenzierung korrespondierende Anspruchsindividualismus tendiert zur Überforderung der teilsystemischen Leistungsproduktionen; zugleich intensiviert er Verteilungskonflikte zwischen gesellschaftlichen Gruppen – und dies mittlerweile im weltgesellschaftlichen Maßstab. Ebenfalls weltgesellschaftlich stellen sich zweitens die wachsenden Probleme ökologischer Integration dar. Eine Reihe gesellschaftlicher Teilsysteme trägt zur Umweltzerstörung bei, und keines übernimmt bisher mehr als marginale Verantwortung für Nachhaltigkeit im Rahmen seiner je eigenen teilsystemischen Logik. Drittens schließlich ist auch die Systemintegration, wie sie sich aus dem Wechselspiel der Teilsysteme ergibt, immer wieder prekär, wenn sich einzelne Teilsysteme zu sehr verselbstständigen und die von anderen Teilsystemen benötigten Leistungen nicht mehr liefern, oder wenn bestimmte Teilsysteme „feindliche Übernahmen" anderer Teilsysteme betreiben, also etwa eine Ökonomisierung der Wissenschaft oder Kunst stattfindet, so dass deren Autonomie nicht länger gewährleistet ist.

Vor dem Hintergrund dieser sowohl jedes einzelne Gesellschaftsmitglied als auch die Gesellschaft als Ganze in all ihren Teilen zutiefst betreffenden Auswirkungen funktionaler Differenzierung ist Jeffrey Alexanders (1990: 11) These zu verstehen: „It seems to me that differentiation comes closer than any other contemporary conception to identifying the actual texture, the imminent dangers and the real promises of modern life."

▶ **Evolution, soziale; Gesellschaft; Globalisierung; Prozesse, soziale**

Alexander, J. (1990). Differentiation Theory: Problems and Prospects. In: J. Alexander & P. Colomy (eds.): *Differentiation Theory and Social Change*. (S. 1-16). New York: Columbia UP • Alexander, J. & Colomy, P. (eds) 1990. *Differentiation Theory and Social Change*. New York: Columbia UP • Durkheim, E. (1977) (zuerst 1893). Über soziale Arbeitsteilung, Frankfurt/M.: Suhrkamp • Luhmann, N. (1997). *Die Gesellschaft der Gesellschaft*, Frankfurt/M.: Suhrkamp • Mayntz, R., Rosewitz, B., Schimank, U. & Stichweh, R. (1988). Differenzierung und Verselbstständigung, Frankfurt/M.: Campus • Parsons, T. (1972). *Das System moderner Gesellschaften*, München: Juventa • Schimank, U. (1996). *Theorien gesellschaftlicher Differenzierung*, Opladen: Leske + Budrich • Schimank, U. (2013). *Gesellschaft*, Bielefeld: transcript • Schwinn, T. (2001). *Differenzierung ohne Gesellschaft*. Weilerswist • Schwinn, T., Kroneberg, C. & Greve, J. (Hg.) (2011). *Soziale Differenzierung*. Wiesbaden: VS Verlag • Tyrell, H. (1978). Anfragen an die Theorie der gesellschaftlichen Differenzierung, *Zeitschrift für Soziologie*, 7, 175-193 • Tyrell, H. (1998). Zur Diversität der Differenzierungstheorie. Soziologiehistorische Anmerkungen, *Soziale Systeme* 4, 119-149

Uwe Schimank

E

Ehe

Die Ehe stellt trotz aller gesellschaftlichen Veränderungsprozesse die im Lebenslauf von Erwachsenen dominante Organisationsform enger partnerschaftlicher emotionaler (Liebes-) Beziehungen dar. Sie bildet die Institution, die in modernen Gesellschaften immer noch im Mittelpunkt der privaten Lebensführung steht und zur Regelung der Sexual-, Lebens- und Solidarbeziehung der jeweiligen Partner dient. In den letzten Jahrzehnten lassen sich dabei ein deutlicher Wandel und die Zunahme verschiedener anderer Organisationsarten partnerschaftlicher Lebensformen wie zum Beispiel nichteheliche Lebensgemeinschaften beobachten. Die zunehmende soziale und in der Bundesrepublik seit 2001 vor allem auch rechtliche Anerkennung gleichgeschlechtlicher Partnerschaften beendet darüber hinaus zumindest teilweise eine lange Geschichte der juristischen und gesellschaftlichen Diskriminierung.

Das Eingehen zumindest prinzipiell zeitlich nicht befristeter Beziehungen zwischen Männern und Frauen ist in nahezu allen menschlichen Gesellschaften zu beobachten und kann als eine Universalie angesehen werden (Antweiler, 2007). Vorstellungen entwicklungsgeschichtlich früher sexueller Ungeregeltheit, einer ursprünglichen Promiskuität, wie sie beispielsweise bei Friedrich Engels (1820–1895) zu finden sind, lassen sich historisch nicht belegen. In der anthropologischen und ethnologischen Forschung finden sich aber Hinweise auf eine große Vielfalt von Heiratsformen in der Geschichte. Hier werden monogame und polygame Formen (Ein- versus Vielehe) unterschieden, wobei die zweite Form wiederum in Polygynie (ein Mann mit mehreren Frauen) und Polyandrie (eine Frau mit mehreren Männern) differenziert wird (Haller, 2010). Während die empirisch häufiger zu findenden Formen von Polygynie vor allem durch Machtungleichgewichte zu erklären sind, aber auch in den entsprechenden Gesellschaften aus rein demographischen Gründen nicht allzu weit verbreitet sein können, finden sich polyandrische Formen vor allem in armen Gesellschaften, bei denen ansonsten der Familienunterhalt nicht sichergestellt wäre. Alle Eheformen zeichnen sich durch ein striktes Inzesttabu aus (Bischof, 1985).

Die historische Familienforschung zeigt, dass das Eingehen einer Ehe seit dem Mittelalter durch vielfältige Heiratsregeln und vor allem -verbote beschränkt war, was zwar Partnerschaften nicht ausschloss, aber faktisch Teile der Bevölkerung an der Familienbildung hinderte (Goody, 1989; Gestrich, Krause & Mitterauer, 2003). Seit dem Beginn des 20. Jahrhunderts lässt sich die Entwicklung des Heiratsverhaltens gut erfassen: Während für die um 1900 geborenen Personen Hochzeiten in einem Alter von mit Mitte bis Ende 20 stattfanden und rund 15 bis 20 Prozent eines Jahrgangs unverheiratet blieben, ist danach eine kurvilineare Entwicklung zu beobachten. Während zuerst bis in die 1960er und 1970er das Heiratsalter und die Ledigenquoten sanken (golden age of marriage), steigen seit den 1980er Jahren beide Größen – mit deutlichen Unterschieden für spezifische Gruppen wie beispielsweise hochgebildete Frauen – deutlich an. Alternative Formen privater Beziehungen wie nichteheliche Lebensgemeinschaften oder living-apart-together-Beziehungen finden sich immer häufiger und sind vor allem auch gesetzlich möglich. Die verschiedenen Institutionalisierungsschritte einer Partnerschaft – also die emotionale Verfestigung der Partnerschaft, die Haushaltsgründung, die Eheschließung und die Familienbildung – sind heute zeitlich weit gestreckt, hinsichtlich der Haushalts- und Familienbildung und der Eheschließung auch optional und selbst in der chronologischen Reihung flexibel (Kopp et al., 2010).

Anstelle eines lange Zeit dominierenden, eher christlich geprägten Eheleitbildes sind heute Vorstellungen der individuellen Verwirklichung und partnerschaftlichen Zufriedenheit und der privaten und selbstverantwortlichen Gestaltung von Partnerschaft getreten. Entsprechend gingen die familialen und öffentlichen Kontrollen von Partnerwahl, Heirat und Trennung zurück, und das Recht zur freien Ausgestaltung von Beziehungen wurde zur allgemein anerkannten Norm. Die – teilweise romantisch überhöhte – individuelle und gesellschaftliche Ansprüche befriedigende Liebe wurde zum subjektiv wie objektiv notwendigen Rechtfertigungsgrund für Partnerwahl, Heirat und den Fortbestand der Ehe. Leitbild und gelebte Realität sind jedoch nicht immer deckungsgleich (Hill & Kopp, 2013).

Ein wichtiger Aspekt bei der Untersuchung der verschiedenen Lebensformen bildet die Partnerwahl. Trotz der subjektiven Betonung der romantischen Liebe zeigen sich (immer noch) deutliche soziale Einflüsse. So folgt die Partnerwahl nicht nur der universellen Exogamieregel des Inzesttabus, sondern auch zahlreichen Endogamieregeln. Hierbei spielen die Zugehörigkeit der Partner zur gleichen Nationalität und Sprachengemeinschaft, Bildungsstand und Schicht, Religion und Region eine große Rolle. Die häufig zu findenden Homogamietendenzen gehen dabei weniger auf persönliche Neigungen der Partner als auf strukturelle Faktoren wie etwa den Charakter entsprechender Heiratsmärkte, wie Schule, Betriebe, Hochschulen oder Freizeiteinrichtungen, zurück (Klein, 2015).

▶ **Anthropologie; Bevölkerung; Ethnologie; Familie; Lebensformen**

📖 Bischof, N. (1985). *Das Rätsel Ödipus*. München: Piper • Antweiler, C. (2007). *Was ist den Menschen gemeinsam? Über Kultur und Kulturen*. Darmstadt: WBG • Gestrich, A., Krause, J.-U. & Mitterauer, M. (2003). *Geschichte der Familie*. Stuttgart: Kröner • Goody, J. (1989). *Die Entwicklung von Ehe und Familie in Europa*, Frankfurt: Suhrkamp • Haller, D. (2010). *Ethnographie*. München: dtv • Hill, P. B. & Kopp, J. (2013). *Familiensoziologie*. 5. Auflage. Wiesbaden: Springer VS • Klein, T. (2015). Partnerwahl. In P. B. Hill & J. Kopp (Hg.), Handbuch Familiensoziologie (pp. 321-343). Wiesbaden: Springer VS • Kopp, J., Lois, D., Kunz, C. & Arránz Becker, O. (2010). *Verliebt, verlobt, verheiratet*. Wiesbaden: VS Verlag

Johannes Kopp

Einstellung, soziale

Das Konzept der Einstellung ist eines der „alt-ehrwürdigen" Konzepte in der Psychologie und darüber hinaus den Sozialwissenschaften. Gordon Allport, der Gründervater der Einstellungsforschung in der Psychologie, bezeichnete dieses Konzept als „das herausragendste und unverzichtbarste Konzept der gegenwärtigen Sozialpsychologie" (Allport, 1935). Diese Einschätzung ist für die Jahrzehnte nach Allports initialer Publikation sicherlich zutreffend gewesen. Zugleich bedarf diese Einschätzung aus heutiger Sicht auch einer Ergänzung um eine Bestandsaufnahme und der Frage nach der weiteren wissenschaftlichen Entwicklung in diesem Kontext.

Der einfachsten Definition zufolge ist eine Einstellung die Bewertung eines Objektes, des so genannten Einstellungsobjektes. Diese Bewertung kann sich auf Personen beziehen sowie auf alle anderen Arten von Objekten, und zwar konkreter wie abstrakter Natur. Die zugrunde liegende Bewertung, die in einer Einstellung zum Ausdruck kommt, kann von sehr positiv bis zu sehr negativ reichen. Das Konzept beinhaltet zudem, dass ein und dasselbe Einstellungsobjekt (etwa: eine Person, ein Buch, eine Prüfung im Studium) gleichzeitig positive wie auch negative Einstellungen hervorrufen kann. Die konzeptuelle Grundlage für diese Mehrdeutigkeit des Einstellungskonzeptes legte die Feldtheorie von Kurt Lewin, in deren Rahmen Objekte oder Ziele von Personen zugleich positive wie negative Valenzen annehmen können (Lewin, 1935).

Aus (wissenschafts-) historischer Perspektive weist das Konzept der Einstellung mindestens zwei Besonderheiten auf: Zum einen war es im Zuge der Einstellungsforschung möglich, nicht nur allein rein gedankliche Determinanten des Verhaltens zu untersuchen, sondern – aufgrund der affektiven Einstellungskomponente – auch die Wirkungen affektiver Größen auf das Verhalten. Zum anderen verband sich mit diesem Konzept die Hoffnung, auf der Grundlage von Einstellungen menschliches Verhalten vorhersagen zu können.

Die wichtigsten Forschungsfragen innerhalb der Einstellungsforschung betreffen (1) die Messung, (2) die Struktur, (3) die Funktion, (4) den Erwerb, (5) die Änderung sowie (6) die handlungsleitende Funktion von Einstellungen.

1. Bei der Messung von Einstellungen unterscheiden wir die direkte (explizite) Messung und die indirekte (implizite) Messung. Bei ersterer werden Personen in unterschiedlicher Weise nach ihren Werthaltungen zu den jeweiligen Einstellungsobjekten gefragt (siehe z. B. Wilson, 1995). Bei der indirekten Messung sollen zum einen bewusste Verfälschungen der Einstellungsäußerung ausgeschlossen werden (wenn Personen etwa aus Gründen der sozialen Erwünschtheit bestimmte Einstellungen nicht äußern möchten) oder solche Einstellungen erfasst werden, die dem eigenen bewussten Nachdenken nicht zugänglich sind. Insbesondere der Implizite Assoziations-Test (IAT) hat hier in den letzten Jahren große Forschungsbemühungen wie auch kontroverse Diskussionen auf sich gezogen (siehe z. B. Fiedler, Messner & Bluemke, 2006).
2. Heider (1958) legte mit seiner Balance-Theorie die erste Grundlage für Theorien, welche die Struktur von Einstellungen und Werthaltungen beschreiben und erklären. Leon Festinger (1962), wie Fritz Heider ein Schüler Kurt Lewins, entwickelte hieraus die Theorie der kognitiven Dissonanz, die insbesondere bis in die 1980er Jahre die am meisten beachtete Erklärung der Struktur von Einstellungen sowie deren Änderbarkeit war (zu Letzterem siehe den nachfolgenden Punkt 5).
3. Einstellungen werden in der Literatur unterschiedliche Funktionen zugeschrieben; dies betrifft etwa die mentale Organisation von Wissen und Werthaltungen, den (affektiven) Ausdruck und somit die Kommunikation dieser Werthaltungen, sowie „ego-defensive" (den Selbstwert schützende) Funktionen (vgl. Katz, 1960). Diese funktionale Sichtweise zum Einstellungskonzept hat zugleich Implikationen für den Erwerb und die Änderung von Einstellungen.
4. Der Erwerb von Einstellungen kann aus einer sozialisationstheoretischen wie auch aus einer entwicklungspsychologischen Perspektive betrachtet werden. Aus sozialisationstheoretischer Perspektive können Einstellungen affektive, behaviorale oder kognitive Ursachen haben („affective, behavioral, and cognitive", somit das ABC der Einstellungen). Dies bedeutet: Wir erschließen unsere eigenen Einstellungen aus dem, was wir fühlen, denken oder tun. Der entwicklungsbezogenen Dynamik des Einstellungserwerbs ist bislang vergleichsweise weniger Aufmerksamkeit zuteilgeworden. Wir wissen jedoch, dass Kinder eine Meinung dann mit viel höherer Wahrscheinlichkeit als wahr akzeptieren, wenn zu der meinungsäußernden Person ein Vertrauensverhältnis besteht (Harris, 2012). Im Laufe der Kindheit wird dann die Gruppe der Gleichaltrigen zum bedeutsamsten Einflussfaktor für den Erwerb von Einstellungen (Favazza & Odom, 1997).

5. Die Änderung von Einstellungen ist naturgemäß ein viel beachtetes Forschungsfeld, denn dies betrifft insbesondere den Wunsch nach Änderung von solchen Einstellungen, die dysfunktional und/oder dem menschlichen Zusammenleben abträglich sind, so etwa extremistische, gewaltbereite und fremdenfeindliche Einstellungen. Hierzu liegen zahlreiche Ansätze zur Informationsverarbeitung bei einstellungskonträren Informationen vor, die zum einen Merkmale der Interaktionspartner berücksichtigen, zum anderen auch Gestaltungsmerkmale derjenigen Informationen, die eine Einstellungsänderung bewirken sollen.
6. Die handlungsleitende Funktion von Einstellungen ist sicherlich das Herzstück in der wissenschaftlichen Analyse dieses Konzeptes, da das oberste wissenschaftliche Ziel der Psychologie und der angrenzenden Disziplinen das Verstehen und die Vorhersage des Verhaltens von Menschen ist. Frühe Forschungsbemühungen zeigten eher geringe Zusammenhänge zwischen Einstellungen und Verhalten. Erfolgreicher sind hierbei solche Ansätze, die zusätzlich zu dem Konzept der Einstellung auch andere Konzepte in die Analyse einbeziehen. Ein Beispiel ist die Theorie des geplanten Verhaltens von Icek Ajzen (Ajzen, 2005). So bezieht Ajzens Theorie solche Einstellungen ein, die auf konkrete Verhaltensabsichten bezogen sind, ebenso auch die Erwartungen bezüglich der Durchführbarkeit und der Auswirkungen eines solchen Verhaltens.

Die hier kurz umrissenen Forschungsbemühungen haben das Konzept der sozialen Einstellung zu einem der fruchtbarsten und meist untersuchten sozialpsychologischen Konzepte des 20. Jahrhunderts werden lassen. Weiterentwicklungen und Ergänzungen dieses Konzeptes haben mit den beiden eingangs genannten Besonderheiten zu tun, die wir mit diesem Konzept der Einstellung verbinden:

Einerseits ist der Gedanke wertvoll, dass nicht allein Gedanken, sondern auch Gefühle und emotionale Werthaltungen (wie sie integraler Bestandteil des Einstellungskonzeptes sind) unser Handeln determinieren. Andererseits zeigt die moderne Emotionsforschung, dass verschiedene, qualitativ distinkte Emotionen unterschiedliche und je spezifische handlungsleitende Funktionen haben. Die Zweiteilung des emotionalen Geschehens in Positives und Negatives und analog in Annäherung und Vermeidung erweist sich somit als nicht hinreichend (vgl. Rudolph & Tscharaktschiew, 2014).

Eine weitere Besonderheit des Einstellungskonzeptes betrifft die Vorhersage des Verhaltens. Verschiedene neuere Strömungen der Psychologie messen dieser Vorhersagefunktion größere Wichtigkeit bei, als dies lange Zeit für die Einstellungsforschung charakteristisch gewesen ist. Hier zeigt sich, dass gerade die Vorhersage tatsächlichen Verhaltens eine Einbeziehung solcher Konzepte erfordert, die über das Konzept der Einstellung hinausgehen. Dies betrifft insbesondere die Analyse der Motivation (so etwa: Erwartung und Wert), der Emotion (eine Systematik des emotionalen Erlebens), und der Willenspsychologie (hier insbesondere der Intention und der wahrgenommenen Selbstwirksamkeit).

▶ **Handeln, soziales; Verhalten, soziales**

📖 Ajzen, I. (2005). *Attitudes, personality, and behavior.* New York: McGraw-Hill Education • Allport, G. (1935). Attitudes. In: C. Murchison (Ed): *Handbook of Social Psychology* (789-944); Worcester: Clark UP • Harris, P. L. (2012). *Trusting What You Are Told. How Children Learn from Others.* Cambridge: Harvard UP • Favazza, P. C. & Odom, S. L (1997). Promoting Positive Attitudes of Kindergarten-Age Children toward People with Disabilities. *Exceptional Children,* 63, 405-408 • Festinger, L. (1962). Cognitive Dissonance. *Scientific American, 207,* 93-107 • Fiedler, K., Messner, C. & Bluemke, M. (2006). Unresolved problems with the 'I', the 'A', and the 'T': A logical and psychometric critique of the Implicit Association test. *European Journal of Social Psychology, 17,* 74-147 • Heider, F. (1958). *The psychology of interpersonal relations.* New York: John Wiley & Sons • Lewin, K. (1935). *A dynamic theory of personality.* New York: McGraw-Hill • Rudolph, U. & Tscharaktschiew, N. (2014). An attributional analysis of moral emotions: Naïve scientists and everyday judges. *Emotion Review,* 6, 353-361 • Wilson, T. D. (1995). Effects of introspecting about reasons: Inferring attitudes from accessible thoughts. *Journal of Personality and Social Psychology, 47,* 5-16

Udo Rudolph & Minkyung Kim

Elite

Allgemein ist Elite eine durch besondere Merkmale (frz. élire = (aus-)wählen) aus der Gesamtbevölkerung herausgehobene Personengruppe. Der Elitebegriff wurde im 18. Jahrhundert vom aufstrebenden französischen Bürgertum als demokratischer Kampfbegriff gegen Adel und Klerus entwickelt. Die individuelle Leistung sollte statt der familiären Abstammung das entscheidende Kriterium für die Besetzung gesellschaftlicher Spitzenpositionen bilden. Im 19. Jahrhundert veränderte sich der Gebrauch des Begriffs grundlegend. Elite wurde nun als Gegenpol zur Masse verwendet. Das Bürgertum, zutiefst beunruhigt über das Phänomen der städtischen Massen, die mit der Bevölkerungsexplosion und dem Aufkommen der industriellen Arbeiterklasse in Europa entstanden waren, sah die herrschende Ordnung durch revolutionäre Bestrebungen gefährdet und definierte Elite, als die es sich selbst begriff, in Abgrenzung zur (aus seiner Sicht) ungebildeten und unkultivierten Masse.

Mosca, Michels und Pareto formulierten vor diesem Hintergrund ihre klassischen Elitetheorien. Sie werden durch zwei Grundgedanken bestimmt: die grundlegende Unterteilung der Gesellschaft in Elite und Masse und die Zirkulation der Eliten. Im Gegensatz von Elite und Masse sehen alle drei ein allgemein gültiges Prinzip der Menschheitsgeschichte. Ihrer Ansicht nach herrscht zu allen Zeiten, d. h. unabhängig von der jeweiligen Entwicklungsepoche und Regierungsform, eine kleine Elite mit verschiedenen Mitteln (ganz wesentlich aber mit Gewalt) über die große Masse. Erstere verfüge dabei über die materiellen, intellektuellen und psychologischen Fähigkeiten, die zur Ausübung von Macht und damit zur Herrschaft erforderlich seien, letztere nicht. Sie sei nicht nur geistig deutlich unterlegen und vollkommen von ihren Gefühlen beherrscht, sondern auch gleich im doppelten Sinne führungsbedürftig, subjektiv wie objektiv.

Die Zirkulation der Eliten stellt für die Klassiker ebenfalls ein unabänderliches Grundgesetz der Geschichte dar. Dieser Prozess vollziehe sich ohne große Erschütterungen der Gesellschaft, wenn die herrschende Klasse beständig durch Personen aus den Unterschichten mit den notwendigen Merkmalen aufgefrischt würde und gleichzeitig ihre „entartetsten Mitglieder" durch Abstieg verliere. Würde dieser normalerweise kontinuierlich erfolgende Kreislauf spürbar gebremst oder gar gestoppt, so dass sich überlegene und gewaltbereite Elemente in den Unterschichten und unterlegene in den Oberschichten ansammelten, dann komme es unweigerlich zum Sturz der herrschenden Klasse durch Revolutionen. Mit dem Gegensatzpaar Elite und Masse bildeten diese klassischen Elitetheorien eine wichtige ideologische Grundlage für den Faschismus. Die Behauptung, dass die Herrschaft einer kleinen Elite über die große Mehrheit in allen Gesellschaftsformen Gültigkeit habe, wurde von den faschistischen Parteien als eine Begründung für das Führerprinzip benutzt.

Die Diskreditierung des Elitebegriffs durch den Faschismus und der Ost-West-Konflikt führten dazu, dass der Begriff Elite seit dem 2. Weltkrieg weitgehend funktionalistisch definiert wird. Der Ansatz von den Funktionseliten hat zwei wesentliche Grundannahmen:

1. Es gibt in modernen Gesellschaften keine einheitliche Elite oder gar herrschende Klasse mehr, sondern nur noch einzelne, miteinander konkurrierende funktionale Teileliten an der Spitze der wichtigen gesellschaftlichen Bereiche (Politik, Wirtschaft, Verwaltung, Medien, Wissenschaft, Kultur, Militär, Kirche und Justiz). Auch von einer eindeutigen Dominanz einer Teilelite kann keine Rede sein.
2. Der Zugang zu diesen Eliten steht prinzipiell jedermann offen, weil die Besetzung von Elitepositionen im Wesentlichen nach (jeweils sektorspezifischen) Leistungskriterien erfolgt. Die Leistung hat die Vererbung als entscheidendes Prinzip der Elitenrekrutierung abgelöst. Die Eliten sind sozial daher nicht mehr homogen, sondern heterogen. Das immer noch zu beobachtende Übergewicht der oberen Schichten in den Eliten ist in erster Linie auf ihren besseren Zugang zur höheren Bildung zurückzuführen, ein Vorteil, den die allgemeine Bildungsexpansion allmählich beseitigt. Der funktionalistische Ansatz dominiert auch die Mehrzahl der großen Elitestudien in Deutschland (Bürklin & Rebenstorf, 1997).

Das entscheidende Problem ist aus dieser Sicht, wie Kooperation und Konsens der unterschiedlichen Teileliten sichergestellt werden können. Für die meisten Autoren gelingt das nur, wenn sich die Eliten dem Einfluss der breiten Bevölkerung mehr oder weniger entziehen. So betrachten Field und Higley (1983) die Eliten als die wesentlichen oder gar einzigen Garanten für die Stabilität der westlichen Demokratien. Einen großen Einfluss der Massen auf wichtige politische Entscheidungen sehen sie als eine erhebliche Gefahr für die Demokratie an. Obwohl der Mainstream der funktionalistischen Eliteforschung nicht so weit geht, neigen seine wichtigen Repräsentanten (bewusst oder unbewusst) in zentralen Punkten letztlich doch zu einer ähnlichen Position. So erblickt z.B. Dahrendorf (1965) ebenfalls im Konsens der etablierten Eliten (nach dem Vorbild des britischen Establishments) die sicherste Garantie für demokratische Verhältnisse. Auch Keller (1963) sieht eine der größten Gefahren für die Demokratie in einer zu nachdrücklichen Forderung nach Demokratie, Gleichheit und öffentlicher Verantwortlichkeit der Führer. Von den strategischen Eliten verlang sie daher, ihren Elitestatus offensiv zu akzeptieren.

Die funktionalistischen Elitetheorien sind in der Soziologie allerdings nicht unumstritten. So betonen Mills (1956) und Bourdieu (1982) als die prominentesten Vertreter einer kritischen Position ausdrücklich, dass es auch in der heutigen, parlamentarisch regierten Gesellschaft keine Vielzahl voneinander unabhängiger und prinzipiell gleichrangiger Teileliten gibt, sondern eine einzige Macht-Elite bzw. herrschende Klasse, die trotz ihrer internen Differenzierung einen starken inneren Zusammenhalt aufweist und von der besitzenden Klasse bzw. der herrschenden, vor allem mit ökonomischem Kapital ausgestatteten Fraktion der herrschenden Klasse dominiert wird. Gemeinsame Interessen, ein gemeinsamer Habitus und gemeinsame Elitebildungseinrichtungen (Bourdieu, 2004) sorgten für ihre stetige Reproduktion. Bourdieu und Mills widersprechen damit grundsätzlich der funktionalistischen Annahme von der qua Leistungsprinzip hergestellten sozialen Offenheit des Elitenzugangs.

Auch auf Deutschland, das keine expliziten Elitebildungsstätten kennt, trifft die Kernthese der funktionalistischen Elitetheorien nicht zu. Die sozial disproportionale Rekrutierung der wichtigsten deutschen Eliten kann nicht allein auf die herkunftsbedingten Schranken des Bildungssystems zurückgeführt werden, die nach Ansicht der funktionalistischen Eliteforschung prinzipiell überwindbar sind und damit dem Prinzip der Leistungsauslese nicht widersprechen. Die soziale Herkunft (vor allem in Form des klassenspezifischen Habitus) bestimmt auch ganz direkt den Zugang zu den Eliten. So bleiben auch bei gleichen Bildungsabschlüssen die Chancen auf einen Aufstieg in die Wirtschaftselite für den Nachwuchs des Bürgertums wesentlich höher als für die Kinder aus den Mittelschichten und der Arbeiterklasse (Hartmann, 2002). Seit Jahrzehnten kommen vier von fünf Topmanagern aus ihren Reihen. Aufgrund der relativ homogenen sozialen Rekrutierung der Eliten, der Dominanz der Wirtschaftselite und der Verbindung der Teileliten untereinander kann durchaus von der Existenz einer herrschenden Klasse gesprochen werden (Hartmann, 2004). Wie vereinheitlichend die soziale Herkunft wirkt, zeigt sich bei den Einstellungen der Eliten. Das Elternhaus prägt diese unverkennbar quer durch alle Sektoren. Je exklusiver sie ist, desto weiter entfernt sind die Einstellungen von denen der Bevölkerung (Hartmann, 2013). Von einer Global Class oder Global Elite kann aber keine Rede sein. Selbst in der am stärksten internationalisierten Teilelite der Wirtschaft bleiben die Eliten weitgehend national organisiert (Hartmann, 2015).

▶ **Sozialstruktur; Bildung; Klasse, soziale; Ungleichheit, soziale**

📖 Bourdieu, P. (1982). *Die feinen Unterschiede*. Frankfurt a. M.: Suhrkamp • Bourdieu, P. (2004). *Der Staatsadel*. Konstanz: UVK • Bürklin, W. & Rebenstorf, H. (1997). *Eliten in Deutschland*. Opladen: Leske & Budrich • Dahrendorf, R. (1965). *Gesellschaft und Demokratie in Deutschland*. München: Piper • Field, G. L. & Higley, J. (1983). *Eliten und Liberalismus*. Opladen: Westdeutscher Verlag • Hartmann, M. (2002). *Der Mythos von den Leistungseliten*. Frankfurt a. M.: Campus • Hartmann, M. (2004). *Elitesoziologie. Eine Einführung*. Frankfurt a. M.: Campus • Hartmann, M. (2013). *Soziale Ungleichheit – Kein Thema für die Eliten?* Frankfurt a. M: Campus • Hartmann, M. (2015). Topmanager 2015. Die transnationale Klasse – Mythos oder Realität revisited. *Soziale Welt*, 66, 37-53 • Keller, S. (1963). Beyond the Ruling Class. New York: Random House • Mills, C. W. (1962). *Die amerikanische Elite*. Hamburg: Holsten Verlag

Michael Hartmann

Entfremdung

Entfremdung ist allgemein ein gestörtes oder mangelhaftes Verhältnis (zwischen dem Individuum und seiner Umwelt, zwischen Individuen, oder dem Individuum zu sich selbst), in dem eine ursprünglich natürlich-wesenhafte oder ideale Beziehung fremd geworden, aufgehoben oder entäußert ist. Theorien der Entfremdung beschäftigen sich oft mit den negativen Folgen modern-industrieller Vergesellschaftung für das Individuum. In der Soziologie wird der Begriff der Entfremdung in unterschiedlichen Dimensionen diskutiert:

1. als fehlerhafte Naturaneignung, durch die die natürliche Umwelt fremd und die selbst erschaffene *Kultur* für das Individuum unterdrückend wirkt (vgl. psychoanalytische Ansätze und Kritische Theorie);
2. als Effekt ökonomisch-kapitalistischer Produktion, die durch Privateigentum und Arbeitsteilung Formen entfremdeter Arbeit und eine Versachlichung sozialer Beziehungen hervorruft (vgl. marxistische Ansätze);
3. als soziale Pathologie des modernen Lebens, in der der Prozess der gesellschaftlichen Differenzierung mit bürokratischer Herrschaft und einer Rationalisierung von Arbeit und Leben einhergeht (vgl. die soziologischen Analysen von Durkheim, Tönnies, Simmel und Weber);
4. als individueller Zustand des Außer-sich-Seins im Sinne einer Uneigentlichkeit oder Selbstentfremdung von der eigenen Identität (vgl. existenzphilosophische Ansätze).

Die soziologische Diskussion der Entfremdung beschäftigt sich mit dem Verhältnis von Individuum und Gesellschaft und wurde von der Philosophie der Aufklärung beeinflusst. So spricht Jean-Jacques Rousseau (1712–1778) von einer Entäußerung der individuellen Rechte an die Gemeinschaft im Gesellschaftsvertrag. Zugrundeliegend ist hier die Auffassung, dass der Mensch durch einen Prozess der Vergesellschaftung, der auf Arbeitsteilung und Privateigentum beruht, aus einem idealen Naturzustand herausgerissen wird und sich so seinem eigentlichen Wesen entfremdet. Für Georg

W.F. Hegel (1770–1831) ist Entfremdung eine notwendige Selbstentäußerung des Geistes in die objektive Welt. Der Mensch eignet sich durch die Arbeit die ihm äußerliche Natur an, er entäußert sich in ihr. Durch diese Selbstentfremdung begreift er die (soziale) Wirklichkeit als eine, die er selbst durch seine Tätigkeit erschaffen hat. Entfremdung ist hier eine dynamische Auseinandersetzung des Menschen mit seiner Umwelt.

Karl Marx (1818–1883) greift diese Gedanken auf, wenn er Entfremdung als negative Folgeerscheinung und später als analytische Kategorie zur Beschreibung des Kapitalismus interpretiert. In den Frühschriften, den Ökonomisch-philosophischen Manuskripten, geht Marx in einer anthropologischen Bestimmung des menschlichen Wesens ähnlich wie Hegel davon aus, dass der Mensch sich durch seine Arbeit selbst verwirklicht. Im Kapitalismus wird die Arbeit dem Arbeitenden jedoch fremd, sie wird zu einer Ware, die er an Fremde verkaufen muss: „Der Arbeiter fühlt sich daher erst außer der Arbeit bei sich und in der Arbeit außer sich." (Marx, 1968: 514) Zusammenfassend zeichnet Marx vier Merkmale entfremdeter Arbeit: 1. die Entfremdung vom (Arbeits-)Produkt, das sich der Kapitaleigentümer aneignet; 2. die Entfremdung von der Arbeitstätigkeit, die der Arbeitende nicht mehr kontrollieren kann; 3. die Entfremdung vom menschlichen Gattungswesen, im Sinne einer verhinderten Selbstverwirklichung durch die Arbeit; und 4. die Entfremdung des Menschen vom Menschen durch ökonomische Konkurrenzbeziehungen. In seinem späteren Werk, dem Kapital, analysiert Marx die entfremdenden Effekte der kapitalistischen Produktion, in der sich die gesellschaftlichen Verhältnisse zwischen Menschen als Verhältnisse von Dingen, von Waren, darstellen. Diese Versachlichung oder Verdinglichung gesellschaftlicher Beziehungen hat Georg Lukács (1885–1971) im Anschluss an Marx als eine Ideologie kapitalistischer Vergesellschaftung interpretiert.

Andere soziologische Ansätze analysieren – auch wenn sie den Begriff nicht explizit verwenden – Phänomene der Entfremdung als soziale Pathologie modern-industrieller Gesellschaften, in denen durch gesellschaftliche Differenzierung und Arbeitsteilung das Individuum aus gemeinschaftlichen Strukturen herausgelöst wird. Emile Durkheims (1858–1917) Begriff der Anomie, der einen Zustand der Regel- und Normlosigkeit beschreibt, kann in diesem Sinne interpretiert werden. Er geht davon aus, dass im Zuge der Arbeitsteilung traditionelle Werte und Normen geschwächt werden und die soziale Ordnung damit gefährdet wird. Durkheim analysiert die durch soziale Fragmentierung und Desintegration entstandenen negativen psychosozialen Folgen wie Selbstmord. Ähnlich beschreibt auch Ferdinand Tönnies (1855–1936) den Rückgang traditioneller Institutionen, wie Familie oder Religion, als eine Herauslösung des Individuums aus einer harmonischen Gemeinschaft in eine durch Zweckbeziehungen bestimmte Gesellschaft. Auch Georg Simmel

(1859–1918) analysiert die Auswirkung moderner Phänomene wie Vermassung und Verstädterung auf die sozialen Beziehungen. Ähnlich sah Max Weber (1864–1920) in der sozialen Differenzierung die Gefahr, dass gesellschaftliche Institutionen den Individuen als „stahlharte Gehäuse der Hörigkeit" fremd werden. Existenzphilosophische Ansätze teilen die Kritik an der Anonymität moderner Gesellschaften. Martin Heidegger (1889–1976) interpretiert Entfremdung als Seinsvergessenheit in einer von Technik und Institutionen beherrschten Zivilisation.

Die Kritische Theorie setzt sich ebenso in zivilisationskritischer Absicht mit Phänomenen der Entfremdung auseinander. Theodor W. Adorno (1903–1969) und Max Horkheimer (1895–1973) gehen davon aus, dass der gesellschaftliche Fortschritt unweigerlich mit einer Entfremdung von der inneren und äußeren Natur einhergehe. Damit knüpfen sie an die Annahme der psychoanalytischen Theorie Sigmund Freuds (1856–1939) an, dass die moderne Kultur auf Triebverzicht beruhe. Die Entfremdung in modernen Gesellschaften ist laut Herbert Marcuse (1898–1979) und Erich Fromm (1900–1980) allumfassend, sie ist in den Sphären der Arbeit und Freizeit angesiedelt.

Neuere sozialphilosophische Ansätze wie die von Axel Honneth oder Rahel Jaeggi analysieren stärker die normative Grundlage der Entfremdungsdiagnose, indem sie Entfremdung als eine verfehlte (Anerkennungs-)Beziehung analysieren, die eine Selbstverwirklichung des Individuums in der sozialen Welt verhindere. Auch der Soziologe Hartmut Rosa aktualisiert den Begriff der Entfremdung als ethisches Problem eines beschleunigten Kapitalismus, der zwar größere soziale und normative Freiräume biete, aber durch Steigerungszwänge ein gutes Leben des Einzelnen verhindere. Alain Ehrenberg und Sighard Neckel analysieren in ihren Gesellschaftsdiagnosen die psychosozialen Folgen einer entfremdenden Individualisierung, die, wenn sie als fortwährende „Arbeit am Selbst" zur Norm erhoben wird, zu Erschöpfung, Burn-out und Depression führe.

▶ **Anomie; Anthropologie; Arbeit; Ideologie; Kapitalismus; Marxismus**

Israel, J. (1985). *Der Begriff Entfremdung. Zur Verdinglichung des Menschen in der bürokratischen Gesellschaft.* Reinbek bei Hamburg: Rowohlt • Jaeggi R. (2005). *Entfremdung. Zur Aktualität eines sozialphilosophischen Problems.* Frankfurt a.M.: Campus • Leuschner, U. (1992). *Entfremdung, Neurose, Ideologie. Eine Studie über Psychoanalyse und die Entfremdungstheorie von Karl Marx.* Frankfurt a.M.: Bund • Marx, K. (1968). Ökonomisch-philosophische Manuskripte aus dem Jahre 1844. In K. Marx & F. Engels, *Werke 40* (S. 465-588). Berlin (DDR): Dietz • May, H. (1985). *Arbeitsteilung als Entfremdungssituation in der Industriegesellschaft von Emile Durkheim bis heute.* Baden-Baden: Nomos • Oppolzer, A. (1997). Entfremdung. In W. F. Haug

(Hg.), *Historisch-kritisches Wörterbuch des Marxismus* (S. 463-469). Hamburg: Argument • Rosa, H. (2013). *Beschleunigung und Entfremdung. Entwurf einer kritischen Theorie spätmoderner Zeitlichkeit.* Berlin: Suhrkamp • Schrey, H.-H. (Hg.). (1975). *Entfremdung.* Darmstadt: Wissenschaftliche Buchgesellschaft • Zima, P. V. (2014). *Entfremdung. Pathologien der postmodernen Gesellschaft.* Tübingen: Francke

Carolin Amlinger

Erklärung, soziologische

Unter einer Erklärung oder auch Kausalerklärung versteht man die logische Ableitung eines empirisch beobachtbaren Tatbestandes bzw. singulären Ereignisses, dem Explanandum, aus einer allgemeinen Theorie (einer kausalen Wenn-Dann-Aussage) und sogenannten Randbedingungen (singulären Verursachungsbedingungen bzw. -faktoren), dem Explanans. Diese Erklärungsfigur wird auch als Hempel-Oppenheim-Schema (H-O-Schema), Covering-Law-Modell oder als deduktiv-nomologische Erklärung (D-N-Erklärung) bezeichnet. Anders als der Alltagsbegriff der Erklärung wird in der Wissenschaft damit eine bestimmte Argumentationsfigur benannt. Logisch korrekte und empirisch gehaltvolle Erklärungen sind das Ziel von Wissenschaft im Allgemeinen und somit auch der Soziologie im Speziellen (Bartelborth, 2007). So stellte Emile Durkheim (1858–1917) in seinen Regeln der soziologischen Methode (1984) die Erklärung sozialer Tatbestände (faits sociaux) als Phänomene eigener Art in den Mittelpunkt der Soziologie. Max Weber (1864–1920) definierte: „Soziologie (…) soll heißen: eine Wissenschaft, welche soziales Handeln deutend verstehen und dadurch in seinem Ablauf und in seinen Wirkungen ursächlich erklären will" (1985: 1). Trotz der Einigkeit über diese Zielvorgabe des wissenschaftlichen Arbeitens sind doch verschiedene Diskussions- und Problembereiche in diesem Kontext benennbar.

Zuerst kann gefragt werden, ob die Soziologie das Niveau einer erklärenden Wissenschaft erreichen kann oder ob sie bei der gebotenen Komplexität gesellschaftlicher Prozesse in der Klärung und Explikation von Begriffen, Klassifikationen, Analogien, Typologien und Orientierungshypothesen verharren muss (Parsons, 1951; Luhmann, 1984). Eine solche Beschränkung ist aber (dauerhaft) nicht akzeptabel, weil die Soziologie als Realwissenschaft an der Lösung von gesellschaftlichen Problemen interessiert ist und sein muss (Esser, 1993). Erklärungen sind die Grundlage für die Prognose von und Intervention in soziale Entwicklungen. Eine aufgeklärte und planvolle Gestaltung gesellschaftlicher Entwicklung setzt wissenschaftliche

Erklärungen voraus und kann sich nicht mit Vorformen der soziologischen Erklärung und nachvollziehendem Verstehen begnügen.

Diese Sicht der Dinge ist nicht gänzlich unumstritten, sondern wird gelegentlich sogar zu einer methodendualistischen Position verschärft. Insbesondere in der phänomenologischen (bzw. verstehenden) Soziologie wird die Möglichkeit und Zweckmäßigkeit einer erklärenden Soziologie bestritten. Menschliches Handeln zeichnet sich danach durch seine Intentionalität, seine Sinngebundenheit, aus, und damit unterscheiden sich die Objekte der Soziologie grundlegend von den Untersuchungsgegenständen der Naturwissenschaften. Im Nachvollziehen der subjektiven Weltsicht, der Motivation und der Intention eines Akteurs wird ein eigenständiger sozialwissenschaftlicher methodischer Zugriff gesehen, der als sogenannte Methode des Verstehens (bzw. des hermeneutischen Verstehens) charakterisiert wird. Es lässt sich jedoch zeigen, dass die Rekonstruktion dieser Intentionalität selbst einer allgemeinen Handlungstheorie bedarf. Verstehen lässt sich in diesem Kontext als Verfahren der Hypothesengewinnung auffassen, das jedoch über den Entdeckungszusammenhang hinaus einer (unabhängigen) Prüfung bedarf, die mit den üblichen Methoden der empirischen Sozialforschung zu erfolgen hat (Stegmüller, 1983: 414-429). Die Sinnhaftigkeit menschlichen Handelns steht nicht im Widerspruch zu seiner Erklärbarkeit. Sinnhaftes Handeln ist nicht regellos und/oder indeterminiert und damit erklärbar.

Auch von Seiten der Geschichtswissenschaften wurden Zweifel an der Anwendbarkeit des allgemeinen Erklärungsschemas auf die Sozialwissenschaften formuliert. So stehen historisch einmalige Ereignisse im Fokus der Geschichtswissenschaften und auf solche sind allgemeine Erklärungsansätze somit vermeintlich nicht anwendbar. Auch hier liegt ein Missverständnis vor. Nicht nur historische Ereignisse sind in ihrer Totalität „einmalig" bzw. singulär, sondern soziale und naturwissenschaftliche Phänomene überhaupt. Erklärt wird aber auch nicht die Totalität bzw. Individualität, d.h. die Konstellation aller dem Objekt eigenen Merkmale, die ein Explanandum aufweist, sondern es wird ein bestimmter Aspekt der Handlung, des Ereignisses oder der Tatsache durch Subsumtion unter eine allgemeine Theorie erklärt (Hempel, 1977: 177; Stegmüller, 1983: 391f.). Dass gerade die Erklärung gelegentlich sehr konsequenzenreicher Handlungen historischer Persönlichkeiten eine ausführliche Darstellung der jeweiligen Handlungssituation, die als Randbedingung Teil des Explanans ist, erforderlich macht, ist offenkundig ein wichtiger Teil der historischen Forschung. Als Erklärungsargument wird zumeist auf Handlungstheorien zurückgegriffen, die sich beispielsweise auf individuelle Motive, Situationsdefinitionen, die Beurteilung von Alternativen und rationales Entscheiden beziehen. Dass solche Handlungstheorien völlig kompatibel mit dem

H-O-Schema sind, wurde ebenfalls in den historischen Wissenschaften – etwa durch W. Dray – lange bestritten, ist mittlerweile aber Konsens (Stegmüller, 1983). Die Ursachen eines soziologischen Phänomens bzw. historischen Faktums (z. B. eines Kriegsausbruches) sind prinzipiell natürlich wiederum selbst erklärbar und eine Verkettung derartiger soziologischer Erklärungen wird auch als historisch-genetische Erklärung bezeichnet. Dabei greifen die in der Gesamterklärung formulierten einzelnen D-N-Erklärungen ineinander: Das im ersten Schritt erklärte Ereignis ist Ursache für das im zweiten Schritt zu erklärende Phänomen, welches dann wiederum als Ursache des nächsten zu erklärenden Ereignisses angesehen wird. Mit solchen genetischen Erklärungen ist eine Vielzahl von Prozessen prinzipiell erklärbar, etwa Revolutionen, sozialer Auf- und Abstieg, Ehescheidungen oder die Entstehung von Normen. Dabei ist die Betonung und Idealisierung der theoretisch bedeutsamen Randbedingungen unumgänglich, da Versuche einer reinen und vollständigen Beschreibung aus logischen Gründen zum Scheitern verurteilt sind (Stegmüller, 1983: 389ff).

Soziologische Erklärungen implizieren zugleich die Möglichkeit der Prognose. Erklärungen und Prognosen unterscheiden sich letztlich nur darin, ob einerseits das Explanandum bereits bekannt ist und man dann nach geeigneten Theorien und der hinreichend konkreten Beschreibung ihrer Anwendungsbedingungen sucht oder ob andererseits die Theorie und die entsprechenden Anwendungsbedingungen bekannt sind und man daraus eine fundierte Hypothese über zukünftiges Geschehen ableitet. Prophezeiungen hingegen versuchen vermeintlich unabänderliche historische Gesetzmäßigkeiten, sogenannte „Großprognosen" zu formulieren, deren empirischer Gehalt in der Regel aber sehr gering oder fraglich ist. K. Popper (1979) zeigt, dass auch aus logischen Gründen derartige geschichtliche Prophezeiungen nicht möglich sind, da langfristige Entwicklungen immer auch von technologischen Innovationen abhängen, die sich aber unter Umständen sehr schnell ändern können und vor allem vorab unbekannt sind.

Eine neuere Diskussion innerhalb der Soziologie beschäftigt sich mit der Frage, auf welcher analytischen Ebene der erklärende Kern einer soziologischen Theorie verankert werden soll (Alexander et al., 1984). Während sich die oben diskutierte Forderung Durkheims nach reinen soziologischen Erklärungen als die Forderung nach Gesetzen auf der Makro- oder Gesellschaftsebene verstehen lässt, hat sich nun eine Sichtweise etabliert, die zwar das sogenannte analytische Primat, also das inhaltliche Interesse, auf der gesellschaftlichen Ebene sieht, den theoretischen Kern soziologischer Erklärungen jedoch in einer Mikrofundierung, oder genauer in einer Handlungstheorie sucht. Trotz aller hier zu findenden empirischen Schwierigkeiten weisen entsprechende Untersuchungen doch eine in der Regel sehr hohe Erklärungskraft auf. Soziologische Erklärungen lassen sich nach dieser

Sichtweise in drei Teilkomponenten untergliedern: die Logik der Situation, in der die soziale Strukturierung der individuellen Handlungssituation untersucht wird, die Logik der Selektion, welche in der Regel durch eine einfache Handlungstheorie bestimmt ist und schließlich die so genannte Logik der Aggregation, die die häufig nicht-trivialen Konsequenzen dieser individuellen Entscheidungen für kollektive oder makrosoziologische Phänomene betrachtet. Mit Hilfe eines derartigen Schemas soziologischer Erklärungen lassen sich auch relativ mühelos entsprechende Vertiefungen einbinden, etwa durch den Einbezug tiefer ausgearbeiteter Konzepte aus der (Sozial-) Psychologie oder neuerdings aus der Kognitionsforschung beziehungsweise der Biologie, soweit dies für die entsprechenden Phänomene notwendig ist. Die in den letzten Jahren wiederbelebte Diskussion über die Möglichkeiten des freien Willens in Anbetracht deterministischer Modelle sind zwar philosophisch spannend, für die soziologische Forschung aber eher konsequenzenlos (vgl. Mann & Mann 2017; Falkenburg, 2012).

► **Mechanismen, soziale; Soziologie; Theorien, soziologische**

Alexander, J., Giessen, B., Münche, R. & Smelser, N. J. (Hg.) (1984). *The Micro-Macro Link*. Berkeley/Los Angeles: University of California Press • Bartelborth, T. (2007). *Erklären*. Berlin: De Gryuter • Durkheim, E. (1984). *Die Regeln der soziologischen Methode*. Frankfurt: Suhrkamp (zuerst 1895) • Esser, H. (1993). *Soziologie. Allgemeine Grundlagen*. Frankfurt/New York: Campus • Falkenburg, B. (2012). *Mythos Determinismus*. Heidelberg: Springer • Hempel, C. G. (1977). *Aspekte wissenschaftlicher Erklärung*. Berlin/New York: Springer • Luhmann, N. (1984). *Soziale Systeme. Grundriß einer allgemeinen Theorie*. Frankfurt: Suhrkamp • Mann, F., Mann, C. (2017). *Es werde Licht. Die Einheit von Geist und Materie in der Quantenphysik*. Frankfurt: S. Fischer • Parsons, T. (1951). *The Social System*. London: Routledge • Popper, K. (1979). *Das Elend des Historizismus*. Tübingen: Mohr Siebeck • Stegmüller, W. (1983). *Probleme und Resultate der Wissenschaftstheorie und der Analytischen Philosophie*. Berlin/Heidelberg: Springer • Weber, M. (1985). *Wirtschaft und Gesellschaft*. Tübingen: Mohr Siebeck (zuerst 1922)

Paul B. Hill & Johannes Kopp

Ethnologie

Ethnologie, aber auch Kulturanthropologie, bzw. Völkerkunde (engl. cultural anthropology, social anthropology, frz. ethnologie; sp. antropologia cultural) ist eine empirische und vergleichende Wissenschaft, die die Daseinsgestaltung menschlicher Kollektive (Gruppen, Netzwerke) in einem umfassenden Sinn (holistisch) zum Gegenstand hat und deren Ziel es ist, die Vielfalt kollektiver menschlicher Lebensweisen zu erforschen, 'Weltverständnisse' zu entschlüsseln und kulturübergreifend verstehbar und erklärbar zu machen; früher zu fremden, fernen und vermeintlich einfachen („primitiven") Gesellschaften; heute nicht mehr nur zu indigenen Völkern (vgl. z. B. die Arbeit der Gesellschaft für bedrohte Völker in Göttingen) und ethnischen Minderheiten, sondern grundsätzlich zu jeglichen Kollektiven, auch zu spezifischen Bereichen der eigenen Gesellschaft dort, wo kulturelle Differenz, Vielfalt bzw. Grenzziehungsprozesse (Barth, 1969) eine Rolle spielen. Dabei ist der ethnologische Blick „kulturrelativistisch, fremdkulturell informiert und auf Sinnstiftung im Handlungsprozess gerichtet" (Heidemann, 2011: 11). Dementsprechend ist die Ethnologie auch weniger eine theorieprüfende, erklärende und nach Gesetzen suchende, als eine theoriegenerierende, explorierende und nach Bedeutungen suchende Wissenschaft. Ethnologen und Ethnologinnen interessieren die Geschichten hinter den lokalen Erscheinungen, deren Verortung im kulturellen Kontext und ihre interkulturelle Übersetzung.

Historisch ist die Ethnologie ein Kind der Aufklärung, eine deutsche „Erfindung" (Vermeulen, 2006) und wurde im 18. Jahrhundert mit universalhistorischem Anspruch in Form einer historischen Soziologie betrieben (Bierschenk, Krings, & Lentz, 2013). Den für das Fach zentralen Kulturbegriff fasste Edward B. Tylor, einer der Gründerväter des Faches schon 1873 holistisch: „Cultur oder Civilisation im weitesten ethnographischen Sinn ist jener Inbegriff von Wissen, Glauben, Kunst, Moral, Gesetz, Sitte und alle übrigen Fähigkeiten und Gewohnheiten, welche der Mensch als Glied der Gesellschaft sich angeeignet hat" (Tylor, 1873: 1). Die heute gängigste, auch über das Fach hinaus wirkende ethnologische Kulturdefinition stammt von Clifford Geertz: „Ich meine mit Max Weber, dass der Mensch ein Wesen ist, das in selbstgesponnene Bedeutungsgewebe verstrickt ist, wobei ich Kultur als dieses Gewebe ansehe. Ihre Untersuchung ist daher keine experimentelle Wissenschaft, die nach Grenzen sucht, sondern eine interpretierende, die nach Bedeutung sucht" (Geertz, 1983: 9; vgl. auch Baldwin, 2006). War der Kulturbegriff noch bis in die Mitte des 20. Jahrhunderts an die Vorstellung von durch alle Kulturmitglieder geteilte Lebens- und Werteräume gebunden, und damit im Kern essentialistisch, so begreift die Ethnologie heute den Menschen als mehreren Kulturfeldern zugehörig (z. B. Nationalität, Organisation, Religion, Geschlecht, Generation, Familie: „multiple and often conflicting identities", Agar, 1996: 11). Vermischung, Übergänge, kulturelle Ränder, die Überschreitung und das Verschwimmen von kulturellen Grenzen, Inter- und Transkulturalität prägen nun das Forschungsfeld und verweisen auf den Konstruktionscharakter von Kultur und Ethnizität (Wimmer, 2008).

Methodisch stehen in der Ethnologie intensive Mikrostudien zu Teilbereichen von Gesellschaften („large issues in small places", Eriksen, 2015) und kulturvergleichende Studien (Gingrich & Fox, 2002) im Zentrum. Die empirischen Daten werden durch längerfristige und direkte Teilnahme im Forschungsfeld in einem Wechsel aus dünner und dichter Beschreibung (Geertz, 1983, „thin and thick description"), aus dem Beobachtbaren auf der einen, und der Annäherung an die kulturelle Binnenperspektive auf der anderen Seite, erhoben. Das Spezifikum ethnologischer „teilnehmender Beobachtung" liegt in dem für dichte Beschreibungen notwendigen Vertrautwerden mit den kulturellen Regeln (concept), der dahinter liegenden Struktur (structure, codes) und den vorgefunden kulturellen Praxen (Bauman, 1999) eines zuvor fremden Feldes. Damit unterscheidet sie sich von einer ethnografisch arbeitenden Kultursoziologie, die sich mit den sinnhaften Phänomenen des Eigenen befasst, und ihren Forschungsgegenstand epistemologisch umgekehrt erst einmal aus der alltäglichen Erfahrung (dem Common Sense) herauslösen, „exotisieren" muss, um ihn beobachten zu können (Hirschauer, 2013). Ethnologische Kulturanalyse betreiben bedeutet, kulturangemessene Lesarten für gelebtes Verhalten in Gruppen zu entwickeln. Der dazu notwendige Erwerb von Mitspielkompetenz über die Feldforschung ist zeitaufwändig (je nach Gegenstand wenige Wochen bis zu einem Jahr, vgl. Wolcott, 2005) und aufgrund von Rollenübernahmen im Feld gegebenenfalls auch persönlich fordernd (Hume, Mulcock, & Mu, 2004).

Da Untersuchungsgruppen heute oft in verstreuten Territorien leben oder sogar nur Netzwerke bilden, rücken Ethnologen zunehmend davon ab, Gruppen oder Teilgruppen als ausschließliche Forschungseinheiten zu nehmen. Jetzt werden interethnische Systeme, multiethnische Netze, globale Verknüpfungen oder soziale Bewegungen erforscht, die über einzelne Gruppen hinweg reichen. Empirisch bedeutet dies, Menschen und Probleme auch an mehreren Orten zu verfolgen („multi-sited ethnography"; Marcus, 1995; Coleman & Hellerman, 2013). Mit der ethnologischen Netzwerkanalyse, wie in der Zusammenarbeit mit Kognitions- und Neurowissenschaften rücken in jüngster Zeit auch wieder Ansätze einer schon 20 Jahre zuvor programmatisch entwickelten erklärenden, 'analytischen' Ethnologie (Schweizer, 1993) in den Fokus, die mit standardisierten und auch quantitativen Methoden arbeitet.

Ob es nun um materielle Güter, Geschlechterverhältnisse, Diasporasituationen oder die Behandlung von Entwicklungs- und Umweltfragen geht, Ethnologie wird heute zunehmend zur Schnittstellenforschung in kulturellen Aushandlungsräumen, in die sie vor allem ihre „Affinität zu den informellen Prozessen" (Bierschenk, Krings & Lentz, 2013) sowie ihre Fähigkeiten zur dichten Beschreibung und zur Zwei-Wege-Übersetzung an Systemgrenzen einbringt.

▶ **Anthropologie; Kultur**

Agar, M. (1986). *The Professional Stranger. An Informal Introduction to Ethnography*. 2. Auflage. New York: Academic Press • Baldwin, J. R., Faulkner, S. L., Hecht, M. L. & Lindsley S. L. (2006). *Redefining Culture: Perspectives Across the Disciplines*. Mahwah, N.J.: Erlbaum • Barth, F. (1969). *Ethnic Groups and Boundaries. The Social Organization of Culture Difference*. Oslo: Universitetsforlaget • Bauman, Z. (1999). *Culture as Praxis*. London: Sage • Bierschenk, T., Krings, M. & Lentz. C. (Hg.). 2013. *Ethnologie im 21. Jahrhundert*. Berlin: Reimer • Coleman, S. & Von Hellermann, P. (2011). *Multi-Sited Ethnography: Problems and Possibilities in the Translocation of Research Methods*. New York: Routledge • Eriksen, T. H. (2015). *Small places, large issues. An introduction to social and cultural anthropology*. 4. Auflage. London: Pluto Press • Geertz, C. (1983). *Dichte Beschreibung*. Frankfurt/M. Suhrkamp • Gingrich, A. & Fox, R. G. (Hg.). 2002. *Anthropology, by Comparison*. London: Routledge • Heidemann, F. (2011). *Ethnologie*. Göttingen: Vandenhoeck & Ruprecht • Hirschauer, S. (2013). Verstehen des Fremden, Exotisierung des Eigenen. Ethnologie und Soziologie als zwei Seiten einer Medaille. In: Bierschenk, T. et al. (Hg.). *Ethnologie im 21. Jahrhundert*. (S. 229-248). Berlin: Reimer • Hume, L., Mulcock, J. & Mu, J. (Hg.) 2004. *Anthropologists in the Field: Cases in Participant Observation*. New York: Columbia UP • Marcus, G. E. (1995). Ethnography in/of the World System: The Emergence of Multisited Ethnography. *Annual Review of Anthropology*, 24, 95-117 • Schweizer, T. (1993). Perspektiven der analytischen Ethnologie. In: T. Schweitzer, M. Schweizer & W. Kokot (Hg.). *Handbuch der Ethnologie*. (S. 79–113). Berlin: Reimer • Tylor, E. B. T. (1873). *Die Anfänge der Cultur*. Leipzig: C.F. Winter • Vermeulen, H. F. (2006). The German Invention of Völkerkunde: Ethnological Discourse in Europe and Asia, 1740–1798. In: S. Eigen & M. Larrimore (Hg.) *The German Invention of Race*. (S. 123-145). Albany: State University of New York Press • Wimmer, A. (2008). The Making and Unmaking of Ethnic Boundaries: A Multilevel Process Theory, *American Journal of Sociology*, 113, 970–1022 • Wolcott, H. F. (2005). *The Art of Fieldwork*. Walnut Creek: Altamira Press

Michael Schönhuth

Evolution, soziale

Der Begriff der sozialen Evolution thematisiert die Entwicklung und den langfristigen Wandel gesellschaftlicher Organisationsformen, wobei historisch nachgewiesene Strukturformen ökonomisch, technologisch, sozialstrukturell und/oder kulturell unterschiedenen Entwicklungsstadien, -stufen oder -niveaus subsumiert werden. Theorien der sozialen Evolution fokussieren sich auf Fragen nach den Triebkräften, den Prozessmechanismen und einer eventuellen Logik der Entwicklung (Meleghy & Niedenzu, 2003; Sanderson, 1990; Sanderson & Alderson, 2005). Wichtige Impulse erhielt die Beschäftigung mit Fragen der sozialen Evolution durch die Auseinandersetzung mit Charles Darwins (1809–1882) biologischer Evolutionstheorie, aber die Ursprünge evolutionären Denkens liegen wissenschaftsgeschichtlich tiefer.

Als wissenschaftliches Konstrukt bzw. als Heuristik wurzelt das Evolutionskonzept im neuzeitlichen Weltverständnis, welches sich im Okzident und dort zuerst im Gegenstandbereich der Naturwissenschaften Bahn bricht. Gekennzeichnet ist die neue Weltsicht durch die systematische Suche nach ausschließlich funktionalsystemischen Erklärungen natürlicher und sozialer Phänomene und Geschehnisse anstelle eines letzterklärenden Rekurses auf hinter allen Phänomenen stehende subjekthaft oder transzendent gedachte Wirkmächte. Die Verpflichtung auf Empirie und die Suche nach zugrundeliegenden Funktions- bzw. Naturgesetzen trat an die Stelle von an Handlungsabläufen orientierten Erklärungs- und Begründungsmustern. Auch in der Gesellschaftsbetrachtung und im Geschichtsverständnis ging es nunmehr darum, nach ‚naturgegebenen' und in diesem Sinne ‚natürlichen' Gesetzen zu suchen, nach denen ‚Gesellschaft als solche' funktioniert und sich strukturell (‚soziale Evolution') wandelt.

Typisch für die ersten Evolutionskonzepte des 18. und 19. Jahrhunderts ist der Versuch, die Entwicklung diskreter Gesellschaftsformen als Durchgang von Entwicklungsstufen oder -stadien zu fassen und eine dahinterstehende Entwicklungslogik bzw. ein Entwicklungsgesetz zu benennen. Geschichte wird dabei noch als ein unilinearer, richtungsdeterminierter und teleologischer Prozess verstanden, wobei die jeweilige Gegenwartsgesellschaft als Endpunkt der Entwicklung und damit als fortschrittlichste Form verstanden wird. Dieses Geschichtsverständnis schlägt sich bereits früh im Dreistadiengesetz von Auguste Comte (1798–1857) mit dem positiven (wissenschaftlichen) Stadium als Endpunkt in der Entwicklung der Erkenntnisstrukturen und der industriellen Zivilisation als Organisationsform nieder. Prominent wird das Konzept der sozialen Evolution dann von Herbert Spencer (1820–1903) ausgearbeitet. Entwicklung bedeutet für ihn Höherentwicklung und Fortschritt als Wirkung eines den anorganischen, den organischen und den superorganischen Bereich umfassenden Naturgesetzes (,Trend von inkohärenter Homogenität zu kohärenter Heterogenität'); gekennzeichnet ist der evolutive Prozess durch strukturelle Differenzierung und Anpassung an Umwelterfordernisse. Karl Marx (1818–1881) und Friedrich Engels (1820–1895) wiederum verlegen in ihrem gesetzmäßig ablaufenden Geschichtsprozess das Endstadium mit der klassenlosen kommunistischen Gesellschaft in die Zukunft. Diese und ähnlich angelegte Modelle sozialer Evolution waren mit Problemen (Fortschrittskriterium, Unilinearität, Entwicklungsdeterminismus, Teleologie etc.) belastet, welche zu Beginn des 20. Jahrhunderts das evolutionistische Denken obsolet werden ließ; kulturrelativistische Modelle traten vorerst an dessen Stelle. Mitte des 20. Jahrhunderts erfährt das evolutionäre Denken, nunmehr weitestgehend unter Vermeidung explizit unilinearer, deterministischer und teleologischer Entwicklungsvorstellungen, eine Renaissance mit dem Versuch, die bekannten Gesellschaftsformen ökonomisch-sozialstrukturellen Entwicklungsstufen zuzuordnen und die realhistorischen Prozesse im Übergang zu strukturkomplexeren ‚höheren' Organisationsstufen zu modellieren. Auf Basis der Produktionsweise wird eine Grobeinteilung in Jäger- und Sammlergesellschaften, hortikulturelle, agrarische und industrielle Gesellschaften üblich; auf Basis der soziokulturellen Organisationsform wird grob zwischen relativ egalitär organisierten Jäger- und Sammlergesellschaften, einfachen und stratifizierten Häuptlingstümern, archaischen Gesellschaften (staatlich organisierte Hochkulturen/Reiche/Zivilisationen) sowie modernen Staatsgesellschaften unterschieden.

Je nachdem, wie die Grenzlinie zur biologischen Evolutionstheorie gezogen wird, wird der Begriff der sozialen Evolution in der zeitgenössischen Soziologie unterschiedlich breit gefasst. Im umfassenderen, auf die Integration von Natur- und Kulturentwicklung abzielenden Verständnis zielt die Berücksichtigung des gattungsgeschichtlichen Vorlaufs primär auf eine Mikrofundierung des Evolutionsprozesses ab (‚evolutionär entstandene Verhaltensdispositionen'), wobei auf Soziobiologie und Evolutionäre Psychologie einerseits sowie auf die Mechanismen der Darwinschen Evolutionstheorie andererseits für soziologische Erklärungen gesellschaftlicher Entwicklungsprozesse Bezug genommen wird. So haben etwa

Maryanski und Turner (1992), Turner (2003; 2007) sowie Turner und Maryanski (2008) versucht, den phylogenetischen Vorlauf und dort entstandene biologische Prädispositionen aufzuarbeiten und diese im Sinne einer individualistisch-gradualistischen Fortschreibung für die Erklärung der Evolution humaner Sozialorganisation fruchtbar zu machen. Auf Theoriesynthese hin orientiert hat Sanderson (2001) ebenfalls versucht, evolutionsbiologische Erklärungsmuster für soziologische Erklärungen humaner Lebensformen fruchtbar zu machen. Runciman (1989, 2009; Schmidt-Wellenburg, 2005, Kap.3) wiederum hat die Erweiterung der klassischen Sozialtheorie um die neodarwinistischen Mechanismen für die Erklärung der sozialen und kulturellen Evolution sowie der Evolution menschlichen Verhaltens eingefordert. In allen drei Fällen gibt es keine klare Trennlinie zwischen biologischer und sozialer Evolution und damit klar voneinander abgrenzbaren, den jeweiligen Prozess steuernden, Wirkmechanismen.

Das enger gefasste Verständnis sozialer Evolution fällt mit dem ebenfalls häufig anzutreffenden Begriff ‚soziokulturelle Evolution' zusammen, wobei die evolutionsbiologische Argumentation weitestgehend ausgeklammert bleibt. Entwicklung wird jetzt als im Medium sinnbasierter Kultur (Denken und Sprache; Lernprozesse) vonstattengehend verstanden und beruht damit auf einem evolutionär neuartigen Prozessmechanismus. Die Erklärung der historisch aufgetretenen differenten soziokulturellen Organisations- und Lebensformen hebt auf Systematisierung der Formen und auf Überlegungen zur Entwicklungslogik im Sinne eines teleonomischen, aber nicht teleologischen Prozesses in der Abfolge der Entwicklungsstufen ab.

Dieses Verständnis eines ‚Richtungssinns' in der Evolution findet sich bei Talcott Parsons (1902–1979), wobei der Prozess durch die kulturelle (und nicht biologisch-organische) Steigerung der Anpassungskapazitäten an eine sich verändernde Umwelt mittels struktureller Differenzierung charakterisiert ist. Mit dem Begriff der ‚evolutionären Universalien' verweist er auf anpassungssteigernde Praktiken und Institutionen, wobei er die moderne westliche Gesellschaft als bisherigen Höhepunkt im funktionalen Ausdifferenzierungsprozess versteht (Parsons, 1969; 1977). Die Modernisierungstheorien haben hieran angeknüpft, indem sie auf vermeintliche Defizite hinsichtlich moderner Praktiken und Institutionen in vormodernen Gesellschaften hinweisen und die Implementierung dieser zwecks Ingangsetzung und Nachvollzug des Modernisierungsprozesses postulierten. In der Systemtheorie von Niklas Luhmann (1927–1998) findet sich ein Verständnis von Evolutionstheorie, welches den geschichtlich einmaligen Aufbau von sozialen Systemen unter Bezugnahme auf die neodarwinistischen Mechanismen Variation, Selektion und Restabilisierung zu erklären sucht (Luhmann, 1978; 1990, Kap.8; 1998, Kap.3; Schmidt-Wellenburg, 2005, Kap.4; Niedenzu, 2012, S.94ff.). Die Epochen der gesellschaftlichen Evolution sind gekennzeichnet durch segmentäre, Zentrum-/ Peripherie-, stratifikatorische und schließlich funktionale Differenzierung, womit eine Steigerung der Systemkomplexität einhergeht, er die Abfolge aber nicht als eine teleologische verstanden wissen will. Der Gefahr eines implizit doch tendenziell teleologischen Verständnisses der sozialen Evolution als Fortschrittsbewegung versucht Günter Dux (2000) im Rahmen seiner ‚historisch-genetischen Theorie' mit der methodologischen Festlegung auf ein radikal rekonstruierendes Verfahren zu entkommen. Die Entwicklung wird, ausgehend von der biologisch-anthropologischen Verfassung, nachgezeichnet, wobei sie als Zusammenspiel der Ebenen von Ontogenese, Entwicklung der Wissens- und Erkenntnisstrukturen, sowie der sozialen Organisationsformen, modelliert wird. Der Prozess der sozialen Evolution, von Gesellschaft und Kultur, ist hier ein – von der natürlichen Selektion abgekoppelter – sinnbasierter und sich autonom steuernder, der vor dem Hintergrund jeweils historisch gegebener kognitiver und sozialer Bedingungslagen und angesichts sich verändernder Problemlagen neue kognitive und sozialorganisatorische Niveaus generiert. Damit ist die geistig-soziokulturelle Evolution gleichzeitig durch Kontinuität im Sinne von Pfadabhängigkeit als auch durch qualitative Sprünge (‚Entwicklungsstufen' als neu emergierte Phänomene) gekennzeichnet, wobei die nicht teleologisch verstandene ‚Logik' in der Entwicklung oder Nichtentwicklung sich nur rekonstruktiv aus den jeweiligen historisch gegebenen Bedingungslagen erschließen lässt.

▶ **Mechanismen, soziale; Theorie, soziologische; Wandel, sozialer**

📖 Dux, G. (2000). *Historisch-genetische Theorie der Kultur. Instabile Welten – Zur prozessualen Logik im kulturellen Wandel*. Weilerswist: Velbrück • Luhmann, N. (1978). Geschichte als Prozeß und die Theorie sozio-kultureller Evolution. In K.-G. Faber & Chr. Meier (Hg.), *Historische Prozesse* (S. 413-440). München: dtv • Luhmann, N. (1990). *Die Wissenschaft der Gesellschaft*. Frankfurt am Main: Suhrkamp • Luhmann, N. (1998). *Die Gesellschaft der Gesellschaft*, 2 Bände. Frankfurt am Main: Suhrkamp • Maryanski, A. & Turner, J. H. (1992). *The Social Cage. Human Nature and the Evolution of Society*. Stanford UP • Meleghy, T. & Niedenzu, H.-J. (Hg.). (2003). Soziale Evolution. Die Evolutionstheorie und die Sozialwissenschaften. Österreichische Zeitschrift für Soziologie, SB 7. Wiesbaden: Westdeutscher Verlag • Niedenzu, H.-J. (2012). *Soziogenese der Normativität. Zur Emergenz eines neuen Modus der Sozialorganisation*. Weilerswist: Velbrück • Parsons, T. (1969). Evolutionäre Universalien der Gesellschaft. In W. Zapf (Hg.), *Theorien des sozialen Wandels* (S. 55-74). Köln: Kiepenheuer & Witsch • Parsons, T. (1977). *The Evolution of Societies*. Englewood Cliffs: Prentice Hall • Runciman, W. G. (1989). *A Treatise on Social Theory. Vol II: Substantive Social Theory*. Cambridge UP • Runciman, W. G. (2009). *The Theory of Cultural and Social Selection*. Cambridge UP • Sanderson, St. K. (1990). *Social Evolutionism. A Critical History*. Cambridge, MA;

Oxford, UK: Blackwell Publishers • Sanderson, St. K. (2001). *The Evolution of Human Sociality. A Darwinian Conflict Perspective.* Lanham et al.: Rowman & Littlefield Publishers • Sanderson, St. K. & Alderson, A. S. (2005). *World Societies. The Evolution of Human Social Life.* Boston et al.: Pearson Education • Schmidt-Wellenburg, C. (2005). *Evolution und sozialer Wandel. Neodarwinistische Mechanismen bei W.G. Runciman und N. Luhmann.* Opladen: Verlag Barbara Budrich • Turner, J. H. (2003). *Human Institutions. A Theory of Societal Evolution.* Lanham/Md.: Rowman & Littlefield • Turner, J. H. (2007). *Human Emotions. A Sociological Theory.* London: Routledge • Turner, J. H. & Maryanski, A. (2008). *On the Origins of Societies by Natural Selection.* Boulder/Colorado: Paradigm Publishers

Heinz-Jürgen Niedenzu

F

Familie

Die definitorische Festlegung des Begriffes Familie ist uneinheitlich. Ausgehend von dem etymologischen Ursprung (lat. familia – Hausgenossenschaft, Hausstand einschließlich der Dienerschaft) wurde oft die gesamte Hausgemeinschaft als Familie bezeichnet. Heute wird unter Familie in der Regel eine auf Dauer angelegte Beziehung zwischen Mann und Frau mit einem gemeinsamen Kind und einer gemeinsamen Haushaltsführung verstanden. Anthropologische und ethnologische Forschungen verwenden meist einen breiteren Familienbegriff, der das gesamte Verwandtschaftssystem (oder zumindest Teile dessen) umfasst. In der politischen Diskussion wird ab und an auch allein die Filiationsbeziehung als hinreichendes Kriterium für eine Familie erachtet. Die Familiensoziologie definiert Familie als gegengeschlechtliches Paar mit gemeinsamen Kindern und bezeichnet entsprechende andere Lebensformen mit jeweiligen Ergänzungen oder gesonderten Begriffen wie beispielsweise kinderlose Paare, Alleinerziehende, gleichgeschlechtliche Paare mit Kindern oder ähnlichem. Innerhalb der familiensoziologischen Forschung findet die dadurch angelegte Einengung praktisch jedoch kaum Beachtung und die Untersuchung der unterschiedlichsten Lebensformen und deren Veränderung, wie beispielsweise die Entstehung und Entwicklung von ersten Partnerschaften, ebenso wie die Arbeitsteilung in homosexuellen Paarbeziehungen oder die soziale Integration kinderloser Paare, sind Forschungsgegenstand. Versuche, neue Begrifflichkeiten (Soziologie der Zweierbeziehung, Soziologie partnerschaftlicher Lebensformen) zu etablieren, erscheinen wenig sinnvoll und finden wenig Resonanz. Eine der wichtigen Aufgaben einer derart breit angelegten Familiensoziologie besteht dann auch darin, die Entwicklung und Verbreitung der unterschiedlichen partnerschaftlichen und familialen Lebensformen zu beschreiben und zu erklären.

Ein erster wichtiger Forschungszweig ist die historische Entwicklung von Partnerschaften und Familien. Partnerschaft und Familie gehören zu den ursprünglichen Institutionen in der Menschheitsgeschichte. Die Ethnographie zeigt aber, dass sich hier eine nahezu unbegrenzte Vielfalt konkreter Organisationsformen finden lässt, die häufig anhand der Heiratsformen (Polygamie versus Monogamie), der Lokalitätsregeln (patri-, matri- oder neolokal), der Deszendenzregeln (patri-, matri- oder ambilateral), den formalen und informellen Herrschaftsregeln (Patriarchat oder Matriarchat), so wie der Verwandtschaftsterminologie zu systematisieren ist (Hill & Kopp, 2013). Während über längere Zeit die Suche nach allgemeinen Gesetzmäßigkeiten vorherrschte – beispielsweise von einem ursprünglichen Matriarchat (Bachofens These des Mutterrechts) oder urkommunistischen Formen mit einer hohen Promiskuität (so Engels Vermutungen zum Ursprung der Familie) hin zur eher patriarchischen Formen oder von der erweiterten Familie zur Kleinfamilie (Kontraktionsgesetz der Familie bei Durkheim) – dominiert in der modernen Familienforschung der Versuch, die genauen Bestimmungsgründe einzelner familialer Organisationsformen zu untersuchen und auf strukturelle Unterschiede zurückzuführen. So ist beispielsweise die Polygynie, aber auch die wesentlich seltener vorkommende Polyandrie das Ergebnis dauerhafter ökonomischer Ungleichheit und Knappheit und – wie nahezu alle genannten, komplexeren Familienformen – meist nur in Gartenbau- und einfachen Ackerbaugesellschaften zu finden. In Europa und den Vereinigten Staaten wurde von der historischen Familienforschung mithilfe verschiedenster Verfahren – unter anderem der Ableitung von Biographien aus alten Kirchenbüchern – die familiale Lebenssituation in den einzelnen Epochen rekonstruiert (vgl. Gestrich et al., 2003; Ketzer & Barbagli, 2001). Viele Vermutungen mussten aufgrund dieser Ergebnisse revidiert werden: So waren die Familien nie besonders groß, unvollständige Familien waren bei den Bauern selten, kamen jedoch in unterbauerlichen Schichten durchaus häufig vor, Stieffamilien waren aufgrund der hohen Sterblichkeit vor allem von Frauen und einem ökonomisch bedingten Rollenergänzungszwang keine Seltenheit, das Heiratsalter war in der Regel relativ hoch und durch die Industrialisierung lassen sich vielerorts sogar stärkere und nicht schwächere familiale Beziehungen beobachten. Bei allen Problemen hinsichtlich der Datenlage lässt sich zudem vermuten, dass die Emotionalität zwischen den (Ehe-) Partnern, aber auch gegenüber Kindern keine Erfindung der Moderne ist. Familiale Verhaltensweisen waren immer eine Reaktion auf die äußeren Umstände, Emotionen waren ein Bestandteil des Handlungskalküls (als Überblick Hill & Kopp, 2013).

Während sich für die Zeit bis etwa zum Ende des 19. Jahrhunderts mit Hilfe dieser geschichtswissenschaftlichen Verfahren nur vereinzelt Aussagen über die Struktur familialen Lebens machen lassen, ist es im 20. Jahrhundert mit Hilfe der amtlichen Statistik und verstärkt seit Mitte der 1970er Jahre aufgrund der Ergebnisse der empirischen Sozialforschung möglich, die Entwicklungen genauer zu erfassen und zu untersuchen. Hierbei werden zuerst die einzelnen familiendemographischen Prozesse wie das Heiratsalter und die Zahl der Eheschließungen, die

Anzahl der Geburten und das Alter der Frau bei der ersten Geburt, die Zahl der Ehescheidungen oder die durchschnittliche Größe der einzelnen Haushalte genauer fokussiert. Auch wenn diese Studien durchaus interessante Ergebnisse erbringen – das Heiratsalter sinkt bis Mitte der 1970er Jahre und hat seitdem einen historisch nie erreichten Höchststand erreicht, einen ähnlich u-förmigen Verlauf kann man hinsichtlich des Alters bei der Erstgeburt beobachten, die Zahl der Eheschließungen ist rückläufig, die Zahl der Ehescheidungen steigt seit 1880 nahezu linear an, sinkt seit dem Jahr 2005 jedoch wohl vor allem aufgrund des Rückgangs der Zahl der Ehen wieder – stellte sich rasch heraus, dass Trendbeschreibungen nur sehr wenig Erkenntnisse hinsichtlich der Ursachen der Prozesse und vor allem auch nur ein geringes Potential zur Vorhersage der weiteren Entwicklung hervorbringen, zumal sich in einer regional und international vergleichenden Perspektive deutliche Unterschiede beobachten lassen. Mit der Einsicht in die Unmöglichkeit allgemeiner makrotheoretischer Trendaussagen ist auch ein Wechsel in der theoretischen Sichtweise der Familie verbunden.

Wenn man von eher soziographischen Versuchen der Erfassung unterschiedlicher Lebensformen innerhalb einer funktionalistisch orientierten Sozialanthropologie und ihren mikrotheoretischen Fortsetzungen in einzelnen Milieustudien absieht, so dominieren heute vor allem theoretische Überlegungen aus dem Bereich der Handlungs- und Austauschtheorie, die zugleich eine Lebensverlaufsperspektive einnehmen (vgl. als Überblick Hill & Kopp, 2013; 2015; White, 2005). Besonders hervorzuheben sind dabei die Überlegungen der Familienökonomie bzw. der „new home economics" (Becker, 1981), die die vielfältigsten Aspekte menschlichen Sozialverhaltens mit Hilfe eines gemeinsamen handlungstheoretisch fundierten Rahmens erklären. Die Bedeutung der verschiedenen theoretischen Ansätze lässt sich jedoch am besten anhand ihrer Erklärungsleistung hinsichtlich konkreter Beziehungs- und Familienprozesse beurteilen. Hierzu werden im Folgenden die wichtigsten Schritte in diesen Abläufen nacheinander betrachtet und einige empirische Befunde berichtet (für detailliertere Darstellungen vgl. die jeweiligen Beiträge in Hill & Kopp, 2015).

Es erscheint unbestritten, dass der Wunsch nach einer romantischen Beziehung sicherlich zu den Universalien menschlichen Daseins gehört. Soziologisch interessant sind dann die Umstände der Partnerwahl sowie die ersten Entwicklungsschritte von Partnerschaften. Im Gegensatz zur Psychologie, in der sich auch Versuche finden, die Entstehung einer konkreten Liebes- und Paarbeziehung zu erklären, liegt das Augenmerk soziologischer Forschungen eher auf strukturellen Gemeinsamkeiten. Wenn allein die sicherlich bedeutsame ‚romantische Liebe' die Entstehung von Partnerschaften bestimmen würde, wäre die in vielen Dimensionen beobachtbaren Ähnlichkeiten zwischen den Partnern nicht erklärbar. Sozialstrukturell homogene

Partnerschaftsmärkte – hier ist nur an die Bildungsinstitutionen zu denken – und die Partnerwahl im engeren sozialen Umfeld bilden dabei wichtige Ergänzungen. Gerade in der ersten Phase der Partnerschaftsentwicklungen sind dabei vielfältige kleine Schritte der Institutionalisierung beobachtbar, die letztlich auch als Investitionen in die Beziehung verstanden werden können, die dann wiederum ihre Stabilität erhöhen (Kopp et al., 2010). Trotz aller Vermutungen finden sich kaum verlässliche Daten, die eine Aussage über das Alter bei Beginn der ersten Liebesbeziehung im Zeitvergleich erlauben. Erste Hinweise sprechen dafür, dass sich in den letzten Jahrzehnten keine dramatischen Veränderungen beobachten lassen. Analytisch sind mit der Paarbildung und dem entsprechenden gegenseitigen Commitment, der Gründung eines gemeinsamen Haushaltes, der Heirat und der Geburt eines Kindes, verschiedene Dimensionen der Verfestigung von Partnerschaften zu unterscheiden. Während bis in die 1970er Jahre in der Bundesrepublik diese Prozesse relativ zeitnah stattgefunden haben, lassen sich heute vielfältige Unterschiede, vor allem aber klare zeitliche Muster ausmachen. Während die Aufnahme sexueller Beziehungen und das Commitment zu dieser Beziehung relativ zeitnah und rasch erfolgen, erfolgt die Gründung eines gemeinsamen Haushaltes und damit einer nichtehelichen Lebensgemeinschaft mit einer deutlichen zeitlichen Verzögerung. Ein wichtiger Erklärungsfaktor ist dabei sicherlich neben allgemeinen gesellschaftlichen Entwicklungstrends die durch die Bildungsexpansion bedingte späte und unsichere berufliche Platzierung beider Partner. Besonders hervorzuheben ist aber, dass diese Phase des nichtehelichen Zusammenlebens heute immer mehr zum Lebenslauf gehört und nicht immer durch eine Eheschließung beendet wird. Als Dimensionen dieser Entscheidung zwischen Partnerschaften mit getrennten oder gemeinsamen Haushalten werden die Möglichkeiten gemeinsamer Aktivitäten, die – berufs- oder ausbildungsbedingten – Opportunitäten, aber auch der Wunsch nach einer weiteren Verfestigung der Partnerschaft genannt. Ergänzend muss an dieser Stelle angemerkt werden, dass derartige Fragestellungen eine biographische und lebensverlaufsorientierte Herangehensweise, eine sogenannte ‚life course perspective', und vor allem entsprechende Daten nötig machen.

Trotz der zunehmenden Verbreitung nichtehelicher Lebensgemeinschaften stellt die Ehe keine überholte Institution dar, sondern ist ein fester Bestandteil der Lebensplanung der meisten Menschen. Immer mehr wird die Eheschließung dabei mit der Familiengründung, also mit der Geburt eines ersten Kindes, verbunden, wobei nicht jede Geburt auch mit einer Eheschließung verbunden sein muss. Neben normativen Aspekten und dem subjektiv vielleicht wichtigsten Motiv der Liebe spielen dabei auch Überlegungen eine Rolle, die sich auf die rechtliche Absicherung der durch die neue Lebenssituation entstandenen Unsicherheiten beziehen. Ehen stellen darüber hinaus den verfestigten institutionellen Rahmen, das ‚nomoserzeugende Instrument', in dem Paare ihre jeweils eigene Lebenswelt bilden, dar (Berger & Kellner, 1965). Zudem wird ein traditionelles Familienmodell durch sozialstaatliche Regelungen unterstützt. Trotz aller Angleichungsprozesse lassen sich hinsichtlich der verschiedenen partnerschaftlichen und familialen Prozesse deutliche Unterschiede zwischen Ost- und Westdeutschland, aber auch im internationalen Vergleich feststellen. So scheinen sowohl in den skandinavischen Ländern als auch in Ostdeutschland nichteheliche Lebensgemeinschaften als dauerhafte Alternative zur Ehe eher Verbreitung zu finden als in den südeuropäischen Ländern und Westdeutschland.

In der Zwischenzeit stellt die Familiengründung, also die Geburt eines ersten Kindes, den bedeutsamsten Schritt in der Familienbiographie dar. Im historischen Vergleich ist dabei sowohl eine Veränderung des Timings festzustellen, bedingt durch die deutliche Bildungsexpansion gerade von Frauen und der damit verbundene längere Zeitraum bis zur Etablierung einer eigenen beruflichen Position, als auch ein Rückgang der Geburtenzahlen. Genauere Analysen lassen jedoch vermuten, dass dieser historische Rückgang vor allem die Geburten höherer Parität betrifft und deshalb trotz der sicherlich steigenden Anzahl von dauerhaft kinderlosen Frauen die Geburt eines Kindes immer noch zum Lebenslauf der meisten Frauen gehört. Weitere Analysen befassen sich mit der Familienerweiterung (timing) und hierbei vor allem mit der Geburt eines zweiten Kindes und untersuchen dabei unter anderem den Zeitabstand (spacing) zwischen den Geburten sowie Bestimmungsgründe der Familienerweiterung und die damit einhergehenden Änderungen in der Familie wie beispielsweise die – geschlechtsspezifisch unterschiedlichen – Konsequenzen für das Erwerbsverhalten oder für die innerfamiliale Teilung der häuslichen Arbeit.

Neben diesen auch demographisch relevanten Phänomenen – Wahl der Lebensform, Heirat und Fertilität – beschäftigt sich die Familienforschung mit den internen Prozessen in Partnerschaften und Familien. Ein wichtiges Forschungsfeld in diesem Zusammenhang sind die emotionalen Grundlagen von Beziehungen und ihre Variationen im Zeitverlauf. So finden sich Studien, die einen Wandel in der Grundlage der Beziehung – ein Rückgang der romantischen und eine Zunahme der sogenannten kameradschaftlichen Liebe – diagnostizieren, aber auch Arbeiten, die generell einen u-förmigen Verlauf des Eheglücks im Beziehungsablauf feststellen. Eine Schwierigkeit vieler dieser Analysen ist auch hier wiederum die fehlende längsschnittliche Datenbasis. Trotz ihrer letztendlich sicherlich gegebenen Alltäglichkeit sind ernstzunehmende Studien zur Sexualität, aber auch zu Konflikten in Partnerschaften, selten. Im Gegensatz hierzu sind die Determinanten innerfamilialer Arbeitsteilung empirisch relativ deutlich: so finden sich zahlreiche Belege, dass die von der Familienökonomie formulierten Hypothesen – die Arbeitsteilung sollte mit den relativen Ressourcen und Möglichkeiten auf dem Arbeitsmarkt korrelieren

– zutreffen, gleichzeitig erklären sie das Phänomen ungleicher Arbeitsteilung nur partiell. Offensichtlich spielen normative oder machtorientierte Motive ebenfalls eine große Rolle (Treas & Drobnic, 2010). Neben der paarbezogenen Perspektive stehen vielfach auch die Beziehungen zwischen Eltern und Kindern und neuerdings auch zwischen Großeltern und Enkeln so wie vereinzelt zwischen Geschwistern oder Beziehungen zur erweiterten Verwandtschaft im Mittelpunkt. Neben Untersuchungen zur (frühkindlichen) Bindung und Sozialisation werden dabei vor allem die Bestimmungsfaktoren der intergenerationalen Beziehungen im Erwachsenenalter und die Interdependenz der einzelnen Dimensionen dieser Beziehung fokussiert (vgl. Bengtson, 2001). Einen letzten Themenbereich bilden Studien zur Machtverteilung in Beziehungen, aber auch zur Gewalt in Partnerschaft und Familie. Vor allem in den Vereinigten Staaten werden hierzu Studien durchgeführt, die verschiedene Risikofaktoren für Gewalt in Beziehungen herausarbeiten (Strauss & Murray, 1990).

Sicherlich nicht unabhängig von der Interaktion der Partner ist die Dauerhaftigkeit und Stabilität partnerschaftlicher oder ehelicher Beziehungen. Zahllose empirische Studien haben sich im Laufe der letzten Jahrzehnte international, aber auch in der Bundesrepublik mit den Bestimmungsgründen für das Scheitern von Paarbeziehungen und Ehen beschäftigt. Neben eher psychologisch orientierten Untersuchungen, die beispielsweise die Rolle von Interaktions- und Konfliktstilen betonen, lassen sich – wiederum auf der theoretischen Grundlage der Familienökonomie – eine Fülle sozialstruktureller Einflussfaktoren ausmachen: eine frühe Eheschließung erhöht das Trennungsrisiko, gemeinsame Kinder und andere Investitionen in sogenanntes beziehungsspezifisches Kapital fördern hingegen die Stabilität. Neben diesen Determinanten der Stabilität rücken zunehmend die Konsequenzen einer Trennung in den Mittelpunkt. Hier lassen sich Folgen für die Partner sowie für die Kinder unterscheiden, ebenso sind kurzfristige und langfristige Folgen zu differenzieren. Generell sind Trennungen sicherlich ein bedeutsamer Einschnitt im Lebensverlauf, wobei vor allem die kurz- und mittelfristigen finanziellen Folgen für Frauen auch sozialpolitische Relevanz besitzen. In den letzten Jahren findet zudem die familiale Organisation nach einer Trennung und hierbei vor allem die Rolle von Alleinerziehenden und Stiefelternschaft zunehmende Aufmerksamkeit.

Gerade in der allgemeinen Soziologie wird die Organisation privater Lebensformen häufig als Beispiel für die Folgen unterschiedlichster allgemeiner Entwicklungen wie der Urbanisierung, Modernisierung oder Differenzierung herangezogen. Je nach theoretischer und teilweise auch ideologischer Ausrichtung wird dann über die Krise oder teilweise sogar das Ende der Familie spekuliert. Wenn man seinen Blick von der kurzfristigen Veränderung einzelner demographischer Kennziffern abwendet und sowohl kulturell wie historisch seinen Blickwinkel erweitert, so kann bei aller Veränderung der konkreten Organisation familialen und privaten

Lebens festgehalten werden, dass sowohl normativ wie auch konkret derartige partnerschaftliche und familiale Lebensformen ihre Bedeutung nicht verloren haben.

▶ Bevölkerung; Ehe; Lebensformen

📖 Becker, G. S. (1981). *A Treatise on the Family*. Cambridge/London: Harvard UP • Bengtson, V. L. (2001). Beyond the Nuclear Family: The Increasing Importance of Multigenerational Bonds. *Journal of Marriage and the Family*, 63, 1-16 • Berger, P. L. & Kellner, H. (1965). Die Ehe und die Konstruktion der Wirklichkeit. *Soziale Welt*, 16, 220-235 • Gestrich, A., Krause, J.-U. & Mitterauer, M. (2003). *Geschichte der Familie*. Stuttgart: Kröner • Hill, P. B. & Kopp, J. (2013). *Familiensoziologie*. 5. Auflage. Wiesbaden: Springer VS • Hill, P. B. & Kopp, J. (Hg.) (2015). *Handbuch Familiensoziologie*. Wiesbaden: Springer VS • Kertzer, D. I. & Barbagli, M. (Hrsg) (2001). *Family Life in Early Modern Times, 1500–1789*. New Haven/ London: Yale UP • Kopp, J., Lois, D., Kunz, C. & Arránz Becker, O. (2010). *Verliebt, verlobt, verheiratet. Institutionalisierungsprozesse in Partnerschaften*. Wiesbaden: VS Verlag • Straus, M. A. & Gelles R. J. (Hg.) (1990). *Physical Violence in American Families. Risk Factors and Adaptations to Violence in 8,145 Families*. New Brunswick/London: Transaction Publisher • Treas, J. & Drobnic, S. (2010). *Dividing the Domestic*. Palo Alto: Stanford UP • White, J. M. (2005). *Advancing family theories*. Thousand Oaks: Sage

Paul B. Hill & Johannes Kopp

Figuration

Der Begriff der Figuration unterscheidet sich dadurch von vielen anderen theoretischen Begriffen der Soziologie, dass er die Menschen ausdrücklich in die Begriffsbildung einbezieht. Er setzt sich also mit einer gewissen Entschiedenheit von einem weithin vorherrschenden Typ der Begriffsbildung ab, die sich vor allem bei der Erforschung lebloser Objekte, also im Rahmen der Physik und der an ihr orientierten Philosophie, herausgebildet hat. Es gibt Konfigurationen von Sternen, auch von Pflanzen und Tieren. Menschen allein bilden miteinander Figurationen. Die Art ihres Zusammenlebens in kleinen und großen Gruppen ist in gewisser Hinsicht einzigartig. Es wird immer durch Wissensübertragung von einer Generation zur anderen mitbestimmt, also durch den Eintritt des Einzelnen in die spezifische Symbolwelt einer schon vorhandenen Figuration von Menschen. Mit den vier zeiträumlichen Dimensionen unabtrennbar verbunden ist im Falle der Menschen eine fünfte, die der erlernten gesellschaftlichen Symbole. Ohne deren Aneignung, ohne z. B. das Erlernen einer bestimmten gesellschaftsspezifischen Sprache, vermögen Menschen weder sich in ihrer Welt zu orientieren, noch miteinander zu kommunizieren.

Ein heranwachsendes Menschenwesen, das keinen Zugang zu Sprach- und Wissenssymbolen einer bestimmten Menschengruppe erworben hat, bleibt außerhalb aller menschlichen Figurationen und ist daher nicht eigentlich ein Mensch. Das Hereinwachsen eines jungen Menschenwesens in menschliche Figurationen als Prozess und Erfahrung und so auch das Erlernen eines bestimmten Schemas der Selbstregulierung im Verkehr mit Menschen ist eine unerlässliche Bedingung der Entwicklung zum Menschen. Sozialisierung und Individualisierung eines Menschen sind daher verschiedene Namen für den gleichen Prozess. Jeder Mensch gleicht anderen Menschen und ist zugleich von allen anderen verschieden. Soziologische Theorien lassen zumeist das Problem des Verhältnisses von Individuum und Gesellschaft ungelöst. Wenn man davon spricht, dass Kinder durch Integration in bestimmte Figurationen, also etwa in Familien, Schulklassen, Dorfgemeinden oder Staaten, und so auch durch persönliche Aneignung und Verarbeitung eines gesellschaftsspezifischen Symbolschatzes zu menschlichen Individuen werden, steuert man die Gedanken zwischen den zwei großen Gefahren der soziologischen Theoriebildung und der Menschenwissenschaften überhaupt hindurch: zwischen der Gefahr, von einem gesellschaftslosen Individuum, also etwa von einem ganz für sich existierenden Handelnden auszugehen, und der Gefahr, ein „System", ein „Ganzes", kurzum eine menschliche Gesellschaft zu postulieren, die gleichsam jenseits der einzelnen Menschen, jenseits der Individuen existiert. Menschliche Gesellschaften haben keinen absoluten Anfang; sie haben keine andere Substanz als von Müttern und Vätern erzeugte Menschen. Aber sie sind nicht einfach kumulative Anhäufungen solcher Personen.

Das Zusammenleben von Menschen in Gesellschaften hat immer, selbst im Chaos, im Zerfall, in der allergrößten sozialen Unordnung, eine ganz bestimmte Gestalt. Das ist es, was der Begriff der Figuration zum Ausdruck bringt. Kraft ihrer grundlegenden Interdependenz voneinander gruppieren sich Menschen immer in der Form spezifischer Figurationen. Im Unterschied von den Konfigurationen anderer Lebewesen sind diese Figurationen nicht gattungsmäßig, nicht biologisch fixiert. Aus Dörfern können Städte werden, aus Sippen Kleinfamilien, aus Stämmen Staaten. Biologisch unveränderte Menschen können veränderliche Figurationen bilden. Sie haben Struktureigentümlichkeiten und sind Repräsentanten einer Ordnung eigener Art und bilden dementsprechend das Untersuchungsfeld eines Wissenschaftszweiges eigener Art, der Sozialwissenschaften im Allgemeinen und so auch der Soziologie. Die gedankliche Schwierigkeit, der man in diesem Zusammenhang oft begegnet, beruht nicht zuletzt auf zwei komplementären Grundsachverhalten. Einzelne Menschen leben miteinander in bestimmten Figurationen. Die einzelnen Menschen wandeln sich. Die Figurationen, die sie miteinander bilden, wandeln sich ebenfalls. Aber die Veränderungen der einzelnen Menschen und die Veränderungen der Figurationen, die sie miteinander bilden, obgleich unabtrennbar und ineinander verwoben, sind Veränderungen auf verschiedener Ebene und auf verschiedene Art. Ein einzelner Mensch kann eine relative Autonomie gegenüber bestimmten Figurationen haben, aber allenfalls nur in Grenzfällen (etwa des Wahnsinns) von Figurationen überhaupt. Figurationen können eine relative Autonomie im Verhältnis zu bestimmten Individuen haben, die sie hier und jetzt bilden, aber niemals im Verhältnis zu Individuen überhaupt. Anders ausgedrückt: Ein einzelner Mensch kann einen Freiheitsspielraum besitzen, der es ihm ermöglicht, sich von einer bestimmten Figuration abzulösen und sich in eine andere einzufügen, aber ob und wie weit das möglich ist, hängt selbst von der Eigenart der betreffenden Figuration ab. Auch können die gleichen Personen verschiedene Figurationen miteinander bilden (die Passagiere vor, bei und möglicherweise nach dem Schiffbruch; bürgerliche und adlige Menschen vor, während und nach der Revolution). Umgekehrt können verschiedene Menschen mit gewissen Variationen die gleichen Figurationen bilden (Familien, Bürokratien, Städte, Länder). Max Weber (1864–1920) suchte dieses zentrale Problem der Soziologie, das der relativen Autonomie der Figurationen gegenüber den sie jeweils bildenden Individuen, durch den Begriff des Idealtypus zu lösen, also durch die Annahme, dass Figurationen als solche gar nicht existieren, sondern nur als idealisierende Abstraktionen von weniger geordneten Häufungen individuell Handelnder und deren ausdrücklich auf andere gerichteten Handlungen. Er sah noch nicht, dass die Figurationen, die Menschen miteinander bilden, ebenso real sind, wie jeder dieser Menschen für sich betrachtet. Emile Durkheim (1858–1917) sah die Realität der Figurationen, aber er sah sie wie etwas außerhalb der einzelnen Menschen Existierendes; er vermochte nicht, sie mit der Existenz der einzelnen Menschen in Einklang zu bringen (oder allenfalls nur durch den Begriff der Interpenetration von Individuum und Gesellschaft, der sehr deutlich die Annahme einer getrennten Existenz der beiden unabtrennbaren menschlichen Daseinsebenen zeigt). Wenn man von Figurationen spricht, die menschliche Individuen miteinander bilden, dann besitzt man ein Menschenbild und ein begriffliches Handwerkszeug, das wirklichkeitsgerechter ist und mit dessen Hilfe sich die traditionelle Zwickmühle der Soziologie: „Hier Individuum, dort Gesellschaft", die eigentlich auf einem Spiel mit Worten oder mit Werten außerwissenschaftlicher Art beruht, vermeiden lässt.

▶ **Gemeinschaft; Gesellschaft; Grundgebilde, soziale; Gruppe; Netzwerk, soziales; Prozesse, soziale; Symbol**

Bartels, H.-P. (Hg.) (1995). *Menschen in Figurationen. Ein Norbert Elias-Lesebuch.* Opladen: Leske + Budrich • Elias, N. (2007): *Die höfische Gesellschaft.* Frankfurt a. M.: Suhrkamp • Elias, N. (2014): *Was ist Soziologie?* 12. Auflage. Weinheim/Basel: Beltz-Juventa • Elias, N. (2001): *Die Gesellschaft der Individuen. Gesammelte Schriften Band 10.* Frankfurt a. M. : Suhrkamp • Elias, N. (2001): *Symboltheorie. Gesammelte Schriften Band. 13.* Frankfurt a. M.: Suhrkamp

Norbert Elias

G

Geld

Das Wort Geld geht auf althochdeutsch „gelt" zurück, das Zahlung bzw. Zahlungsmittel bedeutet; die Bezeichnung „pecuniär" stammt von lateinisch „pecunia" und dies wiederum von „pecus", das Vieh ab. Geld besitzt drei Funktionen: (1) es stellt ein in einer Gesellschaft allgemein anerkanntes, universell geltendes Tauschmittel dar; (2) es fungiert als wirtschaftlicher Wertmesser der Preise von Gütern und Leistungen; (3) durch seinen Sachwert oder – häufiger – durch die Garantie des symbolisch verkörperten Wertes kann Geld auch die Funktion eines Wertspeichers übernehmen.

Die soziokulturelle Entwicklung des Geldes ist nach Georg Simmel (1858–1918) durch eine schrittweise Ersetzung von Substanzen durch Funktionen gekennzeichnet. Ursprünglich war Geld eine „dritte Ware", die den entsprechenden Wert nicht symbolisierte, sondern selbst eine „universell" tauschbare Ware war. Diesem Warengeld in Form von Naturgeld (Vieh oder Muscheln), Schmuckgeld (Ring- oder Steingeld) und Nutzgeld (z. B. Pelze, Nahrungs- und Genussmittel) kamen in archaischen Gesellschaften neben der Verwendung als Tauschmittel noch weitere, insbesondere kultische Funktionen zu. Die Einführung von Metallgeld muss als wesentliche Innovation gewertet werden, da nun die kultische Dimension von Geld nur noch durch Aufprägungen auf der Münze symbolisiert wurde. Mit der Zeit änderten sich die Darstellungen auf Münzen, Gottheiten wurden ersetzt durch eine weltliche Herrschaftssymbolik. Gleichwohl blieb der „substanzielle Warenwert" des Münzgeldes durch das verwendete Edelmetall erhalten. Dies wurde erst durch die Einführung von Papiergeld überwunden, da nun lediglich der Wert des Geldes repräsentiert wird, was dessen Institutionalisierung voraussetzt. Mit der Abkehr von der stofflichen Wertdeckung begann unter staatlicher Autorisierung der Abstraktionsprozess von Bargeld hin zum so genannten Giralgeld (Kredit- oder Guthabengeld), das in Form von Überweisungen, Schecks und Scheckkarten fast vollständig immaterialisiert ist. Gerade an der letztgenannten Entwicklung wird deutlich, dass sich dadurch auch die sozialen Umgangsweisen mit Geld grundlegend geändert haben.

Die sozialen Wirkungen der Verwendung von Geld anstelle des Naturaltauschs eröffneten zugleich Möglichkeiten gesellschaftlicher Differenzierung und die Verdichtung und Vervielfachung sozialer Interaktionen. Unzweifelhaft erhält Geld erst im Hinblick auf soziale Interaktionen Sinn, ist Geldgebrauch nicht nur wirtschaftliches, sondern allgemein am erwarteten Verhalten anderer orientiertes soziales Handeln (im Sinne Max Weber). In der im Geld vorgenommenen Bewertung erlangen Sachen den Charakter von Waren, was Karl Marx (1818–1883) mit der Verwandlung des Gebrauchswertes in den Tauschwert ausgedrückt hat. Dies bezieht sich nicht nur auf Ver- und Gebrauchsgüter sondern auch zum Beispiel auf die menschliche Arbeit, die nun als Ware erscheint. In Geld wird zugleich Arbeitsleistung abgegolten und damit einerseits für den (Lohn-)Geldempfänger die Voraussetzung zur Beteiligung am gesellschaftlichen Alltag geschaffen sowie andererseits dem Unternehmer die Erwirtschaftung eines Mehrwerts eröffnet. Georg Simmel sieht im Geld die reinste Form der modernen „Verstandesherrschaft", die sich als Druck des „Objektiven" über das Subjektive manifestiert: Indem Geld die Vielfalt der Dinge aufwiegt, qualitative Unterschiede in quantitativ Messbare transformiert, wird es zum „fürchterlichsten Nivellierer" der Moderne. Denn der Kern der Dinge, ihre jeweilige Eigenart wird gleichgemacht. Indem sich die Menschen dieses Mediums bedienen, wird die Wirkweise des Geldes auf ihre Formen des Umgangs mit der Welt und mit den Mitmenschen sowie auf ihre Werthaltungen und Lebenseinstellungen übertragen.

Für Talcott Parsons (1902–1979) besitzt Geld die Funktion eines so genannten symbolisch generalisierten Mediums. Nach Parsons weisen derartige Medien eine Reihe von Eigenschaften auf: nämlich Symbolcharakter, Zirkulationsfähigkeit, spezifische Sinnbedeutung und Wirkungsweise sowie eine regulative und integrative Funktion. In Weiterführung von Parsons sieht Niklas Luhmann (1927–1998) im Geld das Medium, mittels dessen die binäre Codierung von Zahlung und Nicht-Zahlung effizient vonstattengeht. Dabei besitzt das Geld einen Selektionswert, indem es bestimmt, was gekauft wird, und einen Motivationswert, indem es Motive für Zahlungen einfordert. Schließlich kommt dem Geld nach Luhmann noch eine Beruhigungsfunktion für Dritte zu; denn Unbeteiligte können nun den Kauf von Dingen, die auch für sie erstrebenswert sind, gelassen beobachten, da für den Erwerb ein marktmäßiger Preis gezahlt wird.

Generell führt der Umgang mit Geld als Maßstab eines persönlichen Verfügungsspielraums zu einem Denken in nominalen Beträgen anstelle der aktuellen realen Geldwerte. Zu der verbreiteten gefühlsmäßigen Ambivalenz der Einstellungen zum Geld tragen die im Geld verkörperten Gegensätze von arm und reich, Schuldner und Gläubiger, Ausschluss und Zugang, Sparsamkeit und Verschwendung maßgeblich bei. Auf jeden Fall gehören Geldwährungen (der „Euro" oder der „US-Dollar") nicht nur wegen der von jedermann verinnerlichten Namen von Noten und Münzen, sondern wegen der in ihnen verankerten gesamtwirtschaftlichen und gesellschaftlichen Einigungskraft zu den nationalen Symbolen.

Die institutionelle Verwaltung des Geldes erfolgt im Bankwesen, dem insbesondere auch die Vermittlungs- und Verteilungsfunktion akkumulierter Geldmengen zu produktiven Zwecken (Kapital) obliegt, aus deren Wirken sich der volkswirtschaftliche Geldwertausdruck im internationalen Vergleich (Währung) ableitet. Von der Stabilität oder Veränderung des Geldwertes (starke Verminderung = Inflation) hängt nicht nur das Vertrauen oder die Verunsicherung des zukunftsbedeutsamen Handelns der Wirtschaftssubjekte ab (Sparen, Investieren), sondern es können davon massive Einflüsse auf kollektive soziale Verhaltensmuster ausgehen.

Durch die Ausdifferenzierung und Internationalisierung der Geldpolitik sowie durch den neuen Finanzkapitalismus haben die Finanzwirtschaft (insbesondere die Zentralbanken und Börsen) einen Funktionswandel und eine drastische Einflusssteigerung sowohl innerhalb der Wirtschaft, als auch bezüglich der Gesellschaft erfahren. Dies wird nicht nur dadurch deutlich, dass die politischen und ökonomischen Akteure ihre Entscheidungen mehr und mehr von Wechselkursschwankungen und Leitzinsänderungen abhängig machen, sondern auch an gesellschaftlichen Effekten wie dem Börsenboom der 1990er Jahre in den USA. Diese und weitere Phänomene führen dazu, dass Wirtschaftsprozesse und ihre gesellschaftlichen Auswirkungen dynamischer, vernetzter und unvorhersehbarer werden.

Geldkrisen, Börsencrashs, Leitzinserhöhungen und Wechselkurseinbrüche führen vor Augen, welche Wirkungen die monetäre Sphäre auf nationalstaatliche Gesellschaften auslösen kann: nämlich privilegierende und diskriminierende Effekte auf die Sozialstruktur, transformierende Einflüsse auf die gesellschaftlich etablierten Normen und Werte sowie weit reichende Eingriffe in die Lebensentwürfe von Menschen.

▶ **Universalien, soziale; Wirtschaft**

📖 Deutschmann, C. (Hg.) (2002). *Die gesellschaftliche Macht des Geldes*. Leviathan (Sonderheft). Baden-Baden: Nomos • Heinemann, K. (1969). *Grundzüge einer Soziologie des Geldes*. Stuttgart: Enke • Luhmann, N. (1988). *Die Wirtschaft der Gesellschaft*. Frankfurt/M.: Suhrkamp • Parsons, T. & Smelser, N.J. (1956). *Economy and Society*. London: Routledge and Kegan Paul • Paul, A.T. (2012). *Die Gesellschaft des Geldes*. 2.Auflage. Wiesbaden: VS • Schmölders, G. (1982). *Psychologie des Geldes*. München: Langen Müller • Simmel, G. (1987) (zuerst 1900). *Philosophie des Geldes*. 7. Auflage. Berlin: Dunker & Humblot • Weimer, W. (1994). *Geschichte des Geldes*. Frankfurt a.M.: Suhrkamp

Roger Häußling

Gemeinschaft

Gemeinschaft ist einer der am häufigsten verwandten Begriffe zur Bezeichnung jener Formen menschlichen Zusammenlebens, die als besonders eng, vertraut, aber auch als ursprünglich und dem Menschen „wesensgemäß" angesehen werden; seit der Arbeit von Ferdinand Tönnies (1855–1936) über „Gemeinschaft und Gesellschaft" (1887) ein Grundbegriff der Soziologie, mit dem die nicht-gesellschaftlichen Formen des Soziallebens bezeichnet werden.

Tönnies ging im o. g. Werk davon aus, dass alle sozialen Gebilde entweder als Gemeinschaft oder als Gesellschaft bzw. als Abwandlungen und Differenzierungen dieser zwei Grundtatbestände des sozialen Lebens erklärt werden können. Gemeinschaft und Gesellschaft stehen, zumal seit der Herausbildung der modernen bürgerlich-industriellen und sozialistisch-industriellen Gesellschaft, in einem dauernden Spannungsverhältnis: Gemeinschaftliche Verhältnisse zeigen Tendenzen der Vergesellschaftung und umgekehrt zeigen gesellschaftliche Sozialformen Tendenzen der Vergemeinschaftung. „Vergesellschaftung" und „Vergemeinschaftung" sind Wortschöpfungen, die Max Weber (1864–1920) im Anschluss an Tönnies prägte.

Nach Tönnies ist Gemeinschaft überall dort, „wo immer Menschen in organischer Weise durch ihren Willen miteinander verbunden sind und einander bejahen". Als ihre ursprünglichen Formen nennt Tönnies Verwandtschaft, Nachbarschaft und Freundschaft. Beeinflusst von der Philosophie Arthur Schopenhauers (1788–1860) macht Tönnies für die „besondere soziale Kraft und Sympathie, die Menschen als Glieder eines Ganzen zusammenhält", eine verbindende, dem Menschen natürliche Willensgestaltung verantwortlich. „Natürlich" heißt aber nicht, dass sich gemeinschaftliche Sozialverhältnisse von selbst einstellen: Ohne den Willen der Menschen zur Gemeinschaft (und erst recht zur Gesellschaft) geht es nicht.

Nach Tönnies und einer weit verbreiteten Auffassung hat Gemeinschaft jene Qualitäten, die in der allgemeinen Wertordnung und Sittenlehre als besonders wichtig und erstrebenswert für das Zusammenleben der Menschen eingestuft werden: Gemeinschaftliche Verhältnisse sind der Idealvorstellung nach gekennzeichnet durch Nähe, Gefühlstiefe, Solidarität, Hilfsbereitschaft. Mit diesem dichten Beziehungsnetz geht aber auch eine erhöhte soziale Kontrolle einher.

Gemeinschaft hat etwas „Eingelebtes", Selbstverständliches. Formen des gemeinschaftlichen Zusammenlebens müssen nicht organisiert und veranstaltet werden; sie stehen mit der Mutter-Kind-Beziehung als Urverhältnis am Beginn der Soziabilität des Menschen. Das „Aufrechnen" von Leistungen, das in der Gegenwartsgesellschaft auch für Zweierbeziehungen immer typischer wird, ist der Gemeinschaft fremd. Wer zu ihr gehört, hat Geborgenheit und Schutz, aber auch die moralische Verpflichtung, etwas für die Gemeinschaft zu leisten. Auch Konflikte und vorübergehende Trennungen können der gefühls- und willensmäßig tief verankerten Solidarität der Gemeinschaft nichts anhaben.

Typische Gemeinschaften sind durch Blutsbande (Familie, Verwandtschaft), Intimität (Ehe, Freundschaft) oder räumliche Nähe (Nachbarschaft, Dorf) geprägt; aber auch jene sozialen Gebilde fallen darunter, die durch gemeinsames Tun oder gemeinsamen Besitz entstehen: Arbeits- und Jagdgemeinschaften, Marktgenossenschaften, Zünfte usw. Auch Städte können Gemeinschaften sein, solange sie durch religiöse Bindungen, gemeinsame Traditionen und Sitten geprägt sind (nach Tönnies „wesensmäßig gewollt werden"). Für die seit der zweiten Hälfte des 19. Jahrhunderts sich herausbildenden Industriestädte waren diese Voraussetzungen aber nicht mehr gegeben. In Zeiten zunehmender Mediatisierung erfolgt Gemeinschaftsbildung, gerade bei jungen Menschen, zunehmend in und durch Medien (Hepp, Berg, & Roitzsch, 2014).

Sozialgeschichtlich dient bereits bei Tönnies der Begriff Gemeinschaft dazu, den Wechsel in den grundlegenden Sozialverhältnissen deutlich zu machen: von gemeinschaftlichen zu gesellschaftlichen Strukturen. Dies hat seit Herausbildung der modernen Gesellschaft immer wieder dazu geführt, den Wert der Gemeinschaft gegenüber dem der Gesellschaft besonders zu betonen. Nach Anfängen in der Romantik war es dann verschiedenen sozialen Bewegungen vorbehalten, ihre Gemeinschaft gegen die anonyme, abstrakte politische Gesellschaft auszuspielen, in der deutschen Jugendbewegung ebenso wie in den Bünden der 1920er Jahre. Der Gemeinschaftsgedanke spielte seit der Jugendbewegung in sozialen Bewegungen immer wieder eine große Rolle. In der Kultur- und Gesellschaftskritik wurde die Gemeinschaft der Familie als „Keimzelle der Gesellschaft" besonders hervorgehoben.

Seit Beginn der 1970er Jahre hat sich der Begriff der Gruppe (v. a. der Primärgruppe) als „die" Form gemeinschaftlichen Lebens stark in den Vordergrund gedrängt (Schäfers, 1999). Es gab, zumal in Deutschland, sicher gute Gründe, den v. a. im Nationalsozialismus missbrauchten Gemeinschaftsbegriff durch den neutraleren der Gruppe zu ersetzen (bereits 1924 hatte Helmuth Plessner in „Grenzen der Gemeinschaft" vor den Gefahren einer Überbewertung des Gemeinschaftsgedankens gewarnt und in der Denunziation des Gesellschaftlichen eine besondere Gefahr für die Weimarer Demokratie gesehen).

Es hat zahlreiche Versuche gegeben, die von Tönnies entwickelte Begrifflichkeit von Gemeinschaft und Gesellschaft für die soz. Arbeit zu systematisieren, wovon Talcott Parsons' Ansatz, die stärker gemeinschaftlichen und die stärker gesellschaftlichen Orientierungsformen des sozialen Handelns (pattern variables) herauszuarbeiten, der bekannteste ist.

Seit den 1980er Jahren wurde der Gemeinschaftsbegriff über die v. a. in den USA entwickelte Theorie des kommunitären Gemeinsinns aktualisiert (Honneth, 1995). Kommunitarismus bedeutet hierbei, in bewusster Anknüpfung an Tönnies, eine Betonung notwendiger Gemeinschaftlichkeit gegenüber den Tendenzen eines antagonistischen, isolierenden Individualismus. Calhoun (1991) spricht in einer weiten Definition des Begriffs von imaginierten Gemeinschaften, bezugnehmend auf Fragen des Nationalismus und der ethnischen Zugehörigkeit. Gemeinschaften basieren danach auf einer gemeinsamen Identität, nicht auf direkten interpersonalen Beziehungen.

▶ **Anthropologie; Gesellschaft; Grundgebilde, soziale; Gruppe**

Calhoun, C. (1991). Indirect Relationships and Imagined Communities. In P. Bourdieu & J. Coleman (Hg.), *Social Theory for a Changing Society* (S. 95-121). New York: Westview Press • Clausen, L. & Schlüter, C. (Hg.) (1991). *Hundert Jahre „Gemeinschaft und Gesellschaft".* Opladen: Leske & Budrich • Deichsel, A. (1981). Gemeinschaft und Gesellschaft als analytische Kategorien. In L. Clausen & F.U. Pappi (Hg.), *Ankunft bei Tönnies* (S. 33-41). Kiel: Mühlau • Hepp, A., Berg, M. & Roitzsch, C. (2014). *Mediatisierte Welten der Vergemeinschaftung. Kommunikative Vernetzung und das Gemeinschaftsleben junger Menschen.* Wiesbaden: Springer • Honneth, A. (Hg.) (1995). *Kommunitarismus. Eine Debatte* über *die moralischen Grundlagen moderner Gesellschaften, 3. Aufl.* Frankfurt a. M.: Campus • Schäfers, B. (Hg.) (1999). *Einführung in die Gruppensoziologie, 3. Aufl.* Wiesbaden: Quelle & Meyer • Tönnies, F. (2012) (zuerst 1922): *Studien zu Gemeinschaft und Gesellschaft.* Hg. von K. Lichtblau. Wiesbaden: VS

Bernhard Schäfers & Bianca Lehmann

Generation

In der Soziologie werden gemeinhin zwei Generationenkonzepte voneinander unterschieden, die auf unterschiedlichen Analyseebenen angesiedelt sind: Das ist zum einen das Konzept der gesellschaftlichen Generation (Makroebene) und zum anderen das Konzept der familialen Generation (Mikroebene) (Kohli & Szydlik, 2000; Lüscher & Liegle, 2003).

Gesellschaftliche Generationen umfassen Personen, die in einem Zeitraum von wenigen (etwa 5-10) Jahren geboren wurden. Deshalb findet man in der Literatur auch häufig Begriffe wie Altersklassen, Alterskohorten, Geburtsjahrgangskohorten oder einfach nur Kohorten. Doch schon Karl Mannheim (1928) hat herausgestellt, dass Generation zwar eine bestimmte Kohorte umfasst, eine Kohorte jedoch nicht mit einer Generation gleichgesetzt werden kann. Er hat für gesellschaftliche Generation den Begriff des Generationenzusammenhangs geprägt. Ein Generationenzusammenhang umfasst Personen, die nicht nur zur selben Zeit in eine historisch-soziale Lebensgemeinschaft geboren wurden, sondern die an einem gemeinsamen Schicksal partizipiert haben. Wenn das nicht der Fall ist, spricht Mannheim (1928) von Generationenlagerung. Generationenlagerung bedeutet demnach nichts anderes, als dass Personen zur selben Zeit in eine historisch-soziale Lebensgemeinschaft geboren wurden und deshalb wichtige Statuspassagen zur gleichen Zeit durchlaufen (z. B. Schul- oder Berufseintritt). Als einen Generationenzusammenhang konstituierend sieht er gesellschaftliche Großereignisse, wie Kriege oder bedeutende soziale und geistige Umwälzungen an (z. B. den Fall des Eisernen Vorhangs). Gesellschaftliche Generationen verfügen also über Merkmale, die über den reinen Geburtszeitraum hinausgehen. Die Wertvorstellungen und Handlungsorientierungen der Individuen sollten entsprechend durch die Zugehörigkeit zu einer Generation beeinflusst werden (z. B. die 68er Generation, Generation Golf).

Familiale Generationen umfassen dagegen die Mitglieder einer Abstammungslinie (lineage) und werden deshalb auch als Abstammungsgeneration bezeichnet (Szydlik, 2000). Vom Begriff familiale Generationen ist der Begriff Generationenbeziehungen zu unterscheiden, der sich auf die Folgen sozialer Interaktionen zwischen den Angehörigen verschiedener familialer Generationen bezieht. Intergenerationale Beziehungen zwischen Eltern und ihren Kindern sind auf Grund des demografischen Wandels in westlichen Industrieländern während der letzten Jahrzehnte zunehmend in den Fokus der sozialwissenschaftlichen Forschung geraten (siehe für einen Überblick z.B Hank, 2015 oder Steinbach & Hank, 2015). Den Ausgangspunkt dafür bilden insbesondere die Veränderungen der familialen Strukturen: So haben sowohl die gestiegene Lebenserwartung als auch die gesunkene Fertilität dazu beigetragen, dass es zu einer Abnahme der Familienmitglieder in der horizontalen Linie und einer Zunahme der Familienmitglieder in der vertikalen Linie kam (Bohnenstangenfamilie). Gleichzeitig nahm auch die Sicherheit von gemeinsamer Lebenszeit zu, so dass (Groß-)Eltern und (Enkel-)Kinder relativ gewiss sein können, dass sie sich über einen sehr langen Zeitraum erleben.

Die Basis für empirische Untersuchungen zur Ausgestaltung von familialen Generationenbeziehungen stellt fast ausnahmslos das Modell intergenerationaler Solidarität dar (Bengtson, 2001). In diesem Modell werden sechs bzw. sieben Dimensionen der Beziehungsgestaltung unterschieden: 1) strukturelle Solidarität (Opportunitätsstruktur zur Pflege der Generationenbeziehungen wie Familienzusammensetzung oder Wohnentfernung), 2) assoziative Solidarität (Häufigkeit und Muster des Kontaktes), 3) funktionale Solidarität (Austausch von Unterstützungsleistungen, 4) normative Solidarität (Wahrnehmung familialer Verpflichtungen), 5) affektive Solidarität (emotionale Nähe), 6) konsenuelle Solidarität (Übereinstimmung in Einstellungen und Werten). Auf Grund der Kritik an diesem Modell, die intergenerationalen Beziehungen zu harmonisch zu fassen (Lüscher & Liegle, 2003), wurde das Modell intergenerationaler Solidarität zum ‚Solidarity-Conflict-Model' weiter entwickelt und 7) Konflikt als zusätzliche Dimension aufgenommen (Bengtson, Giarrusso, Mabry, & Silverstein, 2002). Zur Ausgestaltung familialer Generationenbeziehungen liegen inzwischen vielfältige Forschungsaktivitäten vor (siehe z.B. die Beiträge in Ette, Ruckdeschel, & Unger, 2010), die auch der zunehmenden Diversität von Familie (die nicht mehr nur biologische sondern auch soziale Familienbeziehungen wie z.B. Stiefbeziehungen umfassen) Rechnung tragen (z.B. Steinbach, 2010).

Gesellschaftliche und familiale Generationen sind zwar Konzepte, die auf unterschiedlichen Analyseebenen angesiedelt sind, aber es existieren natürlich wichtige Verbindungen zwischen ihnen: Gesellschaftliche Generationenverhältnisse wirken manchmal in die Familie hinein, und die Beziehungen zwischen (Groß-) Eltern und (Enkel-)Kindern können Einfluss nehmen auf (wohlfahrts-)staatliche Arrangements. Das Wechselspiel zwischen gesellschaftlichen und familialen Generationen ist am besten in Bezug auf Transferleistungen von (Wohlfahrts-)Staat und

Familie untersucht (z. B. finanzielle Transfers oder Pflege): In Bezug auf finanzielle Transfers verweisen die Ergebnisse dabei darauf, dass private familiale Transfers in der umgekehrten Richtung zu den öffentlichen Transfers verlaufen. Sie schaffen durch diesen Ausgleich innerhalb der Familie zum einen eine gewisse Akzeptanz der öffentlichen Umverteilung von ökonomischen Ressourcen (z. B. Generationenvertrag). Zum anderen wird damit aber auch die soziale Ungleichheit verfestigt. Hinsichtlich der Diskussion, ob der Ausbau (wohlfahrts-)staatlicher Leistungen die familialen Unterstützungsleistungen verdrängen würde („crowding out") oder aber die familialen Unterstützungsleistungen sogar fördert („crowding in"), kommen die empirischen Untersuchungen zu dem Schluss, dass beide – Staat und Familie – sich gegenseitig entlasten und ergänzen, indem es zu einer Spezialisierung auf den Transfer jeweils unterschiedlicher Leistungen kommt (z. B. Igel et al., 2009).

▶ Bevölkerung; Familie; Ungleichheit, soziale; Wohlfahrtsstaat

📖 Bengtson, V. L. (2001). Beyond the nuclear family: The increasing importance of multigenerational bonds. *Journal of Marriage and Family, 63*, 1-16 • Bengtson, V. L., Giarrusso, R., Mabry, J. B. & Silverstein, M. (2002). Solidarity, conflict, and ambivalence: Complementary or competing perspectives on intergenerational relationships? *Journal of Marriage and Family, 64*, 568-576 • Ette, A., Ruckdeschel, K. & Unger, R. (Hg.). (2010). *Potenziale intergenerationaler Beziehungen. Chancen und Herausforderungen für die Gestaltung des demografischen Wandels.* Würzburg: Ergon • Igel, C., Brandt, M., Haberkern, K. & Szydlik, M. (2009). Specialization between family and state intergenerational time transfers in Western Europe. *Journal of Comparative Family Studies, 40*, 203-226 • Kohli, M. & Szydlik, M. (Hrsg) (2000). *Generationen in Familie und Gesellschaft.* Opladen: Leske+Budrich • Lüscher, K. & Liegle, L. (2003). *Generationenbeziehungen in Familie und Gesellschaft.* Konstanz: UTB • Mannheim, K. (1928). Das Problem der Generationen. *Kölner Vierteljahreshefte für Soziologie, 7*, 157-185 • Steinbach, A. (2010). *Generationenbeziehungen in Stieffamilien. Der Einfluss leiblicher und sozialer Elternschaft auf die Ausgestaltung von Eltern-Kind-Beziehungen im Erwachsenenalter.* Wiesbaden: VS Verlag • Steinbach, A. & Hank, K. (2015). Familiale Generationenbeziehungen aus bevölkerungssoziologischer Perspektive. In Y. Niephaus, M. Kreyenfeld & R. Sackmann (Hg.), *Handbuch Bevölkerungssoziologie* (S. 367-392). Wiesbaden: Springer VS • Szydlik, M. (2000). *Lebenslange Solidarität? Generationenbeziehungen zwischen erwachsenen Kindern und Eltern.* Opladen: Leske+Budrich

Anja Steinbach

Gerechtigkeit, soziale

Der Begriff der sozialen Gerechtigkeit kann zunächst von den Fragen metaphysischer Gerechtigkeit (Warum lässt Gott Leid zu?), ethischer Gerechtigkeit (Welchem privaten Ideal eines guten Lebens soll ich nachstreben?; „Gerechtigkeit gegenüber sich selbst") oder moralischer Gerechtigkeit (Was darf ich auf keinen Fall unterlassen?; Pflichten gegenüber einem vorsozialen Sittengesetz als Mensch) abgegrenzt werden: Er bezeichnet lediglich Gerechtigkeitsfragen, die sich aus dem Zusammenleben des Menschen in der Gesellschaft ergeben. In dieser Hinsicht ist er mit der aristotelischen Vorstellung distributiver Gerechtigkeit verwandt, insofern er nicht die Bestrafung moralischer oder rechtlicher Schuld behandelt (korrektive Gerechtigkeit), sondern Fragen der Verteilung und Anerkennung thematisiert. Diese Abgrenzungen werden je nach Gerechtigkeitstheorie unterstrichen oder relativiert und bleiben daher trotz ihres heuristischen Werts äußerst umstritten.

Im Begriff der sozialen Gerechtigkeit sind zudem drei zu differenzierende Aspekte enthalten: Er kann einerseits benutzt werden, um normative Thesen über eine wünschenswerte Gesellschaft zu bezeichnen (dann ist er Gegenstand der normativen politischen Theorie); er kann zweitens eine Analysekategorie empirischer Sozialforschung sein (und kann dann verschieden operationalisiert werden); und er kann drittens als rhetorisches Element politischer Diskurse in den Fokus wissenssoziologischer Untersuchungen geraten (dann ist er Gegenstand der Diskursforschung). In allen drei Fällen kommen jeweils andere Standards zur Anwendung.

Auf der Ebene der normativen politischen Theorien verläuft die entscheidende Trennlinie der Debatte heute entlang der Bruchlinie zwischen egalitaristischen und nicht-egalitaristischen Theorien. Während die formale, rechtliche Gleichheit aller Staatsbürger heute einen völlig unstrittigen normativen Standard darstellt und in allen westlichen Staaten verfassungsrechtlich kodifiziert ist, gehen die Einschätzungen bezüglich der konkreten, kulturellen und ökonomischen Gleichheit weit auseinander (Krebs, 2000). Aus Sicht der Egalitaristen kann nun der Begriff der sozialen Gerechtigkeit nur sinnvoll mit Inhalt gefüllt werden, indem man Gleichheit als intrinsischen Wert versteht. Die Idee der Anerkennung als Person impliziert aus dieser Sicht eine Anerkennung als gleiche Person. Jemanden als ungleich anerkennen wäre demnach widersprüchlich, nämlich gerade eine Verweigerung von Anerkennung. Daraus folgt keineswegs (wie oft fälschlicherweise behauptet wird), egalitaristische Theorien der sozialen Gerechtigkeit würden die völlige (Ergebnis-) Gleichheit im Ökonomischen anstreben oder eine kulturelle „Gleichmacherei" betreiben. Aus Sicht der Egalitaristen impliziert die These vom intrinsischen Wert der Gleichheit lediglich eine Umkehr der Beweislast: Nicht Umverteilung ist rechtfertigungsbedürftig, sondern Ungleichheit. Damit ist aus egalitaristischer Sicht keineswegs ausgeschlossen, dass eine solche Rechtfertigung in vielen Fällen mit Verweis auf Leistungsgerechtigkeit gelingen wird. Auch Egalitaristen können bestimmte Formen von Ungleichheit für gerecht halten, wenn deren Rechtfertigung in der demokratischen Öffentlichkeit erfolgreich ist und gute Gründe vorgebracht werden können. Ein auf Empirie rekurrierendes Argument lautet indes, dass ein zu hohes Maß ökonomischer Ungleichheit gerade diese meritokratischen Strukturen einer Leistungsgesellschaft untergräbt (Piketty, 2015).

Der konkurrierende Ansatz einer nicht-egalitaristischen Position deutet soziale Gerechtigkeit hingegen primär als Vermeidung von Elend: Nicht relativ zu anderen, sondern absolut zur Kategorie des Elends sollte soziale Gerechtigkeit gemessen werden. Ist allen Bürgerinnen und Bürgern eine Grundsicherung zugesprochen, bei der die Grundbedürfnisse abgedeckt sind, so ist aus dieser Sicht die Chancengleichheit im Wesentlichen erreicht. Gleichheit stellt aus dieser zweiten Perspektive keinen intrinsischen Wert dar, sondern ein bloßes Mittel zu einem höheren Zweck, nämlich zur Ermöglichung individueller Freiheit. Gerade diese werde jedoch durch den Gerechtigkeitsbegriff der Egalitaristen gefährdet, weil ein Höchstmaß an Umverteilung und eine Kultur des Sozialneids die Folge seien, so die Kritik der Anti-Egalitaristen. Gleichheit folge daher nur als Forderung nach Chancengleichheit aus dem Begriff sozialer Gerechtigkeit. Chancengleichheit soll die Legitimität der (teilweise gerade ungleichen!) Ergebnisse ermöglichen, Maßnahmen der Umverteilung daher entsprechend auf eine Strategie der Elendsvermeidung und Chancenbereitstellung reduziert werden. Die egalitaristische Konzeption sozialer Gerechtigkeit als relative Größe, verführt aus dieser Perspektive nur zu Missgunst und hypostasiert ein Mittel zu einem Zweck (vgl. z. B. Frankfurt, 1987).

Eine zentrale Auseinandersetzung ist vor diesem Hintergrund um den Begriff der „Leistung" entbrannt. Während egalitaristische Ansätze tendenziell von der sozialen Kontingenz von Leistungsmaßstäben ausgehen, müssen Vertreter einer Leistungsgerechtigkeit den realen Gehalt entsprechender Vorstellungen behaupten und voraussetzen, dass Marktpreise nicht nur kontingente soziale Konstrukte sind, sondern tatsächliche Leistungen abbilden. Doch der Realitätsbezug des Leistungsbegriffs bleibt umstritten: Werden besonders anstrengende und unangenehme Arbeiten tatsächlich höher bezahlt als angenehme? Bilden Arbeitseinkünfte und Kapitaleinkünfte im gleichen Sinne „Leistung" ab? Widerspricht Erben a priori dem Prinzip der Leistungsgerechtigkeit oder verteidigt es vielmehr den Anspruch der Vererbenden auf Leistungsgerechtigkeit (die sich das Recht zu Vererben erarbeitet haben)?

Eine dominante Strategie des Umgangs mit diesen Fragen stellen Theorien der Ausdifferenzierung von Gerechtigkeitssphären dar. Niklas Luhmanns (1927–1998) Systemtheorie (Luhmann, 1997), Michael Walzers Modell verschiedener „Sphären der Gerechtigkeit" (Walzer, 1992) oder Axel Honneths Theorie von Anerkennungssphären (Honneth, 2011) versuchen – trotz riesiger theoriearchitektonischer Unterschiede – verschiedene Konzeptionen von Gerechtigkeit je nach Geltungsbereich (bzw. Codierung im Falle Luhmanns) als gültig zu beschreiben. In der Rechtssphäre verlangen wir Gleichheit (als Anrecht qua Bürgerstatus), im Bildungsbereich erhoffen wir ein Höchstmaß an Chancengleichheit, in der Sphäre der Ökonomie ertragen wir am ehesten Ergebnisdifferenz (oder fordern sie sogar). Soziale Gerechtigkeit würde aus dieser Perspektive gerade in der Ausdifferenzierung von Geltungssphären und Sprachspielen bestehen, also in der Zurückweisung von Verrechtlichung, Ökonomisierung oder Moralisierung (Heidenreich, 2011).

Auf der Ebene der empirischen Forschung führen die normativen Entscheidungen zu verschiedenen Akzentsetzungen und Forschungsstrategien. Da „Gerechtigkeit" ein kaum zu operationalisierender Begriff ist, wird in der Regel der Begriff der „Ungleichheit" zu Grunde gelegt. Klassische Indikatoren sind der Gini-Koeffizient, der die Einkommensverteilung misst, die Vermögensverteilung (die allerdings in den meisten Fällen nur sehr schwer empirisch zu fassen ist, da Vermögen leicht zu verbergen, schwer zu bewerten und in vielen Fällen sehr volatil ist); die soziale Mobilität, die Kindersterblichkeit; der pay-gap zwischen den Geschlechtern etc. Die entscheidende Frage lautet auch in der empirischen Ungleichheitsforschung: Ist soziale Gerechtigkeit als ein immanenter Maßstab des Verhältnisses der Bürger untereinander, also relational, zu verstehen, oder aber handelt es sich um einen absoluten Maßstab, der auf absolute Größen wie Elend, Kindersterblichkeit oder Hunger bezugnimmt? Während Egalitaristen die Empirie zur Stützung der These einer Korrelation von Gleichheit und Lebensstandard heranziehen (z. B. Wilkinson & Pickett, 2013), betonen Nicht-Egalitaristen, die soziale Ungerechtigkeit erscheine nach egalitären Standards auch bei steigendem Wohlstand vermeintlich immer gleich groß.

In der Diskursforschung erscheint der Begriff der sozialen Gerechtigkeit wiederum als ein rhetorisches Element im Kampf um Deutungsmacht. Hier lässt sich aus einer Art Vogelperspektive beobachten, wie bestimmte Konzeptionen der

Leistungsgerechtigkeit hegemoniale Positionen einnehmen oder der Begriff des „Neides" als framing-Strategie zur Delegitimierung bestimmter Positionen benutzt wird (vgl. z. B. Neckel, 1991).

▶ **Arbeit; Differenzierung, gesellschaftliche; Ungleichheit, soziale**

📖 Frankfurt, H. G. (1987). "Equality as a Moral Ideal". *Ethics* 98, 21-43 • Heidenreich, F. (2011). *Theorien der Gerechtigkeit. Eine Einführung.* Opladen: UTB • Honneth, A. (2011): *Das Recht der Freiheit. Grundriß einer demokratischen Sittlichkeit.* Berlin: Suhrkamp • Krebs, A. (Hsrg.). (2000). *Gleichheit oder Gerechtigkeit. Texte der neuen Egalitarismuskritik.* Frankfurt a. M: Suhrkamp • Luhmann, N. (1997). *Die Gesellschaft der Gesellschaft.* Zwei Bände. Frankfurt a. M.: Suhrkamp • Neckel, S. (1991). *Status und Scham. Zur symbolischen Reproduktion sozialer Ungleichheit.* Frankfurt a. M: Campus • Piketty, T. (2015). *Das Kapital im 21. Jahrhundert.* München: C. H. Beck • Walzer, M. (1992): *Sphären der Gerechtigkeit. Ein Plädoyer für Pluralität und Gleichheit.* Frankfurt a. M: Fischer • Wilkinson, R. & Pickett, K. (2013): *Gleichheit ist Glück. Warum gerechte Gesellschaften für alle besser sind.* Berlin: Haffmans & Tolkemitt

Felix Heidenreich

Geschlecht

Geschlecht ist zunächst nichts anderes als ein Kriterium der Einteilung der Bevölkerung in weibliche und männliche Individuen. In allen uns bekannten Gesellschaften ist das Geschlecht, vergleichbar dem Alter, eine mit der Geburt festliegende Dimension sozialer Strukturierung, damit auch ein Bezugspunkt für die Zuweisung von sozialem Status.

Nach wie vor prägt die Unterscheidung nach Geschlecht das soziale und kulturelle Leben. Die Universalität der geschlechtlichen Differenzierung wird häufig auf biologisch-natürliche Unterschiede zurückgeführt. Tatsächlich scheint es umgekehrt zu sein: Wahrnehmbare Unterschiede werden sozial fixiert und zum Ausgangspunkt von wechselseitigen Erwartungen, sich dem eigenen Geschlecht angemessen zu verhalten, gemacht. Annahmen über Geschlechts-Charaktere stehen deshalb in einem engen Zusammenhang mit den Gestaltungsprinzipien der jeweiligen Gesellschaftsordnung. Helmut Schelsky (1912–1984) hatte daher in seiner Soziologie der Sexualität die Geschlechts-Typisierung, lange vor dem Feminismus, als „soziale Superstruktur" bezeichnet. Für Schelsky war klar, dass sich das soziologische Geschlecht nicht unvermittelt auf ein natürliches zurückführen ließ, dass Individualisierungsprozesse in modernen Gesellschaften zu einer Angleichung der Geschlechter führten und die Benachteiligung eines Geschlechts zum Vorteil des anderen nicht gerechtfertigt werden konnte.

Was wir heute „Ordnung der Zweigeschlechtlichkeit" nennen, war Ergebnis des Wandels des Geschlechter-Verhältnisses im 18. und 19. Jahrhundert. Sie wurzelt in dem damals nun modernen Bild getrennter Sphären, das von männlichen Bildungseliten in dem Moment ausgearbeitet und verbreitet wurde, als sich die traditionelle geschlechtergetrennte, agrarisch geprägte Welt aufzulösen begann. Der moderne Kapitalismus zerstörte die komplizierte Balance in der Aufteilung von Zuständigkeiten und Ressourcen zwischen den Geschlechtern (auch Generationen) in der traditionellen Haushaltsfamilie und Familienproduktion. Immer mehr Familien wurden lohnabhängig; die nicht oder nur eingeschränkt erwerbsfähigen, nun einkommenslosen Familienmitglieder waren wiederum auf völlig neue Weise auf das Einkommen der Erwerbstätigen angewiesen. Dadurch verfestigten sich geschlechtsspezifische Zuweisungen, die nun unter Rückgriff auf vermeintlich natürliche Unterschiede zwischen Frau und Mann gerechtfertigt wurden. Ergebnis war eine historisch einmalige „Polarisierung der Geschlechtscharaktere". Seit Ende des 19. Jahrhunderts hatte die entstehende staatliche Sozialpolitik in allen westlichen Gesellschaften diese bipolare Ordnung der Zweigeschlechtlichkeit gefördert – und zwar so lang, wie diese Ordnung und das „männliche Ernährermodell", das sie durch Sozialpolitik stützte, funktional für die kapitalistische Wirtschafts- und Sozialordnung waren.

Man kann die Entstehung der Neuen Frauenbewegung als Reaktion auf diese bipolar gedachte Geschlechterordnung und als Katalysator der Auflösung dieser Ordnung interpretieren. Zwei geschlechterpolitische Positionen standen sich in den feministischen Debatten der 1970 und 80er Jahre gegenüber: der Differenz- und der Gleichheits-Feminismus. Ersterer betonte die (nicht notwendigerweise biologischen) Unterschiede zwischen den Geschlechtern und (wie zuerst der Soziologe Georg Simmel (1858–1918)) die damit verbundene besondere, „weibliche", Kultur, weibliche Orientierungen und Handlungsweisen, ohne die unsere modernen Gesellschaften sich nicht erhalten könnten. Daher forderten Protagonistinnen der Differenz eine gesellschaftliche Anerkennung typisch weiblicher Tätigkeiten, z. B. durch „maternalistische" Politiken der Förderung der Sorgearbeit in der Familie. Ganz anders die Anhängerinnen des Gleichheitsparadigmas. Sie beharrten auf der großen Ähnlichkeit der Geschlechter und pochten auf die radikale Veränderung von geschlechterspezifisch differenzierenden Regeln und Institutionen. Egalitaristinnen unterschieden strikt zwischen „sex" und „gender", zwischen dem biologisch bestimmbaren und dem sozial und kulturell erworbenen Geschlecht. Im Mittelpunkt stand die Kritik des „Essentialismus", die dazu führte, dass nun auch das anscheinend so klar zu bestimmende biologische Geschlecht („sex") als sozial konstruiert galt. Daher hat sich das Augenmerk bis heute auf Prozesse des „doing gender" gerichtet, auf die Alltagspraktiken und Wahrnehmungsformen, die „Zweigeschlechtlichkeit" immer wieder aufs Neue herstellen. Inzwischen wird „Geschlecht" nicht mehr isoliert, sondern als vielfach durchkreuzt von weiteren – Ungleichheit produzierenden – Strukturkategorien (Schicht, Ethnizität, Alter usw.) sozialwissenschaftlich gedacht und analysiert.

▶ Alltag; Anthropologie; Kultur; Norm; Ungleichheit, soziale

📖 Becker-Schmidt, R. & Knapp, A. (2001). *Feministische Theorien zur Einführung.* Hamburg: Junius • Joas, H. & Knöbl, W. (2004). Feministische Sozialtheorien, in H. Joas & W. Knöbl: *Sozialtheorie. Zwanzig einführende Vorlesungen (S. 598-638).* Frankfurt a. M.: Suhrkamp • Schelsky, H. (1977). *Soziologie der Sexualität.* 21. Auflage. Reinbek: Rowohlt • West, C. & Zimmerman, D. H. (1987). Doing Gender. *Gender & Society,* 1, 125-151

Ilona Ostner

Gesellschaft

Gesellschaft bedeutet dem Wortursprung nach „Inbegriff räumlich vereint lebender oder vorübergehend auf einem Raum vereinter Personen" (Geiger, 1988). Die Komplexität des Begriffes lässt sich durch folgende Differenzierungen erfassen: 1.) Gesellschaft ist eine Bezeichnung für die Tatsache der Verbundenheit von Lebewesen (Menschen; Tiere; Pflanzen); 2.) als menschliche Gesellschaft eine Vereinigung zur Befriedigung und Sicherstellung gemeinsamer Bedürfnisse; 3.) i. e. S. jene Form des menschlichen Zusammenlebens, die seit der frühen Neuzeit als bürgerliche Gesellschaft, als nationale und industrielle Gesellschaft einen die individuelle Erfahrungswelt übersteigenden Handlungsrahmen entwickelte (des Rechts, der Ökonomie, des Zusammenlebens in großen Städten, der Kommunikation usw.) und in einen immer stärkeren Gegensatz zu den gemeinschaftlichen Formen des Zusammenlebens geriet; 4.) eine größere Gruppe, deren spezifischer Zweck mit dem Begriff Gesellschaft hervorgehoben wird, z. B. Abendgesellschaft, Reisegesellschaft, Tischgesellschaft; in der Form einer organisierten Zweckvereinigung und i. d. R. rechtsförmig ausgestaltet als Aktiengesellschaft, Gesellschaft der Wissenschaften, Gesellschaft der Musikfreunde, Gesellschaft Jesu (Jesuiten); 5.) in der Sprache der Theorien des sozialen Handelns und sozialer Systeme (T. Parsons; N. Luhmann): alle Interaktionssysteme mit Steuerungsfunktionen für gesellschaftliche Teilsysteme wie Familie, Schulen, Wirtschaft usw.; 6.) in einem historisch sich wandelnden Verständnis eine Bezeichnung für die kulturell und/oder politisch tonangebenden Kreise, von der Adelsgesellschaft zur „guten Gesellschaft" bzw. high society; 7.) in wortursprünglicher Verwandtschaft mit Geselligkeit das gesellige Beieinandersein ganz allgemein: „eine Gesellschaft geben"; jemandem „Gesellschaft leisten".

Der Mensch als Gattungswesen ist auf das Zusammenleben und -wirken mit anderen angewiesen; so erklärte schon Aristoteles (384-322 v. Chr.) die Entstehung von Gesellschaft (der antiken Polis) aus der „geselligen Natur" des Menschen einerseits, aus dem wechselseitigen Angewiesensein auf die unterschiedlichen (arbeitsteiligen) Fähigkeiten der Menschen zur Befriedigung ihrer Bedürfnisse andererseits. Über die längste Phase der Menschheitsgeschichte waren Gesellschaften – wie noch heute in vielen Regionen Asiens, Amerikas, v. a. Afrikas, Melanesiens und Polynesiens – als Stammesgesellschaft organisiert. Entsprechend dem uneinheitlichen Gebrauch des Begriffes Stamm in der Ethnologie umfasst eine Stammesgesellschaft Angehörige gleicher Abstammung, Sprache und Kultur; oder es handelt sich um überschaubare Gesellschaftsformen, die maximal 700 bis ca. 1500 Menschen umfassen.

Gesellschaft im heutigen soziologischen Verständnis ist v. a. die unter 3.) genannte Organisationsform menschlichen Zusammenlebens; mit ihr ist die Entwicklung der Soziologie als Gesellschaftswissenschaft aufs Engste verknüpft, also jener Form der gesellschaftlichen Organisation des Zusammenlebens, die von den Bürgern getragen und in den bürgerlichen Revolutionen des 17.-19. Jahrhunderts durchgesetzt wurde.

Die bürgerliche Gesellschaft war und ist v. a. Markt- und Rechtsgesellschaft. In der Ausbildung eines freien, also nicht-zünftigen Marktes, in der Freisetzung der Individuen zu ihren Fähigkeiten und Interessen wie in der Absicherung dieser Eigentums-, Produktions- und Marktsphäre durch das sich entwickelnde bürgerliche Recht sind die wichtigsten Grundlagen der bürgerlichen Gesellschaft zu sehen. Der Liberalismus war und ist die bündigste Theorie bzw. Ideologie dieser Grundlagen und damit der bürgerlichen Gesellschaft; er macht zugleich deutlich, wie eine staatsfreie Sphäre – die bürgerliche Gesellschaft als Handlungsraum autonomer, anonym über den Markt verbundener Individuen – überzeugend gedacht und gleichwohl durch einen starken (Rechts-)Staat nach innen wie nach außen geschützt werden soll.

Dieser Begriff der bürgerlichen Gesellschaft ist der Kern eines soziologischen Gesellschaftsbegriffs, der von seinen Vorläufern, dem in der aristotelischen Tradition stehenden klassisch-politischen Gesellschaftsbegriff und einem naturrechtlichen, aufklärerischen Gesellschaftsbegriff, den v. a. die schottischen Moralphilosophen formuliert hatten (Gesellschaft als „gesittete" – zivilisierte – Menschheit), zu unterscheiden ist.

Einer der ersten Definitionsversuche dieser historisch völlig neuen Form des Zusammenlebens, die durch die Innovationen der Industriellen Revolution überhaupt erst ermöglicht wurde, stammt von Ferdinand Tönnies (1855–1936). In „Gemeinschaft und Gesellschaft" (zuerst 1887) analysierte er die Entwicklungen von der ständisch-feudalen, agrarischen „Gesellschaft" zur modernen Industriegesellschaft mit ihren Trends der Anonymisierung und der Sonderstellung des einzelnen Individuums. So lässt sich Gesellschaft nach Tönnies denken, „als ob sie in Wahrheit aus getrennten Individuen bestehe, die insgesamt für die allgemeine Gesellschaft tätig sind, indem sie für sich tätig zu sein scheinen". War das „Zeitalter der Gemeinschaft (…) durch den sozialen Willen als Eintracht, Sitte, Religion bezeichnet", so das der Gesellschaft „durch den sozialen Willen als Konvention, Politik, öffentliche Meinung. Und solchen Begriffen entsprechen die Arten des äußeren Zusammenlebens" (Tönnies, 2005).

Einige Phänomene dieses generellen, immer noch nicht abgeschlossenen Strukturwandels – der in einzelnen Teilprozessen als weltweiter Vorgang zu sehen ist – seien hervorgehoben:

- die für immer breitere Bevölkerungsschichten sich durchsetzende Trennung von Wohn- und Arbeitsplatz, die den bisher üblichen Zusammenhang von Wohnen und Arbeiten, Erziehen und Bilden (auch für den Beruf) und alle darauf aufbauenden gemeinschaftlichen Beziehungen auflöste;
- die Entpersonalisierung der Arbeitsbeziehungen in dem Sinn, dass nicht mehr persönliche Abhängigkeiten, wie in der ständisch-feudalen Gesellschaft, strukturbildend sind, sondern die Freisetzung des Einzelnen zu selbst gewählter Arbeit;
- die Ablösung der bisherigen Formen sozialer Sicherheit für Krankheit und Invalidität, Armut und Alter durch gesellschaftliche Formen, durch eine abstrakte, persönlich nicht mehr erfahrbare Solidargemeinschaft;
- die Verstädterung der Siedlungs- und Lebensweise mit ihren (möglichen) Folgen der Anonymisierung und Vereinzelung, aber auch der Individualisierung;
- die Ablösung von ständischen Rechten, Privilegien und Regelungen der Daseinsgrundlagen durch ein einheitliches, die Gleichheit aller voraussetzendes und bewirkendes Recht (die bürgerliche Gesellschaft als Rechtsgesellschaft);
- die sich herausbildende, relative Autonomie wichtiger gesellschaftlicher Teilbereiche, die zu einer Rollendifferenzierung des individuellen Verhaltens führen. Beruf und Arbeit, Bürokratie, Politik, Freizeit, Öffentlichkeit, Kultur, Erziehungs- und Gesundheitswesen und selbst die Kirche bilden sich zu eigenen Sphären aus, bekommen großorganisatorische, gesellschaftliche Dimensionen und unterliegen dem Trend zur Anonymisierung gegenüber dem Einzelnen;
- gesellschaftliche Universalien (auch: evolutionäre Universalien), an wichtigster Stelle das Rechtssystem, aber auch Geld, Bürokratie und universalistische Normen und Rollen gewinnen einen zunehmenden Einfluss auf Struktur, Entwicklung und Steuerung der Gesellschaft und ihrer Teilsysteme (Parsons, 1993).

Über die Entstehung und Entwicklung bzw. die Evolution von Gesellschaft gibt es ähnlich viele Theorien wie über ihre Struktur. Seit der Antike sind normative Theorien über die „richtige" Gesellschaft bzw. Gesellschaften des „guten Lebens" überliefert. Seit dem 18. Jahrhundert gibt es Bemühungen um objektive Theorien über die Grundzüge menschlicher Gesellschaften, also Gesellschaftstheorien im heutigen Verständnis.

Neben den philosophischen, ethnologischen und historischen Gesellschaftstheorien sind soziologische Theorien zu unterscheiden, die auch für Detailanalysen sozialer Phänomene explizit vom „Ganzen der Gesellschaft" ausgehen, wie z. B. in marxistischen Theorien oder der Theorie der Frankfurter Schule vom Tausch- und Warencharakter aller gesellschaftlichen Verkehrsformen. Trotz der offenkundigen Schwierigkeit, Gesellschaftstheorien zu formulieren, bleibt der Soziologie aufgegeben, die grundlegenden Strukturzusammenhänge gesellschaftlicher Systeme und ihre innovativen und retardierenden Elemente zu identifizieren. Dies geschieht in differenzierten Analysen zur Sozialstruktur der Gesellschaft (für Deutschland vgl. Mau & Schöneck, 2013). Hierbei ist zu berücksichtigen, dass sich seit der digitalen Revolution für alle Institutionen und Organisationen des Staates und der Gesellschaft Netzwerkstrukturen herausgebildet haben (Castells, 2004).

Eine Forschungsfrage ist weiterhin, ob die v. a. in der bürgerlichen Gesellschaft herausgebildete Differenz von Staat und Gesellschaft noch existent ist oder die Prozesse der „Vergesellschaftung des Staates" und der „Verstaatlichung der Gesellschaft" nicht bis zur Ununterscheidbarkeit fortgeschritten sind. Weitere Unschärfen in der Abgrenzung von Gesellschaft ergeben sich durch die Herausbildung eurozentristischer Staats- und Gesellschaftsstrukturen und die darüber hinausreichenden weltgesellschaftlichen Verflechtungen.

Erste Konturen der Weltgesellschaft wurden deutlich seit der Herausbildung der Kolonialreiche im 16. und 17. Jahrhundet und den ersten Ansätzen eines weltweiten Wirtschaftssystems. Sie verstärken sich mit den Möglichkeiten der modernen Verkehrserschließung und Kommunikation (Gründung der Internationalen Telegraphenunion 1865, des Weltpostvereins 1874). Seit den Weltkriegen gibt es Bemühungen einer weltweiten Friedenssicherung (1920 Gründung des Völkerbundes, 1945/46 der Vereinten Nationen). Studien zur Weltgesellschaft können immer nur einzelne Aspekte hervorheben, vor allem solche, die die weltweiten Netzwerkstrukturen, Wirtschafts- und Kommunikationssysteme in den Vordergrund stellen. Noch ist zu offenkundig, und das gilt auch für europäische Gesellschaften, dass nationale, ja regionale und globale Strukturen deutlich differieren und einheitliche Normen und Ziele für die Steuerung „der" Weltgesellschaft kaum durchsetzbar sind (Luhmann, 2009: 804ff.).

▶ **Differenzierung, gesellschaftliche; Evolution, soziale; Gemeinschaft; Grundgebilde, soziale; Soziologie; Staat; Wandel, sozialer**

📖 Castells, M. (2004) (zuerst 1996). *Der Aufstieg der Netzwerkgesellschaft*. Opladen: Leske & Budrich • Geiger, T. (1988) (zuerst1931). Gesellschaft. In A. Vierkandt (Hg.), *Handwörterbuch der Soziologie*. Stuttgart: Enke • Luhmann, N. (2009) (zuerst 1997). *Die Gesellschaft der Gesellschaft, 2 Bde*. Frankfurt a.M.: Suhrkamp • Parsons, T. (1993) (zuerst 1975). *Gesellschaften. Evolutionäre und komparative Perspektiven*. Frankfurt a.M.: Suhrkamp • Mau, S. & Schöneck N.M. (Hg.) (2013). *Handwörterbuch zur Gesellschaft Deutschlands, 3. Aufl*. Wiesbaden: Springer • Tönnies, F. (2005) (zuerst 1887). *Gemeinschaft und Gesellschaft*. Darmstadt: WBG

Bernhard Schäfers

Gesundheit

Befragungen zeigen mit konstanter Regelmäßigkeit, dass Gesundheit als ein sehr hoch bewertetes Gut gilt. Der Begriff Gesundheit taucht in einer Vielzahl von Komposita auf, wir sprechen von „Gesundheitssystem", von „Gesundheitswissenschaften", und mittlerweile auch von „Gesundheitskassen". Dabei kann recht schnell in Vergessenheit geraten, dass es dabei um Krankheiten und deren Behandlung oder Vermeidung geht (Nettleton, 2013; Hurrelmann & Razum, 2012; Hurrelmann & Richter, 2013).

Wichtig ist zuerst die Frage, ob „Gesundheit" überhaupt ein empirischer und damit ein messbarer Begriff ist. Denn obwohl Gesundheit von den Menschen sehr hoch geschätzt wird, gibt es keine klare Vorstellung davon, was Gesundheit eigentlich ist. Dies ist auch darauf zurückzuführen, dass Gesundheit, solange sie besteht, selten bewusst wahrgenommen wird und erst an Relevanz gewinnt, wenn sie bedroht oder beeinträchtigt ist (Jacob, 2006). Eine gleichsam „natürliche" Unterscheidung von Gesundheit und Krankheit(en), aus der sich dann Definitionen von Gesundheit und natürlich auch von Krankheiten ableiten ließen, gibt es nicht. Auf der biologischen Ebene der Organismen wird nicht unterschieden zwischen gesund und krank, sondern nur zwischen lebend bzw. lebensfähig und tot. Die Messung von Gesundheit setzt eine positive, operationalisierbare Definition voraus, die empirisch beobachtbare Varianz zulässt. Die viel zitierte WHO-Definition: „Gesundheit ist ein Zustand vollkommenen körperlichen, geistigen und sozialen Wohlbefindens und nicht allein das Fehlen von Krankheit und Gebrechen", erfüllt diese Voraussetzung nicht. Stark betont wird in dieser Definition mit dem Begriff des vollkommenen Wohlbefindens der subjektive Aspekt von Gesundheit. Entsprechende Operationalisierungsversuche würden zu einem ubiquitär hohen Niveau an Krankheit führen. Die WHO-"Definition" ist denn auch mehr der Ausdruck einer sozialen Utopie und stellt ein wünschenswertes Ziel dar, aber keine für wissenschaftliche Zwecke geeignete Definition (Simon, 1995).

Aber auch Krankheiten sind nicht selbstevident, keine Manifestationen objektiver Wirklichkeiten, sondern ebenfalls soziale Konstruktionen. Unstrittig gibt es eine Vielzahl von Einflüssen auf die menschliche Befindlichkeit und eine ganze Reihe davon ist tödlich. Wie diese aber eingeschätzt, bewertet und klassifiziert werden, hängt (unter anderem) vom Stand der Wissenschaft ab, die wiederum immer auch vom jeweiligen Entwicklungsstand und bestimmten Erkenntnisinteressen der sie tragenden Gesellschaft geprägt ist (Keller, 1995). Dabei sind gerade Abweichungen im Verhalten von einer empirisch oder normativ begründeten Regel, ohne dass damit aber evidente körperliche Symptome verbunden wären, sozialen Definitions- oder Etikettierungsprozessen unterworfen. Dies gilt nicht nur, wie entsprechende Arbeiten der Kriminalsoziologie zeigen, für Verbrechen, sondern auch für Krankheiten. Heute den meisten zumindest dem Namen nach gut bekannte Krankheiten wie Schizophrenie, Paranoia oder manisch-depressive Erkrankungen waren bis zum 19. Jahrhundert völlig unbekannt und wurden erst im letzten Jahrhundert klarer unterschieden und beschrieben. Entsprechende Symptome galten vorher vielfach nicht als Indikatoren für psychische Krankheiten, sondern wurden als Besessenheit, als Ausdruck von Charakterschwäche oder von krimineller Veranlagung interpretiert.

Diese Beispiele zeigen aber auch, dass soziale und wissenschaftliche Definitionen von Krankheiten auf empirisch erfassbare Symptome zurückgreifen können. „Krankheit" – wie auch immer sie definiert wird – fällt auf. In der Nosologie, der medizinischen Krankheitslehre, wird Krankheit dabei primär als körperliche Funktionsstörung angesehen. Ein „normal", d.h. weitgehend reibungslos, verlässlich funktionierender Körper versagt teilweise oder ganz den Dienst. Diesem auch als biomedizinisches Krankheitsmodell bezeichneten Konzept liegt ein organisch-somatischer Krankheitsbegriff zugrunde. Einzelne, spezifische Krankheiten, die alle zu bestimmten Funktionsstörungen führen, manifestieren sich durch eindeutige, makro- oder mikroskopisch feststellbare Befunde und unterscheiden sich durch spezifische Symptome und einen typischen Verlauf. Krankheiten werden damit standardisiert und sind erstens objektiv feststellbar, wenn die Diagnostik adäquat und fehlerfrei durchgeführt wurde und zweitens durch speziell ausgebildete Experten behandelbar und im Idealfall heilbar ist, was bedeutet, dass die Funktionsfähigkeit des Körpers oder der Psyche wiederhergestellt wird.

Damit korrespondiert die Krankenrolle, wie sie Talcott Parsons (1902–1979) formuliert hat. Die Unterscheidung von Gesundheit und Krankheit ist im Alltag immer auch mit einem Statuswechsel verbunden. Mit dem Status oder der Rolle des Kranken sind bestimmte Fremdkontrollen verbunden, dafür wird der Kranke aber auch von den üblichen Pflichten des Erwerbslebens und der emotionalen Selbstkontrolle im Alltag für die Dauer der Krankheit entbunden. Der Kranke hat Anspruch auf die bestmögliche medizinische Versorgung, gegebenenfalls auf Krankengeld, Lohnfortzahlung, eine Kur oder Frühpensionierung – aber er hat auch die Pflicht, alles zu tun, um schnellstmöglich wieder gesund zu werden. Diese Krankenrolle wurde bereits in den 1950er Jahren formuliert und ist als Passagerolle am Modell der Infektionskrankheiten orientiert, welches Krankheit als Dauerzustand nicht vorsieht. Chronisch Kranke können den mit dieser Rolle verbundenen Erwartungen nicht nachkommen (Jacob, 1994).

Das biomedizinische Krankheitsmodell – bei dem das Modell der Infektionskrankheiten nur ein Teilmodell darstellt – wurde in den letzten Jahren des 20. Jahrhunderts nicht nur aus rollentheoretischen Gründen verstärkt kritisiert. In diesem Modell werden alle Krankheiten bzw. körperliche Funktionsstörungen auf chemische, biologische oder physikalische Noxe, die von außen zugeführt werden, auf eine genetische Disposition oder auf Unfälle zurückgeführt, die eine pathologische Funktionsstörung bestimmter Organe zur Konsequenz haben. Dabei wird eine mehr oder weniger deterministische und stringente Ursachenkette angenommen. Dieses Kausalmodell war und ist natürlich sehr erfolgreich bei der Bekämpfung von Infektionskrankheiten, denn ohne externe Erreger als notwendige Bedingung wird eine Krankheit dieses Typs nicht ausgebildet. Bei chronischen Krankheiten lassen sich aber vielfach keine eindeutigen, deterministischen Ursachen benennen, sondern nur Eintrittswahrscheinlichkeiten und Risikofaktoren.

Die Übertragung von Erregern – aber auch die Verbreitung riskanter Verhaltensweisen, Arbeits- und Lebensbedingungen – ist zudem abhängig von kulturellen, politischen, ökonomischen und organisatorischen Rahmenbedingungen, Lebensweisen und Lebensstilen und personenbezogenen Netzwerken. Diese Aspekte bleiben in dem biomedizinischen Modell unberücksichtigt, werden aber von der Sozialepidemiologie und auch der Soziologie thematisiert. Gut untersucht sind beispielsweise die Schichtabhängigkeit vieler Krankheiten und Risikofaktoren und deren Persistenz über die Jahrhunderte. Dass Arme eher und häufiger erkranken und früher sterben als Reiche, ist eine jahrhundertealte Erkenntnis, die durch eine Vielzahl sozialepidemiologischer Studien belegt ist (Lampert & Mielck, 2008).

Das biomedizinische Modell beantwortet auch nicht die Frage, warum es Personen gibt, die trotz nachgewiesener Erreger in ihrem Körper oder der Exposition mit Risikofaktoren nicht manifest erkranken. Dieses Phänomen wird als Widerstandsfähigkeit oder Resilienz bezeichnet und hat ein neues Forschungsfeld in den Gesundheitswissenschaften eröffnet, an dem neben der Medizin auch die Psychologie und die Medizinsoziologie beteiligt sind.

▶ Alter; Netzwerke, soziale; Rolle, soziale

📖 Ackerknecht, E. H. (1992). *Geschichte der Medizin*. Stuttgart: Enke • Hurrelmann, K. & Razum, O. (Hg.) (2012). *Handbuch Gesundheitswissenschaften*. 5. Auflage. Weinheim: Beltz Juventa • Hurrelmann, K. & Richter, M. (2013). *Gesundheits- und Medizinsoziologie. Eine Einführung in sozialwissenschaftliche Gesundheitsforschung*. 8. Auflage. Weinheim: Beltz Juventa • Jacob, R. (1994). Soziologische Implikationen chronisch-degenerativer Erkrankungen. *Soziale Probleme*, 5, 168-179 • Jacob, R. (2006). *Sozial- und Gesundheitsberichterstattung, Hintergründe, Defizite, Möglichkeiten*. Frankfurt: Lang • Keller, F. B. (Hg.) (1995). *Krank – Warum?* Stuttgart: Cantz • Lampert, T. & Mielck, A., (2008). Gesundheit und soziale Ungleichheit. *GGW*, 8, 7-16 • Nettleton, S. (2013). *Sociology of Health and Illness*. 3. Auflage. Cambridge: Polity Press • Simon, F. (1995). *Die andere Seite der Gesundheit*. Heidelberg: Auer

Rüdiger Jacob & Johannes Kopp

Gewalt

Gewalt ist im deutschsprachigen Raum ein höchst unscharfer Begriff, da er in einer Vielzahl von Kontexten Verwendung findet. Der Kernbereich der Gewalt ist die mit verschiedenen Mitteln betriebene direkte physische Verletzung eines Gegenübers. Gewalt meint damit zunächst einmal die physische Zwangseinwirkung von Personen auf Personen, die bestimmte angebbare Folgen zeitigt. Gewalt kann dabei generell als eine Machtaktion verstanden werden, die entweder instrumentell eingesetzt wird, ihren Sinn in sich selbst findet oder als Drohung bzw. Zwang zu einer dauerhaften Unterwerfung führen soll. Grundlage der Gewalt als einem erfolgversprechenden strategischen Handlungsmuster ist die prinzipielle Verletzbarkeit von Menschen und die Verletzungsmächtigkeit von Individuen. Bereits die psychische Gewalt, die insgesamt nicht weniger grausam sein mag als die physische, ist in ihrer Wirkung weniger berechenbar, da sie durch eine Vielzahl von Mechanismen unterlaufen werden kann.

Der von Johan Galtung stammende Begriff der strukturellen Gewalt geht dagegen weit über die direkte physische Gewalt hinaus, indem er die nicht offensichtliche, aber sehr wohl wirksame und in der Verfasstheit von Gesellschaftssystemen eingebaute Gewalt thematisiert. Gewalt bezeichnet hier all jene Bedingungen, die Menschen so beeinflussen, dass ihre aktuellen körperlichen und geistigen Verwirklichungsmöglichkeiten geringer sind als ihre potenziellen. Mit dem Begriff der strukturellen Gewalt geht zwar eine folgenreiche Entgrenzung des Gewaltbegriffs einher, weil er quasi zu einem Synonym für soziale Ungerechtigkeit wird und jede Form von Herrschaft zu diskreditieren vermag, gleichwohl ist er in seiner Skandalisierungsfunktion für Zustände, die ohne direkte Täter auskommen, aber eben doch Gewaltverhältnisse darstellen, bis heute in Analysen über soziale Ungleichheit, Unterdrückung, Ausgrenzung und Marginalisierung bis in die moderne Sozialphilosophie hinein wirkungsmächtig geblieben.

Schließlich gibt es noch den Begriff der kulturellen bzw. symbolischen Gewalt. Als kulturelle Gewalt hatte Galtung in Verlängerung seines Begriffs der strukturellen Gewalt jene Aspekte der Kultur bezeichnet, die zur Rechtfertigung oder Legitimierung direkter oder struktureller Gewalt benutzt werden können. Als Medien dienen dazu insbesondere Religion, Ideologien, Sprache, aber auch die Wissenschaft. Kulturelle Gewalt lässt Gewalt akzeptabel erscheinen, rechtfertigt oder beschönigt sie und verwischt die Grenzen zwischen ihrer Rechtmäßigkeit und Unrechtmäßigkeit. In diese Richtung weist auch der Begriff der symbolischen Gewalt von Pierre Bourdieu, der damit die in Begriffe, Sprache und Symbolsysteme eingelagerte Gewalt thematisiert, die dazu dient, nicht offen eingestandene Herrschaftsverhältnisse zu verklären oder zu beschönigen. Nicht zuletzt kann kulturelle Gewalt als Sprache selbst zum Ausdruck kommen. Gemeint sind hier all jene geistigen Gewaltakte und Sprechhandlungen, die in Anschreien, Beschimpfung, Beleidigung, Verleumdung, Diskreditierung oder anderweitigen Abwertungen bestehen, als hate speech oder Propaganda auftreten und auf die Einschüchterung oder Herabsetzung eines Anderen zielen. Neben diesem zentralen Begriffs- und Bedeutungsfeld kommt Gewalt noch in ritualisierten Formen vor (kommunikative Formen der Gewalt; Gewalt als Symbolik), die ein Einverständnis zwischen den Beteiligten über die Art der Gewaltausübung voraussetzen; schließlich gibt es einen umfangreichen metaphorischen Wortgebrauch der Gewalt.

Die Soziologie beschäftigt sich insbesondere mit den gesellschaftlichen Bedingungen und Formen der Gewalt. Im Gegensatz zur (Sozial-)Psychologie oder biologisch fundierten Erklärungsansätzen, die Gewalt als Aggression primär auf innerpsychische oder gar genetische Dispositionen zurück führen, geht es ihr um soziale Strukturen und Prozesse, durch die Gewalt entsteht, ermöglicht, auf Dauer gestellt oder beendet wird. Auch die interdisziplinär orientierte Friedens- und Konfliktforschung analysiert Gewaltphänomene, die von der internationalen Ebene über gesellschaftliche Gruppenauseinandersetzungen bis hin zur individuellen Gewalt verortbar sind.

Zentrale Problembereiche von Gewalt reichen entsprechend von der privatisierten Gewalt (z. B. häusliche Gewalt im sozialen Nahbereich) und der gewöhnlichen Gewaltkriminalität (z. B. Raub, Mord) über die verschiedenen Formen von Gruppengewalt (z. B. Rechtsextremismus) und politischer Gewalt (z. B. Terrorismus) bis hin zu ethno-nationalistischen Auseinandersetzungen und Kriegen.

Insbesondere die staatliche Gewalt ist in ihrer Ambivalenz zu sehen: Einerseits besitzt der Staat in liberal-demokratischen Verfassungsstaaten das Monopol legitimer Gewaltsamkeit – nach Max Weber eines seiner konstitutiven Definitionskriterien –, andererseits hat gerade staatliche Gewalt in Diktaturen, Bürgerkriegen und Genoziden mehr illegitime Opfer gefordert als jede Art von individueller oder kollektiver Gewalt. Die Legitimität staatlicher Gewalt ist also an rechtsstaatliche Bedingungen gekoppelt; Durchbrechungen staatlicher Gewaltmonopole, Legitimationsverluste staatlicher Ordnungen oder gar der offene Staatszerfall befördern in der Regel Gewalt und führen nicht selten zur Entstehung von Gewaltmärkten.

Legitimitätsfragen von Gewalt unterliegen ebenso wie die Frage, was zu einem bestimmten Zeitpunkt als Gewalt gilt, historischen Veränderungen und politischen Konjunkturen, hängen letztlich von staatlichen Klassifikationen und gesellschaftlichen Machtverhältnissen ab. So eng umgrenzt die Legitimität von Gewalt im Einzelfall auch sein mag, so intensiv werden doch von Gewaltakteuren Rechtfertigungen für ihr Handeln vorgebracht. Das Gesagte verweist zudem auch darauf, dass Gewalt im Grunde keine dyadische, sondern fast immer eine komplexe triadische Figuration ist: Neben Tätern und Opfern müssen auch sog. Dritte berücksichtigt werden, die Gewalt entweder verhindern, legitimieren oder in Gewaltprozesse intervenieren.

Will man also die sehr heterogenen Formen von Gewalt erklären und verstehen, dann lässt sich die Bedeutung und der Sinn von Gewalt nicht mit einer einheitlichen oder umfassenden Erklärung, sondern mittels eines heuristischen Fragekatalogs erschließen. Die Frage,

- wer Gewalt ausübt, zielt auf die Täter als Urheber und Akteure einer Gewalttat (Individuen, Gruppen, Organisationen, Institutionen);
- was geschieht, wenn Gewalt ausgeübt wird, zielt auf die Tatbestände einer als Gewalt klassifizierten Handlung und ihre konkreten Abläufe (Phänomenologie, dichte Beschreibung);
- wie Gewalt ausgeübt wird, fragt nach der Art und Weise der Gewalt und den eingesetzten Gewaltmitteln (Technik, Effizienz, Umstände, aber auch Dritte);
- wem die Gewalt gilt, nimmt die Opfer von Gewalt und deren Funktion für die Gesellschaft in den Blick (Objekte der Gewalt und ihre Handlungsressourcen);
- warum Gewalt ausgeübt wird, ist auf Ursachen und Gründe von Gewalt aus (Rationalität, Sinnlosigkeit);
- wozu Gewalt ausgeübt wird, will Ziele und Motive einer Gewalttat ausloten und Grade der Zweckhaftigkeit differenzieren (affektive, rationale und expressiv-kommunikative Dimensionen);
- weshalb Gewalt ausgeübt wird, ist die Frage nach Rechtfertigungsmustern und Legitimationsstrategien von Gewalt (Legalitäts- und Legitimitätsaspekte).

Legt man die Analyse von Gewalt so an, dann wird deutlich, dass Gewaltausübung nicht nur mit Interessen, sondern mit Möglichkeiten und nicht zuletzt auch mit Kontingenzen zu tun hat, und dass Gewalt nicht nur ordnungszerstörend, sondern auch ordnungsstiftend sein kann, dass sie eigene Realitäten schafft und Eigendynamiken entfaltet, die unter Umständen nur schwer wieder einzudämmen sind.

▶ **Konflikt, sozialer; Macht – Autorität – Herrschaft; Verhalten, abweichendes**

D. Apter (Ed.), *The Legitimization of Violence*, Houndsmill, 1997 • R. Collins, *Dynamik der Gewalt*, Hamburg, 2012 • B. Enzmann (Hrsg.), *Handbuch Politische Gewalt. Formen – Ursachen – Legitimation – Begrenzung*, Wiesbaden, 2013 • C. Gudehus / M. Christ (Hrsg.), *Gewalt. Ein interdisziplinäres Handbuch*, Stuttgart, 2013 • W. Heitmeyer / J. Hagan (Hrsg.), *Internationales Handbuch der Gewaltforschung*, Wiesbaden, 2002 • W. Heitmeyer / H.-G. Soeffner (Hrsg.), *Gewalt. Entwicklungen, Strukturen, Analyseprobleme*, Frankfurt/M., 2004 • P. Imbusch, *Moderne und Gewalt. Zivilisationstheoretische Perspektiven auf das 20. Jahrhundert*, Wiesbaden, 2005 • P. Imbusch, Strukturelle Gewalt – Plädoyer für einen unterschätzten Begriff, in: *Mittelweg 36*, Heft 3, 2017, S. 28-51 • P. Imbusch, Die Rolle von „Dritten" – eine unterbelichtete Dimension von Gewalt, in: P. Batelka / M. Weise / S. Zehnle (Hrsg.), *Zwischen Tätern und Opfern. Gewaltbeziehungen und Gewaltgemeinschaften*, Göttingen, 2017, S. 47-74 • T. Koloma Beck / K. Schlichte, *Theorien der Gewalt*, Hamburg, 2014 • H. Popitz, *Phänomene der Macht*, Tübingen, 1992 • J.P. Reemtsma, *Vertrauen und Gewalt. Versuch über eine besondere Konstellation der Moderne*, Hamburg, 2013 • T. von Trotha (Hrsg.), *Soziologie der Gewalt*, Wiesbaden, 1997.

Peter Imbusch

Globalisierung

Globalisierung bezeichnet die intensivierten Verflechtungsprozesse und Abhängigkeitsverhältnisse innerhalb der modernen Gesellschaft bei gleichzeitig zunehmender Ausrichtung an ihrer planetaren Gebundenheit. Seit er als ‚buzz word' der 1990er Jahre die Debatten um Moderne und Postmoderne bereichert, wird der Globalisierungsbegriff in Alltags- wie Wissenschaftssprache gleichermaßen vielschichtig und oft missverständlich benutzt. Die analytische Komplexität des Begriffs lässt sich durch folgende Differenzierungen bewahren, wobei die Globalisierungstheoretiker der ersten Stunde selbst jeder dieser Differenzierungen unterschiedliche Gewichtung gegeben haben:

- Globalisierung als Prozess einer durch die Entbettungs- und Ausdehnungsdynamiken des Institutionenclusters der (westlichen) Moderne (z. B. Markt, Nationalstaat, Industrialismus) angetriebenen translokalen Verflechtung und Verschränkung vormals separierter Lebenswelten, inklusive ihrer raumzeitlichen Ordnungen (Giddens, 1996).
- Globalität als materiell-räumlicher Zustand des Planeten Erde, der den (bis auf weiteres) unhintergehbaren Bezugsrahmen möglicher gesellschaftlicher Entwicklungen, inklusive des Projekts der Moderne, bildet (Albrow, 2007).
- Globalismus als Weltvorstellung oder Bewusstseinsform der im globalen Handlungsbezug Agierenden, die jenseits sozialer Vernetzung ausdrücklich Bezug nimmt auf planetare Ganzheit und Endlichkeit sowie deren Konsequenzen für das menschliche Zusammenleben (Robertson, 1992).

Insbesondere über die Aspekte der Globalität und des Globalismus kommt der Globalisierung eine anthropologische Dimension zu. Diese kann in drei Aspekte mit unterschiedlichem anthropologischem Tiefgang differenziert werden:

- Sie betrifft zunächst die Globalisierung menschlicher Lebensbedingungen in Form komplexer ökologischer Problemlagen, die das Fortbestehen der Gattung

Mensch möglicherweise gefährden, in ihren Konsequenzen schon jetzt die Menschheit als Ganzes betreffen, und folglich im Sinne einer globalisierten „Risikogesellschaft" die menschliche Schicksalsgemeinschaft zu konzertierter Aktion herausfordern (Beck, 1986).
- Zum anderen bringen neue Transport- und Kommunikationstechnologien das, was die phänomenologische Tradition als „Horizont" und „Boden" der menschlichen Lebenswelt (Husserl, 1940) beschrieben hat, aus der imaginären Vorstellung in den technologisch vermittelten Blick und Zugriff. Weltraumbasierte Kommunikationstechnologien ermöglichen nicht nur die Vermittlung der soziokulturellen Lebenswelt bis in vormals weit entfernte Horizonte des „globalen Dorfes" (McLuhan, 1967), sondern erlauben, die parzellierten Welterfahrungen des Alltags transzendierend, den Blick auf das „Raumschiff Erde" als Gesamtheimat.
- Letztlich bedeuten diese Entwicklungen in Richtung Globalität und Globalismus eine Herausforderung an die in der Philosophischen Anthropologie vorgenommene Wesensbestimmung des Menschen als halboffenes Wesen, das sich im Spannungsfeld von „Positionalität" (Leibgebundenheit an die Erde) und „Exzentrizität" (Weltoffenheit bis ins Kosmische) bewähren muss (Plessner, 1972).

Aufgrund der erwähnten Differenzierungen und der starken Betonung des Aspekts der materiell-räumlichen Faktizität des Globalen im Globalisierungsbegriff, lässt sich kaum von einer linearen Fortschreibung sozialen Wandels im Rahmen der modernen Gesellschaft sprechen. Vielmehr werden im Prozess der Globalisierung die Koordinaten des Projekts der Moderne, wie etwa die fortschreitende Rationalisierung aller Lebensbereiche, der Fortschrittsglaube oder die Weltbeherrschung durch technologische Kontrolle, durch die Eigenlogik von Globalität herausgefordert und in einen neuen Bezugsrahmen gestellt. Begrifflich präzise müsste formuliert werden, dass der Prozess der Modernisierung im Zustand der Globalität „aufgehoben" wird.

Über dieses Verhältnis von Modernisierung und Globalisierung profilieren sich unterschiedliche Meinungen in der sozialwissenschaftlichen Theoriebildung. So deutet etwa der Theorieansatz der „Reflexiven Moderne" (Beck, Giddens & Lash, 1996) den Globalisierungsprozess als aus den Nebenfolgen der ersten (industriellen) Moderne entstehend. Demzufolge erfolgt deren gesellschaftliche Wahrnehmung und Interpretation zunächst im überkommenen Institutionengefüge der ersten Moderne, während die andauernde gesellschaftliche Bewältigung dieser Nebenfolgen letztlich auf eine (kosmopolitische) zweite Moderne hinausläuft. Demgegenüber deutet der von M. Albrow (2007: 13) vertretene Ansatz des „Globalen Zeitalters" Globalisierung als radikalen Epochenbruch, „in dem adäquates Handeln eine Bewusstseinsänderung, eine neue Politik, neue Institutionen, neue Wissenschaften und eine neue Ethik verlangt". Ähnlich kontrovers wird der Beginn der Globalisierung diskutiert. Eine Reihe von Autoren sieht den Beginn der Globalisierung mit der expansiven Dynamik des Kapitalismus und den Etappen der Herausbildung einer Weltkultur verknüpft (u. a. Giddens, 1996; Robertson, 1992). Im Kontrast dazu reservieren andere Autoren den Begriff der Globalisierung für die mit den 1990ern entstehende genuin transnationale Struktur jener sich immer wieder zu neuen Landschaften umformierenden Ströme von Informationen, Bildern, Migranten, Technologien und Finanzen, die die heutige globale Kulturökonomie ausmachen (u. a. Appadurai, 1992; Lash & Urry, 1994). Gelegentlich wird diese gegenwärtige Phase der Globalisierung von ihren geschichtlichen Vorentwicklungen als „high globalization" (Appadurai, 2006) abgegrenzt. Um die Frage nach Anfang und Antriebslogik von Globalisierung geht es darüber hinaus auch in den Auseinandersetzungen mit der an den Entwicklungszyklen der kapitalistischen Weltökonomie orientierten Weltsystemtheorie, die sich, prominent vertreten durch I. Wallerstein (2000), als Kritik an einer eigenständigen Globalisierungstheorie versteht.

Weiterentwicklungen und Ergänzungen hat der Globalisierungsbegriff in drei Diskussionsfeldern erfahren:

- Glokalisierung steht dabei für die anhaltende Auseinandersetzung über das Verhältnis von Globalem und Lokalem in der Globalisierungstheorie. Der ursprünglich von Robertson (1998) in die Diskussion eingeführte Begriff war zunächst auf die Zurückweisung eines simplifizierenden Verständnisses von Globalisierung als eine lokale Unterschiede nivellierendes Makrodynamik der Amerikanisierung oder Verwestlichung gerichtet. Später rückten Fragen nach der „Macht des Lokalen in einer Welt ohne Grenzen" (Berking, 2006) in den Vordergrund. In Folge wurde der Begriff der Glokalisierung vor allem im Bezug auf die sogenannten Global Cities mit empirisch-analytischen Konzepten wie „Translokalität" (Appadurai, 1996) oder „Mikroglobalisierung" (Dürrschmidt, 2000) angereichert.
- Mit seinem Perspektivenwechsel von Globalisierung auf Kosmopolitanisierung macht Beck (2004) auf ein grundlegendes Problem der Globalisierungsdiskussion aufmerksam: weltgesellschaftliche Vernetzung mit dem Anderen wird oft als ein zusätzliches und äußeres Moment an ansonsten intakten Gesellschaften und Lokalitäten wahrgenommen. Stattdessen verweist die „real existierende Kosmopolitanisierung" auf die unfreiwillige innere Globalisierung der Gesellschaft. Der „kosmopolitische Blick" als methodisches Gegenstück zum ‚methodologischen Nationalismus' schärft demnach unsere Aufmerksamkeit für die „sowohl-als-auch Logik" der hybriden Identitäten, Lebensformen und Zugehörigkeiten.
- Die konkreten Formen der Vergesellschaftung im Rahmen der Verschiebung sozialräumlicher Maßeinheiten und des Ineinanderschiebens sozialkultureller Kontexte erkundet die neue Migrationsforschung unter dem Begriff der

Transnationalisierung. Vor allem der empirisch fundierte Bezug auf die soziale Wirksamkeit „Transnationaler sozialer Räume" (Pries, 2007) hat zum Verständnis gegenwärtiger Verflechtungsbeziehungen beigetragen. Er verweist auf sozialräumliche Bezugseinheiten die nationalgesellschaftliche Territorialität überschreiten, zugleich aber in nationalstaatlichen Regularien verankert und beeinflusst bleiben.

Insgesamt ist zu konstatieren, dass der zunächst überschwänglich geführten Diskussion von Globalisierung als einem Metatheorem für eine Soziologie des 21. Jahrhunderts eine eher ernüchternde Suche nach dem nachhaltigen Mehrwert des Konzepts für die Analyse der Gegenwartsgesellschaft gefolgt ist, die letztlich den Diskurs um Globalisierung in einem „vorparadigmatischen Zustand" zurückgelassen hat (Abu-Lughod, 2008).

▶ **Differenzierung, gesellschaftliche; Kapitalismus; Wandel, sozialer**

Abu-Lughod, J. (2008). Globalization: In Search for a Paradigm. In I. Rossi (Hg.): *Frontiers of Globalization Research: Theoretical and Methodological Approaches (S. 353-360)*. New York: Springer • Albrow, M. (2007). *Das Globale Zeitalter.* Frankfurt a. M.: Suhrkamp • Appadurai, A. (2006). *Fear of Small Numbers.* Durham: Duke UP • Appadurai, A. (1996). *Modernity at Large.* Minneapolis: University of Minnesota Press • Appadurai, A. (1992). Disjuncture and Difference in the Global Cultural Economy. In: M. Featherstone (ed.): *Global Culture: Nationalism, Globalization and Modernity (S. 295-310).* London: Sage • Beck, U. (2004). *Der kosmopolitische Blick oder: Krieg ist Frieden.* Frankfurt a. M.: Suhrkamp • Beck, U., Giddens, A. & Lash, S. (1996). *Reflexive Modernisierung: eine Kontroverse.* Frankfurt a. M.: Suhrkamp • Beck, U. (1986). *Risikogesellschaft,* Frankfurt a. M.: Suhrkamp • Berking, H. (Hg.) (2006). *Die Macht des Lokalen in einer Welt ohne Grenzen.* Frankfurt a. M.: Campus • Dürrschmidt, J. (2000): *Everyday Lives in the Global City.* London: Routledge • Giddens, A. (1996): *Die Konsequenzen der Moderne.* Frankfurt a. M.: Suhrkamp • Husserl, E. (1940): Grundlegende Untersuchungen zum phänomenologischen Ursprung der Räumlichkeit der Natur. In: M. Farber (eds.), *Philosophical Essays in Memory of Edmund Husserl (S. 307-325).* New York: Greenwood • Lash, S. & Urry, J. (1994). *Economies of Signs & Space.* London: Sage • McLuhan, M. (1967). *Understanding Media: The Extension of Man.* London: Routledge • Plessner, H. (1972). *Die Frage nach der Conditio humana,* Frankfurt a. M.: Suhrkamp • Pries, L. (2007): *Die Transnationalisierung der sozialen Welt,* Frankfurt a. M.: Suhrkamp • Robertson, R. (1998) Glokalisierung: Homogenität und Heterogenität in Raum und Zeit. In: U. Beck (Hg.) *Perspektiven der Weltgesellschaft (S. 192-220).* Frankfurt a. M.: Suhrkamp • Robertson, R. (1992). *Globalization: Social Theory and Global Culture.* London: Sage • Wallerstein, I. (2000). Globalization or the Age of Transition? *International Sociology,* 15, 249-65

Jörg Dürrschmidt

Grundgebilde, soziale

Soziale Grundgebilde umfassen alle Formen menschlichen Zusammenlebens und stellen so den zentralen Untersuchungsgegenstand der Soziologie dar. Individuen sind im Verlaufe ihres Lebens Mitglied verschiedener sozialer Grundgebilde und gehören gleichzeitig unterschiedlichen sozialen Grundgebilden an.

Zu den sozialen Grundgebilden zählen sowohl die verschiedenen Sozialbeziehungen auf der Ebene der Vergemeinschaftung (Familie, Freundeskreis etc.) als auch die der Vergesellschaftung (Staat, Gesellschaft etc.). Soziale Grundgebilde weisen eine gewisse Stabilität auf, unterliegen aber dennoch dem gesellschaftlichen Wandel. Neben dieser Unterscheidung zwischen eher mikro- und stärker makrosoziologisch ausgerichteten Formen menschlichen Zusammenlebens können soziale Grundgebilde auch anhand ihres Grades der Verbundenheit/Anonymität, der Zielorientierung/Zufälligkeit, ihrer Dauerhaftigkeit, nach Größe, Organisationsgrad oder Verbindlichkeit in Hinblick auf das Erzwingen bestimmter Handlungen differenziert werden. Grundsätzlich gilt für alle Unterteilungen, dass die Grenzen zwischen den einzelnen sozialen Grundgebilden fließend sind.

In Anlehnung an Schäfers (1999) lassen sich folgende soziale Grundgebilde unterscheiden:

1. Menge (Ansammlung, Aggregat): Gesamtheit der Personen, die sich zufällig und daher i. d. R. auch ohne intensive Kommunikation und Interaktion am gleichen Ort aufhalten, z. B. Publikum in einem Kino. Verbindendes Kriterium der Menge ist also zunächst die räumliche Nähe, während die Individuen selbst anonym bleiben. Davon zu unterscheiden ist die statistische Menge, die Personen mit gleichen Eigenschaften, z. B. Bildungsabschluss, Alter oder Geschlecht, umfasst.
2. Masse: größere Ansammlung von Menschen, die sich aus bestimmten Anlässen bzw. aufgrund eines sehr begrenzten Ziels zusammenschließen und in deren Verlauf es zu meist nicht vorhersehbaren, nicht (oder nur schwer) kalkulierbaren

Aktionen der beteiligten Individuen kommt. Dieser Prozess der Verständigung und Interaktion der Menschen bildet das zentrale Unterscheidungskriterium zwischen der Menge und der Masse; macht so aus der Menge der Besucher einer Sportveranstaltung unter gewissen Umständen eine Masse der Randalierenden.

3. Gruppe: als grundlegende Form menschlichen Zusammenlebens die häufigste Form sozialer Grundgebilde. Gruppen sind durch relative Dauerhaftigkeit, Interaktionen zwischen den Gruppenmitgliedern und ein verbindendes, von der Außenwelt abgrenzendes Wir-Gefühl gekennzeichnet. In Abhängigkeit von ihrer Größe spricht man von Kleingruppen (drei bis ca. 25 Personen) bzw. Großgruppen (ab 25 Personen). Zweier-Gruppen als kleinste soziale Einheit werden als Paar oder Dyade bezeichnet und können die Basis einer größeren Gruppe sein (z. B. Liebespaar als Basis der Kleingruppe Familie).

4. Netzwerk: bezeichnet das Geflecht sozialer Beziehungen, das durch unterschiedlich starke Beziehungen zwischen den Akteuren (strong ties, weak ties) gekennzeichnet ist. Netzwerke weisen keine so ausgeprägte Sinngrenze zur Außenwelt auf, wie dies bei Gruppen der Fall ist. Struktur und Ausgestaltung der Netzwerke eines Individuums (egozentrierte Netzwerke) ermöglichen Aussagen über die dem Individuum zur Verfügung stehenden Ressourcen (soziales Kapital).

5. Institution: soziale Einrichtung, in der die Grundbedürfnisse der Individuen abgesichert werden. Damit verbunden ergeben sich bestimmte Erwartungen, Einstellungen und Verhaltensweisen, die – auf Dauer gestellt – das Zusammenleben der Menschen ermöglichen. Institutionen steuern so auf der einen Seite das individuelle Handeln, bieten auf der anderen Seite aber auch Orientierung und ermöglichen so die Erprobung neuer Handlungsoptionen.

6. Organisation: zweckrational ausgerichtetes Sozialgebilde mit einem hohen Formalisierungsgrad sowohl der angestrebten Ziele als auch der einzusetzenden Mittel. Organisationen zeichnen sich durch eine klare Struktur, durch ein i. d. R. streng hierarchisch aufgebautes Rollendifferential und eine eindeutige Abgrenzung von der Außenwelt aus.

7. Verein: formale Organisation mit freiwilliger und prinzipiell jedem offen stehender Mitgliedschaft. Vereine verfolgen ein bestimmtes Ziel und sind nicht gewinnorientiert. Rechte und Pflichten von Vereinen sind rechtlich festgelegt (vgl. §§ 21ff., BGB). Die zahlenmäßig bedeutendsten Vereine in Deutschland sind die Sportvereine.

8. Verband: formale Organisation, die spezifische politische Ziele verfolgt, aber keine direkte politische Macht, keine Regierungsverantwortung, anstrebt. Zu den wichtigsten Verbänden zählen z. B. die Gewerkschaften, die die Interessen der Arbeitnehmer vertreten (vs. Arbeitgeberverbände).

9. Partei: formale Organisation, die nicht nur konkrete politische Ziele verfolgt und politische Entscheidungsprozesse beeinflussen will, sondern darüber hinaus die Beteiligung an bzw. die Übernahme politischer Machtausübung anstrebt. Die Zugehörigkeit zu einer politischen Partei ist heutzutage in fast allen Fällen Voraussetzung zur Übernahme wichtiger politischer Machtpositionen.
10. Assoziation: Zusammenfassung mehrerer Gruppen, Institutionen oder Organisationen zu Zweckverbänden, z. B. Gewerkschaften, Genossenschaften. Assoziationen vertreten spezifische Gruppeninteressen und weisen insofern typische Merkmale der Vergesellschaftung auf.
11. Gesellschaft: Gesamtheit der Gruppen, Institutionen, Organisationen und Assoziationen und ihrer interdependenten Interaktionszusammenhänge auf einem spezifischen Territorium (Staat, Nation). Die Diskussion um die Möglichkeiten und Grenzen einer Weltgesellschaft hat im Zuge der Internationalisierung und Globalisierung in den letzten Jahrzehnten an Bedeutung gewonnen.
12. Staat: politisch und rechtlich anerkannter, formal organisierter Herrschaftsverband auf einem spezifischen Territorium. Je nach Art und Legitimierung der politischen Macht lassen sich verschiedene Staatsformen unterscheiden (z. B. Demokratie, Diktatur). Die Staatsgewalt übernimmt allgemeinverbindliche Steuerungs-und Koordinierungsfunktionen und sichert nach innen die öffentliche Ordnung, nach außen die völkerrechtliche Souveränität des Staates.

▶ **Figuration; Gemeinschaft; Gesellschaft; Gruppe; Institution; Netzwerk, soziales; Organisation**

📖 Esser H. (2002). *Institutionen*. Frankfurt: Campus • Dettling, D. (2005). *Parteien in der Bürgergesellschaft. Zum Verhältnis von Macht und Beteiligung*. Wiesbaden • Granovetter, M. (1973). The strength of weak ties. *American Journal of Sociology*, 78, 1360–1380 • Günther, M. (2005). *Masse und Charisma. Soziale Ursachen des politischen und religiösen Fanatismus*, Frankfurt: Peter Lang • Schäfers, B. (1999): *Einführung in die Gruppensoziologie*. 3. Auflage. Wiesbaden: Quelle & Meyer • Luhmann, N. (2006). *Soziologische Aufklärung 2. Aufsätze zur Theorie der Gesellschaft*. 6. Auflage. Wiesbaden: VS Verlag • Sebaldt, M. & Straßner, A. (2004). *Verbände in der Bundesrepublik Deutschland. Eine Einführung*, Wiesbaden: S Verlag • Tenbruck, F. H. (1967). Über soziale Gebilde, in: G. Kadelbach, (Hrsg), *Wissenschaft und Gesellschaft*. (S. 293-306). Frankfurt: Fischer

Bianca Lehmann & Bernhard Schäfers

Gruppe

Eine Gruppe bezeichnet eine bestimmte Anzahl von Mitgliedern (Gruppenmitglieder), die zur Erreichung eines gemeinsamen Ziels (Gruppenziel) über längere Zeit in einem relativ kontinuierlichen Kommunikations- und Interaktionsprozess stehen und ein Gefühl der Zusammengehörigkeit (Wir-Gefühl) entwickeln. Zur Erreichung des Gruppenziels und zur Stabilisierung der Gruppenidentität sind ein System gemeinsamer Normen und eine Verteilung der Aufgaben über ein gruppenspezifisches Rollendifferenzial erforderlich. Gruppe gehört zu den wichtigsten Begriffen der Alltags- wie der Wissenschaftssprache zur Bezeichnung von grundlegenden Merkmalen und Formen menschlichen Zusammenlebens. Gruppe ist das häufigste soziale Gebilde überhaupt; jeder Mensch gehört i. d. R. mehreren Gruppen an wie etwa der Familie, Arbeits- und Freundesgruppen, Sport- und Gleichaltrigengruppen.

Anthropologisch kann davon ausgegangen werden, dass der Mensch von seiner Organausstattung her ein soziales und insofern ein Gruppenwesen ist; zeitlich betrachtet lebte der Mensch über die mit Abstand längsten Phasen seiner Geschichte in Horden, kleinen Stämmen und Klans, in erweiterten Familiengruppen und überschaubaren Stammesorganisationen. Entsprechend umfassend ist die Bedeutung der Gruppe für das soziale Leben, insbes. für alle Prozesse der Sozialisation und der sozialen Integration. Die Familie als wichtigste Primärgruppe nimmt für die primäre Sozialisation eine Sonderstellung ein – auch im Hinblick auf die Zusammensetzung der Gruppe (mehr-generativ; lebenslange Existenz). Dabei darf aber nicht die Bedeutung aller anderen Gruppen für spezifische Leistungen der Persönlichkeitsbildung und sozialen Integration übersehen werden (z. B. Schule, Gleichaltrigengruppe, Arbeitsplatz).

Die empirische Kleingruppen-Forschung, die seit den 1930er Jahren in den USA zu einem der wichtigsten Forschungszweige der Soziologie und Sozialpsychologie wurde, hat u. a. folgende Funktionen der Gruppe und der gruppendynamischen Prozesse für die Vergemeinschaftung und Vergesellschaftung des Menschen herausgearbeitet: In der Gruppe erfahren die Individuen unmittelbar soziale

Grundtatbestände wie Norm- und Konsensbildung, Konflikte und Konfliktlösung, Herausbildung von Führungspositionen und Funktionsdifferenzierungen mit entsprechenden Rollenzuweisungen sowie Bedingungen für Bestand und Erhalt sozialer Gebilde ganz allgemein. In der Gruppe wird das Soziale – seine Normiertheit und Strukturiertheit, Differenzierung und Hierarchisierung – für die Individuen anschaulich, verstehbar und nachahmbar, und der Einzelne begreift sich als soziales, auf Gemeinschaft angewiesenes Wesen (vgl. zu sozialpsychologischen Ansätzen Stürmer & Siem, 2013).

Neben dieser allgemeinen Struktur- und Prozessbedeutung der Gruppe für die soziale Realität wurde in den zahlreichen Gruppenexperimenten u. a. herausgearbeitet:

- Das Gruppenleben lässt sich nach George C. Homans (1910–1989) durch Existenz und Variation folgender Variablen differenziert beschreiben: Aktivitäten, Interaktionen, Normen, Gefühle/Sympathie (Aktivitäten und Interaktionen verstärken Prozesse der Normbildung; Gefühlsbindungen wachsen mit der Zahl der Interaktionen);
- der Rang des Individuums in der Gruppe ist umso höher, je vollständiger es sich die gruppenspezifischen Normen und Ziele zu eigen macht;
- Gruppen beeinflussen die Urteilsfindung und die Konformität der Urteile (Experimente von S.E. Asch; M. Sherif);
- in Gruppen gibt es i. d. R. zwei Führungstypen: einen organisatorisch-zielorientierten Führer und einen „sozialen" (emotional ausgleichenden) Führer;
- die von Kurt Lewin (1890–1947) u. a. untersuchten Auswirkungen unterschiedlicher Führungsstile in Gruppen zeigten: Beim autoritären Führungsstil gibt es eine hohe Gruppenleistung nur in Anwesenheit des Führers (bei allgemein geringer Gruppenharmonie); beim demokratischen Führungsstil gibt es eine mittlere Leistung, aber diese auch bei Abwesenheit des Leiters und bei einem allgemein großen Interesse an der Arbeit; beim Laissez-faire-Stil zeigten sich die niedrigsten Arbeitsleistungen, verbunden mit Entmutigung und Lustlosigkeit;
- die Bedeutung der Gruppen für Sozialisation, Therapie und allgemein für die soziale Harmonie wächst in dem Maße, wie die Gruppe Spielraum hat, sich auf der Basis von Sympathiebeziehungen ihrer Mitglieder zu organisieren (Jakob L. Moreno, 1892–1974); um dafür alle Voraussetzungen zu schaffen, entwickelte Moreno die Soziometrie als ein auf die Sympathiebeziehungen in Gruppen bezogenes Messverfahren.

Sozialgeschichtlich betrachtet kommt den Kleingruppen und neuen sozialen Vereinigungen auf nicht-verwandtschaftlicher und standesgemäßer Basis, also

z. B. den Clubs, Logen, Verbindungen, Vereinen, mit der Herausbildung der industriellen und städtischen Gesellschaft eine große Bedeutung zu: Sie geben Halt und Identität im raschen sozialen und kulturellen Wandel. Daher haben Gruppen für Struktur und Entwicklung sozialer Bewegungen (z. b. Jugendbewegung), für die Entwicklung der Alternativkulturen und radikaler politischer Bewegungen, aber auch für Rückzugsstrategien gegenüber der Gesellschaft einen wichtigen Stellenwert. Dies und die wissenschaftliche Erforschung der Bedeutung gruppendynamischer Prozesse für therapeutische und sozialintegrative, resozialisierende und caritative Zwecke hat seit Beginn der 1970er Jahre zu einer Expansion von z. T. völlig neuen Gruppen in Jugend- und Altenfürsorge, im Gesundheitswesen, der Psychiatrie und anderen Sozialbereichen geführt. Die Entwicklung neuer Gruppen bzw. neuer sozialer Netzwerke ist ein Indikator für die Dynamik der gesellschaftlichen Entwicklung und Strukturveränderungen.

Die Gruppenforschung hat zahlreiche Gruppenbegriffe herausgearbeitet, die jedoch keiner einheitlichen Systematisierung folgen; sie heben jeweils ganz bestimmte Merkmale der Gruppe und der Gruppenmitglieder sowie spezielle Beziehungsmuster zwischen den Gruppenmitgliedern, zwischen diesen und der Gruppe oder zwischen der Gruppe und ihrem Umfeld hervor. Insofern eignen sich diese Konzepte nicht nur als Hilfen zur Typisierung und Ordnung von Gruppenphänomenen, sondern auch als Grundlagen für eine dimensionale Analyse und Erklärung von Gruppeneigenschaften und Gruppenprozessen.

Unter quantitativen Gesichtspunkten hebt bereits Georg Simmel (1858–1918) die Dyade (Zweiergruppe, Paar) als Sonderform der Gruppe hervor, die bei einem Minimum an Beziehungsalternativen häufig mit einer hohen Intensität und Vielseitigkeit der Interaktion verbunden ist. Gruppen bis zu etwa 25 Mitgliedern werden als Kleingruppe, darüber hinausgehende zumeist als Großgruppe bezeichnet. Die Gruppenforschung konzentrierte sich jedoch weitgehend auf die Kleingruppe (z. B. Spielgruppe, Familie, Schulklasse, Arbeitsgruppe, Führungsteam), da primär in ihr die spezifischen „Qualitäten" der Gruppe bzw. des Gruppenlebens, z. B. Möglichkeit zur Kontaktnahme aller Mitglieder untereinander (face-to-face association), Herausbildung eines Wir-Gefühls, gegeben sind.

Weite Verbreitung fand das von Charles H. Cooley (1864–1929) entwickelte Konzept der Primärgruppe. Es hebt jene Merkmale hervor, die eine hohe Bedeutung für die Sozialisation, Wertbindung und Identitätsbildung des einzelnen Gruppenmitglieds besitzen, weil sie als elementare Sozialbeziehungen an bedeutsamen Stellen des Lebenslaufs die Orientierungen der Gruppenmitglieder grundlegend und prägend beeinflussen.

Ähnlich hebt auch das u.a. von Herbert Hyman und Robert K. Merton (1910–2003) entfaltete Konzept der Bezugsgruppe (focus-group) die Bedeutung der Gruppe für die Orientierung einer Person hervor. In differenzierender Weiterführung von Gedanken, die William G. Sumner (1840–1910) bei seiner Unterscheidung von Eigengruppe (in-group, Mitgliedsgruppe) und Fremdgruppe (out-group) entwickelte, weisen die Autoren darauf hin, dass die orientierende Wirkung einer Gruppe nicht immer von der tatsächlichen Mitgliedschaft abhängt, sondern ganz entscheidend davon, ob sich die Person mit den Werten, Maßstäben oder Sichtweisen einer Gruppe identifiziert.

Das Konzept der Gleichaltrigengruppe (peer group), das bereits C.H. Cooley verwendet, weist gleichfalls auf Bedingungen für das Entstehen besonderer Gruppenbeziehungen und -einflüsse hin. Wenn die Gruppenmitglieder ähnlichen Alters sind und wenn dies noch mit ähnlicher sozialer Herkunft (Soziallage) und gleichem Geschlecht einhergeht, dann übernehmen solche Gruppen – besonders bei Jugendlichen und Heranwachsenden – häufig wichtige Sozialisationsfunktionen und bieten soziale Abstützung bei Um- und Neuorientierungen im Lebenslauf; sie können zu Bezugs- oder gar Primärgruppen für die Jugendlichen werden.

Die Unterscheidung zwischen formeller und informeller Gruppe wurde von Elton Mayo (1880–1949), F.J. Roethlisberger und W.J. Dickson im Rahmen von Experimenten zur Steigerung der Arbeitsleistung vorgenommen. Hierbei zeigte sich, dass in Organisationen neben oder auch im Rahmen von zweckrational geplanten und offiziell geschaffenen formellen Arbeitsgruppen spontan und ungeplant Gruppierungen entstehen (informelle Gruppen), die auf persönlichen Beziehungen und Abmachungen der Gruppenmitglieder beruhen und v. a. ihrem Interesse an personhaft-ganzheitlichen Sozialbeziehungen (human relations) innerhalb der sonst sehr sachlichen und formalen Betriebsstrukturen Rechnung tragen.

▶ **Familie; Figuration; Gemeinschaft; Grundgebilde, soziale; Netzwerk, soziales**

Claessens, D. (1995). *Gruppe und Gruppenverbände*. Hamburg: Kovač • Homans, G.C. (1978) (zuerst 1950). *Theorie der sozialen Gruppe, 7. Aufl.*. Opladen: Westdeutscher Verlag • Moreno, J.L. (1996) (zuerst 1934). *Die Grundlagen der Soziometrie, 3. Aufl.*. Opladen: Leske & Budrich • Mullen, B. (1998). *Theories of Group Behavior*. Berlin: Springer • Neidhardt, F. (Hg.) (1983). *Gruppensoziologie. Sonderheft 25 der KZfSS*. Opladen: Westdeutscher Verlag • Sader, M. (2008). *Psychologie der Gruppe, 9. Aufl.* Weinheim: Juventa • Schäfers, B. (Hg.) (1999). *Einführung in die Gruppensoziologie, 3. Aufl.* Wiesbaden: Quelle & Meyer • Schneider, H.-D. (1985). *Kleingruppenforschung, 2. Aufl.* Stuttgart: Teubner • Stürmer, S. & Siem, B. (2013). *Sozialpsychologie der Gruppe*. München: Reinhardt

Bernhard Schäfers & Bianca Lehmann

H

Handeln, soziales

Grundlegend ist bis heute Max Webers (1864–1920) Begriffsbestimmung. Weber unterscheidet zunächst zwischen Verhalten und Handeln. Ein Verhalten ist jegliche äußerlich sichtbare oder nicht sichtbare menschliche Tätigkeit oder Untätigkeit. Ein Verhalten ist ein Handeln, wenn „der oder die Handelnden mit ihm einen subjektiven *Sinn* verbinden" (Weber, 1972: 1). Auf dieser Grundlage bestimmt Weber soziales Handeln als eine besondere Form des Handelns: Soziales Handeln ist ein solches Handeln, „welches seinem von dem oder den Handelnden gemeinten Sinn nach auf das Verhalten *anderer* bezogen wird und daran in seinem Ablauf orientiert ist" (Weber, 1972: 1).

Alles Handeln, einschließlich des sozialen Handelns, ist Weber zufolge ein Verhalten menschlicher Individuen. Es ist ein Verhalten, das von einer Person deshalb durchgeführt wird, weil sie dem betreffenden Tun oder Unterlassen aus ihrer jeweiligen Sicht der Dinge heraus eine bestimmte Bedeutung beimisst. Weber betrachtet nur das bewusst sinnhaft motivierte und begründete Verhalten als Handeln. Dies zeigt sich deutlich in seinen Überlegungen zu den Idealtypen des Handelns. Weber geht davon aus, dass für menschliches Handeln vor allem vier Formen der Verhaltensorientierung von Bedeutung sind, die im empirischen Normalfall ineinander vermischt vorkommen. Die vier reinen Typen des Handelns, die sich ergeben würden, wenn die Handelnden sich jeweils nur an einer dieser vier Formen orientieren würden, bilden Webers Idealtypen des Handelns: (1) zweckrationales Handeln: ausschließlich an Zweck-Mittel-Abwägungen orientiertes Handeln; (2) wertrationales Handeln: ausschließlich am Glauben an den normativen, ästhetischen, religiösen oder sonstigen Eigenwert eines bestimmten Verhaltens orientiert; (3) traditionales Handeln: ausschließlich an eingelebter Gewohnheit orientiert und (4) affektuelles Handeln: ausschließlich an aktuellen Gefühlslagen orientiert. Die letzten beiden Idealtypen sind für Weber allerdings Grenzfälle des Handelns, weil ihnen der Aspekt des bewusst Sinnhaften abgehen kann. Dumpfe Gewohnheiten oder spontane affektuelle Reaktionen, so Weber, liegen „an der Grenze und oft jenseits dessen, was bewußt ‚sinnhaft' orientiert ist" (Weber, 1972: 12).

Für den Begriff des sozialen Handelns kommt es wesentlich darauf an, was mit dem „Verhalten anderer" gemeint ist. Weber zufolge sind die „Anderen" andere Menschen, bekannte oder unbekannte, einzelne oder viele. Ihr Verhalten kann vergangenes, gegenwärtiges oder zukünftig erwartetes Verhalten sein. Soziales Handeln kommt demnach nicht nur in Situationen der Interaktion zwischen Anwesenden vor, sondern wird von Weber als ein sehr viel umfassenderes Phänomen konzipiert. Eine Ware aus einem Kaufhausregal zu nehmen, um sie zu kaufen (oder zu stehlen), ist ebenfalls soziales Handeln, wenn dies in der Annahme geschieht, dass die Ware dort von irgendjemandem in der Absicht platziert worden ist, sie zum Kauf anzubieten. Entsprechendes gilt mit Blick auf erwartetes zukünftiges Verhalten anderer. Geld als Tauschmittel zu akzeptieren beispielsweise ist für Weber deshalb ein soziales Handeln, weil der Handelnde „sein Handeln an der Erwartung orientiert, daß sehr zahlreiche, aber unbekannte und unbestimmt viele Andre es ihrerseits künftig in Tausch zu nehmen bereit sein werden" (Weber, 1972: 11). Diese Präzisierungen lenken den Blick darauf, dass in modernen Gesellschaften kaum noch ein Handeln vorkommt, das nicht in irgendeiner Hinsicht soziales Handeln ist. Man sollte dies nicht als unerwünschten Effekt einer zu breiten Begriffsbildung ansehen, sondern als sachgerechten Ausdruck der Handlungsverflechtungen in modernen Gesellschaften.

Eine weiterer wichtiger Aspekt ist von Alfred Schütz (1899–1959) deutlicher herausgestellt worden als von Weber selbst: Soziales Handeln bedeutet für den Handelnden, „auf die Bewußtseinsabläufe des alter ego hinzusehen" (Schütz, 1974: 205). D. h. nur solches Verhalten anderer bildet den Bezugspunkt für soziales Handeln, das der sozial Handelnde aus seiner Sicht der Dinge als ein fremdes Handeln deutet. Die Annahme bzw. Erwartung des Handelnden, dass das fremde Verhalten ein fremdes Handeln ist, ist nicht nur für die Unterscheidung zwischen Handeln und sozialem Handeln zentral. Sie ist auch für das Verständnis vieler Formen des handelnden Zusammenwirkens unverzichtbar. Dies bedeutet aber auch, dass soziales Handeln stets auf subjektiver Sinnbildung und auf Handlungszuschreibung zugleich beruht.

Für Weber und die an Weber anschließende handlungstheoretische Soziologie sind alle sozialen Gebilde auf Dauer gestellte soziale Beziehungen irgendwelcher Art und alle soziale Beziehungen Formen des wechselseitig aufeinander eingestellten sozialen Handelns irgendwelcher Art. Das macht das soziale Handeln zum Atom aller sozialen Phänomene und zum zentralen sozialtheoretischen Begriff. Soziale Phänomene zu verstehen und zu erklären heißt dann letztlich immer, das zu Grunde liegende soziale Handeln seinem gemeinten Sinn nach zu verstehen und dadurch zu erklären. Deshalb charakterisiert Weber die Soziologie als die Wissenschaft, „welche soziales Handeln deutend verstehen und dadurch in seinem Ablauf und seinen Wirkungen ursächlich erklären will" (Weber, 1972: 1).

Webers Einschränkung des Handelns auf das bewusst sinnhafte Verhalten gilt heute weitgehend als überholt. Bereits Schütz hat darauf hingewiesen, dass die Routinen und Rezepte des habitualisierten Alltagshandelns Abarten zweckgerichteten Handelns sein können: „Natürlich handeln wir in unserem täglichen Leben vernünftig, wenn wir die Rezepte benützen, die wir in unserem Erfahrungsschatz als bereits in einer ähnlichen Situation bewährt vorfinden." (Schütz, 1972: 34) Hartmut Esser charakterisiert sie „als geronnene Rationalität früherer Problemlösungen, die jetzt, zu fertigen gedanklichen Modellen stilisiert, abrufbereit und unaufwendig zur Verfügung steht" (Esser, 2001: 295). So betrachtet, kann ein Sich-Verlassen auf Routinen rationaler sein als ein bewusst geplantes Handeln, das den unnötigen Aufwand treibt, die Problemlösung noch einmal neu zu entwickeln, die als Routine bereits bereitsteht. In einem erweiterten Sinne ist auch ein Routinehandeln dieser Art mithin ein am gemeinten Sinn orientiertes Verhalten. Dementsprechend ist die Eingrenzung auf bewusst sinnhaftes Verhalten eine Beschränkung, die dem Phänomen des Handelns und des sozialen Handelns nicht gerecht wird.

Allerdings ist nicht jede Routine oder Gewohnheit eine geronnene Problemlösung. Das stillschweigend zu Grunde liegende Handlungsmuster kann auch einen Sinn repräsentieren, der sich nicht – und auch nicht indirekt – aus dem gemeinten Sinn der Handelnden speist. Die Annahme, dass das Handeln wesentlich durch eine Form stillschweigenden Wissens und Könnens gesteuert wird, die die Handelnden von ihnen unbemerkt erwerben und über die sie nicht bewusstseinsförmig verfügen können, ist in der Soziologie insbesondere von Pierre Bourdieu (1930–2002) in seinem Habitus-Konzept ausgearbeitet worden (vgl. Bourdieu, 1987). In der neueren Praxistheorie verbindet sich diese Annahme mit einer Vorstellung über soziales Handeln, die Webers Konzeption genau auf den Kopf stellt: Das Einzelhandeln, das zu einer sozialen Praxis, d. h. zu einem Handlungszusammenhang bestimmter Art beiträgt, bezieht seinen Sinn aus der sozialen Praxis, deren Bestandteil es ist (vgl. Reckwitz, 2003). Diese Auffassung über das Verhältnis von Einzelhandlung und Gesamthandlung findet sich bereits bei George Herbert Mead (1863–1931) in dessen Konzept der gesellschaftlichen Handlung (vgl. Mead, 1968). Verbindet man die Annahme, dass der Sinn individuellen Handelns von der jeweiligen sozialen Praxis abhängt, in die es eingebettet ist, mit der Annahme, dass dieser Sinn im Alltag stillschweigend erworben und als nicht-propositionales Wissen gespeichert und verwendet wird, so entsteht ein Modell des sozialen Handelns, das der Konzeption des sozialen Handelns in der Tradition Webers diametral gegenübersteht. Beide Modelle sind empirisch relevant. Ob und wie sie sich miteinander verbinden lassen, ist noch nicht recht erkennbar. Die entsprechende Diskussion ist in der Sozialpsychologie weiter entwickelt als in der Soziologie (vgl. Chaiken & Trope, 1999).

▶ **Beziehung, soziale; Erklärung, soziologische; Sinn; Verhalten, soziales**

📖 Bourdieu, P. (1987). *Sozialer Sinn. Kritik der theoretischen Vernunft*. Frankfurt a. M.: Suhrkamp • Chaiken, S. & Trope, Y. (Hg.). (1999). *Dual Process Theories in Social Psychology*. New York u. a.: Guilford Press • Esser, H. (2001). *Soziologie. Spezielle Grundlagen, Bd. 6: Sinn und Kultur*. Frankfurt a. M.: Campus • Luckmann, T. (1992). *Theorie des sozialen Handelns*. Berlin: de Gruyter • Mead, G. H. (1968 [1934]). *Geist, Identität und Gesellschaft*. Frankfurt a. M.: Suhrkamp • Miebach, B. (2014). *Soziologische Handlungstheorie. Eine Einführung* (4., überarb. u. erweit. Aufl.). Opladen: Westdeutscher Verlag • Reckwitz, A. (2003). Grundelemente einer Theorie sozialer Praktiken. Eine sozialtheoretische Perspektive. *Zeitschrift für Soziologie, 32*, 282-301 • Schütz, A. (1972). Das Problem der Rationalität in der sozialen Welt. In A. Schütz, *Gesammelte Aufsätze. Band 2: Studien zur soziologischen Theorie* (S. 22-50). Den Haag: Martinus Nijhoff • Schütz, A. (1974 [1932]). *Der sinnhafte Aufbau der sozialen Welt. Eine Einleitung in die verstehende Soziologie*. Frankfurt a. M.: Suhrkamp • Weber, M. (1972 [1922]). *Wirtschaft und Gesellschaft. Grundriß der verstehenden Soziologie* (5., revidierte Aufl.). Tübingen: Mohr.

Ingo Schulz-Schaeffer

I

Identität

Identität bezeichnet den Zusammenhang, den jene höchst verschiedenen Elemente und disparaten Momente, welche das Leben einer Person ausmachen, bilden können. Dieser stets subjektiv erlebte und gedeutete Zusammenhang bildet eine Einheit oder Gestalt, die mehr und anders ist als die bloße Summe ihrer Teile. Er ist im Übrigen niemals einfach gegeben, sondern muss vom Subjekt aktiv gebildet und vergegenwärtigt werden, etwa durch das Erzählen von Geschichten. Die als Identität bezeichnete Struktur umfasst auch das – z. B. in Selbsterzählungen artikulierte – Selbstgefühl und Selbstverständnis einer Person. Insofern Erzählungen grundlegend sind für die Bildung und Artikulation des Selbst, spricht man – mit Paul Ricœur (1996) – auch von narrativer Identität (Brockmeier, 2015; Straub, 2004; 2015a).

In den Sozialwissenschaften bezieht sich der Identitätsbegriff unweigerlich auf Menschen, die sich von sich selbst distanzieren, über sich reflektieren und sich auf diese Weise selbst ernst nehmen können. Wer nach seiner Identität fragt, denkt über sein vergangenes, gegenwärtiges und künftiges Leben nach. Ihm oder ihr stellt sich die um das eigene Selbst besorgte Frage, was er oder sie aus diesem Leben bislang gemacht hat und in Zukunft wohl noch so alles machen könnte – soweit sich das eigene Leben nicht ohnehin der eigenen Gestaltungsmacht, Formgebung und Führbarkeit entzieht. Diese sozialwissenschaftliche Auslegung personaler Identität teilen manche philosophische Ansätze, speziell im Feld der Phänomenologie und Hermeneutik (Ricœur, 2006), aber auch der Analytischen Philosophie (Quante, 1999, als Überblick Jörissen & Zirfas, 2010).

Der Identitätsbegriff hat seine praktischen Wurzeln in der westlichen Welt industrialisierter Gesellschaften des 19. Jahrhunderts. Auf sie bezogen erhielt er seinen spezifischen Sinn. Demgemäß ist es falsch, diesen Begriff als universale anthropologische Kategorie zu gebrauchen und auf alle möglichen Leute in der Vergangenheit und Gegenwart anzuwenden. Wer von Identität in der hier gemeinten Bedeutung spricht, bezieht sich auf spätmoderne Gesellschaften und darin situierte Lebensformen (Giddens, 1991). In anderen Kulturen und Gesellschaften haben sich andere Typen des Selbst entwickelt – bis hin zur Ablehnung und Überwindung des Selbst (Markus & Kitayama, 1991).

Der Begriff der Identität wurde in den Sozialwissenschaften – zu denen die Psychologie zählt – seit den 1950er Jahren maßgeblich durch den Psychoanalytiker Erik Homburger Erikson (1973) geprägt. Er gab damit einem in diesen Disziplinen seit dem späten 19. Jahrhundert bekannten Phänomen einen Namen: Personen sind in spätmodernen Gesellschaften immer häufiger mit der von ihnen selbst zu beantwortenden Frage „wer bin ich (geworden), wer möchte ich sein?" konfrontiert. Diese im „psychosozialen Moratorium" (Erikson) des Jugendalters erstmals ins Zentrum rückende Identitätsfrage kann während des gesamten Lebens immer wieder auftauchen. Das ist tatsächlich besonders dann der Fall, wenn Lebensverläufe nicht mehr starr im Sinne einer (geschlechtsspezifischen) „Normalbiographie" standardisiert, also auf unumstößlichen Traditionen, festen Rollen und institutionalisierten Ablaufmustern ausgerichtet sind. Unter solchen Bedingungen – und nur unter solchen – wird die Identitätsfrage unabweisbar und zu einem notorischen Problem. Den zu Offenheit, Flexibilität und Veränderungsbereitschaft ‚animierten' Betroffenen wird anhaltende Identitätsarbeit abverlangt (Keupp & Höfer, 1997). In Verhältnissen, die durch den Verlust und den Umbau von Traditionen, durch wachsende Individualisierung, durch eine stetig beschleunigte Veränderungsdynamik sowie eine wachsende (strukturelle oder distributive) Vielfalt von Optionen, Lebensformen und Lebensstilen gekennzeichnet sind, werden Prozesse der Orientierungs- und Identitätsbildung schwierig. Sie führen nur noch zu vorläufigen Resultaten, bleiben also eine lebenslange Aufgabe (Keupp, Ahbe & Gmür, 1999).

Identität als (teilweise unbewusste) Struktur gewährleistet es, allerlei Unterschiede und Spannungen in ein und denselben Zusammenhang zu integrieren. Trotz der Wechselfälle und Gegensätze, die das Leben einer Person im Laufe der Zeit und in einer bestimmten Lebensphase kennzeichnen, trotz der manchmal sogar im selben Moment sich widerstreitenden Vorstellungen (Motive, Emotionen, Wünsche, Interessen etc.) gelingt es einer ‚mit sich identischen' Person, das eigene Leben und Selbst als zusammenhängendes Ganzes zu verstehen. Sie muss sich nicht als zersplitterte, dissoziierte Persönlichkeit erleben, deren Orientierungs-, Erlebnis- und Handlungspotential massiv gefährdet oder bereits zerstört ist.

Neben der Psychoanalyse war es der amerikanische Pragmatismus, der die Bedeutung des sozialwissenschaftlichen Identitätsbegriffs maßgeblich mitbestimmte. Die (umstrittene) nachträgliche Übersetzung des im Pragmatismus geläufigen Begriffs des ‚self' mit ‚identity' war dafür wichtig. Insbesondere die Schriften von George Herbert Mead (1863–1931) – speziell seine theoretische Untergliederung des ‚self' (Selbst) in die Instanzen des ‚I' (Ich) und des plural strukturierten ‚me' (Mich) – beeinflussten die Entwicklung des soziologischen und psychologischen

Grundbegriffs der Identität einer Person stark (Joas, 1980). Dies zeigen Arbeiten von Vertretern des Symbolischen Interaktionismus und verwandter Strömungen (z. B. Anselm Strauss, Erving Goffman). Die Psychoanalyse und der Pragmatismus blieben im gesamten 20. Jahrhundert wichtige Bezugspunkte für viele identitätstheoretische Debatten und die empirische Identitätsforschung in den Sozial- und Kulturwissenschaften. Handlungs-, interaktions- und kommunikationstheoretische Konzeptionen personaler Identität (z. B. von Jürgen Habermas, Gertrud Nunner-Winkler oder Lothar Krappmann) sind beiden Traditionslinien verpflichtet und versuchen teilweise eine Art Synthese herzustellen, nehmen aber auch individuelle Akzentsetzungen vor (wie z. B. Habermas, 1976, der die mit der Identitätsentwicklung verflochtene Ausdifferenzierung des Vernunftvermögens und Autonomiepotentials reflexiver Subjekte betont).

Bereits in den 1970er Jahren wurde beanstandet, dass das deskriptive, analytische und explanative Potential des Begriffs fraglich und zu diffus sei. Viele beklagen seither auch, dass Identitätstheorien und -forschungen zu einer Art „Identitätszumutung" und „Identitätszwang" beigetragen hätten. Insbesondere unter dem Einfluss poststrukturalistischen und postmodernen Gedankenguts wird behauptet, dass sich Menschen selbst Gewalt antun, sobald sie sich im Sinne der anzustrebenden Einheit eines kohärenten und kontinuierlichen Lebenszusammenhangs eine Identität zuschreiben (Sampson, 1989). Auch deswegen setzen manche der ‚traditionellen Identität' ein Konzept „radikaler Pluralität" entgegen (Welsch, 1991). Der Identitätsbegriff gilt radikalen Kritikern als Chiffre für die Verinnerlichung von gesellschaftlichen Kontroll- und Disziplinardispositiven im Sinne Michel Foucaults, durch die sich Subjekte einer anonymen, diskursiven Macht unterwerfen und sich im Zuge dieser unwillkürlichen und unbemerkten Subjektivierung selbst Gewalt zufügen (wodurch auch ihre sozialen Beziehungen in Mitleidenschaft gezogen würden).

Die poststrukturalistische und postmoderne Kritik basiert allerdings häufig auf Missverständnissen eines theoretisch anspruchsvollen Identitätsbegriffs. Oft werden auch seine normativen Implikationen und politischen Dimensionen verkannt. Das hat vor allem damit zu tun, dass sich diese Kritik – und zwar mit guten Gründen – lediglich gegen bestimmte Bestimmungen und Gebrauchsweisen des Lexems „Identität" wendet. Das ist angesichts der verwirrenden Vielfalt und verbreiteten Vagheit des Ausdrucks nicht verwunderlich (vgl. Assmann & Friese, 1998). Es gibt ohne Zweifel zahllose Definitionen und Verwendungen, die die poststrukturalistische oder postmoderne Kritik zu Recht trifft. Dies gilt jedoch für die theoretisch elaborierten und auch in ihren moralisch-normativen sowie praktisch-politischen Dimensionen reflektierten Konzepte nicht. ‚Den' Identitätsbegriff gibt es nicht. Hält man sich an die hinreichend klaren und differenzierten Konzepte, lässt sich sagen, dass die vehemente ‚Kritik der Identität' eigentlich auf jene Struktur der kommunikativen Selbstbeziehung einer Person gemünzt ist, die bereits Erikson als „Totalität" bezeichnet und deutlich von der „Identität" unterschieden hat.

Die kulturgeschichtlich kaum zu überschätzende Funktion der Öffnung der psychischen Struktur einer Person ist dem modernen Identitätsbegriff von Beginn an eingeschrieben. Offenheit verlangt Aufgeschlossenheit für Andere(s) und sogar Fremde(s). Sie erfordert die Bereitschaft zu Selbstveränderungen sowie eine Portion jenes Selbstsicherheit voraussetzenden Mutes, welcher es Menschen gestattet, sich anderen gegenüber verletzlich zu zeigen. Alles in allem lässt sich diese dezentrierte und transitorische Identität (Straub & Renn, 2004) als offene Struktur begreifen, die gesteigertes Kontingenzbewusstsein und einen besonderen Umgang mit Kontingenz mit sich bringt. Identität erlaubt es, Kontingenz zuzulassen und kreativ zu bearbeiten, eben auch im Sinne einer nicht vorhergesehenen und (zunächst) sogar unerwünschten Selbsttransformation. Für solche Selbstveränderungen können ‚signifikante Andere' (Mead) eine ebenso maßgebliche Rolle spielen wie schon für die Bildung personaler Identität in der Adoleszenz. Personale Identität ist grundsätzlich sozial konstituiert. Sie ist kein abgeschlossener Zustand, sondern ein dialogischer Prozess. Das heben auch neuere Ansätze hervor (Hermans & Giese, 2012; Keupp, Ahbe & Gmür, 1999).

Die pragmatische und semantische Bedeutung von Identität lässt sich nur angemessen erläutern, wenn dieser Begriff einerseits vom Nicht-Identischen in Gestalt der Multiplizität bzw. Diffusion, Dissoziation oder Fragmentierung abgegrenzt wird. Diffusion, Dissoziation und Fragmentierung untergraben die Orientierungs- und Handlungsfähigkeit einer Person massiv, zersetzen und zerstören sie schließlich ganz. Die Grenzen zwischen Identität und Multiplizität sind fließend. Die adaptive Diffusion liegt im Übergangsfeld. Keine (moderne) Identität ist jemals frei von dystonen Kräften. Das Nicht-Identische ist demnach nicht einfach nur ein Gegenbegriff, sondern auch – paradoxerweise – ein integraler Bestandteil personaler Identität. Identität ist als integrative Einheit ihrer Differenzen eine dynamische Struktur. Sie ist permanent von Spannungen, Konflikten und Krisen bedroht. Sie ist eine Synthese des Heterogenen (Ricœur, 1996; Straub, 2015b). Andererseits muss der Identitätsbegriff von jener Totalität abgegrenzt werden, welche ein gewaltförmiges, Gewalt nach ‚innen' und ‚außen' freisetzendes ‚Zwangsgehäuse' symbolisiert. Totalität ist eine geschlossene, starr auf ihre eigene Reproduktion, möglichst rigide Verfestigung und unnachgiebige Behauptung angelegte Struktur: Nichts von draußen, jedenfalls nichts Anderes und Fremdes, darf hinein, nichts von drinnen hinaus. Nichts darf mit dem Anderen und Fremden in Kontakt und produktiven Austausch kommen. Im Falle der dezentrierten, transitorischen Identität ist gerade dies der Fall. Auch davon erzählen Personen, wenn sie ihre narrative Identität artikulieren. Die für alle

Menschen, stark verunsicherte Individuen zumal, bisweilen psychosozial funktionale adaptive Rigidität liegt im Übergangsfeld zwischen Totalität und Identität. Von der (sozial konstituierten) Identität einer Person muss die kollektive Identität einer Gruppe unterschieden werden. Das Konzept der kollektiven Identität verdankt sich einer analogisierenden Übertragung. War der Identitätsbegriff seit seiner Einführung als Lexem zunächst auf eine leibliche Person gemünzt, so gibt es im Falle von Kollektiven keinen derartigen Leib und auch kein daran gebundenes Erleben sowie darauf bezogenes Bewusstsein (Erinnerungsvermögen etc.). Der politische Missbrauch organizistischer Metaphern (wie „Gesellschafts-", „Volks-" oder „Staatskörper") ist ebenso bekannt wie die mit dieser ideologischen Tradition verwobene Essentialisierung kollektiver Identitäten, die es gestattet, sich auf alle möglichen vermeintlichen Eigenschaften eines quasi-natürlichen ‚Organismus' beziehen zu können. Das ist oft nur der Anfang einer ideologisch-politischen Instrumentalisierung dieses Konstrukts und des mit ihm bezeichneten Kollektivs (Niethammer, 2000). Die Angehörigen einer „imaginierten Gemeinschaft" (Benedict Anderson) gehen fortan womöglich in einer zugewiesenen kollektiven Identität auf, deren polemische, Gegnerschaft und Feindschaft erzeugende Funktion im Kampf um Ressourcen und Kapitale, Macht und Herrschaft offensichtlich ist. Das angesprochene ‚imaginäre' Kollektiv wird dabei stets von anderen Identitäten koexistierender bzw. konkurrierender Gruppen abgegrenzt (vgl. Tajfel, 1978). Festzuhalten ist, dass alle Konstruktionen kollektiver Identitäten ein verdecktes oder offenes Gewaltpotential ausbilden können (und damit analoge Strukturen bilden, wie sie oben im Hinblick auf die personale Totalität skizziert wurden). Das ist tatsächlich oft der Fall, wo Gruppen „in territorialer Gemengelage zu anderen Differenzgemeinschaften" auftreten „und nicht von wirkungsmächtigen gesellschaftlichen Infrastrukturen relativiert" werden (Niethammer, 2000: 262). Das desavouiert diese kollektive Praxis jedoch nicht generell und prinzipiell. Die aus defensiven Differenzerfahrungen geborene Identitätspolitik ist nämlich „dort stark, wo sie das Wahrnehmungspotential sozialer Schwäche und Ausgrenzung betont, intuitive Verständigungen zwischen Ausgegrenzten als sinnvolle Kraft begreift und Subjektivität mit Stolz ausstattet; aber schwach, wo sie vorgerückte Arrivierung mit der Paranoia des Opfers ausstattet, objektive biologische Identität vortäuscht, wo subjektive kulturelle Bündnisse erst gesucht werden müssten und sich über das eigene Herkommen mit mystischen Konstruktionen betrügt" (Niethammer, 2000: 266).

▶ **Anthropologie; Geschlecht; Individualisierung; Lebenslauf; Rolle, soziale; Universalie**

Assmann, A. & Friese, H. (Hg.) (1998). *Identitäten*. Frankfurt a. M.: Suhrkamp • Brockmeier, J. (2015). Beyond the Archive. Oxford: Oxford UP • Brockmeier, J. & Carbaugh, D. (Hg.) (2001). *Narrative and Identity*. Amsterdam: John Benjamins • Erikson, E. H. (1973). *Identität und Lebenszyklus*. Frankfurt a. M.: Suhrkamp • Giddens, A. (1991). *Modernity and Self-Identity*. Cambridge: Polity Press • Habermas, J. (1976). Moralentwicklung und Ich-Identität, in J. Habermas: *Zur Rekonstruktion des historischen Materialismus* (s.63-71). Frankfurt a. M.: Suhrkamp • Henrich, D. (1979). Identität – Begriffe, Probleme, Grenzen, in O. Marquard & K.-H. Stierle (Hg.): *Identität (S. 133-186)*. München: Fink • Hermans, H.J.M. & Gieser, T. (Eds.) (2012). *Handbook of Dialogical Self Theory*. Cambridge: Cambridge UP • Joas, H. (1980): *Praktische Intersubjektivität*. Frankfurt a. M.: Suhrkamp • Jörissen, B. & Zirfas, J. (Hg.) (2010): *Schlüsselwerke der Identitätsforschung*. Wiesbaden: VS Verlag • Keupp, H. & Höfer, R. (Hg.) (1997). *Identitätsarbeit heute*. Frankfurt a. M.: Suhrkamp • Keupp, H., Ahbe, T. & Gmür, W. et al. (1999): *Identitätskonstruktionen*. Reinbek: rororo • Lichtenstein, H. (1977): *The Dilemma of Human Identity*. New York: Aronson • Marcia, J. E., Waterman, A. S., Matteson, D. R., Archer, S. L. & Orlofsky, J. L. (1993): *Ego Identity*. New York: Springer • Markus, H. & Kitayama, S. (1991): Culture and the self. *Psychological Review*, 98, 224 – 253 • Niethammer, L. (2000). *Kollektive Identität*. Reinbek: rororo • Quante, M.(Hg.) (1999): *Personale Identität*. Paderborn: UTB • Ricœur, P. (1996): *Das Selbst als ein Anderer*. München: Fink • Sampson, E. (1989). The Deconstruction of the Self, in J. Shotter & K. Gergen (Hg.): *Texts of Identity* (S. 1-19), London: Sage • Straub, J. & Chakkarath, P. (2010): Identität und andere Formen des kulturellen Selbst. *Familiendynamik*, 36 (2), 110-119 • Straub, J. (2015a): Ein Selbstbildnis erzählen. Narrative Identität, Kontingenz und Migration. In: S. Walz-Pawlita, B. Unruh & B. Janta (Hg.): *Identitäten*. Gießen: Psychosozial-Verlag, 17-42 • Straub, J. (2015b): Personale Identität und religiöser Glaube im Zeitalter der Kontingenz. In: S. Schmitz & T. Işik (Hg.): Muslimische Identitäten in Europa. Bielfeld: transcript, 99-158 • Straub, J. & J. Renn (Hg.) (2002). *Transitorische Identität*. Frankfurt a. M.: Campus • Straub, J. (2004): Identität, in F. Jäger & B. Liebsch (Hg.), *Handbuch der Kulturwissenschaften (S.277-303)*. Stuttgart: Metzler • Straub, J. & Zielke, B. (2005). Autonomie, narrative Identität und die postmoderne Kritik des sozialen Konstruktivismus. In F. Jäger & J. Straub (Hg.), *Was ist der Mensch, was Geschichte? (S. 165-210)*, Bielefeld: trancript • Tajfel, Henri (1978). *Differentiation between Social Groups*. London: Academic Press • Welsch, W. (1991). Subjektsein heute. *Deutsche Zeitschrift für Philosophie, 39*, 347-365

Jürgen Straub

Ideologie

Ideologie bedeutet allgemein die Produktion von Vorstellungen, Bedeutungen und Werten in Auseinandersetzung mit dem gesellschaftlichen Leben. Ein enger Begriff der Ideologie verweist nicht nur auf Bewusstseinsinhalte und Wertesysteme, sondern auch auf Machtfragen. Ideologietheorien untersuchen demzufolge die gesellschaftliche Genese, Funktions- und Wirkungsweise von Ideen und wie diese dazu benutzt werden, Herrschaftsverhältnisse aufrechtzuerhalten. Ideologiekritische Konzeptionen begreifen in diesem Sinne Ideologie als falsches oder verkehrtes Bewusstsein gegenüber der gesellschaftlichen Wirklichkeit oder objektiven Wahrheit.

Der Begriff Ideologie wurde erstmals von Destutt de Tracy (1754–1836) als eine analytische Wissenschaft der Ideen und der ihnen zugrundeliegenden Wahrnehmung eingeführt. In der soziologischen Diskussion stützt man sich häufig auf die kritisch-theoretische Konzeption von Karl Marx (1818–1883) und Friedrich Engels (1820–1895), die Ideologie als ein notwendig falsches Bewusstsein interpretiert. Die Autoren kritisieren in der Deutschen Ideologie eine Auffassung, die Ideen als selbständige Produkte des Bewusstseins begreift. Sie erläutern Ideologie mit dem Bild der „Camera obscura", in der „die Menschen und ihre Verhältnisse […] auf den Kopf gestellt erscheinen" (Marx & Engels, 1962: 26). Stattdessen gehen sie davon aus, dass Ideen in Auseinandersetzung mit den gesellschaftlichen Verhältnissen gebildet werden: „Nicht das Bewusstsein bestimmt das Leben, sondern das Leben bestimmt das Bewusstsein" (Marx & Engels, 1962: 26). Das falsche Bewusstsein, Ideen seien autonom, resultiert für sie aus der materiellen Grundlage – der gesellschaftlichen Teilung von körperlicher und geistiger Arbeit. Marx entwickelt den Begriff der Ideologie im Kapital mithilfe der Analyse des „Fetischcharakters der Ware" (Marx, 1962: 85-98) weiter, durch den die gesellschaftlichen Verhältnisse in der kapitalistischen Warenzirkulation als Verhältnisse von Dingen erscheinen. Diese ideologische Verdinglichung ist für Marx eine „objektive Gedankenform" (Marx, 1962: 90) und resultiert aus den kapitalistischen Produktionsverhältnissen.

Die Ausführungen von Marx und Engels bilden einen relationalen Rahmen verschiedener soziologischer und sozialphilosophischer Analysen zum Begriff der Ideologie in der kapitalistischen Gesellschaft:

1. Entgegen einer kritischen Bestimmung geht der Marxismus-Leninismus im Anschluss an W. I. Lenin (1870–1924) von einer neutralen Bestimmung der Ideologie aus, die das Ideelle von den materiellen Grundlagen des gesellschaftlichen Lebens trennt und sie als Medium der Klasseninteressen interpretiert.
2. Die Stabilität kapitalistischer Gesellschaften erklärt Georg Lukács (1885–1971) mit dem „ideologischen Phänomen der Verdinglichung" (Lukács, 1968: 257). Im Anschluss an Marx' Analyse des Warenfetischs und Max Webers (1864–1920) Diagnose der formalen Rationalisierung geht er davon aus, das den Menschen im Zuge fortschreitender kapitalistischer Arbeitsteilung ihre eigene, selbst geschaffene soziale Umwelt fremd wird; sie erscheint ihnen als objektive „zweite Natur" (Lukács, 1968: 307) und damit verdinglicht.
3. Während Lukács sich für die negativen Folgen entfremdender Vergesellschaftung interessiert, schreibt Antonio Gramsci (1891–1937) der Ideologie eine die Gesellschaftsmitglieder integrierende und organisierende Funktion zu. In seiner erweiterten Theorie des „integralen Staates" umfasst der Staat neben repressiven auch konsensstiftende Funktionen, er ist „Hegemonie, gepanzert mit Zwang". In den Strukturen der Zivilgesellschaft (wie bspw. Familie, Kirche, Schule oder Wissenschaft) ringen herrschende und beherrschte Klasse um Hegemonie.
4. Louis Althusser (1918–1990) nimmt in seiner Analyse zu den „ideologischen Staatsapparaten" (Althusser, 2011) Gramscis Auffassung, dass sich Ideologien institutionell manifestieren, auf und verknüpft sie mit der Psychoanalyse Jacques Lacans (1901–1981). Ideologie ist in diesem Sinne ein imaginäres Verhältnis der Subjekte zu ihren Existenzbedingungen, sie basiert auf der freiwilligen und unbewussten Unterwerfung der einzelnen Gesellschaftsmitglieder, die durch ideologische Institutionen, wie bspw. die Schule, bewerkstelligt wird.
5. Die von Lukács hervorgehobene entfremdende Wirkung der Ideologie ist auch der Fokus der Kritischen Theorie der Frankfurter Schule. Theodor W. Adorno (1903–1969) und Max Horkheimer (1895–1973) interpretieren Ideologie als ein „lückenlos geschlossenes Dasein" (Adorno & Horkheimer, 1970), in dem sich die einzelnen Mitglieder der Gesellschaft unhinterfragt mit ihr identifizieren. Sie kommen zu dem Schluss, dass sich in der kapitalistischen Kulturindustrie eine Massenkultur etabliert, die durch ein konformistisches Bewusstsein gekennzeichnet ist. Jürgen Habermas vertritt hingegen die Auffassung, dass sich Ideologie in die Technik verlagert und in spätkapitalistischen Gesellschaften neue Konflikte entstehen (Habermas, 1968). Während Adorno und Horkheimer

davon ausgingen, dass Ideologie alle Lebensbereiche durchdringt, differenziert Habermas zwischen einer Systemwelt, die durch zweckrational-instrumentelles Handeln geprägt ist, und einer Lebenswelt, die durch kommunikatives und herrschaftsfreies Handeln geprägt ist.

Neben den Deutungen des Ideologiebegriffs, die sich positiv auf die Ausführungen von Marx und Engels beziehen, gibt es solche, die sich von marxistischen Ideologietheorien abgrenzen:

1. In der Wissenschaftstheorie und dem Kritischen Rationalismus wird Ideologie negativ gebraucht, in Abgrenzung zu der von Weber postulierten angestrebten Werturteilsfreiheit in der Wissenschaft. Ideologie ist in diesem Sinne für Karl Mannheim (1893–1947) eine ganzheitliche und legitimierende Weltsicht, die Teile der Realität ausblendet. Karl Popper (1902–1994) charakterisiert politische Ideologien wie den Faschismus oder Stalinismus durch ihren totalitären Charakter, der grundlegend wahrheitsverleugnend, mythenbildend und diskriminierend gegenüber konkurrierenden Vorstellungen ist.
2. In postmodernen und poststrukturalistischen Theorien wird der marxistische Begriff der Ideologie kritisiert, da er die durch Ideologie produzierte Herrschaft aus den gesellschaftlichen Strukturen ableite. Michel Foucault (1926–1984) geht davon aus, dass Diskurse und nicht Ideologien eine die Gesellschaft durchdringende Macht erzeugen. Der Diskurs ist in diesem Sinn ein Ordnungsgefüge, das die gesellschaftliche Realität auf eine spezifische Art und Weise regelt. In seinen Studien zur „Gouvernementalität" analysiert er, wie fremdbestimmte Herrschaftstechniken mit Techniken der Selbstführung von Individuen korrespondieren und liefert damit eine neue Interpretation ideologietheoretischer Fragestellungen.

Im Zuge der Expansion der Wohlfahrtsstaaten und der gestiegenen Partizipations- und Aufstiegsmöglichkeit von Arbeitern in westlichen Industrieländern ging man in der soziologischen Diskussion davon aus, dass Ideologien für die Stabilitätssicherung von kapitalistischen Gesellschaften an Bedeutung verlieren. Daniel Bell (1919–2011) sprach schon in den 1960er Jahren vom „Ende der Ideologien". Seit den 2000er Jahren kommt es jedoch zu einer Erneuerung des Ideologiebegriffs durch die Sozialphilosophie Slavoj Žižeks (1949). Die postdemokratische kapitalistische Gesellschaft basiere, so Žižek, auf einer „postideologischen Ideologie", die einen Herrschaftskomplex aus Expertenwissen und freiem Meinungsaustausch etabliert und den Einzelnen durch den Schein der freien Mitsprache ideologisch unterwirft.

▶ Entfremdung; Kapitalismus; Klasse, soziale; Konflikt, sozialer; Macht – Autorität – Herrschaft; Marxismus

📖 Adorno, T. W. & Horkheimer, M. (1970). *Dialektik der Aufklärung. Philosophische Fragmente.* In T. W. Adorno, *Gesammelte Schriften 3.* Frankfurt a. M.: Suhrkamp • Althusser, L. (2011). *Ideologie und ideologische Staatsapparate. 1. Halbband.* Hamburg: VSA • Amlinger, C. (2014). *Die verkehrte Wahrheit. Zum Verhältnis von Ideologie und Wahrheit.* Hamburg: Laika • Bell, D. (1960). *The End of Ideology. On the Exhaustion of Political Ideas in the Fifties.* New York: Collier • Eagleton, T. (1993). *Ideologie. Eine Einführung.* Stuttgart & Weimar: Metzler • Foucault, M. (2004–2006). *Geschichte der Gouvernementalität. 2 Bde.* Frankfurt a. M.: Suhrkamp • Habermas, J. (1974). *Technik und Wissenschaft als „Ideologie".* Frankfurt a. M.: Suhrkamp • Lukács, G. (1968). Geschichte und Klassenbewußtsein. Studien über marxistische Dialektik. In G. Lukács, *Werke. Frühschriften II* (S. 257–285.). Neuwied & Berlin: Luchterhand • Mannheim, K. (1995). *Ideologie und Utopie.* Frankfurt a. M.: Klostermann • Marx, K. (1962). Das Kapital. Zur Kritik der politischen Ökonomie. Erster Band. In K. Marx & F. Engels, *Werke 23.* Berlin (DDR): Dietz • Marx, K. & Engels, F. (1962). Die deutsche Ideologie. In K. Marx & F. Engels, *Werke 3* (S. 9–530). Berlin (DDR): Dietz • Popper, K. R. (1992). *Die offene Gesellschaft und ihre Feinde. 2 Bde.* Tübingen: Mohr • Rehmann, J. (2008). *Einführung in die Ideologietheorie.* Hamburg: Argument. • Ritsert, J. (2002). *Ideologie. Theoreme und Probleme der Wissenssoziologie*, Münster: Westfälisches Dampfboot • Thompson, J. B. (1984). *Studies in the Theory of Ideology.* Cambridge: University of California Press • Žižek, S. (1994). The Spectre of Ideology. In S. Žižek (Hg.), *Mapping ideology* (S. 1-33) London: Verso

Carolin Amlinger

Individuum

Individualität heißt wörtlich Unteilbarkeit. Betrachtet man einzelne Menschen als kleinste Einheit des Sozialen, soziale Zusammenhänge als Kommunikation und Kooperation zwischen Individuen, dann bringt man damit die verbreitete Sichtweise zum Ausdruck, dass die Gesellschaft sich aus Einzelmenschen zusammensetzt. Diese ist jedoch keineswegs unproblematisch. Individualität verweist zudem auf die Besonderheit bzw. Einzigartigkeit des Einzelnen. Dagegen steht Person (lat.: *persona*) für den Einzelnen als Träger gesellschaftlicher Rollen und Masken. Als Rollenträger, z. B. in den Rollen des Studenten und des Professors, sind wir nicht besondere Einzelne, sondern anderen ähnlich, welche die gleiche Rolle spielen.

Das Individuum in seiner Besonderheit, durch das es sich von allen anderen Individuen unterscheidet, ist als solches kein genuiner Gegenstand der Soziologie. Die Individuen treten in der Perspektive der Wissenschaft vom Sozialen zunächst als normorientiert Handelnde, als Objekte gesellschaftlicher Zwänge, als Angehörige sozialer Gruppen, als Mitglieder von Organisationen usw. in den Blick. Kennzeichnend für die Soziologie ist eine kategoriale Betrachtung von Menschen, die ihre Mitgliedschaft oder Zugehörigkeit zu sozialen Kollektiven, z. B. zu Klassen, Schichten oder Milieus und dadurch bedingte Ähnlichkeiten in den Blick rückt.

Gleichwohl ist Individuum ein unverzichtbarer Grundbegriff der Soziologie, denn nur in gesellschaftlichen Lebenszusammenhängen mit Anderen können Individuen ihre Besonderheit ausbilden. Auch ist die Durchsetzung der Idee, dass Individuen freie, gleiche und autonome Einzelne sind oder jedenfalls sein sollen, selbst Element und Ergebnis der Entstehung der modernen Gesellschaft. In umgekehrter Perspektive sind soziale Strukturen und Prozesse auch in ihrer Abhängigkeit von individuellen Entscheidungen und Handlungen zu untersuchen. Darum ist die Frage, wie Individualität und Personalität soziologisch angemessen zu betrachten sind, eine Grundfrage der Soziologie.

1. Eine erste begriffliche Grundbestimmung, die der Soziologie des Individuums durch die klassische Sozialphilosophie, insbesondere die Philosophie des deutschen Idealismus (I. Kant, J.G. Fichte, G.W.F. Hegel) vorgegeben ist, kommt in den Begriffen Subjekt und Subjektivität zur Sprache. Diese Begriffe stehen für den Sachverhalt, dass Individuen selbstbewusste und selbstbestimmungsfähige Einzelne sind. Sie sind in ihrem Denken, Empfinden und Handeln weder durch ihre biologische Ausstattung, noch durch ihre gesellschaftlichen Lebensbedingungen vollständig determiniert. Damit ist eine grundsätzliche Grenze einer Soziologie des Individuums und zugleich ein Grundproblem jeder Gesellschaftstheorie benannt: Einerseits kann das Denken, Empfinden und Handeln selbstbestimmungsfähiger Einzelner soziologisch nicht vollständig erklärt werden. Deshalb kann Soziologie Psychologie nicht ersetzen. Andererseits muss eine Theorie des sozialen Handelns berücksichtigen, dass dieses immer ein durch soziale Gesetzmäßigkeiten nicht vollständig bestimmtes Handeln von Einzelnen ist. Die Problemstellung der Subjektphilosophie des dt. Idealismus wird in der Gesellschaftstheorie von Karl Marx (1818–1883) in spezifischer Weise aufgegriffen. Marx begreift die Individuen einerseits als tätige Subjekte, die „ihre Geschichte selbst machen". Vor dem Hintergrund seiner Kritik der idealistischen Philosophie setzt er sich andererseits mit dem Sachverhalt auseinander, dass die Individuen in ihrer Existenz wesentlich gesellschaftlich bestimmt sind. Im ökonomischen Prozess sind sie „Anhängsel der Maschinerie" bzw. „Charaktermasken", d. h. Funktionsträger. Als solche unterliegen sie klassenspezifischen Lebensbedingungen, durch die ihre Möglichkeiten der Selbstbestimmung spezifisch begrenzt sind.
2. Im Unterschied zu Marx, dessen Theorie den Nachweis zu erbringen versucht, dass eine revolutionäre Veränderung zu gesellschaftlichen Verhältnissen führen kann, die eine „volle und freie Entfaltung" des Individuums ermöglichen, kommt Max Weber (1864–1920) zu einer wesentlich skeptischeren Einschätzung des Schicksals des Individuums in der modernen Gesellschaft. Die Prozesse der Rationalisierung und Bürokratisierung erzwingen Weber zufolge die Ersetzung des „kultivierten Menschen" durch den Typus des borniertien „Fachmenschen", der zur Erfüllung seiner spezialisierten Amtsgeschäfte erzogen wird. Die moderne Form der Herrschaft, die Disziplin, drängt das individuell verantwortete Handeln zurück. An seine Stelle tritt die „planvoll eingeschulte, alle eigene Kritik bedingungslos zurückstellende Ausführung des empfangenen Befehls, und die unablässige innere Eingestelltheit ausschließlich auf diesen Zweck" (Weber, 1984). In Webers Theorie gilt die Ausbreitung der Disziplin als eine „universelle Erscheinung", die „unaufhaltsam" vor sich geht.

Zentrales Thema ist das Verhältnis der gesellschaftlichen „Kräfte und Formen zu dem Eigenleben der Individuen" auch bei Georg Simmel (1858–1918). Simmel (1984) betrachtet Gesellschaft als „Verfestigung" der „Wechselwirkungen" zwischen Individuen. Den Widerspruch zwischen gesellschaftlicher Bestimmtheit und individueller Selbstbestimmung fasst Simmel als Widerspruch im Individuum selbst. Der „Gesellschaftscharakter" des Individuums kollidiert mit denjenigen „Impulsen und Interessen seines Ich", die als das „eigentliche Selbst" empfunden werden. Dem Individuum wird ein „Einheits- und Ganzheitstrieb" zugesprochen, der es in Gegensatz zu den spezialisierten Funktionen setzt, die ihm gesellschaftlich aufgezwungen werden. Der Einzelne wird Simmel zufolge in der modernen, differenzierten Gesellschaft zu einem „Schnittpunkt sozialer Kreise" (Familie, Freundeskreise, Beruf usw.).

3. Ein weiterer klassischer Beitrag zur Soziologie des Individuums stammt von George Herbert Mead (1863–1931). Meads Grundthema ist die soziale Genese besonderer und selbstbestimmungsfähiger Einzelner. Individuelle Identität wird bei Mead nicht als Zustand oder Eigenschaft, sondern als ein Prozess konzipiert, in dem Impulse der individuellen Spontaneität und gesellschaftliche Verhaltenserwartungen ausbalanciert werden. Vergleichbar mit Simmel unterscheidet Mead eine gesellschaftliche Seite des Individuums („me") von der Seite der individuellen Spontaneität („I"): „Das ‚I' reagiert auf die Identität, die sich durch die Übernahme der Haltungen anderer entwickelt. Indem wir diese Haltungen übernehmen, führen wir das ‚me' ein und reagieren darauf als ein ‚I' (Mead, 2002). Die unterschiedlichen sozialen Eigenschaftszuschreibungen und Erwartungen, die Individuen angeboten und ggf. aufgezwungen werden, können als „Identitätsschablonen" (Hahn, 2000) verstanden werden, auf die sich die Einzelnen in ihrem Selbstverständnis und in ihren Selbstdarstellungen beziehen. Soziales Handeln setzt nach Meads Modell Individuen voraus, die in der Lage sind, sich selbst zum Gegenstand der Reflexion zu machen, soziale Verhaltenserwartungen zu interpretieren und sich in die Perspektive relevanter Anderer hineinzuversetzen. Sozialität und Individualität werden hier also nicht als einander ausschließend, sondern als widersprüchliche und einander notwendig bedingende Elemente gefasst. Auch lebensgeschichtlich entwickelt sich nach Mead die Individualität der Einzelnen in Prozessen der Übernahme und Koordination gesellschaftlicher Verhaltenserwartungen.

4. Die Bestimmungen des Individuums wie sie in der kritischen Theorie der Frankfurter Schule vorliegen, resultieren aus einer Verbindung von Marx und Weber mit der Psychoanalyse Sigmund Freuds (1856–1939). Der von Erich Fromm (1900–1980) entwickelte Begriff des Sozialcharakters zielt auf eine Analyse der gesellschaftlichen Prägungen der Triebnatur des Individuums, wobei

ihm die Familie als „Sozialisationsagentur der Gesellschaft" gilt (Fromm, 1981). Theodor W. Adorno (1903–1969) rechnete mit einer wachsenden Übermacht der gesellschaftlichen Objektivität im Verhältnis zur individuellen Subjektivität, der nahezu vollständigen Verdinglichung des Menschen im Spätkapitalismus. Herbert Marcuse (1898–1979) diagnostizierte die Herausbildung einer Gesellschaft, in der Individualität nicht nur eingeebnet, sondern „überflüssig" wird: „Mechanisierte Massenproduktion füllt die Zwischenräume, in denen Individualität sich selbst behaupten konnte" (1988).

5. Ein anderer Versuch, die Problemstellungen der klassischen Soziologie und der Psychoanalyse in eine umfassende Theorie sozialer Systeme zu integrieren, liegt bei Talcott Parsons (1902–1979) vor. Im Rahmen seiner strukturfunktionalistischen Theorie thematisiert Parsons das Individuum einerseits als Organismus-System, das Anpassungsleistungen an die Umwelt erbringt, andererseits als Persönlichkeitssystem. Parsons greift das sog. Hobbessche Ordnungsdilemma auf: Wie ist soziale Ordnung unter den Bedingungen konkurrierender individueller Interessen möglich? Seine Lösung dieses Problems besteht in einer Konzipierung von Sozialisation als Verinnerlichung sozialer Normen und Werte, die zu einer solchen Modellierung individueller Impulse führt, durch die die sozial überformten Bedürfnisse in Übereinstimmung mit den Erfordernissen der Gesellschaft stehen. Parsons sieht also eine mögliche Leistung von Sozialisationsprozessen darin, den Konflikt von Gesellschaftlichkeit und Individualität tendenziell aufzulösen. Die skizzierten klassischen Grundmodelle einer Soziologie des Individuums werden in der neueren Theorieentwicklung in vielfältiger Weise aufgegriffen, weiterentwickelt und modifiziert. Dabei zeigt sich, dass die Vorstellungen einer Prägung des Individuums durch die Gesellschaft und einer konfliktfreien Verinnerlichung von Normen und Werten unzulänglich sind. In den Blickpunkt der Soziologie rückt damit das „vergesellschaftete Subjekt" (Geulen, 1989) als widersprüchliche Einheit. Gesellschaft wird nicht mehr nur als Begrenzung und Beschädigung von Individualität, sondern zugleich auch als deren Ermöglichung diskutiert.

6. Von erheblicher Bedeutung für die aktuelle Diskussion sind die an Mead anschließenden Theorien des Symbolischen Interaktionismus sowie eine seit den 1970er Jahren verstärkt einsetzende Rezeption der Sozialphänomenologie. Zugleich werden Modelle weiterentwickelt, welche die Übermacht gesellschaftlicher Strukturen und Prozesse gegenüber den Einzelnen betonen. Bedeutsam ist hier zum einen der an Jean Piaget (1896–1980) und Claude Lévi-Strauss (1908–2009) anknüpfende Strukturalismus. So versucht etwa Pierre Bourdieu (1930–2002) nachzuweisen, dass die Individuen noch in ihren alltäglichen Geschmacksurteilen durch die soziale Prägung ihrer Psyche und ihres Kör-

pers – dem Habitus – bestimmt sind, der ihrer Lage und Stellung im Gefüge sozialer Ungleichheit entspricht.
7. Einen anderen Akzent setzt Michel Foucault (1926–1984): In seinen sozialhistorischen Studien, z. B. zur Geschichte der Sexualität, zeigt er auf, dass soziale Einflüsse auf das Individuum keineswegs nur durch Normsetzungen in der Form von Verboten erfolgen. Vielmehr akzentuiert Foucault die i. d. R. unbemerkt bleibenden Auswirkungen gesellschaftlicher Vorstellungen darüber, was individuell erstrebenswert ist. Auch diejenigen Wünsche, die Individuen für ihre ganz privaten halten und von denen sie glauben, dass sie mit diesen ggf. gegen gesellschaftliche Normen verstoßen, sind Foucault zufolge sozial hervorgebracht bzw. überformt.
8. Niklas Luhmann hingegen (1927–1998), Repräsentant der neueren systemtheoretischen Soziologie, konzipiert gesellschaftliche Entwicklung als einen selbstbezüglichen Prozess, auf dessen Verlauf die Absichten und Interessen der Einzelnen keinen wesentlichen Einfluss haben. Umgekehrt betrachtet Luhmann auch die Einzelnen als selbstbezügliche Systeme, deren innere Komplexität durch gesellschaftliche Strukturen keineswegs determiniert ist. Das Verhältnis der Einzelnen zur Gesellschaft ist Luhmann zufolge durch Prozesse der Exklusion aus bzw. Inklusion in differenzierte gesellschaftliche Teilsysteme bestimmt. Damit gibt Luhmann die Vorstellungen auf, Gesellschaft könne als Handlungszusammenhang von Individuen verstanden werden und Individuen seien ein Teil der Gesellschaft. In sozialen Systemen treten Individuen lediglich als Personen in Erscheinung, wobei „die Form Person" bestimmt wird „als individuell attribuierte Einschränkung von Verhaltensmöglichkeiten" (Luhmann, 1991).
9. Einen anders gelagerten Zugang zu einer Soziologie des Individuums eröffnet die Biografieforschung. Hier wird der Versuch unternommen, mit Methoden qualitativer Sozialforschung individuelle Lebensgeschichten detailliert zu rekonstruieren, um so klären zu können, welche ökonomischen, sozialen und kulturellen Bedingungen Einzelne für die Entwicklung ihrer individuell besonderen Lebenskonstruktionen vorfinden, und wie sie mit diesen aktiv und gestaltend umgehen. Soziologische Biografieforschung ist nicht an der Besonderheit des Einzelfalls interessiert, sondern daran, was sich aus der Gestalt individueller Biografien für eine Theorie der Gesellschaft lernen lässt.
10. Wesentliche Impulse für die neuere Diskussion sind von dem von Ulrich Beck (1944–2015) entwickelten Individualisierungstheorem ausgegangen (Beck, 2003). Beck versucht zu zeigen, dass in der Folge der ökonomischen, sozialen und kulturellen Entwicklung in der zweiten Hälfte des 20. Jahrhunderts eine „neue Unmittelbarkeit von Individuum und Gesellschaft" entstanden sei. Bei

der Entwicklung ihrer Lebenskonstruktion seien die Individuen demnach zwar nach wie vor von den Gegebenheiten des Arbeitsmarktes, des Bildungssystems und des Sozialstaates abhängig, ihre Lebensperspektiven jedoch weniger als zuvor durch klassen-, schichten- und milieuspezifische Vorgaben festgelegt. Der Einzelne werde, so die weitreichende These Becks, zum „Bastler" und „Konstrukteur" seiner Biografie. Beck betont die Ambivalenz dieses Prozesses: Einerseits handelt es sich um eine Befreiung des Einzelnen von Zwängen und Traditionen, andererseits um eine tendenzielle Überforderung durch die Aufgabe, in einer komplexen und kulturell pluralisierten Gesellschaft lebensgeschichtlich bedeutsame Entscheidungen ohne den sichernden Rückhalt fragloser Vorgaben treffen zu müssen.

Ein Ende der Kontroversen, die um die Frage nach einer angemessenen Bestimmung des Verhältnisses von Gesellschaft und Individuum zentriert sind, ist nicht abzusehen. Das Scheitern des Versuchs der älteren Rollen- und Sozialisationstheorie, individuelles Handeln vollständig durch lebensgeschichtlich vorgängige sozialisatorische Einflüsse und aktuelle Verhaltenserwartungen zu erklären, führt in der Soziologie zu einer Wiederaufnahme und Weiterentwicklung der komplexeren Denkmodelle der klassischen Theorien.

▶ **Gesellschaft; Handeln, soziales; Identität; Kommunikation; Lebenslauf; Rolle, soziale; Sozialisation**

Adorno, T. W. (1995). *Aufsätze zur Gesellschaftstheorie und Methodologie.* Frankfurt a. M.: Suhrkamp • Beck, U. (2007). *Risikogesellschaft.* Frankfurt a. M.: Suhrkamp • Bourdieu, P. (2003). *Die feinen Unterschiede.* Frankfurt a. M.: Suhrkamp • Foucault, M. (1991): *Sexualität und Wahrheit.* Frankfurt a.M; Suhrkamp • Fromm, E. (1981). *Die Furcht vor der Freiheit.* München: dtv • Geulen, D. (1988). *Das vergesellschaftete Subjekt.* Frankfurt a. M.: Suhrkamp • Kron, T. (Hg.) (2000). *Individualisierung und soziologische Theorie.* Opladen: Leske+Budrich • Luhmann, N. (1991). Die Form Person. *Soziale Welt,* 42, 166-175 • Marcuse, H. (1988). *Der eindimensionale Mensch.* Neuwied/Berlin: Luchterhand • Mead, G. H. (2008). *Geist, Identität und Gesellschaft.* Frankfurt a. M.: Suhrkamp • Nassehi, A. (1999). *Differenzierungsfolgen.* Opladen/ Wiesbaden: Westdeutscher Verlag • Parsons, T. (2005). *Sozialstruktur und Persönlichkeit.* Eschborn: EVA • Ritsert, J. (2001). *Soziologie des Individuums.* Darmstadt: WBG • Simmel, G. (1984). *Grundfragen der Soziologie.* Berlin: Sammlung Göschen • Taylor, C. (2009): *Quellen des Selbst.* Frankfurt a. M.: Suhrkamp • Weber, M. (1984). *Soziologische Grundbegriffe.* Tübingen: Mohr Siebeck

Albert Scherr

Institution

Eine Institution ist eine normativ geregelte, mit gesellschaftlichem Geltungsanspruch dauerhaft strukturierte und über Sinnbezüge legitimierte Wirklichkeit sozialen Handelns. Der Begriff Institution bedeutet in seiner lateinischen Wortherkunft Einrichtung. Alltagssprachlich spricht man beispielsweise von der Institution der Ehe oder von der Schule als gesellschaftlicher Institution. Auch sozialwissenschaftliche Definitionsversuche dieses Begriffs umreißen ein heterogenes Feld, ohne dass sich dabei eine allgemeinverbindliche Kennzeichnung durchgesetzt hätte. Gleichwohl wird der Institutionenbegriff zu den wichtigsten Grundkonzepten der Soziologie gerechnet. Die Institution ist als soziale Einrichtung gleichermaßen zu unterscheiden von sozialen Gruppen, die face-to-face-Charakter haben und primär emotional integriert sind, und „Organisationen", die als Instrumente menschlichen Zweckhandelns dienen und primär über Mitgliedschaftsregeln und ein Positionsgefüge formal bestimmt sind.

Indem Institutionen die Beliebigkeit und Willkür des sozialen Handelns beschränken, üben sie normative Wirkung aus; sie geben Werte vor und legen Pflichten fest. Dabei leisten sie eine Doppelfunktion: einmal für den Menschen, dessen Bedürfnisse sie formen, zum anderen für die Gesellschaft, deren Strukturen und Bestand sie sichern. Institutionen regeln Vollzüge von essentieller sozialer Relevanz: (a) die generative Reproduktion (Familie, Verwandtschaftsverband), (b) die Vermittlung spezifischer Fähigkeiten, Fertigkeiten und Kenntnisse (Einrichtungen der Erziehung, Bildung und Ausbildung), (c) die Nahrungsvorsorge und Versorgung mit Gütern (Wirtschaft), (d) die Aufrechterhaltung gesellschaftlicher Ordnung nach innen und außen (Herrschaft, Rechtsnormen, Politik), (e) die Fortentwicklung von Sinnbezügen und symbolischen Codes (Kultur).

Bedeutsam für den soziologischen Institutionenbegriff war die rechtstheoretische Interpretation der Institutionen von Maurice Hauriou (1856–1929), der diese als „soziale Tatsachen" bezeichnete, in denen sich die einer Rechtsordnung zugrunde liegenden Leitideen („idées directrices") widerspiegeln. Nach Herbert Spencer

(1820–1903), der den Begriff der Institutionen in der Soziologie etablierte, ist es ein Gefüge aus familialen, zeremoniellen, politischen und kirchlichen Institutionen, das den Fortbestand der Gesellschaft eigentätig bewerkstelligt. Auf diesen Begriff greifen dann insbesondere die Vorläufer und Vertreter des sogenannten Strukturfunktionalismus zurück (also E. Durkheim, M. Mauss, A. R. Radcliffe-Brown, B. Malinowski und T. Parsons). Emile Durkheim (1858–1917) begreift Soziologie als eine Wissenschaft von den Institutionen, durch die menschliches Handeln reglementiert und soziale Integration ermöglicht wird. Nach Talcott Parsons (1902–1979) wird die Bestandserhaltung einer Gesellschaft durch ein Set an Normen-, Rollen- und Status-Beziehungen und durch die sich daraus ergebenden Ordnungs-, Herrschafts- und Sanktionsmechanismen sichergestellt. Er spricht hierbei von „Institutionalisierung" der Selbststeuerung sozialer Systeme.

In Deutschland hat insbesondere die soziologische Anthropologie den Begriff der Institution aufgegriffen: Der Mensch in seiner „Exzentrizität" (Helmuth Plessner) bzw. als „Mängelwesen" (Arnold Gehlen) benötigt Institutionen als Instinktersatz und als Kompensation seiner „Weltoffenheit". Erst Institutionen ermöglichen demnach Identität: Sie setzen den Menschen imstande, sein Leben „zu führen" und es auf höhere, soziokulturelle Stufen zu heben. Sie stellen eine Resultante und eine Steuerungsinstanz des Handelns dar. Institutionen sind hierbei auf die Bedürfnisbefriedigung der Einzelnen wie die Erfordernisse der Gesellschaft (bzw. einzelner sozialer Subsysteme) zugleich gerichtet. Wesentlich für Institutionen ist der Charakter der Entlastung: Institutionen stabilisieren Spannungen dadurch, dass sie den Menschen vom Druck unmittelbarer Bedürfnisbefriedigung mittels Übersetzung in anhaltende kulturelle „Steigerung" entlasten (Gehlen).

Der Sozialkonstruktivismus von Peter L. Berger und Thomas Luckmann (2004) hat Institutionen als Regeln des Problemlösens im Alltag charakterisiert, die Akteure entwickeln, sich aber rasch verfestigen und dann eine regelrecht objektive Macht auf sie ausüben können.

Der Rational-Choice-Ansatz versucht die Entstehung von Institutionen als Produkt von Entscheidungssituationen rational agierender Akteure zu rekonstruieren. Hartmut Esser (2000) definiert eine Institution als „eine Erwartung über die Einhaltung bestimmter Regeln, die verbindliche Geltung beanspruchen".

Die Wirkweise von Institutionen wird von den Vertretern der Frankfurter Schule (Herbert Marcuse, Theodor W. Adorno, Max Horkheimer) auch kritisch gesehen, da Institutionen manipulativ, reflexionshemmend und entfremdend wirken können, wenn sie nur zur Legitimation der herrschenden Verhältnisse beitragen. Erving Goffman (1922–1982) hat auf die anomischen Wirkungen so genannter „Totaler Institutionen" – etwa Gefängnisse, Intensivstationen, Irrenhäuser, Kasernen – auf deren Insassen hingewiesen.

Durch den soziologischen Neoinstitutionalismus kam es in den 1980er Jahren zu einer Revitalisierung des Institutionenbegriffs. Dessen Vertreter (P. J. DiMaggio, W. W. Powell, J. W. Meyer, F. R. Dobbin) heben hervor, dass Handlung eher als „enactment" institutioneller Skripts aufzufassen ist. Diese Skripts werden gewöhnlich nicht hinterfragt, sondern nehmen als Routinen und Automatismen den Status präreflexiver Schemata an, die unser Handeln leiten. Handeln ist damit weniger eine Angelegenheit intern generierter autonomer Wahl als eine Adaption von situations- und rollenadäquaten Erwartungen der Umwelt. Als institutionellen Isomorphismus bezeichnen DiMaggio und Powell Prozesse, welche einen sozialen Akteur in einer Population dazu veranlassen, sich anderen Akteuren anzugleichen, die mit den gleichen Umweltbedingungen konfrontiert sind.

▶ **Anthropologie; Grundgebilde, soziale; Handeln, soziales**

📖 Berger, P.L. & Luckmann, T. (2004). *Die gesellschaftliche Konstruktion der Wirklichkeit.* Frankfurt/M.: Fischer • DiMaggio, P. J. & Powell, W. (1983). The iron cage revisited. Institutional isomorphism and collective rationality in organizational fields. *American Sociological Review,* 48, 147-60 • Durkheim, E. (2002). *Die Regeln der soziologischen Methode.* Frankfurt/M.: Suhrkamp • Gehlen, A. (1986). *Urmensch und Spätkultur.* Wiesbaden: Aula • Esser, H. (2000). *Soziologie. Spezielle Grundlagen, Band 5: Institutionen.* Frankfurt/New York: Campus • Göhler, G. (Hg.) (1994). *Die Eigenart der Institutionen.* Baden-Baden: Nomos • Hauriou, M. (1965). *Die Theorie der Institution.* Hg. v. R. Schnur. Berlin: Duncker & Humblot • Lepsius, M.R. (1990). *Interessen, Ideen und Institutionen.* Opladen: Westdeutscher Verlag • Lipp, W. (1986). Institutionen, Reflexion und Freiheit – Wege in Widersprüche. Helmut Schelskys Institutionenlehre. In Baier, H. (Hg.). *Helmut Schelsky.* Ein Soziologe der Bundesrepublik (S.78-95). Stuttgart: Enke • Lipp, W. (1994). Institutionen, Entinstitutionalisierung, Institutionsgründung. In W. Lipp: *Drama Kultur* (S. 476-491). Berlin: Duncker &Humblot • Meyer, J. W. & Rowan, B. (1977). Institutional organizations: formal structure as myth and ceremony. *American Journal of Sociology,* 83, 340-63 • Parsons, T. (1976). *Zur Theorie sozialer Systeme.* Opladen: Westdeutscher Verlag • Rehberg, K. S. (1990). Eine Grundlagentheorie der Institutionen: Arnold Gehlen. In G. Göhler, K. Lenk & R. Schmalz-Bruns (Hg.). *Die Rationalität politischer Institutionen.* (S. 115-144). Baden-Baden: Nomos • Schelsky, H. (Hg.) (1970). *Zur Theorie der Institution,* Düsseldorf: Bertelsmann Universitätsverlag • Schmalz-Bruns, R. (Hg.) (1986). *Ansätze und Perspektiven der Institutionentheorie.* Wiesbaden: DUV • Senge, K. & Hellmann, K.-U. (Hg.) (2006). *Einführung in den Neo-Institutionalismus.* Wiesbaden: VS • Zucker, L.G. (1977). The role of institutionalization in cultural persistence. *American Sociological Review,* 42, 726-743

Roger Häußling

Integration

Der Begriff der Integration wird in der Soziologie äußerst vieldeutig verwendet. Gemeinsam ist der Gedanke des Verbindens von einzelnen Elementen zu einem bestimmten Zusammenhang. Drei zentrale Verwendungsweisen lassen sich ausmachen. Der Begriff der Integration kann sich erstens auf Teilbereiche/Teilsysteme der Gesellschaft beziehen. Der Gegenbegriff zur Integration ist dann Verselbständigung. Zweitens kann die Integration von Wertorientierungen gemeint sein, als Gegenbegriff findet sich hier häufig der Begriff der Anomie (fehlende normative Integration). Schließlich kann auch die Integration von Menschen in eine Gesellschaft bezeichnet werden, die Gegenbegriffe lauten dann Segmentation oder auch Ausschluss (Esser, 2000: 280f.). Hier ergibt sich eine Verwandtschaft zum Begriff der Inklusion, die von Exklusion unterschieden wird. Inklusion wird auch als sozialpolitischer Begriff verstanden und hat in dieser Verwendung den Begriff der Integration (z. B. von Migrantinnen und Migranten oder von Menschen mit Behinderungen) weitgehend abgelöst.

Die drei Bedeutungsvarianten von Integration schließen einander nicht notwendig aus. Vielmehr werden häufig Zusammenhänge zwischen ihnen vermutet. Dies gilt insbesondere für die These, dass die gesellschaftliche Integration von Teilsystemen auf ein bestimmtes Maß an Wertkonsens (also Integration im zweiten Sinne) angewiesen ist.

Die erste, differenzierungstheoretische Lesart hat ihren Vorläufer in Herbert Spencers (1820–1903) Soziologie. Integration bezeichnet für ihn einen allgemeinen Prozess der Evolution. Immer dann, wenn sich abgegrenzte Formen ergäben, wie in Kristallen in der Natur, handle es sich um Integration, und wie im Bereich der natürlichen Evolution verbinde sich die soziale Evolution mit einer Steigerung der Heterogenität der Formen, gleichzeitig aber auch mit Kohärenz im Sinne der Verbindungen zwischen dem Heterogenen (Spencer, 1867: §145).

Die Idee, dass mit wachsender Differenzierung auch der Bedarf nach Kohärenz wächst, bestimmt die Rezeption bei Emile Durkheim (1858–1917) und später bei

Talcott Parsons (1902–1979). Durkheim nimmt die schon bei Spencer (und Adam Smith) zentrale Idee der Arbeitsteiligkeit auf, ergänzt aber den Gedanken einer Integration durch wechselseitige Abhängigkeit (negative Solidarität) um die These, dass diese für gesellschaftliche Integration allein nicht hinreichend sei, sondern durch eine positive Solidarität ergänzt und fundiert werden müsse (Durkheim, 1988).

Parsons deutet Integration im Rahmen des von ihm begründeten Strukturfunktionalismus als eines von vier allgemeinen Systemerfordernissen, welches alle Handlungssysteme erfüllen müssen, neben der Integrationsfunktion die Adaption (Anpassung an die Umwelt), die Zielerreichung und die Aufrechterhaltung bestimmter Strukturmuster. Der Integrationsbegriff bezeichnet dabei die Notwendigkeit, die verschiedenen Funktionen aufeinander abzustimmen – und dies auf dem Wege einer über gemeinsame Wertvorstellungen abgesicherten Normenstruktur (Parsons, 1975).

Parsons' allgemeine Sozialtheorie wurde unter vielfältigen Aspekten kritisiert. Für unseren Zusammenhang sind zwei Kritiken von entscheidender Bedeutung. Erstens wurde Parsons aus einer konflikttheoretischen Perspektive kritisiert. Parsons identifiziere Integration mit Konsens übersehe die positive Rolle des Konflikts für Prozesse der gesellschaftlichen Integration (Coser, 1972; Dahrendorf, 1974). Zweitens warf David Lockwood (1929–2014) Parsons, aber auch vielen seiner konflikttheoretischen Kritikern vor, sich einseitig auf die Frage der Sozialintegration zu konzentrieren, welche Lockwood von der Systemintegration unterschied: „Während beim Problem der sozialen Integration die geordneten oder konfliktgeladenen Beziehungen der *Handelnden* eines sozialen Systems zur Debatte stehen, dreht es sich beim Problem der Systemintegration um die geordneten oder konfliktgeladenen Beziehungen zwischen den *Teilen* eines sozialen Systems" (Lockwood, 1971: 125). Lockwood wollte mit dieser Unterscheidung vor allem auf die aus seiner Sicht in der damaligen Soziologie nicht hinreichend berücksichtigte Marx'sche Betonung der Rolle der Produktionsweise (Systemintegration) hinweisen.

An Lockwoods Unterscheidung knüpfte Jürgen Habermas mit seiner Unterscheidung zwischen System und Lebenswelt an. Lebensweltliche Zusammenhänge sind dabei nach Habermas durch eine den Handelnden bewusste Form der Vergesellschaftung gekennzeichnet, systemische Zusammenhänge hingegen strukturieren sich eigenständig, d. h. ohne Bezugnahme auf die Handlungsorientierungen (Habermas, 1987: 179). Habermas denkt hierbei insbesondere an Märkte, die sich auf der Basis des Geldmediums selbsttätig arrangieren, sowie an bürokratisches Handeln.

Diesen Gedanken einer selbsttätigen Reproduktion gesellschaftlicher Prozesse übernimmt Habermas von Niklas Luhmann (1927–1998). Während Habermas diese Formen aber nur in bestimmten Bereichen (Wirtschaft, Bürokratie) als gegeben ansieht, reproduzieren sich nach Luhmann alle sozialen Systeme, auch die Teilsysteme der Gesellschaft, autopoietisch, d. h. auf der Basis allein selbsterzeugter Prozesse (Luhmann, 1988). Da nach Luhmann diese Prozesse nicht auf die Handlungsorientierungen von Menschen zurückgeführt werden können und auch nicht durch eine Zentralinstanz gesteuert werden, lehnt Luhmann die Annahme ab, dass gesellschaftliche Integration besondere integrierende Prozesse benötigt. Er definiert den Integrationsbegriff entsprechend „negativ [...] als Vermeidung des Umstandes, daß die Operationen eines Teilsystems in einem anderen Teilsystem zu unlösbaren Problemen führen." (Luhmann, 1982: 242)

Im Forschungsprogramm von Wilhelm Heitmeyer wird Desintegration als ein Zusammenspiel von drei wesentlichen Aspekten verstanden: verschärfter sozialer Ungleichheit, Delegitimierung von gesellschaftlichen Normen und Vereinzelung (Auflösung integrierender Milieus) – Prozesse, welche zugleich zu „gruppenbezogener Menschenfeindlichkeit" und einem gesteigerten Gewaltpotenzial führten (Heitmeyer & Imbusch, 2012).

Obwohl der Integrationsbegriff im dritten oben unterschiedenen Sinne sich ebenfalls auf Personen bezieht, ist sein Gegenstand nicht die Frage nach dem Zusammenhang von Handlungsorientierungen, sondern richtet sich primär auf die Frage, in welchem Maße bestimmte Personengruppen als Teil der Gesellschaft betrachtet werden oder nicht. Diese Bedeutung des Integrationsbegriffs tritt daher in der Regel dann in den Vordergrund, wenn es um den Prozess der Integration bislang marginalisierter Gruppen geht. Dieser Prozess kann wiederum verschiedene Aspekte meinen: Platzierung (im Sinne der Einnahme von Statuspositionen insbesondere beruflicher Art), Kulturation (Aneignung gesellschaftlich erforderlichen Wissens), Interaktion (Teilhabe an gesellschaftlichen Interaktionen/Netzwerken) sowie wert- und motivbezogene Identifikation mit der Gesellschaft (Esser, 2000: 289ff.).

Wie bereits erwähnt, ist der Begriff der Integration im dritten Sinne zusehends durch den Begriff der Inklusion ersetzt worden. In der Soziologie hat Parsons den Begriff der Inklusion geprägt, um den Prozess der Einbeziehung immer größerer Bevölkerungsteile in die Gesellschaft zu bezeichnen. Gesellschaftliche Modernisierung und Inklusion bildeten dabei für ihn einen Zusammenhang (Parsons, 1975: 39ff.). Mit dem Begriff der Inklusion ist auch der Gegenbegriff der Exklusion zu einem prominenten Konzept der Gesellschaftsanalyse geworden. Exklusion bezeichnet allgemein dauerhafte Benachteiligungen von bestimmten sozialen Gruppen, häufig hervorgerufen durch oder verbunden mit ausgeprägter Bildungs-, Einkommens- und Vermögensungleichheit (Armut) – wobei hier eine Reihe von spezifischen Exklusionskonzepten formuliert wurde (Kronauer, 2002). Bei Luhmann (1995) findet sich die vieldiskutierte Diagnose, dass Exklusionen regional das Prinzip der funktionalen Differenzierung der Gesellschaft unterlaufen.

▶ Anomie; Evolution, soziale; Gesellschaft; Theorien, soziologische; Werte

📖 Coser, L. A. (1972). *Theorie sozialer Konflikte*. Neuwied: Luchterhand • Dahrendorf, R. (1974). *Pfade aus Utopia*. München: Piper • Durkheim, E. (1988). *Über soziale Arbeitsteilung*. Frankfurt a. M.: Suhrkamp • Esser, H. (2000). *Soziologie. Spezielle Grundlagen. Band 2: Die Konstruktion der Gesellschaft*. Frankfurt a. M./New York: Campus • Habermas, J. (1987). *Theorie des kommunikativen Handelns. Band 2: Zur Kritik der funktionalistischen Vernunft*. Frankfurt a. M.: Suhrkamp • Heitmeyer, W. & Imbusch, P. (Hg.) (2012). *Desintegrationsdynamiken. Integrationsmechanismen auf dem Prüfstand*. Wiesbaden: Springer VS • Kronauer, M. (2002). *Exklusion. Die Gefährdung des Sozialen im hoch entwickelten Kapitalismus*. Frankfurt a. M.: Campus • Lockwood, D. (1971). Soziale Integration und Systemintegration, in: W. Zapf (Hg.), *Theorien sozialen Wandels (S.124-137)*. Köln/Berlin: Kiepenheuer & Witsch • Luhmann, N. (1982). *Die Funktion der Religion*. Frankfurt a. M.: Suhrkamp • Luhmann, N. (1988). *Soziale Systeme*. Frankfurt a. M.: Suhrkamp • Luhmann, N. (1995). Inklusion und Exklusion, in: N. Luhmann (Hg.), *Soziologische Aufklärung 2* (S. 237-264). Opladen: Westdeutscher • Parsons, T. (1975). *Gesellschaften. Evolutionäre und komparative Perspektiven*. Frankfurt a. M.: Suhrkamp • Spencer, H. (1867). *First Principles*. London: Williams and Norgate

Jens Greve

Interaktion

Als Interaktion wird eine soziale Beziehung bezeichnet, die sich aus der wechselseitigen Orientierung von Akteuren ergibt. Dieser Begriff wird in einer engen und in einer weiten Bedeutung gebraucht. Die weite Bedeutung ist die ältere. Sie findet sich in der frühen amerikanischen Soziologie, beispielsweise bei Ch. H. Cooley (1864–1929) (Cooley, 1902) oder G. H. Mead (1863–1931) (Mead, 2000) bis hin zur zeitgenössischen Theorietradition des Symbolischen Interaktionismus. Sie versteht unter „Interaktion" diejenigen sozialen Beziehungen, die relevant für die Aushandlung von Situationen, die Konstruktion von sozialen Bedeutungen und für die Bildung der Identität und des „Selbst" von Subjekten sind. Dieser Interaktionsbegriff beruft sich seinerseits auf solche Konzepte wie das der „Wechselwirkung" von G. Simmel (1858–1918), die ebenfalls die Relationen zwischen Individuen in das Zentrum ihrer Forschungen stellen. In der späteren Theorie- und Begriffsgeschichte wird dieser weite Begriff in der Weise verengt, dass der Kontext der sozialen Beziehung näher spezifiziert wird. Dabei lassen sich insbesondere drei spezifische Ausrichtungen unterscheiden, die aber durchaus miteinander kompatibel sind. In einer kommunikations- und medientheoretischen Fundierung werden die verbale Kommunikation bzw. das Gespräch als zentrales Merkmal von Interaktionen ausgewiesen. Im Unterschied zur schriftlichen, massenmedialen oder generell mediatisierten Kommunikation hat die mündliche Kommunikation bestimmte Struktur- und Prozesseigentümlichkeiten wie die Anzeige von Sprecherrollen und von „turn takings" oder die Bedeutung von nonverbalen oder prosodischen Komponenten für das Verständnis des Gesagten. Eine solche Auffassung wird beispielsweise in der Konversationsanalyse (Sacks, 1995) oder der linguistischen Gesprächsforschung vertreten. Eng mit einer solchen Ausrichtung ist die eher phänomenologische Auffassung verbunden, dass Interaktionen soziale Beziehungen sind, die sich in einer engen zeitlich-räumlichen Ko-Extension reproduzieren. Interaktion ist Kommunikation unter den Bedingungen der Ko-Präsenz, der unmittelbaren physischen Begegnung oder der face-to-face-Beziehung der Akteure

(Goffman, 1961), also der Gleichzeitigkeit und Gleichörtlichkeit ihres Handelns. Die Anwesenheit der Akteure in der kommunikativen Situation ist damit das entscheidende Kriterium der Interaktion, die damit über ein Potential verfügt, die Präsenz der Akteure für die Möglichkeiten und Kontrolle dessen zu nutzen, was kommuniziert wird. Da die kommunikative Anwesenheit ein zentrales Merkmal vieler Formen sozialer Beziehungen ist, wird in einer dritten, mikrosoziologisch argumentierenden Richtung die Position vertreten, dass „einfache Sozialsysteme" (Luhmann, 1975b) wie beispielsweise personale Beziehungen (Lenz, 2009), Intimbeziehungen, Freundschaften, Nachbarschaften, professionale Arbeitsbeziehungen, Musikkonzerte, Fußballspiele, Schulunterricht und viele andere mehr, die sich meist unter den Bedingungen der Anwesenheit der Akteure reproduzieren, als interaktive soziale Beziehungen bestimmt werden können. Sie sind abzugrenzen gegen solche Beziehungen, in denen weder die Kommunikation noch die Mitgliedschaft auf Anwesenheit oder Ko-Präsenz beruhen. Die Abgrenzung gegen andere soziale Gebilde wird damit begründet, dass solche einfachen Sozialsysteme besondere Merkmale aufweisen, beispielsweise eine hohe Konfliktanfälligkeit, eine starke emotionale Dichte, eine besondere soziale Nähe der Interaktionspartner oder eine große soziale Kontrolle, die oft mit der Notwendigkeit verbunden ist, in der Kommunikation bestimmte Identitätsarbeiten verrichten zu müssen. Solche einfachen Sozialsysteme weisen gegenüber komplexeren Sozialformen zudem auch die Eigentümlichkeit der sequentiellen Bearbeitung von Aufgaben oder der Festlegung von Themen auf. Sie sind deshalb mit einer geringeren Arbeitsteilung und operativen Komplexität verbunden sind. Die kommunikativen Formen in solchen Interaktionen weisen zudem eine spezifische Ordnung auf, die als Drama, Spiel und insbesondere als Ritual (Goffman, 1999; Collins, 2004) beschrieben wird.

In gesellschaftstheoretischer Hinsicht ist es umstritten, ob Interaktionen das elementare und grundlegende Fundament aller gesellschaftlichen Beziehungen darstellen oder ob sie eine soziale Ordnung sui generis darstellen. Die erste Sichtweise wird beispielsweise von der Ethnomethodologie (Garfinkel, 1967) und Konversationsanalyse, dem Symbolischen Interaktionismus oder der phänomenologischen Soziologie vertreten. Sie betonen die Primordialität von Interaktionen in Bezug auf alle anderen gesellschaftlichen Beziehungs- und Kommunikationsformen. Interaktionen stellen das Fundament aller gesellschaftlichen Ebenen dar. Demgegenüber gehen sowohl E. Goffman (1922–1982), der von einer Ordnung sui generis spricht, wie auch die Systemtheorie von N. Luhmann (1927–1998) (Luhmann, 1975a; 2015) davon aus, dass sich in Interaktionen jeweils nur eine Selektion dessen realisiert, was gesellschaftlich möglich ist, und sich in Interaktionen gesellschaftliche Strukturen kaum verändern lassen.

In jüngerer Zeit sind weitere Forschungsfelder in den kommunikationstheoretischen Fokus gerückt. Unter dem Stichwort der „embodied interaction" wird die Ko-Präsenz der Interaktionsteilnehmer insbesondere auf ihre leibliche und körperliche Teilnahme bezogen. Damit wird gegenüber dem Sprechen der Kommunikationsmodus des Zeigens in der „materiellen Welt" der Interaktionssituation herausgehoben (Streeck, Goodwin & LeBaron, 2011). In einer anderen Richtung wird das strenge Dual von Anwesenheit und Abwesenheit angesichts der Entwicklung neuer Kommunikationstechnologien und der Mediatisierung der lebensweltlichen Kommunikation zugunsten gradueller Formen der sinnlichen und wahrnehmbaren Zugänglichkeit von Interaktionspartnern in Frage gestellt (Ayaß, 2014). Und angesichts der kommunikativen und kulturellen Globalisierung wird die Universalisierungsfähigkeit der bisherigen soziologischen Interaktionskonzepte untersucht (Meyer, 2015).

▶ Alltag; Ritual; Situation, soziale

Ayaß, R. (2014). *Using Media as Involvment Shields*. Journal of Pragmatics, 72, 5-17 • Collins, R. (2004). *Interaction Ritual Chains*. Princeton: Princeton UP • Cooley, Ch. H. (1902). *Human Nature and the Social Order*. New York: Scibner • Garfinkel, H. (1967). *Studies in Ethnomethodology*. Englewood Cliffs: Prentice Hall • Goffman, E. (1961). *Encounters. Two Studies in the Sociology of Interaction*. Indianapolis: Bobbs-Merrill • Goffman, E. (1999). *Interaktionsrituale*. 5. Aufl. Frankfurt a. M.: Suhrkamp • Kendon, A. (1990). *Conducting Interaction*. Cambridge: Cambridge UP • Lenz, K. (2009). *Soziologie der Zweierbeziehung*. 4. Auflage Wiesbaden: VS • Luhmann, N. (1975a): *Interaktion, Organisation, Gesellschaft*. In: Ders.: *Soziologische Aufklärung* Bd. 2. Opladen: Westdeutscher Verlag, S. 9-20 • Luhmann, N. (1975b): *Einfache Sozialsysteme*. In: Ders.: *Soziologische Aufklärung* Bd. 2. Opladen: Westdeutscher Verlag, S. 21-38 • Luhmann, N. (2015): *Ebenen der Systembildung – Ebenendifferenzierung*. In: B. Heintz & H. Tyrell (Hg.): *Interaktion – Organisation – Gesellschaft revisited*. (Sonderheft der Zeitschrift für Soziologie). Stuttgart: Lucius & Lucius, S. 6-39 • Mead, G. H. (2000). *Geist, Identität und Gesellschaft*. 12. Aufl. Frankfurt a. M.: Suhrkamp • Meyer, Ch. (2015). *Metaphysik der Anwesenheit. Zur Universalisierungsfähigkeit soziologischer Interaktionsbegriffe*. In: B. Heintz & H. Tyrell (Hg.): *Interaktion – Organisation – Gesellschaft revisited*. (Sonderheft der Zeitschrift für Soziologie). Stuttgart: Lucius & Lucius, S. 321-345 • Sacks, H. (1995). *Lectures on Conversation*. Oxford: Blackwell • Streeck, J., Goodwin, Ch. & LeBaron, C. (Hg.) (2011). *Embodied Interaction. Language and Body in the Material World*. Cambridge: Cambridge UP

Rainer Schützeichel

J

Jugend

Jugend ist weder unmittelbar eindeutig bestimmbar noch selbstverständlich: Altersmäßig junge Menschen gibt es in jeder Gesellschaft, Jugend nicht. Sie ist eine stark extern von „der" Erwachsenengesellschaft, „den" Wissenschaften (Soziologie, Psychologie, Pädagogik, Politik, Jurisprudenz) und kulturell definierte Kategorie. Jugend wurde zu einer relativ eigenständigen Lebensphase mit inzwischen relativ unscharfen Altersgrenzen und starker interner Differenzierung: Durch Jugendteilkulturen/Szenen, Geschlecht, Migration, ethnische und soziale Herkunft. Die Jugend der Gesellschaft gibt es nicht. Dafür mehrere „gesellschaftsgeschichtlich situierte und intern differenzierte Jugenden" (Scherr, 2009: 332). Aufgrund der Fragmentierung wird auch von einer tendenziellen Entstrukturierung von Jugend (Hitzler, Bucher, & Niederbacher, 2001) gesprochen. Dazu kommt, dass Jugend „als Merkmal eines einzelnen Individuums oder als Handlungssystem in einer Gesellschaft gefasst werden" kann (Griese, 2014: 26). Das sollte aber nicht zu einer überindividualisierenden Betrachtung führen. Jugendliche praktizieren, wie Forschung zur Bildungsungleichheit (Becker, 2011) oder zur Körper- und Intimitätspraxis (Otte, 2007) zeigt, auch habituell (mit-)bedingte Verhaltensmuster, die auf den (groß-)gruppentypischen Habitus der Herkunftsmilieus bzw. der Teilkulturen oder Szenen und die damit verbundenen legitimen Praxisformen zurückgehen. Eine umfassende, allgemein verbindliche Definition ist daher weder angemessen zu leisten noch wird sie dem Phänomen Jugenden gerecht. Jugend ist eine gesellschaftliche Kategorie, „beschreibt ein Generationsverhältnis kultureller und institutioneller Zuschreibungen" und „ist in erster Linie eine Beziehungskategorie" (Groenemeyer, 2014: 56). Möglich ist daher eine Analyse von Kriterien, in denen sich das Relationale von Jugend als gesellschaftlicher Kategorie niederschlägt.

Ein Kriterium ist das Verhältnis zur Moderne und zur modernen Gesellschaft. Jugend im Sinne fortgeschritten-moderner Gesellschaften ist eine Folge der Modernisierung (Fend, 1988). Jugend entstand durch die Freisetzung junger Menschen aus den Generationenbezügen einer vormodernen Gesellschaft mit geringer Dynamik.

Als Nutznießer der beschleunigten gesellschaftlichen Entwicklung konnte sie zum neuen Kulturträger der Moderne werden (Abels, 1995: 30), der über Musik, Kleidung, neue Gesellungs- und Lebensformen Einfluss auf die Alltagspraxis der Gesellschaft nahm. Durch den strukturellen Wandel – zunehmende funktionale Ausdifferenzierung, Arbeitsteilung, Technologisierung – wurden u. a. die allgemeine Erhöhung der formalen Bildung und die Verlängerung der Bildungsphasen nötig. Dadurch ergaben sich Individualisierungsmöglichkeiten. Durch den technologischen Wandel verringerte sich der Kompetenzvorsprung Erwachsener gegenüber Jugendlichen bzw. kehrte sich partiell sogar um. Ergänzend kam von Seiten der (Erwachsenen-) Gesellschaft mit der Zeit eine Veränderung der als legitim wahrgenommenen Persönlichkeitsattribute, die Menschen in der Jugendphase zugestanden wurden. Dazu gehör(t)en auch mehr Zeit- und Verhaltensfreiräume zur Entwicklung und Entfaltung der Persönlichkeit; die Jugendphase wurde Qualifikationsphase und Phase der Identitätsentwicklung. Dies wurde mit der normativen Erwartung verbunden, dass Jugendliche beides in der Jugendphase leisten. Die Entwicklung zur relativ eigenständigen Lebensphase entstand aus den Bedingungen der 1950er-Jahre, wurde ab den 1960er-Jahren durch die Bildungsexpansion stark ausgeweitet und allgemein unterstützt durch eine jugendbezogene Musik-, Konsum- und Unterhaltungsindustrie. Jugend verallgemeinerte sich, eine Jugendphase wurde für immer mehr altersmäßig Jugendliche möglich. Längstens mit den 1980er-Jahren hatte sich Jugend in der Gesellschaft als relativ eigenständige Lebensphase durchgesetzt, als „ein Lebensabschnitt mit eigenen Rechten und Pflichten" (Hurrelmann, 2012: 91), einer Vielzahl an Gestaltungsmöglichkeiten, aber auch den notwendigen Kompetenzen, um die Freiräume nutzen zu können. Der Ausdifferenzierung folgte insofern eine Entdifferenzierung (Trotha, 1982), als Jugend die Exklusivität von Attributen – z. B. Bildungsphase zu sein – wieder teilweise verlor. Zudem wurde der Übergang in den Erwachsenenstatus in eine Reihe von Teilübergängen zerlegt, die zu einem mehr-oder-weniger-Erwachsensein führten. Die Unschärfe bei Übergängen besteht auch gegenüber der Kindheitsphase. „Moderne" steht für beschleunigte Wandlungsprozesse und Jugend gilt aufgrund der ihr zugeschriebene Attribute – Kraft, Vitalität, Attraktivität, Flexibilität, Offenheit für Neues, Risikobereitschaft – als Ausdruck der Möglichkeit, den Wandel erfolgreich zu bewältigen und Zukunftsfähigkeit zu haben. Diese Wahrnehmung knüpft an eine dem europäischen Kulturkreis bereits langfristig immanente kulturelle Abwertung von Alter und eine entsprechende Aufwertung von Jugend an. Daher erfährt Jugend als Merkmal in okzidental-modernen Gesellschaften eine hohe Wertschätzung.

Jugend ist gekennzeichnet durch das verlängerte Heraushalten aus der Erwerbsarbeit und die sozialisatorische Nutzung dieser Zeit für (Aus-)Bildung, zur Selbstentfaltung und Identitätsentwicklung. Jugend als Schul- und Ausbildungsjugend ist das Ergebnis einer Sichtweise, bei der gesellschaftliche Funktionalität – der Qualifikationserwerb für Berufsrollen – kombiniert wurde mit einer typischen Organisationsform sozialer Kontrolle (Trotha, 1982: 258) in Sekundarschulen und Ausbildungseinrichtungen. Die von Beck (1986) als Folge der Individualisierung thematisierte Institutionenabhängigkeit der Soziallagen zeigt sich bei Jugendlichen in den Standardisierungen über die sekundäre und tertiäre Sozialisation. Dazu kommt die Vorstellung von der Erziehbarkeit und Erziehungsbedürftigkeit Jugendlicher. Insofern kann auch von einer pädagogischen „Erfindung" von Jugend(lichen) gesprochen werden (Groenemeyer, 2014: 60).

Jugend ist typischerweise eine altersgebundene Erscheinung mit uneindeutigen Grenzen. Gemäß Jugendschutzgesetz gilt als Jugendphase die Zeit ab 14 und unter 18 Lebensjahren. Das Ende der Jugendphase an die Volljährigkeit zu binden, wird dem Phänomen nicht ganz gerecht: Die soziale und psychische Reifung verläuft individuell unterschiedlich. Entsprechend erlaubt das Jugendgerichtsgesetz die Anwendung des Jugendstrafrechts auf zum Tatzeitpunkt Heranwachsende, wenn eine verzögerte Reifung festgestellt wurde. Auch der formal-rechtliche Beginn erscheint aufgrund der vorverlagerten relativen kulturellen und sozialen Autonomie als zu starr. Daher wird inzwischen für die 12- bis 14-Jährigen von einer frühen Jugendphase gesprochen. Des Weiteren hat aufgrund der Bildungsexpansion ein wachsender Anteil junger Menschen mit der Volljährigkeit noch nicht die Attribute erfüllt, die allgemein mit dem Erwachsenenstatus verbunden sind: relative ökonomische Selbständigkeit und eigene Haushaltsführung. Durch das verlängerte Heraushalten aus der Erwerbsarbeit haben sie weiterhin einen partiellen „Jugend"-Status, aber verglichen mit formal-rechtlich Jugendlichen typischerweise eine größere Reife. Entsprechend wird bei Heranwachsenden und Jungerwachsenen von der Postadoleszenz gesprochen. Auch die subjektiv empfundenen Grenze des eigenen Noch-Jugendlichseins variiert: Ende der 2000er-Jahre hielten sich zwei Fünftel der 18- bis 29-Jährigen für eher jugendlich, doppelt so viele wie Anfang der 1990er-Jahre (Gille, 2012). Die Frage nach Jugend- oder Erwachsenenstatus lässt sich nur mit einem „mehr oder weniger" beantworten, da verbindliche Übergangsrituale fehlen und fließende Übergänge mit relativ breiten Zeitkorridoren bestehen. Die Entscheidung, ab wann eine Person erwachsen ist, liegt in ihrem eigenen Ermessen (Mansel & Hoffmann, 2010).

Ein weiterer relationaler Aspekt sind Jugend(teil)kulturen und Jugendszenen, freizeitbezogene Absetzbewegungen junger Menschen von der Erwachsenengesellschaft (Baacke, 1993). Teilkulturen und Szenen gehören inzwischen zur Normalität. Ihre zunehmende Ausdifferenzierung erfolgte ab den 1960er-Jahren, ihre Pluralisierung ab den 1980er-Jahren. Wenngleich die Mehrheit von etwa vier Fünfteln der Jugendlichen sich nicht im engeren Sinne einer Teilkultur oder Szene zurechnet, verbreiten sich Stilelemente (Musik, Kleidung, Sprache, Alltagspraxis). Teilkulturen und Szenen dienen Jugendlichen als Orientierungshilfe und sind typischerweise Jungenkulturen (Farin, 2010). Dabei lässt sich für die Gegenwart eine Vielzahl an Teilkulturen und Szenen feststellen, wobei die Formen der 1960er- bis 1980er-Jahre neben den neuen Formen weiterbestehen. Die Stagnation bei der Entwicklung neuer Stile führte zur Diskussion über einen möglichen Kreativitätsverlust Jugendlicher. Zudem wandelten sich die wissenschaftlichen Analysekonzepte. In den 1950er- und 1960er-Jahren dominierten Subkulturvorstellungen. Auf diese hierarchische, devianzbezogene Sichtweise folgte in den 1970er- und 1980er-Jahren das Konzept der Jugend- bzw. Jugendteilkulturen. Mit den 2000er-Jahren kam das Szenekonzept hinzu, ausgehend davon, dass durch den Individualisierungsprozess die Verbindlichkeit der Partizipation zurückging. Szenen basieren auf der „Verführung prinzipiell hochgradig individualitätsbedachter Einzelner zur habituellen, intellektuellen, affektuellen und vor allem zur ästhetischen Gesinnungsgenossenschaft" (Hitzler & Niederbacher, 2010: 92), wobei inzwischen die Möglichkeiten von Online-Szenen analysiert werden.

Ein weiteres Verhältnis, in dem Jugend steht – sowohl innerhalb der (Jugend-)Generation als auch zwischen Jugend- und Erwachsenengenerationen –, ist soziale Ungleichheit. Bereits die Entstehung von Jugend hängt mit den Ungleichheitsstrukturen der frühen Industriegesellschaft zusammen (Trotha, 1982: 259). Die allgemeine Durchsetzung der Jugendphase bedeutete die Ausdehnung eines bürgerlich-männlichen Verhaltensmodells auf alle altersmäßig Jugendlichen (Scherr, 2009). Es wurde versucht, proletarische Organisationsformen von Jugend zu kontrollieren, indem auch Jugendliche aus Arbeitermilieus sich in ihrer Biographieplanung an einem Verhaltensmodell „bürgerlichen" Milieus ausrichten sollten, was „bürgerlichen" Jugendlichen bessere Chancen im Statuswettbewerb gibt. Das setzt sich fort im Konzept der Jugendphase als Qualifikationsphase, bei der es auch um die Reproduktion oder Modifikation bestehender Ungleichheitsstrukturen geht. Weiterhin stellt sich die Frage nach sozialer Ungleichheit im Verhältnis zu Erwachsenen. Dies wird u. a. an Diskursen über politische Partizipation (Wahlmündigkeit, Jugendprotest als Ausdruck politischer Beteiligung) deutlich, bei denen es um Macht geht. Jugend im weiteren Sinn forderte im Zuge ihrer Ausdifferenzierung die Erwachsenengesellschaft heraus. Der Anspruch auf Partizipation, Autonomie und ein Leben als Jugendliche kollidierte mit den Ordnungsvorstellungen und (Kontroll-)Interessen der Erwachsenen. Dies schlug sich öffentlich sichtbar auch in z. T. gewaltförmigen Auseinandersetzungen nieder wie den „Halbstarkenkrawallen", den „68er"-Protesten, den Auseinandersetzungen im Kontext der Neuen Sozialen Bewegungen, der globalisierungskritischen Bewegungen, der „Blockupy"-Gruppierungen. Für die Zeit der 1970er-Jahre kann ein Antimodernismus festgestellt werden. Für die

Gegenwart zeigt sich neben der Modernisierungskritik ein weiteres Bild: Jugendliche handeln wertegeleitet, haben ein gutes Verhältnis zu ihren Eltern, sind mehr zukunfts- als gegenwartsorientiert (Gensicke, 2010), rechnen der Integration in die Erwerbsarbeit einen (sehr) hohen Stellenwert zu, sehen Familie als gleich wichtig (Gille, 2012) und tendieren zur Selbstoptimierung (Eulenbach, 2015). Dahinter mag ein „Konservatismus" als Form des Protestes gegen eine Erwachsenengesellschaft stehen, die es Jugendlichen erschwert, sich von ihr absetzen zu können. Es wird aber auch eine Reaktion auf die immer schwieriger zu bewältigenden Übergänge in Ausbildung und Beruf sein.

Die Möglichkeiten Jugendlicher, sich zu individualisieren, wurden und werden von der Gesellschaft tendenziell kritisch gesehen, nicht zuletzt aufgrund der unerwarteten Reaktionen. Soziologisch geht es um die Möglichkeiten zur relativen Autonomie gegenüber objektiven Strukturen und der Frage nach den Gründen dafür. Die relative jugendliche Eigenständigkeit wurde und wird häufig problematisiert als Gefährdung der Ordnung, nicht zuletzt aufgrund der postulierten erhöhten Wahrscheinlichkeit für Delinquenz: Jugend wurde zum Problem (gemacht). Die „Reserve des Subjekts" gegenüber Bindungen und Ordnungen, das „für-sich-sein" als Ausdruck des apriori des Sozialen im Sinne von Georg Simmel erlangt bei Jugendlichen aus Sicht der Gesellschaft eine besondere Bedeutung: Es erfolgt im Verlaufe des noch nicht (über die dokumentierbare Bewältigung alterstypischer, normativer Entwicklungsaufgaben) „erfolgreich" abgeschlossenen Sozialisationsprozesses. Damit verbindet die Gesellschaft das Risiko eines Lebens außerhalb der bestehenden gesellschaftlichen Ordnung. Das schlägt sich auch in gesellschaftlichen Problem-Diskursen über Jugend nieder (Groenemeyer, 2014). Sie (re-)produzieren „Wissens"-Bestände über Jugend(liche) und stellen Jugend in eine bestimmte, definierte Distanz zur Erwachsenengesellschaft. Gewalt- und der Strafverschärfungsdiskurs belegen die Verhaltensrelevanz von diskursiv erzeugten Wahrnehmungen und Bildern für den Umgang mit Jugend. Ein unrealistisches, übersteigert-positives Bild von Jugend entstand Anfang des 20. Jahrhunderts, als die bürgerliche Erwachsenengesellschaft in Deutschland ihre Verunsicherung über den sozialen Wandel dadurch bearbeitete, dass sie Jugend zur Zukunftshoffnung und zum gesellschaftlichen Leitbild erklärte. Auf der anderen Seite bestand und besteht eine übersteigert negative Wahrnehmung im Bild der bedrohlichen und gefährlichen Jugend (Hafeneger, 1995). In der Gegenwart scheint darüber hinaus das Bild von einer bedingt kompetenten, hedonistischen Jugend, der in erheblichen Teilen Ausbildungsunreife zugeschrieben wird, verbreitet zu sein. Bereits seit dem Aufkommen gilt Jugend damit als Problemkategorie: Sie ist ein soziales Problem, bereitet Probleme und hat Probleme. Probleme aus dem sozialen Wandel werden individualisiert, indem sie an einer Bevölkerungskategorie festgemacht werden.

Jugend steht stets vor der Moderne und der Zukunft (Abels, 1995). Gesellschaftliche Veränderungen schlagen sich bei Jugendlichen nieder, Veränderungen bei der Jugend können auf Veränderungen der Gesellschaft hindeuten. Die Ökonomisierung aller Lebensbereiche erfasst über die (Aus-)Bildung auch Jugend. Die Flexibilisierung von Arbeit führt u. a. durch mehr Befristungen zu sinkenden Chancen junger Menschen, sich stabil in der Erwerbsarbeit zu integrieren. Dazu kommt bei Ausbildungsberufen die berufsgruppentypisch variierende Tendenz, Auszubildende ökonomisch zu nutzen, also (kostengünstig) in normalen Arbeitsabläufen einzusetzen. Durch den demographischen Wandel wird Jugend zu einem knapperen Gut, da die Zahl junger Menschen bis 2060 um geschätzt ein Fünftel zurückgehen wird. Daraus ergeben sich in mehreren Bereichen Auswirkungen: So wird das Aufwachsen junger Menschen vermutlich mehr als bisher in zahlenmäßig von Erwachsenen dominierten räumlich-sozialen Kontexten erfolgen. Wenn künftig mehr regelmäßige (selektive) Zuwanderung nach Deutschland erfolgt, wird sich auch die Zusammensetzung der Jugend nach Ethnie bzw. Migrationshintergrund weiter ändern. Die kleiner werdenden Jahrgänge können in der Gesellschaft zur Forderung nach einer optimalen Ausschöpfung des Humankapitals durch Optimierung der (formalen) Qualifikation führen, damit diese Jahrgänge die vormals größeren Jahrgänge von der Leistung her ersetzen können.

▶ **Alltag; Alter; Bevölkerung; Bildung; Kindheit; Gruppe; Lebenslauf; Milieu, soziales**

📖 Abels, H. (1995). *Jugend vor der Moderne*. Opladen: Leske+Budrich • Baacke, D. (1993). *Jugend und Jugendkulturen*. Weinheim: Juventa • Beck, U. (1986). *Risikogesellschaft*. Frankfurt a. M.: Suhrkamp • Becker, R. (2011). Warum bildungsferne Gruppen von der Universität fernbleiben und wie man sie für das Studium an der Universität gewinnen könnte, in H.-H. Krüger et al. (Hg.): *Bildungsungleichheit revisited (S.223-235)*. Wiesbaden: VS-Verlag • Eulenbach, M. (2015). Jugend und Selbstoptimierung – wie die Entstandardisierung von Übergängen einer neuen Subjektivierungsform den Weg ebnet, in C. Wiezorek & J. Luedtke (Hg.): *Jugendpolitiken*. Weinheim: Juventa (im Erscheinen) • Farin, K. (2010). Jugendkulturen heute, Aus Politik und Zeitgeschichte, 27, 3-8 • Fend, H. (1988). Sozialgeschichte des Aufwachsens. Frankfurt a. Main: Suhrkamp • Gensicke, T. (2010). Wertorientierung, Befinden und Problembewältigung, in Jugendwerk Deutsche Shell (Hg.): *Jugend 2010 (S.187-237)*. Frankfurt: Fischer • Gille, M. (2012). Vom Wandel der Jugend, *DJI-Impulse*, 99, 4-8 • Griese, H. (2014). Jugend – immer noch ein soziales Problem? In: A. Groenemeyer & D. Hoffmann (Hg.): *Jugend als soziales Problem – soziale Probleme der Jugend? (S. 10-16)*. Weinheim: Juventa • Groenemeyer, A. (2014). Jugend im Problemdiskurs – Probleme im Jugenddiskurs. In: A. Groenemeyer & D. Hoffmann (Hg.): *Jugend als soziales Problem – soziale Probleme der Jugend? (S. 49-73)*. Weinheim: Juventa • Hafeneger, B. (1995). *Jugendbilder*. Opladen: Leske+Budrich • Hitzler, R., Bucher, T. & Niederbacher, A. (2001). *Leben in Szenen*.

Opladen: Leske+Budrich • Hitzler, R. & Niederbacher, A. (2010). Forschungsfeld ‚Szenen' – zum Gegenstand der DoSE, in M. Harring, Böhm, M., Kasper, O., Rohlfs, C. & Palentien, C. (Hg.): *Freundschaften, Cliquen und Jugendkulturen* (S. 91-103). Wiesbaden: VS-Verlag • Hurrelmann, K. (2012). Jugendliche als produktive Realitätsverarbeiter, *Diskurs Kindheit und Jugendforschung, 7,* 89-100 • Mansel, J. & Hoffmann, D. (2010). Jugendsoziologie, in G. Kneer & M. Schroer (Hg.): *Handbuch Spezielle Soziologien (S. 163-178),* Wiesbaden: VS-Verlag • Otte, G. (2007). Körperkapital und Partnersuche in Clubs und Diskotheken, *Diskurs Kindheit und Jugendforschung,* 2, 169-186 • Scherr, A. (2009). Warum theoretisch undisziplinierte Interdisziplinarität eine gesellschaftstheoretisch fundierte reflexive Jugendforschung nicht ersetzen kann, *Diskurs Kindheit und Jugendforschung, 4,* 321-335 • Trotha, T. v. (1982). Zur Entstehung von Jugend, *Kölner Zeitschrift für Soziologie und Sozialpsychologie,* 34, 254-277

Jens Luedtke

K

Kapitalismus

Auch wenn es aufgrund vielfältiger Forschungsrichtungen keine – schon gar nicht international – allgemeingültige Definition gibt, so sind sich die unterschiedlichen soziologischen Schulen weitgehend darin einig, dass Kapitalismus ein ökonomisches System oder eine Gesellschaftsformation ist, in der Waren um des Profits willen produziert und auf – mehr oder weniger freien – Märkten verkauft werden. Außerdem zeichnet er sich durch einen Arbeitsmarkt aus, auf dem Arbeitskraft als Ware ver- und gekauft wird. Kapitalistische Wirtschaft ist zudem dadurch gekennzeichnet, dass die Produktionsmittel in der Hand einer relativ kleinen Klasse von Kapitaleigentümern konzentriert sind. Aus der Konstellation unterschiedlicher Interessen der beteiligten Klassen erwachsen in vielen (z. B. an Marx orientierten) Forschungsperspektiven Überlegungen zur grundsätzlichen Konflikthaftigkeit kapitalistischer Vergesellschaftung; aus der Konstellation dezentraler (betrieblicher) Planung und einer ex-post-Realisierung von Werten auf unsicheren Märkten wird oftmals auf ein inhärentes Krisenpotential des Kapitalismus geschlossen.

Um ihn in seiner Funktionsweise, seiner Grundlogik und seinem „Bewegungsgesetz" (Marx) zu verstehen, lohnt sich ein Blick auf seinen geschichtlichen Entstehungszusammenhang. In einer berühmten Kontroverse haben Dobb und Sweezy Mitte des 20. Jahrhunderts über den Übergang vom Feudalismus zum Kapitalismus gestritten (Dobb & Sweezy, 1987). Während Dobb etwa die inneren Widersprüche des Feudalismus als Geburtsstunde des Kapitalismus beschrieb, deutete Sweezy das neu entstehende Wirtschaftssystem als erfolgreichere Parallelentwicklung zum stagnierenden alten System. Auch die Suche nach den Triebkräften für einen so tiefgreifenden gesellschaftlichen Wandel hat divergierende Positionen hervorgebracht. So hob Brenner in der nach ihm benannten Debatte (Aston & Philpin, 1985) die Bedeutung von Klassen und Klassenhandeln hervor, die die geschichtliche Evolution sozialer Formationen bedingen, während Cohens (1988) Lesart eher ist, dass historischer Wandel vor allem dem Wachstum der Produktivkräfte geschuldet ist, dass also aufgrund dieses Wachstums die Zeit für eine neue Formation „Kapitalismus" reif war.

Die angeführten Autoren sind einer an Marx orientierten (historischen, soziologischen, politökonomischen) Kapitalismusforschung zuzuordnen. Folgt man Kocka, so hat das Marxsche „Kapitalismusverständnis die folgenden Generationen stärker geprägt [...] als der Beitrag irgendeiner anderen einzelnen Person" (2014: 19). Markt und Konkurrenz, Kapital-Akkumulation als Selbstzweck, Ausbeutung durch Aneignung von Mehrwert, konflikthafte Vergesellschaftung aufgrund antagonistischer Interessenlagen bis hin zur revolutionären Gesellschaftsveränderung: All dies sind zentrale Bestandteile der Marxschen Analyse des zeitgenössischen dynamischen Industriekapitalismus in seinem opus magnum „Kapital" (Marx, 1986).

Während bei Marx der Wandel der materialen Basis, die Entwicklung der Produktivkräfte und das Klassenhandeln im Zentrum stehen, findet sich bei Weber eine ausgearbeitete Analyse kapitalistischen Wirtschaftshandelns, dessen Pfeiler in der strengen Rationalität wirtschaftlicher Organisation(en) zu suchen ist. Weber sieht sowohl institutionelle und als auch kulturelle Ursachen dieser Rationalisierungsentwicklung: Einerseits zählen für ihn dazu die Trennung von Haushalt und Betrieb, die Entstehung des Arbeitsmarktes, die Entwicklung der Geldwirtschaft und der Banken, die Verallgemeinerung von Vertragsrecht, die Durchsetzung bürokratischer Unternehmenssteuerung oder auch die doppelte Buchführung (Hier wie auch mit Blick auf die kulturellen Wurzeln findet sich bei Weber eine intellektuelle Nähe zu Sombart, 1902).

In „Die protestantische Ethik und der Geist des Kapitalismus" (Weber, 2006) legt er andererseits den aus seiner Sicht engen Zusammenhang („Kongruenz") zwischen protestantischer Ethik und der frühen Entwicklung des Kapitalismus dar. Die Betonung harter Arbeit bei gleichzeitiger Konsumzurückhaltung verkörpert für ihn die Wurzel einer Wirtschaftsgesinnung, die es nahelegt, einen Prozess der Akkumulation von Kapital zu begründen. Dieser Konnex ist für ihn aber nicht geschichtlich determiniert, sondern er stellt eine Art „Wahlverwandtschaft" zwischen Calvinismus und Kapitalismus dar, der sich etwa in der Lebensführung oder der Berufsauffassung spiegle. Auch die Weber-Tradition hat zahlreiche zeitgenössische Kapitalismus-Deutungen hervorgebracht. Zu den bekanntesten gehört Boltanski und Chiapellos Studie zum „neuen Geist des Kapitalismus" (2003), in der sie die Frage nach der den Kapitalismus stabilisierenden Wirtschaftsgesinnung aktualisieren und zwischen „historischen Etappen des kapitalistischen Geistes" (Boltanski & Chaipello, 2003: 54ff.) unterscheiden, die in jeweils spezifischer Weise Autonomie, Sicherheit und Allgemeinwohl versprechen. Deren erste Phase im ausgehenden 19. Jahrhundert sei durch die Figur des heroischen Unternehmers und die Lust an Spiel, Spekulation, Risiko und Innovation sowie die Bedeutung von Familienbesitz und

Paternalismus gekennzeichnet. In der zweiten Phase, die zwischen 1930 und 1960 ihren Höhepunkt erreicht, rückt die Prägekraft des großen Industrieunternehmens ins Zentrum, sein rationeller Aufbau und die Bedeutung der Skalenerträge der Massenproduktion. Dem dritten Geist schließlich werden „Strukturähnlichkeiten mit einem globalisierten und neue Technologien einsetzenden Kapitalismus" (Boltanski & Chiapello, 2003: 57) attestiert. Als wichtigsten Antrieb des Wandels (des Geistes) des Kapitalismus sehen Boltanski und Chiapello die dominante Form der Kapitalismuskritik und ihrer jeweiligen Empörungsquellen an.

Den Zusammenhang zwischen politischen, kulturellen und ökonomischen Faktoren zur historisch spezifischen Formationsbestimmung des Kapitalismus betont die in Frankreich wurzelnde Regulationstheorie (erstmals: Aglietta, 1979; Boyer, 1986). Sie ergänzt damit den Marxschen Ansatz systematisch um eine Dimension „Politik", der im Anschluss etwa an Gramscis Überlegungen zur Hegemonie und Zivilgesellschaft eine „relative Autonomie" zugeschrieben wird. Am Beispiel des „Fordismus" als Formation, in der Massenproduktion, Massenkonsum und politisch-kulturell-mediale Begleitung und Absicherung zu einer über mehrere Jahrzehnte vergleichsweise stabilen kapitalistischen Reproduktion führten, ist dies detailliert dargelegt worden. Die Deutung der Krise des Fordismus und die Kennzeichnung der nachfordistischen Formation (tatsächlich sprach man in dieser Tradition lange von Postfordismus, Hirsch & Roth, 1986) waren über einen längeren Zeitraum eher kontrovers (Aglietta, 2000; Brenner, 2003), mittlerweile hat sich jedoch die Vorstellung einer neuen geschichtlichen Formation, des Finanz(markt) kapitalismus weitgehend verallgemeinert. Darin drückt sich unter anderem eine Verschiebung der Bedeutung vom Produktions- zum Finanzsektor hin aus, die Harvey (2007: 33) so klassifiziert: „While the slogan was often advanced in the 1960s that what was good for General Motors was good for the US, this had changed by the 1990s into the slogan that what is good for Wall Street is all that matters."

Die Kategorie des Finanzmarktkapitalismus ist an verschiedene Theorietraditionen anschlussfähig. So hat etwa Dörre (Dörre, Lessenich, & Rosa, 2009) darauf verwiesen, dass der Finanzmarktkapitalismus eine eigene Dynamik kapitalistischer Landnahme ausbildet, in der etwa mit einer Flexibilisierung des Arbeitsmarktes ein Prekarisierungsschub (Brinkmann, Dörre, & Röbenack, 2006) vorangetrieben und die lange Zeit ad acta gelegte „soziale Frage" im Kapitalismus wieder auf die Tagesordnung gerückt wird.

Kategorieprägend in Deutschland war vor allem Windolf (2005), dessen wirtschaftssoziologische Forschung den Weg zum Finanzmarktkapitalismus anhand unterschiedlicher Stränge nachzeichnet, in denen er etwa den Zerfall des spezifischen Netzwerkcharakters (Personen- und Kapitalverflechtung) des deutschen Modells des „kooperativen Kapitalismus" (Windolf & Beyer, 1995) nachweist. Zudem beantwortet er die Frage, inwieweit nach der Krise des „Manager-Kapitalismus" (Chandler, 1977) und dem Aufkommen der Shareholder-Orientierung mit den „Eigentümern ohne Risiko" (Windolf, 2008) neue zentrale Akteure die Corporate Governance beeinflussen.

In den letzten Jahrzehnten sind verschiedene Autoren mit Ansätzen zum Vergleich unterschiedlicher Kapitalismusmodelle hervorgetreten. Albert (1992) etwa unterscheidet zwischen einem Rheinischen Kapitalismus und einer neo-amerikanischen Variante, Hall und Soskice (2001) zwischen koordinierter und liberaler Marktökonomie und Fulcher (2004) schließlich beantwortet die Frage „Is capitalism everywhere the same?" mit drei verschiedenen prototypischen Ausprägungen: Swedish capitalism, American capitalism, Japanese capitalism. Bei allen eigenen internen Schwerpunktsetzungen und unterschiedlicher Herkunft rekurrieren die Ansätze doch auf ähnliche Kriterien wie Unternehmensfinanzierung, Sozialstaatsausprägung, Bedeutung von Gewerkschaften, Kooperationsbeziehungen, Arbeitsmarktregulierung oder die Rolle des Staates.

In der Tradition von Polanyis (1977) „Great Transformation" wird die Entwicklung des modernen Nationalstaats und der Marktökonomien einer kritischen Betrachtung unterzogen. Dabei stellt Polanyi die These auf, dass die historische Etablierung der Marktökonomie anders als in ihrem Selbstverständnis auf massive Staatsinterventionen angewiesen ist, während sich der Widerstand gegen diese allumfassende Verwandlung in Warenform geradezu spontan aus der Gesellschaft heraus entwickelt hat. Polanyis (pessimistische) Sicht hat dabei in den letzten Jahrzehnten vor allem aus drei Gründen einen zunehmenden Einfluss auf die Entwicklung zeitgenössischer Kapitalismustheorie gehabt: a) Das Theorem der Einbettung/Entbettung des Ökonomischen hat sich als fruchtbar und anschlussfähig an andere Traditionen erwiesen; b) die verheerenden Folgen radikaler Kommodifizierung treffen mit der Durchsetzung neoliberaler Politiken auf Realerfahrungen vieler Betroffener; c) der Grundgedanke, dass sich der Kapitalismus aufgrund der ihm eigenen Logik auch die Wurzeln seines eigenen Systems einverleibt und sich damit selbst unterminiert, wird von Vertretern ganz unterschiedlicher Strömungen (von Marxisten bis hin zu Vertretern einer Sustainable Development) geteilt.

Historisch hat sich die Rolle des Staates im Verhältnis zur kapitalistischen Ökonomie theoretisch, ideologisch und praktisch verändert. Vom Nachtwächterstaat zum keynesianischen Wohlfahrtsstaat bis hin zum Austeritätsstaat finden sich nahezu alle Varianten des Aktivitätsniveaus und -ausmaßes. Offe (1972) hat in seinen „Strukturproblemen des kapitalistischen Staates" auf dessen heikle und abschließend kaum zu klärende Rolle bei der Regulierung der destruktiven Kräfte der kapitalistischen Produktionsweise verwiesen, insbesondere auf die Bedeutung der sozialstaatlichen Vergesellschaftung, die zwischen Rentabilitätsforderungen und Legitimationserfordernissen zerrieben zu werden droht – eine Spur, der Lessenich (2013) in seiner Forschung zum Wandel des Sozialstaats im aktuellen Kapitalismus folgt. Die augenfälligen Krisenerscheinungen des Finanzmarktkapitalismus haben die grundlegende Frage nach der Kompatibilität von Demokratie und Kapitalismus geradezu zwangsläufig zurück auf die Tagesordnung geschoben, nachdem sie zum Ende des Realsozialismus von vielen als beantwortet deklariert worden war. 25 Jahre nach dem „Ende der Geschichte" (Fukuyama, 1992) haben Skepsis und Argwohn wieder Einzug gehalten. Die von Crouch (2008) konstatierte Postdemokratie zeichnet ein düsteres Bild einer nur noch formal demokratischen Gesellschaft, deren Institutionen ausgehöhlt sind: „Im Schauen dieser politischen Inszenierung wird die reale Politik hinter verschlossenen Türen gemacht: Von gewählten Regierungen und Eliten, die vor allem die Interessen der Wirtschaft vertreten." Ähnlich pessimistisch stellt sich Streecks Analyse (2013) auf weiten Strecken dar: Er konstatiert einen jahrzehntelangen erfolgreichen Klassenkampf von oben, der den „demokratischen Kapitalismus" der Nachkriegszeit seiner demokratischen Elemente beraubt hat. Die „tiefe Absurdität der Markt-und Geldkultur und die groteske Überzogenheit ihrer Ansprüche gegen die Lebenswelt" könnte dazu führen, so der Direktor des Max-Planck-Instituts für Gesellschaftsforschung, dass die betroffenen Menschen ihre „Vernunft" ablegen, „auch wenn ihnen als Argumente nicht Geldscheine zur Verfügung stehen, sondern nur Worte und, vielleicht, Pflastersteine." (ebd.: 223).

Ελευθερία ή θάνατος.

▶ **Markt; Wandel, sozialer; Wirtschaft**

Aglietta, M. (1979). *A theory of capitalist regulation. The US experience.* London: NLB • Aglietta, M. (2000). *Ein neues Akkumulationsregime.* Hamburg: VSA • Albert, M. (1992). *Kapitalismus contra Kapitalismus.* Frankfurt a. M./New York: Campus • Aston, T. H. & Philpin, C. H. E. (eds.) (1985). *The Brenner debate.* Cambridge: Cambridge UP • Boltanski, L. & Chiapello, È. (2003). *Der neue Geist des Kapitalismus.* Konstanz: UVK • Boyer, R. (1986). *La théorie de la régulation une analyse critique.* Paris: Editions la découverte • Brenner, R. (2003). *Boom and Bubble. Die USA in der Weltwirtschaft.* Hamburg: VSA • Brinkmann, U., Dörre, K. & Röbenack, S. (2006). *Prekäre Arbeit.* Bonn: Friedrich-Ebert-Stiftung • Chandler, A. D. (1977). *The visible hand.* Cambridge, Mass.: Harvard UP • Cohen, G. A. (1988). *History, labour, and freedom : themes from Marx.* Oxford: Clarendon Press • Crouch, C. (2008). *Postdemokratie.* Bonn: Bundeszentrale für Politische Bildung • Dobb, M. & Sweezy, P. M. (Eds.). (1987). *Der Übergang vom Feudalismus zum Kapitalismus.* Bodenheim: Athenaeum • Dörre, K., Lessenich, S. & Rosa, H. (2009). *Soziologie – Kapitalismus – Kritik : eine Debatte.* Frankfurt a. M.: Suhrkamp • Fukuyama, F. (1992). *Das Ende der Geschichte.* München:

Kindler • Fulcher, J. (2004). *Capitalism: A Very Short Introduction.* Oxford: Oxford UP • Hall, P. A. & Soskice, D. (Eds.). (2001). *Varieties of capitalism.* Oxford/New York: Oxford UP • Harvey, D. (2007). *A Brief History of Neoliberalism.* Oxford: Oxford UP • Hirsch, J. & Roth, R. (1986). *Das neue Gesicht des Kapitalismus.* Hamburg: VSA • Kocka, J. (2014). *Geschichte des Kapitalismus.* München: C.H. Beck • Lessenich, S. (2013). *Die Neuerfindung des Sozialen: Der Sozialstaat im flexiblen Kapitalismus.* Bielefeld: transcript Verlag • Marx, K. (1986) (zuerst 1867). *Das Kapital. Kritik der politischen Ökonomie.* Berlin: Dietz Verlag • Offe, C. (1972). *Strukturprobleme des kapitalistischen Staates.* Frankfurt a M: Suhrkamp • Polanyi, K. (1977 [1957]). *The great transformation.* Wien: Europaverlag • Sombart, W. (1902). *Der moderne Kapitalismus.* Leipzig: Duncker & Humblot • Streeck, W. (2013). *Gekaufte Zeit. Die vertagte Krise des Kapitalismus.* Frankfurt a M: Suhrkamp • Varoufakis, Y. (2015): *Time for Change.* München: Hanser • Weber, M. (2006) (zuerst 1920). *Die protestantische Ethik und der ‚Geist' des Kapitalismus.* München: C.H. Beck • Windolf, P. (2008). Eigentümer ohne Risiko. Die Dienstklasse des Finanzmarkt-Kapitalismus. *Zeitschrift für Soziologie, 37,* 516-535. • Windolf, P. (Hrsg) (2005). *Finanzmarkt-Kapitalismus.* Wiesbaden: VS Verlag • Windolf, P. & Beyer, J. (1995). Kooperativer Kapitalismus. *Kölner Zeitschrift für Soziologie und Sozialpsychologie, 47,* 1-36

Ulrich Brinkmann & Oliver Nachtwey

Kindheit

Als Kindheit wird die erste Altersphase eines Individuums im Lebenslauf, die gesellschaftlich, kulturell, historisch bedeutsam in der Unterscheidung zum „Erwachsenen" gemacht wird, bezeichnet. Insofern wird Kindheit in der Soziologie weniger als eine individuelle Durchgangsphase behandelt, sondern vielmehr als eine wesentliche Strukturkategorie von Gesellschaften begriffen. Kindheit wird dabei als ein sozial hergestellter Raum innerhalb einer Gesellschaft angesehen, der als Bestandteil einer Sozialstruktur permanent existiert (Qvortrup, 1994) und der von wechselnden „Repräsentanten und Repräsentantinnen", den Kindern, zeitlich begrenzt besetzt oder belebt wird. Die Zugehörigkeit zur Gruppe der Kinder bestimmt ihre soziale Positionierung: Mehr als die eigene Leistung entscheidet die Kindheit als gesellschaftliches Differenzierungsmerkmal darüber, welche Möglichkeiten und Einschränkungen, Chancen und Grenzen des Handelns den als „Kindern" definierten Individuen zugewiesen werden und welche Ressourcen und Handlungsoptionen diesen zur Verfügung stehen.

Nachdem die Soziologie lange Zeit eine sozialisations- und entwicklungstheoretische Perspektive auf Kindheit eingenommen hatte, etablierte sich in den letzten drei Jahrzehnten zunächst in UK und Skandinavien, seit den 1990er Jahren zunehmend auch in Deutschland in Abgrenzung zu den kinderbezogenen wissenschaftlichen Disziplinen (Pädiatrie, Pädagogik, Psychologie etc.) eine sozialkonstruktivistische Sicht als „Neue" Soziologie der Kindheit (James & James, 2012; Hengst & Zeiher, 2005). Sie geht davon aus, dass die in allen Gesellschaften anzutreffenden Alterskategorisierungen historisch, kulturell sowie sozial eine hohe Variabilität aufweisen. Vor allem aber belegt sie, dass sich in Europa historisch seit dem ausgehenden Mittelalter ein normatives Kindheitsmuster entwickelt hat, welches die Vorstellungen von „guter" Kindheit" transportiert und die Handlungen mit Kindern und für Kinder anleitet (Bühler-Niederberger, 2011).

Zu den zentralen Merkmalen dieses Kindheitsmusters gehört die räumliche und gedankliche Separierung von Kindern, die darauf basiert, dass der Unterschied zwischen Kindern und Erwachsenen bedeutsam gemacht wird. Dabei werden Kinder stets als Abweichung vom Maßstab einer nur vage definierten und wenig ausgearbeiteten Vorstellung von „Erwachsenheit" bzw. als deren Vorstufe behandelt. Indem Kinder als besonders vulnerabel gezeichnet, zumindest aber in ihrer Besonderheit als explizit schützenswert begriffen werden, rechtfertigt sich deren Separierung aus der Erwachsenenwelt und Verortung in einen institutionalisierten Schon- und Vorbereitungsraum (Zinnecker, 2000). Scholarisierung und Pädagogisierung beschreiben den Prozess, wonach die auf ihren Entwicklungsstatus festgeschriebenen Kinder besonders und zielgerichtet von Erwachsenen begleitet und angeleitet werden müssten, und zwar in eigens geschaffenen Institutionen der Erziehung und Bildung (Ariés, 2003). Mierendorff (2010) zeigt zudem die Bedeutung der De-Kommodifizierung auf, also den Zusammenhang zwischen der Entstehung und Etablierung des Wohlfahrtsstaats und der Herausnahme der Kinder aus der Erwerbsarbeitswelt. Die Familiarisierung, also Verortung von Kindern in die Kernfamilie, ist ein weiteres zentrales Merkmal des Kindheitsmusters, das sich vor allem mit der Etablierung des Bürgertums und der bürgerlichen Familie in Europa durchsetzen konnte. Damit einher ging die emotionale Aufwertung der Kinder, die nicht nur für die von Erwerbsarbeit freigesetzte Mutter, sondern für die gesamte Gesellschaft zur normativen Pflicht wurde. Das Muster westlicher Kindheit konnte sich zunehmend institutionalisieren und vor allem zu Beginn des 20. Jahrhunderts verfestigen und beansprucht seither als Element sozialer Ordnung höchste normative Gültigkeit (Bühler-Niederberger, 2011). Als normatives Leitbild gilt es inzwischen nicht nur für Europa und den globalen Norden sondern zunehmend weltweit als verbindlich – Kindheit soll möglichst lang, behütet und als Bildungszeit ausgestaltet werden.

Theoretisch beschäftigt sich die Soziologie der Kindheit vor allem mit zwei Konzepten: dem der generationalen Ordnung, bzw. des generationalen Ordnens, womit auf deren andauernde prozesshafte Bearbeitung verwiesen wird, und dem Konzept der Akteurschaft (agency) von Kindern.

Generationales Ordnen bezieht sich vor allem auf die eigenartige Interaktion zwischen Erwachsenen und Kindern, auf die Diskurse und Praxen, in denen unterschiedliche Positionen, Weisungsermächtigungen, Verfügungen über Ressourcen und Verantwortlichkeiten generational verteilt werden. Das Sorge- und Erziehungsverhältnis definiert als gesellschaftliche Differenzlinie zwischen der sozialen Gruppe der Kinder und der der Erwachsenen die Möglichkeiten und Grenzen kindlicher Handlungsautonomie und Handlungsspielräume. Im alltäglichen Umgang miteinander, in allen sozialen Interaktionen und Praktiken, wird die generationale Ordnung ständig und stets hervorgebracht und reproduziert – vor allem in denen zwischen Erwachsenen und Kindern, aber auch untereinander, je nachdem wie über die eigene oder die andere Gruppe gesprochen wird, bzw. wie man miteinander umgeht (Alanen, 2005). Neben der Konzentration auf die Analyse generationaler Ungleichheit wendet sich die Soziologie der Kindheit derzeit verstärkt auch weiteren Differenzkonstrukten wie Ethnie, Geschlecht und sozialer Herkunft zu. Und auch weitere Dimensionen sozialer Ungleichheit wie Sozialer Wandel, ökonomische Veränderungen, sozialpolitische Maßnahmen werden in ihren Auswirkungen auf die Ausgestaltungsoptionen und die Realisierungschancen der Norm „guter" Kindheit analysiert und als diverse „Kindheiten" thematisiert. Diskutiert und erforscht wird die Lebenslage Kindheit in den letzten Jahren vor allem in den thematischen Feldern der Betreuungssituation sowie der Bildung insbesondere in der frühen Kindheit, der Kinderarmut, des Kinderschutzes und der Kinderrechte und der eigenen Weltsicht der Kinder (Wittmann, Rauschenbach, & Leu, 2011).

Um die konkreten sozialen Handlungsmöglichkeiten von Kindern auszuloten, hat sich das Konzept der kindlichen Akteurschaft oder agency als fruchtbar erwiesen. Es wurde in Abgrenzung zur sozialisationstheoretisch geprägten Perzeption von Kindern als „Werdende" virulent, und richtet den Blick auf diese als „Seiende" – als bereits handlungskompetente Gesellschaftsmitglieder, die nicht auf ihren Entwicklungsstatus zu reduzieren sind. Ebenso vorgebracht wird, dass Kinder nicht allein in ihrer zukünftigen Nützlichkeit (z. B. als Humankapital), sondern als Personen eigenen Rechts (an-)zu erkennen wären. Die eher akteurbezogene Richtung der „neuen" Kindheitssoziologie, insbesondere innerhalb der interdisziplinär forschenden „Childhood Studies" sieht es als Aufgabe, die Perspektive der Kinder auf die Welt und ihren Beitrag zum sozialen Leben sichtbar zu machen als soziale Gruppe, die gesellschaftlicher Marginalisierung unterliegt. Dieser eher als „Soziologie der Kinder" zu bezeichnende Zugang hat in den letzten Jahren zu einem enormen Zuwachs an Studien und Wissen über Kinder und ihre Lebenslagen hervorgebracht und dazu eine methodische und methodologische Forschungspraxis entwickelt, die explizit geeignet und in der Lage sein soll, Zugang zur „kindlichen Perspektive" zu erlangen. Die Akzeptanz von Kindern als Akteure mit eigenen Fähigkeiten, Ressourcen und Bewältigungspotenzialen trug sicherlich dazu bei, die gesellschaftlichen Partizipationschancen von Kindern zu erhöhen, wird allerdings zunehmend kritisch hinterfragt. Problematisiert wird unter anderem, dass sich mit der Nutzung des Konzepts agency eher eine forschungsprogrammatische oder -ethische Haltung ausdrückt, dieses aber theoretisch nicht differenziert ausgearbeitet worden sei. Ebenso sei die Frage ungeklärt, welche Rolle eine solche Soziologie der Kindheit selbst für die Hervorbringung spezifischer Differenzen von Kindheit und Erwachsenheit spiele.

Als Antwort auf den Vorwurf der Essentialisierung und Ontologisierung des Konzepts kindlicher agency werden derzeit zunehmend relationale Perspektiven nutzbar gemacht. Aus einer solchen Perspektive lassen sich agency und generationale Ordnung systematisch aufeinander beziehen. Dabei stellen sich die generationale Ordnung bzw. die Diskurse und Praxen generationalen Ordnens als Bedingung für kindliche Akteurschaft dar – sie wird durch generationales Ordnen ermöglicht und begrenzt, gleichzeitig wirkt das Handeln von Kindern aber auch reproduzierend oder transformierend auf die generationale Ordnung zurück. Damit versucht die Soziologie der Kindheit auch über den Dualismus von structure und agency hinaus zu gelangen, zudem schließt sie an die Grundfrage der Kindheitsforschung an, die sich dem Verhältnis von Kind und Kindheit widmet (Honig, 2009)und die Handlungsmächtigkeit von Kindern in ihrer jeweiligen Positionierung als Kinder in gesellschaftlichen Kontexten zu erklären versucht.

▶ Alter; Familie; Generation; Ungleichheit, soziale; Institution

📖 Alanen, L. (2005). Kindheit als generationales Konzept. In: Hengst, H. & Zeiher, H. (Hg.) *Kindheit soziologisch (S. 65-82).* Wiesbaden: VS Verlag • Alanen. L., Mayall, B. (Hg.) (2001). *Conceptualizing Child-Adult relations.* London: Routledge Falmer • Ariès, P. (2003). *Geschichte der Kindheit.* München: Deutscher Taschenbuch Verlag • Bühler- Niederberger, D. (2011). *Lebensphase Kindheit. Theoretische Ansätze, Akteure und Handlungsräume.* Weinheim & München: Juventa • Hengst, H. & Zeiher, H. (Hg.) (2005). *Kindheit soziologisch.* Wiesbaden: VS Verlag • Honig, M-S. (Hg.) (2009). *Ordnungen der Kindheit. Problemstellungen und Perspektiven der Kindheitsforschung.* Weinheim & München: Juventa • James, A. & James A. (2012). *Key concepts in childhood studies.* London: Sage • Mierendorff, J. (2010). *Kindheit im Wohlfahrtsstaat. Über die Bedeutung des Wohlfahrtsstaates für die Entstehung und Veränderung des Musters moderner Kindheit – eine theoretische Annäherung.* Weinheim & München: Juventa • Qvortrup, J. (1994). Childhood matters: an introduction. In: J. Qvortrup, M. Bardy, G. Sgritta, H. Wintersberger (Hg.). *Childhood Matters: Social Theory, Practice and Politics (p. 1-24).* Aldershot: Avebury Press • Wittmann, S., Rauschenbach, T, Leu, H.R. (2011). *Kinder in Deutschland. Eine Bilanz empirischer Studien.* Weinheim & München: Juventa • Zinnecker, J. (2000). Kindheit und Jugend als pädagogische Moratorien. Zur Zivilisationsgeschichte der jüngeren Generation im 20. Jahrhundert. In: D. Benner; H.-E. Tenorth (Hg.): Bildungsprozesse und Erziehungsverhältnisse im 20. Jahrhundert. *Zeitschrift für Pädagogik.* 42. Beiheft (S. 36-68). Weinheim; Basel: Beltz

Beatrice Hungerland

Klasse, soziale

Soziale Klasse meint eine Gruppierung von Menschen, die eine bestimmte Position im Wirtschaftssystem einnimmt (z. B. Arbeiter, Manager oder Selbstständige). Häufig werden zudem ähnliche sozio-ökonomische Verhältnisse (Einkommen, Macht, Bildung) und ähnliche Interessen als konstituierend für eine Klasse angesehen. In aller Regel wohnt der Einteilung der Gesellschaft in verschiedene soziale Klassen implizit oder explizit eine Hierarchisierung von sozialen Klassenpositionen inne. Obwohl soziale Klassen eines der zentralsten Konzepte in der Soziologie darstellen, fehlt es an einer allgemeingültigen Definition, da jeder Klassenansatz etwas andere Schwerpunkte setzt.

Große Bedeutung für die Wissenschaft und die Politik erhielt der Klassenbegriff durch die Arbeiten von Karl Marx (1818–1883) und Friedrich Engels (1820–1895) sowie durch einen alternativen Entwurf von Max Weber (1864–1920). Vor dem Hintergrund des aufblühenden Kapitalismus und der zunehmenden Proletarisierung der ehemaligen Landbevölkerung in den neuen städtischen Industriezentren identifizierten Marx und Engels Mitte des 19. Jahrhunderts den Besitz an Produktionsmitteln als zentrales klassenbildendes Prinzip. Das weit verbreitete Recht auf Privatbesitz, die große Nachfrage nach Arbeit und der enorme technologische Fortschritt inkl. Effizienzsteigerung ermöglichten es den Eigentümern von Produktionsmitteln, einen Mehrwert aus ihren Produkten zu erzielen, das bedeutet, dass der Wert eines Produkts höher ist als die Summe aus Arbeitslohn und Kosten für die Arbeitsmittel. Auf diese Weise häuften Besitzer von Produktionsmitteln mehr Vermögen an, die Arbeiter hingegen würden durch diese Produktionsweise ausgebeutet. Der antagonistische Konflikt zwischen den Besitzern von Produktionsmitteln (Bourgeoisie) einerseits und den Anbietern der eigenen Arbeitskraft (Proletariat) andererseits sei unauflöslich und führe zunächst zur Proletarisierung der noch bestehenden Mittelklassen und schließlich zur immer stärkeren Polarisierung der zwei verbleibenden gesellschaftliche Klassen.

Marx sieht in dem Klassenkonflikt zwischen Kapital und Arbeit den Motor für die weitere gesellschaftliche Entwicklung. Die Menschen, die sich in einer ähnlichen Klassenlage befinden, müssen sich dessen zunächst nicht zwangsläufig bewusst sein oder dies mit einer bestimmten expliziten Interessenformation verbinden. Die Tatsache einer gemeinsamen Klassenlage ohne gemeinsames Klassenbewusstsein nennt Marx „Klasse an sich". Mit zunehmender Zeit der Polarisierung und Proletarisierung kommt es bei den Arbeiter/innen dazu, dass sie sich ihrer Lage bewusst werden (Entwicklung eines Klassenbewusstseins) und letztlich dazu übergehen, kollektiv zu handeln („Klasse für sich") und das herrschende System des Privatbesitzes an Produktionsmitteln überwinden. Die Marx'sche Klassenidee ist daher nicht nur eine Theorie zur Erklärung bestehender sozialer Ungleichheiten in der Gesellschaft, sie ist auch eine Theorie des sozialen Wandels (vgl. Kommunistisches Manifest von 1848 und Achtzehnten Brumaire des Louis Bonaparte, 1852).

Aufgrund ihres ideologischen Gehalts und ihres Determinismus war die Theorie bereits bei zeitgenössischen Denkern höchst umstritten. Max Weber formulierte diese Kritik deutlich in seinen gesammelten Aufsätzen (Weber, 1971). Weber nutzte ebenfalls den Begriff der Klasse, um die Lage von Personen in objektiv ähnlichen wirtschaftlichen Gegebenheiten zu beschreiben. Dabei möchte er deutlich machen, dass der Besitz von Produktionsmitteln keineswegs der einzige konstituierende Faktor für Klassen ist und dass es keineswegs eine Zwangsläufigkeit in der gesellschaftlichen Entwicklung aufgrund spezifischer Klassenlagen gibt.

Weber spricht da von einer Klasse, „wo 1. einer Mehrzahl von Menschen eine spezifische ursächliche Komponente ihrer Lebenschancen gemeinsam ist, soweit 2. diese Komponente lediglich durch ökonomische Güterbesitz- und Erwerbsinteressen und zwar 3. unter den Bedingungen des (Güter- und Arbeits-)Markts dargestellt wird (,Klassenlage')" (Weber, 1971: 531). Weber unterscheidet zwischen Besitzklassen (Besitzunterschiede bestimmen die Klassenlage), Erwerbsklassen (Chancen der Marktverwertung von Gütern oder Leistungen bestimmen die Klassenlage) und sozialen Klassen. Letztere zeichnen sich durch Klassenlagen aus, zwischen denen ein Wechsel persönlich und in der Generationenfolge leicht möglich und typisch ist (Arbeiterschaft als Ganzes, Kleinbürgertum, besitzlose Intelligenz und Fachgeschultheit, Klasse der Besitzenden und durch Bildung Privilegierten).

Die Differenzierung bei Weber innerhalb der Besitz- und Erwerbsklassen (u. a. Bergwerkseigner, Reeder, landwirtschaftlicher Unternehmer) sowie die Nennung von vier sozialen Klassen zeigen, dass Weber von einer Vielzahl von Klassenlagen ausgeht und theoretisch keine Vorgabe über eine Gesamtzahl an Klassenlagen festlegt. Aufbauend auf oder im Kontrast zu Marx und Weber gibt es zahlreiche Klassentheorien, die – ähnlich wie Marx und Weber – Mechanismen spezifizieren, warum es in der Gesellschaft zu sozialer Ungleichheit und zu unterschiedlichen

Klassenlagen kommt. Gemeinsam ist den Klassentheorien, dass sie die Frage nach der sozialen Ungleichheit unterschiedlich nuancieren. Entsprechend hilfreich ist der Überblicksband von Erik Olin Wright zu verschiedenen Klassenansätzen, der fragt: „If class is the answer, what is the question?"

Das gängigste Klassenschema in der empirischen Sozialforschung stammt von John Goldthorpe und Robert Erikson (EGP-Klassenschema), die basierend auf Webers Idee der Marktchancen das Beschäftigungsverhältnis zwischen Arbeitgeber und Arbeitnehmer als zentrales strukturierendes Element der Klassengenese ansehen. Ein neomarxistischer Ansatz von Erik Olin Wright ist mitunter in der US-amerikanischen Forschung verbreitet, reicht aber an die Bedeutung des EGP-Klassenschemas nicht heran. Der Klassen generierende Mechanismus ist hierbei nicht mehr nur der (Nicht-)Besitz von Produktionsmitteln; die Organisationsmacht (Autonomie) und die Qualifikation der Personen kommen als weitere Strukturierungselemente hinzu. Auch der Ansatz von Pierre Bourdieu, der Produktion und Konsumption in einem Klassenschema verbindet, wird in der empirischen Forschung in nennenswertem Umfang umgesetzt.

Ein neuerer Ansatz von David Grusky und Kollegen greift zurück auf Ideen Emile Durkheims. Das für Grusky konstituierende Element sind berufliche Assoziationen, d. h. mehr oder weniger stark verfasste Berufsgruppen bilden eine eigene Klassenposition. Dieser Mikro-Klassenansatz zeigt viele Merkmale sozialer Klassen (gemeinsame ökonomische Lage, Identität, kollektives Handeln, soziale Schließung), kann eine hierarchische Komponente aber nur immanent abbilden.

Die vielfältigen Klassenansätze wurden durch Fragen nach dem „Death of Class" (Pakulski & Waters, 1996) oder die Frage nach „Jenseits von Stand und Klasse?" (Beck, 1983) sowie durch die Entwicklung und Verbreitung alternativer Strukturierungsmodelle (Lebensstilansatz, Milieuansatz) herausgefordert (Bourdieu, 1983). Empirisch zeigen sich in der Tat Bereiche, die durch Lebensstilansätze mitunter besser beantwortet werden können. Letztlich hat sich jedoch an der strukturierenden Kraft der Klassen bis in die jüngste Zeit wenig verändert. Die insbesondere in angelsächsischen Ländern verbreitete populäre Selbstzuordnung zu verschiedenen Klassen (middle class, working class) entbehrt einer theoretischen Fundierung und ist eher mit dem Schichtbegriff vergleichbar.

▶ **Kapitalismus; Mobilität, soziale; Schicht, soziale**

📖 Beck, U. (1983). Jenseits von Stand und Klasse? Soziale Ungleichheiten, gesellschaftliche Individualisierungsprozesse und die Entstehung neuer sozialer Formationen und Identitäten. In: Kreckel, R. (Hg.), *Soziale Ungleichheiten (Soziale Welt: Sonderband 2, S.*

35-74), Göttingen: Schwartz • Bourdieu, P. (1983). *Die feinen Unterschiede. Kritik der gesellschaftlichen Urteilskraft.* 2. Aufl. Frankfurt am Main: Suhrkamp • Marx, K. & Engels, F. (2005). *Das kommunistische Manifest.* Hamburg: Argument-Verlag • Marx, K. & Marcuse, H. (1965). *Der Achtzehnte Brumaire des Louis Bonaparte.* Frankfurt am Main: Insel-Verlag • Pakulski, J. & Waters, M. (1996). *The death of class.* London: Sage • Solga, H., Powell, J. J. & Berger, P. A. (2009). *Soziale Ungleichheit. Klassische Texte zur Sozialstrukturanalyse.* Frankfurt a. M.: Campus-Verlag • Weber, M. (1971). *Wirtschaft und Gesellschaft.* Tübingen: Mohr • Wright, E. O. (2005). *Approaches to class analysis.* Cambridge: Cambridge UP

Reinhard Pollak

Kommunikation

In den Wissenschaften werden unterschiedliche Kommunikationsbegriffe verwendet: Kommunikation bezeichnet 1.) den Vorgang der Informationsübermittlung von einem Sender an einem Empfänger mittels bestimmter Zeichen und Codes (informationstechnischer Kommunikationsbegriff); 2.) Prozesse, in denen sich Individuen zueinander in Beziehung setzen und über etwas verständigen (handlungstheoretischer Kommunikationsbegriff); 3.) durch Sprache und generalisierte Kommunikationsmedien (z. B. Macht und Geld) vermittelte Verknüpfungen von Ereignissen innerhalb sozialer Systeme sowie zwischen Systemen und ihrer Umwelt (systemtheoretischer Kommunikationsbegriff).

Ein informationstechnischer Kommunikationsbegriff, der in der Absicht entwickelt wurde, die Koppelung technischer Systeme zu klären, ist für eine Betrachtung sozialer Kommunikation unzureichend. Denn wenn Individuen kommunizieren, tauschen sie nicht nur Informationen aus, sondern treten zugleich in soziale Beziehungen ein. Sie nehmen sich gegenseitig war, nehmen Einfluss aufeinander, richten Erwartungen aneinander usw. Damit aber ist jeder Informationsaustausch eingebettet in Prozesse der Handlungskoordination und damit der wechselseitigen Interpretation von Handlungsgründen, Absichten, Mitteilungen und Verhaltenserwartungen.

Soziales Handeln ist notwendig kommunikatives Handeln, denn die Koordination der Handlungen von Einzelnen setzt Verstehen und Verständigung voraus. Auch in Organisationen, in denen Handlungsabläufe durch formelle Regeln und Hierarchien gesteuert sind, müssen Anweisungen und Regeln interpretiert werden, damit Verhaltenserwartungen aufeinander abgestimmt werden können. Verstehen und Verständigung werden im Alltag normalerweise nicht zum Problem, sie finden statt, ohne dass die Bedingungen ihrer Möglichkeit in den Blick treten. Demgegenüber liegt die Aufgabe einer Soziologie der Kommunikation darin zu klären, wie Kommunikation sozial ermöglicht und sozial geformt wird und welchen sozialen Bedingungen Kommunikationsprozesse unterliegen.

© Springer Fachmedien Wiesbaden GmbH, ein Teil von Springer Nature 2018
J. Kopp und A. Steinbach (Hrsg.), *Grundbegriffe der Soziologie*,
https://doi.org/10.1007/978-3-658-20978-0_46

1. George Herbert Mead (1863–1931) bestimmt Kommunikation als einen sozialen Prozess, der sich auf der Grundlage „kooperativer Aktivitäten – wie etwa Sexualbeziehungen, Elternschaft, Kampf" entwickelt. Im Anschluss an die grundlegenden Arbeiten von Mead zeigen Theorien der symbolischen Interaktion, dass Verstehen und Verständigung eine gemeinsame Perspektive und einen gemeinsamen Vorrat an bedeutungsvollen Zeichen voraussetzen: Menschliches Handeln ist keine Verkettung eindeutiger Reize und Reaktionen, sondern die wechselseitige Interpretation von Handlungen und von Verhaltenserwartungen, die durch bedeutungstragende Zeichen, d.h. sprachliche und andere Symbole, mitgeteilt werden. Bedeutungen sind in der Perspektive des symbolischen Interaktionismus nicht vollständig situationsunabhängig festgelegt. Deshalb richtet sich das Interesse auch auf situative Aushandlungsprozesse von Bedeutungen.

   Erst soziale Kommunikation, darauf weist Mead mit seiner These vom Primat des Sozialen hin, ermöglicht die Bildung des individuellen Selbst. Wir lernen, uns lebensgeschichtlich zunächst aus der Sicht anderer wahrzunehmen. Individuelle Identität resultiert aus der Teilnahme an Kommunikation und der aktiven Interpretation der vielfältigen sozialen Bilder der Person, mit denen wir in Interaktionen konfrontiert werden. Die Bedeutung Meads für eine Soziologie der Kommunikation liegt darin, dass er eine Dialektik von I („Ich"), me („Mich") und self („Selbst/Identität") entwickelt, die es erlaubt, die Entwicklung des individuellen Selbst in Prozessen der Kommunikation und Interaktion soziologisch zu thematisieren.

2. Die Untersuchung der Strukturen des gemeinsamen Wissensvorrats, der jeder Kommunikation vorausgesetzt ist, steht im Zentrum der v.a. durch Alfred Schütz (1899–1959) begründeten Phänomenologie. Schütz setzt sich mit dem als selbstverständlich vorausgesetzten Alltagswissen auseinander, das soziales Handeln erst ermöglicht. Indem der Einzelne in eine vorgegebene Sozialwelt hineingeboren wird, erwirbt er einen begrenzten Wissensvorrat, eine „spezifische relativnatürliche Weltanschauung" (Schütz & Luckmann, 1994). Unsere Wirklichkeit ist diejenige, so lässt sich ein zentrales Argument der Sozialphänomenologie zusammenfassen, die wir vor dem Hintergrund eines durch die Teilhabe an sozialer Kommunikation erworbenen Wissensvorrates wahrnehmen. In der Sozialphänomenologie geht es in der Folge um die Untersuchung der sinnhaften Konstitution sozialer Wirklichkeit durch Akte der individuellen Weltauslegung.

3. Formale Strukturen der Kommunikation werden in der Ethnomethodologie untersucht. Mit der Annahme, dass soziale Wirklichkeit nicht schlicht gegeben ist, sondern durch alltägliches kommunikatives Handeln erst hergestellt wird,

wenden sich Ethnomethodologen gegen jede Verdinglichung sozialer Strukturen zu unabhängig vom Handeln bestehenden Tatbeständen. Ihr Interesse gilt der Darstellung und Herstellung sozialer Ordnungen im Alltag, z. B. der Darstellung und Herstellung bestimmter Formen von Männlichkeit und Weiblichkeit („doing gender"). Die Ordnung und Stabilität alltäglicher Kommunikation muss in dieser Sicht vielmehr von den Handelnden selbst gewährleistet werden. Die Aufmerksamkeit einer ethnomethodologischen Soziologie ist deshalb auf die Ordnungsleistungen gerichtet, die praktisch handelnde Gesellschaftsmitglieder erbringen, indem sie handeln. Ethnomethodologen analysieren z. B. die Bedingungen, unter denen Alltagskommunikation gelingen oder scheitern kann, die praktischen Erklärungen, mit denen sich Individuen im Alltag diese Vorgänge erklären und die Regeln, denen wir folgen, wenn wir Alltagsgespräche führen.

4. Arbeiten aus den genannten Kontexten haben den sogenannten „linguistic turn", die sprachanalytische Wende der Soziologie, eingeleitet. Denn bei allen Differenzen zwischen Theorien des Symbolischen Interaktionismus, Varianten der Sozialphänomenologie und Ethnomethodologie konvergieren diese in der Einsicht, dass eine sinnverstehende Soziologie darauf angewiesen ist, sich mit der zentralen Bedeutung von Sprache als konstitutivem Element von Sozialität auseinanderzusetzen. Den gesellschaftlichen Wissensvorrat, das Alltagswissen, formale Strukturen der Kommunikation und symbolischen Interaktion zu untersuchen, heißt immer auch, in Sprache(n) begründete und sprachlich vermittelte Kommunikation zu betrachten. Wesentliche Anregungen hat die sprachanalytische Soziologie aus der Sprachphilosophie, insbes. den Arbeiten Ludwig Wittgensteins (1889–1951) sowie der Sprechakttheorie entnommen.

5. In der Absicht einer Integration der genannten Ansätze hat Anthony Giddens das Programm einer interpretativen Soziologie vorgelegt, für die der Begriff Kommunikation zentral ist. Wie auch Jürgen Habermas wendet sich Giddens gegen die Reduktion des Gegenstandbereiches der Sozialwissenschaft auf intersubjektive Vorgänge kommunikativer Sinnsetzung und betont die Notwendigkeit einer umfassenden Theorie gesellschaftlicher Reproduktion, die Prozesse der materiellen Produktion sowie Macht- und Herrschaftsverhältnisse einschließt. Sinnhafte Interaktion und Kommunikation sind demnach durch vorgegebene soziale Bedingungen strukturiert. Kommunikatives Handeln ist nicht nur als Hervorbringung von Gesellschaft, sondern zugleich als Reproduktion von Herrschaftsverhältnissen zu thematisieren. Giddens Programm ist das einer „doppelten Hermeneutik", die eine Strukturtheorie gesellschaftlicher Reproduktion mit einer sinnverstehenden Soziologie sozialen Handelns verbindet.

6. In der Tradition der Kritischen Theorie stehend, versucht Jürgen Habermas, Gesellschaftstheorie in einer „Theorie des kommunikativen Handelns" zu fundieren. Nach Habermas ist Gesellschaft analytisch nicht auf die Prozesse der instrumentellen Verfügung über Menschen und Dinge sowie auf im Verhältnis zum Alltagsleben verselbstständigte ökonomische und politische Prozesse reduzierbar. Vielmehr sind die kommunikativen Strukturen der Lebenswelt Bestandsbedingung von Gesellschaft, aus deren Untersuchung sich zugleich Maßstäbe für eine Kritik gesellschaftlicher Herrschaftsverhältnisse gewinnen lassen. Lebensweltliche Kommunikation ist Habermas zufolge dadurch charakterisiert, dass sprachliche Verständigung auf der Grundlage von in den Gebrauch von Sprache eingelassenen Geltungsansprüchen der Wahrhaftigkeit, Richtigkeit und Verständlichkeit angestrebt wird. Nur in solchen lebensweltlichen Verständigungsverhältnissen können sprach- und handlungsfähige Individuen heranwachsen. Die Annahme, dass die lebensweltliche Rationalität „kommunikativ erzielter Verständigung", eine auf Verständigung, Werten und Normen beruhende soziale Integration von Imperativen der verselbstständigten Teilsysteme Wirtschaft und Verwaltung überformt wird, ist bei Habermas Kern einer spezifischen Krisendiagnose zeitgenössischer Gesellschaften. Die „Kolonialisierung der Lebenswelt", d.h. die Ersetzung von sprachlicher Kommunikation durch verrechtlichte und geldvermittelte soziale Beziehungen, führt demnach zu Pathologien, die als „Verdinglichung der kommunikativen Alltagspraxis" zu charakterisieren sind.

7. Kommunikation wird in der Theorie sozialer Systeme von Niklas Luhmann (1927–1998) im Unterschied zu den skizzierten Theorien nicht als Verständigung zwischen Individuen, sondern als „eine emergente Realität" betrachtet. Ausgangspunkt ist hier die Annahme, dass nicht Individuen kommunizieren, sondern dass „die Kommunikation kommuniziert". Luhmann macht damit darauf aufmerksam, dass Kommunikationsprozesse einer Eigengesetzlichkeit unterliegen, die nicht auf das Bewusstsein und die Absichten von Personen reduzierbar ist und die es nicht erlaubt, Gedanken von Individuen direkt aufeinander zu beziehen. Kommunikation besteht vielmehr im „Verstehen" von sprachlichen und nicht-sprachlichen Informationen und Mitteilungen. In systemtheoretischer Sicht ist das Netzwerk der Kommunikation eine eigenständige soziale Tatsache, die ohne Rückgriff auf ein Wissen über das Bewusstsein von Personen zu analysieren ist. Zu diesem Zweck unterscheidet Luhmann drei Komponenten von Kommunikation: Information, Mitteilung und Verstehen. Damit Kommunikation zustande kommt, ist es in dieser Sicht nicht zureichend, dass eine Person A einer anderen Person B mit der Absicht der Verständigung gegenübertritt oder gar die Gründe dieser Person tatsächlich

versteht. Es kommt vielmehr lediglich darauf an, dass Ereignisse im Prozess der Kommunikation weitere kommunikative Ereignisse ermöglichen, kommunikativ „anschlussfähig" sind. Gesellschaftstheoretisch bestimmt Luhmann Gesellschaft als ein alle Kommunikationen umfassendes Sozialsystem. Auf der Grundlage einer Theorie funktional differenzierter sozialer Systeme treten hier Prozesse des selbstbezüglichen Operierens sozialer Systeme mittels generalisierter Kommunikationsmedien und ausdifferenzierter Codes und Programme in den Blick.
8. Auch in der von Ulrich Oevermann entwickelten Theorie einer objektiven bzw. strukturalen Hermeneutik wird die auf die Absichten der Beteiligten nicht reduzierbare Eigengesetzlichkeit von Kommunikationsprozessen betont. Oevermann hat eine Methodologie entwickelt, die es erlauben soll, die latenten, d. h. den Handelnden selbst nicht bewussten Strukturen von Interaktionsprozessen zu rekonstruieren, indem die Regeln untersucht werden, denen Handelnde folgen, wenn sie interagieren.
9. Das Verhältnis dessen, was in sozialer Kommunikation sprachfähig und damit bewusstseinsfähig wird, zum individuellen und kollektiven Unbewussten ist Gegenstand der psychoanalytischen Sozialforschung. Psychoanalytisch orientierte Sozialwissenschaftler versuchen die Beschränkung der Psychoanalyse auf das Feld der Therapie zu überwinden und im Anschluss an die Kulturtheorie Sigmund Freuds (1856–1939) Psychoanalyse als genuine Sozialwissenschaft zu begründen. Für eine Soziologie der Kommunikation werden damit Begriffe wie Unbewusstsein, Abspaltung, Verdrängung, Projektion sowie diskursive und präsentative Symbolik relevant.
10. Eine Soziologie der Kommunikation kann sich in modernen Gesellschaften zweifellos nicht auf die Untersuchung solcher Kommunikationsprozesse beschränken, die die körperliche Anwesenheit der Teilnehmer voraussetzen (Interaktion). Denn Kommunikation ist hier wesentlich auch massenmediale Kommunikation. Soziologische Kommunikationsforschung ist folglich auch als Medienforschung und Medienwirkungsforschung zu begreifen. Wichtige Anknüpfungspunkte für eine Soziologie der Massenkommunikation bieten u. a. die im Kontext der Kritischen Theorie der Frankfurter Schule formulierte Kritik der Kulturindustrie sowie die Arbeiten des Sozialphilosophen J. Baudrillard, dessen Begriff der Simulation darauf hinweist, dass Wirklichkeit in der massenmedialen Gesellschaft wesentlich eine künstliche und erzeugte Wirklichkeit ist.

▶ **Handeln, soziales; Individuum; Interaktion; Sprache; Symbol**

📖 Abels, H. (2010). *Interaktion, Identität, Präsentation*. Wiesbaden: VS Verlag • Averbeck-Lietz, S. (2014). *Soziologie der Kommunikation*. München: Oldenbourg • Berger, P., , & Luckmann, T. (2007). *Die gesellschaftliche Konstruktion der Wirklichkeit*. Frankfurt a. M.: Fischer • Blumer, H. (2001). *Symbolic Interactionism*. Berkeley/Los Angeles/New York: University of California Press • Giddens, A. (1984). *Interpretative Soziologie*. Frankfurt a. M./New York: Campus • Habermas, J. (2006). *Theorie des kommunikativen Handelns. Bd. I und II*. Frankfurt a. M.: Suhrkamp • Luhmann, N. (2009). *Die Gesellschaft der Gesellschaft. Bd. I und II*. Frankfurt a. M.: Suhrkamp • ders. (2002). Was ist Kommunikation? In F.B. Simon (Hg.): *Lebende Systeme* (S. 19-31). Frankfurt a. M.: Suhrkamp • Mead, G. H. (2008). *Geist, Identität und Gesellschaft*. Frankfurt a. M.: Suhrkamp • Rommerskirchen, J. (2014). *Soziologie & Kommunikation*. Wiesbaden: Springer VS • Weingarten, E., Sack, F. & Schenklein, J. (Hg.) (1986). *Ethnomethodologie*. Frankfurt a. M.: Suhrkamp • Schütz, A., Luckmann, T. (2003). *Strukturen der Lebenswelt*. Frankfurt a. M.: Suhrkamp

Albert Scherr

Konflikt, sozialer

Ein sozialer Konflikt (lat. confligere = zusammenstoßen) ist eine Beziehung zwischen mindestens zwei Akteuren, die durch eine tatsächliche und/oder wahrgenommene Unvereinbarkeit gekennzeichnet ist. Diese Unvereinbarkeiten können sich auf Unterschiedliches beziehen, etwa auf Interessen, Einstellungen, Identitäten oder Bedürfnisse. Als Alltagsphänomene gehören soziale Konflikte zum Zusammenleben von Menschen, wobei zu beobachten ist, dass mit zunehmender Pluralisierung und gesellschaftlicher Differenzierung Konflikte einerseits häufiger auftreten, sie andererseits aber seltener die Existenz größerer sozialer Einheiten gefährden. Dies wird mit der Mehrfachzugehörigkeit zu sozialen Einheiten begründet, durch die Akteure zwar entlang bestimmter Konfliktlinien voneinander getrennt sind, zugleich aber in anderen sozialen Feldern gemeinsame Interessen und Zugehörigkeiten teilen (Ross, 1993).

Georg Simmel (1858–1918) hat darauf hingewiesen, dass Konflikte als eine neben anderen Formen von Vergesellschaftung zu verstehen sind. Unabhängig von den konkreten Konfliktgegenständen stiftet ein Konflikt Beziehungen zwischen den an ihm Beteiligten. Er wirkt damit – solange er nicht in eine Vernichtung des Gegners mündet – integrativ und assoziativ, weil sich die Parteien im Konflikt wechselseitig aufeinander beziehen. Simmel (1992) unterscheidet dabei verschiedene Arten sozialer Konflikte, die jeweils verschiedene Beziehungsmuster hervorbringen, bspw. den durch unpersönliche und sachliche Beziehungen geprägten Rechtsstreit zwischen Fremden von stärker emotionsgeleiteten Konflikten zwischen Parteien, die einander in gewisser Hinsicht sehr ähnlich sind und sich ebendeshalb leichter verletzen können. Treten sich in beiden Konflikttypen die Konfliktparteien direkt gegenüber, so unterscheidet sich die Konkurrenz Simmel zufolge dadurch von ihnen, dass in ihr die Kontrahenten zwar unvereinbare Ziele verfolgen – etwa das Erreichen desselben knappen Gutes –, der Konflikt dabei aber ohne direkte Konfrontation ausgetragen wird.

Beziehungen zwischen den Konfliktparteien können sich im Verlauf sozialer Konflikte wandeln. Konflikte beginnen oft mit latenten Spannungen, die in offene Meinungsverschiedenheiten übergehen und schließlich in verbale und physische Aggression und offene Gewalt münden. In der Organisationssoziologie hat Friedrich Glasl (2011) ein neunstufiges Eskalationsmodell entwickelt, das die Zuspitzung des Konfliktgeschehens beschreibt, an deren Beginn die Beteiligten sachliche Differenzen austragen, die schließlich soweit eskalieren können, dass Konfliktparteien die Existenz des jeweils anderen als unvereinbar mit dem eigenen Überleben betrachten. Aus Sachkonflikten, bei denen kontroverse Themen im Vordergrund stehen, werden Beziehungskonflikte, in denen sich Konfliktparteien im Modus der Anschuldigungskommunikation begegnen. Im Zuge einer weiteren Steigerung der Konfliktintensität dominieren dann Feindseligkeiten und Drohungen, die einen Übergang zu physischer Gewalt wahrscheinlich machen (Messmer, 2003). Gerade Gewalterfahrungen können dazu führen, dass der eigentliche Konfliktgegenstand – die wahrgenommene Unvereinbarkeit der Positionen der Akteure – aus dem Blick gerät und sich Konflikte dadurch verselbstständigen, dass Konfliktparteien sich wechselseitig nur noch als Opfer der jeweils anderen Gruppe betrachten.

Die Reichweite sozialer Konflikte hängt davon ab, inwiefern sie von kollektiven Akteuren aufgegriffen werden und kollektives Handeln motivieren können. Für die erfolgreiche Mobilisierung von Akteuren in Konflikten sind Organisationen und Netzwerke von zentraler Bedeutung, die über materielle und symbolische Ressourcen verfügen. Gelingt es, Anreize für die Teilnahme an Konflikten sowie Legitimations- und Deutungsmuster für kollektive Proteste zu entwickeln, erhöht dies die Wahrscheinlichkeit der Entstehung und Institutionalisierung sozialer Konflikte bspw. durch soziale Bewegungen (Tarrow, 1991; Teune, 2008). Randall Collins (2012) hat in diesem Zusammenhang auch die Bedeutung der Mobilisierung von Emotionen für die Entstehung sozialer Konflikte betont.

Bei der Entstehung sozialer Konflikte im Rahmen kollektiven Handelns kann zwischen direkten und strukturellen Ursachen unterschieden werden. Direkte Ursachen wirken als Katalysatoren für soziale Konflikte, etwa konkret erlebte Diskriminierung, die Verfügung über Gewaltmittel wie Waffen oder die Veränderung politischer Kräfteverhältnisse durch Wahlen oder Migration. Zu den strukturellen Ursachen gehören etwa Formen der institutionalisierten Ausgrenzung von Gruppen, starke ökonomisch und politische Benachteiligung oder die illegitime Ausübung von Herrschaft in einer Gesellschaft. Dahrendorf (1929–2009) zufolge führt die Ausdifferenzierung von positiven und negativen Herrschaftsrollen in Gesellschaften ganz grundsätzlich dazu, dass Konflikte unvermeidbar sind, weil an negative Herrschaftsrollen das Interesse geknüpft ist, den status quo, also die Machtverteilung in einer Gesellschaft, zu verändern (Dahrendorf, 1961). Gesellschaften, die solche

Konflikte unterdrücken, laufen Gefahr, gewaltsame Auseinandersetzungen über den Zugang zu gesellschaftlichen Positionen heraufzubeschwören. Soziale Konflikte können unter bestimmten Bedingungen funktional und produktiv für soziale Einheiten sein (Bark, 2012). So hat Lewis Coser (1913–2003) im Anschluss an Simmel die Bedeutung von Konflikten für soziale Gruppen herausgearbeitet. Ihm zufolge stärken äußere Konflikte den inneren Gruppenzusammenhalt. Zugleich zeigen sich Gruppen, die in der Lage sind, Konflikte unter Verzicht auf Drohungen und Gewalt offen und konstruktiv auszutragen, anpassungsfähiger und flexibler gegenüber einer sich wandelnden Umwelt. Für Gesellschaften sind Coser zufolge vor allem „echte" im Gegensatz zu „unechten Konflikten" produktiv, denn in ihnen verfolgen Akteure bestimmte Ziele, während in unechten Konflikten negative Gefühle und Feindbilder im Vordergrund stehen (Coser, 1965). Ähnlich hat Hirschman (1915–2012) zwischen teilbaren und unteilbaren Konflikten unterschieden, je nachdem, ob die Konfliktgegenstände zwischen den Parteien aufgeteilt werden können oder nicht. Ist dies der Fall, fördern Konflikte gesellschaftlichen Zusammenhalt (Hirschman, 1994).

Interessenkonflikte, aber auch normative oder Wertekonflikte gelten, solange sie unter Verzicht auf Gewalt und in einem gemeinsam geteilten institutionellen Rahmen ausgetragen werden, als wesentliche Triebkraft gesellschaftlichen Wandels, da sie kollektive Lernprozesse ebenso ermöglichen wie die gemeinsame Suche nach Lösungen für gesellschaftliche Probleme und die Auseinandersetzung über unterschiedliche Lebensentwürfe und normative Vorstellungen. So lassen sich Prozesse der Ausweitung gesellschaftlicher Inklusion, der Demokratisierung und der Durchsetzung von Rechten nicht zuletzt auf erfolgreiche Anerkennungskämpfe zurückführen, in denen Gruppen Missachtungserfahrungen zum Anlass für die Austragung sozialer Konflikte genommen haben (Honneth, 1994).

Dass insbesondere für demokratische und pluralistische Gesellschaften soziale Konflikte von zentraler Bedeutung sind, ist mehrfach hervorgehoben worden. Einerseits schützt eine offene Austragung von Konflikten davor, Minderheitenauffassungen zu ignorieren und auszugrenzen (Sunstein, 2003), andererseits lebt eine Demokratie gerade davon, dass grundsätzliche, unvereinbare gesellschaftliche Wertvorstellungen öffentlich artikuliert werden (Mouffe, 2007). Soziale Konflikte können unter diesen Bedingungen eine besondere integrative Kraft entfalten, so dass etwa Dubiel (1997) zufolge nicht gemeinsame Werte, sondern gemeinsame Formen der Konfliktaustragung moderne Gesellschaften zusammenhalten.

▶ **Differenzierung, gesellschaftliche; Gewalt; Macht – Autorität – Herrschaft; Netzwerk, soziales; Organisation; Werte**

📖 Bark, S. (2012). *Zur Produktivität sozialer Konflikte*. Wiesbaden: VS Verlag • Collins, R. (2012). *Konflikttheorie: Ausgewählte Schriften*. Wiesbaden: VS Verlag • Coser, L. (1965). *Theorie sozialer Konflikte*. Neuwied: Luchterhand • Dahrendorf, R. (1961). *Gesellschaft und Freiheit. Zur soziologischen Analyse der Gegenwart*. München: Piper • Dubiel, H. (1997). Unversöhnlichkeit und Demokratie. In: W. Heitmeyer (Hg.), *Was hält die moderne Gesellschaft zusammen?* (S. 425-444). Frankfurt am Main: Suhrkamp • Glasl, F. (2011). *Konfliktmanagement. Diagnose und Behandlung von Konflikten in Organisationen*. 10. Auflage. Bern, Stuttgart: Haupt • Hirschman, A. O. (1994). Wieviel Gemeinsinn braucht die liberale Gesellschaft? *Leviathan*, 22, 293-304 • Honneth, A. (1994). *Kampf um Anerkennung*. Frankfurt am Main: Suhrkamp • Messmer, H. (2003). *Der soziale Konflikt. Kommunikative Emergenz und systemische Reproduktion*. Stuttgart: Lucius & Lucius • Mouffe, C. (2007). *Über das Politische. Wider die kosmopolitische Illusion*. Frankfurt am Main: Suhrkamp • Ross, M. H. (1993). *The Culture of Conflict. Interpretations and Interests in Comparative Perspective*. New Haven: Yale UP • Simmel, G. (1992) (zuerst 1903). *Soziologie. Untersuchungen über die Form der Vergesellschaftung*. Frankfurt am Main: Suhrkamp • Sunstein, C. (2003). *Why Societies Need Dissent*. Cambridge: Harvard UP • Tarrow, S. (1991). Kollektives Handeln und politische Gelegenheitsstruktur in Mobilisierungswellen: Theoretische Perspektiven. *Kölner Zeitschrift für Soziologie und Sozialpsychologie*, 43, 647-670 • Teune, S. (2008). „Gibt es so etwas überhaupt noch?" – Zur Forschung über soziale Bewegungen und Protest. *Politische Vierteljahresschrift*, 49, 528-547

Thorsten Bonacker

Kontrolle, soziale

Das Konzept ‚soziale Kontrolle' gehört zum terminologischen Traditionsbestand der Soziologie mit einer langen und wechselhaften Geschichte. Die Schwierigkeit der Formulierung einer allgemein akzeptierten Definition sozialer Kontrolle ergibt sich u. a. daraus, dass das Konzept zwar zumeist als ein allgemeiner soziologischer Grundbegriff akzeptiert wird, es aber gleichzeitig in der Spezial- oder Bindestrichsoziologie, der Devianzsoziologie, der Soziologie sozialer Probleme oder der Kriminologie in andere Weise Verwendung findet. Demnach oszilliert die Bedeutung sozialer Kontrolle im Laufe seiner Geschichte zwischen einer breiten Verwendung, bei der alle Mechanismen und Prozesse der Herstellung, Stabilisierung und Reproduktion sozialer Ordnung und sozialer Integration im Fokus stehen, und einer eher engen Begriffsverwendung, bei der mit sozialer Kontrolle nur die Mechanismen, Institutionen und Prozesse bezeichnet werden, mit denen auf abweichendes Verhalten reagiert wird (vgl. als Überblick Nogalla, 2000: 121 ff., Scheerer, 2000; Scheerer & Hess, 1997). Eine weitere Schwierigkeit der Definition ergibt sich aus unterschiedlichen Konnotationen, die mit dem Begriff „sozial" verbunden werden. Einige Autoren und Autorinnen grenzen „soziale" Kontrolle von ökonomischer und politischer Kontrolle ab und wollen mit sozialer Kontrolle im Wesentlichen Prozesse und Strukturen gesellschaftlicher, kultureller und interaktiver Selbstregulierung in den Blick nehmen und z. B. von intentionaler Steuerung gesellschaftlicher Vorgänge abgrenzen. Demgegenüber gehen andere von einem eher umfassenden Begriff des Gesellschaftlichen aus, mit dem über die Unterscheidung zwischen „formeller" und „informeller" sozialer Kontrolle sowohl gesellschaftliche Selbstregulierung als auch intendierte gesellschaftliche Steuerung über Instanzen sozialer Kontrolle analysiert werden sollen (vgl. Cohen, 1993). Schließlich gibt es die Position, die den Begriff soziale Kontrolle aufgrund seiner Vagheit, seiner impliziten politischen Konnotationen und seiner Allgemeinheit als völlig ungeeignet hält, weiterhin als soziologischen (oder kriminologischen) Grundbegriff oder als sinnvolles Konzept für empirische Analysen zu fungieren (vgl. Crämer-Schäfer & Steinert, 2000; Sumner, 1997).

Der Begriff soziale Kontrolle fand als zentraler Grundbegriff zunächst um 1900 Eingang und Verbreitung in der US-amerikanischen Soziologie. Noch eng angelehnt an die etymologische Bedeutung von Kontrolle, als Echtheitsprüfung eines Dokuments mit Hilfe eines Doppels, um die Übereinstimmung beider festzustellen, wurde soziale Kontrolle verstanden als Fähigkeit einer Gesellschaft, sich nach bestimmten erwünschten Prinzipien, Idealen und Werten zu regulieren. Dementsprechend findet sich nicht nur in dem für das Konzept grundlegenden Buch von Edward A. Ross (1866–1951) „Social Control. A Survey of the Foundations of Order" von 1901 eine breite Palette von Mitteln und Mechanismen, über die sich soziale Integration und soziale Ordnung von Gesellschaften herstellen: Öffentliche Meinung, Glaube, Erziehung, Gewohnheit, persönliche Ideale, Zeremonien, Kunst, Aufklärung, öffentliche Gewalt. Soziale Kontrolle hat hier eine normative Bedeutung im Sinne eines Vergleichs zwischen dem, was ist und dem, was sein soll. Mit dem Begriff „soziale Kontrolle" sollte ein Basiskonzept etabliert werden, mit dem das Problem gesellschaftlicher Entwicklung und sozialer Ordnung als ein eigenständiges, genuin soziologisches Forschungsfeld etabliert werden konnte.

Es geht also bei der Analyse der Mittel sozialer Kontrolle, wenn schon nicht unbedingt um die Fragestellung der gesamten Soziologie, so doch aber mindestens um den gesamten Bereich von Fragestellungen nach den Beziehungen zwischen Gesellschaft und Individuum. Wir haben es also hier mit einem sehr breit angelegten Konzept zu tun, das sowohl Prozesse der Sozialisation, der Internalisierung von Werten und Normen, Interaktionen in Gruppen wie auch Formen externer Kontrolle über Strafen umfasste. Soziale Kontrolle bezeichnete in dieser frühen Perspektive von Ross (2009: 3) die Mechanismen, die Menschen dazu bringen, „to live closely together, and to associate their efforts with that degree of harmony we see about us". Ähnlich breite Fassungen „sozialer Kontrolle" finden sich mit unterschiedlichen Schwerpunktsetzungen im ersten Drittel des 20. Jahrhunderts im Kontext der Chicagoer Schule z. B. bei Charles Horton Cooley, George Herbert Mead, William I. Thomas und Robert Park. „Soziale Kontrolle" wurde hier in Bezug zu „sozialen Problemen", bzw. abweichendem Verhalten und „sozialer Desorganisation" gesehen. Die verschiedenen sozialen Probleme, besonders in den sich explosionsartig ausbreitenden Städten wie Chicago, wurden vor dem Hintergrund der Annahme einer „natürlichen" sozialen Ordnung in traditionellen dörflichen Gemeinschaften als ein Mangel an sozialer Kontrolle durch Primärgruppen diagnostiziert (siehe Janowitz, 1973). Soziale Kontrolle wurde also auf Prozesse von Sozialisation und Interaktionen in Primärgruppen bezogen, also als Mechanismen in face-to-face-Interaktionen verstanden. Dies machte das „Soziale" an sozialer Kontrolle aus, deren

Inhalt sich an tradierte Vorstellungen dörflicher Gemeinschaften orientierte und deren Fehlen dann als Ursache für Desorganisation konzipiert wurde.

Als Reaktion auf diese Art der Konzeptualisierung sozialer Kontrolle wurden in der US-amerikanischen Soziologie zwei Konsequenzen in Richtung auf eine engere Konzeptualisierung „sozialer Kontrolle" gezogen: Einerseits wurde „soziale Kontrolle" zu einem sozialpsychologischen Konzept, das sich auf die Mechanismen der Herstellung von Konformität mit Gruppennormen bezieht und so im Kontext von Kontroll-, Lern- und Verhaltenstheorien weiterentwickelt. Andererseits wurde „soziale Kontrolle" abgegrenzt von Prozessen der Sozialisation und nunmehr stärker als Reaktion auf abweichendes Verhalten aufgefasst. Während in der Chicagoer Schule abweichendes Verhalten zumeist als Versagen sozialer Kontrolle konzipiert worden war, wurde diese nun, z. B. bei Parsons (1951), als Reaktion auf das Versagen der Sozialisation thematisiert. Soziale Kontrolle wird also zunehmend im Sinne einer (Wieder-)Herstellung von Normkonformität verstanden: „The theory of social control is the obverse of the theory of the genesis of deviant behavior tendencies. It is the analysis of those processes in the social system which tend to counteract the deviant tendencies, and of the conditions under which such pressure will operate" (Parsons, 1951: 297). Während bei Parsons abweichendes Verhalten und soziale Kontrolle noch als zentrale Grundbegriffe einer allgemeinen Gesellschaftstheorie angesehen werden, wird spätestens seit den 1960er Jahren versucht, das Konzept für die Etablierung von Spezialsoziologien (Devianzsoziologie, Soziologie sozialer Probleme, Kriminalsoziologie) zu nutzen. Dies ist besonders wirkmächtig als Kritik an einer weiten Begriffsverwendung von sozialer Kontrolle formuliert bei Clark und Gibbs, 1965 (1982). Seitdem wird soziale Kontrolle zumeist definiert als „soziale Reaktion auf Verhalten, das als abweichend definiert wird, und zwar sowohl Überanpassung an wie Verletzung von Normen" (Clark & Gibbs, 1982: 157) bzw. als „ein Handeln, das darauf zielt, abweichendes Verhalten künftig zu verhindern" (Peters, 1989: 133).

Hiermit ging eine wesentliche Differenzierung des Konzepts einher, die an Cooley's Unterscheidung in Primär- und Sekundärgruppen anschließt: die Unterscheidung in formelle und informelle soziale Kontrolle. Die Reaktionen auf abweichendes Verhalten sind nicht mehr nur an Primärgruppen gebunden, sondern an spezialisierte Instanzen sozialer Kontrolle. Auf dieser Grundlage konnte nun z. B. auch eine Verbindung zur Rechtssoziologie hergestellt werden, und das Konzept „soziale Kontrolle" bekam zunehmend die Konnotation von Macht und Autorität gesellschaftlicher bzw. staatlicher Institutionen über das Individuum. Diese Auffassung, besonders im Hinblick auf staatliche Kontrolle, war in der europäischen Soziologie bereits bei den Klassikern wie Marx, Weber und Durkheim wesentlich bedeutsamer. Während in den USA also zunächst das „Soziale" an sozialer Kontrolle betont wurde, stand nun eher das „Kontrollierende", insbesondere auch in seinen politischen Konnotationen im Vordergrund und wurde seit Mitte der 1960er auch als Kritik an staatlicher oder staatlich organisierter Politik formuliert, indem alle möglichen Einrichtungen, Organisationen und Professionen als Instanzen sozialer Kontrolle untersucht wurden (z. B. Sozialpolitik, Medizin und soziale Arbeit als Instanzen sozialer Kontrolle).

Die Beziehung zwischen beiden Formen sozialer Kontrolle wird dabei häufig als kompensatorisch betrachtet, indem man davon ausgeht, dass infolge von Prozessen sozialer Differenzierung und Individualisierung traditionelle, informelle Formen sozialer Kontrolle wie Familie, Religion und Nachbarschaft abnehmen und durch spezialisierte, insbesondere staatliche Instanzen ersetzt werden. Diese Fragestellung nach den Beziehungen zwischen informeller und formeller sozialer Kontrolle ist allerdings nicht nur im Hinblick auf die historische Entwicklung verschiedener Formen sozialer Kontrolle relevant, sondern gerade auch in Bezug auf die Frage nach ihren Wirkungsbedingungen.

Die Tendenz zur Reduzierung sozialer Kontrolle auf Instanzen wurde verstärkt durch interaktionistische sowie kritische, konflikttheoretische Ansätze, in denen soziale Kontrolle in Abgrenzung zum Funktionalismus nicht als Reaktion auf Devianz aufgefasst wird, sondern als deren „Ursache". Während z. B. bei Parsons (1951) soziale Kontrolle als Folge abweichenden Verhaltens auf die Wiederherstellung von Normkonformität zielt, werden in interaktionistischen Ansätzen eher ihre selektive Anwendung und negativen Konsequenzen im Hinblick auf eine Produktion und Verstärkung abweichenden Verhaltens thematisiert.

Die enge Kopplung von abweichendem Verhalten und sozialer Kontrolle sowohl in funktionalistischen wie auch in interaktionistischen Ansätzen ist allerdings nicht unproblematisch. Mit dieser engeren Definition wird, im Unterschied zu frühen Auffassungen über soziale Kontrolle, der weite Bereich nichtintendierter Prozesse und Bedingungen sowie Praxen, die nicht unmittelbar auf abweichendes Verhalten bezogen sind, aber auf irgendeine Weise einen Beitrag zur Herstellung, Sicherung oder Reproduktion sozialer, normativer oder moralischer Ordnungen leisten, ausgeschlossen.

Zudem ist nicht einfach zu klären, was denn überhaupt abweichendes Verhalten ist, weil in pluralisierten Gesellschaften nicht mehr von einem einheitlichen normativen Konsens ausgegangen werden kann und von daher eine Vielzahl unterschiedlicher normativer Bezugssysteme existiert. Die Existenz von Normen ist häufig nur darüber zu identifizieren, dass auf ihre Verletzung hin eine Reaktion, also soziale Kontrolle erfolgt, abweichendes Verhalten also erst im Nachhinein über soziale Kontrolle definiert wird.

Dieses Problem wurde im Strukturfunktionalismus über den Rückgriff „soziale Desorganisation" und systemische Bestandsvoraussetzungen zu lösen versucht; in interaktionistischen und konflikttheoretischen Ansätzen hingegen wurde die Konstruktion und Definition von Normen und abweichendem Verhalten über kollektive Akteure selbst zu einem Aspekt sozialer Kontrolle: „Social control refers .. to how people define and respond to deviant behavior" (Black, 1984: 5). Abweichendes Verhalten und soziale Kontrolle stellen in dieser Perspektive nicht zwei spezielle, getrennte Untersuchungsbereiche der Soziologie dar, sondern sind zwei Seiten desselben. In der Pluralität sozialer und normativer Ordnungen wird soziale Kontrolle dann auch wieder von ihrem impliziten Bezug auf eine gesamtgesellschaftliche Ordnung gelöst und an jeweils spezifischen Gruppenkontexte gebunden, in denen die Herstellung und Sicherung jeweils spezifischer Norm- und Normalitätsvorstellungen über verschiedenen Formen und Mittel sozialer Kontrolle geleistet wird.

In diesem Sinne finden sich dann Versuche, den Bedeutungshorizont sozialer Kontrolle wieder auszuweiten: „We use the term ‚social control' to refer to all social (and technical) Arrangements, mechanisms, norms, belief systems, positive and negative sanctions that either aim and/or result in the prevention of undesired behaviour or, if this already occurred, respond to the undesired act in a way that tries to prevent its occurrence in the future" (Scheerer & Hess, 1997: 103 f.), allerdings ohne damit den allgemeineren Bezug auf soziale Ordnungen wiederherzustellen. Vielmehr ist diese Definition aber explizit mit der Idee verbunden, soziale Kontrolle nicht mehr als ein substanzielles gesellschaftliches Feld zu ontologisieren in dem Sinne, dass eine Institution oder eine soziale Beziehung soziale Kontrolle „ist", sondern soziale Kontrolle als eine Perspektive aufzufassen. Es ist also zu fragen, zu welchen Erkenntnissen man kommt, wenn bestimmte gesellschaftliche Arrangements daraufhin betrachtet werden, in welcher Weise sie soziale Ordnung herstellen und sichern oder abweichendes Verhalten verhindern bzw. zu verhindern trachten.

▶ **Norm, soziale; Macht – Autorität – Herrschaft; Gewalt; Stadt**

Black, D. (1984). *Toward a General Theory of Social Control*. Orlando: Academic Press • Clark, A. L., Gibbs, J. P., (1982). Soziale Kontrolle: Eine Neuformulierung, in: K. Lüderssen & F. Sack (Hg.), *Seminar: Abweichendes Verhalten I (S. 153-185)*. Frankfurt a. M.: Suhrkamp • Cohen, S., (1993). Soziale Kontrolle und die Politik der Rekonstruktion, in: D. Frehsee, G. Löschper, & K. F. Schumann (Hg.), *Strafrecht, soziale Kontrolle, Disziplinierung* (S.209-237). Opladen: Westdeutscher Verlag • Cremer-Schäfer, H. & Steinert, H., (2000). Soziale Ausschließung und Ausschließungs-Theorien, in: H. Peters (Hg.), *Soziale Kontrolle (S. 43-64)*. Opladen: Leske + Budrich • Janowitz, M., (1973). Wissenschaftshistorischer Überblick zur Entwicklung des Grundbegriffs

„Soziale Kontrolle". *Kölner Zeitschrift für Soziologie und Sozialpsychologie,* 25, 499-514 • Nogala, D., (2000). Erscheinungs- und Begriffswandel von Sozialkontrolle eingangs des 21. Jahrhunderts, in: H. Peters (Hg.), *Soziale Kontrolle* (S. 111-131). Opladen: Leske + Budrich • Peters, H., (1989). *Devianz und soziale Kontrolle.* Weinheim: Juventa • Ross, E. A., (2009) (zuerst 1901). *Social Control.* New York: Transaction Publishers • Parsons, T., 1951: *The Social System.* Glencoe: Free Press • Scheerer, S., (2000). „Soziale Kontrolle" – schöner Begriff für böse Dinge?, in: H. Peters (Hg.), *Soziale Kontrolle* (S. 153-169). Opladen: Leske + Budrich • Scheerer, S. & Hess, H., (1997). Social Control: A Defence and Reformulation, in: R. Bergalli, & C. Sumner (Hg.), *Social Control and Political Order* (S. 96-130). London: Sage • Sumner, C., (1997). The Decline of Social Control and the Rise of Vocabularies of Struggle, in: R. Bergalli, & C. Sumner (Hg.), *Social Control and Political Order* (S. 131-150). London: Sage

Axel Groenemeyer

Krise

Unter Krise versteht man jenen Zustand der Gesellschaft bzw. zentraler gesellschaftlicher Bereiche (Wirtschaft, Bildungswesen, Sozialstaat), in dem unter Zeitdruck schwierige Probleme der Anpassung, der Koordination und ggf. der Strukturveränderung und Systemerhaltung zu lösen sind (gr. krisis = „Entscheidung"; „entscheidende Wende").

Der ursprünglich in der Rechtsprechung, der Theologie und v. a. in der Medizin beheimatete Begriff ist seit dem 18. Jahrhundert in der Geschichtsdeutung und den sich etablierenden Sozialwissenschaften gebräuchlich und bezeichnet, ganz im Sinne seines gr. Wortursprungs, eine bedenkliche Lage, einen Wende- und Entscheidungspunkt (Koselleck, 2004).

In der Geschichte der Soziologie spielt der Begriff eine zentrale Rolle, da sie als Umbruch- bzw. Krisenwissenschaft begann. Die Soziologie entstand, um auf wissenschaftlich begründeter Basis die großen Entwicklungs- und Strukturkrisen der sich industrialisierenden Gesellschaft, im Umbruch von der ständisch-feudalen Gesellschaftsordnung, bewältigen zu helfen. „Terminer la crise" – dies war eines der Schlagworte von Claude-Henri de Saint-Simon (1760–1825). Er war überzeugt, mit seiner „neuen Wissenschaft" den Grundstein dafür gelegt zu haben, im steten Wechsel von „organischen" und „kritischen" Zeitaltern für das heraufkommende „Zeitalter der Industrie" die Bedingungen einer neuen gesellschaftlichen Integration angegeben zu haben. Sein Schüler Auguste Comte (1798–1857) wollte durch Anwendung seiner „positiven Philosophie" die „große Krise" definitiv beenden.

In der Kritik der politischen Ökonomie von Karl Marx (1818–1883) wird die fundamentale gesellschaftliche Krise als antagonistischer Klassengegensatz erkannt, der in der industriell-kapitalistischen Gesellschaft nur revolutionär beseitigt werden kann. Die Bourgeoisie, die von einer Wirtschaftskrise in die andere taumele, sei hierzu unfähig, weil sie durch ihre Maßnahmen „allseitigere und gewaltigere Krisen (nur) vorbereitet und die Mittel, den Krisen vorzubeugen, vermindert" (Kommunistisches Manifest, 1848). Krise, Kritik und Revolution stehen seither in der marxistischen Soziologie in einem zwangsläufigen Zusammenhang, quasi als Übersteigerung des seit der Aufklärung engen Zusammenhangs von „Kritik und Krise", einem zentralen Element in der Genese der bürgerlichen Welt (Koselleck, 2001).

Im Gegensatz hierzu gehen alle nicht-marxistischen soziologischen bzw. politologischen Krisentheorien davon aus, dass gesellschaftliche Strukturkrisen prinzipiell mit den Mitteln der Politik und der Umverteilung über den Steuer- und Sozialstaat zu lösen sind.

In soziologischen Krisentheorien, v. a. der Systemtheorie und dem Strukturfunktionalismus, wird nach Ursachen, Verlauf und Möglichkeiten der Beendigung von sozialen und politischen Krisen gefragt. Hierbei wird z. B. zwischen Übergangs-, Koordinations-, Steuerungs- und Strukturkrisen unterschieden. Nach Niklas Luhmann (1999) sind „Krisen heikle Situationen in Systemen/Umwelt-Beziehungen, die den Fortbestand des Systems oder wichtiger System-Strukturen unter Zeitdruck in Frage stellen". Entsprechend rücken Probleme der Anpassung von System und Umwelt, von Stabilität und Wandel, von Komplexitätssteigerung und -bewältigung, von Krise und sozialer Kontrolle in den Vordergrund. Sozialpsychologische Theorien kollektiven Verhaltens suchen die Krisenerscheinungen gegenwärtiger Gesellschaften auf einen fundamentalen Einstellungs- und Wertewandel zurückzuführen, der wiederum eine Ursache in der Krise der materialistischen Konsumgesellschaft habe. Andere Theoretiker sehen die durch technische Entwicklungen ausgelösten Innovationskrisen als Hauptverursacher von Krisen und einer weitverbreiteten Krisenstimmung (in der schon das Wort Krise zu einer Metapher für kritisches Zeitbewusstsein geworden ist).

Umstritten ist der Stellenwert von Krisen in den Theorien sozialer Evolution und Differenzierung, womit ein alter Streitpunkt in neuer theoritischer Perspektive aufgegriffen wird: Sind Krisen (vergleichbar der Entwicklung des Individuums) eine unabdingbare Voraussetzung für „Wachstum" und Differenzierung? Diese Position käme älteren geschichtsphilosophischen und fortschrittsoptimistischen positiven Bewertungen von Krisen sehr nahe.

Neuere Zusammenhänge zwischen gesellschaftlich-technischer Entwicklung und Krisen analysieren die sogenannte Katastrophentheorien (Clausen & Dombrowsky, 1983). Eine Katastrophe ist der völlige und irreversible Zusammenbruch eines Systems, was wiederum zu Krisen in anderen sozialen oder auch technischen Systemen führen kann. So ist unter den Bedingungen komplexer internationaler Beziehungen, verwundbarer natürlicher und technischer Systeme im zivilen und militärischen Bereich und einem allgemein gewachsenen Krisenbewusstsein eine neue Phase der krisenhaften Entwicklung gesellschaftlicher und weltgesellschaftlicher Systeme angebrochen, in der das bisherige Krisenmanagement der „Risikogesellschaft" (U. Beck) vor immer größere Probleme gestellt ist.

▶ **Konflikt, sozialer; Soziologie; Wandel, sozialer**

📖 Bühl, W.L. (1991). *Krisentheorien, 2. Aufl.* Tübingen: WBG • Clausen, L. & Dombrowsky, W.R. (1983). *Einführung in die Soziologie der Katastrophen.* Bonn: Osang • Koselleck, R. (2004). Krise. In O. Brunner, W. Conze & R. Koselleck (Hg.), *Geschichtliche Grundbegriffe, Bd.3* (S. 617-650). Stuttgart: Klett-Cotta • Koselleck, R. (2001). *Kritik und Krise, 9. Aufl.* Frankfurt a.M.: Suhrkamp • Luhmann, N. (1999) (zuerst 1968). *Zweckbegriff und Systemrationalität, 6. Aufl..* Frankfurt a.M.: Suhrkamp • Opp, K.-D. (1978): *Theorie sozialer Krisen.* Hamburg: Hoffmann & Campe

Bernhard Schäfers

Kultur

Im allgemeinsten Sinn meint Kultur die Summe der Effekte und Produkte menschlichen Gestaltens. Im Rahmen ihrer Daseinsgestaltung in Kollektiven schaffen Menschen aus Vorgefundenem Neues. Kultur ist das, was gestaltbar ist, also auch anders sein könnte (Kontingenz). Eine Anthropologie der Kultur widmet sich den typischen Formen und Varianten menschenmöglichen Daseins.

Kultur ist eines der komplexesten Wörter der deutschen Sprache und auch etwa des Englischen (Williams, 1983: 87ff., 236ff.; Eagleton, 2001: 8-12). Inhaltlich ist Kultur ein Begriff der westlichen Frühmoderne mit antiken Wurzeln. Die Vielschichtigkeit ist schon im lateinischen Sprachgebrauch angelegt. Das Wort colere heißt „hegen", „pflegen" und „bebauen"; cultura meint entsprechend Bearbeitung, Ackerbau und Pflege (Niedermann, 1941: 15-36). Auch der Gegensatz von Kultur und Natur ist im Lateinischen angelegt. Der Boden ist zunächst unverfügbar, weil nicht vom Menschen gemacht, sondern ihm als Natur gegeben. Der Mensch macht ihn aber dann durch Pflege zum Acker. Cultura ist sowohl menschliche Leistung und Ausbildung als auch Verehrung der Natur (cultus). Mit dem Begriff Kultur werden Phänomene einbezogen oder ausgegrenzt – sowohl wissenschaftlich-analytisch als auch praktisch-politisch. Zusammen mit der enormen Spannbreite der Bedeutungen macht dies das heuristische Potential, aber auch die politische Brisanz des Begriffs aus.

In den Geistes-, Sozial- und Kulturwissenschaften steht Kultur zumeist für die Lebensweise eines Kollektivs, das sich von der Lebensform anderer (nationaler, religiöser, sprachlicher, räumlicher) Kollektive unterscheidet. Der englische Alltagsausdruck „way of life" trifft das recht genau. Auch wenn sich schon 1952 in der anthropologischen Literatur 160 Definitionen fanden (Kroeber & Kluckhohn, 1967), geht es fast bei allen um die nichtgenetische Tradierung und Innovation. Personen lernen Kultur von anderen Personen (Sozialisation, Enkulturation). Menschen übernehmen in der Regel mehr als sie innovieren. Im Mittelpunkt stehen durch Tradierung geformte dauerhafte kollektive Gewohnheiten (Standardisierungen, Hansen, 2011). Abstrakt gesehen kann Kultur als die Summe der Effekte von Innovationen definiert werden (Rudolph & Tschohl, 1987). Da Kultur überlebensnotwendig ist gibt es keine Menschen, die Kultur nicht, noch nicht oder nicht mehr haben. Davon abzuheben ist ein bürgerlich-normativer Kulturbegriff, der bestimmte Lebensweisen als wertvoll heraushebt und anderen Menschen oder Kollektiven Kultur abspricht.

Prototypisch für ein weites und nichtnormatives Verständnis ist die für die Theoriebildung folgenreichste aller Definitionen, die von Edward Tylor (der dabei Kultur und Zivilisation gleichsetzt): „Culture or Civilization taken in its widest ethnographic sense is that complex whole which includes knowledge, belief, art, morals, law, custom, and any other capabilities and habits acquired by man as a member of society" (Tylor, 1871: 1). Tylors Definition ist eine holistische bzw. totalisierende Definition. Kultur ist materiell vielfältig (Denken, Handeln, Produkte), und damit weder auf Materielles, noch auf Ideelles oder Soziales reduzierbar. Tylor betont, dass Kultur im Kontext sozialer Beziehungen erworben wird. Anders als das oft verstanden wurde, schreibt Tylor aber „as a member of society", nicht etwa „as a member of a society". Das ist ein großer Unterschied, etwa wie der, zu sagen, „alle Menschen haben Sprachfähigkeit" gegenüber „alle Menschen sprechen eine Sprache" (Klass, 2003: 24).

Ein enges Verständnis zeigt der semiotische bzw. symbolische und Sinn-orientierte Kulturbegriff (Geertz, 1973). Dieser interpretative Kulturbegriff versteht Kultur als Bedeutungsdimension gesellschaftlichen Lebens. Kollektive Sinnsysteme artikulieren sich in sozial verbindlichem Weltverständnis, kulturellem Wissen und Symbolen. Sowohl seitens der Akteure als auch methodisch seitens der Wissenschaft geht es um Sinnverstehen. Ähnlich eng sind kognitivistische und ethnomethodologische Kulturbegriffe, die Kultur auf (geteiltes) kulturelles Wissen eingrenzen (shared cultural knowledge). Damit sind handlungsleitende Weltbilder bzw. kollektive Repräsentationen gemeint, wie Kosmologien, Kosmogonien, Klassifikationen und Routinewissen.

Während in der Ethnologie Kultur zumeist umfassend gemeint ist und das Soziale einen Teilbereich neben anderen (etwa Religion und Wirtschaft) darstellt, ist es in der Soziologie meist umgekehrt. Dort wird Kultur als eines unter mehreren Teilsystemen des Systems Gesellschaft gefasst (Jung, 1999; Hauck, 2006). Parsons sieht Kultur als Bereich der Produktion und Verbreitung von Ideen. Die neuere Kultursoziologie sieht Kultursoziologie eher als Perspektive der Allgemeinen Soziologie. Sie stellt ebenfalls die ideellen Aspekte (Wissensordnungen in Diskursen, Habitus und Lebensstilen) in den Mittelpunkt, betont aber im Sinne eines cultural turn, dass Kultur eine alle Bereiche der Gesellschaft durchwirkende Dimension ist

(Hall et al., 2003, als Einführungen Junge, 2009, und Moebius, 2010, als Übersicht Wohlrab-Saar, 2010).

Kultur wird sehr häufig anderen Phänomenen entgegengesetzt. Die grundlegende kategoriale Opposition ist die zwischen Kultur und Natur. Problematisch bleibt die Einordnung von Phänomenen, die materiell oder lebendig sind, aber vom Menschen überformt (Landschaften, Haustiere, Körperveränderungen). Eine zweite Gegenüberstellung stellt die menschliche oder verfeinerte Kultur gegen die materielle oder technische Zivilisation (Fisch, 2004). Ein weiteres Gegensatzpaar ist das zwischen Kultur und Kulturen. Kultur im Singular meint die Summe menschlicher Kulturprodukte („Kultur der Menschheit"). Kultur im Plural steht hier für die Unterschiede und für die Vielfalt kollektiver Lebensweisen innerhalb von Nationen (Ethnien, Gesellschaften) oder auch kulturell abgegrenzter makroregionaler Einheiten („Kulturkreise", „Hochkulturen", Zivilisationen, z.B. popularisiert von Huntington, 2002).

Heutzutage ist Kultur eine Art und Weise der Bearbeitung der Tatsache, dass es auch andere Kulturen gibt (Baecker, 2012: 16f.). Die eigene Kultur wird mit anderen Kulturen und mit ihren eigenen früheren Stadien verglichen. Kultur wird in der Ethnologie und den Kulturwissenschaften weitgehend als das gesehen, was Gesellschaften voneinander unterscheidet. Diese Differenzperspektive spielt eine zentrale Rolle im ethnologischen Kulturrelativismus, der sagt: Kulturen sind verschieden, aber nicht unterschiedlich wertvoll. Ein stark relativistisches und dann oft gegenaufklärerisches bzw. romantisch verklärendes Verständnis neigt dazu, Kultur auf Selbstreferenz oder Differenz zu reduzieren (Aleksandrowicz, 2011).

Mit der Globalisierung wurde „Kultur" vor allem in der Wirtschaft und der Politik wichtig. Der weltweite Trend besteht einerseits darin, Kultur als erweiterten Begriff (Lebenswelt, Soziokultur) und als politischen Begriff im interessengeleiteten Diskurs zu verwenden (Rao & Walton, 2004). Produkte müssen einen „kulturellen" Wert haben, z.B. um sich als Konsument von anderen zu unterscheiden. Entwicklungsmaßnahmen müssen kollektive Sinn-Orientierungen und Standardisierungen berücksichtigen: Culture Matters! All dies schlägt sich in der Proliferation von wissenschaftlichen Begriffen mit dem Bestandteil Kultur (z.B. Populärkultur, Politische Kultur, Multikultur, Plurikultur, Interkultur, Hybridkultur, Kreolkultur, Transkultur) nebst Ableitungen (Multikulturalität, Multikulturalisierung, Multikulturalismus) nieder (siehe Schönhuth, 2014).

Im außerwissenschaftlichen Feld zeigt sich der cultural turn vor allem darin, dass weltweite Interessen zunehmend mittels Kultur artikuliert werden. Kultur wird zunehmend zu einer Kategorie von Identität und Distinktion (Breidenbach & Nyiri, 2009). Soziale und andere Unterschiede (Armut, Macht) werden auf kulturelle Differenz bzw. „kulturelle Faktoren" reduziert. Dies wird als Kulturalisierung

(Kulturalismus, Ethnisierung) kritisiert. Kulturbegriffe und auch Kulturtheorien werden als effektive Begriffswaffen be- und genutzt. Eine verdinglichende und personalisierende Perspektive zeigt sich im positiv besetzten Begriff „Kulturdialog" für grenzübergreifenden Austausch. Hier wird nicht bedacht, dass Kulturen nicht sprechen können (Radtke, 2013). Diesem Grenzen betonenden Kulturverständnis steht die im gegenwärtigen Mainstream der Kulturwissenschaften dominante Sicht von Kultur als Fluss oder Landschaft (scape) gegenüber. Kulturen haben durchlässige und fluide Grenzen; Kultur und Territorium decken sich i. d. R. nicht. Menschen können ihre kollektiveZugehörigkeit wechseln oder mehrere Identitäten haben. Beide Ideen, KulturenFlüsse oder -Landschaften und das Konzept grenzenloser Kultur, stehen jedoch oft unverbunden nebeneinander, besonders in politisierten Anwendungsfeldern (z. b. in den Dokumenten der UNESCO; Eriksens Kritik, 2001).

Wissenschaftlich gesehen ist zunehmend offen, ob Kultur als umfassender cover term bessere Erklärungen bietet als spezifischere Faktoren. So gibt es etwa das Argument, dass verfeinerte systemische Erklärungen, die biotische Faktoren, Umwelteinflüsse und etwa Selbstorganisation beinhalten, den Begriff Kultur wissenschaftlich obsolet machen (z. B. Whitehead, 2000: 4-7, 20f.). Die Gegenposition argumentiert, dass Kulturtheorien einen eigenständigen Erklärungsansatz für Handlungen liefern, der von soziologischen und ökonomischen Erklärungen systematisch zu unterscheiden ist (Reckwitz, 2006). Die Mehrheit der Kulturwissenschaftler tendiert dazu, den Begriff und auch das Wort beizubehalten (Brumann, 1999; Vann, 2013).

▶ **Anthropologie; Erklärung, soziologische; Ethnologie; Identität; Lebensformen; Universalien, soziale; Verhalten, soziales**

📖 Aleksandrowicz, D. (2011). *Kultur statt Wissenschaft? Gegen eine kulturalistisch reformierte Epistemologie*. Berlin: Frank & Timme • Baecker, D. (2012). *Wozu Kultur?* Berlin: Kulturverlag Kadmos • Breidenbach, J. & P. Nyiri (2009). *Seeing Culture Everywhere. From Genocide to Consumer Habits*. Seattle & London: University of Washington Press • Brumann, Ch. (1999). Writing For Culture. Why A Successful Concept Should Not be Discarded. *Current Anthropology* 40, Supplement 1: 1-27 • Eagleton, T. (2001). *Was ist Kultur? Eine Einführung*. München: C.H. Beck • Eriksen, Th. H. (2001). Between Universalism and Relativism. In: J.K. Cowan, M. B. Dembour & R.Wilson (eds.): *Culture and Rights. Anthropological Perspectives*. Cambridge etc.: Cambridge UP: 127-148 • Fisch, J. (^{2}2004). Art. Zivilisation, Kultur. In: Otto Brunner, Werner Conze & Rüdiger Koselleck (Hg.): *Geschichtliche Grundbegriffe. Historisches Lexikon zur politisch-sozialen Sprache in Deutschland*. Stuttgart: Klett-Cotta, Bd.7: 669-774 • Geertz, C. (1983). *Dichte Beschreibung. Beiträge zum Verstehen kultureller Systeme*. Frankfurt am Main: Suhrkamp. • Hall, J. R., Neitz, M. J. & Marshall Battani (2003). *Sociology on Culture*. London and New York: Routledge • Hansen, K. P. (^{4}2011). *Kultur und Kulturwissen-*

schaft. Eine Einführung. Tübingen und Basel: A. Francke Verlag. • Hauck, G. (2006). *Kultur. Zur Karriere eines sozialwissenschaftlichen Begriffs.* Münster: Westfälisches Dampfboot (Einstiege, Grundbegriffe der Sozialphilosophie und Gesellschaftstheorie, 16/17) • Huntington, S. Ph. (2002). *Kampf der Kulturen. The Clash of Civilizations. Die Neugestaltung der Weltpolitik im 21. Jahrhundert.* München: Goldmann • Jung, Thomas (1999). *Geschichte der modernen Kulturtheorie.* Darmstadt: Wissenschaftliche Buchgesellschaft • Junge, M. (2009). *Kultursoziologie. Eine Einführung in die Theorien.* Konstanz: UVK • Klass, M. (2003). *Mind over Mind. The Anthropology of Spirit Possession.* Lanham, Mad.: Rowman & Littlefield Publishers • Kroeber, A. L. & Kluckhohn, C. K. M. (^{2}1967). *Culture. A Critical Review of Concepts and Definitions.* Cambridge, Mass.: Harvard UP (= Papers of the Peabody Museum of American Archaeology and Ethnology 47, 1). • Moebius, St. (^{2}2010). *Kultur.* Bielefeld: transcript Verlag (Themen der Soziologie) • Niedermann, J. (1941). *Kultur. Werden und Wandel eines Begriffs und seiner Ersatzbegriffe von Cicero bis Herder.* Firenze: Bibliopolis Libreria Antiquaria Edice (Biblioteca Dell´ "Archivum Romanicum", Serie 1, 28) • Perpeet, W. (1984). Zur Wortbedeutung von „Kultur". In: H. Brackert & F. Wefelmeyer (Hg.): *Naturplan und Verfallskritik. Zu Begriff und Geschichte der Kultur.* Frankfurt am Main: Suhrkamp: 21-28. • Radtke, F.-O. (2011). *Kulturen sprechen nicht. Die Politik grenzüberschreitender Dialoge.* Hamburg: Hamburger Edition • Rao, V. & M. Walton (eds.) (2004). *Culture and Public Action.* Stanford: Stanford Social Sciences • Reckwitz, A. (2006). *Die Transformation der Kulturtheorien. Zur Entwicklung eines Theorieprogramms.* Weilerswist: Velbrück • Rudolph, W. & P. Tschohl (1977). *Systematische Anthropologie.* München: Reinhardt • Schönhuth, M. (2014). *Das Kulturglossar. Ein Vademecum für Interkulturalisten.* http://www.kulturglossar.de/ (letzter Aufruf 15.6.2015) • Tylor, E. B. (2010). *Primitive Culture. Researches into the Development of Mythology, Philosophy, Religion, Art, and Custom. Vol. 1.* Cambridge: Cambridge UP (Cambridge Library Collection) (orig. 1871) • Vann, E. (2013). Culture. In: J. G. Carrier & D. B. Gewertz (eds.): *The Handbook of Sociocultural Anthropology.* London etc.: Bloomsbury: 30-48 • Whitehead, H. (2000). *Food Rules. Hunting, Sharing, and Tabooing Game in Papua New Guinea.* Ann Arbor: The University of Michigan Press • Williams, R. (1983). *Keywords. A Vocabulary of Culture and Society.* Rev. Hg. New York: Oxford UP • Wohlrab-Saar, M. (Hg.) (2010). *Kultursoziologie. Paradigmen-Methoden-Fragestellungen.* Wiesbaden: VS Verlag für Sozialwissenschaften

Christoph Antweiler

L

Lebensformen

Das Konzept der Lebensformen findet zwar immer öfter Eingang in theoretische und empirische Arbeiten der Familiensoziologie und seit 2005 auch in die amtliche Statistik (Lengerer, Bohr & Janßen, 2005); die Kriterien, nach denen Lebensformen zu klassifizieren sind, variieren im Grunde aber mit jeder Veröffentlichung. Die Merkmale, die am häufigsten genannt werden, sind die Folgenden: Partnerschaftsstatus (alleinstehend oder in einer Partnerschaft lebend), Familienstand (ledig, verheiratet bzw. eingetragene Lebensgemeinschaft, geschieden bzw. getrennt lebend, verwitwet), Haushaltsform (in einem gemeinsamen oder in getrennten Haushalten lebend), Kinderzahl (kinderlos oder in Familie lebend), Geschlecht (in heterosexueller oder homosexueller Partnerschaft lebend). Immer öfter wird (zumindest bei heterosexuellen Partnerschaften) zusätzlich auch nach der Erwerbstätigkeit der Partner unterschieden (Partner/in allein erwerbstätig, beide erwerbstätig, keiner erwerbstätig), um der veränderten Rolle der Frau und ihrer zunehmenden Partizipation am Arbeitsmarkt Rechnung zu tragen, die großen Einfluss auf die Arbeitsteilung und Machtstrukturen in der Beziehung nehmen kann.

Die Frage, in welchem Ausmaß die Vielfalt oder Pluralität von Lebensformen in den letzten Jahrzehnten zugenommen hat, wird in Deutschland (allerdings auch nur hier) relativ vehement diskutiert (siehe für einen Überblick Wagner & Valdés Cifuentes, 2014). Die Veränderungen, die deutlich weniger dramatisch sind, als gemeinhin angenommen wird, müssen jedoch vor der historischen Besonderheit des „golden age of marriage" der 1950er und 1960er gesehen werden. In dieser Zeit konnte sich das bürgerliche Familienmodell das erste Mal in größerem Umfang in allen Bevölkerungsschichten durchsetzen. Es gab entsprechend eine große Zahl an Eheschließungen, wenige Scheidungen und relativ hohe Kinderzahlen. Nichteheliche Lebensgemeinschaften waren kaum verbreitet (Nave-Herz, 2013). Einschränkend muss an dieser Stelle hinzugefügt werden, dass das bürgerliche Familienmodell mit nichterwerbstätiger Mutter nur als Ideal- und Leitbild in der BRD existierte und auch ausgesprochen großen Zuspruch fand. In der DDR wurde dagegen die (sozialistische) Familie mit (voll-)erwerbstätiger Mutter propagiert und ihre Verwirklichung durch verschiedene strukturelle Maßnahmen unterstützt. Die Auswirkungen auf die Partnerschafts- und Familiengestaltung wirken bis heute nach (siehe z. B. die verschiedenen Beiträge in Huinink, Kreyenfeld, & Trappe, 2012).

Ausgelöst durch die Studenten- und Frauenbewegung lassen sich seit etwa Mitte der 1970er Jahre deutliche Veränderungen in der privaten Lebensführung konstatieren. Und auch wenn bestimmte partnerschaftliche und familiale Lebensformen seitdem (wieder) zugenommen haben (z. B. nichteheliche Lebensgemeinschaften), die historisch vielleicht nicht neu sind (Nave-Herz, 2013), so besteht die Besonderheit der aktuellen Situation jedoch darin, dass die Wahl der Lebensform inzwischen von großer Freiwilligkeit geprägt ist, während historisch deutlich mehr rechtliche und ökonomische Zwänge bestanden (z. B. Heiratsverbote). Wobei natürlich auch die Partnerwahl im heutigen Deutschland von strukturellen Vorgaben des Partnermarktes geprägt ist (Klein, 2015), denn „who does not meet, does not mate".

Wie haben sich nun die Lebensformen in den letzten Jahrzehnten verändert? Die Pluralisierungsdebatte postuliert zwei unterschiedliche Thesen (Kuhnt & Steinbach, 2014; Wagner & Valdés Cifuentes, 2014): Einerseits wird von einer Zunahme der zu beobachtenden Lebensformen gesprochen, d. h. es wird davon ausgegangen, dass die Vielfalt tatsächlich zugenommen hat und neue Lebensformen entstanden sind (strukturelle Vielfalt). Andererseits wird eine Verschiebung der Anteile vorhandener Lebensformen diskutiert (distributive Vielfalt). Dies bedeutet, dass nicht die Anzahl der Formen zugenommen hat, sondern lediglich die Anteile bereits vorhandener Lebensformen gewachsen oder geschrumpft sind, womit sich ggf. deren gesellschaftliche Wahrnehmung verändert. Empirische Untersuchungen der 1990er Jahre sehen Pluralisierungstendenzen vorrangig im Bereich nicht-familialer Lebensformen, während familiale Lebensformen eher starren Strukturen unterliegen (Wagner & Valdés Cifuentes, 2014).

Da Frauen und Männer zu einem späteren Zeitpunkt im Lebensverlauf eine Familie gründen, ist eine (neue) Phase entstanden, in der junge Menschen oft allein (Singles) oder als nichteheliche Lebensgemeinschaften (NEL) in Zweipersonenhaushalten leben, was statistisch zu einem Anstieg dieser Haushalte führt (Kreyenfeld & Konietzka, 2015). Zur Erhöhung des Anteils der Ein- bzw. Zwei-Personen-Haushalte trägt aber ebenso die Zunahme der Lebenserwartung bei, welche eine verlängerte „nachelterliche Phase" begünstigt. Das Aufschieben bestimmter Übergänge trifft natürlich nicht nur auf die Familiengründung zu: Da Eheschließungen in der persönlichen Beziehungsbiographie später stattfinden bzw. teilweise vollkommen bedeutungslos werden, sind – vor allem in den neuen Bundesländern – deutlich mehr nichteheliche Lebensgemeinschaften (auch mit Kindern) entstanden. Interessanterweise hat zur etwa gleichen Zeit die Möglichkeit der Partnerschaft einen rechtlichen Rahmen zu geben in einer anderen gesellschaftlichen Gruppe an Bedeutung gewonnen: Seit dem Jahr 2001 können lesbische und schwule Paare eine (eingetragene) Lebenspartnerschaft begründen (Verpartnerung). Laut Mikrozensus 2008 liegt der Anteil zusammenwohnender gleichgeschlechtlicher Paare – egal ob verpartnert oder nicht – bei etwa 70.000 im Vergleich zu 18,5 Millionen ehelichen und 2,5 Millionen nichtehelichen Lebensgemeinschaften mit gegengeschlechtlichen Partnern (Eggen & Rupp, 2011). Doch nicht alle Paare leben in einem gemeinsamen Haushalt: Während insbesondere junge Paare die Form des Living Apart Together (LAT) bevorzugt wird, bei dem die Partner jedoch zumeist im gleichen Ort leben, sind Paare nach Berufs- und Studienabschluss auf Grund beruflicher Anforderungen zunehmend gezwungen mobil zu sein, was zu einem partnerschaftlichen Leben in mehreren Haushalten in unterschiedlichen Orten führen kann (Long Distance Relationships, LDR) (Peuckert, 2012).

Die stabile Bedeutung von Partnerschaft und Familie lässt sich unter anderem daran ablesen, dass Frauen und Männer immer noch überwiegend eine Familie gründen, auch wenn die Anteile Kinderloser über die letzten Jahrzehnte angestiegen sind (Peuckert, 2012). In Bezug auf familiale Lebensformen zeigen die Ergebnisse, dass die Zwei-Eltern-Kind-Familie, der eine biologische Elternschaft zugrunde liegt, immer noch dominant ist (Kuhnt & Steinbach, 2014): Mehr als 70 Prozent der Haushalte mit Kindern unter 18 Jahren stellen Kernfamilien dar. Während Eineltern- und Stieffamilien dann jeweils etwa 10 bis 15 Prozent ausmachen, kommen Adoptions- und Pflegefamilien mit weniger als einem Prozent in Deutschland ausgesprochen selten vor. Alle diese Familienformen hat es aber im Grunde schon immer gegeben. Als eigentlich einzig neue Familienform können gleichgeschlechtliche Lebensgemeinschaften mit Kindern angesehen werden. Diese Gruppe ist jedoch sehr klein. Laut Daten des Mikrozensus aus dem Jahr 2008 leben lediglich 7.200 Kinder in Haushalten mit gleichgeschlechtlichen Partnern (Eggen & Rupp, 2011). Zusammenfassend ist zu sagen, dass die beschrieben Entwicklungen eher eine Verschiebung der Anteile von Lebensformen unterstreichen als eine Zunahme ihrer Vielfalt (Wagner & Cifuentes, 2014).

▶ **Bevölkerung; Ehe; Familie; Sozialstruktur**

Eggen, B. & Rupp, M. (2011). Gleichgeschlechtliche Paare und ihre Kinder: Hintergrundinformationen zur Entwicklung gleichgeschlechtlicher Lebensformen in Deutschland. *Zeitschrift für Familienforschung, Sonderheft 7*, 22-37 • Huinink, J., Kreyenfeld, M. & Trappe, H. (Hg.). (2012). Familie und Partnerschaft in Ost- und Westdeutschland. Ähnlich und doch immer noch anders. *Zeitschrift für Familienforschung, Sonderheft*

9. Opladen: Budrich • Klein, T. (2015). Partnerwahl. In P. B. Hill & J. Kopp (Hg.), *Handbuch Familiensoziologie* (pp. 321-343). Wiesbaden: Springer VS • Kreyenfeld, M. & Konietzka, D. (2015). Sozialstruktur und Lebensform. In P. B. Hill & J. Kopp (Hg.), *Handbuch Familiensoziologie* (pp. 345-373). Wiesbaden: Springer VS • Kuhnt, A.-K. & Steinbach, A. (2014). Diversität von Familie in Deutschland. In A. Steinbach, M. Hennig & O. Arránz Becker (Hg.), *Familie im Fokus der Wissenschaft*. Wiesbaden: Springer VS • Lengerer, A., Bohr, J. & Janßen, A. (2005). Haushalte, *Familien und Lebensformen im Mikrozensus: Konzepte und Typisierungen*. http://www.gesis.org/fileadmin/upload/forschung/publikationen/gesis_reihen/zuma_arbeitsberichte/AB_05_05.pdf • Nave-Herz, R. (2013). *Ehe- und Familiensoziologie. Eine Einführung in Geschichte, theoretische Ansätze und empirische Befunde*. Weinheim, Basel: Beltz Juventa • Peuckert, R. (2012). *Familienformen im sozialen Wandel*. Wiesbaden: Springer VS • Wagner, M. & Cifuentes, I. V. (2014). Die Pluralisierung der Lebensformen - ein fortlaufender Trend? *Comparative Population Studies, 39*, 73-98.

Anja Steinbach

Lebenslauf

Lebenslauf bezeichnet im alltäglichen Verständnis die Bewegung eines Individuums durch seine Lebenszeit im Sinne einer individuellen Sequenz von Zuständen (Rollen, Positionen) und Ereignissen (Übergängen, Wendepunkten, Weichenstellungen, Entscheidungen). Im soziologischen Verständnis meint Lebenslauf die allgemeinen, regelhaften oder typischen Sequenzmuster der Bewegung durch die Lebenszeit. Wenn vom Lebenslauf als einer Institution gesprochen wird, liegt der Akzent auf der Lebenszeit als einer eigenständigen gesellschaftlichen Strukturdimension.

Der Begriff Lebenslauf wird heute oft auf die äußerlich beobachtbaren („objektiven") Zustände und Ereignisse beschränkt und dem Begriff Biografie (Lebensgeschichte) gegenübergestellt, der auf Lebenszeit als Erfahrungs- und Handlungszusammenhang verweist.

Deutungsschemata für den Lebenslauf (oder „Lebenszyklus") existieren in allen bekannten Gesellschaften. In der europäischen Kulturgeschichte lässt sich eine kontinuierliche Tradition bis zur griechischen Klassik zurückverfolgen. Dabei geht es vor allem um die Frage der Periodisierung. Diese gibt an, welche Stufen im Lebenslauf zu unterscheiden sind, welche Eigenschaften des Menschen ihnen entsprechen und welche Verhaltensweisen ihnen angemessen sind. Solche Stufenlehren haben sich in zahlreichen philosophisch-anthropologischen Lebenslaufkonzepten bis heute erhalten und sind (vor allem über das Werk von C. Bühler und E.H. Erikson) auch in die zeitgenössischen psychologischen und soziologischen Ansätze eingegangen.

Für die Soziologie des Lebenslaufes, die sich etwa seit Mitte der 70er Jahre als eigenes Forschungsfeld ausdifferenziert hat (Kohli, 1978), sind darüber hinaus eine Reihe von sozialwissenschaftlichen Anstößen wirksam geworden:

- Unmittelbare Anstöße kamen aus den sog. Bindestrich-Soziologien, die sich mit den einzelnen Lebensaltern beschäftigt haben, also vor allem der Jugend- und später der Alterssoziologie (z. B. L. Rosenmayr).

- Ein anderer Anstoß waren die kulturanthropologischen (bzw. ethnologischen) Untersuchungen der Altersstruktur von Gesellschaften und der Übergänge zwischen den Altersstufen (z. B. H. Schurtz, S. Eisenstadt).
- Einen wichtigen Theoriestrang bildete der Generationsansatz, der aus der Suche nach Erklärungen des gesellschaftlichen Wandels entstand (K. Mannheim).
- Schließlich ergaben sich wesentliche Anstöße aus der Karriere- und Mobilitätsforschung sowie der Familienforschung und Demographie. Auch der Generationsansatz wurde in der Demographie unter dem Begriff Kohorte wieder aufgenommen (N. Ryder).

Als erster systematischer Versuch einer Bündelung dieser Anstöße in eine umfassende soziologische Perspektive ist die „Soziologie der Altersschichtung" (M.W. Riley) zu nennen. Die darin noch überwiegend formal gebliebene soziologische Konzeptualisierung des Lebenslaufes wurde inzwischen im Zuge der Entwicklung mehrerer Forschungsschwerpunkte stark erweitert und durch materiale Analysen strukturell verankert.

1. Die quantitativ ausgerichtete Untersuchung von Positions- und Ereignissequenzen im Lebenslauf hat sich für die Analyse des sozio-demographischen „Stoffwechsels" moderner Gesellschaften und der Verbindungen zwischen Mikro- und Makroebene als zunehmend unverzichtbar erwiesen (vgl. Mayer, 2002; 2009). Ihre empirische Basis bilden vorzugsweise individuelle – teils retrospektive, teils als Panel erhobene, teils prozessorientierte – Daten über Sequenzen in den verschiedenen Bereichen des Lebenslaufes, ihre methodische Basis hauptsächlich die Verfahren der Ereignis- und Sequenzanalyse. Solche Untersuchungen können die Sozialstruktur in dynamischer Form vorstellen (und damit auch ihrer zunehmenden Verflüssigung gerecht werden). Beispiele sind die Analyse der „Verzeitlichung" sozialer Ungleichheiten (P.A. Berger), der Wechselbeziehung zwischen familialen und beruflichen Verläufen und der Verzahnung der Lebensläufe von Paaren (Blossfeld & Drobnic, 2001), oder der Vorläufer und Konsequenzen von Ereignissen wie Scheidung oder Arbeitslosigkeit. Auch für die Darstellung der individuellen Folgen gesellschaftlicher Brüche sind solche Untersuchungen zentral, etwa der „Großen Depression" in den USA (G.H. Elder) oder der „Wende" in Deutschland (Huinink & Mayer, 1995).
2. Die qualitativ gerichtete Biografieforschung ist dann unverzichtbar, wenn soziale Strukturen als Handlungszusammenhänge begriffen werden sollen. Grundlegend sind hier die Untersuchungen über Zeiterfahrung und Zeitstrukturierung (z. B. W. Fischer) sowie über Verlaufsformen der Erfahrungsbildung und Erfahrungsrekapitulation (z. B. F. Schütze). Ein großer Teil der empirischen Literatur

beschäftigt sich mit Arbeitsbiografien; der Bereich der Erwerbsarbeit scheint besonders gut geeignet, um zu zeigen, wie Individuen ihre sozialstrukturellen und institutionellen Rahmenbedingungen biografisch verarbeiten, erleiden und gestalten (Wohlrab-Sahr, 1993). Ähnliches gilt für das breite Feld der Erfahrung von Migration und Grenzen (Rosenthal, Stephan, & Radenbach, 2011). Besondere Chancen bietet die Verbindung von biographischen mit ereignis- bzw. sequenzanalytischen Ansätzen (Sackmann & Wingens, 2001, Mayer & Schulze, 2009).

3. Ein wichtiger Schwerpunkt ist nach wie vor die ethnologisch-kulturvergleichende Forschung. Sie macht deutlich, dass die Art, wie Gesellschaften den Lebenslauf praktisch und begrifflich gliedern und bestimmte Lebensläufe vorschreiben oder als erstrebenswert definieren, außerordentlich vielfältig ist (Elwert, Kohli, & Müller, 1990). Dies ist wesentlich, um die „naturalistische Täuschung" zu verhindern – die Vorstellung, die gesellschaftliche Lebenslaufgliederung sei nichts anderes als eine Kodifizierung des natürlichen Rhythmus des Lebens. Auch die sozialstrukturelle Verankerung des Lebenslaufs wird durch die ethnologische Forschung akzentuiert. Sie fördert Strukturtypen zutage (z. B. die „Altersklassengesellschaften"), an denen sich diese Verankerung besonders rein beobachten lässt.

4. Von wesentlicher Bedeutung für die moderne Lebenslaufsoziologie ist die historische Forschung. Dabei ist zum einen auf die Studien über die historischen Veränderungen der Lebenslaufmuster zu verweisen, etwa aus der historischen Familienforschung und Demographie. Es wird z. B. gezeigt, wie sich die Prävalenz und Dauer bestimmter Verlaufsformen des Familienzyklus oder bestimmter Formen familialen Zusammenlebens (mit dem Ehepartner, mit den anderen Generationen) verändert hat (P. Uhlenberg). Zum anderen geht es hier um die Veränderung der kulturellen Deutungsmuster und institutionellen Programme, die den Lebenslauf prägen. Dazu gehören z. B. Studien über das Bildungssystem, die Arbeitsorganisation und den Wohlfahrtsstaat (Leibfried et al., 1995).

5. Kürzerfristige historische Veränderungen lassen sich als Abfolge von Generationen konzeptualisieren. Der Generationsbegriff ist allerdings sehr vieldeutig. In den quantitativen Ansätzen, die den Konsequenzen historischer Veränderungen für die Lebensläufe nachgehen, wird deshalb gewöhnlich der technische Begriff der Kohorte vorgezogen, während die qualitativen Ansätze stärker am Generationsbegriff festhalten, um damit auch – im Sinne Karl Mannheims – die Einheitlichkeit der Weltauffassung, die sich aus der je spezifischen historischen Erfahrungsaufschichtung ergeben kann, zu thematisieren. In der Biografieforschung (Fischer-Rosenthal & Alheit, 1995) haben vor allem die Erfahrung von Krieg und Holocaust (z. B. G. Rosenthal) und die dadurch gestifteten generationsspezifischen „Lebenskonstruktionen" (H. Bude) die Aufmerksamkeit auf

sich gezogen. Auch die Beziehungen und Austauschprozesse zwischen den Generationen – in der Familie ebenso wie in Politik und Wohlfahrtsstaat – und die damit zusammenhängenden Ungleichheiten und Konflikte rücken in den Vordergrund (Kohli & Szydlik, 2000; Kohli, 2015).

6. Mit der historischen Institutionalisierung des Lebenslaufes (Kohli, 2003) ist der Lebenslauf selber zu einem zentralen gesellschaftlichen Ordnungsprogramm geworden. Seine Entstehung hängt mit den Strukturveränderungen der gesellschaftlichen Modernisierung der letzten beiden Jahrhunderte zusammen. An die Stelle der traditionellen Bindungen, die sich im Zuge des Individualisierungsprozesses abgeschwächt oder gänzlich aufgelöst haben, tritt damit eine neue Form der Vergesellschaftung, die stärker am Individuum als Handlungszentrum ansetzt (U. Beck). Gegenwärtig mehren sich die Indizien dafür, dass diese Vergesellschaftungsform sich ihrerseits grundlegend verändert und zum Teil ihre Verbindlichkeit verliert (De-Standardisierung oder sogar De-Institutionalisierung des Lebenslaufs, Scherger, 2007).

7. Inzwischen liegt eine Reihe von größeren zusammenfassenden Publikationen vor, die einen Überblick über die Entwicklung der Lebenslaufsoziologie und ihrer Ausdifferenzierung in den verschiedenen Forschungsbereichen bieten (z. B. Mortimer & Shanahan, 2003, Heinz, Huinink, & Weymann, 2009).

▶ **Alter; Jugend; Generation; Wandel, sozialer**

Blossfeld, H.-P. & Drobnic, S. (Eds.). (2001). *Careers of couples in contemporary society*. Oxford: Oxford UP • Elwert, G., Kohli, M. & Müller, H. (Eds.). (1990). *Im Lauf der Zeit*. Saarbrücken: Breitenbach • Fischer-Rosenthal, W. & Alheit, P. (Eds.). (1995). *Biographien in Deutschland*. Opladen: Westdeutscher Verlag • Heinz, W. R., Huinink, J. & Weymann, A. (Eds.). (2009). *The life course reader: Individuals and societies across time*. Frankfurt a. M.: Campus • Huinink, J., Mayer, K. U., Diewald, M., Solga, H., Sorensen, A. & Trappe, H. (1995). *Kollektiv und Eigensinn*. Berlin: Akademie Verlag • Kohli, M. (2003). Der institutionalisierte Lebenslauf: Ein Blick zurück und nach vorn, in J. Allmendinger (Hg.), *Entstaatlichung und soziale Sicherheit* (pp. 525-545). Opladen: Leske + Budrich • Kohli, M. (2015). Generations in aging societies: Inequalities, cleavages, conflicts. In C. Torp (Hg.), *Challenges of aging* (pp. 265-288). Basingstoke: Palgrave Macmillan • Kohli, M. & Szydlik, M. (Eds.). (2000). *Generationen in Familie und Gesellschaft*. Opladen: Leske+Budrich • Leibfried, S., Leisering, L., Buhr, P., Ludwig, M., Mädje, E., Olk, T., et al. (1995). *Zeit der Armut. Lebensläufe im Sozialstaat*. Frankfurt a. M.: Suhrkamp • Mayer, K. U. (2002). Zur Biografie der Lebensverlaufsforschung, in G. Burkart & J. Wolf (Hg.), *Lebenszeiten - Erkundungen zur Soziologie der Generationen* (pp. 41-61). Opladen: Leske + Budrich • Mayer, K.U. (2009). New directions in life course research. *Annual Review of Sociology, 35*, 413-433 • Mayer, K.U. & Schulze, E. (2009). *Die Wendegeneration. Lebensverläufe des Jahrgangs 1971*. Frankfurt a. M.: Campus • Mortimer, J. T. & Shanahan, M. S. (Eds.). (2003). *Handbook of the life course*.

Dordrecht: Kluwer Academic Publishers • Rosenthal, G., Stephan, V. & Radenbach, N. (2011). *Brüchige Zugehörigkeiten*. Frankfurt a. M.: Campus • Sackmann, R. & Wingens, M. (Hg.). (2001). *Strukturen des Lebenslaufs*. Weinheim: Juventa • Scherger, S. (2007). *Destandardisierung, Differenzierung, Individualisierung*. Wiesbaden: VS Verlag • Wohlrab-Sahr, M. (1993). *Biographische Unsicherheit - Formen weiblicher Identität in der „reflexiven Moderne"*, Opladen: Leske + Budrich

Martin Kohli

Lebensstil

Als Lebensstil wird der Gesamtzusammenhang des Verhaltens, das ein Einzelner regelmäßig praktiziert, bezeichnet. Er beruht auf der individuellen Organisation und expressiven Gestaltung des Alltags, wird in biografischen Prozessen entwickelt und bildet eine Synthese von bewusst vorgenommenen und unbewusst routinisierten Verhaltensweisen, von Einstellungen und Zielvorstellungen, von Kontakten und Interaktionen mit Mitmenschen. Individuelle Lebensstile finden sich meist in gleicher oder ähnlicher Form auch bei anderen Menschen. So zeigen und bewirken Lebensstile Zusammengehörigkeit oder aber Andersartigkeit.

Viele Hinweise belegen, dass sich Lebensstile in postindustriellen Gesellschaften pluralisieren. Mehr Wohlstand, soziale Sicherheit und Bildung, kleinere Familien sowie die Liberalisierung von Alltagsnormen haben dazu geführt, dass die Determinanten von Lebensstilen vielfältiger werden, der Einzelne ihnen aber immer weniger ausgeliefert ist. Die empirische Vielfalt von Lebensstilen und Lebensstilgruppierungen nimmt langfristig zu. Lebensstile prägen das Alltagsleben. Dies zeigt sich u. a. in Konsum, politischer Partizipation, Sozialisation und Gruppen(fremd- und -selbst)zuordnungen. Gelegentlich werden Lebensstilgruppierungen sogar zu gesellschaftlichen und politischen Akteuren. Sie bewirken gesellschaftliche Konfliktfronten und Allianzen. Wegen ihrer Kraft zur Prognose des Alltagsverhaltens werden Lebensstilstudien u. a. in Marketing und Werbung viel genutzt.

Der Begriff des Lebensstils setzt ein gewisses Maß an Wahl- und Entscheidungsfreiheit voraus. Daneben wird der Lebensstil eines Menschen auch durch äußere Faktoren beeinflusst, u. a. durch: Alter, Bildungsgrad, -milieu, Generation, Geschlecht, Lebensform (Haushaltsform, Lebensphase, Kinderzahl), bauliche und (sozial-)ökologische Umwelt (z. B. Stadt-Land), Berufsstatus, Einkommen, soziale Sicherheit, Schichtselbstzuordnung. Die klassischen Schichtungsmerkmale stellen wichtige, aber keinesfalls die wirksamsten Prägefaktoren dar.

Kern der gängigen Lebensstilbegriffe ist das beobachtbare individuelle Verhalten. Daneben umfassen viele Lebensstilbegriffe auch Einstellungen und Lebensziele sowie soziale Beziehungen und Kommunikationsweisen. Lebensstilbegriffe sind synthetische Begriffe. Sie führen eine Vielzahl von Dimensionen zusammen. Operationalisierungen des Lebensstilbegriffs sind daher meist breit angelegt. Deswegen sind empirische Lebensstilstudien oft aufwändig und teuer.

Die quantitative Erforschung von Lebensstilen konzentriert sich auf das beobachtbare Verhalten von Großgruppen und liefert repräsentative beschreibende Befunde. Die qualitative Erforschung von Lebensstilen zielt oft auf Sinnwelten und Einstellungen der Akteure in kleineren Gruppierungen. Qualitative Lebensstilstudien zeichnen Situationen, Motive, Biografien etc. nach und erklären so, wie es zur Herausbildung bestimmter Lebensstile kommt. Die beiden Hauptzugänge zur empirischen Lebensstilanalyse ergänzen sich.

Im Wesentlichen übereinstimmend kommen quantitative empirische Studien zum Ergebnis, dass in der Sozialstruktur Deutschlands 8-10 allgemeine Lebensstile zu unterscheiden sind. Es ist noch wenig darüber bekannt, inwieweit sich die Lebensstilstruktur verändert. Anscheinend ist die Struktur jedoch relativ stabil. Grob sind Lebensstile sozialen Schichten zuzuordnen. Allerdings finden sich in Unter-, Mittel- und Oberschicht jeweils mehrere Lebensstile nebeneinander. Im Einzelnen unterscheiden sich die empirischen Befunde. Denn exakt abgegrenzte Gruppen existieren in modernen Gesellschaften kaum mehr. Daher werden in Lebensstiluntersuchungen Gruppen mit „ähnlichen" Merkmalskombinationen ermittelt und „künstlich" gegen andere Gruppierungen abgegrenzt. Je nachdem, welche Merkmale hierbei zu Grunde gelegt werden, kommen etwas andere; je nachdem, wie hoch der Differenzierungsgrad der Abgrenzungen ist, kommen mehr oder weniger Lebensstile zum Vorschein.

Die Träger der einzelnen Lebensstile weisen in der Regel ein gemeinsames Bewusstsein auf, das sie häufig in die Nähe Gleichgesinnter führt, sind sich aber selten ihrer Gemeinsamkeit bewusst. Lebensstile bleiben anscheinend als routinisierte Verhaltensmuster im Lebenslauf und oft sogar in der Generationenfolge lange erhalten, bei veränderten Lebensumständen oder Einstellungen ändern sich jedoch Lebensstile leichter als Milieuzugehörigkeiten. In der empirischen Sozialforschung wurde neben allgemeinen eine Fülle spezieller Lebensstile gefunden. Einem bestimmten allgemeinen Lebensstil anzuhängen, schließt nicht aus, in Konsum, Mediennutzung o.a. andersartige spezielle Lebensstile zu pflegen. Um die Entstehung von Lebensstilen und deren Pluralisierung in fortgeschrittenen Gesellschaften zu erklären, werden vor allem folgende Theorien herangezogen:

1. Pierre Bourdieus Habitus-Theorie geht aus von der ungleichen Verteilung dreier Ressourcenarten in der Bevölkerung: dem ökonomischen Kapital, dem Bildungskapital und dem „sozialen Kapital" (soziale Beziehungen). Je nach Ausmaß ihres Kapitalbe-

sitzes gehören Gesellschaftsmitglieder der „Arbeiterklasse", dem „Kleinbürgertum" oder der „Bourgeoisie" an. Und je nach Zusammensetzung bzw. Zukunftsaussichten ihres Kapitalbesitzes werden sie bestimmten Klassenfraktionen zugerechnet: dem Besitzbürgertum, dem Bildungsbürgertum, dem alten, dem neuen oder dem exekutiven Kleinbürgertum. Das Aufwachsen innerhalb dieser Klassen(fraktionen) lässt, Bourdieu zufolge, spezifische Habitusformen entstehen, d. h. latente Denk-, Wahrnehmungs- und Bewertungsmuster. Sie begrenzen einerseits die Wahl von Lebensstilen, andererseits ermöglichen und kreieren sie Lebensstile. So erzwingt nach Bourdieu der Habitus der Arbeiterklasse eine „Kultur des Mangels" und weitgehendes Funktionsdenken. In Kleidungskäufen, Wohnungseinrichtungen etc. überwiegen Kriterien des Preises, der Haltbarkeit und des Nutzens ästhetische Gesichtspunkte. Der Habitus der Arbeiterklasse legt ein „Sich-Einrichten" in gegebenen Verhältnissen nahe. Der Habitus des Kleinbürgertums ist dagegen auf sozialen Aufstieg, auf die ehrgeizige Erfüllung vorgegebener Normen ausgerichtet, u. a. in Fragen der Bildung und des Geschmacks. Der kleinbürgerliche Habitus bedeutet angestrengte Bemühungen, das „Richtige" zu tun. Der Habitus der Bourgeoisie ermöglicht es dagegen, sich in Kenntnis der „richtigen" kulturellen Standards über diese zu erheben, einen eigenen Stil zu entwickeln, diesen als gesellschaftliche Norm zu propagieren und auch durchzusetzen. Das Kleinbürgertum ist dann wiederum darauf angewiesen, der neuen Orthodoxie gerecht zu werden. Die Arbeiterklasse verharrt in ihrer Kultur des Mangels. Somit reproduziert sich die Herrschaft der Bourgeoisie mittels Kultur und Lebensstil.

2. Theorien der rationalen Wahl beziehen sich, anders als die Habitus-Theorie, auf das Individuum. Sie gehen modellhaft davon aus, dass die Einzelnen jene Handlung aus den zur Verfügung stehenden wählen, die der Verwirklichung eigener Zielvorstellungen am meisten nützt. Freilich ist die Verhaltenswahl dieser „rationalen Egoisten" oft dadurch eingeschränkt, dass bestimmte Handlungsmöglichkeiten nicht bekannt sind, nicht akzeptiert werden oder die Suche nach ihnen zu „teuer" ist. Ein Lebensstil bildet sich als Aufeinanderfolge von Einzelakten heraus, die nach ihrer Zweckmäßigkeit ausgesucht und optimiert werden. Aktionen, die sich zur Erreichung individueller Präferenzen bewährt haben, werden wiederholt und „automatisiert". Im Laufe der Zeit ergibt sich so eine Selektion und „Verdichtung" von Handlungsweisen und -ketten. Nach Alternativen wird immer weniger gesucht. So entstandene individuelle Lebensstile werden zu gemeinsamen Mustern gesellschaftlicher Lebensstilgruppierungen, indem wiederum aus Nützlichkeitsgründen, u. a. zwecks Kommunikationserleichterung und Identitätssicherung, Unterschiede zu relativ ähnlichen Lebensstilen minimiert und zu unähnlichen maximiert werden.

3. Die Individualisierungstheorie Ulrich Becks geht davon aus, dass sich die Einzelnen im Laufe der Modernisierung aus vielen kulturellen, sozialen und

wirtschaftlichen Bindungen lösen. Die persönliche Selbstständigkeit wächst. Vertrautheit und Sicherheit in Gemeinschaften schwinden, individuelle Handlungs- und Entfaltungschancen wachsen. Allerdings hatten sich Modernisierung und Individualisierung bis in die 1960er Jahre hinein in Deutschland erst teilweise durchgesetzt. Zwar waren in der Nachkriegszeit die traditionellen Bindungen in die Dorfgemeinschaft oder in die Konfession schwächer geworden. Aber die Einbindung, vor allem der Frauen, in die emotionalisierte Kleinfamilie verstärkte sich. Und die Männer waren nach wie vor in die industriegesellschaftliche Arbeiter- und Angestelltenschaft integriert. Seit Beginn der 1960er Jahre vollzieht sich nach Ansicht von Individualisierungstheoretikern ein zweiter Schub der Modernisierung und Individualisierung. Er wird gefördert durch verschärfte Arbeitsmarktkonkurrenz und -mobilität, durch gesteigerten Wohlstand, ein höheres Bildungsniveau auch für Frauen, bessere soziale Absicherung, Verstädterung, Ausweitung der Freizeit etc. Dadurch lösen sich die Individuen aus ihrer Einbindung in Klassen und Schichten und aus „Familienbanden". Die Menschen sind nun in der Lage, aber auch darauf angewiesen, Lebensform, Biografie und Lebensstil selbst zu entwickeln. Allgemeingültige Vorbilder hierfür gibt es immer weniger. Die Vielfalt der gefundenen Lösungen wächst.

Diese Lebensstiltheorien wurden in den letzten Jahren über die Soziologie hinaus sehr bekannt. Offenbar wünschen die Menschen in fortgeschrittenen Gesellschaften, ihr Leben weitgehend selbst zu gestalten. Lebensstiltheorien versprechen dabei Aufklärung über Bedingungen und Hemmnisse, Chancen und Risiken.

▶ **Alltag; Milieu**

Beck, U. (1986). *Risikogesellschaft*, Frankfurt a. M.: Suhrkamp • Bourdieu, P. (1982). *Die feinen Unterschiede*, Frankfurt a. M.: Suhrkamp • Hartmann, P. (1999). *Lebensstilforschung*, Opladen 1999 • Hradil, S. (1987). *Sozialstrukturanalyse in einer fortgeschrittenen Gesellschaft*, Opladen: Leske+Budrich • Hradil, S. (1992). Alte Begriffe und neue Strukturen. Die Milieu-, Subkultur- und Lebensstilforschung der 80er Jahre. In: S. Hradil (Hg.): *Zwischen Bewußtsein und Sein. Die Vermittlung „objektiver" Lebensbedingungen und „subjektiver" Lebensweisen*, Opladen: Leske+Budrich (S. 15-56) • Hradil, S. & Spellerberg, A. (2011). Lebensstile und soziale Ungleichheit, *Gesellschaft-Wirtschaft-Politik (GWP)*, 61, 51-62 • Lüdtke, H. (1989). *Expressive Ungleichheit*, Opladen: Leske+Budrich • Otte, G. (2004). *Sozialstrukturanalysen mit Lebensstilen. Eine Studie zur theoretischen und methodischen Neuorientierung der Lebensstilforschung*, Wiesbaden: VS Verlag • Wahl, A. (1997). *Strukturierte Pluralität*, Frankfurt a. M.: Lang

Stefan Hradil

Legitimation

Der Begriff Legitimation bezeichnet die Etablierung und Aufrechterhaltung von Legitimität für soziale Ordnungen und Herrschaftsverhältnisse, sowie die Rechtfertigung von Entscheidungen. „Legitimität" bezieht sich, wie Max Weber (1864–1920) schrieb, auf die „Verbindlichkeit" und „Vorbildlichkeit" sozialer Ordnungen und auf den Anspruch von Autoritäten auf Gehorsam. Es geht um besondere Rechtfertigungsgründe, auf die sie sich stützen. Nur auf Sanktionen allgemein und das Eigeninteresse der sich Fügenden, gar auf Gewalt, wäre kaum Verlass. Legitimation verschafft sozialen Ordnungen, Herrschaftsverhältnissen und Entscheidungen Dauerhaftigkeit und Berechenbarkeit für Akteure. Damit handelt es sich um ein Schlüsselkonzept der Soziologie, die als akademische Disziplin angetreten ist, um Zusammenhalt und Wandel von Gesellschaften zu erklären.

Soziale Ordnungen regeln das gesellschaftliche Leben von kleinen Gruppen bis hin zu transnationalen Vernetzungen. M. Weber identifizierte vier „reine Typen" der Legitimität sozialer Ordnungen, die bis heute eine Verständnishilfe bieten. Im Regelfall kann ein empirisches Phänomen am besten durch die Kombination der Typen erschlossen werden.

Traditional legitimierte Sozialordnungen stützen sich, so Weber, auf die absolute Verbindlichkeit der als schon immer dagewesen verstandenen Regeln, deren Bruch als undenkbar erscheint. Die Rollenzuweisungen für Frauen und Männer in patriarchalischen Gesellschaften oder die Autorität traditionaler Stammesführer bieten Beispiele. In vielen Fällen haben sie sich als stabil bis in die Gegenwart erwiesen, auch angesichts politischen Drucks, und ggf. als letzter Halt, wo staatliche Strukturen zerfielen. Legitimation wird typischerweise durch Aufwachsen und Einübung in die Traditionen erzielt. Sozialordnungen können außerdem affektiv, durch die Stärke der Wertschätzung, legitimiert sein. Als Beispiele können die „fünfte Jahreszeit" in den Karnevalshochburgen, angeführt werden, oder Menschen, die schlechte Erfahrungen im Elternhaus gemacht haben, und gleichwohl selbst eine Familie gründen. Legitimation vollzieht sich im Wege oft unhinterfragter Neigung, gestützt durch Vorbild und positives Erleben. – Weber betonte, dass sich die Typen in der Realität oft so klar und eindeutig nicht wiederfinden. Dazu genügt schon die Überlegung, wie viel an, zum Beispiel der Institution der Ehe traditional ist und wie viel auf Affekt beruht.

Weber nennt außerdem zwei „rationale" Typen der Legitimität sozialer Ordnungen. Die wertrationale Begründung beruht auf etwas als „absolut gültig" Erschlossenem. Hier wäre an die weltweite Verbreitung der Idee der Menschenrechte zu denken, die zu einer Verankerung in Verfassungen und internationalen Abkommen geführt hat. Aspekte der Gesellschaft werden so organisiert, dass sie Menschenrechtsvorstellungen entsprechen können. Den typischen Weg der Legitimation bildet die Überzeugung durch Schulen, Universitäten und nicht zuletzt Kampagnen von Menschenrechtsorganisationen. Bleibt die legale Form der Legitimität. Das von den Interessenten vereinbarte, in den dazu vorgesehenen Verfahren beschlossene oder durch ihrerseits legitimierte Autoritäten dekretierte Recht hat Verpflichtungskraft. Vereinsmitglieder fühlen sich an die von ihnen beschlossene Satzung gebunden, Bürger an das Gesetz, etc. Treffend ist der Buchtitel „Legitimation durch Verfahren" (Luhmann, 1975). Wiederum ist für das Verständnis empirischer Phänomene die Kombination der Legitimitätstypen entscheidend. Ein Nichtdiskriminierungsgebot kann als verbindlich angesehen werden, weil es in geltendes Arbeitsrecht gegossen ist, aber auch weil Entscheidungsträger von seinem Inhalt überzeugt sind. Irgendwann mag es sogar selbstverständliche, unhinterfragbare soziale Praxis geworden sein und mithin Tradition.

Bekannter noch als Webers Typen legitimer Ordnung sind seine Typen legitimer Herrschaft. Man kann Letztere aber nicht ohne die Ersteren voll erschließen. Die Grundlagen legitimer Ordnungen sind nämlich entscheidend für den Legitimationsmodus der Herrschaftstypen. Herrschaft ist bei Weber definiert als Gehorsamsbereitschaft gegenüber einer Autorität. Die weitere sozialwissenschaftliche Diskussion ging dahin, dass Herrschaft meist nur dann anerkannt wird, wenn auch die hinter ihr stehende Ordnung anerkannt wird. Weber nennt drei „reine Typen" legitimer Herrschaft.

In der traditionalen Herrschaft wird den Anordnungen derer Folge geleistet, die immer schon dazu die Befugnis hatten. Ihre Herrschaft ist nicht unumschränkt, sondern in der Regel eng umrissen durch die jeweilige Tradition. Historisch vergleichende Analysen zeigen, dass traditionale Herrschaft ungemein stabil sein kann. Andererseits kann die Tradition gegen die Herrschenden gewendet werden. So werden arabische Eliten vielfach wegen ihres „westlichen" Lebensstils kritisiert.

Als im Kern revolutionär und instabil zeichnet Weber die „charismatische Herrschaft". Nach der Grundkonstellation schreiben in einer Notsituation die Anhänger einer bestimmten Person außergewöhnliche Gaben zu, die eine Rettung ermöglichen sollen. Für die Legitimation kommt es zunächst nur auf die Wahrnehmung an. Dann aber muss sich die charismatische Herrschaft auch in den Augen der Anhänger bewähren. Sie enttäuscht ziemlich regelmäßig die übersteigerten Erwartungen und wird, wenn sie nicht zusammenbricht, nach Weber überführt in eine der anderen Herrschaftsformen. Die Charismatheorie findet oft Anwendung durch politische Kommentatoren und Historiker und kann so die Karrieren von zum Beispiel Wirtschaftsführern oder Politikern beleuchten.

Der rational-legale Ordnungstypus bildet die Grundlage der legal-rationalen Autorität. Zu Anordnungen befugt ist derjenige, der ordnungsgemäß in sein Amt gelangt ist und innerhalb seiner rechtlich vorgegebenen Kompetenzen handelt. Die Wahl durch den Bundestag, zum Beispiel, verleiht der Kanzlerin ihre Position, Minister und Beamte erlangen die ihre durch formale Ernennung. Alle sind sie an rechtlich definierte Handlungsmöglichkeiten gebunden.

Auch hier erschließt sich ein Anwendungsfall durch Webers Methode des Vergleichs der Erklärungskraft verschiedener Idealtypen. Fußballtrainer zum Beispiel unterliegen den gezeigten Mechanismen regelmäßig. Ihre Legitimation erfolgt unbestreitbar ganz elementar durch Arbeitsvertrag (rational-legal), aber auch durch die vermuteten Talente (charismatisch), und man könnte, ohne Anstoß zu erregen, sogar ein Jota eingewöhnter Gehorsamkeit des Teams anführen (traditionell). Wenn aber der Erfolg des Teams ausbleibt, wird der Trainer zum Sündenbock (Schicksal des charismatischen Führers).

Webers historisch gesättigte Analysen und die Anregungskraft seiner Herrschaftstypen haben die Grundlage gelegt für vielfältige Interpretations-, Abgrenzungs- und Weiterentwicklungsversuche. Für die Sozialwissenschaften wichtige Debatten spielen sich vor diesem Hintergrund ab.

Wenn der rational-legale Legitimationsmodus so zentral ist für moderne Gesellschaften, dann lässt sich nach der hier obwaltenden Rationalität fragen. Weber nannte die gegenseitige Vereinbarung von Regeln als einen Weg zur Legitimation. Bei Jürgen Habermas findet sich die Argumentationsfigur des „herrschaftsfreien Diskurses" als Ideal einer durch Machteffekte unverfälschten Willensbildung. Später macht Habermas die rechtsstaatliche Organisation der Willensbildung zum Thema. Über ein System von Verfahrens-"Schleusen" kann sie ermöglicht werden. Die Figur des Verlierers interessierte dagegen Luhmann. Es sei für den einzelnen nicht rational, seine Interessen aufzugeben. In „Legitimation durch Verfahren", zeigt Niklas Luhmann (1927–1998), wie Einzelne oder auch einzelne Gruppen zunächst faktisch gezwungen sind, an Verfahren „freiwillig" in der ihnen hier zugeschriebenen Rolle teilzunehmen, sich zu positionieren und am Ende mit einer Entscheidung konfrontiert werden können. An dieser Stelle erwartet die Umwelt eine Art zähneknirschender Akzeptanz. Das alles funktioniert nur im Umfeld eines weitverbreiteten Legitimitätsglaubens, der Rebellion aussichtslos macht. Neben theoretischen Arbeiten wurden ganz konkrete Modelle zur Verbesserung von Entscheidungsverfahren entwickelt. Zum Beispiel setzt die „Planungszelle" (Dienel, 2013) eine „Bürgerjury" ein, um bei Großplanungsvorhaben Argumente von Sachverständigen zu hören und zu einer informierten Entscheidung zu kommen. Schlichtung und Mediation wurden als Alternativen zur Justiz eingeführt und mit neuen Ausbildungsangeboten für Mediatoren komplettiert. Jedoch werden in manchen Fällen letztlich doch wieder Parlamente die Letztentscheidung bei Planungsvorhaben wahrnehmen. Und Mediation kommt an ihre Grenzen, wo eine der Parteien sich im Recht fühlt und das der anderen bescheinigt sehen will, oder wo zwei ungleich mächtige Parteien verhandeln. Dann ist wieder der Richter gefragt. Durch die Entwicklung der Informationstechnologie beflügelt, vermuten manche, dass massenhafte Beteiligung an jedweden Entscheidungsprozessen machbar wird, ein permanentes Plebiszit per Internet. Doch lassen Probleme der Praxis, einschließlich der Beteiligungsbereitschaft, auch hier zweifeln, dass es einen „Techno-fix" für Legitimation geben kann.

Alternativ kann Legitimation auch in der Rollenleistung der Akteure gesucht werden und zwar, was Luhmann eher als Randbedingung behandelt, in ihren substanziellen Qualitäten. Dazu kann das „group value model" der Verfahrensgerechtigkeit herangezogen werden (Tyler & Lind, 1988; Tyler, 2006). Gruppen- und allgemein Gesellschaftsmitglieder erwerben in ihrer Sozialisation die Werte und Normen ihrer sozialen Formation und erwarten ihre konkrete Umsetzung. Zu diesen gehören Vorstellungen von einer „fairen" Behandlung durch Autoritäten, die für die Gruppe handeln. Erwartet werden Vorurteilslosigkeit, Gelegenheit seine Sicht darzulegen, Wohlwollen und die Behandlung der Betroffenen als gleichberechtigte Gruppen- bzw. Gesellschaftsmitglieder. Wenn Autoritäten gegen diese Prinzipien verstoßen, kann eine Krise des Zugehörigkeitsgefühls zur Gruppe, zur Gesellschaft eintreten. Wo eine einzelne Fehlentscheidung noch hinnehmbar sein mag, weil es nächstens anders sein könnte, signalisiert unfaire Behandlung eine dauerhafte Benachteiligung. Einzelne Entscheidungen, Amtsträger und die soziale Ordnung, die hinter ihnen steht, werden durch alltägliche Fairness legitimiert und durch Fehlverhalten unterhöhlt. Diese Zusammenhänge werden durch empirische Studien in einer Vielzahl von sozialen Konstellationen und in vielen Ländern bestätigt. Es ist auch so, dass Bürger nicht nur daran interessiert sind, wie sie selbst fahren, sondern auch an der Fairness, die anderen zuteilwird (Machura, 2001). Das „group value model" besagt, dass Fairness ein Indikator ist für die Qualität der Gruppe, abgelesen typischerweise an der Fairness der für die Gruppe Handelnden. Entsprechend zeigt sich, dass in einigen Konstellationen die Fairness von Amtsträgern dann nicht mehr ausschlaggebend ist, wenn die Einzelnen der Gruppe, der Gesellschaft, feindlich gegenüberstehen. In einer Studie in Großbritannien waren zum Beispiel die meisten Bürger muslimischen Glaubens bereit, die Polizei beim Vorgehen gegen Terrorismus zu unterstützen, wenn sie die Polizisten als fair wahrnahmen, jedoch nicht eine Minderheit, die die Gesellschaftsordnung radikal ablehnte (Huq, Tyler, & Schulhofer, 2011). Auch das wiederum verweist auf die Verbindung zwischen legitimer Autorität und legitimer Ordnung.

Webers Verfallstheorie der charismatischen Herrschaft betont die übersteigerte Erwartung an die Kräfte der auf den Schild gehobenen Personen und ihr regelmäßiges Scheitern. Aber auch generell können Ordnungen und Personen, können Entscheidungen, vom Erfolg abhängig sein, wenigstens in dem Sinne, dass langanhaltender oder einschneidender Misserfolg sie Legitimität verlieren lässt. Das beste Beispiel bietet wohl die Weimarer Republik, deren Demokratie viele in den Stürmen der Weltwirtschaftskrise den Rücken zuwandten, oder das Sowjetimperium, das an fehlender Integrations- und Wirtschaftskraft zerbrach, wogegen die Bundesrepublik Deutschland und andere westliche Staaten nach 1945 durch wirtschaftliche Erfolge mindestens mitstabilisiert wurden. Nach der Weltfinanzkrise 2007 haben Wähler in einigen Ländern die regierenden Parteien abgewählt und bis dahin oppositionellen Kräften zur Macht verholfen. Zumindest in Teilen der amerikanischen und britischen Öffentlichkeit hat die Polizei durch Skandale und Fehlverhalten an Legitimität verloren. Nachdem Missbrauchsfälle mit tödlichem Ausgang nicht verhindert wurden, sind Sozialarbeiter und soziale Dienste in Großbritannien übel beleumdet worden. Genauso wie Legitimation durch alltägliche gute Arbeit erfolgen kann, führt das Gegenteil zu einem Bruch.

In modernen Gesellschaften kommt den Medien und der Medienarbeit von Institutionen und Führungspersonen große Bedeutung zu. Die Polizei zum Beispiel, bestimmt, wie andere, ihr Medienecho durch regelmäßige Informationsarbeit mit. Besonders lokale Medien übernehmen die Pressemitteilungen oft weitgehend unverändert. Polizeibehörden unterstützen auch die Produktion von Reality Cop-Serien in der Hoffnung, die Meinung der Bevölkerung zu beeinflussen. Entsprechend kann das Vertrauen der Öffentlichkeit steigen (Machura, Love, & Dwight, 2014). Jedoch gelingt dies nicht immer, weil die Medien Nachrichten nach eigenen Kriterien sortieren. Die Medien „kultivieren" eine Weltsicht, die in ihrem eigenen Interesse (Marktdurchdringung und -erweiterung) liegt (Gerbner, 2000). Konflikte und Themen, die moralische Empörung erlauben, haben einen höheren Nachrichtenwert (Luhmann, 1996), oder auch Unterhaltungswert. Entsprechend wurden konservative Richter in den USA durch das Gerichtsfernsehen in der Hoffnung enttäuscht, die Öffentlichkeit würde in ihrem Sinne von der Arbeit der Justiz überzeugt. Aus dem im Gerichtssaal gefilmten Material wurden nämlich die außerordentlichsten, anstoßerregendsten Fälle für die Fernsehsendungen ausgewählt (Sherwin, 2000). Das Bestreben in Diktaturen, die Medien selbst zu kontrollieren, kann dazu führen, dass längerfristig grundsätzliches Misstrauen entsteht. Das Zwischen-den-Zeilen-Lesen wird zu einer weitverbreiteten Fähigkeit, und Zynismus gegenüber den Mächtigen und der Gesellschaftsordnung zur vorherrschenden Haltung. Übermäßig schmeichelhafte Darstellungen geraten in eine Glaubwürdigkeitskrise, wenn sie den alltäglichen Erfahrungen widersprechen. In einer Studie nahmen flämische Jugendliche daher die positiv eingefärbten Reality Cop-Serien nicht ernst (Dirikx, Gelders, & van den Bulck, 2013).

Das Bildungswesen, Schulen und Universitäten, können zur Legitimation von Ordnungen, Amtsträgern und Entscheidungen beitragen. Die politische Bildung ist in der Bundesrepublik Deutschland systematisch in das Schulcurriculum eingebunden, mit entsprechenden Unterrichtsinhalten und -formen. In Großbritannien, das nicht unter totalitärer Herrschaft gelitten hat, bislang nicht. Hingegen erfahren Schüler in Deutschland kaum Rechtskundeunterricht (Machura & Kammertöns, 2011), etwas, das in den USA wohl selbstverständlicher ist. In ihren Studien erhalten angehende Polizisten, Anwälte oder Verwaltungsfachleute durch Unterrichtsinhalte und -methoden eine Vorbereitung auf ihre Berufspraxis. Einerseits kann hier ein hinreichendes Verständnis für die verlangte Rollenleistung gelegt werden, andererseits kann auch Misstrauen in die Institutionen und die Handelnden geweckt werden.

Im internationalen und innerdeutschen Vergleich fällt auf, wie Faktoren der Legitimierung und Delegitimierung zusammenkommen. In Meinungsbefragungen ergibt sich zuverlässig ein Gegensatz zwischen nordeuropäischen Ländern, in denen die Bevölkerung den Institutionen vertraut, und südosteuropäischen Ländern, in denen das Gegenteil der Fall ist. Diese Länder sind geprägt durch die historische Erfahrung von systematischem Machtmissbrauch, von Korruption und politischer Gewalt. Zugleich sind die demokratischen Institutionen noch relativ jung und mussten sich in einem Umfeld radikalen gesellschaftlichen Umbruchs bei wirtschaftlichem Misserfolg entwickeln. In Nordeuropa konnten sich die Gesellschaften in ruhigeren Bahnen entfalten und arbeiten Institutionen vorbildlicher. In Deutschland gab es nach der Vereinigung in den 1990er Jahren eine ähnliche Spaltung in West und Ost. Den Kern der Kritiker bildeten Personen, die dem alten Regime verbunden waren oder aber im wirtschaftlichen Systembruch schwere Nachteile hinnehmen mussten (Montada, 2000). Mittlerweile aber haben solche Gegensätze an Schärfe deutlich verloren.

▶ **Gewalt; Macht – Autorität – Herrschaft; Recht**

📖 Dienel, P. C. (2013). *Die Planungszelle*. Opladen: Westdeutscher Verlag • Dirikx, A., Gelders, D. & Van den Bulck, J. (2013). Adolescent perceptions of the performance and fairness of the police: examining the impact of television exposure. *Mass Communication and Society*, 16, 209-232 • Gerbner, G. (2000). Die Kultivierungsperspektive: Medienwirkungen im Zeitalter von Monopolisierung und Globalisierung. In A. Schorr (Hg.), *Publikums- und Wirkungsforschungen* (S. 101-121). Wiesbaden: Westdeutscher Verlag • Habermas, J. (1993). *Faktizität und Geltung*. Frankfurt am Main: Suhrkamp • Huq, A. Z., Tyler, T. R. & Schulhofer, S. J. (2011). Mechanisms for eliciting cooperation in counterterrorism policing: evidence from the United Kingdom. *Journal of Empirical Legal Studies*, 8, 728-761 • Lind, E. A. & Tyler, T. R. (1988). *The social psychology of procedural justice*. New York: Plenum • Luhmann, N. (1975). *Legitimation durch Verfahren*. Darmstadt: Luchterhand • Luhmann, N. (1996). *Die Realität der Massenmedien*. Wiesbaden: VS Verlag für Sozialwissenschaften • Machura, S. (2001). *Fairneß und Legitimität*. Baden-Baden: Nomos • Machura, S., Love, T. & Dwight, A. (2014). Law students' trust in the courts and the police. *International Journal of Law, Crime and Justice*, 42, 287-305 • Machura, S. & Kammertöns, A. (2009). Recht im Schulunterricht, Medieneinflüsse und die Attraktivität von Rechtsberufen. *Zeitschrift für Rechtssoziologie*, 30, 235-259 • Montada, L. (2000), Rechtssoziologische Aspekte der deutschen Wiedervereinigung. In H. Dreier (Hg.), *Rechtssoziologie am Ende des 20. Jahrhunderts. Gedächtnissymposium für Edgar Michael Wenz* (S. 252-288). Tübingen: Mohr • Sherwin, R. K. (2000). *When the law goes pop. The vanishing line between law and popular culture*. Chicago: University of Chicago Press • Tyler, T. R. (2006). *Why people obey the law*. Princeton: Princeton UP • Weber, M. (1980). *Wirtschaft und Gesellschaft*. Tübingen: Mohr • Weber, Max (1988). Die drei reinen Typen der legitimen Herrschaft. In M. Weber. *Gesammelte Aufsätze zur Wissenschaftslehre* (S. 475-488), Tübingen: Mohr

Stefan Machura

M

Macht – Autorität – Herrschaft

Macht, Herrschaft und Autorität bezeichnen jeweils komplexe soziale Beziehungsgeflechte, die einerseits eigenständige Phänomenbereiche konstituieren, andererseits aber auch miteinander verwoben sind. Sie sind soziale Tatsachen, die vielfältigen Deutungsmustern zugänglich sind. Nicht zuletzt deshalb ist ihr semantischer Gehalt bis heute umstritten.

Dies kann beispielhaft an der Macht gezeigt werden: Verweisen die einen auf konstruktive Aspekte der Macht für Verständigung oder soziales Handeln, sehen andere in ihr etwas Böses oder gar Dämonisches; assoziieren die einen mit Macht eher Freiheit, so andere Zwang; ist für die einen Macht eher an gemeinsames Handeln gebunden, so rücken andere sie in die Nähe von Kampf und Konflikt; sind für die einen Macht und Gewalt Gegensatzpaare, die unterschiedlicher nicht sein könnten, so stellt für andere Gewalt eine besondere Form von Macht dar; wird auf der einen Seite Macht an Recht gebunden, so erscheint sie auf der anderen Seite als Willkür.

Aber auch um die Herrschaft steht es nicht viel besser: Benutzen die einen Herrschaft als einen Oberbegriff zu Macht, so betrachten andere sie lediglich als einen Spezialfall derselben und ordnen sie dieser unter; bedeutet Herrschaft für die einen Unterdrückung, so erfüllt sie für andere wichtige Ordnungsfunktionen; glauben die einen, Herrschaft abschaffen zu können, so halten andere sie für eine Universalie menschlicher Gesellschaften; evoziert der Gedanke an Herrschaft für die einen eher Furcht und Schrecken, so für andere Gedanken an eine grundlegende Form menschlicher Vergesellschaftung, die mit besonderer Legitimität ausgestattet ist.

Und für die Autorität gilt: Sie ist einerseits überall vorfindbar, aber andererseits widerspricht sie unseren Gleichheitsidealen; verbinden die einen Autorität mit fragloser Anerkennung, so vermengen andere Autorität mit Autoritarismus; verbindet sich Macht einerseits mit Autorität, so verfügt doch andererseits längst nicht jeder Machthaber über Autorität; sehen einige in charismatischer Herrschaft eine besondere Form der Autorität, so stellen andere sie gegenüber den Herrschaftsformen moderner Gesellschaften deutlich zurück; schließlich kann Autorität offensichtlich ganz unterschiedlich zu Macht und Herrschaft in Beziehung gesetzt werden.

Wie kommen solch disparate und widersprüchliche Kennzeichnungen zustande? Zum einen entspringen sie aus unterschiedlichen theoretischen Traditionen innerhalb der Sozialwissenschaften; zum anderen haben sie mit grundlegenden ideologischen Positionen und Menschenbildern zu tun, die den Blick auf Macht, Herrschaft und Autorität präformieren. Nicht zuletzt dürften solche Einschätzungen auch aus der Lebenswelt der Individuen und ihren unterschiedlichen Erfahrungen mit den genannten Phänomenen resultieren. Bevor jedoch diese unterschiedlichen Bezüge und die damit einhergehenden Deutungsmuster inhaltlich differenziert werden, sollen zuvor wenigstens grundlegende Aspekte der drei Begriffe vorgestellt werden.

Als Ausgangspunkt kann dazu auf die klassischen Definitionen von Max Weber zurückgegriffen werden, der die genannten Phänomene grundlegend mit der sozialen Ungleichheit, mit der Ausbildung von Klassen und Schichten oder auch sozialer Ränge, auf jeden Fall mit gesellschaftlichen Hierarchien und entsprechenden Über- und Unterordnungsverhältnissen in Beziehung setzt und damit die unterschiedlichen Formen und Möglichkeiten der Durchsetzung von Interessen und die Beeinflussung von Handlungen verbindet. Nach Weber bedeutet Macht „jede Chance, innerhalb einer sozialen Beziehung den eigenen Willen auch gegen Widerstreben durchzusetzen, gleichviel worauf diese Chance beruht." Zwei Aspekte sind an dieser Definition bemerkenswert: Zum einen rückt Weber seinen allgemeinen Machtbegriff in die Nähe von sozialen Kämpfen und Konflikten; zum anderen spezifiziert er die Grundlage der Chance der Willensdurchsetzung nicht näher, sondern spricht davon, dass alle erdenklichen Qualitäten eines Menschen und verschiedenartige Konstellationen ihn in diese Lage versetzen können. Damit bleibt der Machtbegriff zunächst „soziologisch amorph". Im Gegensatz dazu definierte Weber Herrschaft als „die Chance, für einen Befehl bestimmten Inhalts bei angebbaren Personen Gehorsam zu finden." Dadurch, dass Machtausübung und Einflussnahme allein nicht ausreichen, um Herrschaft zu konstituieren, und Herrschaft immer an Legitimität zurückgebunden wird, geht Weber davon aus, dass Herrschaft einen stärkeren Institutionalisierungsgrad als Macht besitzt. Herrschaft beruht auf verschiedenen „Motiven der Fügsamkeit", wenigstens einem „Minimum an Gehorchenwollen" – und damit der Anerkenntnis von Autorität. Fließen bei Weber Herrschaft und Autorität fast zusammen, so scheint es sinnvoller, Autorität mit Sofsky und Paris als „anerkannte, geachtete Macht, die zugleich bewundert und gefürchtet wird", zunächst als eigenständige Kategorie zu fassen. Autorität beruht dabei auf beanspruchter und anerkannter Kompetenz und Überlegenheit einer Person, die in der Regel mit einem Amt, einer Sache oder einer Funktion verbunden ist. Autorität kann also in Machtbeziehungen oder Herrschaftsverhältnissen auf verschiedenen Ebenen zum Tragen kommen.

Für alle drei Begriffe ist aber ihr Prozess- und Figurationscharakter konstitutiv: Macht, Herrschaft und Autorität kann man nicht für sich allein haben, sondern sie sind immer nur in Verbindung mit anderen Menschen denkbar, weil alle drei Begriffe ein soziales Verhältnis bezeichnen. Deshalb sind Macht, Herrschaft und Autorität auch keine rein statischen oder über längere Zeiträume stillstellbaren Zustände, sondern dynamische Phänomene, in denen sich die Relationen zwischen einzelnen Personen, Gruppen oder Institutionen auf Grund der asymmetrischen und wechselseitigen Beziehungen verändern.

Das kommt besonders deutlich bei Machtverhältnissen zum Ausdruck. Zur Erfassung dieses vielschichtigen Grundphänomens menschlicher Gesellschaften ist zunächst daran zu erinnern, dass Macht ganz kategorial darauf zurückzuführen ist, was ein Mensch ‚vermag' und wie er dieses Vermögen zum Einsatz bringen kann. Popitz hat deshalb vier Grundtypen der Macht (Aktionsmacht als Verletzungsmacht, instrumentelle Macht als Unterwerfungsmacht, autoritative Macht als verhaltenssteuernde Macht und datensetzende Macht als objektivierte Macht technischen Handelns) unterschieden, daraus konstitutive Handlungsmöglichkeiten der Menschen abgeleitet und darauf hingewiesen, wie und warum diese Machttypen im Einzelnen wirksam sind und wie es zu Prozessen der Machtbildung kommt.

Daneben lassen sich unterschiedliche Dimensionen der Macht differenzieren. Sinnvoll ist die Unterscheidung in Machtquellen, Machtmittel, die Formen der Machtausübung und die Wirkungsmechanismen von Macht. Alle Macht beruht zunächst auf grundlegenden Machtquellen. Diese können entweder in körperlicher Überlegenheit, in der Persönlichkeit (Charisma oder Autorität) eines Menschen, in der Verfügung über Ressourcen oder in Organisationen bestehen. Diese Machtquellen eröffnen den Zugang zu den eigentlichen Machtmitteln. Solche konkreten Medien der Machtausübung können z. B. sein Kapital (im Bourdieuschen Sinne), Körperschaften und Organisationen, Amts-, Funktions- oder Sachautorität, die mit spezifischen Sanktionsmöglichkeiten ausgestattet sind, oder Informationen. Sie stellen die Trümpfe in Machtspielen dar, mit ihnen werden Konflikte ausgefochten, kann Widerstand geleistet oder gebrochen werden. Die Art der Machtquellen und der je spezifische Einsatz von Machtmitteln strukturieren dann die konkreten Formen der Machtausübung. Letztere reichen auf einem Spektrum von eher diskreten Formen wie Einfluss, Überzeugung oder Motivation über das Ausspielen von persönlicher und sachbezogener Autorität und der Anwendung von Kontrolle und Zwang bis hin zum Einsatz von Gewalt. Formen der Machtausübung können also eher kommunikativ oder eher brachial ausfallen. Mit ihnen korrespondieren in der Regel typische Wirkungsmechanismen von Macht. Hier wäre z. B. die

Androhung von Strafen oder anderweitigen negativen Sanktionen (repressive Macht), aber auch positive, auf Wohlverhalten abzielende Sanktionen zu nennen (kompensatorische Macht), und nicht zuletzt auch Manipulation zu erwähnen, deren Wirkung über die Konditionierung von Situationen und Menschen erzielt wird. Je nach Kombination dieser Aspekte variieren Reichweite, Geltungsbereich und Wirkungsintensität der Macht.

Diese Differenzierungen weisen über die Webersche Definition von Macht insofern hinaus, als sie nicht nur das Handeln zur Überwindung von Widerstand als Machtaktion begreifen, sondern auch die Gründe für die Möglichkeit zur Machtausübung spezifizieren. Lukes hat rein auf der Handlungsebene angesiedelte Machtkonzeptionen als eindimensional gekennzeichnet, weil sie etwa eine zweite Ebene der Machtausübung – sog. non-decisions – außer Acht lassen. Dabei geht es um die Beeinflussung der Rahmenbedingungen für die Machtausübung etwa über die Manipulation oder die Kontrolle der Spielregeln. Aber auch eine zweidimensionale Fassung von Macht bleibt immer noch an die intentionale Willensdurchsetzung von Individuen gekoppelt. Nach Lukes gilt es deshalb auch noch eine dritte Dimension zu berücksichtigen: Diese besteht z. B. in einem impliziten gesellschaftlichen oder gruppenförmigen Konsensus, dass bestimmte Dinge gar nicht verhandelbar sind, sondern als gegeben akzeptiert werden müssen. Noch vor der Ebene der Abstimmung der Spielregeln und weit vor dem eigentlichen Handeln sind also bereits bestimmte Aspekte festgeschrieben – unzweifelhaft ein Machtphänomen.

Theorien der Macht thematisieren Macht letztlich auf einem Kontinuum zwischen konkreten Optionen sozialen Handelns (Weber) und der Allgegenwart von Macht, die kapillarisch alle Poren der Gesellschaft und alle sozialen Beziehungen durchdringt (Foucault). Dies führt zurück zur Autorität, denn Autorität ist immer dort im Spiel, wo es Macht gibt. Bisher war lediglich von verschiedenen Typen der Autorität die Rede, ohne dass diese selbst thematisiert worden wäre. Autorität gehört deshalb in den Kontext von Macht und Herrschaft, weil sie auf die Einflussmöglichkeit einer Person, einer Gruppe oder Institution auf andere Personen auf Grund von spezifischen Kompetenzen oder allgemeiner Überlegenheit abhebt. Damit unterscheidet sie sich zwar einerseits von Macht und Herrschaft, ist aber andererseits ein essentieller Bestandteil beider Phänomene.

In Anlehnung an Sofsky und Paris lassen sich die wichtigsten Merkmale von Autorität wie folgt umreißen:

- Autorität wird grundsätzlich zugeschrieben, da jemand nur Autorität hat bzw. ist, wenn andere ihm diese zuerkennen.
- Autorität beruht auf Anerkennung, da man nur Autorität wird bzw. ist, sofern andere einen als solche anerkennen.

- Die Anerkennung der Autorität erfolgt mittels repräsentativer Werte und bezieht sich grundsätzlich auf die gesamte Person, die Persönlichkeit.
- Zuschreibungen von Autorität erfolgen immer personengebunden; höchste Autoritäten sind z. B. charismatische Führer.
- Autoritätsbeziehungen sind ungleiche Beziehungen, da Autorität in der Regel „von unten", d. h. von machtschwächeren Gruppen, zugeschrieben wird.
- Zugleich spiegeln sie ein reziprokes Geschehen wider, das von Ehrfurcht und Achtung erweisenden Selbstinszenierungen der Unterlegenen und Unabhängigkeit, Urteils- und Entscheidungsfähigkeit sowie Führung der Autorität geprägt ist.
- Autorität erfüllt wichtige Ordnungsfunktionen für die Gesellschaft und schafft Ordnung durch Unterordnung.
- Autoritäten können damit im Prinzip auf den Einsatz und den Gebrauch autoritärer Machtmittel verzichten.

Autorität verweist zugleich auf den Autoritätsanspruch einer Person oder Gruppe und auf die Folgebereitschaft anderer. Das Gehorchenwollen gründet hier auf einem spezifischen Legitimitätsverständnis, das sich wiederum auf Tradition oder Glauben berufen und sich entweder in formeller oder informeller Autorität manifestieren kann.

Autorität ist aber nicht nur ein wichtiges Element von Machtbeziehungen, sondern weist – wenn man an die Webersche Definition denkt – durchaus auch Ähnlichkeiten mit Herrschaft auf. Fasst man Herrschaft als ein institutionalisiertes Dauerverhältnis der Machtausübung einer übergeordneten gegenüber einer untergeordneten Gruppe, dann kommt keine Herrschaft ohne ein Mindestmaß an Anerkennung und Gehorsam – also Legitimität – aus. Herrschaft ist dabei ein Aspekt der sozialen Welt, der in sehr unterschiedlichen Formen in Erscheinung tritt. Hier sind nicht nur übergreifende Herrschaftsverhältnisse wie Staaten oder Organisationen, die Weber Herrschaftsverbände nennt, gemeint, sondern auch kleinteiligere Herrschaftsverhältnisse bis hin zu Familien-Beziehungen angesprochen.

Herrschaft als institutionalisierte Form der Macht ist idealtypisch gekennzeichnet durch eine zunehmende Entpersonalisierung der Macht (diese wird auf bestimmte Positionen oder Funktionen übertragen), durch ihre zunehmende Formalisierung (die Machtausübung löst sich von persönlicher Willkür und orientiert sich an festen Regeln und Verfahren), und schließlich durch die Integration von Macht in übergreifende Ordnungsgefüge, wo sie ihre legitime institutionelle Verortung und Verfestigung erfährt.

Popitz hat den Institutionalisierungsprozess von Herrschaft in fünf Schritten als eine Stufenfolge beschrieben: Auf der untersten Stufe kommt es zu einer sporadischen Machtausübung von Akteuren, die auf Grund fehlender Machtmittel und prekärer

Formen der Machtausübung auf den Einzelfall begrenzt bleibt. Die zweite Stufe auf dem Weg zur Institutionalisierung besteht in der Normierung von Verhaltensweisen und der machtförmigen Durchsetzung von Verhaltensregelmäßigkeiten. Auf einer dritten Stufe kommt es etwa durch Schließungsprozesse zu einer Verdichtung normierender Machtfunktionen und zu überpersönlichen Machtstellungen, die mit Sanktionsgewalt ausgestattet sind. Auf der vierten Stufe bilden sich schließlich Positionsgefüge der Herrschaft um zentrale Machtgruppen der Gesellschaft herum, die in anonymisierten Herrschaftsapparaten gipfeln, in denen die Herrschenden selbst austauschbar werden. Auf der letzten Stufe kommt es dann zur Etablierung staatlicher Herrschaft. Sie ist auf Grund ihrer Besonderheiten – territoriale Gebietsherrschaft und zentralisierte Herrschaftsinstanz zu sein, mit dem Steuermonopol über eigene Machtmittel zu verfügen, die Verfügung über das Gewaltmonopol als Sanktionsinstrument zu haben, und bestimmte Ordnungsfunktionen auszuüben – zugleich eine hohe Form der Institutionalisierung von Macht.

Weber hat in seiner Herrschaftssoziologie gezeigt, dass jede auf Dauer gestellte Herrschaft mit einem bestimmten Glauben an ihre Rechtmäßigkeit einhergehen muss. Denn nur mittels Legitimität lässt sich Gehorsamsbereitschaft erreichen, Herrschaft mit hierarchischen Über- und Unterordnungsstrukturen stabilisieren und deren spezifische Maßnahmen rechtfertigen. Anhand des Legitimitätskriteriums hat Weber drei „reine Typen legitimer Herrschaft" entworfen, die auf unterschiedlichen Begründungen ihrer Legitimität aufruhen: Die traditionale Herrschaft mit ihren Sonderformen der patriarchalischen, patrimonialen und ständischen Herrschaft beruht auf der „Heiligkeit überkommener Ordnungen und Herrengewalten". Zu ihrer Legitimierung reicht noch der Verweis auf die eigene Geschichte und die Tatsache, dass es immer schon so war, seitens eines traditionellen Herrschers. Die charismatische Herrschaft beruft sich auf die außeralltäglichen Eigenschaften und Qualitäten einer Person und der durch sie geschaffenen Ordnung. Die Legitimität beruht hier auf der Folgsamkeit verbürgenden Autorität und dem Charisma einer Persönlichkeit. Propheten, Kriegshelden oder Führer sind in diesem Kontext natürliche Herrschertypen, die aber in besonderem Maße unter dem Zwang der Reproduktion ihrer Autorität stehen. An diesem Typus der Herrschaft lässt sich zeigen, dass Autorität und Charisma einem allfälligen Zerfallsprozess ausgesetzt sind, der entweder schleichend für einen Autoritätsverlust sorgt, weil z. B. der Autoritätsbedarf schwindet oder diverse Methoden der Diskriminierung die Autorität des Herrschers unterminieren, oder relativ abrupt einen Sturz der Autorität herbeiführen kann. Charismatische Herrschaft ist damit die risikoreichste Art der Legitimation von Herrschaft. Ganz anders bei der legalen Herrschaft mit ihrem modernen Verwaltungsstab und ihrer gesatzten Verfassung: Hier beruht die Herrschaft auf dem Glauben an die Legalität einer regelgerecht geschaffenen Ordnung und das Anweisungsrecht der zur Herrschaft Berufenen, die der Rationalität und Verlässlichkeit von Verfahren selbst unterliegen. Bürokratie und Behörden sind idealerweise mit Amtsdisziplin und Funktionsautorität ausgestattet und an abstrakte Normen und Fachqualifikationen gebunden. Rein technisch ist die legale Herrschaft als bürokratische Verwaltung für Weber die rationalste Herrschaftsform.

Jenseits der Idealtypen stellen die tatsächlichen Herrschaftsordnungen jedoch häufig Mischformen dieser Idealtypen dar oder sie entsprechen gar nicht dem Legitimitätskriterium. Je nachdem, auf welcher Ebene man ansetzt, lassen sich politisch-staatliche Herrschaftsordnungen zwischen Demokratie, Oligarchie, Aristokratie und den verschiedenen Typen von autoritärer Herrschaft und Diktatur verorten, Herrschaftsverhältnisse in gesellschaftliche Subsysteme (z. B. Regierung, Verwaltung, Organisationen) im Bereich der Politik, der Wirtschaft oder der Kultur differenzieren oder auch Herrschaft in kleinteiligeren Einheiten ausmachen. Man wird dabei auf sehr unterschiedliche Begründungen und Legitimationen von Herrschaft stoßen, bis hin zur offenen Gewaltherrschaft.

Anfangs wurde die Frage aufgeworfen, wie unterschiedliche, manchmal auch diametral entgegen gesetzte Einschätzungen von Macht, Herrschaft und Autorität zustande kommen. In Bezug auf die Macht gibt es vielfältige Theorien, mit denen sowohl die eine wie die andere Position ‚belegt' werden könnte. Ausschlaggebend scheinen neben wissenschaftstheoretischen Kontroversen und unterschiedlichen Erkenntnisabsichten häufig politische Bewertungen oder Erfahrungen der Lebenswelt zu sein. So findet man eine skeptische Bewertung von Macht oder gar deren Dämonisierung in der Regel bei machtschwachen Gruppen, die Machtausübung eher hierarchisieren und auf ihre negativen Effekte hinweisen. Umgekehrt haben aber auch wirkliche Machthaber ein gebrochenes Verhältnis zur Macht, insofern sie häufig ihre eigene Machtlosigkeit betonen; bestenfalls hätten sie begrenzten Einfluss. Hier scheint die Beurteilung der Macht von einer Sichtweise auf die Macht abzuhängen, die diese einmal als Übermächtigung, einmal als Ermächtigung versteht.

In Bezug auf die Herrschaftsproblematik lassen sich die Differenzen des wissenschaftlichen Umgangs mit Herrschaft gut an den theoretischen Paradigmen der Soziologie verdeutlichen. Individualistisch orientierte Theorien oder rationale Akteursmodelle, die vom Menschen als einem egoistischen Nutzenmaximierer ausgehen, sehen in der Herrschaft mit ihren stabilen Formen der Über- und Unterordnung einen nützlichen und allseits vorteilhaften Ordnungs- und Koordinationsmechanismus, mit dessen Hilfe das Handeln vieler Einzelner koordiniert werden kann. Gehorsam und Anerkennung der Herrschaft werden hier mit individuellen Vorteilsüberlegungen begründet. In vielen Gesellschaftstheorien bzw. Sozialtheorien gilt Herrschaft dagegen als eine allgemeine soziale Regelungs- und Beziehungsform, deren Vor- und Nachteile sich in konkreten Analysen unterhalb des abstrakten

Herrschaftsbegriffs erweisen müssen. Hier ist das Angebot an Theorien außerordentlich breit – es reicht von Weber über Parsons, Dahrendorf, Elias, Giddens und Bourdieu bis hin zu Foucault – und das Spektrum der Untersuchungsgegenstände kaum noch überschaubar, so dass stärker herrschaftskritische neben herrschaftsaffirmativen Bezugnahmen existieren. Schließlich gibt es eine Reihe von kritischen und marxistisch orientierten Theorien, die Herrschaft als einen Macht- oder Konfliktregelungsmechanismus auffassen und darauf hinweisen, dass Herrschaft mehr oder weniger stabile Formen hierarchischer Ordnung hervorbringt, die keinesfalls für alle gleichermaßen vorteilhaft sind. Sie verweisen bei ihrer Kritik an Herrschaft auf Abhängigkeits- und Ausbeutungsverhältnisse, betonen den Zwangscharakter von Herrschaft und die anzutreffende Willkür der Machtausübung, erinnern an Gewaltherrschaften und wollen Herrschaft insgesamt minimieren, weil sie einer demokratischen Konstitution der Gesellschaft ein Stück weit entgegensteht. Der Legitimierbarkeit von Herrschaft stehen sie grundsätzlich skeptisch gegenüber.

Wie immer man nun auch Macht, Herrschaft und Autorität bewertet, in der Soziologie müssen sie als soziale Tatbestände gelten und als solche werden sie den Menschen noch lange erhalten bleiben.

▶ **Charisma; Elite; Figuration; Gewalt**

Beetham, D. (1991). *The Legitimation of Power*, Basingstoke: MacMillan • Blau, P. (1986). *Exchange and Power in Social Life*, New Brunswick: Transaction Books • Bourdieu, P. (1982). *Die feinen Unterschiede*, Frankfurt/M.: Suhrkamp • Clegg, S. R. & Haugaard, M. (eds.) (2009). *The SAGE Handbook of Power*, Los Angeles: Sage • Crozier, M. & Friedberg,E. (1979). *Die Zwänge kollektiven Handelns*. Königstein/Ts.: Athenäum • Giddens A. & Held, D. (eds.) (1982). *Classes, Power, and Conflict*. Basingstoke: MacMillan • Haferkamp, H. (1983). *Soziologie der Herrschaft*, Opladen: Westdeutscher Verlag • Imbusch P. (Hg.) (2012). *Macht und Herrschaft*. Wiesbaden: Springer VS • Imbusch, P. (2010). Macht und Herrschaft, in: H. Korte & B. Schäfers (Hg.), *Einführung in die Hauptbegriffe der Soziologie*, (S. 163-184). Wiesbaden: VS Verlag • Luhmann, N. (1988), *Macht*, Stuttgart: Enke • Lukes, S. (1974). *Power. A Radical View*, Basingstoke: MacMillan • Mann, M. (1991ff). *Geschichte der Macht*, 4 Bde., Frankfurt/M.: Campus • Maurer, A., (2004). *Herrschaftssoziologie. Eine Einführung*, Frankfurt/M.: Campus • Paris, R. (2015). *Der Wille des Einen ist das Tun des Anderen*, Weilerswist: Velbrück • Popitz, H. (1992). *Phänomene der Macht*, Tübingen: Mohr Siebeck • Sennett, R. (1990). *Autorität*, Frankfurt/M.: Fischer • Sofsky, W. & Paris, R. (1991). *Figurationen sozialer Macht*, Opladen: Leske + Budrich • Weber M. (1972). *Wirtschaft und Gesellschaft*, Tübingen: Mohr Siebeck

Peter Imbusch

Markt

Märkte werden in der Soziologie als sozial geregelte, strukturierte Orte definiert, an denen Güter und Leistungen getauscht werden. Marktbeziehungen werden als eine besondere Form von Tauschbeziehungen verstanden. „Der Tausch kann sich auf alles erstrecken, was sich in irgendeiner Art in die Verfügung eines anderen ‚übertragen' lässt und wofür ein Partner Entgelt zu geben bereit ist" (Weber, 1985: 37). Mit Max Weber wird dann von einem Markt gesprochen, wenn mehrere Anbieter oder Nachfrager, um Tauschchancen konkurrieren. Erst wenn auf mindestens einer Seite – Anbieter oder Nachfrager – um Tauschchancen „gekämpft" wird, wird von Markt gesprochen. Der Markt kennt daher den Wettbewerb zwischen mehreren Anbietern (bzw. Nachfragern) und er kennt den Preiskampf zwischen Anbietern und Nachfragern.

Im Unterschied zur Standardökonomie, die mit dem Konzept des vollkommenen Wettbewerbs ein allgemeines, von konkreten sozial-historischen Kontexten abstrahierendes Modell des Marktes verwendet, geht die Soziologie von der sozialen Konstitution konkreter Märkte (Massengütermärkte für Weizen, Finanzmärkte, Messen, Börsen usw.) aus und will die gesellschaftlichen Folgen von Märken und einer zunehmenden Marktkoordination bzw. Marktvermitteltheit sozialer Beziehungen analysieren.

Ausgangspunkt des modernen sozialwissenschaftlichen Denkens über Märkte ist das Werk von Adam Smith (1723–1790). Dort wird der Markt als ein vorteilhafter Abstimmungsmechanismus rationaler Individuen entdeckt, der es den Menschen erlaubt, die Vorzüge von Arbeitsteilung und Spezialisierung zu realisieren, ohne Moral und Selbstlosigkeit voraussetzen zu müssen. „Dagegen ist der Mensch immer auf Hilfe angewiesen, wobei er jedoch kaum erwarten kann, daß er sie allein durch das Wohlwollen der Mitmenschen erhalten wird. Er wird sein Ziel wahrscheinlich viel eher erreichen, wenn er deren Eigenliebe zu seinen Gunsten zu nutzen versteht, indem er ihnen zeigt, daß es in ihrem Interesse liegt, das für ihn zu tun, was er von ihnen wünscht" (Smith, 1978: 17). Adam Smith hat freilich auch darauf hingewiesen, dass die Marktkoordination immer auch durch einen Staat gerahmt werden sollte, wenn öffentliche Güter, Arbeiterbildung und die Nachregelung ungewollter Effekte des Marktes wichtig werden. Im Anschluss an Smith wird der Markt in der ökonomischen Theorie als universell vorteilhafte Koordinationsform aufgegriffen. Dafür wesentlich sind drei Mechanismen, die dem Markt zugesprochen werden: a) die Motivation zu Tauschhandlungen, b) die Vorteile aus Arbeitsteilung und Spezialisierung und c) die Koordinationswirkung von Wettbewerbspreisen.

Innerhalb der Soziologie wird hingegen vor allem die Grundidee von Max Weber (1864–1920) – und anderen Sozialanthropologen und Wirtschaftshistorikern wie etwa Karl Polanyi – aufgegriffen, wonach Tauschbeziehungen in unterschiedliche Vorstellungswelten und Sozialstrukturen eingebunden sind und Märkte daher sehr verschieden aussehen und funktionieren können (vgl. Aspers, 2011). Max Weber definiert Wirtschaften allgemein als ein Handeln, das auf die Bereitstellung begehrter Nutzleistungen ausgerichtet ist. In verschiedenen Gesellschaften bilden sich dazu unterschiedliche Institutionen aus, die sich aufgrund der erreichten Berechenbarkeit und Planbarkeit (Rationalität) erheblich unterscheiden (Weber, 1985: 35). Die Institutionen des modernen, rationalen kapitalistischen Wirtschaftens: Massenmärkte, private Wirtschaftsbetriebe und der kapitalistische Geist, bewirken ein Höchstmaß an formaler Rationalität in der Bereitstellung nachgefragter Güter. Nach Weber können sich dann private Wirtschaftsbetriebe beim Kampf um Tauschchancen an Marktpreisen orientieren und die rationalen Verfahren der Buchführung verwenden. Damit wird die Produktion, die Verteilung und der Konsum von traditionalen, wertorientierten und emotionalen Handlungsweisen weitgehend ‚befreit' (Weber, 1985: 383).

Während sich die ökonomische Theorie im 20. Jahrhundert als eine Theorie der Marktkoordination auf Basis einer subjektiven Nutzentheorie entwickelt hat, wurde der Markt – wie Wirtschaften allgemein – in der Soziologie lange Zeit gar nicht mehr betrachtet. Das änderte sich mit der neuen Wirtschaftssoziologie und den neuen Institutionentheorien in den 1980er Jahren (Maurer, 2008). Im Anschluss daran entstanden soziologische Marktkonzepte und empirische Studien, in denen die soziale Konstitution, die soziale Einbettung und die Vielfalt sozialer Marktformen erforscht werden. In vielen netzwerktheoretischen Studien werden seither die Merkmale sozialer Beziehungen daraufhin analysiert, wie sie das Handeln auf Märkten beeinflussen. Vor allem die unsicherheitsreduzierenden Wirkungen sozialer Beziehungsnetzwerke stehen dabei im Vordergrund. Mark Granovetter wirkte dabei stilbildend, indem er die Effekte starker und schwacher Beziehungen in Form von verbesserter Information, Vertrauensbildung oder Kontrolle untersucht hat (Granovetter, 2000). In umfassenden Markt-, Branchen- und regionalen Studien werden heute längst auch die Effekte spezifischer Beziehungsnetzwerke sowie auch der institutionellen Einbettung auf die Innovations- und

Wettbewerbsfähigkeit von Wirtschaftsakteuren und -systemen analysiert. Bekannt geworden sind vor allem die Netzwerkstudien aus dem Silicon Valley, welche aus der spezifischen Vernetzung von Universität, Wirtschaftsbetrieben, Kapitalgebern und Beratern (Banken, Rechtsanwaltskanzleien usw.) die Entstehung von Start-ups und die hohe Flexibilität dieser Wirtschaftsregion erklären. In anderen Studien werden die Effekte der institutionellen Einbettung von Märkten in formale und informale Regeln und Ordnungen thematisiert und damit relative Erfolge erklärt. Auch stehen in neueren Ansätzen soziale Aushandlungsprozesse im Mittelpunkt, welche überhaupt erst zur Entstehung von Märkten führen, indem etwa der Wert von Gegenständen definiert und quantifiziert wird, Gegenstände überhaupt zur Ware werden (Liebe, Leben usw.) und bislang unveräußerliche einmalige Werke wie Kunst oder Heilsgewissheit vermarktet und Akteure als Tauschpartner gesetzt werden (vgl. Maurer & Mikl-Horke, 2015: Kap. 5).

Neben vielen wirtschaftssoziologischen Marktanalysen sind in den letzten Jahren auch vermehrt normative und kritische Marktstudien vorgelegt worden. Diese thematisieren die Bedrohung oder Zerstörung der moralisch-normativen Grundlagen des sozialen Zusammenlebens (Verlust an normativer Integration, moralischer Werte, zunehmende Tauschwertorientierung) und betonen davon ausgehend die Notwendigkeit einer normativen Fundierung der Wirtschaft. War zu Beginn des 20. Jahrhunderts die große Frage, ob ein marktwirtschaftlicher Kapitalismus oder ein planwirtschaftlicher Sozialismus die bessere Wirtschafts- und Gesellschaftsform sei, stehen zu Beginn des 21. Jahrhunderts alternative Wirtschaftsformen (self governance, Allmendewirtschaft, commons), die sozial-ideelle Einhegungen der Marktwirtschaft und Reformen der beiden großen Institutionen: Markt und Unternehmenshierarchie, im Mittelpunkt (Herzog & Honneth, 2014).

▶ **Beziehungen, soziale; Kapitalismus; Organisation**

📖 Aspers, P. (2011). *Markets*. Cambridge: Polity • Granovetter, M. S. (2000). Ökonomisches Handeln und soziale Struktur. Das Problem der Einbettung. In H.-P. Müller & S. Sigmund (Eds.), *Zeitgenössische amerikanische Soziologie* (pp. 175-207). Opladen: Leske + Budrich • Herzog, L. & Honneth, A. (Hrsg). (2014). *Der Wert des Marktes. Ein ökonomisch-philosophischer Diskurs vom 18. Jahrhundert bis zur Gegenwart*. Berlin: Suhrkamp • Maurer, A. (Hg.). (2008). *Handbuch der Wirtschaftssoziologie*. Wiesbaden: VS Verlag • Maurer, A. & Mikl-Horke, G. (2015). *Wirtschaftssoziologie*. Baden-Baden: UTB (Nomos) • Smith, A. (1978) (zuerst 1776). *Der Wohlstand der Nationen. Eine Untersuchung seiner Natur und seiner Ursachen*. München: dtv • Weber, M. (1985) (zuerst 1922). *Wirtschaft und Gesellschaft*. Tübingen: Mohr

Andrea Maurer

Mechanismen, soziale

Soziale Mechanismen sind ein Erklärungskonzept in den Sozialwissenschaften und bezeichnen prinzipiell regelhafte und damit kausal wirksame Prozesse, aus denen soziale Phänomene hervorgehen. Mechanismenbasierte Erklärungen verweisen typischerweise auf Verkettungen sozialer Handlungen von einzelnen Individuen oder sozialen Gruppen, durch welche das zu erklärende soziale Phänomen „produziert" wird. Wesentliches Ziel mechanismenbasierter Erklärungen ist die möglichst feinkörnige, d. h. analytisch-präzise Erklärung sozialer Phänomene. Damit ist gemeint, die einzelnen Zwischenschritte aufzudecken, warum und auf welche Weise aus bestimmten sozialen Anfangsbedingungen bestimmte soziale Ereignisse folgen.

Ein bereits von Robert Merton (1910–2003) eingeführtes Beispiel ist die selbsterfüllende Prophezeiung (Merton, 1948): Ein Gerücht über die Zahlungsunfähigkeit einer Bank kann dazu führen, dass zunächst einzelne, schließlich immer mehr Kunden ihre Konten auflösen, was den tatsächlichen Zusammenbruch der Bank bewirken kann. Entscheidend ist, dass nicht die anfängliche (In)Solvenz der Bank zum Bankrott geführt hat, sondern die Überzeugungen (beliefs) der Akteure. Neben Überzeugungen können soziale Mechanismen auch auf Wünschen (desires) basieren: Bei der dissonanzgesteuerten Präferenzformation gleichen Individuen ihre jeweiligen Wünsche an die Wünsche eines oder mehrerer Gegenüber an (z. B. nicht nachhaltige Markenbekleidung statt Fair-Trade-Bekleidung unbekannter Hersteller), weil es sonst zu psychologisch kostspieliger kognitiver Dissonanz kommen würde. Und auch die Opportunitätsstruktur kann bspw. durch Preisänderungen bei sonst gleichen Akteurswünschen und -überzeugungen für verändertes soziales Handeln verantwortlich sein (Hedström, 2005, Kap. 3). Eine Möglichkeit der feinkörnigen Erklärung sozialer Phänomene ist, Wünsche, Überzeugungen oder Opportunitäten von Akteuren als kausal wirksame analytische Einheiten herauszuarbeiten, die entweder jeweils einzeln oder auch gemeinsam (zur Verkettung sozialer Mechanismen siehe Gambetta, 1998) das soziale Phänomen produzieren.

Mechanismenbasierte Erklärungen wurden Mitte der 1990er-Jahre als Reaktion auf zwei methodologische Probleme entwickelt (vgl. Hedström, 2005): Zum einen dominierte in der erklärenden Soziologie das von Hempel und Oppenheim entwickelte deduktiv-nomologische Erklärungsmodell (DN-Modell), welches das zu erklärende soziale Phänomen aus allgemeinen Gesetzen abzuleiten versucht. Diese dürfen in den Sozialwissenschaften zwar grundsätzlich statistisch oder probabilistisch sein (z. B. „Je höher das elterliche Bildungsniveau, desto wahrscheinlicher der Gymnasialübergang nach der Grundschule" statt „Immer dann, wenn..."). Dennoch schützt das DN-Modell zunächst nicht vor Fehlschlüssen wie „Alle Menschen, die die Antibaby-Pille nehmen, werden nicht schwanger. Paul nimmt die Antibaby-Pille. Ergo: Paul wird nicht schwanger". Da das DN-Modell ohne Kenntnis der zu Grunde liegenden kausalen Mechanismen nicht immun gegen irrelevante Gesetze ist (wie im Fall der Antibaby-Pille für Männer), stellt es wohl kein hinreichendes Erklärungsmodell dar. Zum anderen wurde speziell an Studien auf Basis quantitativer Analysen kritisiert, dass sie dazu neigen, statistisch signifikante Ergebnisse (z. B. Regressionskoeffizienten) vorschnell als kausale Effekte zu deuten, ohne die sozialen Prozesse, welche die signifikanten Effekte hervorgebracht haben, erklären zu können. So sagt uns beispielsweise eine statistisch signifikante (negative) Beziehung zwischen sozialem Hintergrund einerseits und Gesundheit andererseits zwar, dass sozial Schwächere tendenziell eine schlechtere Gesundheit aufweisen, nicht aber, warum dies der Fall ist und auf welche Weise der Effekt zu Stande kommt. Die Antwort auf derartige Warum- und Wie-Fragen kann auch nicht in den allgemeinen Gesetzen des DN-Modells gefunden werden, da sie das den Gesetzen zu Grunde liegende Kausalverhältnis ja stets schon voraussetzen.

Wie, in Abgrenzung zum DN-Modell, mechanismenbasierte Erklärungen konzipiert sind, illustriert am anschaulichsten Jon Elster (1989) mit folgender Metapher: „A mechanism explains by opening up the black box and showing the cogs and wheels of the internal machinery". Für die quantitative Sozialforschung heißt das, dass signifikante Korrelations- oder Regressionskoeffizienten zunächst eine unverständliche black box darstellen. Diese kann geöffnet werden, indem die Annahmen über das zu Grunde liegende Handeln von Akteuren als Kausalketten rekonstruiert werden. Für den o. g. Herkunftseffekt auf die individuelle Gesundheit müsste z. B. untersucht werden, ob dieser eher auf schlechtere Ernährungs- und Lebensgewohnheiten oder eher auf schlechtere medizinische Versorgung (etwa von Kassen- im Vergleich zu Privatpatienten) von sozial Benachteiligten zurückzuführen ist. Bei schlechteren Ernährungsgewohnheiten könnte wiederum gefragt werden, ob es Wissensunterschiede zwischen sozialen Schichten hinsichtlich gesunder Ernährung gibt (beliefs), ob bei gleichem Informationsstand Sozialisationseffekte verantwortlich für verschiedene Ernährungspräferenzen sind (desires), oder ob

Fast Food einfach billiger als Obst und Gemüse ist (Restriktion durch Opportunitätsstruktur).

Ferner sollen mechanismenbasierte Erklärungen in Abgrenzung zum Gesetzesbegriff des DN-Modells eher Theorien mittlerer Reichweite darstellen. Diese unterscheiden sich sowohl von Großtheorien auf Makroebene wie Strukturfunktionalismus oder Marxismus als auch von sparsam-abstrakten Mikrotheorien wie dem neoklassischen homo oeconomicus, welche mit wenigen Annahmen versuchen, möglichst viele soziale Phänomene vorherzusagen. Stattdessen sollen realistische Erklärungen aufgestellt werden, die sich nur auf bestimmte soziale Phänomene (z. B. Bildungsübergänge; Gesundheit im Lebensverlauf; Wahlverhalten; …) oder raum-zeitliche Kontexte (z. B. Westdeutschland nach 1990) beschränken, diese aber möglichst analytisch-präzise und eben nicht sparsam erklären.

Während sich auf Elsters black box-Metapher wohl alle Vertreter mechanismenbasierter Erklärungen einigen können, unterscheiden sich die konkreten Definitionen sozialer Mechanismen erheblich voneinander (vgl. die Übersicht bei Hedström & Ylikoski, 2010). Dennoch bewegen sich die meisten mechanismenbasierten Erklärungen in der Tradition des methodologischen und strukturellen Individualismus, die soziale Phänomene als aggregiertes Ergebnis individueller Handlungen und Interaktionen erklären (z. B. Armutsquoten in Stadtvierteln, Lernklima in Schulen etc.). Darüber hinaus wurde vorgeschlagen, zwischen situational, action formation und transformational mechanisms zu unterscheiden (vgl. ebenfalls Hedström & Ylikoski, 2010), wonach der Mechanismenbegriff grundsätzlich anschlussfähig an das von James Coleman (1926–1995) und Hartmut Esser geläufige „Grundmodell" sozialwissenschaftlicher Erklärungen ist. Entlang von Situations-, Selektions- und Aggregationslogik können dann dem „Grundmodell" entsprechende soziale Mechanismen rekonstruiert werden. Hinsichtlich der Selektionslogik (action formation mechanism) werden zwar oftmals rationale Handlungstheorien verwendet, jedoch wären symbolisch-interaktionistische Ansätze gleichermaßen möglich. Hinsichtlich der Aggregationslogik hat sich mit der Analytischen Soziologie in den letzten Jahren ein Forschungsprogramm entwickelt, dass sich mittels agentenbasierter Simulationsmodelle den lange vernachlässigten transformational mechanisms (Diffusionsprozesse; Schwellenwertmodelle; etc.) widmet.

Die größte gegenwärtige Herausforderung des Mechanismenansatzes ist, das Konzept für die Erklärung konkreter sozialwissenschaftlicher Fragestellungen stärker nutzbar zu machen. So wurde kritisiert, dass die Diskussion über soziale Mechanismen oftmals entweder methodologisch-abstrakt bleibt (Greshoff, 2015) oder über „Pseudo-Mechanismen" (nicht weiter spezifizierten Labels wie z. B. ‚Machtmechanismus') bzw. „Ad-hoc Mechanismen" (Beschreibungen, Interpretationen, Storytelling, z. B. „Identitätsverschiebung") nicht hinauskommt (Kalter

& Kroneberg, 2014). Mittelfristiges Ziel des Forschungsprogramms mechanismenbasierter Erklärungen sollte somit sein, ein Inventar sozialer Mechanismen zu erarbeiten, das jeweils um Zusatzannahmen ergänzt ein breiteres Set sozialer Phänomene erklären kann. So kann der Mechanismus der relativen Risikoaversion gleichermaßen erklären, warum Menschen Versicherungen abschließen und warum Bildungsentscheidungen vom sozialen Hintergrund abhängen (die meisten Individuen bevorzugen kleinere sichere Erträge gegenüber größeren unsicheren Erträgen). Oder der Mechanismus der Reduktion bzw. Vermeidung kognitiver Dissonanz kann sowohl erklären, warum Individuen oftmals ihre Wünsche an die Wünsche ihrer Bezugsgruppe angleichen, als auch, warum sie seltener Medien nutzen, die ihren Einstellungen widersprechen (kognitive Dissonanz ist „psychisch kostspielig"). Wünschenswert wäre also eine Art „Bestandskatalog" der elementarsten sozialen Mechanismen und ihrer Anwendungsmöglichkeiten in verschiedenen sozialwissenschaftlichen Teildisziplinen wie Bildungssoziologie, Demographie, politischer Kommunikationsforschung etc.

▶ **Erklärung, soziologische; Figuration; Theorien, soziologische**

Elster, J. (1989). *Nuts and Bolts for the Social Sciences*. Cambridge: Cambridge UP • Gambetta, D. (1998). *Concatenations of mechanisms*. In P. Hedström & R. Swedberg (Hg.), Social Mechanisms: An Analytical Approach to Social Theory (S. 102–124). Cambridge, UK: Cambridge UP • Hedström, P. (2005). *Dissecting The Social. On the Principles of Analytical Sociology*. Cambridge: Cambridge UP • Hedström, P. & Ylikoski, P. (2010). Causal mechanisms in the social sciences. *Annual Review of Sociology*, 36, 49–67 • Kalter, F. & Kroneberg, C. (2014). Between Mechanism Talk And Mechanism Cult: New Emphases in Explanatory Sociology And Empirical Research. In J. Friedrichs & A. Nonnenmacher (Hg.), *Soziale Kontexte und soziale Mechanismen*. Sonderheft der Kölner Zeitschrift für Soziologie und Sozialpsychologie (Vol. 66, S. 91–115). Wiesbaden: Springer VS • Merton, R. K. (1948). The self-fulfilling prophecy. *Antioch Review*, 8, 193–210

Dominik Becker

Medien

Medien weisen begriffsgeschichtlich einen komplexen Bedeutungshorizont auf (vgl. Hoffmann, 2002), sind aber erst einmal in allgemeiner Hinsicht als Vermittlungstechniken und -instanzen zu verstehen. Der Anthropologie zufolge entstehen aus erstem Werkzeuggebrauch und dessen Pflege und Verbesserung (zur Bearbeitung und Veränderung der widerständigen Natur) immer weitere Techniken und Technologien, die für die psychophysische Gestalt des Menschen Ergänzung, Verstärkung und Entlastung (nicht selten aber auch Belastung) bedeuten (vgl. Leroi-Gourhan, 1980; Gehlen, 2003: 6f.). McLuhan (1968) schließt daran an und qualifiziert jede neue Technik- und Medienerfindung als Ausweitung oder Selbstamputation des Körpers und seiner Sinnestätigkeit. Von Medien im engeren Sinne lässt sich – in Differenz zum Werkzeugbegriff – genauer erst dann sprechen, wenn sie unser Sosein, unsere Bewusstseinsstrukturen und unsere Möglichkeiten und Formen der „Ausdrücklichkeit" verändern und uns letztlich zu „Servomechanismen" ihrer selbst machen. Aus technik- und kulturwissenschaftlicher Perspektive wiederum leisten Medien respektive die so genannten „Aufschreibesysteme", die Fixierung, Übertragung, Archivierung und weitere Verarbeitung von Informationen (vgl. Kittler, 1995; 2002). Auch hier wurde zunehmend die „Neutralität" von Medien und Nachrichtentechnik aufgegeben zu Gunsten der Einsicht, dass sie unser Denken, Wissen und Handeln unhintergehbar beeinflussen und mit prägen. Alle medienwissenschaftlichen und kultur- wie mediensoziologischen Diskurse neueren Datums sind sich demzufolge einig, dass jegliche moderne Welt-, Sozial- und Selbsterfahrung medienbasiert und medienbedingt ist.

Während die Soziologie in ihrer Frühphase dem Untersuchungsbereich und Begriff der Medien kaum Beachtung geschenkt hat, schließt sie in den 1960er Jahren vermehrt an die technik- und informationstheoretische Beschreibung an und fokussiert sich (kritisch) auf Funktion und Prozesse der Massenmedien (Presse, Radio, Fernsehen) sowie – von jenen stimuliert und unterstützt – auf die Genese und politische Gegenmacht der Sphäre der modernen Öffentlichkeit (vgl. Lippmann, 1922; Habermas, 1990; Luhmann, 1996). Entscheidend wird die Einsicht, dass Massenmedien durch technische Mittel konkrete Interaktionen zwischen Personen substituieren und ausschließen und ihre selektiv relevanten Informationen an eine Vielzahl unbekannter Adressen und Rezipienten verbreiten (vgl. Maletzke, 1963: 76f.; Luhmann, 1996: 10f.).

Jenseits einer Engführung auf technische Massenmedien legt Talcott Parsons eine erste allgemeine soziologische Medientheorie vor, die dem Modell der Sprache und des Geldes abgelesen ist und auf theorieinterne Fragen der sozialen Motivation und der gesellschaftlichen (Struktur-)Ordnung reagiert (vgl. Parsons, 1980; Künzler, 1989). Er präsentiert fünf allgemeine Eigenschaften, die Medien generell besitzen (respektive besitzen müssen, wenn sie aus analytischer Perspektive Medien sein sollen): (1) Symbolisierung, (2) Institutionalisierung, (3) spezifische Sinnbedeutung und Wirkungsweise, (4) Zirkulationsfähigkeit, (5) kein Nullsummen-Charakter (vgl. Parsons, 1980: 230f.).

Im Anschluss an Parsons formuliert Niklas Luhmann eine erweiterte allgemeine soziologische Medientheorie, welche seine Gesellschafts- und Kommunikationstheorie verschaltet und auf konstitutive „Unwahrscheinlichkeiten" abstellt. Medien sind jetzt all jene gesellschaftlichen Errungenschaften, die Unwahrscheinlichkeit in Wahrscheinlichkeit überführen (vgl. Luhmann, 1984: 220) und damit Erwartungen (bzw. Erwartungserwartungen), kommunikative Akzeptanz, gezielte soziale Anschlussoperationen und letzthin gesellschaftliche Ordnung stabilisieren. Analytisch sind zu unterscheiden (Luhmann, 1984: 220ff.): Verstehensmedien (Sprache), Verbreitungsmedien (Presse, Funk, Fernsehen etc.) und Erfolgs- bzw. symbolisch generalisierte Kommunikationsmedien (Geld, Macht, Recht, Liebe, Wahrheit etc.).

In Reaktion auf Luhmanns Beschreibung und ergänzende medienwissenschaftliche Erkenntnisse hat sich in der (Medien-)Soziologie folgender Definitionsvorschlag herausgebildet, der erstens Medien- und Gesellschaftstheorie zusammenbringt und zweitens funktionalistisch-evolutionär ausgerichtet ist: „Medien sind gesellschaftliche Einrichtungen und Technologien, die etwas entweder materiell oder symbolisch *vermitteln* und dabei eine besondere *Problemlösungsfunktion* übernehmen." (Ziemann, 2012: 17) Mit der jeweils erreichten medialen Lösung entstehen allerdings stets neue Probleme, an die weitere, andere (Test-)Lösungen anschließen und zur Steigerung wie Ausweitung kommunikativer Möglichkeiten beitragen und damit auch das Verhältnis von Gesellschaft und Medienkultur umformen und verändern (vgl. Ziemann, 2011).

Bezüglich der konstitutiven Interdependenz zwischen Medien, Gesellschaft, Kultur und Bewusstsein hat sich auf mikrologischem Niveau die neue Begrifflichkeit der „Medialisierung" – alles Handeln ist von Medien begleitet und durchdrungen – durchgesetzt (vgl. Wenzel, 2001; Saxer, 2012); und auf makrologischem Niveau hat sich dafür die Semantik der „Mediengesellschaft" – alle Vergesellschaftungsbereiche werden von der Logik des Systems der Massenmedien bzw. Medienindustrie begleitet und überformt – etabliert (vgl. Ziemann, 2011: 205ff.; Saxer, 2012).

▶ **Anthropologie; Kommunikation; Öffentlichkeit; Theorien, soziologische**

📖 Gehlen, A. (2003). Die Seele im technischen Zeitalter. Sozialpsychologische Probleme in der industriellen Gesellschaft. In ders., *Gesamtausgabe Band 6* (S. 1-139). Frankfurt a. M.: Klostermann • Habermas, J. (1990). *Strukturwandel der Öffentlichkeit. Untersuchungen zu einer Kategorie der bürgerlichen Gesellschaft. Ergänzt um ein Vorwort zur Neuauflage*. Frankfurt a. M.: Suhrkamp • Hoffmann, St. (2002). *Geschichte des Medienbegriffs*. Hamburg: Meiner • Kittler, F. A. (1995). *Aufschreibesysteme 1800–1900. Dritte, vollständig überarbeitete Neuauflage*. München: Fink • Kittler, F. (2002). *Optische Medien. Berliner Vorlesung*. Berlin: Merve • Künzler, J. (1989). *Medien und Gesellschaft. Die Medienkonzepte von Talcott Parsons, Jürgen Habermas und Niklas Luhmann*. Stuttgart: Enke • Leroi-Gourhan, A. (1980). *Hand und Wort. Die Evolution von Technik, Sprache und Kunst*. Frankfurt a. M.: Suhrkamp • Lippmann, W. (1922). *Public Opinion*. New York: Harcourt, Brace and Company • Luhmann, N. (1984). *Soziale Systeme. Grundriß einer allgemeinen Theorie*. Frankfurt a. M.: Suhrkamp • Luhmann, N. (1996). *Die Realität der Massenmedien. 2., erweiterte Auflage*. Opladen: Westdeutscher Verlag • Maletzke, G. (1963). *Psychologie der Massenkommunikation. Theorie und Systematik*. Hamburg: Hans Bredow-Institut • McLuhan, M. (1968): *Die magischen Kanäle. Understanding Media*. Düsseldorf; Wien: Econ • Parsons, T. (1980). *Zur Theorie der sozialen Interaktionsmedien*. Opladen: Westdeutscher Verlag • Saxer, U. (2012). *Mediengesellschaft. Eine kommunikationssoziologische Perspektive*. Wiesbaden: Springer VS • Wenzel, H. (2001). *Die Abenteuer der Kommunikation*. Weilerswist: Velbrück • Ziemann, A. (2011). *Medienkultur und Gesellschaftsstruktur. Soziologische Analysen*. Wiesbaden: VS-Verlag für Sozialwissenschaften • Ziemann, A. (2012). *Soziologie der Medien. 2., überarbeitete und erweiterte Auflage*. Bielefeld: transcript

Andreas Ziemann

Methoden der empirischen Sozialforschung

Soziologie bzw. allgemeiner Sozialwissenschaften sind in ihrem Kern empirische Wissenschaften. D. h. die Entwicklung von Hypothesen und Theorien und ihre Konfrontation mit den realen Fakten, deren Resultat die vorläufige Bestätigung oder vorläufige Zurückweisung der theoretischen Überlegungen zur Folge hat, ist ein ganz zentraler Bestandteil der erfahrungswissenschaftlichen Vorgehensweise. Das methodologische Fundament dieses Postulates wird in der Wissenschaftstheorie seit A. Comte vertreten und ist zugleich in wichtigen Teilen sehr deutlich differenziert und modifiziert worden. Im letzten Jahrhundert haben vor allem zwei Denktraditionen, der Logische Empirismus (Carnap, 1974) und der Kritische Rationalismus, die eine Vielzahl von Gemeinsamkeiten aufweisen, die Weiterentwicklung bestimmt. Der Logische Empirismus hielt an der Idee der Verifikation fest. Die Prüfung wissenschaftlicher Theorien soll zu Ergebnissen führen, die auch zukünftig Geltung haben. Aber auch wenn die die empirischen Sachverhalte beschreibenden Aussagen bestätigten bzw. in wissenschaftlichen Untersuchungen replizierbar sind, rechtfertigt keine (immer endliche) Menge an konsistenten Beobachtungssätzen eine raum-zeitliche Verallgemeinerung. Wenn aber der dazu notwendige (gehaltserweiternde) Schluss von gegenwärtigen Resultaten der Theorieprüfungen auf zukünftige nicht möglich ist, kann die Verifikation (also der Nachweis der Wahrheit) von Theorien keine brauchbare methodologische Regel darstellen. Auf dieses Problem hat vor allem K. R. Popper (1976) hingewiesen. Das Fehlen einer brauchbaren Induktionslogik schwächt die Überzeugungskraft des Logischen Empirismus und seine forschungspraktische Relevanz nachhaltig. Diese kritischen Hinweise belasten nicht nur den Logischen Empirismus, sondern natürlich auch und noch mehr die (alte) positivistische Wissenschaftslehre. Dem Glauben an die Möglichkeit einer Verifikation wird der Boden entzogen. Schon dadurch bricht die moderne erfahrungswissenschaftliche Methodologie eindeutig mit dem Positivismus.

Die zweite zentrale Überzeugung des Positivismus ist in der scheinbar untrüglichen, zweifelsfreien Beweiskraft der empirischen Fakten zu sehen. Der Kritische Rationalismus hat auch diese Annahme nachhaltig in Frage gestellt (Chalmers, 1986). Die direkt oder indirekt beobachteten Fakten sind selbst als theoriegeleitete bzw. interpretierte empirische Zustände und/oder Prozesse zu betrachten. Diese Sicht der Dinge hat gravierende Konsequenzen für das Konzept der Falsifikation. Wenn Fakten, genauer: die sie beschreibenden Beobachtungssätze (Basissätze), keine fraglose Gültigkeit besitzen, und sich Widersprüche zwischen der Theorie und den Basissätzen ergeben, kann eine Theorie nicht eindeutig falsifiziert werden. Da die empirische Basis selbst theoriegeleitet ist bzw. mess- und wahrnehmungstheoretische Implikationen aufweist, die ihrerseits nicht verifiziert werden können, entfällt (auch) eine sichere Falsifikationsgrundlage. Die ‚richtige', ‚wahre' Abbildung von empirischen Fakten als Testkriterium für Hypothesen und Theorien erscheint vor diesem Hintergrund als unmöglich, sie bleibt aber zugleich eine bedeutsame regulative Idee des wissenschaftlichen Bemühens.

In dieser Situation ist die (vorläufige) Akzeptanz von Theorien immer auch ein Entscheidungsproblem. Irrtümer sind möglich, sichere Falsifikation und Verifikation sind nicht möglich. Stattdessen geht es um die (immer vorläufige) Bestätigung von theoretischen Aussagen (Lakatos, 1974). Diese ist letztlich in die kritische Diskussion der scientific community eingebettet.

Ein zentrales Kriterium für die vorläufige Akzeptanz von Hypothesen und Theorien liegt in der methodischen Qualität der entsprechenden Untersuchungen bzw. in der methodischen Stärke des Hypothesentests. Damit ist die zentrale Aufgabe der empirischen Sozialforschung im Wissenschaftsprozess umrissen. Sie entwickelt sozialwissenschaftliche Methoden, leitet zu ihrer forschungspraktischen Umsetzung an und strebt dabei nach möglichst zuverlässigen und validen empirischen Aussagen.

Die Erfassung empirischer Fakten und ihre Konfrontation mit den theoretischen Aussagen wird gängigerweise als ein Forschungsprozess betrachtet, der eine Reihe von Arbeitsschritten und eine spezifische Abfolge dieser Schritte impliziert (Schnell, Hill & Esser, 2013; Diekmann, 2010). Die einzelnen Arbeitsschritte sind aber keineswegs unabhängig voneinander, sondern haben starken Verweisungscharakter und sind interdependent. Insbesondere muss der Forschungsprozess auch als ein Entscheidungsprozess betrachtet werden. Die zentralen Arbeitsschritte sind: Theoriebildung, Forschungsdesign, Operationalisierung und Messung, Auswahlverfahren, Datenaufbereitung und Datenanalyse.

Theoriebildung: Von oft unterschätzter Bedeutung ist eine möglichst klare Vorstellung von den Fakten oder Prozessen, die untersucht werden sollen. Jeder denkbare sozialwissenschaftliche Forschungsgegenstand erlaubt verschiedene Perspektiven, weist vielfältige Dimensionen auf und ist differenten Konstruktionen und Interpretationen zugänglich. Seine Komplexität ist begrifflich aufzuarbeiten und erzwingt klare Abgrenzungen und damit Entscheidungen hinsichtlich der Konturierung der Forschungsfrage. Diese Festlegungen wirken sich massiv auf alle folgenden Forschungsschritte aus. Es wird – vor dem Hintergrund der vorhandenen Forschungsressourcen – nicht nur festgelegt was exakt untersucht wird, sondern implizit auch was nicht erforscht wird. Je nach Eigenheiten des interessierenden Phänomens wählt man einen allgemeinen theoretischen Zugang – etwa lern-, handlungs- oder entscheidungstheoretischer Art. Innerhalb dieses Konzeptes sind dann Hypothesen zu entwickeln, die einen erklärenden Charakter und zugleich einen Realitätsbezug aufweisen, der einen empirischen Zugang erlaubt. Gelegentlich erscheint keiner der bekannten theoretischen Ansätze auf den zu erklärenden Forschungsgegenstand anwendbar, und somit sind auch keine Hypothesen ableitbar. In solchen Fällen ist eine explorative Phase unumgänglich. Je nach Forschungsstand ist die Konkretisierung des Problems innerhalb von Voruntersuchungen sinnvoll. Das Fehlen eines angemessen erscheinenden Theorierahmens und konkreter Hypothesen macht eine theoretische Exploration notwendig. Für diesen Arbeitsschritt der Hypothesengenerierung gibt es keine standardisierten Verfahren oder Limitationen. In diesem Entdeckungskontext wird auf unterschiedlichste Quellen zurückgegriffen: Alltagserfahrungen, Analogienschlüsse, Spekulation, Phantasie u. a. Entscheidend für die nächsten Forschungsschritte sind klare begriffliche Abgrenzungen und explizite Hypothesen, deren empirischer Test avisiert wird.

Forschungsdesign: Das Design einer Untersuchung kennzeichnet die Anordnung der Messungen hinsichtlich der Zeitpunkte und der Anzahl über die in der Untersuchung teilnehmenden Personen (bzw. Objekte). Die klassische wissenschaftliche Untersuchungsform ist ohne Zweifel das Experiment (Saris, 1991). Es sieht in seiner Minimalform eine Experimental- und eine Kontrollgruppe vor. Die Zuordnung der Untersuchungseinheiten zu den Gruppen erfolgt über einen Zufallsprozess (Randomisierung). Zu einem ersten Zeitpunkt erfolgt in beiden Gruppen die Messung der Ausprägung der abhängigen Variable (Wirkung). Danach werden die Untersuchungseinheiten der Experimentalgruppe dem Stimulus (Ursache) ausgesetzt. Man spricht auch vom Treatment, Treatmentfaktor oder der unabhängigen Variable. Hat der Stimulus die hypothetisch vermutete Auswirkung, dann müssen bei der zweiten Messung der abhängigen Variablen signifikante Unterschiede zwischen den beiden Gruppen nachweisbar sein, während bei der ersten Messung keine signifikanten Differenzen zwischen den Gruppen feststellbar sind. Da idealerweise beide Gruppen bis auf die Setzung des Stimulus gleich behandelt werden und die Gruppenzuordnung nach einer Randomisierung erfolgt, sind die Veränderungen (mit bestimmbarer Wahrscheinlichkeit) auf das Treatment zurückzuführen. Die skizzierte Versuchsanordnung entspricht einem (einfachen)

Experiment. Dieses basale Design kann in vielfältiger Weise verfeinert, differenziert und erweitert werden. Sogenannte mehrfaktorielle Versuchspläne integrieren mehrere unabhängige Variablen, wodurch der Einfluss der verschiedenen Faktoren abgeschätzt werden kann. Experimentelle Designs sind im Vergleich zu anderen Forschungsstrategien eher robust, aber keineswegs frei von Störeffekten, die ihre Aussagekraft einschränken. Die interne und externe Validität von Experimenten ist kritisch zu diskutieren bzw. zu untersuchen.

Elaborierte experimentelle Designs stellen die beste Untersuchungsstrategie dar, können aber in der Forschungspraxis häufig nicht angewandt werden. Insbesondere sind Experimente in der Soziologie (leider) sehr selten anzutreffen. Die Ursache dafür liegt in der aus ethischen bzw. praktischen Gründen nicht durchführbaren experimentellen ‚Behandlung' der Untersuchungsgruppe. Stimuli – wie Arbeitslosigkeit, Ehescheidung, ethnische Zugehörigkeit – können nicht zu experimentellen Zwecken gezielt eingesetzt werden. Zur Untersuchung entsprechender Effekte wird das sogenannte Survey-Design (Umfragedesign, Ex-post-facto-Design) eingesetzt. Dabei wird der Stimulus nicht kontrolliert vom Forscher gesetzt, sondern entsprechende Faktoren und Prozesse treten (unkontrolliert) in der Alltagswelt auf. Ex post lassen sich dann u. U. verschiedene Gruppen bilden (Verheiratete vs. Geschiedene, Arbeitslose vs. Erwerbstätige), die dann verglichen werden um die Effekte der genannten Ereignisse bzw. Zustände zu erfassen und zu quantifizieren. Alle interessierenden Informationen hinsichtlich der abhängigen und unabhängigen Variablen werden in einem Datenerhebungsprozess erfasst (Querschnittsuntersuchung). Bei dieser Untersuchungsstrategie treten jedoch nicht triviale methodische Probleme auf. Insbesondere können die u. U. beobachteten Gruppenunterschiede nicht mit Sicherheit auf die unabhängige Variable zurückgeführt werden, da diese mit anderen Variablen (z. B. Bildung, Einkommen) konfundiert ist. Zusätzlich sind Survey-Designs in ihrer einfachen Form nur sehr eingeschränkt in der Lage, die kausale Abfolge von Effekten zu analysieren. Die methodische Güte lässt sich dadurch verbessern, dass man mehrere Messzeitpunkte in das Design integriert. Entsprechende Längsschnittuntersuchungen können die Aussagekraft von Survey-Designs deutlich steigern. Unter ‚Längsschnittuntersuchungen' werden in der Praxis der empirischen Sozialforschung sehr verschiedene Strategien subsumiert. Panelstudien, die die Ausprägungen der gleichen Variablen an den gleichen Personen zu verschiedenen Zeitpunkten erfassen, bilden eine Gruppe von Längsschnittstudien. Mit ihrer Hilfe lassen sich intraindividuelle und gesellschaftliche Veränderungen erfassen.

Bei sogenannten Trendstudien wechseln die untersuchten Personen in jeder Erhebungswelle. Mit Daten aus Trendstudien lassen sich keine intraindividuellen Änderungen beschreiben, aber (aggregierte) Prozesse gesellschaftlichen Wandels

(z. B. Beschäftigte im tertiären Sektor, Ethnozentrismus, Einstellungswandel) lassen sich rekonstruieren. Die zeitlichen Abstände zwischen den Erhebungszeitpunkten sollten sich bei Panel- und auch Trendstudien an den inhaltlichen Fragen der Untersuchungen orientieren. Kurzfristig mögliche Einstellungswechsel machen geringe Zeitabstände sinnvoll, eher langfristige Prozesse, etwa des intergenerationalen sozialen Auf- oder Abstiegs, erlauben größere Abstände zwischen den Erhebungen bzw. Messzeitpunkten. In der Forschungspraxis trifft man häufig auf Erhebungsabstände von einem oder zwei Jahren, insbesondere wenn sie weniger theorieprüfenden Charakter haben und primär gesellschaftlichen Wandel dokumentieren wollen.

Operationalisierung und Messung: Unter Operationalisierung versteht man in der empirischen Sozialforschung eine Anweisung für die Zuweisung von Objekteigenschaften zu theoretischen Begriffen. Alle empirischen Wissenschaften müssen die in Theorien und Hypothesen verwendeten Begriffe in empirisch direkt oder indirekt beobachtbare Sachverhalte ‚übersetzen'. Interessierende Eigenschaften und ihre jeweiligen Ausprägungen (Merkmale und Merkmalsausprägungen) sind erst dann empirischen Analysen zugänglich, wenn die Forschung empirische Indikatoren benennen kann, die einem theoretischen Begriff zugeordnet werden (Korrespondenzproblem). In der Geschichte der empirischen Sozialforschung wurden verschiedene Korrespondenzregeln diskutiert. Gegenwärtig wird zumeist der ‚kausalanalytische Ansatz' präferiert. Er interpretiert die theoretischen Begriffe als latente Variablen. Die latenten Variablen bedingen bzw. verursachen die Ausprägungen der empirischen Indikatoren, beispielsweise reagiert eine Person mit postmaterialistischer Einstellung auf bestimmte Fragen in einem Fragebogen mit einem spezifischen Antwortmuster, zeigt also beobachtbare Reaktionen. Die Reaktionen (Antwortverhalten) können variieren (z. B. Zustimmung, starke Ablehnung). Als Messung bezeichnet man nun die Zuordnung von Zahlen zu den Antwortvariationen (Merkmalsausprägungen). Nicht jede Zahlenzuordnung ergibt aber eine sinnvolle Messung, sondern eine adäquate Messung beruht auf einer strukturtreuen Abbildung (Stevens, 1946; Steyer, & Eid, 1993). Typischerweise werden die Merkmalsausprägungen durch Zahlen repräsentiert. Diese numerischen Repräsentationen sind dann die Grundlage der angestrebten statistischen Datenanalyse. In der empirischen Sozialforschung sind Messungen nicht fehlerfrei. Die Güte von Messungen wird im Allgemeinen über zwei Kriterien bestimmt: Reliabilität und Validität. Die erste betrifft die Zuverlässigkeit – also die Konstanz der Messergebnisse über die Zeit – die Zweite zielt auf die korrekte inhaltliche Erfassung des zu Messenden durch die Messinstrumente. Geht man von den spezifischen Parametern der klassischen Testtheorie aus, lassen sich Maße für Reliabilität und Gültigkeit schätzen, die Hinweise auf die fehlende Güte der Messung geben. Die klassische Testtheorie selbst geht davon aus, dass sich die empirischen Messwerte aus dem wahren Wert der zu erfassenden Eigenschaft und einem Fehlerterm zusammensetzen. Zudem werden vier Annahmen über die Verteilung der Messfehler postuliert. Diese Annahmen sind aber nicht immer realitätsnah. Diese Schwächen versucht die probabilistische Testtheorie zu umgehen, die jedoch in der Praxis der empirischen Sozialforschung noch wenig Resonanz gefunden hat.

Messungen erfolgen auf unterschiedlichen Mess- bzw. Skalenniveaus. In den Sozialwissenschaften differenziert man im Allgemeinen zwischen Nominal-, Ordinal-, Intervall- und Ratio-Skalen. Je nach Messniveau können die Skalenwerte (Messwerte) unterschiedlichen mathematisch-statistischen Transformationen unterzogen werden. Der Einsatz statistischer Analysemethoden korrespondiert mit den Skalenniveaus der zu analysierenden Daten. Die Berechnung eines arithmetischen Mittels ist beispielsweise für Nominaldaten inadäquat, für Intervalldaten aber angemessen und hilfreich.

Innerhalb der empirischen Sozialforschung verwendet man sehr häufig Messinstrumente, die sich aus mehreren Indikatoren zur Messung der gleichen Eigenschaft zusammensetzen. Indizes bestehen im Allgemeinen aus einer Kombination von Indikatoren, die verschiedene Dimensionen eines theoretischen Begriffs zu einem Messinstrument zusammenfassen. Solche mehrdimensionalen Messinstrumente sind in den Sozialwissenschaften häufig anzutreffen, zum Beispiel bei der Erfassung der sozialen Schichtzugehörigkeit oder der Intelligenz. Eindimensionale Skalierungsverfahren haben ebenso eine lange sozialwissenschaftliche Tradition. Fast immer bestehen sie aus einer Vielzahl von Items, die alle auf die gleiche Messdimension zielen. Zu den bekanntesten Skalierungsverfahren gehören Likert-Skalen, Guttman-Skalen und Magnitude-Skalen. Solche Skalierungstechniken werden ganz überwiegend zur Erfassung von Einstellungen verwendet. Die Güte von Skalenkonstruktionen wird üblicherweise über spezielle Verfahren der Reliabilitäts- und Validitätsschätzung ermittelt. Es ist offensichtlich, dass die empirische Sozialforschung sich in besonderem Maße um die Entwicklungen zuverlässiger und gültiger Messverfahren bzw. Indizes und Skalen bemüht. Wenn empirische Fakten die Basis der Theorieprüfung darstellen, ist eine hohe Datenqualität zwingend.

Auswahlverfahren: Messungen bzw. Datenerhebungen erfolgen immer an Objekten. Innerhalb des Forschungsprozesses ist zu entscheiden, an welchen Objekten die Messungen erfolgen sollen. Natürlich sind es in den Sozialwissenschaften zumeist Menschen. Hypothesen haben einen Objektbereich, d.h. benennen Objekte (z. B. Europäer, deutsche Kinder, Menschen) für die die Hypothesen gelten sollen. Grundsätzlich können die Messungen entweder an allen interessierenden Objekten oder an einer Teilmenge erfolgen – man spricht von Voll- oder Teilerhebung. Vollerhebungen sind nur sinnvoll, wenn der Objektbereich eher klein ist, wenn also die Hypothese auf eine überschau- und erreichbare Population (z. B. die aktuellen Landtagsabgeordneten im Saarland) zielt. Aus guten Gründen gilt das wissenschaftliche Interesse aber zumeist größeren Populationen bis hin zu ‚allen Menschen'. Vollerhebungen sind dann praktisch nicht realisierbar und u. U. auch fehlerbehafteter als Teilerhebungen. Zur Rekrutierung von Personen aus der Gesamtheit der zu interessierenden Population (Grundgesamtheit) werden Auswahlverfahren eingesetzt. Sehr grob lassen sich Wahrscheinlichkeitsauswahlen und willkürliche (inkl. bewusste) Auswahlen unterscheiden. Verfahren der letzteren Gruppe (z. B. Quotenauswahl, Internet oder E-Mail basierte willkürliche Auswahlen) sind durchaus verbreitet aber genügen den üblichen wissenschaftlichen Standards nicht (Schnell, Hill & Esser, 2013).

Zur Gruppe der Wahrscheinlichkeitsauswahlen (random sampling) gehört eine Vielzahl konkreter Techniken, die allesamt Zufallsstichproben generieren. Zufällig bedeutet, dass jedes Element bzw. jede Person die gleiche bzw. eine angebbare Chance hat, in die Stichprobe zu gelangen. Auf dieser Grundlage sind dann auch Inferenzschlüsse von der Stichprobenpopulation auf die Grundgesamtheit gut begründet möglich – was aber eben bei willkürlichen Auswahlen nicht der Fall ist. Je nach Untersuchungsziel und Problemlage werden einfache, geschichtete oder Klumpenstichproben zugrunde gelegt. Telefonische Umfragen werden häufig mit Dual-Frame-Stichproben verbunden. Bei großen Bevölkerungsumfragen dominieren mehrstufige Auswahlverfahren (Schnell, Hill & Esser, 2013).

Der Umfang von Zufallsstichproben ist abhängig von der tolerierbaren Fehlermarge hinsichtlich der auf Grundlage der Stichprobenstatistiken geschätzten Parameter der Grundgesamtheit. Für sozialwissenschaftliche Untersuchungen, die Aussagen über die nationale Wohnbevölkerung anstreben, sind Stichprobengrößen zwischen 1.000 und 3.000 Personen nicht unüblich.

Die Qualität einer Stichprobe ist in der Forschungspraxis auch von der Ausschöpfungsrate (als komplimentäre Größe der nonresponse rate) abhängig (Schnell, 1997). Die angestrebte Stichprobengröße kann aufgrund von Ausfällen (z. B. Nichterreichbarkeit oder Verweigerung von Personen) zumeist nicht realisiert werden. Besonders problematisch sind Ausfälle, wenn sie nicht neutral sind, d. h. mit in der Untersuchung erhobenen Informationen zusammenhängen. Dadurch entstehende Verzerrungen sind auch nicht über Gewichtungsverfahren (Redressment) korrigierbar. Da eine Zunahme des Nonresponse (insbesondere durch Verweigerung) in den letzten Jahrzehnten zu verzeichnen ist, muss die empirische Sozialforschung verstärkt Gegenstrategien entwickeln und für die Teilnahme Anreize entwickeln.

Datenerhebung: Die wichtigsten Datenerhebungsformen sind Befragung, Beobachtung und Inhaltsanalyse. In der sozialwissenschaftlichen Praxis dominiert das Interview als Erhebungsverfahren ganz eindeutig. Beobachtung und Inhaltsanalyse sind derzeit nur gelegentlich anzutreffen, was aber nicht dauerhaft so bleiben muss, da sich durch den verstärkten Einsatz moderner Technik (z. B. Video, GPS-Ortung, computerbasierte Dokumentenanalyse) durchaus Änderungen ergeben könnten. Alle Erhebungsmethoden haben ihre spezifischen Stärken und Schwächen. Als eine besonders wichtige Eigenschaft ist dabei die Reaktivität der Erhebungsverfahren zu sehen. Darunter versteht man das Ausmaß, die Empfindlichkeit, einer Erhebungsmethode für unerwünschte Effekte, die durch die Erhebungsmethodik selbst bedingt sind und damit auf die intendierten Messungen verzerrend Einfluss nehmen. Befragte reagieren u. U. nicht nur auf das Messinstrument (Fragen im Fragebogen), sondern auch auf Eigenschaften der Interviewer. Innerhalb einer Beobachtung, über die die Beobachteten nicht informiert sind, sind auch keine Reaktivitätseffekte erwartbar.

Das Interview wurde in den 1950er und 1960er Jahren als ‚Königsweg' der empirischen Sozialforschung eingeschätzt, da mit überschaubaren Mitteln umfangreiche Informationen gesammelt werden können, zumindest im Vergleich zu anderen Erhebungsformen. Mit Hilfe von Interviews konnten zu sehr unterschiedlichen Forschungsfragen Daten erhoben werden, die zudem auch relativ schnell verfügbar waren. Befragungen (Groves et al., 2009; Schnell, 2012) können in sehr verschiedenen Formen stattfinden: als persönliches Interview, als postalische oder telefonische Befragung, mit Unterstützung durch einen Computer (CATI bzw. CAPI), als Gruppenbefragung bzw. Gruppeninterview, als Expertengespräch u. a. Zudem lassen sich verschiedene Arten von Fragen differenzieren: Einstellungsfragen, Faktenfragen, Verhaltensfragen etc. Fragen bzw. Befragungen lassen sich auch nach dem Grad der Standardisierung differenzieren. Nichtstandardisierte Leitfadeninterviews geben keine konkreten Frageformulierungen vor, sondern nur ‚Gesprächsthemen', teilstandardisierte Interviews arbeiten mit offenen Fragen, die die Frageformulierung wörtlich festschreiben, aber keine festen Antwortkategorien verwenden und standardisierte Interviews geben Fragestellung und Antwortkategorien vor.

Welche Befragungsform zum Einsatz kommt ist von der theoretischen Fragestellung abhängig und auch vom Stand des Vorwissens. Allgemein gilt: Je geringer das Vorwissen, desto eher können weniger standardisierte Techniken zum Einsatz kommen. Stark standardisierte Befragungsformen schaffen besser vergleichbare Messsituationen und dienen so der Güte der Messung. In der Praxis gibt es sehr häufig eine Entwicklung von wenig standardisierten Formen, die primär der Erkundung dienen, zu standardisierten Messungen, die oft zur Entwicklung von Skalen führen. Diese Instrumentenentwicklung macht die Durchführung von Pretests (‚Vorprüfungen') zwingend notwendig. Neben der Instrumentenentwicklung sind im Vorfeld der Befragung weitere vorbereitende Schritte unumgänglich, insbesondere die Interviewerschulung. Alle diese Bemühungen zielen darauf, die Güte der

Messungen zu verbessern und Antwortverzerrungen (Response-Errors) – wie etwa soziale Erwünschtheit, Akquieszenz, Sponsorship- oder Interviewereffekte – zu vermeiden (Sudman & Bradburn, 1974; Schuhman & Presser, 1981).

Aufgrund der Dominanz der Befragungsmethodik ist mittlerweile eine explizite Forschung zu entsprechenden Methodenfragen (Artefakteforschung) und auch eine Theorie des Befragtenverhaltens (Esser, 1986) entstanden. Für die Beobachtung und die Inhaltsanalyse kann das kaum gesagt werden. Beobachtungen (Friedrichs & Lüdtke, 1977; Babbie, 2001) sind mittlerweile in der Soziologie nur noch selten zu finden. Inhaltsanalysen haben ebenfalls in der soziologischen Forschung weniger Relevanz. Dies sagt aber wenig über die Leistungsfähigkeit dieser Strategien aus. Insbesondere ist für Beobachtungen festzuhalten, dass sie tatsächliches Handeln bzw. Verhalten erfassen und messen. Bei Befragungen werden zumeist nur Handlungsabsichten und -gründe erfasst. Bekannterweise sind diese aber nicht mit faktischen Handlungen oder Verhalten gleichzusetzen. Manche Formen der Beobachtung können zudem als nicht-reaktive Verfahren gelten. Dieser Vorzug trifft auch auf die Inhaltsanalyse bzw. Dokumentenanalyse zu (Krippendorff, 2004), deren Einsatzgebiet von der Analyse politischer Propaganda, sowie von Zeitschriften und Parlamentsdebattenprotokollen bis zu Comics und Todesanzeigen reicht. Dabei wird auch hier theoriegeleitet gearbeitet. Die Dokumente sind Objekte, die Merkmale und Merkmalsausprägungen aufweisen, die wiederum als Operationalisierung für theoretische Begriffe – wie z. B. ‚gesellschaftlicher Wandel' stehen. Wie angesprochen könnte das Potential dieser Erhebungsmethode durch den verstärkten Einsatz neuer Kommunikationstechniken in den nächsten Jahren stärker genutzt werden. Damit käme man auch der gewünschten Kombination verschiedener Erhebungsmethoden (Triangulation) näher, in der die jeweiligen spezifischen Vorteile genutzt werden.

Datenaufbereitung und Datenanalyse: ist die Datenerhebung erfolgt, steht die Aufbereitung der Daten an (Schnell, Hill & Esser, 2013). Bei Erhebungen, die Informationen in nicht standardisierter Form (etwa auf Tonträgern aufgezeichnete qualitative Interviews) erfassen, ist eine Transkription notwendig. Die entstehenden Textkorpora sind dann der Ausgangspunkt der Auswertung bzw. Interpretation des Materials.

Bei quantitativen Daten gestaltet sich die Datenerfassung je nach der Erhebungsform unterschiedlich. Gelegentlich ist noch eine manuelle Datenerfassung notwendig, die die Informationen des Papierfragebogens mit Hilfe eines EDV-Programmes in elektronischer Form abspeichert. Erfolgt die Datenerhebung bereits mit Hilfe einer Software (z. B. bei CATI oder bei Internetbefragungen), ist eine explizite Datenerfassung kaum mehr notwendig. In jedem Fall werden die erhobenen Daten in nummerischer Form in einer Datenmatrix zusammengetragen. In dieser Matrix sind die Zeilen über die Untersuchungseinheiten (z. B. Personen) definiert, und die Spalten repräsentieren die Variablen und ihre Ausprägungen. Eine Datenmatrix wird nach Regeln erstellt, die im Codeplan festgeschrieben sind. Jeder Eintrag in der Matrix kann mit dessen Hilfe entschlüsselt werden. So stehen die Zahlen 3 und 4 in Spalte 7 und 8 in der 9. Zeile für die Information, dass der Befragte Nr. 9 ein Alter von 34 Jahren hat.

Die Informationen der Datenmatrix sind Grundlage der quantitativen Datenanalyse. In den ersten Auswertungsschritten werden zumeist deskriptive univariate Verteilungen erstellt. Es folgen bivariate und schließlich multivariate statistische Analysen, die sich allesamt natürlich an den theoretischen Ausgangsfragen bzw. den Hypothesen orientieren, d. h. Hypothesen testen. Die statistischen Analysen geben dann Auskunft über die empirische Stärke der theoretisch postulierten Zusammenhänge. Sie sind ein zentrales Kriterium für die vorläufige Akzeptanz der Hypothesen und Theorien. Zugleich sind die empirischen Ergebnisse von Forschungsprojekten fast immer Ausgangspunkt für Theorierevisionen, Vertiefungen und Spezifikationen, die ihrerseits neue, weiterführende Fragestellungen und Forschungen anregen.

Die Skizze der zentralen Arbeitsschritte verdeutlicht auch nochmal die Interdependenz der vielen notwendigen Entscheidungen: Die Wahl der Forschungsfrage hat direkte Konsequenzen für die angemessene Erhebungsart. Arbeitet man experimentell, dann sind andere Operationalisierungen geboten als innerhalb eines Surveydesigns. Will man Reaktivitätseffekte vermeiden, scheinen Interviews nicht unbedingt angeraten. Ist man an verallgemeinerbaren Daten über eine umfangreiche Grundgesamtheit interessiert, dann sind Beobachtungen zur Datenerhebung kaum ratsam. Empirische Forschungsprojekte bedürfen somit einer Gesamtplanung, bei der die methodenbezogenen Entscheidungen zu einer sinnvollen Projektkonzeption zusammengeführt werden. Richtungsweisend ist dabei aber immer die theoretische Fragestellung.

Empirische Sozialforschung verursacht natürlich auch (gelegentlich hohe) finanzielle Kosten. Entsprechende Forschungsunterstützung wird kaum von universitärer Seite geleistet. Sogenannte Drittmittel werden von außen eingebracht bzw. eingeworben. Geldgeber sind Stiftungen, Ministerien und sonstige wissenschaftsfördernde Institutionen. Der weit größte und wichtigste Forschungsförderer ist die Deutsche Forschungsgemeinschaft (DFG). Sie unterstützt empirische Forschungsprojekte, nachdem diese vorgängig ein Begutachtungsverfahren (peer review) durchlaufen haben. Die im Rahmen der Forschung erhobenen Daten werden im Normalfall in wissenschaftlichen Archiven gespeichert und auch anderen Forschern zur Verfügung gestellt.

Die empirische Sozialforschung (zumindest in Deutschland) ist derzeit auch von einer Kontroverse zwischen quantitativer und qualitativer Forschung (Lamneck, 1989) geprägt. Dabei geht es im Kern nicht um den angemessenen Einsatz entsprechender Techniken. Es dürfte wohl Konsens sein, dass nicht-standardisierte, explorative Erhebungstechniken vor allem dann einzusetzen sind, wenn die inhaltliche Fragestellung noch unklar ist bzw. das Vorwissen (etwa aus vorgängigen Studien) noch sehr gering ist. Im Kern ist der sogenannte ,Methodenstreit' eben kein Methodenstreit, sondern eine methodologische Kontroverse. Wenn man die beiden Standpunkte schlagwortartig zusammenfassen will, ist es nicht unplausibel die quantitativ-orientierten Wissenschaftler, die natürlich auch gar nicht selten qualitative Methoden einsetzen, als Vertreter einer erklärenden Sozialwissenschaft zu charakterisieren; sie suchen nach den kausalen Regeln, denen soziales Handeln folgt, und sie bemühen sich um die Prognosefähigkeit der Sozialwissenschaft. Qualitativ-orientierte Wissenschaftler halten dieses Streben für müßig, oder auch den Sozialwissenschaften für prinzipiell nicht angemessen oder falsch. Diese Haltung resultiert im Wesentlichen aus der Überzeugung, dass soziales Handeln eines verstehenden Zugangs bedarf, dem eine einheitswissenschaftliche Methodologie nicht gerecht werden kann. Damit schimmert aber wieder eine alte, aus guten Gründen längst überwunden geglaubte Debatte, die zwischen ,Erklären' und ,Verstehen' erneut hervor.

▶ **Erklärung, soziologische; Theorie, soziologische**

Babbie, E. R. (2001). *The practice of social research*. 9. Aufl. Belmont: Thomson Wadsworth • Carnap, R. (1974). *Einführung in die Philosophie der Naturwissenschaft*. 2. Aufl. München: Nymphenburger Verlag • Chalmers, A. F. (1986). *Wege der Wissenschaft*. Berlin: Springer • Diekmann, A. (2010). *Empirische Sozialforschung*. 4. Aufl. Reinbek: Rowohlt • Esser, H. (1986). Können Befragte lügen? Zum Konzept des „wahren Wertes" im Rahmen der handlungstheoretischen Erklärung von Situationseinflüssen bei der Befragung. *Kölner Zeitschrift für Soziologie und Sozialpsychologie*, 38, 314-336 • Friedrichs, J. & Lüdtke, H. (1977). *Teilnehmende Beobachtung*. 3. Aufl. Weinheim: Beltz • Groves, R. M., Fowler, F. J., Couper, M. P., Lepkowski, J. M., Singer, E. & Tournangeau, R. (2009). *Survey methodology*. 2. Aufl. Hoboken: Wiley-Interscience • Krippendorff, K. (2004). *Content analysis*. 2. Aufl. Thousand Oaks: Sage • Lakatos, I. (1974). Falsifikation und die Methodologie wissenschaftlicher Forschungsprogramme. In I. Lakatos & A. Musgrave (Hg.), *Kritik und Erkenntnisfortschritt* (S. 89-189). Braunschweig: Vieweg • Lamneck, S. (1989). *Qualitative Sozialforschung: Methoden und Techniken*. Bd. 2. München: Psychologie-Verl.-Union • Popper, K. R. (1976). *Logik der Forschung*. 6. Aufl. Tübingen. Mohr • Saris, W. E. (1991). *Computer-assisted interviewing*. Newbury Park: Sage • Schnell, R. (1997). *Nonresponse in Bevölkerungsumfragen*. Opladen: Leske+Budrich • Schnell, R. (2012). *Survey-Interviews. Methoden standardisierter Befragungen*. Wiesbaden: Springer VS • Schnell, R., Hill, P. B. & Esser, E. (2013). *Methoden der empirischen*

Sozialforschung. 10. Aufl. München: Oldenbourg Verlag • Schuhman, H. & Presser, S. (1981). *Questions and answers in attitude surveys*. New York: Sage • Stevens, S. S. (1946). On the theory of scales of measurement. *Science*, 103, 677-680 • Steyer, R. & Eid, M. (1993). *Messen und Testen*. Berlin: Springer • Sudman, S. & Bradburn, N. M. (1974). *Response effects in surveys*. Chicago: National Opinion Research Center

Paul B. Hill

Migration

Migration oder Wanderung im weitesten Sinne ist eine Positionsveränderung einer oder mehrerer Personen im Raum und damit ein Unterfall der horizontalen bzw. räumlichen Mobilität. In Abgrenzung zu anderen, temporären Formen der räumlichen Mobilität (z. B. Urlaubs- und Geschäftsreisen, Besuche und Ausflüge, Pendelverkehr) wird von einer Migration bzw. einer Wanderung allerdings nur dann gesprochen, wenn die Positionsveränderung nicht nur vorübergehend ist und wenn mit ihr ein bestimmter qualitativer Aspekt (,Lebensmittelpunkt') verbunden ist. In der empirischen Forschung gestaltet sich die Präzisierung dieser beiden Kriterien oftmals schwierig und konkrete Operationalisierungen weichen mitunter erheblich voneinander ab. In der amtlichen Statistik wird i. d. R. der Hauptwohnsitz zugrunde gelegt, was allerdings interessante Phänomene ausschließt, die ebenfalls unter den Begriff fallen (z. B. undokumentierte Wanderungen). Die Vereinten Nationen empfehlen, zwischen einer langfristigen (mindestens zwölf Monate) und einer kurzfristigen (mindestens drei Monate) Migration zu unterscheiden (United Nations, 1998).

Je nachdem, welche räumlichen Grenzen durch die Wanderung überschritten werden, lassen sich verschiedene Typen unterscheiden: Internationale Wanderungen betreffen einen Wechsel zwischen Staaten bzw. Nationen. Im engeren Sinne ist die Verwendung des Begriffs der Migration oftmals für den Typus der internationalen Wanderung reserviert. Erfolgt die Wanderung innerhalb eines Staates, wird auch von Binnenmigration (oder: interregionaler Wanderung) gesprochen, wobei diese sich weiter danach differenzieren lässt, welche Regionengrenzen (Bundesländer, Regierungsbezirke, Kreise, Gemeinden) überschritten werden. Wanderungen innerhalb einer Gemeinde werden auch als innerstädtische Wanderungen bzw. Umzüge innerhalb einer Gemeinde bezeichnet.

In Bezug auf eine Migration kann zwischen dem Herkunftsgebiet und dem Zielgebiet unterschieden werden. In Bezug auf ein bestimmtes Gebiet lässt sich zwischen Einwanderung (Immigration) und Auswanderung (Emigration) differenzieren.

Beide Prozesse gehen neben der natürlichen Bevölkerungsbewegung (Fertilität und Mortalität) in die demographische Grundgleichung ein. Die Differenz zwischen Einwanderungen und Auswanderungen wird als Nettomigration bezeichnet. Bezieht man die absoluten Wanderungen in einem bestimmten Zeitraum auf den (anfänglichen bzw. mittleren) Populationsbestand eines Gebietes, ergeben sich entsprechend Einwanderungsrate, Auswanderungsrate und Nettomigrationsrate.

Weitere Differenzierungen des Migrationsbegriffes werden häufig anhand der hauptsächlichen Motive vorgenommen, die mit der Migration verbunden sind. Eine klassische Typologie bildet dabei die von William Petersen (1958), der zwischen einer ursprünglichen Wanderung (als direkte Reaktion auf die natürliche Umwelt), einer gewaltsamen und zwangsweisen Wanderung (veranlasst durch den Staat bzw. staatsäquivalente Institutionen), freiwilligen Wanderungen (infolge persönlicher Entscheidungen) und Massenwanderungen (motiviert durch die Wanderungen anderer) unterscheidet. Letzteres wird auch als Kettenmigration bezeichnet. Für das jüngere Migrationsgeschehen sind insbesondere die Unterscheidungen zwischen einer Wanderung aus unmittelbar erwerbsbezogenen Gründen (Arbeitsmigration), dem Nachzug von Familienmitgliedern (Familienzusammenführung), der Einwanderung von Flüchtlingen bzw. Asylbewerbern (Asylmigration) und der Einwanderung oftmals rechtlich privilegierter Gruppen, die in anderen Staatsgebieten als ethnische Minderheiten leben, relevant (Han, 2010). Nicht immer lassen sich jedoch eindeutige Motivlagen ausmachen, was solchen Typologisierungsversuchen Grenzen setzt.

Migration gibt und gab es in fast allen der skizzierten Typen und Formen, in allen Gesellschaften und zu allen historischen Zeiten. In der jüngeren Geschichte lassen sich grob vier typische Perioden jeweils dominanter internationaler Migrationsbewegungen ausmachen (Massey et al., 2005): eine merkantile Periode (ca. 1500–1800) im Zuge der Kolonialisierung der vier übrigen Kontinente durch die Europäer; eine industrielle Periode (ca. 1800–1925), die weitgehend geprägt ist durch die Verbreitung der Industrialisierung und die einhergehende Auswanderung von Europäern v. a. nach Nordamerika (USA und Kanada); eine Periode nur begrenzter Migration v. a. nach 1929 während der Weltwirtschaftskrise und unmittelbar nach dem zweiten Weltkrieg; und schließlich die jüngste Phase nachindustrieller Migration, spätestens seit 1960, in der zunächst die ehemaligen Auswanderungsländer Nord- und Westeuropas, dann viele industrialisierte Staaten Asiens und Südeuropas – mittlerweile zunehmend auch Osteuropas – zu Ländern mit beachtlicher Einwanderung geworden sind.

In der deutschen Geschichte seit 1945 lassen sich vereinfacht ebenfalls vier größere Abschnitte der Zuwanderung unterscheiden (Münz, Seifert & Ulrich, 1999). In den Nachkriegsjahren kamen zunächst v. a. Flüchtlinge und Vertriebene aus den ehemaligen deutschen Ostgebieten in großer Zahl in das Gebiet der heutigen Bundesrepublik. Mit dem sogenannten Wirtschaftswunder setzte dann spätestens Anfang der 1960er Jahre die massive Arbeitsmigration, v. a. aus Italien, Spanien, Portugal, Griechenland, Jugoslawien und der Türkei ein. Diese zweite Phase endete 1973 mit dem Anwerbestopp, wurde aber durch eine umfangreiche Migration im Zeichen des Familiennachzuges abgelöst. Ende der 1980er und Anfang der 1990er Jahre setzte dann eine vierte Phase ein, in der v. a. Asylbewerber und Spätaussiedler, aber auch eine neu einsetzende Arbeitsmigration aus Ostmittel- und Osteuropa, das Migrationsgeschehen bestimmten.

Die Gegenstände der Migrationsforschung sind vielfältig. Eine wichtige Aufgabe der empirischen Arbeit bildet die Dokumentation von Wanderungsbewegungen (woher? wohin?) und entsprechender zeitlicher Trends (wann?). Dies ist aufgrund der eingangs angedeuteten konzeptuellen Schwierigkeiten und der generellen Datenlage keineswegs ein leichtes Unterfangen. Über den reinen Umfang hinaus interessiert dabei auch, welche speziellen Teilgruppen (wer?) wandern, was auch als selektive Migration bzw. Migrationsdifferentiale bezeichnet wird. Gegenstand der Migrationstheorie sind allgemeine Erklärungen (warum?) dieser Phänomene und die Integration entsprechender Ansätze. Deren Überprüfung ist dann ein weiteres umfangreiches Feld der empirischen Forschung. Nicht zuletzt aufgrund der enormen gesellschaftlichen Konsequenzen, die mit Ein- und Auswanderungen verbunden sind, liegt ein wesentliches Ziel schließlich darin, zukünftige Wanderungsbewegungen angemessen prognostizieren zu können. Im weiteren Sinne des Begriffes wird unter Migrationsforschung auch die Beschäftigung mit den Folgen der Wanderung geführt, worunter z. B. Prozesse der Integration von Zuwanderern bzw. ethnischen Minderheiten fallen. Diese werden hier unter Zugrundelegung eines engeren Begriffes aber ausgeklammert. Mit seinen ‚Gesetzen der Wanderung' gilt Ernest G. Ravenstein (Ravenstein, 1885) als Urvater der Migrationstheorie. In deren Folge herrschen dann zunächst makrotheoretische Ansätze vor, wie die an die Physik angelehnten Gravitationsmodelle der Wanderung, die Makroökonomie und das damit eng verbundene generelle ‚Push-Pull-Paradigma'. Letzteres beinhaltet die prinzipielle Vorstellung, dass Migrationen durch ‚abstoßende' Faktoren im Herkunftsgebiet einerseits und ‚anziehende' Faktoren im Zielgebiet andererseits hervorgerufen werden. Neben klassischen Faktoren wie regionalen Lohnniveaus oder Arbeitslosenquoten rücken dabei zunehmend auch nicht-ökonomische Faktoren mit in den Blickpunkt. Empirische Unzulänglichkeiten bzw. offensichtliche Anomalien der Makroansätze sowie die grundsätzliche Notwendigkeit, auch selektives Migrationsverhalten zu erklären, führen zu einer ‚mikrotheoretischen Wende' in der Migrationsforschung. Einen Meilenstein bilden hier die Modelle aus der Humankapitaltheorie. Deren oftmals zu rigide Annahmen werden dann mehr und mehr durch realistischere ersetzt, wobei insbesondere auch auf sozialpsychologische Ansätze zurückgegriffen wird. Die Werterwartungstheorie bildet in gewisser Weise die Symbiose dieser beiden Theoriestränge (Kalter, 2000). In der aktuellen Migrationsforschung wird u. a. diskutiert, inwieweit all diese klassischen Erklärungsansätze auch noch zur Erklärung aktueller Migrationsphänomene angemessen sind. Unter Stichworten wie ‚Globalisierung' und ‚Transnationalismus' wird u. a. argumentiert, dass sich nicht nur Richtungen und Gewichte internationaler Migrationsbewegungen verschieben, sondern dass auch grundsätzliche Veränderungen im Typus der Migration zu verzeichnen sind. Migration sei nicht mehr vorwiegend ein unidirektionaler und einmaliger Akt der Verlagerung des Lebensmittelpunktes in ein anderes Staatsgebiet bzw. eine andere Kultur, vielmehr pendelten Akteure verstärkt zwischen solchen Kulturen und organisierten ihr Leben zunehmend in bi- bzw. multilokalen Kontexten (Faist, 2000).

Da die dominanten Theorieansätze darüber hinaus noch einige Anomalien aufweisen, wird aus all diesen Beobachtungen nicht selten die Notwendigkeit einer erneuten theoretischen Umorientierung abgeleitet, nun wieder hin zu makroperspektivischen Ansätzen, wie etwa der World-Systems-Theorie. Auf der anderen Seite wird hingegen versucht, die mikroperspektivische Sicht aufgrund ihrer methodologischen Vorzüge im Kern beizubehalten. Allerdings werden zentrale Modifikationen an den grundlegenden verhaltenstheoretischen Annahmen vorgenommen. So betont die Neue Migrationsökonomie etwa das Konzept der Risikoaversion und berücksichtigt den gesamten Haushaltskontext als Rahmen der Migrationsentscheidung. Desweiteren wird verstärkt die Bedeutung von Netzwerkstrukturen bzw. sozialer Kapitalien als zentrales Glied auf der Meso-Ebene hervorgehoben. Mit einer systematischen Rückbindung dieser Konzepte auf die zugrunde liegenden Entscheidungsmodelle und deren entsprechender Dynamisierung erscheinen insbesondere auch Phänomene der Kettenmigration bzw. der sogenannten kumulativen Verursachung von Migrationen behandelbar (Massey et al., 1993).

▶ **Akkulturation; Bevölkerung; Mobilität, soziale; Sozialstruktur**

📖 Faist, T. (2000). *The Volume and Dynamics of International Migration and Transnational Social Spaces*. Oxford: Oxford UP • Han, P. (2010). Soziologie der Migration. Stuttgart: Lucius & Lucius • Kalter, F. (2000). Theorien der Migration. In: U. Mueller, B. Nauck, & A. Diekmann (Hg.): *Handbuch der Demographie. 1. Modelle und Methoden* (S. 438-457). Berlin: Springer Verlag • Massey, D. S., Arango, J., Hugo, G., Kouaouci, A., Pellegrino, A, & Taylor, J. E. (1993). Theories of International Migration. A Review and Appraisal. *Population and Development Review, 19*, 431-466 • Massey,

D. S., Arango, J., Hugo, G., Kouaouci, A., Pellegrino, A, & Taylor, J. E. (2005). *Worlds in Motion. Understanding International Migration at the End of the Millennium.* Oxford: Oxford UP • Münz, R., Seifert, W. & Ulrich, R. (1999). *Zuwanderung nach Deutschland. Strukturen, Wirkungen, Perspektiven.* Frankfurt a. M./New York: Campus Verlag • Ravenstein, E. G. (1972): Die Gesetze der Wanderung 1 und 2. In: G. Széll (Hg.): *Regionale Mobilität. Elf Aufsätze* (S. 41-49). München: Nymphenburger Verlagshaus • United Nations, (Hg.) (1998): *Recommendations on Statistics of International Migration. Revision 1. Department of Economic and Social Affairs. Statistics Division.* New York: United Nations

Frank Kalter

Milieu, soziales

Unter einem sozialen Milieu versteht man eine sozialstrukturelle Gruppe gleichgesinnter Menschen, die ähnliche Werthaltungen, Lebensführungen, Beziehungen zu Mitmenschen und Mentalitäten aufweisen. Die Mitglieder eines sozialen Milieus haben oft ein gemeinsames (materielles, kulturelles, soziales) Umfeld. Sie sehen, interpretieren und gestalten es in ähnlicher Weise. Kleinere Milieus (z. B. Organisations-, Stadtviertel- oder Berufsmilieus) haben durch ein gewisses Wir-Gefühl und verstärkte Binnenkontakte einen engeren Zusammenhalt als größere. Der Milieubegriff ähnelt dem Begriff Lebensstil. Beide betonen die „subjektive" Seite der Gesellschaft, d. h. soziale Strukturierungen und Gruppierungen, für die das Denken und Verhalten der Menschen konstitutiv sind. Der Milieubegriff konzentriert sich auf psychologisch „tief" verankerte und vergleichsweise beständige Werthaltungen und Grundeinstellungen von Menschen. Der Lebensstilbegriff richtet sich dagegen vor allem auf äußerlich beobachtbare Verhaltensroutinen.

Noch in den 1960er und 1970er Jahren gingen Sozialwissenschaftler meist davon aus, dass Selbstdefinition, Denken und Verhalten der Menschen vor allem von ihrer Klassen- bzw. Schichtzugehörigkeit geprägt sind. In den 1980er Jahren kamen, angestoßen von Praktikern aus Schule, Marketing und Politik, immer mehr Zweifel daran auf. Mit der Zunahme von Wohlstand, Bildung und sozialer Sicherheit schien das alltägliche Handeln der Menschen immer weniger von Ressourcenbesitz als von Ressourcenverwendung geprägt zu sein. Die soziale Stellung schien individuell gestaltbarer zu werden.

Die empirische Forschung zeigte seither, dass diese Annahmen teilweise zutreffen. Die Zugehörigkeit zu sozialen Milieus ist weder völlig von äußeren Faktoren determiniert noch ganz frei wählbar. Die Milieuzugehörigkeit ist bis zu einem gewissen Grade eine Frage des Alters, des Geburtszeitraums (Kohorte), der Lebensform (Haushaltszusammensetzung, Kinderzahl), der Lebensphase, des Geschlechts und der Bildung. Daneben wirken sich auch ökonomische und berufliche Faktoren auf die Milieuzugehörigkeit aus. Die ersten diachronen empirischen Studien weisen darauf hin, dass es schwieriger ist, im Lebenslauf oder in der Generationenfolge die Milieuzugehörigkeit als den Lebensstil zu wechseln. Denn Werthaltungen sind beständiger als Verhaltensroutinen. Im Falle von Krisen oder neuen Kontakten sind Milieuwechsel aber möglich. Soziale Milieus sind als vieldimensionale, ganzheitliche Phänomene definiert. Empirische Studien beruhen daher auf einer Vielzahl von Indikatoren und sind entsprechend aufwändig. Empirische Untersuchungen kamen weithin übereinstimmend zum Ergebnis, dass in Deutschland ca. 8-10 soziale Milieus zu unterscheiden sind. Sie lassen sich überwiegend bestimmten sozialen Schichten zuordnen. Jede soziale Schicht besteht jedoch aus mehreren sozialen Milieus.

In modernen Gesellschaften gehen soziale Milieus fließend ineinander über. Empirisch ermittelte Milieugrenzen geben daher nicht „natürliche" Gruppengrenzen wieder, sondern stellen von Sozialforschern „künstlich" getroffene Unterscheidungen zwischen merkmalsähnlichen Gruppierungen dar. Viele Menschen gehören so mehreren Milieus an oder stehen zwischen ihnen.

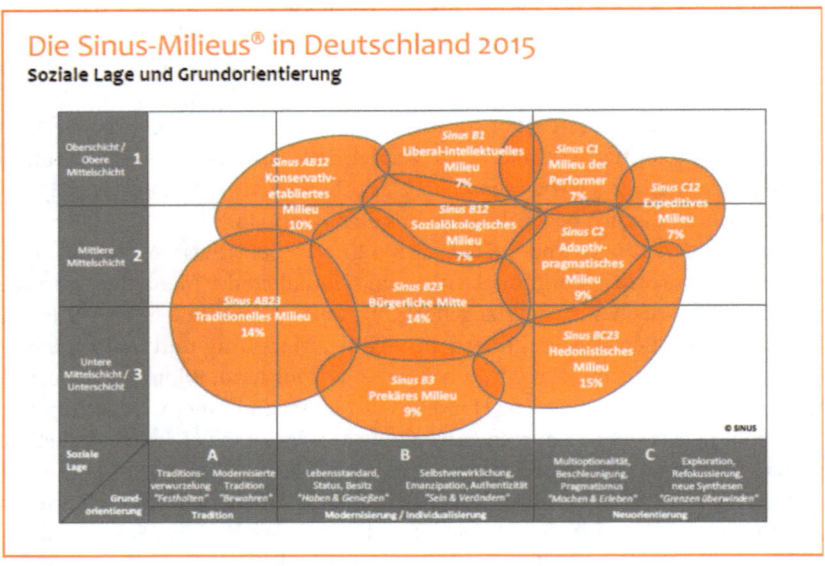

Abb. 1 Soziale Milieus in Deutschland 2015
(Sinus-Institut 2015)

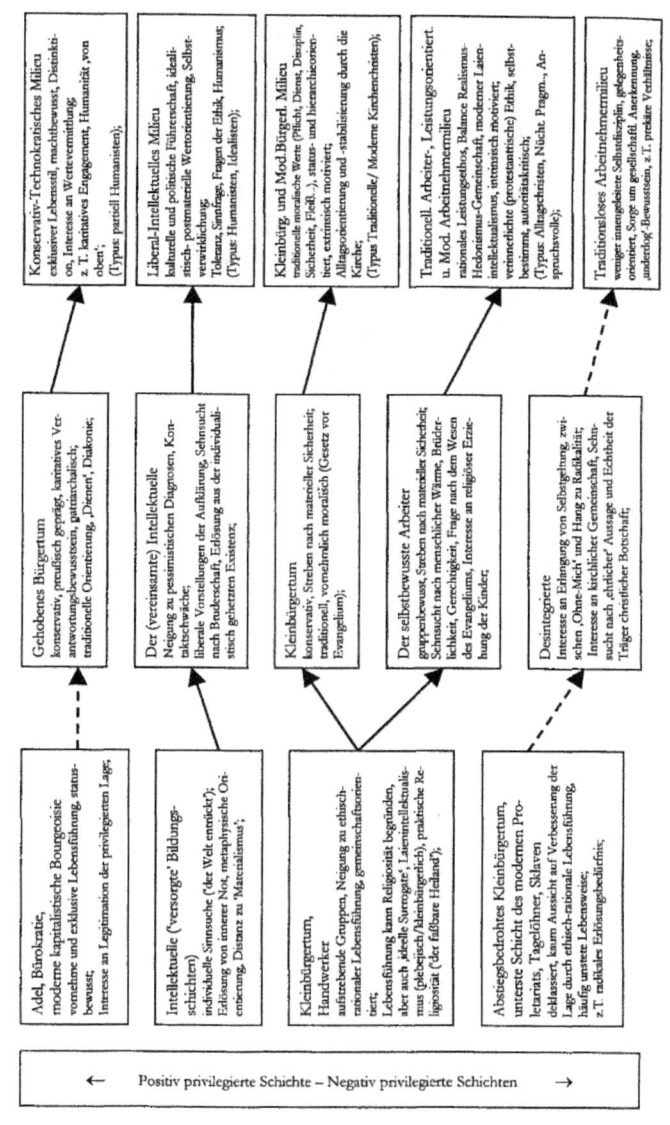

Abb. 2 Die historische Entwicklung sozialer Milieus in Deutschland 1900 bis 2000 (Weber, 1921, v. Bismarck, 1957, und Vester u. a., 2001, zusammengestellt von: Vögele u. a., 2002: 130)

Soziale Milieus sind historisch gewachsen. Sie sind in vielen kulturellen Produkten verankert und werden als Teilkulturen von Gesellschaften in Sozialisationsprozessen übermittelt. Deshalb sind, historisch gesehen, soziale Milieus recht stabil. Dennoch wandelt sich die Milieustruktur von Gesellschaften langsam, u. a. wegen der Veränderung von Lebensbedingungen und sozialer Lagen. Traditionelle Milieus schrumpfen. Sie weisen Werthaltungen auf, die ein Leben in Gemeinschaft und das Befolgen verpflichtender Normen obenan stellen. Dagegen wachsen „moderne" und „postmoderne" Milieus. Ihre Werte betonen individualisiertes und selbstbezügliches Leben. Langfristig sprechen die verfügbaren Befunde für eine allmähliche Pluralisierung sozialer Milieus.

Forschungsresultate zu sozialen Milieus haben u. a. im Marketing und in der politischen Beratung große Bedeutung. Denn die Zugehörigkeit zu Milieus besagt viel über das alltagspraktische Verhalten in Konsum, Politik, Bildung etc. Die Milieuzugehörigkeit erklärt Verhaltensweisen durch ähnliche Werte und Nutzenerwartungen der Menschen und nicht wie die Schichtzugehörigkeit durch die Verfügbarkeit von Geld oder Informationen. Milieuzugehörigkeit erklärt in begrenztem Ausmaß auch Vergemeinschaftungen, (z. B. in „neuen sozialen Bewegungen") und soziale Konflikte, so auch die latenten symbolischen Kämpfe um Aneignungsprozesse im öffentlichen Raum (z. B. „Gentrification").

Die Erkenntnisse über das Milieugefüge helfen, die Sozialstruktur moderner Gesellschaften insgesamt zu verstehen und zu erklären. Milieutypologien gelten in diesem Zusammenhang als wichtige Ergänzungen zu Schicht- bzw. Klassenmodellen.

▶ **Klasse, soziale; Lebensstil; Schicht, soziale**

📖 Beck, U. (1986). *Risikogesellschaft*, Frankfurt a. M.: Suhrkamp • P. Bourdieu, P. (1982). *Die feinen Unterschiede*, Frankfurt a. M.: Suhrkamp • Hradil, S. (1987). Sozialstrukturanalyse in einer fortgeschrittenen Gesellschaft, Opladen: Leske+Budrich • Hradil, S. (1992). Alte Begriffe und neue Strukturen. Die Milieu-, Subkultur- und Lebensstilforschung der 80er Jahre. In: S. Hradil (Hg.): *Zwischen Bewußtsein und Sein. Die Vermittlung „objektiver" Lebensbedingungen und „subjektiver" Lebensweisen*, Opladen: Leske+Budrich (S. 15-56) • Müller, H. P. (2013). Werte, Milieus und Lebensstile. Zum Kulturwandel unserer Gesellschaft. In: S. Hradil (Hg.): *Deutsche Verhältnisse. Eine Sozialkunde*, Frankfurt: Campus (S. 185-207) • Otte, G. (2004). *Sozialstrukturanalysen mit Lebensstilen. Eine Studie zur theoretischen und methodischen Neuorientierung der Lebensstilforschung*, Wiesbaden: VS Verlag • Schulze, G. (1992). *Die Erlebnisgesellschaft. Kultursoziologie der Gegenwart*, Frankfurt a. M.: Campus • Sinus-Institut (2015). : Informationen zu den Sinus-Milieus 2015 (www.sinus-institut.de/uploads/tx_mpdownloadcenter/Informationen_zu_den_Sinus-Milieus.pdf) • Vester, M., Oerzten, P. v., Geilling, H., Herrmann, T. & Müller, D. (2001): *Soziale Milieus im gesellschaftlichen Strukturwandel. Zwischen Integration und Ausgrenzung*, Frankfurt a. M.: Suhrkamp • Vögele, W., Bremer, H. & Vester, M. (Hg.) (2002): *Soziale Milieus und Kirche*, Würzburg: Ergon

Stefan Hradil

Minderheiten

Die Unterscheidung zwischen einer Mehrheitsbevölkerung und unterschiedlichen Minderheiten (religiöse, politische, sexuelle, ethnische u. a.) ist gesellschaftlich gängig und einflussreich. Soziologisches Grundmerkmal von Minderheiten ist jedoch nicht nur das Zahlenverhältnis zwischen Mehrheit und Minderheiten, sondern erstens die Annahme, dass eine Minderheit Merkmale aufweist, die sie von dem unterscheidet, was als typische Normen, Werte, Muster der Lebensführung usw. der Mehrheit gilt. Zweitens ist das Verhältnis von Mehrheit und Minderheit soziologisch als ein Machtverhältnis zu betrachten. Deshalb ist zwischen privilegierten und benachteiligten Minderheiten zu unterscheiden. Minderheitenangehörige sind dann gezwungen, sich mit der mehrheitsgesellschaftlichen Zuweisung einer „auferlegten Identität" (Alfred Schütz) sowie der Behauptung auseinander zu setzen, dass sie anders seien als die „normalen" Gesellschaftsmitglieder.

Minderheiten sind vielfach Feindbildern, Vorurteilen und Praktiken der Diskriminierungen seitens der Mehrheit ausgesetzt. Dies verbindet sich wiederkehrend mit Formen der sozialen Benachteiligung in bzw. Ausgrenzung durch Organisationen sowie mit sozialräumlicher Abgrenzung. Angehörige von Minderheiten reagieren auf die Erfahrung der Benachteiligung, Ausgrenzung und Diskriminierung regelmäßig entweder mit einem Rückzug auf die Lebenszusammenhänge und Identifikationsangebote der jeweiligen Minderheit, oder aber durch verstärkte Bemühungen der Anpassung an die Mehrheit (Assimilation). Welche Merkmale einer Minderheit zugeschrieben werden und als bedeutsam gelten, hängt von den Strukturen, Werten und Normen der jeweiligen Gesellschaft sowie der Art und Weise ihrer Durchsetzung ab. Bereits Max Weber (1864–1920) wies in seiner Kritik des zeitgenössischen Rassismus darauf hin, dass objektiv geringe Unterschiede zwischen Mehrheit und Minderheit weitreichende Folgen haben können, während in anderen Fällen bedeutsame Unterschiede folgenlos bleiben. Damit erweist es sich als obsolet, die Ursachen von Vorurteilen und Diskriminierungen in den Eigenschaften von Minderheiten selbst zu suchen.

Georg Simmel (1858–1928) argumentiert in seinem „Exkurs über den Fremden", dass Minderheiten soziologisch immer nur in Relation zur Mehrheit zu verstehen sind. Gegenstand der Soziologie sind demnach Mehrheit-Minderheiten-Beziehungen. Er formuliert: „Der Fremde ist ein Element der Gruppe selbst, nicht anders als die Armen und die mannigfaltigen ‚inneren Feinde'". So betrachtet sind Minderheiten also Gruppen in Bezug auf eine Mehrheit, die ihnen diese Position zuweist und sich dadurch selbst als dominante Gruppe bestimmt. Da sich der Minderheitenbegriff nach dieser weiten Definition kaum von den Begriffen wie Randgruppen und Außenseiter abgrenzen lässt, wird er häufig eingegrenzt und nur auf solche Gruppen bezogen, die nach nationaler Herkunft sowie religiösen und kulturellen Merkmalen von der Bevölkerungsmehrheit in einem Nationalstaat unterschieden werden oder für sich selbst eine solche Unterscheidung beanspruchen. D. h.: Zwischen Prozessen der Fremdzuschreibung von kollektiven Merkmalen und Identitäten einerseits und der Beanspruchung von ethnischen, religiösen usw. Besonderheiten durch Minderheiten andererseits ist zu unterscheiden, auch wenn beide Seiten gewöhnlich aufeinander bezogen sind und sich wechselseitig beeinflussen.

Gegenstand empirischer Untersuchungen wurde die Situation von Minderheiten zuerst in der amerikanischen Soziologie der sog. Chicago School der 1920er und 1930er Jahre (Ernest Burgess, Robert E. Park, Thomas Znaniecki). Dort wurde das Problem eingewanderter Minderheiten und ihrer ethnischen und rassistischen Diskriminierung als eines der vorrangigen sozialen Probleme der Einwanderungsgesellschaft der USA begriffen. Zentrales Thema war dabei weniger die Situation und das Verhalten der Minderheiten als vielmehr die Beziehung zwischen Majorität und Minderheit. Robert Ezra Park (1864–1944) formulierte das Konzept des Einwanderers als „Marginal Man", der sich im Grenzbereich unterschiedlicher Zugehörigkeiten und Kulturen befindet. Grundlegend für die Chicago-Schule ist eine stadtsoziologische Perspektive in Verbindung mit Methoden der qualitativen Sozialforschung. Die von Norbert Elias (1897–1990) in Zusammenarbeit mit John L. Scotson vorgelegte Studie ‚Etablierte und Außenseiter' nimmt ebenfalls eine stadt- und gemeindesoziologische Perspektive ein. Dort wird das Verhältnis von ansässiger Mehrheit und zugewanderter Minderheit in paradigmatischer Weise als eine durch Machtverhältnisse und Konflikte um anstrebenswerte Positionen gekennzeichnete Figuration bestimmt.

Seit diesen klassischen Arbeiten hat sich eine umfangreiche soziologische Forschung zur Situation migrantischer Minderheiten entwickelt. Ausgangspunkt hierfür ist in Deutschland die Arbeitsmigration seit den 1960er Jahren, die vor allem als Anwerbung gering qualifizierter Arbeitskräfte erfolgt ist, denen der Erwerb der deutschen Staatsbürgerschaft und damit politische und rechtliche Gleichstellung zunächst verweigert wurde. Erst zum Beginn des 21. Jahrhunderts ist eine politische

Anerkennung Deutschlands als Einwanderungsgesellschaft erfolgt. Soziologische Forschung untersucht die Ursachen und Folgen der gleichwohl anhaltenden gesellschaftlichen Benachteiligung bestimmter Teilgruppen der eingewanderten Minderheiten. Von zentraler Bedeutung hierfür sind Theorien und Forschungskonzepte, die Formen der strukturellen, institutionell und direkten Diskriminierung in den Blick nehmen. Ein zentrales Ergebnis der einschlägigen Forschung besteht in der Widerlegung der verbreiteten Annahme, dass soziale Benachteiligungen von Minderheiten eine Folge kultureller Unterschiede seien.

Nicht nur Migranten finden sich vielfach in der Position einer benachteiligten Minderheit vor, sondern auch andere gesellschaftliche Teilgruppen, wie die seit Jahrhunderten in Deutschland lebenden Sinti. Der Begriff der Randgruppen ist gegenwärtig kaum mehr gebräuchlich. Er wurde als Bezeichnung für sehr heterogene Bevölkerungsgruppen verwendet, die sozialen Vorurteilen und Stigmatisierungen ausgesetzt sind und aus den sozialen Verkehrskreisen der Mehrheit ausgegrenzt werden. Auf bestimmte Minderheiten, die als Randgruppen bezeichnet wurden – z. B. psychisch Kranke, Körperbehinderte, Prostituierte, Drogenabhängige, Sektenangehörige, Vorbestrafte, Obdachlose und Nichtsesshafte – richten sich Strategien der sozialen Kontrolle. Die historischen und gegenwärtigen Strategien reichen dabei von Überwachung und Kontrolle und ggf. die Kriminalisierung durch staatliche Institutionen wie die Polizei, über die für Sozialstaat und Soziale Arbeit typischen Mischformen von Hilfe und Disziplinierung bis hin zur Isolierung in Ghettos, Asylen und totalen Institutionen. Damit sind Sachverhalte angesprochen, die in unterschiedlichen Teildisziplinen der Soziologie, insbesondere in der Soziologie sozialer Probleme untersucht werden.

▶ **Akkulturation; Integration; Migration; Segregation; Stigma; Verhalten, abweichendes; Vorurteil**

📖 Albrecht, G. & Groenemeyer, A. (Hg.) (2012). *Handbuch soziale Probleme*. Wiesbaden: Springer VS • Anhorn, R., Bettinger, F. & Stehr, J. (Hg.) (2008). *Sozialer Ausschluss und Soziale Arbeit*. Wiesbaden: VS Verlag • Bommes, M. & Scherr, A. (2012). *Soziologie der Sozialen Arbeit*. Weinheim: Juventa • Castells, M. (2013). *Die Macht der Identität*, Wiesbaden: Springer VS • Heckmann, F. (1992). *Ethnische Minderheiten, Volk und Nation*. Stuttgart: Enke • Elias, N. & Scoton, J. L. (1993). *Etablierte und Außenseiter*. Frankfurt: Suhrkamp • Simmel, G. (1968). Exkurs über den Fremden. In Ders.: *Soziologie* (S. 509-512). Berlin: De Gruyter • Sutterlüty, F. (2010). *In Sippenhaft*. Frankfurt: Campus • Weber, M. (1980). Ethnische Gemeinschaftsbeziehungen. In Ders.: *Wirtschaft und Gesellschaft* (S. 234-242). Tübingen: Mohr

Albert Scherr

Mobilität, soziale

Soziale Mobilität bedeutet die Bewegung von Personen oder Personengruppen zwischen verschiedenen sozialen Positionen. Das Ausmaß der sozialen Mobilität wird häufig als Indikator für die Chancengleichheit in einer Gesellschaft interpretiert. Entsprechend zentral ist die Analyse sozialer Mobilität für die Beschreibung von Gesellschaften sowie für die Rechtfertigung bestehender Verteilungsungleichheiten.

Die (soziale) Mobilitätsforschung betrachtet vornehmlich Individuen und ihren Wechsel zwischen sozialen Positionen. Daneben gibt es auch zahlreiche Studien, welche die sozialen Bewegungen von Personengruppen analysieren, insbesondere ganzer Haushalte oder Familien. Bei der Analyse des Mobilitätsverhaltens größerer Gruppen (z. B. Arbeiter) spricht man von kollektiver sozialer Mobilität.

Für die Untersuchung von sozialer Mobilität muss festgelegt werden, welche sozialen Positionen in einer betreffenden Gesellschaft unterschieden werden sollen. In soziologischen Mobilitätsstudien werden meist arbeitsmarktbezogene soziale Positionen zugrunde gelegt. Häufig erfolgt die Einteilung in soziale Klassen (z. B. Arbeiterklasse, Selbstständige, Professionen), gelegentlich auch in Statusgruppen, Prestigegruppen oder in soziale Schichten. In der Ökonomie hingegen werden insbesondere Einkommenspositionen betrachtet (z. B. das reichste oder ärmste Fünftel in der Einkommensverteilung).

Neben der Messung der sozialen Position muss bestimmt werden, was die Bezugsgröße für den Vergleich der jeweiligen sozialen Position ist. Betrachtet man den Wechsel sozialer Positionen von ein und derselben Person (oder Personengruppe) über eine gewisse Zeit hinweg, so spricht man von intragenerationaler sozialer Mobilität oder Karrieremobilität. Vergleicht man die soziale Position einer Person mit der Position ihrer Eltern, so spricht man von intergenerationaler sozialer Mobilität. Letztere Sichtweise ist in der soziologischen Forschung die häufigere Betrachtung.

Ausgehend von den verschiedenen sozialen Positionen kann zwischen vertikaler und horizontaler sozialer Mobilität unterschieden werden. Vertikale soziale Mobilität bedeutet, dass der Wechsel zwischen sozialen Positionen einen sozialen

Auf- oder Abstieg mit sich bringt (Arbeiterkinder werden zu leitenden Angestellten; Personen rutschen vom reichsten Fünftel ins ärmste Fünftel der Einkommensverteilung). Horizontale soziale Mobilität bedeutet, dass es zwar einen Wechsel der sozialen Positionen gegeben hat, diese sozialen Positionen in der gesellschaftlichen Hierarchie aber mehr oder weniger auf der gleichen Stufe anzusiedeln sind (z. B. Facharbeiter und qualifizierte Fachangestellte).

Das Ausmaß sozialer Mobilität wird durch absolute und durch relative Mobilitätsraten beschrieben. Bei absoluten Raten werden alle Individuen oder Personengruppen gezählt, deren soziale Positionen sich verändert haben, und dann als Anteil der Mobilen an der Gesamtheit berechnet. In Deutschland sind intergenerational beispielsweise gut 70 Prozent der Menschen mobil, d. h. sie haben eine andere Klassenposition als die Vätergeneration. Ein Gutteil dieser Mobilität ist strukturell bedingt: Es gibt für die heutige Generation beispielsweise weniger Positionen in der Landwirtschaft oder in der Industrie im Vergleich zur Elterngeneration, dafür aber deutlich mehr Positionen im Dienstleistungsbereich. Relative Mobilitätsraten geben die Chancen an, über die strukturellen Veränderungen hinaus sozial mobil zu sein; sie sind von dem rein strukturell bedingten Anteil der sozialen Mobilität bereinigt. Dies wird anschaulich, wenn man sich die Gesellschaft als Leiter vorstellt, deren Sprossen die Hierarchie der Gesellschaft wiedergeben. Es ist denkbar, dass die gesamte Leiter nach oben geschoben wird. Dabei erlebt jeder einen sozialen Aufstieg, aber die Reihenfolge der Personen auf den Sprossen bleibt gleich. Man hätte absolute Mobilitätsraten von 100 Prozent, aber die relativen Raten wären „null", da es innerhalb der gesellschaftlichen Hierarchie keine Veränderung gibt. Relative Mobilitätsraten werden meist in Chancenverhältnissen (bei zugrunde liegenden Klassenschemata) oder in Korrelationen und Elastizitäten (bei zugrunde liegenden linearen Einkommensmessungen) ausgedrückt. Eine früher übliche Unterscheidung zwischen struktureller Mobilität und Zirkulationsmobilität wird heute nicht mehr verwendet.

Das Konzept der sozialen Mobilität und deren Folgen werden bereits bei den soziologischen Klassikern (u. a. Marx, Weber, Durkheim) diskutiert. Die meisten Vorhersagen zu sozialer Mobilität sind makrotheoretische Ansätze: Pitirim Sorokin (1889–1968) beschreibt bereits 1927 die gesellschaftlichen Auf- und Abstiege in der Geschichte als „trendless fluctuation", ein Begriff, der auch in der zeitgenössischen Diskussion wiederholt gebraucht wird. Die liberale Theorie des Industrialismus (Kerr et al., 1960; Blau & Duncan, 1967; Treiman, 1970), die auf strukturfunktionalistische Ideen von Talcott Parsons (1902–1979) zurückgeht, besagt, dass es in Industriegesellschaften eine hohe soziale Mobilität gibt, die weiterhin zunimmt. Aufwärtsmobilität, so die Vorhersage, findet dabei häufiger statt als Abwärtsmobilität, und es kommt zu einer Angleichung der Mobilitätschancen aller. Neo-marxistische Ansätze (Braverman, 1974; Wright & Singelmann, 1982) sagen aufgrund der kapitalistischen Wirtschaftsordnung eine verstärkte Abwärtsmobilität und damit einhergehend eine zunehmende Proletarisierung der gesellschaftlichen Mitte voraus.

Die bekannteste und empirisch am ehesten zutreffende Hypothese in der Mobilitätsforschung stammt von Featherman, Jones und Hauser (1975). Sie besagt, dass in Industriegesellschaften mit Marktwirtschaft und Kernfamilien die intergenerationalen relativen Mobilitätsraten weitgehend gleich sind – was in der Literatur dahingehend interpretiert wird, dass die Raten zeitlich ebenfalls konstant sind.

Robert Erikson und John Goldthorpe haben in ihrer klassischen Studie „The Constant Flux" (1992) ein Modell zur Überprüfung dieser „FJH-Hypothese" entwickelt (CORE-Modell) und mit Daten mehrerer industrialisierter Länder überprüft. Sie kommen zu dem Schluss, dass ihr Modell und damit die Hypothese bis auf wenige Ausnahmen zutreffen. Diese Befunde haben Richard Breen und seine Co-Autoren in ihrer Studie „Social Mobility in Europe" (2004) mit umfassenderen Daten und mehr Ländern nur zum Teil bestätigen können. Zwar passt das CORE-Modell von Erikson und Goldthorpe nach wie vor recht gut, aber in den meisten untersuchten Ländern gibt es einen Trend zu mehr sozialer Mobilität über die Zeit, d.h. die Chancengleichheit in industrialisierten Gesellschaften nimmt zu. Dabei wird für einzelne Länder anhand des sogenannten Mobilitätsdreiecks bereits gezeigt, wie bedeutend der vermittelnde Einfluss der Bildung für das Ausmaß intergenerationaler sozialer Mobilität ist. Das Mobilitätsdreieck modelliert die Zusammenhänge zwischen sozialer Herkunft, eigener Bildung und eigener sozialer Position.

Für Deutschland nahm die intergenerationale soziale Mobilität im Verlauf der letzten Jahrzehnte zu (Pollak, 2013). Besonders die unmittelbar nach dem Zweiten Weltkrieg geborenen Menschen erfuhren häufig soziale Aufstiege. Diese kommen heute in Deutschland bei Männern in Westdeutschland noch doppelt so häufig vor wie soziale Abstiege. Bei Frauen und bei ostdeutschen Männern halten sich Auf- und Abstiege die Waage. Die relativen Mobilitätsraten gleichen sich zunehmend zwischen Ost und West an. Während in Westdeutschland die soziale Mobilität zunimmt, geht das ehemals höhere Mobilitätsniveau in Ostdeutschland über die Zeit hinweg zurück.

Neuere Mobilitätsstudien zeigen, dass die Vererbung von Klassenpositionen (z. B. Arbeiterklasse) über Generationen hinweg im Wesentlichen darauf zurückzuführen ist, dass Söhne und Töchter die gleichen Berufe wie ihre Eltern wählen (Jonsson et al., 2009). Weitere Ansätze zur Untersuchung von sozialer Mobilität bilden Geschwisterstudien, auch wenn sich das Herstellen kausaler Zusammenhänge schwierig gestaltet: Ob die Ähnlichkeiten zwischen den sozialen Positionen erwachsener Geschwister von der Familie, der Nachbarschaft, der Schulbildung oder anderen gemeinsamen Faktoren ausgehen, lässt sich nur schwer beantworten. Studien, die

die Einkommensposition eines Haushalts betrachten, umgehen das Problem, dass Nichterwerbstätige und Langzeitarbeitslose in Klassenschemata schlecht abgebildet werden können. Intragenerational gibt es hierzu solide Befunde, intergenerational ist die Datenlage hierzu jedoch eher dünn (siehe aber Schnitzlein, 2009).

▶ **Klasse, soziale; Schicht, soziale**

Blau, P. M. & Duncan, O. D. (1967). *The American Occupational Structure.* New York: Wiley • Braverman, H. (1974). *Labor and Monopoly Capitalism.* New York: Monthly Review Press • Breen, R. (Hg.). (2004). *Social Mobility in Europe.* Oxford: Oxford UP • Erikson, R. & Goldthorpe, J. H. (1992). *The Constant Flux. A Study of Class Mobility in Industrial Societies.* Oxford: Clarendon Press • Featherman, D. L., Jones, F. L., Hauser, R. M. (1975). Assumptions of social mobility research in the U.S.: the case of occupational status. *Social Science Research,* 4, 329-360 • Jonsson, J. O., Grusky, D.B., Di Carlo, M., Pollak, R. & Brinton, M.C. (2009). Micro-Class Mobility - Social Reproduction in Four Countries. *American Journal of Sociology,* 114, 977-1036 • Kerr, Clark et al. (1960). *Industrialism and Industrial Man.* Cambridge: Harvard UP • Pakulski, J. & Waters, M. (1996). *The death of class.* London: Sage • Pollak, R. (2013): Soziale Mobilität, in Statistisches Bundesamt (Hg.), *Datenreport 2013. Zahlen und Fakten über die Bundesrepublik Deutschland* (S. 189-197). Bonn: Bundeszentrale für politische Bildung • Schnitzlein, D.D. (2009). Struktur und Ausmaß der intergenerationalen Einkommensmobilität in Deutschland. *Jahrbücher für Nationalökonomie und Statistik,* 229, 450-466 • Treiman, D. J. (1970). Industrialization and social stratification, in E. O. Laumann, (Hg.), *Social Stratification: Research and Theory for the 1970s* (S. 207-234). Indianapolis: Bobbs-Merrill • Wright, E. O. & Singelmann, J. (1982). Proletarianization in the Changing American Class Structure. *American Journal of Sociology,* 88, 176-209

Reinhard Pollak

Morphologie, soziale

Die auf Emile Durkheim (1858–1917) zurückgehende Bezeichnung soziale Morphologie steht für die Untersuchung der materiellen Formen des Sozialen. Gemeinsam mit ihrem Gegenstück, der „sozialen Physiologie", bildet die soziale Morphologie für Durkheim den Gegenstandsbereich der Soziologie, der zwar streng arbeitsteilig organisiert ist, stets aber auf die Einheit und gegenseitige Durchdringung beider Bereiche abzielt: Während die Physiologie den sozialen Funktionszusammenhang der Gesellschaft untersucht, widmet sich die Morphologie dem materiellen Substrat (Durkheim) der Gesellschaft. Darunter fallen all diejenigen Phänomene, bei denen das Soziale eine sichtbare und greifbare Gestalt annimmt. Dazu zählen die Ausdehnung einer Gesellschaft, die Anzahl ihrer internen Gliederungen, die Größe, Dichte und Verteilung der Bevölkerung auf einem Territorium sowie die Dinge und Sachverhältnisse (vgl. Linde, 1972), die das kollektive Leben prägen.

Entgegen des in der Soziologie vorherrschenden Trends zur Sachabstinenz rechnet Durkheim ausdrücklich Dinge und Sachverhältnisse zur Sozialwelt hinzu. Artefakte wie Wohnstätten, Werkzeuge, Verkehrswege, Verkehrsmittel und Kleidung sind demnach ebenso soziale Tatbestände wie immaterielle „Dinge" (z. B. das gesatzte Recht, die geltende Moral). Beiden Dingwelten gemeinsam ist, dass sie eine vom Willen des Einzelnen unabhängige Einzelexistenz führen. Sie drängen sich dem Einzelnen von außen auf und üben einen verhaltensdeterminierenden Zwang auf das Individuum aus. Eben das macht sie in Durkheims Perspektive zu sozialen Tatbeständen.

Das Interesse an den materiellen Erscheinungsformen der Gesellschaft und an ihrer physischen Natur führt Durkheim zu einer intensiven Auseinandersetzung mit den Nachbardisziplinen der Soziologie. In der von ihm begründeten Zeitschrift L'Année Sociologique, in der sich auch ein programmatischer Beitrag zur sozialen Morphologie aus seiner Feder befindet, werden wie selbstverständlich auch Forschungsarbeiten aus Ökonomie, Ethnologie, Anthropologie, Demographie, Sozial- und Anthropogeographie rezipiert. Während Durkheim in seinen eigenen

Arbeiten die Physiologie in den Mittelpunkt stellt, widmen sich seine Schüler Marcel Mauss (1872-1950) und Maurice Halbwachs (1877-1945) ausführlich dem bei Durkheim letztlich nur angedeuteten Programm einer sozialen Morphologie. Mauss zeigt z. B. anhand einer Untersuchung von Eskimogesellschaften exemplarisch den Zusammenhang zwischen materiellen Formen einer Gesellschaft und ihren kollektiven Tätigkeiten auf. Die Eskimovölker leben zu verschiedenen Zeiten des Jahres nicht nur in unterschiedlichen sozialen Formationen, sondern üben auch je nach Jahreszeit verschiedene Tätigkeiten aus. Während im Sommer jede Familie für sich allein in einem kleinen Rundzelt lebt und sich den Dingen des täglichen Lebens widmet, schließen sie sich im Winter zu Großfamilien in großen Langhäusern zusammen und gehen insbesondere religiösen Tätigkeiten nach. Mauss legt Wert auf die Feststellung, dass der von ihm aufgezeigte Zusammenhang von wechselnder Morphologie und wechselnden Tätigkeiten an diesem Beispiel besonders gut sichtbar wird, in anderen Gesellschaften aber ebenso nachgewiesen werden könnte.

Insbesondere bei Halbwachs macht die Beschäftigung mit der sozialen Morphologie einen der Hauptschwerpunkte seiner Arbeit aus. In immer neuen Anläufen hat er sich diesem Feld zugewandt und dabei am Ende ein sehr viel umfangreicheres und präziseres Verständnis von den Aufgaben einer sozialen Morphologie vorgelegt als sein Lehrmeister. Seine grundsätzliche Annahme lautet dabei nicht nur, dass Gesellschaften sich in materiellen Manifestationen ausdrücken, sondern, dass sie auch selbst als lebende und stoffliche Mengen anzusehen sind. Der kollektive Körper nimmt wie ein individueller Körper einen bestimmten Raum ein, weist eine bestimmte Gestalt auf, bewegt sich, kann wachsen oder schrumpfen und unterliegt daher permanenten Veränderungen. Vergesellschaftung ist nach Halbwachs damit niemals als ein statischer, sondern immer als ein dynamischer Prozess anzusehen.

Religion, Politik, Ökonomie und weitere Bereiche des gesellschaftlichen Lebens bleiben für Halbwachs so lange unverstanden, wie man sie als bloße Ideen und abstrakte Konstrukte behandelt. Entscheidend für ein vollständiges Bild ihrer Bedeutung erlangt man dagegen erst durch eine genaue Analyse ihrer räumlichen Manifestationen. So wie es insgesamt für die Entwicklung einer Gesellschaft durchaus von Belang ist, ob sie sich auf einer Insel befindet und damit über einen Zugang zum Meer verfügt, oder ob ihre Bevölkerung zumeist in von hohen Bergen umgebenden Tälern wohnt, so übt auch die Anzahl, Anlage und Aufteilung der bedeutenden Stätten, Klöster und Heiligtümer etwa der christlichen Religion einen nicht unerheblichen Einfluss auf die Intensität der Glaubensvorstellungen ihrer Anhänger aus. In noch stärkerem Ausmaß sind politische Gemeinwesen von räumlichen Gegebenheiten abhängig: So ist es für Halbwachs kein Zufall, dass die ersten Demokratien am Meer entstanden sind. In Anlehnung an Platon (427-347 v. Chr.) und Jean-Jacques Rousseau (1712–1778) ist er davon überzeugt, dass es einen Zusammenhang zwischen der Größe eines Staates und seiner Regierungsform gibt. Und hinsichtlich der ökonomischen Morphologie beschreibt Halbwachs ausführlich, dass die verschiedenen ökonomischen Klassen dazu neigen, sich auf verschiedene Quartiere der Stadt aufzuteilen. In diesem Punkt gibt es auffallende Berührungspunkte mit der Chicagoer Schule der Sozialökologie.

Trotz der Betonung der Bedeutung des Raums für eine umfassende Gesellschaftsanalyse sind es jedoch nicht die räumlichen Artefakte selbst, die das Interesse der sozialen Morphologie auf den Plan rufen. Die Aufmerksamkeit der Soziologie verdienen sie nach Halbwachx' Verständnis nur deshalb, weil das Materielle und Stoffliche Einblicke in die Neigungen, Vorstellungen und Bedürfnisse der Menschen und ihrer „Lebensweise" verschafft. Die räumlichen Artefakte fungieren gleichsam als Botschafter, die von längst vergangenen gesellschaftlichen Zuständen und den Vorstellungen ihrer Bewohner berichten können. Im Einklang mit Auguste Comte (1798–1857) und Durkheim ist Halbwachs der Auffassung, dass die materiellen Formen des gesellschaftlichen Lebens, dass also die Orte, Gebäude, Plätze, Häuser und Straßen dem kollektiven Leben der sozialen Gruppen, ein Gefühl der Regelmäßigkeit und Stabilität inmitten einer sich permanent im Umbruch befindlichen Gesellschaft vermitteln.

Bei der sozialen Morphologie handelt es sich um einen soziologischen Ansatz, dem im Kontext der Wiederentdeckung der Kategorie des Raums und eines neuen Interesses an der Materialität eine unverhoffte Renaissance beschieden sein dürfte.

▶ **Gesellschaft; Raum; Stadt**

📖 Durkheim, E. (1897–1898). Morphologie Sociale, *L'Année Sociologique*, 2, 520-521 • Durkheim, E. (2007). *Regeln der soziologischen Methode*. Frankfurt a. M.: Suhrkamp • Halbwachs, M. (2002): *Soziale Morphologie. Ausgewählte Schriften*. Konstanz: UVK • Halbwachs, M. (2003): *Stätten der Verkündigung im Heiligen Land*. Konstanz: UVK • Linde, H. (1972). *Sachdominanz in Sozialstrukturen*. Tübingen: Mohr Siebeck • Mauss, M. (1999). *Soziologie und Anthropologie*. Bd. 2, Frankfurt a. M.: Suhrkamp • Schroer, M. (2009): Materielle Formen des Sozialen. In: J. Fischer, H. Delitz (Hg.): *Die Architektur der Gesellschaft* (S. 19-48). Bielefeld: transcript

Markus Schroer

N

Netzwerk, soziales

Der Begriff soziales Netzwerk bezieht sich auf das Geflecht (bzw. die Struktur) von Beziehungen. Die Untersuchung der Struktur sozialer Netzwerke findet in der Netzwerkforschung als Analyse sozialer Netzwerke (social network analysis) statt. Der Begriff des sozialen Netzwerkes wird in vielfältigen Zusammenhängen gebraucht – oft mit inhaltlichem Impetus oder mit metaphorischer Zielsetzung. Innerhalb des Bereichs der Netzwerkforschung gibt es weitgehenden Konsens für eine formale Definition des Netzwerkbegriffes: Ein Netzwerk besteht aus einem endlichen Set von Knoten und den Beziehungen zwischen den Knoten (Wasserman & Faust, 1994: 20; Brass, Galaskiewicz, Greve, & Tsai, 2004: 705). Dabei interessiert man sich eigentlich nicht für eine einzelne Beziehung – wichtiger ist die Struktur des Netzwerkes (Radcliffe-Brown, 1950). Knoten repräsentieren meist Personen, können aber auch andere Entitäten umfassen; die Kanten stellen die Beziehungen zwischen den Knoten dar.

Dies bedeutet, dass überall, wo Menschen zusammen kommen, soziale Netzwerke zu finden sind – und auch der Forschung zugänglich werden *können*. Der Blick auf Netzwerke ist grundsätzlich verschieden von traditionellen anderen empirischen Vorgehensweisen. So schaut man mit traditionellen Bevölkerungsumfragen auf Individuen zugeordnete Merkmale und bei der Analyse auf deren Kombination, bei notwendiger Unabhängigkeit der Untersuchungseinheiten und die traditionelle qualitative Forschung auf die Subjektivität und Gewordenheit von Personen. Bei der Netzwerksicht geht es dagegen um die Beziehungsstruktur und den Zusammenhang zwischen Personen.

Man kann die Netzwerkanalyse in verschiedene Klassen einteilen: Egozentrierte Forschung (qualitativ und quantitativ) und Untersuchung von Netzwerkeinheiten (z. B. Gesamtnetzwerk). Bei der egozentrierten Netzwerkforschung stehen qualitative Vorgehensweisen (freie Netzwerkkonstruktionen: Hepp, 2011; Konstruktionen mit Hilfe konzentrischer Kreise: Kahn & Antonucci, 1980; Straus, 2010) solchen quantitativer Vorgehensweisen gegenüber. Quantitative Erhebungen von egozentrierten Netzwerken erlauben in Teilen auch Aussagen über Beziehungen, etwa bei Unterstützungsleistungen für die gesamte Bevölkerung (Beispiel: Schulz, 1986). Zum Einsatz kommen hierbei sogenannte. Netzwerkgeneratoren, also Fragen, die auf die Preisgabe von Beziehungspersonen zielen. Der bekannteste Generator ist der sogenannte Burt-Generator (1984), der 1985 in den USA zum ersten Mal in einer großen Untersuchung eingesetzt wurde. Die Informationen zu den Beziehungen stammen bei diesem Vorgehen von Ego (also der Auskunftsperson), die auch über die Beziehungen der von ihr genannten Bezüge Auskunft geben kann.

Bei Gesamtnetzwerken funktionieren die meisten Erhebungen ebenfalls mit Netzwerkgeneratoren. Ein Hauptunterschied ist aber, dass hier möglichst alle Teilnehmer dieses Netzwerkes nach ihren Beziehungen gefragt werden. Diese werden dann zu einem Gesamtnetzwerk zusammengefügt. Allerdings können auch andere Erhebungsmethoden zum Einsatz kommen, so etwa Beobachtung oder Extraktion von Beziehungsdaten aus dem Internet.

Von der meist zum Einsatz kommenden Abfrage der eigenen Beziehungen von Personen lässt sich die Untersuchung von kognitiven sozialen Strukturen unterscheiden – hierbei wird die Wahrnehmung der Personen über die anderen zum Netzwerk gehörenden Teilnehmer erfasst und analysiert (Krackhardt, 1987). Auf diese Weise entstehen viele Wahrnehmungsnetzwerke (Network Sheets), welche für das Verhalten bedeutender zu sein scheinen, als die normale Forschersicht, welche durch die Kumulation der Angabe eigener Beziehungen zustande kommt (Stegbauer, 2012).

Das endliche Set von Knoten und Kanten, wie es bei Wasserman und Faust (1994) angesprochen ist, besteht häufig aus einer Menge an Untersuchungseinheiten, die durch äußere Abgrenzung ausgewählt wurden („network in a box"). Prototypisch sind etwa Schulklassen oder Abteilungen in Organisationen o. ä. Dafür spricht, dass etwa in einer Schulklasse die Schüler zu einer Auseinandersetzung untereinander durch Mitgliedschaft gezwungen werden; dagegen spricht, dass weitergehende Kontakte nicht an der Tür zum Klassenzimmer enden. Sie behalten eine gewisse Wirksamkeit auch dann, wenn die Bezugspersonen nicht anwesend sind. Man unterscheidet daher eine nominalistische von einer realistischen Netzwerkabgrenzung (Laumann, Marsden, & Prensky, 1983). In der realistischen Grenzziehung wird die Grenze durch die Sichtweise der Akteure selbst vorgenommen. Dies ist jedoch für die Forschung selten anwendbar, es sei denn man untersucht egozentrierte Netzwerke, die allerdings für größere Netzwerkbereiche weitestgehend blind sind. In der nominalistischen Abgrenzung hingegen, stellt der Forscher seine eigenen thematischen und konzeptionellen Sichtweisen in den Vordergrund, er orientiert sich an den eigenen Erkenntniszielen.

Personennetzwerke lassen sich charakterisieren durch die Anzahl erfasster Knoten, und der Kanten im Verhältnis zur Zahl möglicher Kontakte. Hieraus kann man das Maß der durchschnittlichen Dichte („overall density") ermitteln. Weitere Möglichkeiten der Beschreibung sind die Zentralisiertheit von Netzwerken, die Clusterung (durch vollständige Triaden [Beziehungen zwischen drei Knoten] oder deren positionale Struktur [Rollensystem] (White, Boorman, & Breiger, 1976). Die Bedeutung von Knoten kann ebenfalls über Zentralitätsmaße abgeschätzt werden.

Eine weitere Perspektive sind bimodale Netzwerke. Diese bestehen aus zwei unterschiedlichen Modi, etwa Events und Personen, welche an diesen Events teilgenommen haben. Aus diesen Netzwerken kann man nicht nur die Dualität zwischen Gruppen und Ereignissen (Breiger, 1974) ableiten, meist wird angenommen, dass die gleichzeitige Teilnahme an mehreren Events für Beziehungen zwischen Personen stehen (oder zumindest deren Potentialität). Aus einer bimodalen Netzwerkmatrix kann dann durch unimodale Projektion ein Personennetzwerk abgeleitet werden, genauso wie ein Netzwerk zwischen Ereignissen. Der Begriff der Ereignisse wird in der Forschung oft sehr weit gefasst und kann beispielsweise von Koautorenschaft bis zur tatsächlichen Teilnahme an Veranstaltungen reichen.

Meist benötigen die Strukturinformationen eine inhaltliche Ergänzung, welche durch Methodenkombination erreicht werden kann. Schweizer (1993) nannte die gegenseitige Bezugnahme von Netzwerkanalyse und qualitativen und quantitativen Vorgehensweisen „flesh and bone"-Modell.

Hinsichtlich der Struktur von Netzwerken finden sich gewisse Regelmäßigkeiten – so etwa, dass einander ähnliche Personen oft zusammen zu finden sind. Dieses Muster nennt sich Homophilie (Lazarsfeld & Merton, 1954; McPherson, Smith-Lovin, & Cook, 2001). Da dieses Muster so häufig anzutreffen ist, findet man oft Sorgen darüber, ob gerade enge Beziehungen nicht zu sehr unter Gleichen mit denselben Interessen und Merkmalen verbreitet sind. In diesem Fall wird aktiv eine Diversität der beteiligten Personen angestrebt.

Neuer Wind, Inventionen und neue Informationen kommen oft *über* „weak ties" (Granovetter, 1973) in solche Gruppen; bestimmte Positionen sind in der Lage strukturelle Löcher zu überbrücken (Burt, 1992). Der Gegensatz von „strong" und „weak ties" ist eine der wichtigsten Strukturbeschreibungen, welche die Netzwerkforschung hervorgebracht hat.

Andere theoretische Modelle stammen von Überlegungen zu kognitiver Dissonanz (Heider, 1946; 1958) ab, welche sich als Triadenforschung (Davis, 1967; Holland & Leinhardt, 1977) etablierte und über Balancierungen und Nichtbalancierungen sowie Transitivität von Beziehungen zu erklären vermag, warum größere Gruppen sehr oft in zwei unterschiedliche Subgruppen aufgeteilt sind. Balancierte Triaden, in denen alle Personen über reziproke positive Beziehungen verfügen, sind zugleich die kleinstmöglichen Cliquen. Diese werden „simmelian ties" genannt und sind „super strong und super sticky" (Krackhardt, 1998).

Die sogenannten „small world"-Studien (Watts & Strogatz, 1998; Watts, 2003), leiten sich aus der Überlegung (Milgram, 1967) ab, die Anzahl an Wegen zu modellieren, welche notwendig sind, um die gesamte Bevölkerung der Welt zu erreichen. Diese Überlegungen sind in den Sozialwissenschaften sinnvoll anzuwenden, etwa wenn es um die Modellierung von sozialen Kontakten geht (welche wiederum für Aufklärungskampagnen interessant ist). Ebenso bietet diese Modellierung eine Erklärung für zahlreiche Phänomene in der Natur.

Überblicke über soziale Netzwerke und die Netzwerkforschung finden sich zum Beispiel in Stegbauer (2010), Stegbauer und Häussling (2010) und in Scott und Carrington (2011).

▶ **Beziehung, soziale; Figuration; Methoden der empirischen Sozialforschung**

📖 Brass, D. J., Galaskiewicz, J., Greve, H. R. & Tsai, W. (2004). Taking Stock of Networks and Organizations: A Multilevel Perspective. *Academy of Management Journal, 47*, 795–817 • Breiger, R. L. (1974). The Duality of Persons and Groups. *Social Forces, 53*, 181–190 • Burt, R. S. (1984). Network Items and the General Social Survey. *Social Networks, 6*, 293–339 • Burt, R. S. (1992). *Structural Holes: The Social Structure of Competition*. Cambridge, Mass.: Harvard UP • Davis, J. A. (1967). Clustering and Structural Balance in Graphs. *Human Relations, 20*, 181–187 • Granovetter, M. S. (1973). The Strength of Weak Ties. *American Journal of Sociology, 78*, 1360–1380 • Heider, F. (1946). Attitudes and Cognitive Organization. *Journal of Psychology, 21*, 107–112 • Heider, F. (1958). *The Psychology of Interpersonal relations*. New York: Wiley • Hepp, A. (2011). Kommunikationsnetzwerke und kulturelle Verdichtungen: Theoretische und methodologische Überlegungen. In J. Fuhse & C. Stegbauer (Hg.), *Kultur und mediale Kommunikation in sozialen Netzwerken* (S. 13–29). Wiesbaden: VS Verlag für Sozialwissenschaften • Holland, P. W. & Leinhardt, S. (1977). Transitivity in Structural Models of Small Groups. In S. Leinhardt (Hg.), *Quantitative studies in social relations. Social networks. A developing paradigm* (pp. 49–66). New York: Academic Press • Kahn, R. L. & Antonucci, T. C. (1980). Convoys over the life course: Attachment, roles, and social support. In P. B. Baltes & O. Brim (Eds.), *Life-span development and behavior* (Vol. 3, pp. 254–283). New York: Academic Press • Krackhardt, D. (1987). Cognitive social structures. *Social Networks, 9*, 109–134 • Krackhardt, D. (1998). Simmelian Ties: Super Strong and Sticky. In R. Kramer & M. Neale (Hg.), *Power and Influence in Organizations*. (S. 21–38). Thousand Oaks: Sage • Laumann, E. O., Marsden, P. V. & Prensky, D. (1983). The Boundary Specification Problem in Network Analysis. In R. S. Burt (Hg.), *Applied Network Analysis. A Methodological Introduction* (S. 18–34). Beverly Hills: Sage • Lazarsfeld, P. F. & Merton, R. K. (1954). Friendship as a Social Process: A Substantive and Methodological Analysis. In M. Berger (Hg.), *The van Nostrand Series in Sociology. Freedom and control in modern society* (S. 18–66). New York: van Nostrand • McPherson, M., Smith-Lovin, L. & Cook, J. M. (2001). Birds of a Feather: Homophily in Social Networks. *Annual Review of Sociology, 27*, 415–444 • Milgram, S. (1967). The

Small-World Problem. *Psychology Today, 1,* 60–67 • Radcliffe-Brown, A. R. (1940). On Social Structure. *The Journal of the Royal Anthropological Institute of Great Britain and Ireland, 70,* 1–12 • Schulz, R. (1996). Der Familienstand als Determinante der Struktur des familialen Hilfs- und Unterstützungsnetzwerks. *Zeitschrift für Bevölkerungswissenschaft, 21,* 3–27 • Schweizer, T. (1993). Perspektiven der analytischen Ethnologie. In T. Schweizer, M. Schweizer, & W. Kokut (Hg.), *Ethnologische Paperbacks. Handbuch der Ethnologie* (S. 79–113). Berlin: Reimer • Scott, J. & Carrington, P. J. (Eds.). (2011). *The Sage Handbook of Social network analysis.* London, Thousand Oaks, New Delhi: Sage • Stegbauer, C. (Hg.). (2010). *Netzwerkanalyse und Netzwerktheorie: Ein neues Paradigma in den Sozialwissenschaften* (2. Auflage). Wiesbaden: VS Verlag für Sozialwissenschaften • Stegbauer, C. (2012). Divergenzen zwischen Netzwerkforscher- und Akteursperspektive. In M. Hennig & C. Stegbauer (Hg.), *Die Integration von Theorie und Methode in der Netzwerkforschung* (pp. 53–73). VS Verlag für Sozialwissenschaften • Stegbauer, C. & Häußling, R. (Eds.). (2010). *Handbuch Netzwerkforschung:* VS Verlag für Sozialwissenschaften • Straus, F. (2010). Netzwerkkarten - Netzwerke sichtbar machen. In C. Stegbauer & R. Häußling (Hg.), *Handbuch Netzwerkforschung* (S. 527–538). VS Verlag für Sozialwissenschaften • Wasserman, S. & Faust, K. (1994). *Social Network Analysis: Methods and Applications. Structural Analysis in the Social Sciences: Vol. 8.* Cambridge, New York: Cambridge UP • Watts, D. J. & Strogatz, S. H. (1998). Collective Dynamics of "Small-World" Networks. *Nature, 393* (6684), 440–442 • Watts, D. J. (2003). *Six Degrees: The Science of a Connected Age.* New York: W.W. Norton • White, H., Boorman, S. & Breiger, R. (1976). Social Structure from Multiple Networks. I.: Blockmodels of Roles and Positions. *American Journal of Sociology, 81,* 730–750

Christian Stegbauer

Norm, soziale

Eine soziale Norm ist eine mehr oder weniger verbindlich geltende und in der Regel sanktionsbewehrte Sollens-Erwartung, dass Akteure in spezifischen Situationen bestimmte Handlungen ausführen bzw. unterlassen.

In der Soziologie wird klassischerweise davon ausgegangen, dass soziale Ordnung normative Integration verlangt. Die Lösung von Koordinationsproblemen, eine Gewährleistung verlässlicher Kooperation und die Beschränkung von Konflikten setzen voraus, dass Individuen ihr Handeln an entsprechenden sozialen Normen orientieren. Die Existenz sozialer Normen ist Ursache einer Vielzahl empirisch beobachtbarer Verhaltensregelmäßigkeiten, durch die sich soziale Ordnung konstituiert. Das nachbarschaftliche Grüßen, die Einhaltung von Abmachungen oder das Entrichten von Steuern erklären sich ganz oder teilweise dadurch, dass soziale Normen existieren, die dieses Verhalten verlangen. Büßen soziale Normen ihre verhaltenssteuernde Wirkung ein – etwa aufgrund sozialen Wandels oder des Geltungsverlusts überkommener Werte – wird dieser Zustand nach Émile Durkheim (1858–1917) als Anomie bezeichnet.

Dem instinktarmen und biologisch weltoffenen Menschen bieten soziale Normen eine Handlungsorientierung. Indem sie für bestimmte Situationen das „richtige" Handeln festlegen, grenzen soziale Normen die unendliche Zahl potentieller Alternativen ein und ermöglichen durch diese Komplexitätsreduktion voraussehbare und anschlussfähige Handlungsabläufe (Luhmann, 1969). Als Sollens-Erwartungen sind soziale Normen aber vor allem Instrumente der Handlungssteuerung zur Realisierung bestimmter Werte oder Interessen. Bei sozialen Normen handelt es sich um „desiderative Erwartungen" (Popitz, 1980: 7), also um Wünsche, dass sich bestimmte Akteure in bestimmter Weise verhalten. Ist nicht zu erwarten, dass Akteure aus eigenem Antrieb ein gewünschtes Handeln zeigen, kann sich die Setzung einer sozialen Norm als Strategie anbieten, um das Handeln entsprechend zu beeinflussen.

Wie die meisten Grundbegriffe der Soziologie, wird auch der Begriff der sozialen Norm unterschiedlich definiert. Die Dimension der Sollens-Erwartung lässt sich als kleinster gemeinsamer Nenner der meisten soziologischen Normbegriffe ausmachen. Normbegriffe unterscheiden sich darin, ob sie zusätzlich zur Sollens-Dimension eine Sanktionierung bei abweichendem Verhalten und eine durch die soziale Norm hervorgerufene Verhaltensregelmäßigkeit zum Definitionsmerkmal machen. Vertreter eines minimalen Normbegriffs argumentieren, dass eine Beschränkung auf die Sollens-Dimension als definitorischem Merkmal aus methodologischen Gründen vorzuziehen sei. Die soziologisch relevanten Fragen, unter welchen Bedingungen Sollens-Erwartungen mit Sanktionen verbunden und unter welchen Bedingungen sie regelmäßig befolgt werden, können auf diese Weise als empirisch zu klärende Sachverhalte behandelt werden (Baurmann, 1996). Weitere Elemente des Normbegriffs können sein: der Normgeber als Sender einer Sollens-Erwartung; der Normadressat als Zielakteur, an den die Forderung gerichtet ist; der Normbenefiziar als Nutznießer einer sozialen Norm.

Zur Klassifikation von sozialen Normen und Normordnungen existieren eine Reihe analytischer Dimensionen und Kategorien. An dieser Stelle seien einige aufgeführt, die für soziologische Untersuchungen von besonderer Relevanz sind:

- Institutionalisierungsgrade: Heinrich Popitz (1925–2002) differenziert Institutionalisierungsgrade sozialer Normen in Abhängigkeit des „organisatorischen Arrangements" (Popitz, 1980: 31) ihrer Setzung und Durchsetzung. Kriterien sind u. a. inwieweit die Setzung förmlichen Verfahrensweisen unterliegt, die Sanktionsgewalt monopolisiert ist und Sanktionsinhalte normiert sind. „Rechtsnormen" werden von Popitz als besonderer Typus sozialer Normen klassifiziert, die sich durch ihren Institutionalisierungsgrad in einer hierarchischen Normenordnung von „Sittennormen" abgrenzen.
- Beziehung zwischen sozialen Normen: Als Träger verschiedener sozialer Rollen und durch ihre Einbettung in unterschiedliche soziale Kontexte sind Individuen Adressaten einer Vielzahl sozialer Normen, die in ihren Sollens-Erwartungen und Verhaltenswirksamkeiten in unterschiedlichen Beziehungen zueinander stehen können. Zur Erfassung der Beziehung zwischen formellen Rechtsnormen und informellen sozialen Normen unterscheiden Kiwit und Voigt (1995) zwischen einer neutralen, komplementären, substitutiven und konfligierenden Beziehung. Anhand dieser vier Typen lassen sich auch die Beziehungen informeller sozialer Normen untersuchen.
- Konditionalität: Soziale Normen können hinsichtlich ihres Verbindlichkeitsanspruchs variieren. Im Extremfall beanspruchen soziale Normen, dass ihnen unter allen Bedingungen zu folgen ist. Militärische oder kriminelle Organisationen verlangen von ihren Mitgliedern nicht selten eine bedingungslose Loyalität. In den meisten Fällen sind soziale Normen allerdings konditional. So beansprucht

die soziale Norm „Du sollst nicht lügen" nicht für jede Situation Handlungsrelevanz; unter bestimmten Bedingungen ist es erlaubt oder gar geboten zu lügen.
- Konjunkte und disjunkte Normen: James S. Coleman (1926–1995) unterscheidet mit konjunkten und disjunkten sozialen Normen zwei grundsätzliche Normtypen (Coleman, 1990). Konjunkte Normen zeichnen sich dadurch aus, dass die Menge der Adressaten mit der Menge der Benefiziäre identisch ist. Beispiele sind Kooperations- oder Reziprozitätsnormen, durch welche alle Mitglieder einer Gruppe gleichermaßen verpflichtet werden und profitieren. Differenzieren sich Benefiziäre und Adressaten in zwei Gruppen, hat eine soziale Norm einen disjunkten Charakter. Dazu zählen soziale Normen, die Eltern gegenüber ihren Kindern oder Chefs gegenüber ihren Untergebenen setzen. Strikt konjunkte und disjunkte soziale Normen sind Extremfälle; in der sozialen Realität sind häufig Mischformen anzutreffen, bei denen sich Teilmengen der Benefiziare und Adressaten überschneiden.

Eine wesentliche Herausforderung der Soziologie ist die Erklärung, wie soziale Normen entstehen. Als Grundvoraussetzung wird häufig ein Bedürfnis nach Handlungsreglementierung angenommen, welches aus positiven oder negativen Externalitäten folgt. Zeitigen Handlungen von Individuen oder Kollektiven für andere Akteure Nachteile (negative Externalitäten) oder Vorteile (positive Externalitäten), besteht ein Interesse an sozialen Normen, die diese Handlungen unterbinden bzw. fördern (Coleman, 1990). Hinsichtlich des Prozesses der Normentstehung kann zwischen geplanten und spontanen Prozessen unterschieden werden (Opp, 1983). Eine Vielzahl sozialer Normen wird von dazu legitimierten Institutionen oder Personen geschaffen – etwa Parlamenten, religiösen Autoritäten oder Familienoberhäuptern („institutionelle Normentstehung"). Ihre Legitimation beruht wiederum auf „sekundären Normen" (Hart, 1998), die eine Kompetenz zur Normsetzung übertragen. Andere soziale Normen entstehen dadurch, dass Gruppen eine Vereinbarung darüber treffen, welche sozialen Normen gelten sollen („Normenentstehung durch freiwillige Übereinkunft"). Ein Großteil der im Alltag wirksamen sozialen Normen entwickelt sich in ungeplanten Prozessen („evolutionäre Normentstehung"), beispielsweise indem etwas Gewohntes zu etwas Gesolltem wird. Dieser Prozess findet dann statt, wenn sich für die gewohnte Verhaltensregelmäßigkeit eine Präferenz entwickelt hat und die Etablierung einer sozialen Norm als adäquates Mittel für eine Absicherung des gewünschten Verhaltens erscheint.

In der Soziologie dominieren mit dem Sozialisations- und dem Sanktionsmechanismus zwei Ansätze zur Erklärung normorientierten Handelns. Von der klassischen und strukturfunktionalistischen Soziologie in den Traditionen Émile Durkheims und Talcott Parsons (1902–1979) wird die Bedeutung von Sozialisation betont:

Individuen internalisieren im Sozialisationsprozess gesellschaftliche Werte und Normen und nehmen diese als eigene Verhaltensstandards an; Normkonformität ist durch Habitualisierung und innere Sanktionsinstanzen wie Schuldgefühle oder Scham abgesichert. Die am symbolischen Interaktionismus (G. H. Mead 1863–1931) anschließende sozialpsychologische Moraltheorie (v. a. L. Kohlberg 1927–1987) nimmt an, dass Sozialisation unter bestimmten Voraussetzungen Individuen zu moralischen Urteilen befähigen und motivieren kann. Moralisch disponierte Individuen folgen einer Norm aus Einsicht in ihre Richtigkeit statt tradierter Überzeugung oder Gewohnheit. In der durch die ökonomische Rational Choice-Theorie inspirierten Soziologie wird dagegen die Rolle von Sanktionen als Determinante normorientierten Handelns hervorgehoben. Soziale Normen werden von rationalen Akteuren dann befolgt, wenn die antizipierte Sanktionswahrscheinlichkeit und -schärfe die Normbefolgung zur nutzenmaximierenden Alternative macht. Sozialisations- und Sanktionsmechanismus müssen sich nicht ausschließen. In vielen aktuellen handlungstheoretischen Modellen – etwa der Theorie sozialer Rationalität (Lindenberg) oder dem Modell der Frame-Selektion (Esser/Kroneberg) – werden beide Mechanismen kombiniert, um normorientiertes Handeln zu erklären.

▶ **Interaktion; Konflikt, sozialer; Kontrolle, soziale; Mechanismen, soziale; Theorien, soziologische; Werte**

 Baurmann, M. (1996). *Der Markt der Tugend. Recht und Moral in der liberalen Gesellschaft.* Tübingen: Mohr • Coleman, J. S. (1990). *Foundations of Social Theory.* Harvard: Harvard UP • Durkheim, E. (1992) (zuerst 1893). *Über soziale Arbeitsteilung. Studie über die Organisation höherer Gesellschaften.* Frankfurt a. M.: Suhrkamp • Hechter, M. & Opp, K-D. (Hg.) (2001). *Social Norms.* New York: Russell Sage Foundation • Hart, H. L. A. (1998) (zuerst 1961). *The Concept of Law.* Oxford: Clarendon • Kiwit, D. & Voigt, S. (1995). Überlegungen zum institutionellen Wandel unter Berücksichtigung des Verhältnisses interner und externer Institutionen. *ORDO: Jahrbuch für die Ordnung von Wirtschaft und Gesellschaft*, 46, 117-148 • Luhmann, N. (1969). Normen aus soziologischer Perspektive. *Soziale Welt*, 20, 28-48 • Opp, K-D. (1983). *Die Entstehung sozialer Normen. Ein Integrationsversuch soziologischer, sozialpsychologischer und ökonomischer Erklärungen.* Tübingen: Mohr • Metze, R., Müller, K. & Opp, K-D. (Hg.) (2000). *Normen und Institutionen: Entstehung und Wirkung.* Leipzig: Leipziger Universitätsverlag • Popitz, H. (1980). *Die normative Konstruktion von Gesellschaft.* Tübingen: Mohr • Schmid, M. (1995). Soziale Normen und soziale Ordnung II. Grundriß einer Theorie der Evolution sozialer Normen. *Berliner Journal für Soziologie*, 5, 41-65 • Ullmann-Margalit, E. (1977). *The Emergence of Norms.* Oxford: Oxford UP

Ulf Tranow

O

Öffentlichkeit

Öffentlichkeit bezeichnet 1. ein Prinzip des allgemeinen Zugangs (z. B. zu Versammlungen, aber auch Örtlichkeiten); 2. den Grundsatz der Publizität als Voraussetzung der Transparenz bei Angelegenheiten von allgemeinem („öffentlichem") Interesse; 3. die Gesamtheit der zum öffentlichen Diskurs versammelten bzw. angesprochenen Menschen (das Publikum); 4. eine Methode der Aufklärung (Öffentlichkeit als kritisches Forum, so z. B. bei Immanuel Kant) und damit der Freiheitssicherung der Bürger; 5. als politische Öffentlichkeit ein Strukturprinzip moderner Demokratien und damit ein Medium der Kontrolle von Herrschaft.

Öffentlichkeit als Prinzip ist in demokratisch-bürgerlichen Gesellschaften nicht auf Staat und Verwaltung, Rechtsordnung und Rechtsprechung, Herrschafts und allgemeine soziale Kontrolle beschränkt, sondern gilt als Strukturprinzip auch für die Wissenschaft, die Künste, die Bildungs- und Ausbildungsprozesse und andere Gesellschaftsbereiche.

Entsprechend dieser Bedeutungsvielfalt ist der Begriff Öffentlichkeit (der in Deutschland erst nach 1800 in enger Beziehung zum Wert Freiheit allgemein gebräuchlich wurde) sowohl in der Staats- und Verfassungslehre, als auch in der Geschichtswissenschaft, Politologie, Soziologie, Architektur und Städtebau („städtische Öffentlichkeit"), Publizistik und anderen wissenschaftlichen und praktischen Disziplinen fest verankert (Hölscher, 2004). In der Soziologie hat Ferdinand Tönnies (1855–1936) als einer der ersten die Struktur der Öffentlichkeit und die Bedeutung der öffentlichen Meinung einer systematischen Betrachtung zugeführt.

Das Prinzip der Öffentlichkeit lässt sich weit in die Geschichte zurückverfolgen, zumal im Rechtswesen und bei politischen Entscheidungsprozessen, aber erst seit Entwicklung der bürgerlichen Gesellschaft wurde Öffentlichkeit zu einer „epochal-typischen Kategorie" (J. Habermas), zu einem revolutionären Moment der Umgestaltung einer „geschlossenen" zu einer „offenen Gesellschaft" (K.R. Popper). Erst im späten 17. Jahrhundert in England und dem 18. Jahrhundert in Frankreich kommt es zur Ausbildung einer öffentlichen Meinung (und entsprechend zur Entwicklung der Publizistik) und einer Sphäre der Öffentlichkeit im heutigen Verständnis: einer allgemeinen Öffentlichkeit, und nicht nur wie z. B. in der Feudalgesellschaft repräsentativen Öffentlichkeit. Die Öffentlichkeit als „Sphäre der zum Publikum versammelten Privatleute" (J. Habermas) wird zum Medium, in dem die Belange der Bürger zum öffentlichen Interesse und schließlich über das Parlament zum staatlichen Willen und Gesetz werden.

Ob diese Form der bürgerlichen Öffentlichkeit nicht selbst wiederum restringierenden und ausschließenden Charakter für bestimmte Meinungen und Bevölkerungsgruppen hat, ist schwierig festzustellen, weil es dafür an Möglichkeiten der Artikulation in der vorstrukturierten Öffentlichkeit fehlt. Die Entwicklung der modernen Massenmedien mit ihrer marktorientierten Publizität und partiellen Vereinnahmung durch Parteien und organisierte Interessen, ihren Möglichkeiten der Datenerfassung, -verarbeitung und -weitergabe, wie auch Strukturen der „Bewusstseinsindustrie" (T.W. Adorno) sind Gefährdungen einer Öffentlichkeit, die dem Ideal nach auf Kritik, Allgemeinheit, das öffentliche Wohl und allgemeine Zugänglichkeit angelegt ist.

▶ **Gesellschaft; Staat**

Habermas, J. (2004). *Strukturwandel der* Öffentlichkeit, 9. Aufl. Frankfurt a. M.: Suhrkamp • Hölscher, L. (2004). Öffentlichkeit. In O. Brunner, W. Conze & R. Koselleck (Hg.), *Geschichtliche Grundbegriffe, Bd. 4* (S. 418-467). Stuttgart: Klett-Cotta • Hölscher, L. (1979). Öffentlichkeit *und Geheimnis*. Stuttgart: Klett-Cotta • Neidhardt, F. (Hg.) (1994). Öffentlichkeit, öffentliche Meinung, soziale Bewegungen. *Sonderheft 34 der KZfSS*. Opladen: Westdeutscher Verlag • Wessler, H. & Rinke, E.M. (2013). Öffentlichkeit. In S. Mau & N.M. Schöneck (Hg.), *Handwörterbuch zur Gesellschaft Deutschlands, Bd. 2* (S. 637-650). Wiesbaden: Springer VS

Bernhard Schäfers

Organisation

Drei grundlegend verschiedene Konzepte von Organisation lassen sich unterscheiden. Man kann Organisation als (1) Handlungsweise („way of acting"), als (2) Klassifizierungskategorie für gesellschaftliche (Sub-)Systeme oder als (3) soziale Entität begreifen.

1. Organisation als Handlungsweise im Sinne eines Organisierens beschreibt den Vorgang absichtsvoller Strukturierung sozialer (Teil-) Felder durch gesellschaftliche Akteure. Dazu gehören etwa Strategien des „Organizing", bei denen neue Mitglieder für Verbände wie Gewerkschaften zur Erhöhung des Organisationsgrades gewonnen werden sollen (vgl. Brinkmann et al., 2008).
2. Organisation als Klassifizierungskategorie für die Logiken gesellschaftlicher Felder oder (Sub-) Systeme zielt auf den Sinn ihrer Binnenstruktur oder -prozesse im Sinne einer Organisationsweise: Diesem Verständnis nach unterscheidet beispielsweise Swedberg (2003: 53) „economic organization" vom „firm"-Begriff: „But the term economic organization can also be understood in a different and more general sense – as the organization of whole economies".
3. Als Entitäten sind Organisationen absichtsvoll konstruierte soziale Formen, in denen ein austariertes kollektives Zweckhandeln zur Lösung spezifischer Probleme vorherrscht – was noch nichts darüber aussagt, ob sie dies erfolgreich tun und wie weit sie im Zeitverlauf von ihren Ursprungsabsichten bereits entfernt sind. Historisch sind sie zwar kein Kind der Moderne, komplexe Organisationen prägen aber seit der Industriellen Revolution die Arbeits- und Lebenswelten nachhaltig.

In diesem Sinne geht es der Organisationssoziologie „um die kritische Interpretation moderner Gesellschaften unter dem Aspekt der Dominanz des organisationsförmigen Kapitalismus" (Türk, 1995: 10). Es ist dieser dritte Organisationsbegriff, der hier im Vordergrund steht.

Dabei ist das Verhältnis von Organisation und Gesellschaft keineswegs unstrittig. Ob man – wie etwa Adorno (1995) – eine entwickelte kritische Gesellschaftstheorie als Vorbedingung für das Verständnis von Organisationen setzt oder wie Türk (1999: 44) eher umgekehrt argumentiert, dass „die moderne Gesellschaft nur durch eine ausgeführte Theorie der Organisation bestimmbar" sei, hängt zentral von der Frage ab, welchen Stellenwert man dem Strukturprinzip der Organisation in modernen Gesellschaften beimisst (ausführlich dazu: Ortmann, Sydow, & Türk, 2000).

Vor diesem Hintergrund betonen andere Definitionen von Organisation jeweils besondere Merkmale, indem sie beispielsweise auf die Bedeutung der Grenzziehung zwischen Organisation und Umwelt – und damit auch zwischen Mitgliedern und Nicht-Mitgliedern –, die absichtsvolle Herstellung von Handlungssystemen oder auch die Relevanz der Zielorientierung besonders verweisen (Scott, 2003). Vor allem die letzteren Merkmale dienen etwa auch der Unterscheidung von Organisation und Familie.

Man kann sich diesem, unter 3) angeführten Konzept von Organisation auf unterschiedlichen Ebenen annähern – abhängig davon, wie weit ausgreifend die Perspektive sein soll. Soziologische (und sozio-ökonomische) Organisationsforschung lässt sich in drei aufeinander bezogenen Feldern finden.

a. Auf der Ebene der Meta-Theorie wird etwa das Verhältnis von und die Verbindungslinien zwischen organisationssoziologischen Ansätzen und allgemeiner soziologischer Theorie thematisiert, wie dies beispielsweise Burrell und Morgan (1979) in ihrer klassischen Schrift unternommen haben (andere Beispiele für dieses Vorgehen: Morgan, 1997; Tsoukas & Knudsen, 2003). Sie unterscheiden vier Paradigmen anhand der beiden Dimensionen „nature of social science" (objektivistisch vs. subjektivistisch) und „nature of society" (order vs. conflict): ein funktionalistisches, ein interpretatives, ein „radical humanist" und ein „radical structuralist" Paradigma.
b. Das Gros der Organisationsforschung arbeitet mit jeweils eigenen Theorieansätzen (i. S. von Modellen, Rahmen), die aus unterschiedlichen Linien herrührend stets genuine Aspekte von „Organisationen als Entitäten" hervorheben. Einige dieser Theorieansätze werden im Folgenden dargelegt.
c. Schließlich findet ein beträchtlicher Teil der Organisationsforschung auf der Objekt-Ebene in stärker anwendungsbezogenen Forschungsprojekten statt. Hier werden in der Regel nicht Theorieansätze oder gar Meta-Theorie generiert, sondern es werden organisationale (Einzel-)Phänomene beforscht. Dies gilt zum Beispiel für viele jener Forschungsprojekte, die im Gefolge des vom Bundesforschungsministerium finanzierten Programms der „Humanisierung der Arbeitswelt" durchgeführt werden.

Zu den bekanntesten Klassifikationssystemen organisationssoziologischer Theorieansätze gehören die Werke von W.R. Scott (2003) und Morgan (2006). Scott unterscheidet in seiner auch als Einführung konzipierten bekannten Schrift zwischen Theorien, die Organisation als „rational, natural and open systems" konzipieren. Konstitutiv für die Perspektive von Organisationen als rationale Systeme sind Webers Bürokratietheorie (1972) und Taylors Schrift zur „wissenschaftlichen Betriebsführung" (1995). Formalisierte Binnenstrukturen mit klaren Rollen und Positionszuweisungen sowie eine präzise Formulierung von Zielen und Pfaden der Zielerreichung stehen im Vordergrund dieser Ansätze, die in den Folgejahrzehnten eine bemerkenswerte Ausdifferenzierung erfuhren (z. B. Simon, 1959). Parallel dazu wuchs aber auch die Kritik an der „Irrationalität" (Blau) der Idee, eine Organisation allein auf der Basis formaler, technisch-rationaler Kriterien verstehen oder lenken zu wollen.

Die „natural systems"-Perspektive schließt an diese Kritik an und modifiziert daher vor allem die Überlegungen zur organisationalen Zielperspektive und Formalstruktur. Sie konstatiert eine Zielkomplexität moderner Organisationen, d. h. sowohl eine Kluft zwischen proklamierten und informellen Zielen, also auch eine Pluralität von Zielen: Neben den offiziellen sind dies vor allem genuine Zielsetzungen einzelner Mitglieder oder Gruppen/Abteilungen, die das organisationale Handeln kennzeichnen (Perrow, 1970). Analog dazu verhält es sich mit den Organisationsstrukturen: Niemand bezweifelt zwar die Existenz von Formalstrukturen, je avancierter sich aber die empirische Organisationsforschung im 20. Jahrhundert entwickelt, umso klarer tritt die Relevanz informeller Strukturen hervor. Prononciert wird dies etwa im Kontext des Human-Relations-Ansatzes betont (Mayo, 1933; Roethlisberger & Dickson, 1970). In Scotts Worten: „Individuals are never merely ‚hired hands' but bring along their heads and hearts" (2003: 59), und diese Individuen mit ihren eigensinnigen und informellen Eigenheiten – sie schließen Freundschaften, bilden Netzwerke, verfolgen (klassen-)spezifische Eigeninteressen und handeln als kollektive Akteure (Dahrendorf, 1957) – stehen bis heute in der Schnittmenge der Arbeits- und Organisationsforschung von Soziologie und Psychologie.

Der Verweis auf Dahrendorf steht dabei auch für einen Perspektivwechsel eines Teils der Organisationsforschung, der – vor allem an Marx' Klassentheorie anknüpfend – den lange Zeit vorherrschenden Konsens-Subtext der Disziplin ablehnte und stärker konfliktsoziologisch argumentierte. Damit wurden Pfade eröffnet, die bis heute (etwa in der feministischen Organisationsforschung Acker, 1991; Alvesson & Billing, 2009) für eine dynamische Theorieentwicklung stehen. Privatwirtschaftliche Organisationen sind in dieser Traditionslinie primär Macht- oder Herrschaftssysteme zur Kontrolle von Arbeit und Erzielung von Profit mit all ihren Folgen für die Ware Arbeitskraft (Braverman, 1985), „Rationalität" ist diesem Verständnis nach eine Ideologie zur Verschleierung der asymmetrischen Machtverhältnisse.

Die Zweifel an der Wirkungskraft der Formalstrukturen motivierte schließlich auch Autoren wie Selznick (1966), den Blick auf die Entstehung innerbetrieblicher Sozialbeziehungen sowie über die Grenzen der Organisationen hinaus zu lenken und auf die Bedeutung von Institutionalisierungsprozessen hinzuweisen. Daran schließt die Interpretation von Organisationen als „open systems" an, denen generell ein höherer Komplexitätsgrad unterstellt wird. Er wird vor allem davon abgeleitet, dass man den organisationalen Untereinheiten eine vergleichsweise große Autonomie und damit strukturell eine lose Kopplung unterstellt. Wechselnde Koalitionen von flüchtigen Interessengruppen (Cyert & March, 1995) rücken neue Prozesse der Entscheidungsfindung in den Fokus der Forschung. Parallel dazu entwickelt Luhmann in den 1960er Jahren (1968, 1991) in einer kritischen Auseinandersetzung mit dem lange Zeit vorherrschenden Rationalitätsbegriff ebenfalls eine Vorstellung eines komplexeren Zusammenspiels von innerorganisatorischen Werten; sein nicht-teleologisches Herangehen betont dabei weniger eine ideale, monolithische Wertewelt, sondern vielmehr den Beitrag von Suchprozessen zur Lösung von Systemproblemen.

Organisationale Umwelt wird in dieser Zeit von vielen Autoren und Autorinnen immer seltener als „feindlich" problematisiert, sondern als Ressourcenstifterin gesehen. Ein reger informeller Austausch zwischen organisationalen und externen Einheiten wird zur Grundbedingung für die Selbsterhaltungsfähigkeit von Organisationen als offene Systeme und führt gleichzeitig zu einer endgültigen Verabschiedung der normativen Idee des „one best way to organize". In Analogie zu biologischen Systemen wird Organisationen in dieser Interpretation eine wachsende Binnendifferenzierung als Reaktion auf eine komplexer werdende Umwelt zugeschrieben. Kontingenztheoretische Ansätze wie von Lawrence und Lorsch (1967) etwa haben den Zusammenhang von Umwelt und Organisation am empirischen Beispiel von unsicherer Markt- und Technologieumwelt verdeutlicht, für die sich Organisationseinheiten mit Fähigkeiten herausbilden, die eine spezifische Kompatibilität zur Umwelt aufweisen. Von Resource-Dependence-Ansätzen (Pfeffer & Salancik, 1978) wird allerdings der Einbahnstraßencharakter (Umwelt formt Organisation) kritisiert und dagegen der Aspekt der selektiven und aktiven Aneignung von Umweltressourcen als zentral markiert – ein Aspekt, der sich wiederum als anschlussfähig für die Netzwerkforschung erwiesen hat. Theoretische Anleihen in der Biologie (namentlich der Evolutionstheorie) haben auch Hannan und Freeman (1978) genommen, als sie die Bedingungen des Entstehens, Wachsens/Wandels und Absterbens von Organisationen unter Berücksichtigung von organisationalen Umwelten und Prozessen „natürlicher Auslese" untersuchten.

Die Relevanz ihres institutionellen Umfeldes für die Ausgestaltung der Organisation ist schließlich das Thema des organisationssoziologischen Neoinstitutionalismus. In ihrem klassischen Aufsatz haben DiMaggio und Powell (1983) beispielsweise die Frage nach den Ursachen von organisationaler Isomorphie (Struktur-/Formgleichheit) zu beantworten versucht. Sie sehen Zwangsisomorphismus (z. b. durch Gesetze oder kulturelle Vorgaben), Imitation (mimetic processes) und normativen Druck (z. B. über Professionalisierungsprozesse) am Werk, der dazu führt, dass sich Organisationen eines Feldes tendenziell angleichen. Das muss nicht unbedingt zu einer Verbesserung z. B. ihrer Effizienz beitragen, erleichtert ihnen aber den Autoren zufolge die Austauschbeziehungen zur Umwelt.

In seinem Werk „Images of Organization" verfolgt Morgan (2006) eine andere Darstellungsweise: Er nutzt die Metapher-Kategorie, um unterschiedliche Schlaglichter auf Organisationen zu werfen, die – je nach Betrachtungswinkel, Beleuchtung und Brille der Beobachter (und TeilnehmerInnen – Morgans Schrift wendet sich auch an PraktikerInnen) – jeweils eigene Aspekte der sozialen Entität hervorheben. Der Vorteil dieser Systematisierung liegt in der Betonung der Perspektivenabhängigkeit von Organisationsforschung wie auch von managerialer Praxis. Morgan unterscheidet

- „Organizations as machines" (Betonung der Arbeitsteilung und Bedeutung der Bürokratie)
- „Organizations as organisms" (Zentralität informaler Beziehungen für die Überlebensfähigkeit)
- „Organizations as brains" (Informationsverarbeitungsprozesse und -strukturen zur Kompensation individueller Beschränktheit)
- „Organizations as cultures" (Geteilte Werte und Weltsichten zur Stiftung von Zusammenhalt und Leistungsverbesserung)
- „Organizations as political systems" (Organisationale Interessenkonflikte als politische Auseinandersetzungen, Verhandlungen)
- „Organizations as psychic prisons" (Organisationsmitglieder als Gefangene selbst- und fremdgeschaffener Prozesse und Strukturen, „exercise a measure of control over their creators")
- „Organizations as flux and transformation" (Fluss und Wandel als organisationale Normalität: Autopoiesis, Chaos und Komplexität u. a.)
- „Organizations as instruments of domination" (Organisationen als Herrschaftsinstrumente, in denen Klassenherrschaft und Kontrolle ausgeübt werden, die zu Stress und Arbeitsgefährdungen führen; problematische Rolle von Multinationalen Konzernen, kurz „The ugly face")

In den 1970er Jahren entstehen an unterschiedlichen Orten Theorieansätze aus einer Rationalitätskritik, im Rahmen der Konfliktsoziologie oder auch in Abgrenzung zum zeitgenössischen Strukturalismus, die – in der Morganschen Terminologie gesprochen – Organisationen als politische Systeme bzw. Herrschaftsinstrumente konzeptualisieren. Bei Burawoy ist dieses politische Handeln ein organisationales „making out", in dem der Wandel der kapitalistischen Formation(en) und ihre Auswirkungen auf die Organisationen verhandelt werden. Er knüpft damit an die klassische Deutung Bravermans (1985) zum Transformationsproblem an, setzt sich aber in seiner Einschätzung des zentralen Steuerungselementes betrieblicher Abläufe von ihm ab. Statt wie Braverman über Kontrolle erklärt Burawoy (1979, 1985) in Anlehnung an Gramscis Hegemoniekonzept die (Mit-)Arbeit der abhängig Beschäftigten stärker über deren Kooperation und Formen der Konsensstiftung innerhalb der Organisation. Gleichzeitig gelingt ihm eine weiterführende Konzeption des Verhältnisses von Organisation und Umwelt über eine Ausdifferenzierung der Marxschen Kategorie der Produktionsverhältnisse in „relations of production" (gesellschaftliche Ebene) und „relations in production" (1979: Kap. 2), in denen durch organisationsinterne politische und soziale Prozesse Konflikte ausgetragen und Konsense erzielt werden. Wichtig ist hier die Einbettung organisationaler Prozesse in die spezifische hegemoniale Vergesellschaftung der jeweiligen kapitalistischen Formation, ohne ihre relative Autonomie zu vernachlässigen.

Diese relative Autonomie ist auch ein zentrales Thema in Crozier und Friedbergs Schrift „Macht und Organisation", deren Originaltitel („L'acteur et le système") auf ihren Entstehungszusammenhang verweist und die an Croziers frühe Studien zum „bürokratischen Phänomen" (1964) anschließt. Auch diese Autoren verweisen auf die Politikhaltigkeit strategischen Organisationshandelns: „Alles ist Politik, was auf Macht und Herrschaft beruht" (Crozier & Friedberg, 1994: 15), Organisationen sind diesem Verständnis nach als „politisches und kulturelles Konstrukt" (ebd.: 111) zu deuten und kollektives Handeln von Akteuren dient in ihrer Perspektive dem Ziel der Lösung von materiellen Problemen, die mit Ungewissheiten verbunden sind. Diese Ungewissheiten stellen Crozier und Friedberg zufolge für die organisationalen Akteure die Ansatzpunkte für Machthandeln dar: „Denn Ungewißheit vom Blickpunkt der Probleme ist Macht vom Blickpunkt der Akteure" (ebd.: 13). Damit rückt Macht wieder in das Zentrum der Analyse, aber die Machtdefinition unterscheidet sich von der klassischen Weberschen. Sie setzt gerade nicht die an Positionen und stabile Hierarchien gekoppelten, sondern die aus Unsicherheit und Ungewissheit gewonnenen Machtressourcen ins Zentrum der Analyse: „Die Macht eines Individuums oder einer Gruppe, kurz, eines sozialen Akteurs, ist so eine Funktion der Größe der Ungewißheitszone, die er durch sein Verhalten seinen Gegenspielern gegenüber kontrollieren kann" (ebd. 43).

Diese Konzeptualisierung der Organisation als Gesamtheit aneinander gegliederter politischer Machtspiele hat sich als fruchtbar erwiesen und die Entwicklung mikropolitischer Ansätze beeinflusst. Begrifflich von Burns (1961) geprägt ist die Theorieentwicklung der „Mikropolitik" in Deutschland maßgeblich von Bosetzky (1970) angestoßen worden, der von Webers Bürokratiekonzept ausgehend neben der Herrschafts- auch die Leistungsorganisation in den Fokus rückt, deren ideale Verzahnung in der Regel nicht vorausgesetzt werden kann. Der mikropolitische Ansatz, der die (politische) Handlungsfähigkeit machtbewehrter organisationaler Akteure in den Fokus stellt, ist daher als Absetzbewegung von deterministischen Organisationsdeutungen zu verstehen (Küpper & Ortmann, 1986). Das organisationstheoretische Verständnis des Zusammenspiels von Handlung und Struktur ist seither im mikropolitischen Theoriekontext in unterschiedlicher Weise bearbeitet/erweitert worden, so etwa mit dem Konzept der Handlungskorridore (Ortmann, 1995) oder im Versuch der Integration von Giddens' Strukturationstheorie (z. B. McPhee, 2004). Grundsätzlich – das zeigen diese Integrationsversuche – bietet der mikropolitische Ansatz etwa über die Politik-Kategorie gesellschaftliche und gesellschaftstheoretische Rückkopplungsmöglichkeiten (z. B. auch zur Regulationstheorie), ohne den Blick für die Bedeutung des Akteurshandelns in Organisationen zu unterschätzen.

▶ **Arbeit; Beruf**

📖 Acker, J. (1991). Hierachies, Jobs, Bodies: A Theory of Gendered Organizations. In J. Lorber & S. A. Farrell (Eds.), *The Social Construction of Gender* (pp. 162-179). London: Sage • Adorno, T. W. (1995 (zuerst 1953)). Individuum und Organisation. In ders. (Hg.), *Soziologische Schriften I* (pp. 440-456). Frankfurt a M: Suhrkamp • Alvesson, M. & Billing, Y. D. (2009). *Understanding gender and organizations* (2nd ed.). Thousand Oaks, Calif.: SAGE Publications • Bosetzky, H. (1970). *Grundzüge einer Soziologie der Industrieverwaltung*. Stuttgart • Braverman, H. (1985). *Die Arbeit im modernen Produktionsprozeß*. Frankfurt a M: Campus • Brinkmann, U., Choi, H.-L., Detje, R., Dörre, K., Holst, H., Karakayali, S. & Schmalstieg, C. (2008). *Strategic Unionism – Aus der Krise zur Erneuerung der Gewerkschaften*. Wiesbaden: VS - Verlag für Sozialwissenschaften • Burawoy, M. (1979). *Manufacturing consent*. Chicago/London: University of Chicago Press • Burawoy, M. (1985). *The politics of production: factory regimes under capitalism and socialism*. London: Verso • Burns, T. R. (1961). Micropolitics: mechanism of institutional change. *Administrative Science Quarterly, 6*, 257-281 • Burrell, G. & Morgan, G. (1979). *Sociological paradigms and organisational analysis*. London: Heinemann Educational • Crozier, M. (1964). *The bureaucratic phenomenon*. London: Tavistock • Crozier, M. & Friedberg, E. (1994) (zuerst 1979). *Macht und Organisation: die Zwänge kollektiven Handelns*. Königstein: Athenäum • Cyert, R. & March, J. G. (1995) (zuerst 1963). *Eine verhaltenswissenschaftliche Theorie der Unternehmung*. Stuttgart: Schäffer-Poeschel • Dahrendorf, R. (1957). *Soziale Klassen und Klassenkonflikt in der industriellen Gesellschaft*. Stuttgart: Ferdinand Enke Verlag • DiMaggio, P. J. & Powell, W. W. (1983). The Iron Cage Revisited: Institutional Isomorphism and Collective Rationality in Organizational Fields. *American Sociological Review, 48*, 147-160 • Hannan, M. T. & Freeman, J. H. (1978). The population ecology of organizations. In M. W. Meyer & and associates (Eds.), *Environments and organizations* (S. 131-172). San Francisco/Washington/London: Jossey-Bass • Küpper, W. & Ortmann, G. (1986). Mikropolitik in Organisationen. *Die Betriebswirtschaft, 46*, 590-602 • Lawrence, P. R. & Lorsch, J. W. (1967). *Organization and environment: managing differentiation and integration*. Cambridge, Mass.: Harvard Business School • Luhmann, N. (1968). Zweck-Herrschaft-System. Grundbegriffe und Prämissen Max Webers. In R. Mayntz (Hg.), *Bürokratische Organisationen* (pp. 36-55). Köln: Kiepenheuer & Witsch • Luhmann, N. (1991) (zuerst 1968). *Zweckbegriff und Systemrationalität*. Frankfurt a M: suhrkamp • Mayo, E. (1933). *The human problems of an industrial civilization* (Vol. 6). New York: The Macmillan company • McPhee, R. D. (2004). Text, Agency, and Organization in the Light of Structuration Theory. *Organization, 11*, 355-337 • Morgan, G. (1997). *Images of organization* (2. ed.). Thousand Oaks: Sage • Morgan, G. (2006). *Images of organization. Updated Edition*. Thousand Oaks: Sage • Ortmann, G. (1995). *Formen der Produktion: Organisation und Rekursivität*. Opladen: Westdeutscher Verlag • Ortmann, G., Sydow, J. & Türk, K. (Eds.). (2000). *Theorien der Organisation. Die Rückkehr der Gesellschaft. 2. durchgesehene Auflage*. Opladen: Westdeutscher Verlag • Perrow, C. (1970). *Organizational analysis; a sociological view*. Belmont, Calif.,: Wadsworth Pub. Co • Pfeffer, J. & Salancik, G. (1978). *The External Control of Organizations: Resource Dependence Perspective*. New York: Harper & Row • Roethlisberger, F. J. & Dickson, W. J. (1970) (zuerst 1941). *Management and the worker, Hawthorne Works, Chicago*. Cambridge, Mass.: Harvard UP • Scott, W. R. (2003). *Organizations: rational, natural, and open systems* (5th ed.). Upper Saddle River, N.J.: Prentice Hall • Selznick, P. (1966) (zuerst 1949). *TVA and the Grass Roots: A Study of Politics and Organization*. New York: Harper & Row • Simon, H. A. (1959). *Administrative Behaviour*. New York: The Free Press • Swedberg, R. (2003). *Principles of Economic Sociology*. Princeton: Princeton Univ. Press • Taylor, F. W. (1995) (zuerst 1913). *Die Grundsätze wissenschaftlicher Betriebsführung. (Reprint – Neu herausgegeben und eingeleitet von Walter Bungard und Walter Volpert)*. Weinheim: Psychologie-Verl.-Union • Tsoukas, H. & Knudsen, C. (Eds.). (2003). *The Oxford handbook of organization theory: Meta-theoretical perspectives*. Oxford: Oxford UP • Türk, K. (1995). ‚*Die Organisation der Welt'. Herrschaft durch Organisation in der modernen Gesellschaft*. Opladen: Westdeutscher Verlag • Türk, K. (1999). Organisation und moderne Gesellschaft. In T. Edeling, W. Jann & D. Wagner (Eds.), *Institutionenökonommie und Neuer Institutionalismus*. (S. 43-80). Opladen: Leske + Budrich • Weber, M. (1972). *Wirtschaft und Gesellschaft*. Tübingen: Mohr

Karina Becker & Ulrich Brinkmann

P

Prozesse, soziale

Soziale Prozesse sind kontinuierliche, langfristige, d. h. gewöhnlich nicht weniger als drei Generationen umfassende Wandlungen der von Menschen gebildeten Figurationen oder ihrer Aspekte in einer von zwei entgegengesetzten Richtungen. Eine von ihnen hat gewöhnlich den Charakter eines Aufstiegs, die andere den Charakter eines Abstiegs. In beiden Fällen sind die Kriterien rein sachbezogen. Sie sind unabhängig davon, ob der jeweilige Betrachter sie gut oder schlecht findet. Beispiele sind: zunehmende und abnehmende Differenzierung sozialer Funktionen, Vergrößerung oder Verkleinerung des sozialen Kapitals oder des sozialen Wissensschatzes, des Spielraums der menschlichen Kontrolle über die nicht-menschliche Natur oder des Mitgefühls mit anderen Menschen, unabhängig von ihrer Gruppenzugehörigkeit.

Es gehört also zu den Eigentümlichkeiten sozialer Prozesse, dass sie bipolar sind. Im Unterschied von dem biologischen Prozess der Evolution sind soziale Prozesse umkehrbar. Schübe in der einen Richtung können Schüben in der entgegengesetzten Richtung Platz machen. Beide können simultan auftreten. Einer von ihnen kann dominant werden oder dem anderen die Waage halten. So kann z. B. ein dominanter Prozess, der auf größere Integration ausgerichtet ist, mit einer teilweisen Desintegration Hand in Hand gehen. Umgekehrt kann ein dominanter Prozess der sozialen Desintegration, z. B. der Feudalisierung, zu einer zunächst teilweisen, dann dominanten Re-Integration auf neuer Basis führen, also etwa zu einem neuartigen Staatsbildungsprozess.

Dementsprechend gehören als begriffliche Werkzeuge zur Bestimmung und Untersuchung von sozialen Prozessen Begriffspaare wie Integration und Desintegration, Engagement und Distanzierung, Zivilisation und Entzivilisation, Aufstieg und Abstieg. Begriffspaare dieser Art zeigen die Richtung sozialer Prozesse an. Dabei unterscheidet sich der Gebrauch dieser soziologischen Richtungsbegriffe in charakteristischer Weise von dem Gebrauch historischer Begriffe, die auf die Erfassung einmaliger und richtungsloser Details des vergangenen Zusammenlebens von

Menschen abgestellt sind. Soziale Prozesse können auf früheren und auf späteren Stufen die gleiche Richtung haben. So lassen sich etwa Distanzierungsschübe oder Schübe in Richtung auf größere Integration und Differenzierung in der Steinzeit wie in der Neuzeit beobachten.

Längere soziale Prozesse lassen oft besonders deutlich den Durchbruch von einer Prozessstufe zu einer anderen mit einer entschiedenen Machtverlagerung erkennen. So ging etwa der erste Industrialisierungsschub – Aufstieg zur Stufe der industriellen Maschinenproduktion und der Industriearbeiterschaft – Hand in Hand mit dem Abstieg der handwerklichen Produktion und des Handwerks als sozialer Gruppe; der zweite Industrialisierungsschub – Aufstieg zur Stufe der automatisch durch Computer, Roboter usw. gesteuerten Produktion und der zugehörigen Berufsgruppen – mit dem Abstieg der vorangehenden Fabrikproduktion und Dienstleistungsformen und mit dem der entsprechenden Berufsgruppen.

Paare gegensätzlicher Begriffe, die zur Bestimmung der Richtung sozialer Prozesse dienen, haben mehr als diese eine Funktion. Sie können zur Bestimmung von strukturellen Gegensätzen und Spannungen innerhalb einer Prozessbewegung zu jeder gegebenen Zeit dienen. Sie sind unentbehrlich zur Bestimmung von Phasen oder Stufen eines sozialen Prozesses. Eine spätere Phase ist gewöhnlich durch das Durchsetzen einer veränderten Gesellschaftsstruktur gekennzeichnet und insbesondere durch eine entschiedene Veränderung der Machtverhältnisse zugunsten bestimmter sozialer Positionen und zuungunsten anderer (z. B. endgültige Verlagerung der zuvor fluktuierenden Machtbalance zwischen geistlichen und säkularen Zentralherren, zwischen Feudaladel und Fürsten zugunsten der letzteren in der europäischen Renaissance). Im bisherigen Entwicklungsgang der Menschheit stellt eine spätere Phase im Verhältnis zur früheren oft den Durchbruch zur entschiedenen Dominanz eines Machtzentrums dar, dessen Vertreter zuvor unentschieden mit denen anderer Machtzentren rangen.

Der Zerfall des antiken römischen Reiches kann als lehrreiches, empirisches Modell für einen sozialen Prozess dienen, in dessen Verlauf mit wachsender Beschleunigung Desintegrations- und Entzivilisationstendenzen über Integrations- und Zivilisationstendenzen die Oberhand gewinnen. Nur durch Verkleinerung des Reiches gelang es, den von außen wie von innen gleichzeitig arbeitenden Tendenzen der zunehmenden Desintegration im Osten des Reiches für etwa ein Jahrtausend Einhalt zu gebieten. Die später im west- und mitteleuropäischen Raum wieder einsetzende Integration bietet Beispiele verschiedenster Art für langfristige Staatsbildungsprozesse und die mit ihnen aufs Engste zusammenhängende Zunahme der Funktionsteilung. Sie gingen mit einer allmählichen Machtverlagerung zuungunsten zentrifugaler Menschengruppen (Feudaladel), zugunsten von Zentralherren (Territorialfürsten, Könige) und von zunächst autonomen, befestigten Städten Hand in Hand.

Alles das sind Beispiele für ungeplante soziale Prozesse mit einer immanenten Dynamik spezifischer Machtkämpfe, die richtungsbestimmend sind. Sie als solche zu sehen, ist ein Beispiel für eine Synthese auf höherer Ebene als die historische. Eine soziologische Theorie sozialer Prozesse muss z. B. der Strukturverwandtschaft vergangener und gegenwärtigen Staatsbildungsprozesse Rechnung tragen. Sie muss z. B. auch die Staatsbildungsprozesse in Betracht ziehen, die sich in der zweiten Hälfte des 20. Jahrhunderts besonders gut in Afrika südlich der Sahara beobachten lassen. Im Verhältnis zu zentralisierenden Stammes- und Staatshäuptern und deren Herrschaftsapparat widersetzen sich dort andere Stämme der wachsenden staatlichen Integration. Sie finden ein Gegenstück auf kontinentaler Ebene in Europa, wo der weitere Integrationsschub von der zentrifugalen nationalstaatlichen zur zentripetalen kontinentalstaatlichen Ebene hin zuungunsten der letzteren noch weitgehend in der Schwebe ist.

Zu den Hauptantrieben sozialer Prozesse gehören Spannungen und Konflikte im Zusammenhang mit der Monopolisierung (durch eine Gruppe oder ggf. auch durch zwei rivalisierende Gruppen) von Mitteln der Befriedigung von sozialen Bedürfnissen anderer Gruppen, also von Machtmitteln. Beispiele sind die Monopolisierung von Produktionsmitteln, von Orientierungsmitteln, von Organisationsmitteln und von Mitteln der physischen Gewalt. Über lange Zeit in der zweiten Hälfte des 20. Jahrhunderts besaßen zwei Kontinentalstaaten (die Vereinigten Staaten und die Sowjetunion und ihre Nachfolgestaaten) eine monopolartige Verfügungsgewalt über Mittel der physischen Gewalt. Die Zwickmühle des Vormachtkampfes, in die nicht nur die beiden Mächte, sondern beträchtliche Teile der Menschheit verstrickt sind, ist ein anschauliches Beispiel sowohl für den zwangartigen wie für den bipolaren Charakter sozialer Prozesse. Die Gegensätzlichkeit der Richtungspotenziale zeichnet sich hier besonders deutlich ab: Möglichkeit des Abstiegs in der Richtung auf Selbstzerstörung und Desintegration, des Aufstiegs in der Richtung auf umfassendere Integration und Pazifizierung größerer Einheiten.

Das ist einer der Gründe, aus denen sich der Schwerpunkt dessen, was man unter einem sozialen Prozess versteht, in der zweiten Hälfte des 20. Jahrhunderts, v. a. gegenüber dem 19. Jahrhundert, verlagert hat. Im 19. und frühen 20. Jahrhundert beschränkte sich die Aufmerksamkeit der Soziologie beim Gebrauch dieses oder verwandter Begriffe gewöhnlich auf innerstaatliche Prozesse, also z. B. auf die Dynamik sozialer Prozesse, die mit der innerstaatlichen Monopolisierung von Produktionsmitteln zusammenhing. Zwischenstaatliche soziale Prozesse erschienen implizit als unstrukturiert, vielleicht auch als ein Problemgebiet jenseits des Forschungsbereichs der Soziologie. Wandlungen der gesellschaftlichen Wirklichkeit zeigen deutlicher als zuvor, dass diese Trennung von innerstaatlichen und zwischenstaatlichen Prozessen zwar wohl dem Fache, aber nicht der Sache entspricht. Die zunehmende Integration der Menschheit weist immer unzweideutiger auf die Interdependenz innerstaatlicher und zwischenstaatlicher Prozesse hin. Dem entspricht es, dass sich der Aufgabenbereich der Soziologie nicht auf innerstaatliche soziale Prozesse, also etwa auf die Dynamik von Industrialisierungsprozessen oder sozialen Konflikten eines einzelnen Staates, beschränken lässt. Prozesse der Staatsbildung oder des Staatszerfalls, der staatlichen und überstaatlichen Integration und Desintegration können als Beispiele für soziale Prozesse dienen, deren Struktur und Verlauf zwar die der einzelstaatlichen Prozesse aufs Stärkste beeinflusst, sich aber nicht mehr bei der Beschränkung des Blickfeldes auf sie diagnostisch bestimmen und erklären lässt.

Als Beispiel kann der mächtige Prozess der Integration dienen, der gegenwärtig alle einzelnen Gesellschaften der Menschheit in immer engere Abhängigkeit voneinander bringt. Er verdient die Aufmerksamkeit der Soziologie. Wie im Falle vieler anderer Integrationsschübe erhöhen sich damit zunächst die Spannungen und Konflikte zwischen den Teileinheiten, die nun ungefragt und oft genug ihren Wünschen zuwider abhängiger voneinander werden. Eine Theorie sozialer Prozesse kann an Prozessen dieser Art, also an menschheitsumfassenden Prozessen nicht vorübergehen. In früheren Zeiten bezog sich der Begriff der Menschheit einmal auf ein fernes, immer friedliches und harmonisches Idealbild. Er bezieht sich heute auf eine spannungs- und konfliktreiche Realität. In Theorie und Praxis bildet daher der soziale Prozess, der sich nun mit einiger Beschleunigung integrierenden oder sich selbst zerstörenden Menschheit, den universellen Bezugsrahmen für die Untersuchung aller speziellen sozialen Prozesse. Erst damit wird der Weg freigelegt für die Erörterung anderer Probleme.

Ein paar Hinweise müssen hier genügen. Im Vordergrund steht oft die Frage nach der Beziehung von sozialen Prozessen und individuellen Handlungen. Soziale Prozesse und einzelne Menschen, also auch deren Handlungen, sind schlechterdings untrennbar. Aber kein Mensch ist ein Anfang. Wie das individuelle Sprechen aus einer bereits vorhandenen gesellschaftsspezifischen Sprache hervorgeht, so wachsen auch alle anderen individuellen Handlungen aus schon im Gang befindlichen sozialen Prozessen heraus. Soziale Prozesse selbst besitzen zwar eine größere oder geringere relative Autonomie gegenüber bestimmten Handlungen einzelner Menschen (z. B. der gegenwärtigen Integrationsschub der Menschheit). Aber sie sind alles andere als unabhängig von Menschen und so auch von menschlichen Handlungen überhaupt. Würden Menschen aufhören zu planen und zu handeln, dann gäbe es auch keine sozialen Prozesse mehr.

Nicht im Verhältnis zu Menschen überhaupt, sondern im Verhältnis zu bestimmten einzelnen Menschen, deren Plänen und Handlungen, besitzen soziale Prozesse ein höheres oder geringeres Maß von Unabhängigkeit. Letzten Endes beruht diese relative Autonomie der Prozesse auf dem Zusammenleben einer Vielheit von Menschen, die voneinander mehr oder weniger abhängig sind und die mit- oder gegeneinander handeln – von Menschen, die eingebettet sind in nicht-menschliche Natur. Die relative Autonomie sozialer Prozesse beruht mit anderen Worten auf dem ständigen Ineinandergreifen von Empfindungen, Gedanken und Handlungen vieler einzelner Menschen und Menschengruppen und von nicht-menschlichen Naturabläufen. Aus dieser ständigen Verflechtung ergeben sich immer wieder langfristige Veränderungen des gesellschaftlichen Zusammenlebens der Menschen, die kein Mensch geplant und wohl auch niemand vorausgesehen hat.

Einige weitere Begriffe seien hier in Kürze neu eingeführt, die für die empirische und theoretische Arbeit von Nutzen sein mögen. Da ist z. B. der Begriff der Richtungsbeständigkeit. Obwohl ungeplant, behalten manche sozialen Prozesse die gleiche Richtung für Hunderte oder selbst Tausende von Jahren, so etwa der Aufstieg von jeweils feineren zu jeweils größeren Überlebenseinheiten oder das sich langsam beschleunigende Wachstum des menschlichen Fundus wirklichkeitsgerechter Wissenssymbole. Man kann nicht unterlassen, zur Erklärung dieser Richtungsbeständigkeit die Dynamik von Ausscheidungskämpfen heranzuziehen (Elias, 2008, Bd. 2). Auf die Dauer bieten wohl in vielen Fällen größere Überlebenseinheiten oder umfassenderes sachgerechteres Wissen den betreffenden Menschengruppen bessere Überlebenschancen im Konkurrenzkampf der Gruppen als kleinere Einheiten oder ein beschränkterer Wissensschatz.

Der Begriff der sozialen Ausscheidungskämpfe erinnert an den des Überlebenskampfes, der als Ausleseapparatur bei dem Prozess der biologischen Evolution eine entscheidende Rolle spielt. Umso frappanter ist der Unterschied zwischen dem Angriffspunkt für die Selektion durch Ausscheidungskämpfe im Falle der langfristigen biologischen und der langfristigen sozialen Prozesse. Im ersteren Falle wird die Kontinuität des Prozesses von Generation zu Generation durch Gen-Übertragung gesichert; und Gen-Mutationen, die durch Lernen unbeeinflussbar sind, bilden den Angriffspunkt für die Selektion durch Ausscheidungskämpfe. Im Falle der sozialen Prozesse wird die Prozesskontinuität durch die Übertragung gesellschaftsspezifischen, durch Lernen erworbenen Wissens in der Form von sozialen Symbolen, v. a. von Sprachsymbolen, vermittelt, und zwar in allen Lebensbereichen. Die intergenerationelle Kontinuität der menschlichen Überlebenseinheiten insgesamt, also auch die ihrer ökonomischen oder ihrer Selbstregulierungsaspekte, bedarf einer Wissensübertragung mit Hilfe von Sprachsymbolen. Den Angriffspunkt für die Selektion durch Ausscheidungskämpfe bilden in diesem Falle nicht Gen-Innovationen, sondern Wissens-Innovationen oder das Unvermögen zu solchen Neuerungen bei veränderter Lage.

Es ist nahe liegend, die sehr langsamen, aber beim Rückblick unverkennbaren Fortschritte der Werkzeug- und Waffentechnik im Laufe der Steinzeit dadurch zu erklären, dass Neuerungen des Wissens von der Waffen- und Werkzeugproduktion, die einer einzelnen Gesellschaft Vorteile in Überlebenskämpfen mit anderen Gruppen und mit der nicht-menschlichen Natur einbrachten, von anderen Gruppen übernommen wurden, die dann ebenfalls bessere Überlebenschancen hatten, während Gruppen, die sie nicht übernahmen, unterlagen und verschwanden. Beim Rückblick sehen Menschen dann häufig nur den scheinbar glatten Fortschritt der Technik, nicht die menschenverbrauchenden Ausscheidungskämpfe dahinter. Der Unterschied zwischen der durch Lernen möglichen Wissensübertragung ist auch mitverantwortlich dafür, dass die Prozesse der biologischen Evolution irreversibel, die der sozialen Entwicklung umkehrbar sind.

Große Verwirrung ist dadurch entstanden, dass man der sozialen Entwicklung eine gleichsam magische Notwendigkeit des Fortschritts zugeschrieben hat. Man kann gut und gerne davon reden, dass die Menschheit im Laufe ihrer Entwicklung in manchen Bereichen Fortschritte gemacht hat. Sie lassen sich gewöhnlich aufgrund von handfesten Kriterien nachweisen. Die Vorstellung eines allseitigen Fortschritts dagegen ist ein Mythos, besonders wenn sich damit das Bild eines Endzustands der sozialen Entwicklung verbindet. Es gehört zu den Eigentümlichkeiten sozialer Prozesse, dass sie wohl Richtungen haben, aber, wie die Natur, weder Zweck noch Ziel. Diese können Menschen möglicherweise erreichen, falls sie sich einmal als Menschheit über sie einig werden.

▶ **Differenzierung, gesellschaftliche; Evolution, soziale; Figuration; Integration; Konflikt, sozialer; Kultur; Macht; Wandel, sozialer**

Elias, N. (2003): *Engagement und Distanzierung. Gesammelte Schriften Band 8.* Frankfurt a. M.: Suhrkamp • Elias, N. (2004): *Über die Zeit. Gesammelte Schriften Band 9.* Frankfurt a. M.: Suhrkamp • Elias, N. (2008) (zuerst 1939): Über *den Prozess der Zivilisation.* 2 Bände. 28. Auflage. Frankfurt a. M.: Suhrkamp • Elias, N. (1977): Zur Grundlegung einer Theorie sozialer Prozesse. *Zeitschrift für Soziologie,* 6, 127-149 • Korte, H. (Hg.) (1990): *Gesellschaftliche Prozesse und individuelle Praxis.* Frankfurt a. M.: Suhrkamp

Norbert Elias

R

Raum

Raum hat in der Soziologie und darüber hinaus Konjunktur. Es ist gar von einem „spatial turn" die Rede, bei dem etwa Edward Soja „spatiality" gleichrangig neben „historicity" und sogar neben „sociality" stellt (Soja, 1996: 6). Von dieser Konjunktur zeugt auch die Vielfalt der Begrifflichkeiten: angeeigneter physischer Raum, Sozialraum, space, place, Räumlichkeiten, Regionalisierungen, Raumausschnitte, Territorialisierungen, global-local, hybride Räume, relationaler Raum, wahrgenommener Raum, Heterotopien, Nicht-Orte, Platzierungen usw. Verstärkt wird die damit einhergehende Unübersichtlichkeit dadurch, dass (zumindest einige) dieser Begriffe teilweise beliebig mit Inhalt gefüllt werden (vgl. etwa die Beispiele zur Beliebigkeit des Begriffs „Sozialraum" bei Kessl & Reutlinger, 2016). Auch jüngere soziologische Theoretisierungen von Raum, auf die die vielfältigen Begriffe überwiegend zurückgehen, zeichnen sich durch wenig übersichtliche und oft mit weiteren neuen Wortschöpfungen verbundene Konzepte aus: die Dreiteilung in räumliche Praxis, Repräsentationen von Raum und Raum der Repräsentation bei Henri Lefebvre (1991), der Matrix-Raum bei Dieter Läpple (1991) oder Syntheseleistung und spacing bei Martina Löw (2001). Der kleinste gemeinsame Nenner dieser Begrifflichkeiten ist gleichwohl der Bezug zum physischen Raum. Es geht also nicht um eine reine Metapher (wie zunächst bei Bourdieus Begriff des „sozialen Raums", der eher alternativ zum Begriff der „Klasse" verwendet wird, oder wie auch beim Stichwort „virtuelle Räume", mit denen facebook oder auch Online-Rollenspiele umschrieben werden), sondern um (sozial bedeutsame) Räume, die *auch* in metrischen Maßeinheiten beschrieben werden können.

Zentral bei all diesen Begriffen und Konzepten ist darüber hinaus, dass sich von Vorstellungen eines absoluten Container- oder Behälterraums verabschiedet wird und das Prozesshafte und die soziale Konstruiertheit von Raum betont werden. Im erstgenannten, auf Isaac Newton (1642–1727) zurückgehenden Verständnis ist Raum als unendlicher und homogener immer gegeben. D. h., er existiert als Behälter/„Container" (Einstein) a priori für Dinge, Menschen und ihre Handlungen und zwar unabhängig davon. Die „Füllung" kann dann ggf. anhand ihrer Lage und ihrer Beziehungen zueinander im dreidimensionalen Raum erschlossen werden. Unter anderem Georg Simmel (1858–1918) wies solche essentialistischen Konzepte von Raum zurück und stellte den sozialen Ursprung von Raum heraus. Formen der Vergesellschaftung drückten sich in räumlichen Strukturen aus und diese wirkten darauf zurück. Raum wird damit nicht mehr als deterministisch für soziale Prozesse und politische Strukturen verstanden. Die jüngere Raumforschung knüpft daran an: Raum wird in der Wechselwirkung von Handeln und Struktur als Ergebnis und Voraussetzung sozialen Handels gesehen: „Als Resultat der materiellen Aneignung der Natur ist ein gesellschaftlicher Raum zunächst ein gesellschaftlich produzierter Raum. Seinen gesellschaftlichen Charakter entfaltet er allerdings erst im Kontext der gesellschaftlichen Praxis der Menschen, die in ihm leben, ihn nutzen und ihn reproduzieren" (Läpple, 1991: 197; Herv. i. O.). Es besteht insofern keine einfache Dichotomie doppelter Konstituiertheit von Raum im Sinne einer objektivierten Struktur und ihrer deutenden Wahrnehmung, sondern es bestehen Wechselwirkungen (Wehrheim, 2009: 19): 1.) Physischer Raum wird durch menschliche und gesellschaftliche Aktivitäten erzeugt, er ist Produkt sozialen Handelns. 2.) Dieser gesellschaftlich produzierte Raum wird deutend wahrgenommen (z. B. mit spezifischen Grenzziehungen oder Zuschreibungen von sicher/unsicher) und wirkt auf jegliches Handeln zurück. 3.) Wechselwirkungen: Sozial produzierter Raum beeinflusst (soziales) Handeln und (soziales) Handeln (re-)konstruiert und verändert Raum. Neben der Relevanz von Nähe und Ferne für soziales Handeln (nah beieinander zu sein ist die notwendige Bedingung dafür, jemanden zu küssen oder zu schlagen, jedoch nicht die hinreichende; neue Kommunikations- und Transporttechnologien verändern die Bedeutungen von Entfernungen) sind Funktionen und Deutungen von räumlichen Gegebenheiten Kontextmerkmale, die wiederum Situationsdeutungen und Handlungsmöglichkeiten beeinflussen. Räume werden gebildet über die Lage von Dingen in Relation zueinander und über ebenso relationale Zuschreibungen, die über ihre Differenzen be-deutsam werden: etwa die wohlhabende und ordentliche Einfamilienhaussiedlung vs. die arme und unordentliche Großsiedlung mit ihren jeweiligen sozial_räumlichen Grenzziehungen und Markierungen.

Aus einer materialistischen Perspektive ist gerade in der falschen Abstraktion von sozialen Prozessen und Beziehungen hinter und bei den Raumkonstruktionen das politisch-ideologische Moment von Raum zu sehen. Raum wird verdinglicht und soziale Praxis unsichtbar (vgl. Belina, 2013). Neben dieser Perspektive sind aktuelle, an (Post-)Strukturalismus und Wissenssoziologie anknüpfende diskurstheoretische Ansätze dominant, in denen die Materialität eine sekundäre Bedeutung hat und die diskursive Konstruktion von Raum betont wird (vgl. den Sammelband von

Glasze & Mattisek, 2009). Die Frage, ob Raum als relationaler oder als Container verstanden wird, ist damit keine grundlegende, sondern sie verweist ihrerseits auf Formen der sozialen Konstruktion von Raum: Sich Raum als Behälter vorzustellen (für bestimmbare Nutzungen zu bauen, zu planen oder wissenschaftlich zu diskutieren) ist selbst eine Form der sozialen Konstruktion von Raum.

Raum erscheint in der Soziologie somit weniger als ein Grundbegriff, als vielmehr als Begriff, der unterschiedliche spezielle Soziologien prägt: Neben der Raum- und Architektursoziologie ist dies vor allem die Stadt- und Regionalsoziologie, bei der Diskussionen über Raum insbesondere mit Fragen sozialer Ungleichheit einhergehen (vgl. auch die politische Konstituierung von Raum als Nationalstaaten, die spezifische Formen von Ausschließung hervorbringen). In Großstädten formt sich Gesellschaft räumlich, soziale Strukturen sind im Raum ablesbar (vgl. Häußermann & Siebel, 2004). Die Positionierung im physischen, gebauten Raum der Stadt spiegelt die Positionierung im sozialen Raum wider (vgl. Bourdieu, 1991) und Segregation ist seit jeher ein Merkmal von großen Städten. Der gebaute Raum strukturiert zudem Nähe- und Distanzverhältnisse in Städten, die sich in Kosten an Zeit und Geld messen lassen, und bei denen u. a. über die symbolischen Bedeutungen von Raum resp. von (Wohn-)Quartieren auch Positions- und Rangprofite erwirtschaftet werden – oder aber die zu Benachteiligungen führen können. Räumliche Strukturen spiegeln insofern nicht nur die Sozialstruktur, sondern (re-)produzieren diese ggf. auch.

In der bürgerlich gedachten Gesellschaft gilt zudem die Polarität von öffentlichen und privaten Räumen als Definitionskriterium für Großstädte (Bahrdt, 1998), die mit der Goffmanschen Unterteilung in Vorder- und Hinterbühnen, denen jeweils spezifische Funktionen und Verhaltensweisen zugeordnet werden, korrespondiert (Goffman, 2000). Diese Unterteilung verweist auf einen Zusammenhang von Räumen und Normen. So definieren Werlen und Reutlinger (2005) Raum über den Geltungsbereich von sozialen Normen, die kodifiziert sein können (z. B. in Hausordnungen oder nationalstaatlich variierenden Strafgesetzbüchern), die sich über regelmäßige Verhaltensweisen als wechselseitige Orientierungsfolie reproduzieren oder die über herrschaftliche Architekturgesten vermittelt werden können. Die Aneignung von Raum wird dann zentral: Der „angeeignete Raum ist einer der Orte, an denen Macht sich bestätigt und vollzieht, und zwar in ihrer subtilsten Form: der symbolischen Gewalt als nicht wahrnehmbare Gewalt" (Bourdieu, 1991: 27), wobei Aneignung von Raum als umkämpft begriffen werden kann.

Für die Soziologie ist es nicht interessant, was Raum ist, sondern wie über räumliche Praxen und über Raumkonzepte soziale Wirklichkeit hergestellt und verändert wird und was das für Konsequenzen für soziale Beziehungen und soziale Strukturen hat.

▶ **Stadt**

Bahrdt, H.-P. (1998). *Die moderne Großstadt*. Soziologische Überlegungen zum Städtebau. Opladen: leske+budrich • Belina, B. (2013). *Raum*. Münster: Westfälisches Dampfboot • Bourdieu, P. (1991). Physischer, sozialer und angeeigneter physischer Raum. In M. Wentz (Hg.), *Stadt – Räume* (S. 25-34). Frankfurt a. M./New York: Campus • Glasze, G. & Mattisek, A. (Hg.). (2009). *Handbuch Diskurs und Raum*. Bielefeld: transcript • Goffman, E. (2000). *Wir spielen alle Theater*. München/Zürich: Piper • Häußermann, H. & Siebel, W. (2004). *Stadtsoziologie*. Eine Einführung. Frankfurt a. M./New York: Campus • Kessl, F. & Reutlinger, C. (2016). Sozialraumorientierung. In K. Böllert (Hg.), *Kompendium Kinder- und Jugendhilfe*. Wiesbaden: Springer VS (im Erscheinen) • Lefebvre, H. (1991). *The Production of Space*. Oxford: Blackwell • Löw, M. (2001). *Raumsoziologie*. Frankfurt a. M.: Suhrkamp • Läpple, D. (1991). Essay über den Raum. Für ein gesellschaftswissenschaftliches Raumkonzept. In H. Häußermann, D. Ipsen, T. Krämer-Badoni, D. Läpple, M. Rodenstein, & W. Siebel. (Hg.). *Stadt und Raum*. (S. 157-207). Pfaffenweiler: Centaurus • Soja, E. (1996) *Thirdspace*. Oxford: Blackwell • Werlen, B. & Reutlinger, C. (2005). Sozialgeographie. In F. Kessl, C. Reutlinger, S. Maurer & O. Frey. (Hg.). *Handbuch Sozialraum*. (S. 49-66). Wiesbaden: Springer VS • Wehrheim, J. (2009). *Der Fremde und die Ordnung der Räume*. Opladen/Farmington Hills: Barbara Budrich

Jan Wehrheim

Recht

Recht ist die wirkmächtigste normative Ordnung moderner Gesellschaften. Es schafft relative Verlässlichkeit von Verhaltenserwartungen und ermöglicht das Knüpfen langer Handlungsketten. Recht bietet einerseits Chancen für soziales Handeln, andererseits verschließt es Handlungsalternativen. Es wird zum ubiquitären Medium sozialer Steuerung. Seine Anwendung bewirkt allerdings häufig von den Interessenten nichtintendierte Konsequenzen.

Dem modernen Staat mit seinen vielfältigen Leistungen und seiner Machtentfaltung liegt das Konzept des Rechtspositivismus zugrunde: Recht wird durch eigens legitimierte staatliche Institutionen in dazu vorgesehenen Verfahren gesetzt. In der Gestaltung dieses Rechts ist der Staat frei: Er schafft sich eine Verfassung, Gesetze und Ausführungserlasse, er schließt internationale Verträge. Damit sind die Fesseln traditionalen oder religiösen Rechts gesprengt und das Individuum wird freigesetzt für die Marktgesellschaft und eine autonomere Lebensführung. Die Einhaltung des Rechts wird durch einen „eigens darauf eingestellten Stab von Menschen" (Max Weber 1864–1920) garantiert. Bürokratische Apparate, Verwaltungen, Justiz, Polizei, stehen bereit, auf Rechtsverletzungen zu reagieren. Mit dem Zivilrecht bietet der Staat privaten Interessen Rechtsschutz in der Weise, dass Partner Vereinbarungen treffen und durch ein etwaiges Eingreifen der Justiz absichern können.

Das staatszentrierte Konzept des Rechtspositivismus wird ergänzt durch den Rechtspluralismus. Eugen Ehrlich (1862–1922) prägte den Begriff „lebendes Recht" für die Rechtsvorstellungen, die Bevölkerungsgruppen für sich als geltend akzeptieren, oft auch ohne Involvierung des Staates. Ein viel diskutiertes Beispiel bildet die „lex mercatoria", das Handelsrecht internationaler Kaufleute, die eigene Handelsbräuche und eigene Schiedsmechanismen für den Konfliktfall entwickelt haben. Ein anderes Beispiel sind Migranten, die nach dem Recht ihrer Herkunftsgemeinschaft leben.

Zunächst sind Rechtspositivismus und Rechtspluralismus zwei sich ergänzende Methoden der Rechtserkenntnis für Juristen. Heute markieren diese rechtstheoretischen Konzepte zudem auch Konflikte, die um den Herrschaftsanspruch und die Steuerungsfähigkeit des Nationalstaates, über den auch Demokratie wesentlich organisiert wird, ausgetragen werden. Ohnedies bezieht die Rechtssoziologie viele ihrer Themen aus der Differenz zwischen „gesatztem" und „gelebtem" Recht, etwa im Verbraucherrecht, bei rechtsförmigen Verfahren oder Arbeitskonflikten.

Die Rechtsverhältnisse zwischen Bürgern regelt das Zivilrecht. Neben das Zivilrecht, in Deutschland vor allem im Bürgerlichen Gesetzbuch zusammengefasst, tritt das öffentliche Recht. Letzteres bestimmt Rechtsverhältnisse zwischen Bürger und Staat, bei denen der Staat als übergeordnete Instanz auftritt, bzw. zwischen Gliederungen des Staates. Für die Gesellschaft als Ganzes ist das Strafrecht von höchstem symbolischem Wert, wie insbesondere Emile Durkheim (1858–1917) und George Herbert Mead (1863–1931) hervorgehoben haben. Es markiert nämlich die Grenze des gesellschaftlich Erlaubten und Unerlaubten in einer jedes Gesellschaftsmitglied interessierenden Weise. Insbesondere das Strafrecht soll die Werte einer Gesellschaft zum Ausdruck bringen. Die Straftat wird als Angriff auf die Gesellschaft empfunden, die vom Übertreter Sühne verlangt. Der moderne Staat hat den Individuen und den Gemeinschaften die Rache entwunden und sie durch ein rechtsstaatliches Verfahren ersetzt. Die Emotionalität ist jedoch noch immer ein Faktor, der sich u. a. in Forderungen nach Strafverschärfungen oder nach erweiterten Opferrechten Ausdruck verschafft.

Bezeichnenderweise existiert ein kulturübergreifender Konsens hinsichtlich der Schwere gewisser Straftaten, mit dem Mord an der Spitze der Strafreaktionen herausfordernden Delikte. Jedoch hat der moderne Staat auch viele Handlungen unter Strafe gestellt, die traditionellen Mustern nicht entsprechen. Die Kriminalisierung von Handlungen und ihre Strafbewehrung ist durchaus auch ein Akt symbolischer Politik. Dementsprechend leidet die Durchsetzung solcher Normen.

Seit Montesquieu (1689–1755) spricht die Staatslehre von Gewaltenteilung und unterscheidet die gesetzgebende, die rechtsprechende und die vollziehende Staatsgewalt. Während die Gesetzgebung Parlamenten übertragen ist, nimmt die Justiz die Rechtsprechung wahr. Alle Staatsgewalt ist nach dem Prinzip der Rechtsstaatlichkeit gesetzesgebunden. Rechtstaatlichkeit soll Individuen vor Machtmissbrauch schützen und staatliches Handeln verlässlich machen. Der Rechtssoziologie ist damit ein weites Feld für Forschungen eröffnet.

Ein zentrales soziologisches Thema wird mit dem Begriff „Legitimation durch Verfahren" (N. Luhmann) verknüpft. Wenn der Staat Recht setzt und rechtsförmig handelt, dann sorgt die Einhaltung regelgerechter Verfahren für die Akzeptanz seiner Entscheidungen. Zwar ist „Gerechtigkeit" die regulative Idee hinter dem Recht und seiner Anwendung, die Meinungen über Urteile sind jedoch oft kontrovers. Demgegenüber haben Gesellschaften verlässlichere Kriterien dafür, wann

Verfahren fair sind und wann sich Autoritäten, die in ihrem Auftrag handeln, fair oder unfair verhalten. Verfahren sind Symbole für die Werte einer Gesellschaft und am Verhalten der Amtsträger lesen Individuen ihren Status als vollberechtigte Gesellschaftsmitglieder ab (Tyler, 2006). Zahlreiche soziale Konflikte bis hin zu schwersten Erschütterungen von Gesellschaften entstehen aus der Wahrnehmung von Diskriminierungen.

Ökonomisch, politisch oder anderweitig fundierte Macht tendiert dazu, ihren Vorrang auch rechtlich abzusichern. Das kann in der Gesetzesformulierung schon durch strategischen Einsatz der Ressource „Wissen" geschehen und setzt sich bei der Implementierung von Recht fort. Die Soziologie hat seit den 1970er Jahren den Prozess der Umsetzung von Politik entdeckt. Thematisiert wurde u. a., wie Umweltrecht auf den Stufen seiner Anwendung durch ökonomisch-politische Interessenten verändert wird.

Recht muss immer interpretiert werden. Daher untersucht die Rechtssoziologie die Prägung der Rechtsanwender, die in die Interpretation einfließt. Zunächst hatte die „Richtersoziologie" der 1960er Jahre die Ursache eines Konservatismus der Justiz in der sozialen Herkunft der Juristen aus den oberen Schichten gesucht. Empirische Studien stellten demgegenüber die Sozialisation durch die Juristenausbildung und insbesondere durch die Arbeits- und Organisationsroutinen der Justiz heraus. Auf der anderen Seite muss Recht von den Parteien eines Konflikts „mobilisiert" werden. Es gibt zwar „selbst mobilisierendes Recht" (Donald Black), d. h. Teile des Rechts werden durch Polizei und Verwaltungen auf ihre Einhaltung aktiv kontrolliert, die meisten Rechtskonflikte aber müssen durch die Gesellschaftsmitglieder erst als solche des Rechts thematisiert werden. Die Neigung und Fähigkeit dazu differiert jedoch entlang der Merkmale sozialer Schichtung. Dies wird auch als Problem des „Zugangs zum Recht" bzw. des „Zugangs zur Justiz" diskutiert.

Schon für Juristen oder auch für Sachbearbeiter einer Behörde oder eines Unternehmens ist das Recht schwer überschaubar. Die meisten Gesellschaftsmitglieder verfügen über nur rudimentäre Vorstellungen. Vieles davon ist Bestandteil der „populären Rechtskultur", die über Filme, Fernsehen, Romane u. ä. transportiert wird. Jedoch sind deren Gehalte durch die Interessen der Medien selbst nach Verkäuflichkeit, Dramatisierbarkeit, Vereinfachung, bestimmt. Oft spiegeln sie die Rechtsnormen und -institutionen anderer Rechtskreise wider, so das Hollywoodkino die angelsächsische Tradition und das amerikanische Recht. Demgegenüber ist der Rechtskundeunterricht an deutschen Schulen wenig entwickelt, auch wenn es nur um ein Orientierungswissen gehen kann.

Neben den Nationalstaat und seine Untergliederungen sind supra- und transnationale Ebenen getreten, die Rechtsetzung und Rechtsprechung übernehmen. Zwar fehlt ihnen der Apparat zur Rechtsdurchsetzung, doch verpflichten sich die

Staaten, diese Aufgabe zu übernehmen. Mit der Globalisierung des Rechts gehen Fragen nach der Rechtsstaatlichkeit und nach der Demokratieverträglichkeit einher. Die Weltbank z. B. betreibt eine Politik des Rechtsexports gegenüber Staaten und beruft sich auf Anforderungen einer globalisierten Wirtschaft. Der Europäische Gerichtshof zielt auf eine Position in der Hierarchie der Gerichte, die oberhalb der nationalen Verfassungsgerichte angesiedelt ist. In einigen transnationalen Rechtsregimen haben nichtstaatliche Akteure, wie z. B. Umweltorganisationen, schon einen den Staaten vergleichbaren Rang als Verhandlungsteilnehmer. Auf vielen Kanälen überträgt die Globalisierung europäisches und nordamerikanisches Recht in Staaten mit einem wenig differenzierten Rechtssystem, soweit Länder sich diesem Einfluss nicht verschließen.

Die Welle der Privatisierung staatlicher Aufgaben findet im Recht eine Parallele in den „Alternativen zum Recht" bzw. in der Forderung nach Übertragung von Prozessen auf Mediatoren. In den zurückliegenden Jahrzehnten ist die Zahl der Anwälte stark gestiegen. Da erscheint es attraktiv, sich einen neuen Markt zu sichern. Gefordert wird, dass dem Gang vor den Richter ein obligatorischer Einigungsversuch vorgeschaltet werden muss. Jedoch arbeitet der eingespielte Justizapparat preiswerter als Anwaltsmediatoren. Daher finden alternative Verfahren unter Privatklienten wenig Zuspruch. Dagegen legen Unternehmen bei Vertragskonflikten Wert auf selbstgewählte Persönlichkeiten als Konflikthelfer. Sehr erfolgreich arbeiten auch branchenbezogene Schiedsgerichte und Ombudsmänner, die bei Verbraucherstreitigkeiten eine unentgeltliche Fachexpertise anbieten.

Von Anwälten als Profession erwartet man, dass sie nicht als profitmaximierende Unternehmer tätig sind, sondern, wie es im Gesetz heißt, als „Organ der Rechtspflege". Im Gegensatz zu Anwälten in den USA, die klar unternehmerisch agieren, zählen sie in Deutschland zu den Berufsgruppen mit einigem Sozialprestige. Die Beliebtheit des Jurastudiums kann als Indikator für die Stellung des Rechts in einer Gesellschaft dienen. Die Studierendenzahl an Juristenfakultäten stieg stark, wobei der Anteil der Studentinnen sehr zugenommen hat. Jedoch konzentrieren sich Anwältinnen eher bei den Rechtsstreitigkeiten der Privatklientel, die wenig einbringen. Vor allem Anwälte finden sich bei den lukrativen Wirtschaftsmandaten. Die „zwei Sphären der Anwaltschaft" haben daher auch eine Gender-Färbung. In den nun auch in Deutschland nach amerikanischem Vorbild entstandenen großen Rechtsanwaltsfirmen mit teils hunderten von Anwälten dominieren Männer. Anwaltsfirmen erarbeiten z. B. im Auftrag der Industrie internationale Transaktionen und sogar komplette Gesetze für Regierungen.

Die demokratische Legitimation der Justiz fällt gering aus. Allenfalls indirekt, über die von mit Parlamentariern besetzten Richterwahlausschüsse, lässt sich eine Rückbindung an Wahlen konstruieren. Die in einigen Sparten der Gerichtsbarkeit vertretenen ehrenamtlichen Richter werden von den Berufsrichtern nicht immer als gleichberechtigt akzeptiert. Sie werden entweder – in einem freilich nicht repräsentativen Verfahren – aus der Bevölkerung rekrutiert oder als Vertreter von Berufsgruppen mit dem Anspruch besonderen Fachwissens. Nicht in allen Bundesländern existieren Schiedspersonen, also Laien, die bei Vergehen oder etwa auch Nachbarschaftsstreitigkeiten eine gütliche Einigung herbeiführen sollen. Oft stößt sich eine solche Nachbarschaftsjustiz an einer gewandelten Zusammensetzung der Bevölkerung in einer hochmobilen Gesellschaft.

Die Zusammenführung der beiden deutschen Staaten seit 1990 führte zu einer Übertragung westdeutschen Rechts auf die neuen Bundesländer. Die Rechtsentwicklung hatte bis dahin in den deutschen Teilstaaten sehr unterschiedliche Richtungen genommen. Im Gegensatz zur Bundesrepublik kam die DDR mit nur sehr wenigen Juristen aus, Staatsanwaltschaft und Gerichte wurden politisch straff geführt und man bemühte sich um ein möglichst einfaches Recht. Die Verwaltung war rechtlich wenig geschult. Nach der Wende wurde das Rechtspersonal zu großen Teilen ausgetauscht, teils wegen zu großer Nähe zum alten Regime. Richterstellen und andere höhere Positionen wurden mit Westpersonal aufgefüllt. Damit waren ehrenamtliche Richter oft die einzigen, die die Rechtsverhältnisse der DDR aus eigenem Erleben kannten.

Verschärft durch ökonomische und soziale Härten der Übergangszeit erschien Deutschland lange als ein Land mit zwei Rechtskulturen. Sozialwissenschaftler gingen in der Analyse auseinander, ob es zu einer Konvergenz kommt oder nicht. Skeptiker weisen auf einen Teil der ostdeutschen Bevölkerung hin, der bis heute die Institutionen der Bundesrepublik stark ablehnt. Die Gegenmeinung führt an, dass sich Ost- und Westdeutsche bei vielen Rechtsfragen und in ihren allgemeinen Orientierungen näher gekommen sind. Insofern die Rechtsinstitutionen das Rechtsdenken prägen, wäre mit einer weiteren Annäherung zu rechnen. Insbesondere, wenn sich das Gesellschaftssystem der Bundesrepublik weiter als stabil erweist, was nicht nur von wirtschaftlichen Erfolgen, sondern auch von einem sich im Alltag bewährenden Recht abhängt.

▶ **Bürokratie; Institution; Kontrolle, soziale; Legitimation; Macht; Norm, soziale**

📖 Asimow, M. & Mader, S. (2013). *Law and Popular Culture*. New York: Peter Lang • Baer, S. (2016). *Rechtssoziologie*, Baden-Baden: Nomos • Black, D. (1980). *The Manners and Customs of the Police*, New York: Academic Press • Ehrlich, E. (1989). *Grundlegung der Soziologie des Rechts*, Berlin: Duncker und Humblot • Luhmann, N. (2008).

Rechtssoziologie, Opladen: Westdeutscher Verlag • Luhmann, N. (1993). *Das Recht der Gesellschaft*, Frankfurt a. M.: Suhrkamp • Machura, S. (2006). *Ehrenamtliche Verwaltungsrichter*, Münster: Lit Verlag • Papendorf, K., Machura, S. & Andenæs, K. (Hg., 2011). *Understanding Law in Society*. Zürich: Lit Verlag • Röhl, K. F. (1987). *Rechtssoziologie*. Köln: Heyman • Röhl, K. F. & Röhl, H. S. (2018). *Allgemeine Rechtslehre*. Köln: Heyman • Struck, G. (2011). *Rechtssoziologie*, Baden-Baden: Nomos • Tyler, T. R. (2006). *Why People Obey the Law*. Princeton: Princeton UP • Weber, M. (1980). *Wirtschaft und Gesellschaft*, Tübingen: Mohr

Stefan Machura

Religion

Religion umfasst vielfältige und oft historisch differente Phänomene. Dabei ist zwischen dem komplexen Sinn- und Praxissystem einer Religion und Religiosität als einem persönlichen Ausdruck eines Bezuges zu Religion zu unterscheiden. Eine Religion besitzt in der Regel eine Sozialgestalt, kann kulturelle Prägekraft aufweisen und benötigt die Verankerung im Einstellungsgefüge von Individuen. In der gegenwärtigen Religionssoziologie finden sich drei unterschiedliche Definitionsrichtungen:

1. Im Verständnis eines substantiellen Religionsbegriffs bezeichnet Religion Überzeugungen, Erfahrungen, Handlungen, Rollen und Einrichtungen, durch die sich die Menschen einer außeralltäglichen Wirklichkeit versichern. Religiös ist man, wenn ein Bezug aus dem Diesseits auf ein unterschiedlich zu denkendes Jenseits vorliegt (Transzendenzvorstellung). Die diesseitigen Phänomene werden als heilig oder sakral von profanen oder säkularen Phänomenen abgegrenzt. Die Bestimmung dessen was heilig ist, ist sozial konstruiert und ins Transzendente verabsolutiert.
2. In dem teilweise konkurrierenden Verständnis eines funktionalen Religionsbegriffs wird Religion als Ergebnis der Lösung bestimmter gesellschaftlicher Probleme verstanden. Dies kann die Integration von Gesellschaft über Normen (E. Durkheim; T. Parsons), die Bewältigung von Kontingenzproblemen (N. Luhmann) oder die Kompensation von Leid- und Unrechtserfahrungen wie sozialer Benachteiligung (K. Marx; P. Norris, & R. Inglehart) sein. Alles, was die ausgewählte Funktion erfüllt, ist dann Religion. Gleichzeitig bleiben andere funktionale Aspekte genauso ausgeschlossen wie Bezüge auf eine Transzendenz ohne die entsprechende Funktionsleistung.
3. In einer Variante des funktionalen Zugangs wird Religion als wissenssoziologischer Begriff auf seine Notwendigkeit für die menschliche Entwicklung bezogen. Sie wird als anthropologische Grundvoraussetzung jedes Menschen

angesehen, da er zur Entwicklung von Bewusstsein und Kultur auf ein Transzendieren seiner bio-physischen Ausstattung angewiesen ist (T. Luckmann). Im Zentrum dieses Zugangs steht der Variantenreichtum einer immer existenten persönlichen Religiosität.

Zentrale Fragestellungen der Religionssoziologie sind: 1.) Die Bestimmung des Zusammenhangs von Religion und gesellschaftlicher Entwicklung mit Blick insbesondere auf die jüdisch-christliche Tradition als Ausgangsbedingung für den Prozess der westlichen Modernisierung (M. Weber, T. Parsons). 2.) Die Untersuchung von Strukturen und Prozessen religiöser und kirchlicher Handlungszusammenhänge sowie der Sozialgestalt von spezifischen Religionen. 3.) Die Analyse der religiösen Entwicklung unter den Bedingungen der Modernisierung und differenter und sich wandelnder gesellschaftlicher Rahmenbedingungen.

Gerade der letzte Fragebereich zieht starke Aufmerksamkeit in der Religionssoziologie auf sich, behandelt er doch sowohl die aktuellen Prozesse der Säkularisierung, der religiösen Individualisierung als auch der religiösen Pluralisierung. Für die Entwicklungserklärung konkurrieren derzeit vor allem drei Modelle: 1.) Die Säkularisierungstheorie, mit ihrer Kernaussage eines sozialen Bedeutungsverlustes von Religion im Zuge und in Abhängigkeit von gesellschaftlichen Modernisierungsprozessen. 2.) Die Individualisierungstheorie des Religiösen, mit der Prämisse einer Transformation des Religiösen hin zu immer stärker privaten und individuellen Formen der Sinnstiftung. 3.) Das Marktmodell des Religiösen, mit seiner Annahme einer Abhängigkeit religiöser Vitalität von einem passenden und exklusiven Angebot religiöser Anbieter.

Die Beschäftigung mit Religion hat in den letzten Jahrzehnten eine erhebliche Revitalisierung erfahren. Grund hierfür sind die Ausbreitung und Auseinandersetzung mit religiöser Pluralisierung, speziell in den westlichen Industriegesellschaften, sowie gesellschaftliche Folgeprozesse der Säkularisierung. Der empirisch beobachtbare soziale Bedeutungsverlust angestammter religiöser Organisationen wie Traditionen wird dabei vor allem hinsichtlich seiner Wirkungen auf die Zivilgesellschaft und die normative Basis von Gesellschaften diskutiert. Dies impliziert Fragen nach der Konflikthaftigkeit von Religion, der Bedeutung von individueller Spiritualität, und der Bedeutung von Religion für die zivilgesellschaftliche Gemeinschaftsbildung unter Bedingungen der Spätmoderne. Einen großen Beitrag zur Erforschung der Religion hat hier die gesteigerte Anzahl an empirischen Studien sowie die Ausweitung der Erfassung individueller Religiosität geleistet. Ebenfalls zu einer thematischen Neubeschäftigung beigetragen haben Auseinandersetzungen über die Wirkung von Religion in pluralistischen Gesellschaften auf Politik und gesellschaftliche Integration.

▶ **Differenzierung, gesellschaftliche; Ritual; Wandel, sozialer**

📖 Huber, S. (2003): *Zentralität und Inhalt. Ein neues multidimensionales Messmodell der Religiosität.* Opladen: Leske+Budrich • Kaufmann, F.-X. (1989): *Religion und Modernität.* Tübingen: Mohr • Knoblauch, H. (1999): *Religionssoziologie.* Berlin: Sammlung Göschen • Krech, V. (1999): *Religionssoziologie.* Bielefeld: transcript • Luhmann, N. (2004): *Funktion der Religion.* Frankfurt a. M.: suhrkamp • Luckmann, T. (1991): *Die unsichtbare Religion.* Frankfurt a. M.: suhrkamp • Norris. P. & Inglehart, R. (2004): *Sacred and Secular: Religion and Politics Worldwide.* Cambridge: UP • Pickel, G. (2011): *Religionssoziologie.* Wiesbaden: VS • Pickel, G & Sammet, K. (2014): *Einführung in die Methoden der sozialwissenschaftlichen Religionsforschung.* Wiesbaden: Springer VS • Pollack, D. (2007): Religion. In: H. Joas (Hg.): *Lehrbuch der Soziologie.* (S. 363-394). 3. Auflage. Frankfurt a. M.: Campus • Pollack, D. & Rosta, G. (2015): *Religion in der Moderne. Ein internationaler Vergleich.* Frankfurt a. M.: Campus • Wolf, C. & König, M. (2014): *Religion und Gesellschaft.* Wiesbaden: Springer VS

Gert Pickel

Ritual

Rituale sind performative soziale Ereignisse und Handlungen mit (syn)ästhetischem Charakter, in denen gesellschaftliche Rollen und Beziehungen in einem kollektiven Prozess erzeugt, gestaltet und verändert werden. Rituale bringen in diesem Sinne Gesellschaft hervor. Rituale bringen darüber hinaus die Kosmologie und das Selbstverständnis einer Gesellschaft durch die Nutzung von Symbolen und das Schaffen von ästhetischen Ereignissen zur performativen, praktischen Aufführung und machen so die Ordnung der Gesellschaft für die Gesellschaftsmitglieder sinnlich und emotional erfahrbar.

Ihrem Selbstverständnis nach ist die Moderne eine säkulare Gesellschaft. Doch warum gibt es dann auch in der Moderne noch Rituale, z. B. in Form von Heiratszeremonien, Bestattungen, Prüfungsritualen sowie politischen Ritualen und Feierstunden? Rituale können auch in der Moderne nicht „abgeschafft" werden, da sie auf grundlegende Weise mit dem Funktionieren von Gemeinschaft verbunden sind: Sie sind eng verknüpft mit der Frage nach Stabilität und Wandel sozialer Prozesse und sind in diesem Verständnis notwendiger Bestandteil gesellschaftlicher Praxis. Sie dienen der sinnlichen, fraglosen Konstitution sozialer Ordnung. In Situationen der Krise und des Übergangs wird in kollektiven Ritualen eine Antwort auf die Herausforderungen und Transformationsprozesse symbolisch gestaltet und ihnen Ausdruck verliehen. Rituale bestehen aus performativen und ästhetischen Ereignissen und binden kollektive Emotionen in den sozialen Prozess des Rituals ein. Performativität und (Syn-)Ästhetik sind elementarer Teil des Rituals und tragen entscheidend zum Gelingen und zur Wirkung des Rituals bei.

Aus soziologischer Perspektive ist zu unterscheiden zwischen Alltags- bzw. Interaktionsritualen und außeralltäglichen, etwa Übergangsritualen. Interaktionsrituale steuern die soziale Kommunikation im Alltag; sie bilden nach Erving Goffman eine Art verborgene „Grammatik" sozialer Prozesse, ein nicht sichtbares, aber gültiges Muster-Skript, das anleitet, wie man sich angemessen begrüßt und verabschiedet, wie man generell interagiert und dabei die Rechte und Pflichten des

Interaktionspartners sowie des eigenen Selbst wahrt. Jeder Mitspieler erlernt durch Sozialisation das korrekte Verhalten in der Interaktion, um sich anschließend als kompetentes Mitglied der Gesellschaft zeigen zu können. Akteure können ihre Ziele nur verwirklichen und ihre soziale Identität wahren, wenn sie die Interaktionsrituale befolgen. Diese bilden eine Brücke zwischen gesellschaftlichen Strukturen und der konkreten sozialen Praxis im Alltag. Durch die Ausübung der Interaktionsrituale arbeiten die Gesellschaftsmitglieder gleichzeitig an ihrer eigenen sozialen Identität sowie an der gesellschaftlichen Ordnung – zerbricht das eine, ist immer auch das andere gefährdet. Ähnlich wie bei der Verwendung grammatischer Regeln in der Sprache werden Interaktionsrituale meist implizit, doch korrekt angewendet. Explizit werden die Regeln nur im Ausnahmefall, z. B. im Falle einer Störung. Interaktionsrituale steuern die Performativität sozialer Praxis, die auch in der Moderne noch etwas „Heiliges" ehrt, nämlich das „Selbst", das zugrundeliegende Konzept von Personalität.

Neben den Alltagsritualen gibt es außeralltägliche Rituale, meist Übergangsrituale, die soziale Rollen- und Statuswechsel einleiten und markieren. Die Struktur von Übergangsritualen ist in der kulturvergleichenden Forschung beschrieben worden. Diese Rituale zeichnen sich dadurch aus, dass sie eine „liminale Phase" bzw. „Schwellenphase" enthalten, in der eine Form der Kommunikation praktiziert wird, die fern von den im Alltag üblichen Rollen-, Status- und Besitzverhältnissen ist („Communitas", vgl. Turner, 1989). In der ersten Phase des Rituals, der „Trennungsphase" wird das Abstreifen der üblichen Rechte, Pflichten und Strukturen symbolisch durch Entkleidungen, Waschungen, rituelle Reinigungen etc. dargestellt. In der liminalen Phase kommt es zum eigentlichen Ritualgeschehen, das durch eine ästhetische Ordnung strukturiert ist, durch eine Gliederung von Raum und Zeit, Formen und Farben, durch Musik und rituelle Worte. In dieser liminalen Phase kann es auch zu Umkehrungen, anarchischem Geschehen und emotionalen Exzessen kommen. In der dritten Phase des Rituals, der Wiederangliederungsphase, wird eine Rückkehr zur Sozialstruktur symbolisch dargestellt. Nach Abschluss des Rituals wurde das Kollektiv durch die freigesetzte kollektive Emotionalität, durch das Zulassen und die Umformung starker „Triebenergien" vitalisiert. Victor Turner (1989) fasst menschliche Geschichte als Wechselspiel zwischen Sozialstruktur und Communitas auf – keine der beiden sozialen Formen kann stillgestellt oder ausgeklammert werden: Der Versuch, Communitas auf Dauer zu stellen, bringe um so rigidere Formen von Struktur hervor – und umgekehrt führe der Versuch, sozialen Wandel zu unterdrücken, zu plötzlichen „Explosionen" von Communitas in Form von Versammlungen und Aufständen.

Rituale kann man als kulturelle Laboratorien für soziale Transformationsvorgänge verstehen. In Ritualen kommt es zu Transformationen persönlich-existentieller

Art, in dem personale Identität einem Wandel unterworfen wird. Oder es werden im Ritual kollektive Transformationen wie Erneuerung, Stärkung und Wandel der Gemeinschaft durchlaufen. Rituale dienen der Stärkung von Gemeinschaften, es werden Prozesse der Inklusion und Exklusion erzeugt und durchlaufen. Auch Schmerz- und Gewalterfahrungen können Teil des Rituals sein, der Körper wird im Ritual nicht selten „neu beschrieben", um einen Wandel der Identität durch symbolischen Tod und Neuanfang auf der korporalen Ebene darzustellen und zu initiieren. In verschiedenen Kulturen gab es „Opferrituale", in denen eine kollektive Krise symbolisch inszeniert und durch eine Opferung eine Lösung erfahren sollte. Negative Emotionen, die durch die Krise hervorgerufen werden, wie Aggressionen und Ängste, werden auf einen willkürlich gewählten „Sündenbock" projiziert, welcher geopfert wird, um die Gemeinschaft zu stärken, durch eine negative Markierung ihrer Grenze und eine symbolische Lösung bzw. Ablenkung der Gewaltdynamik innerhalb des Kollektivs auf ein „Opfer" (vgl. Girard, 1992). Rituale sind notwendige Bestandteile von Gemeinschafts- und Gesellschaftsbildung sowie ihre Gestaltung, doch müssen sie nicht notwendig einen positiven Charakter haben oder mit Menschenrechten vereinbar sein. In einigen Fällen von ethisch fragwürdigen Ritualzusammenhängen wie z. B. Beschneidungen konnten Ersatzrituale für die traditionellen Formen gefunden und etabliert werden.

Das moderne sozialwissenschaftliche Verständnis von Ritualen wurzelt im religionssoziologischen Werk von Emil Durkheim (1858–1917), in dem er beschrieb, wie das Kollektiv in religiösen Ritualen vor allem sich selbst bekräftige; die verehrten Götter seien letztlich symbolische Repräsentanten des Kollektivs. Die moderne Ritualforschung differenziert zwischen „liminalen" und „liminoiden" (schwellenähnlichen) Phänomenen, und mit diesem Konzept des Rituals werden nun auch kulturelle Phänomene wie Musik-Events, Kunst- oder Sportereignisse, Konsumformen, Rituale der Politik und mediale Kommunikationsformate untersucht (zu diesen Anwendungsfeldern vgl. z. B. Bellinger & Krieger, 1998). Der Begriff des Rituals spielt in der pädagogischen Forschung, vor allem in der pädagogischen Anthropologie, ebenfalls eine große Rolle zur Untersuchung der Praxis in Familien und in weiteren Sozialisationsinstitutionen (vgl. z. B. Wulf & Zirfas, 2004). Da Rituale in allen Kulturen vorkommen, und kulturelle Stabilität und Wandel steuern, sind sie gut geeignet für den internationalen Vergleich in der Erforschung kultureller und gesellschaftlicher Praxis.

▶ **Ethnologie; Gemeinschaft; Gewalt; Identität; Krise; Symbol**

📖 Bellinger, A. & Krieger, D. J. (1998). *Ritualtheorien: Ein einführendes Handbuch*. Opladen: Westdeutscher Verlag • Durkheim, E. (1981) (zuerst 1912): *Die elementaren Formen des religiösen Lebens*. Frankfurt a. M.: Suhrkamp • Van Gennepp, A. (1986) (zuerst (1909): Übergangsriten. Frankfurt a. M.: Campus • Girard, R. (1994). *Das Heilige und die Gewalt*. Frankfurt a. M.: Fischer • Goffman, E. (1996). *Interaktionsrituale . Über Verhalten in direkter Kommunikation*. Frankfurt a. M.: Suhrkamp • Soeffner, H.-G. (2010). *Symbolische Formung. Eine Soziologie des Symbols und des Rituals*. Weilerswist: Velbrück • Turner, V. 1989. *Das Ritual. Struktur und Anti-Struktur*. Frankfurt a. M.: Campus • Wulf, Christoph/Zirfas, Jörg (2004): *Die Kultur des Rituals: Inszenierungen, Praktiken, Symbole*. Opladen: Westdeutscher Verlag

Aida Bosch

Rolle, soziale

„Soziale Rollen sind Bündel von Erwartungen, die sich in einer gegebenen Gesellschaft an das Verhalten der Träger von Positionen knüpfen." (Dahrendorf, 2006: 37) Die soziologische Rollentheorie dient der Beschreibung und Analyse von Formen der Verhaltensabstimmung zwischen menschlichen Akteuren, die dadurch gekennzeichnet sind, dass die Beteiligten bestimmte, wechselseitig aufeinander bezogene Stellungen innehaben, die mit bestimmten, wechselseitig aufeinander bezogenen Verhaltensweisen verbunden sind. Sie fokussiert vor allem gesellschaftlich vorgeformte Stellungen und kulturell vorgefertigte Verhaltensmuster und konzipiert soziale Strukturen dieser Art als einen Zusammenhang von Positionen und Rollen. Die gesellschaftlich vorgeformten Stellungen werden dabei als Positionen (oder Status) bezeichnet, die mit ihnen verknüpften Verhaltensweisen als Rollen. Als Begründer der soziologischen Rollentheorie gilt Ralph Linton (1979). Wesentliche Weiterentwicklungen stammen von Robert K. Merton (1910–2003). Ralf Dahrendorfs (1929–2009) Buch „Homo Sociologicus" (2006) bietet die „noch immer mustergültige Kodifizierung" (Schimank, 2010: 59) der Rollentheorie. In ihrer Grundform hat die soziologische Rollentheorie eine gewisse Affinität zum Strukturfunktionalismus, ohne aber theoretisch von ihm abhängig zu sein.

Soziale Positionen sind Ausdruck von „sozial vorgebildeten Verhaltens- und Beziehungsmustern" (Merton, 1995), sie sind Orte „in einem Feld sozialer Beziehungen" (Dahrendorf, 2006). Die sozialen Positionen sind die Knotenpunkte einer sozialen Struktur verfestigter sozialer Beziehungen zwischen Knoten dieser Art. Ein zentrales Merkmal sozialer Positionen ist, dass sie „etwas prinzipiell unabhängig vom Einzelnen Denkbares" (Dahrendorf, 2006 [1958]: 34) sind und weder an die Persönlichkeit noch auch nur an die Existenz des Positionsinhabers gebunden sind. Soziale Positionen verlangen von jedem Individuum, das sie einnimmt, unabhängig von seiner Person, ein bestimmtes Verhalten. Die mit einer Position verbundenen Verhaltenserwartungen, also die jeweiligen Rollenerwartungen, sind relational bestimmt. Sie ergeben sich aus dem Umstand, dass Individuen in ihrer Eigenschaft als Inhaber von Positionen zueinander in Beziehung stehen. Rollenerwartungen sind mit mithin Verhaltenserwartungen, die Individuen einander gegenüber hegen, weil sie als Inhaber von Positionen zueinander in Beziehung stehen. Das diesen Erwartungen entsprechende Rollenhandeln richtet sich jeweils an Rollenpartner, d. h. an Inhaber anderer Positionen, mit denen eine Rollenbeziehung besteht.

Eine soziale Position steht in der Regel mit mehreren anderen sozialen Positionen in Beziehung. Die Position des Lehrers beispielsweise steht in Beziehung zu den Positionen des Schülers, der Eltern, des Kollegen, des Schulleiters usw. Ein Positionsinhaber hat folglich mehrere Rollenpartner, die jeweils bestimmte Bündel von Verhaltenserwartungen an ihn richten und von ihm ein in bestimmtem Umfang jeweils unterschiedliches Rollenhandeln verlangen. In der Rollentheorie gibt es unterschiedliche Wege, diesen Umstand begrifflich zu erfassen. Robert K. Merton (1910–2003) bezeichnet jedes der Verhaltensmuster, mit denen der Positionsinhaber auf die jeweiligen Verhaltenserwartungen eines seiner Rollenpartner reagiert, als eine Rolle. Jede Position ist demnach mit einem Bündel von Rollenbeziehungen versehen, das Merton als Rollenset bezeichnet. Ralf Dahrendorf (1929–2009) dagegen bezeichnet die auf die verschiedenen Rollenpartner einer Position gerichteten Verhaltensmuster als Rollensegmente einer Rolle.

Soziale Zusammenhänge, die in einer solchen Weise auf Positionen und Rollen beruhen, sind darauf angewiesen, dass die verschiedenen Rollenerwartungen, mit denen Akteure als Positionsinhaber konfrontiert sind, nicht miteinander kollidieren. Merton betrachtet dies als eine wesentliche Bedingung der Stabilität und Funktionsfähigkeit sozialer Strukturen. Er widmet Rollenkonflikten und den Möglichkeiten ihrer Entschärfung und Bewältigung deshalb besondere Aufmerksamkeit. Rollenkonflikte können demnach zum einen zwischen Rollen im Rollenset auftreten, also aus inkompatiblen Anforderungen unterschiedlicher Rollenbeziehungen einer sozialen Position bestehen. Rollenkonflikte können aber auch aus unverträglichen Anforderungen von Rollen resultieren, die der Akteur als Inhaber verschiedener sozialer Positionen einnimmt. Das Bündel der verschiedenen sozialen Positionen eines Akteurs bezeichnet Merton als Statusset. Probleme dieser Art bezeichnet er demgemäß als Probleme der Integration des Statussets. In der von Dahrendorf verwendeten Begrifflichkeit hat man es im einen Fall mit Inkompatibilitäten zwischen Rollensegmenten und nur im zweiten Fall zwischen Rollen zu tun. Er spricht dementsprechend zum einen von Intra-Rollenkonflikten, zum anderen von Inter-Rollenkonflikten. Merton benennt eine ganze Reihe von Mechanismen, die er für geeignet hält, Konflikten im Rollenset (bzw. Intra-Rollenkonflikten) und Konflikten im Statusset (bzw. Inter-Rollenkonflikten) entgegenzuwirken (vgl. Merton, 1995).

Im Strukturfunktionalismus von Talcott Parsons (1902–1979) ist die soziale Rolle der Mechanismus, der dafür sorgt, dass die Akteure im Einklang mit den Wertorientierungen handeln, die für Parsons die Grundlage jeglicher sozialer Ordnung sind. Das Wertesystem bildet demnach den allgemeinen normativen Konsens über die Rechte und Pflichten der Akteure. Diese Rechte und Pflichten strukturieren die sozialen Beziehungen. Die Aufrechterhaltung der sozialen Ordnung hängt dementsprechend davon ab, dass die Akteure sich in den jeweiligen Positionen des Beziehungssystems, das die soziale Struktur ausmacht, normkonform verhalten. Die Funktion sozialer Rollen besteht für Parsons darin, die aus der sozialen Struktur resultierenden Handlungserfordernisse mit den individuellen Bedürfnissen zu vermitteln. Dies geschieht zum einen durch sozialisatorische Internalisierung von Rollenerwartungen, zum anderen vermittels der Belohnungen oder Bestrafungen, die mit der Erfüllung oder Verletzung der Rollenerwartungen verbunden sind (Parsons, Shils, Allport, & al., 1951). Die Rollentheorie erklärt mithin, „wie Individuen dazu kommen, sich so verhalten zu wollen, wie sie sich verhalten sollen" (Abels, 2009: 103). Rollenhandeln ist diesem Verständnis zufolge wesentlich role-taking, d. h. ein durch die vorgegebenen Rollenerwartungen bestimmtes Handeln.

Aus der Perspektive des symbolischen Interaktionismus ist solches role-taking eher die Ausnahme. Im Prozess der sozialen Interaktion stehen die Akteure vielmehr immer wieder vor der Anforderung des role-making, also der Herstellung und Modifikation von Rollen (vgl. Turner, 1962: 22). Weil Rollen selten so umfassend formal definiert und reguliert sind, dass Rollenhandeln nicht mehr ist als das Ausführen von Rollenvorschriften, müssen Akteure ihre Rollen interpretieren, um sie ausüben zu können. Dies betont übrigens auch schon Parsons selbst (vgl. Parsons et al., 1951: 24). Und weil Rollen immer nur in Beziehung zu anderen Rollen existieren, ist dieser Interpretationsprozess ein interaktiver Prozess. Die Interpretation der eigenen Rolle ist abhängig von der Interpretation der Rollenbeziehung durch die Rollenpartner und umgekehrt. Rollenhandeln erfordert dementsprechend den interaktiven Abgleich der eigenen Interpretationen mit denen der Rollenpartner. In diesem Prozess werden Rollen stabilisiert und modifiziert (vgl. Turner, 1962: 23).

Es empfiehlt sich, role-taking und role-making als zwei Aspekte des Rollenhandelns aufzufassen und nicht als konkurrierende Rollenkonzepte. Dies ergibt sich schon aus der einfachen Überlegung, dass jede Interpretation einer Rolle die Annahme voraussetzt, dass es diese Rolle gibt, dass also vorgegebene Verhaltenserwartungen existieren. Zu welchen Anteilen ein bestimmtes Rollenhandeln als role-taking oder als role-making erfolgt, ist mithin eine empirische Frage. Es lassen sich aber durchaus einige allgemeine Bedingungen benennen, die auf die Ausprägung des Rollenhandelns einen Einfluss haben (vgl. Krappmann, 2005: 100ff.; Schimank, 2010: 55): In dem Maße, in dem die jeweiligen Rollenerwartungen klar und allgemein akzeptiert sind und die Akteure motiviert und in der Lage sind, sich diesen Rollenerwartungen entsprechend zu verhalten, dominiert das role-taking. Je weniger dies der Fall ist und je mehr die Akteure darüber hinaus mit Intra- und Inter-Rollenkonflikten belastet sind, für die keine institutionalisierten Lösungen bereitstehen, desto mehr ist Rollenhandeln role-making.

▶ **Handeln, soziales; Soziologie; Theorien, soziologische**

📖 Abels, H. (2009). *Einführung in die Soziologie. Bd. 2: Die Individuen in ihrer Gesellschaft* (4. Aufl.). Wiesbaden: VS Verlag • Dahrendorf, R. (2006 [1958]). *Homo Sociologicus. Ein Versuch zur Geschichte, Bedeutung und Kritik der Kategorie der sozialen Rolle* (16. Aufl.). Wiesbaden: VS Verlag • Geller, H. (1994). *Position, Rolle, Situation. Zur Aktualisierung soziologischer Analyseinstrumente.* Opladen: Leske + Budrich • Griese, H. M., Nikles, B. W. & Rülcker, C. (Hrsg). (1977). *Soziale Rolle. Zur Vermittlung von Individuum und Gesellschaft. Ein soziologisches Studien-und Arbeitsbuch.* Opladen: Leske+ Budrich • Krappmann, L. (2005 [1969]). *Soziologische Dimensionen der Identität. Strukturelle Bedingungen für die Teilnahme an Interaktionsprozessen* (10. Aufl.). Stuttgart: Klett-Cotta • Linton, R. (1979 [1936]). *Mensch, Kultur, Gesellschaft.* Stuttgart: Hippokrates-Verlag • Merton, R. K. (1995 [1957]). *Soziologische Theorie und soziale Struktur.* Berlin u.a.: de Gruyter • Parsons, T., Shils, E., Allport, G. W. & al., (1951). Some Fundamental Categories of the Theory of Action. A General Statement. In T. Parsons & E. Shils (Hg.), *Toward a General Theory of Action* (S. 3-29). Cambridge Mass.: Harvard UP • Popitz, H. (1972). *Der Begriff der sozialen Rolle als Element der soziologischen Theorie* (3., unveränd. Aufl.). Tübingen: Mohr • Schimank, U. (2010). *Handeln und Strukturen: Einführung in die akteurtheoretische Soziologie* (4., völlig überarb. Aufl.). Weinheim u.a.: Juventa-Verlag • Turner, R. H. (1962). Role-Taking: Process versus Conformity. In A. M. Rose (Hg.), *Human Behavior and Social Processes. An Interactionist Approach* (S. 20-40). London: Routledge and Kegan Paul

Ingo Schulz-Schaeffer

S

Schicht, soziale

Eine soziale Schicht beschreibt eine Gruppe innerhalb einer Gesellschaft, deren Mitglieder jeweils bestimmte Schicht konstituierende Merkmale (oder eine Kombination davon) gemeinsam haben (z. B. Beruf, Einkommen, Bildung, Ansehen, Lebensführung). Soziale Schichten können in aller Regel vertikal angeordnet werden (Oberschicht, Mittelschicht, Unterschicht).

Die Einteilung in unterschiedliche soziale Schichten orientiert sich ähnlich wie bei sozialen Klassen an sozio-ökonomischen Gegebenheiten und hier insbesondere an Merkmalen des Berufs (Einkommen, Arbeitsweise, Ansehen) und der Bildung. Der Begriff der Schicht hat im Angelsächsischen keine geläufige Entsprechung, der englische Begriff social class deckt im weiteren Sinne konzeptionell sowohl soziale Klassen als auch soziale Schichten ab. Insbesondere in nicht-wissenschaftlichen Diskursen wird social class häufig mit sozialer Schicht übersetzt (middle class – Mittelschicht).

Für den Begriff der sozialen Schicht fehlt eine allgemein anerkannte Definition. Die Einteilung der Gesellschaft in soziale Schichten lässt sich häufig als Komplement oder Gegenmodell zu einer Klasseneinteilung verstehen. Das Konzept der sozialen Schichten soll in erster Linie ein möglichst akkurates deskriptives Bild einer (vertikal organisierten) Gesellschaft ermöglichen. Potenzielle Erklärungen für die beschriebenen Ungleichheiten liefern Schichtansätze in aller Regel nicht. Schichten stellen per se auch keine Interessengemeinschaften dar – auch wenn gleiche Lebenslagen durchaus zu ähnlichen Einstellungen und Verhaltensmustern führen können. Soziale Schichten werden auch nicht als antagonistisch oder als Ausgangspunkt für Schichtkonflikte angesehen.

Empirisch schwierig ist die Ziehung von Schichtgrenzen, da in hoch entwickelten Industriegesellschaften nicht immer hohe Werte in einer Schichtdimension (z. B. Bildung) zwangsläufig mit hohen Werten in einer anderen Schichtdimension (z. B. Einkommen) einhergehen. Durch diese Statusinkonsistenzen kommt es zu objektiven und subjektiven Zuordnungsschwierigkeiten.

© Springer Fachmedien Wiesbaden GmbH, ein Teil von Springer Nature 2018
J. Kopp und A. Steinbach (Hrsg.), *Grundbegriffe der Soziologie*,
https://doi.org/10.1007/978-3-658-20978-0_75

Historisch gewinnt der Begriff der sozialen Schicht erst in der Mitte des 20. Jahrhunderts durch die Arbeiten von Theodor Geiger (1891–1952) und dann vor allem nach dem Zweiten Weltkrieg durch die Arbeiten von Helmut Schelsky (1912–1984), Erwin K. Scheuch (1928–2003), Karl Martin Bolte (1925–2011) und Ralf Dahrendorf (1929–2009) an Bedeutung. Ein Grund hierfür war der ausgeprägte Wunsch nach Abgrenzung von den marxistischen Klassenansätzen bzw. Klassenanalysen. Aufgrund der gegenüber Klassenansätzen geringen theoretischen Fundierung von Schichtmodellen und aufgrund des oft nur deskriptiven Charakters schrieb jedoch nicht zuletzt Dahrendorf selbst, dass der „Begriff der sozialen Schicht in der Soziologie von relativ untergeordneter Bedeutung gegenüber dem der sozialen Klasse" ist (Dahrendorf, 2009: 213).

In einer der ersten Analysen unterscheidet Theodor Geiger insgesamt fünf „Hauptmassen", auch wenn das Leben sich in „tausend Zwischenformen verspielt" (Geiger, 1987: 82): die kapitalistische Schicht, der „alte Mittelstand" (Handwerker, Bauern, Händler), Tagewerker für eigene Rechnung, Lohn- und Gehaltsbezieher höherer Qualifikation sowie Lohn- und Gehaltsbezieher niedrigerer Qualifikation. Helmut Schelsky formulierte 1953 die These der „nivellierten Mittelstandsgesellschaft", die relativ einheitliche Lebensverhältnisse beschreibt und keine nennenswerten Klassen- oder Schichtunterschiede mehr feststellen kann (Schelsky, 1965). Diese These war empirisch nicht haltbar und wurde durch verfeinerte Schichtmodelle abgelöst. Die bekannteste ist die ‚Bolte'sche Zwiebel' als Beschreibung für die westdeutsche Gesellschaft in den 1960er Jahren (Bolte et al., 1967). Danach umfassen die untere Mitte und die unterste Mitte bzw. das „oberste Unten" knapp 60 Prozent der Bevölkerung, während die Zwiebel nach unten eher flach („Unten", „Sozial Verachtete") und nach oben eher spitz ausläuft (mittlere Mitte, obere Mitte, Oberschicht).

Dahrendorf (1966) nutzt (ähnlich wie Geiger) zur Beschreibung der gleichen Bevölkerung als Ordnungsprinzip die unterschiedlichen Mentalitäten, die in den jeweiligen Schichten typisch sind, und formt danach ein „Dahrendorf'sches Haus" als modellhafte Abbildung der westdeutschen Gesellschaft. Ausgehend von diesen Überlegungen erweitert Geißler (2011) das Haus, um eine zeitgenössischere Einteilung vorzunehmen.

Schichtungsmodelle können als „objektive" Beschreibungen der gesellschaftlichen Strukturen angelegt werden, in denen die Forschenden Kriterien für die jeweiligen Schichtzuordnungen selbst wählen. Empirisch sind jedoch subjektive Selbstzuordnungen heutzutage stärker verbreitet. Sie stellen auch den soziologisch interessantesten Kern der Schichtanalyse dar: In großen Bevölkerungsumfragen können sich weit mehr als 90 Prozent der Befragten in bestimmte Schichtkategorien (Oberschicht, Mittelschicht, Arbeiterschicht) selbst zuordnen. Ganz offensichtlich gibt es ein in der Bevölkerung weit verbreitetes Verständnis für gesellschaftliche

Hierarchieordnungen, in die sich die Menschen trotz unklarer Schichtränder einordnen können. Diese Selbstzuordnung verschärft allerdings ein Problem der Schichtmodelle: Möchte man einen empirischen Zusammenhang zwischen einer Schichtzugehörigkeit und einer anderen empirischen Größe (z. B. Bildung, Lebensstil) feststellen, so ist unklar, inwieweit die interessierende Größe (Bildung, Lebensstil) nicht schon konstitutiv für die Zuordnung in eine Schicht war – was einen Zirkelschluss mit sich brächte. Daher sind Schichtmodelle zwar hilfreiche Deskriptionen für gesellschaftliche Verhältnisse, ihr analytischer Nutzen ist jedoch begrenzt.

▶ **Klasse, soziale**

📖 Bolte, K. M., Kappe, D. & Neidhardt. F. (1967). Soziale Schichtung in der Bundesrepublik Deutschland. In: Bolte, K. M. (Hg.). *Deutsche Gesellschaft im Wandel* (S. 233-351). Opladen: Leske • Dahrendorf, R. (1966). *Gesellschaft und Demokratie in Deutschland.* München: Piper • Dahrendorf, R. (2009) (zuerst 1968). Gibt es noch Klassen? Die Begriffe der sozialen Schicht und sozialen Klasse in der Sozialanalyse der Gegenwart, in H. Solga, J. Powell, & P. A. Berger (Hg.), *Soziale Ungleichheit. Klassische Texte zur Sozialstrukturanalyse* (S. 207-219). Frankfurt a. M.: Campus • Geiger, Theodor (1987) (zuerst 1932): *Die soziale Schichtung des deutschen Volkes.* Stuttgart: Enke • Geißler, R. (2011). *Die Sozialstruktur Deutschlands. Zur gesellschaftlichen Entwicklung mit einer Bilanz zur Vereinigung.* 6. Auflage. Wiesbaden: VS Verlag • Schelsky, H. (1965) (zuerst 1953). *Auf der Suche nach Wirklichkeit.* Düsseldorf: Diederichs

Reinhard Pollak

Segregation

Segregation bezeichnet die räumliche Ungleichverteilung von Bevölkerung über ein Stadtgebiet oder eine Metropolregion nach sozial relevanten Merkmalen.

Der Begriff Segregation wurde von der Stadtsoziologie der Chicagoer Schule in der ersten Hälfte des 20. Jahrhunderts geprägt. Der theoretische Ansatz der Sozialökologie, maßgeblich entwickelt von Robert E. Park (1864–1944), Ernest W. Burgess (1886–1966) und Roderick D. McKenzie (1885–1940), begreift die Stadt als ein Ökosystem, in dem Stadtbewohner mit ihrer gebauten und sozialen Umwelt in einem Austausch stehen. Jede soziale Gruppe besetzt eine ökologische Nische im System „Stadt" und findet in diesem Zusammenhang in einem bestimmten Stadtgebiet ihr quasi natürliches Habitat. Man gehört derselben sozialen Schicht an, spricht dieselbe Sprache, teilt zentrale Wertvorstellungen und weist in der Regel ähnliche Einstellungen auf. Obgleich Städte immer schon nach Berufen und ethnischen bzw. religiösen Merkmalen segregiert waren (Kostof, 1993: 102 ff.), stellten die modernen nordamerikanischen Städte, die innerhalb weniger Jahrzehnte von einfachen Siedlungen zu Großstädten anwuchsen, ein ideales Forschungslaboratorium für die sich entwickelnde Profession der Soziologie dar. Man konnte anhand der rapide wachsenden Städte beobachten, wie sich Neuankömmlinge überwiegend dort niederließen, wo Menschen derselben ethnischen Herkunft und Schichtzugehörigkeit wohnten. So bildeten sich in allen großen nordamerikanischen Städten ethnisch und ökonomisch segregierte Stadtviertel heraus, obgleich es keine formellen Einschränkungen der Niederlassung gab. In das Modell zur Stadtentwicklung zeichneten Burgess, Park und McKenzie (1925) beispielsweise für Chicago die Gebiete „Little-Sicily-Slum", „China-Town", „Deutschland" und „Black-Belt" ein.

Der Extremfall der Segregation stellt das Ghetto dar – ein i. d. R. ethnisch homogenes innerstädtisches Wohngebiet, in dem eine sozial benachteiligte Bevölkerung isoliert von der restlichen Stadtgesellschaft lebt. Louis Wirth (1897–1952), ein Schüler Robert E. Parks, beschreibt das Ghetto als eine soziale Institution, die eine relativ dauerhafte soziale Isolation seiner Bewohner repräsentiert (Wirth,

1956). Ursprünglich war das Ghetto nicht das Produkt von Planung, sondern die unbeabsichtigte Kristallisation von Bedürfnissen und Praktiken, die in der hergebrachten Kultur und den Bräuchen der Bewohner selbst verankert waren. Bereits im frühen Mittelalter findet man jedoch in vielen europäischen Städten Ghettos, deren Grenzen von staatlichen oder kirchlichen Autoritäten festgelegt wurden. Bestimmte Bevölkerungsgruppen, insbesondere Juden, wurden verpflichtet, in diesen eng umrissenen und oftmals überbelegten Stadtgebieten zu wohnen. Die räumliche Konzentration und Isolation im segregierten Gebiet sind geeignet, die Überlieferung gruppenspezifischer Traditionen und Bräuche zu befördern, und bilden deshalb oft die Grundlage für ein starkes Gruppenbewusstsein und eine hohe Solidarität der Bewohner untereinander. Wirth (1956: 8) meinte deshalb, das Ghetto sei für Soziologen weniger als physische Erscheinung, sondern vielmehr als „seelische Verfassung" (state of mind) interessant. In den USA entwickelten sich zu Beginn des 20. Jahrhunderts so stark segregierte Gebiete, dass die Bezeichnung als Ghetto gerechtfertigt erscheint. Ob es in der Bundesrepublik Deutschland Ghettos gab oder noch gibt, ist umstritten.

Die Frage, ob Segregation durch freiwillige Wohnstandortentscheidungen zustande kommt oder ob sie erzwungen ist, macht unterschiedliche Folgen für die segregierte Bevölkerung wahrscheinlich. Während die freiwillige Segregation privilegierter Bevölkerungsgruppen selten als soziales Problem angesehen wird – eine Ausnahme stellen die „gated communities" dar (Wehrheim, 2002) –, gilt für die freiwillige Segregation benachteiligter Bevölkerungsgruppen das Gegenteil. Die Tendenz von Zuwanderern, sich in Gebieten niederzulassen, in denen bereits Verwandte und Freunde, oder zumindest Angehörige der eigenen ethnischen Gruppe leben, wird häufig als problematisch angesehen (Häußermann & Siebel, 2004). Es wird befürchtet, dass die räumliche Trennung die Integration von Zuwanderern in die Zielgesellschaft erschwert. Dies muss jedoch nicht der Fall sein, so lange ein Austausch mit der restlichen Stadt stattfindet und die segregierten Gebiete im Falle eines sozialen Aufstiegs problemlos verlassen werden können. Problematisch wird Segregation insbesondere dann, wenn sie erzwungen ist. Dies ist in modernen Städten zwar nicht durch Gesetze, aber oftmals durch äußere Umstände der Fall, insbesondere durch die Preisentwicklung am Wohnungsmarkt. Werden die unteren sozialen Schichten in bestimmte Wohngebiete abgedrängt, die aufgrund ihrer schlechten Lage und vernachlässigten Bausubstanz günstige Mieten aufweisen, besteht die Gefahr, dass sich durch eine Wechselwirkung zwischen Baustruktur und räumlicher Konzentration benachteiligter Bevölkerungsgruppen eine Abwärtsspirale entwickelt (Friedrichs & Blasius, 2000; Häußermann & Kapphan, 2000; Farwick, 2001). Die quasi gegenteilige Entwicklung dieser Abwärtsspirale stellt die Entwicklung der Gentrification dar (Dangschat, 1988). Abgeleitet vom englischen

„gentry" (niedriger Adel), bezeichnet dieser Begriff die sukzessive Übernahme eines Stadtgebietes durch eine sozial höher gestellte Bevölkerungsgruppe.

Nach diesem kurzen Abriss der wichtigsten Phänomene, die im Rahmen von Segregationsstudien untersucht werden, sollen nun zentrale Konstrukte benannt werden, mit denen Segregation gemessen und beschrieben wird. Die Entwicklung von Segregation ist eng mit Wohnungswechseln der Bevölkerung und Nutzungsänderungen von Geschäftsräumen verbunden (Friedrichs, 1981: 153 ff.). In der ersten Phase des Sukzessionszykluses (Invasionsphase), dringt eine Bevölkerungsgruppe oder Nutzungsart in ein städtisches Teilgebiet ein und konkurriert mit der ansässigen Bevölkerung bzw. Nutzung um Räumlichkeiten (McKenzie, 1924). In der Folge ändern sich die Bodenpreise und Raummieten. Die neue Gruppe bzw. Nutzung übernimmt sukzessive das Gebiet und verdrängt die ursprünglichen Bewohner, zumindest bis zu einem gewissen Grad (Sukzessionsphase). Der Sukzessionszyklus ist abgeschlossen, wenn ein neues Gleichgewicht hergestellt ist (Klimaxphase), so dass die Bodenpreise und Raummieten die Kaufkraft der Bevölkerung im Teilgebiet widerspiegeln. In der Regel, ist dann eine soziale Schicht und/oder Nutzungsart in diesem Gebiet vorherrschend (Dominanz).

Die Segregationsforschung hat zum Ziel, die räumliche Ungleichverteilung von Bevölkerung nach sozial relevanten Merkmalen zu beschreiben, zu erklären und auf ihre Folgen zu untersuchen. Zu diesem Zweck ist es nützlich, den Begriff der Segregation um zwei weitere Begriffe zu ergänzen: Konzentration und räumliche Distanz (Friedrichs, 1981: 216 ff.). Damit lassen sich unterschiedliche Analyseebenen adressieren:

- Segregation bezieht sich auf das Ausmaß der ungleichen Verteilung von Bevölkerungsgruppen über städtische Teilgebiete (Ebene „Gebiet")
- Konzentration bezieht sich auf den Anteil einer Bevölkerungsgruppe in einem Teilgebiet, z. B. einem Stadtviertel, an der Gesamtbevölkerung in einem Gebiet, z. B. in einer Stadt (Ebene „Teilgebiet")
- Räumliche Distanz bezieht sich auf den physischen Abstand zwischen Personen in einem Teilgebiet oder Gebiet (Ebene „Individuum").

Quer zu diesen Analyseebenen kann man außerdem räumliche und raumzeitliche Segregation unterscheiden. Räumliche Segregation bezieht sich auf eine zu einem gegebenen Zeitpunkt relativ stabile Ungleichverteilung, während die raumzeitliche Segregation an bestimmte Zeiten gekoppelt ist. So sind beispielsweise manche Innenstädte raumzeitlich segregiert, weil tagsüber in den Geschäften und Büros Menschen unterschiedlicher sozialer Schichten ein- und ausgehen, während nachts nur wenige Bewohner, überwiegend alleinstehende junge Angestellte, das innerstädtische Geschäftsviertel bewohnen.

Für die Messung von Segregation wurden einige Indizes entwickelt (Duncan & Duncan, 1955), von denen sich insbesondere der Index der Unähnlichkeit (Dissimilaritätsindex) durchgesetzt hat. Dieser hat einen Wertebereich von 0 bis 100, wobei bei 0 keine und bei 100 vollständige Segregation vorliegt. Der Indexwert lässt sich als Prozentsatz der Minoritätsbevölkerung interpretieren, die umziehen müsste, um eine proportionale Verteilung von Minorität und Majorität zu erreichen. Friedrichs (1981: 220 ff.) präsentiert die mathematische Formel für diesen und andere Indizes und erläutert ihre Berechnung. Eine Weiterentwicklung klassischer Segregationsindizes wird in der Studie von Teltemann et al. (2015) vorgestellt.

▶ **Integration; Migration; Minderheiten; Raum; Schicht, soziale; Stadt; Ungleichheit, soziale**

📖 Berger, P. A., Keller, C., Klärner, A. & Neef, R. (Hg.) (2014). *Urbane Ungleichheiten.* Neue Entwicklungslinien zwischen Zentrum und Peripherie. Wiesbaden: VS-Verlag • Dangschat, J. (1988). Gentrification: der Wandel innenstadtnaher Wohnviertel. *Kölner Zeitschrift für Soziologie und Sozialpsychologie*, 29, 272-292 • Duncan, O. D. & Duncan, B. (1955). Residential Distribution and Occupational Stratification. *American Journal of Sociology*, 60, 493-503 • Farwick, A. (2001). *Segregierte Armut in der Stadt.* Ursachen und soziale Folgen der räumlichen Konzentration von Sozialhilfeempfängern. Opladen: Leske+Budrich • Friedrichs, J. & Blasius, J. (2000). *Leben in benachteiligten Wohngebieten.* Opladen: Leske+Budrich • Friedrichs, J. (1981): *Stadtanalyse.* Soziale und räumliche Organisation der Gesellschaft. 3. Aufl., Opladen: Westdeutscher Verlag • Häußermann, H. & Siebel, W. (2004). *Stadtsoziologie.* Frankfurt/New York: Campus • Häußermann, H. & Kapphan, A. (2000). *Berlin: Von der geteilten zur gespaltenen Stadt?* Sozialräumlicher Wandel seit 1990. Opladen: Leske+Budrich • Herrmann, H., Keller, C., Neef, R. & Ruhne, R. (Hg.) (2011). *Die Besonderheit des Städtischen*: Entwicklungslinien der Stadt(soziologie). Wiesbaden: VS Verlag • Kalter, F. (2001). Die Kontrolle von Drittvariablen bei der Messung von Segregation. Ein Vorschlag am Beispiel der familialen Assimilation von Migranten. *Zeitschrift für Soziologie*, 30, 452-464 • Kostof, S. (1993). *Die Anatomie der Stadt.* Geschichte städtischer Strukturen. Frankfurt/New York: Campus • McKenzie, R. D. (1924). The Ecological Approach to the Study of the Human Community. *American Journal of Sociology*, 30, 287-361 • Park, R. E., Burgess, E. W. & McKenzie, R. D. (1925). *The City.* University of Chicago Press • Peach, C. (Hg.) (1975). *Urban Social Segregation.* London: Longman • Teltemann, J., Dabrowski, S. & Windzio, M. (2015). Räumliche Segregation von Familien mit Migrationshintergrund in deutschen Großstädten: Wie stark wirkt der sozioökonomische Status? *Kölner Zeitschrift für Soziologie und Sozialpsychologie*, 67, 83-103 • Theodorson, G. A. (Hg.) (*1961*). *Urban Patterns*: Studies in Human Ecology. The Pennsylvania State University • Wehrheim, J. (2002). *Die überwachte Stadt - Sicherheit, Segregation und Ausgrenzung.* Opladen: Leske+Budrich • Wirth, L. (1956) (zuerst 1928). *The Ghetto.* The University of Chicago Press

Stefanie Kley

Sinn

Sinn stellt als Grundbegriff der Soziologie heraus, dass soziale Wirklichkeit auf Deutungen und Deutungszusammenhängen beruht. Im Unterschied zum Gegenstandsbereich der Naturwissenschaften, der durch deterministisch zu beschreibende Kausalverhältnisse bestimmt ist, ist soziale Wirklichkeit dahingehend sinnhaft hervorgebracht, dass die Verhältnisse zur Welt, die soziale Akteure handelnd erzeugen, stets auf Deutungen fußen, die auch anders hätten ausfallen können. Handlungs- und Lebensweisen, Sprachen, Normen, Werte, Lebensstile, Weltbilder, institutionelle Ordnungen usw., die historisch und kulturell variieren, sind Beispiele dafür (vgl. Berger & Luckmann, 1969: 52).

Auch wenn in verschiedenen soziologischen Theorien Sinn im Detail begrifflich verschieden gefasst wird, so lässt er sich dennoch zum Zwecke einer Arbeitsdefinition als aktuelle Deutung vor dem Hintergrund anderer Deutungsmöglichkeiten begreifen, die Erleben, Handeln und soziale Strukturbildung orientiert (vgl. Husserl, 1992: 46; Luhmann, 1984: 92ff.). In Frage steht dabei, wem oder was die Erzeugung, Tradierung und Transformation von Sinn zugerechnet wird. In verschiedenen soziologischen Theorien wird unterschiedlich optiert: Sinn wird entweder als subjektiver Sinn individuellen Akteuren (a), als objektiver Sinn Erzeugnissen des Handelns (b) oder auch als inkorporierter Sinn (c) den Körpern von Akteuren zugerechnet und dies mit unterschiedlichen Konsequenzen für die Konstruktion des soziologischen Gegenstandsbereichs (vgl. Bongaerts, 2012).

Ad (a): In Theorien, die mit einem Konzept subjektiven Sinns arbeiten, wird davon ausgegangen, dass alle Sinnsetzungen und Sinndeutungen auf bewusste Leistungen individueller Akteure zurückzuführen sind (vgl. Schütz, 2004: 172ff.; Weber, 1976). Diese Zurechnung ist voraussetzungsreicher als die Annahme, dass letztlich immer ein Akteur gehandelt haben muss, damit Sinnzusammenhänge zustande kommen können. Schließlich geht es darüber hinaus darum zu sagen, dass jeder Sinnzusammenhang auf die reflexiv verfügbaren Wissensbestände Einzelner zurückzuführen ist. Die einzelnen Akteure erfinden zwar nicht individuell den Sinn sozialer Wirklichkeit, aber sie haben die entsprechenden (typischen) Wissensvorräte im Laufe der Sozialisation als typische Motive erlernt und können diese mehr oder minder unmittelbar reflexiv aufrufen.

Ad (b): In Theorien, die mit einem Konzept objektiven Sinns arbeiten, wird sozialer Sinn als ein Erzeugnis des zumeist kommunikativen Handelns mehrerer Akteure gefasst. Objektiv sind die Erzeugnisse dahingehend, dass sie prinzipiell allen Akteuren oder einem soziologischen Beobachter zugänglich sind. Subjektiver Sinn ist hingegen streng genommen nur den Akteuren selbst durch Reflexion gegeben. Wenn er mitgeteilt werden soll, müssen objektive Sinnerzeugnisse verwendet werden (vgl. Bongaerts, 2012: 22). Aus diesem Grund wird objektivem Sinn in entsprechenden Theorien das Primat zugesprochen. Zu den objektiv sinnhaften Erzeugnissen zählen Zeichen, Sprache, Symbole, Normen, Werte und Institutionen im Allgemeinen (Berger & Luckmann, 1969), die sich sozialen Akteuren als objektive Wirklichkeit darbieten. Dazu gehören auch geregelte Verknüpfungen von Handlungsfolgen, die sachlich aufeinander bezogen sind und von den Motiven der Akteure abstrahiert werden können (vgl. Habermas, 1981b: 179). Wirtschaftliche Märkte sind ein Beispiel für solche sachlich sinnhafte Handlungszusammenhänge.

Ad (c): Inkorporierter Sinn unterscheidet sich von subjektivem Sinn dadurch, dass er den Akteuren nicht reflexiv zugänglich, sondern wesentlich körperlich eingeschrieben ist – in Form von Fähigkeiten, Fertigkeiten bzw. Können, aber auch sozial erzeugtem Nicht-Können (z. B. funktionaler Analphabetismus). Durch die Körpergebundenheit ist inkorporierter Sinn zugleich von objektivem Sinn unterschieden, der schließlich von individuellen Akteuren abstrahiert werden kann. Inkorporierte Sinnzusammenhänge sind hingegen notwendig individuell und körperlich verankert. Es handelt sich weder um subjektiv geplantes noch um objektiv reguliertes Handeln, sondern um sozial konditioniertes (habituelles) Verhalten, das sich vor allem in der Stilisierung des Lebens und damit der Performanz des Handelns ausdrückt. Mit Blick auf Kommunikation äußert sich inkorporierter Sinn beispielsweise in der spontan aufgerufenen Gestik, Mimik und Rhythmik, die sprachliche Äußerungen begleiten, unterstützen und die wechselseitige Aufmerksamkeit der Kommunikationsteilnehmer regulieren. Darüber hinaus wird inkorporierter Sinn auf Strukturen sozialer Ungleichheit bezogen, wenn bspw. soziale Klassen und Schichten durch Lebensstile unterschieden werden, die an Geschmackspräferenzen beobachtet werden können – z. B. am Musik-, Kleidungs- oder Nahrungskonsum (vgl. Bourdieu, 1982).

📖 Berger, P. L., Luckmann, T. (1969). *Die gesellschaftliche Konstruktion der Wirklichkeit. Eine Theorie der Wissenssoziologie.* Frankfurt a. M.: Fischer • Bongaerts, G. (2012). *Sinn.* Bielefeld: transcript • Bourdieu, P. (1982). *Die feinen Unterschiede. Kritik der gesellschaftlichen Urteilskraft.* Frankfurt a. M.: Suhrkamp • Habermas, J. (1981). *Theorie des kommunikativen Handelns.* Bd. 2. *Zur Kritik der funktionalistischen Vernunft.* Frankfurt a. M.: Suhrkamp • Husserl, E. (1992). *Cartesianische Meditationen. Eine Einleitung in die Phänomenologie.* Hamburg: Meiner • Luhmann, N. (1984). *Soziale Systeme. Grundriß einer allgemeinen Theorie.* Frankfurt a. M.: Suhrkamp • Schütz, A. (2004). *Der sinnhafte Aufbau der sozialen Welt: eine Einleitung in die verstehende Soziologie.* Konstanz: UVK • Weber, M. (1976). *Wirtschaft und Gesellschaft.* Tübingen: Mohr

Gregor Bongaerts

Situation, soziale

Eine Situation ist eine Konstellation von Faktoren, die von einem Akteur oder einem Betrachter (oder mehreren Akteuren bzw. Betrachtern) als ein Zusammenhang wahrgenommen wird. Die Wahrnehmung als Zusammenhang beruht direkt oder indirekt auf der aktuellen oder potenziellen Handlungsbedeutsamkeit der betreffenden Faktorenkonstellation: Die Faktoren werden als Zusammenhang wahrgenommen, weil sie in der entsprechenden Konstellation von denjenigen, die mit ihnen konfrontiert sind, ein bestimmtes Handeln erfordern oder ihnen bestimmte Handlungen ermöglichen. Soziale Situationen sind Situationen, in denen die Handlungen und Erwartungen anderer Akteure zu den Bestandteilen der Faktorenkonstellation gehören.

Viele Situationen weisen eine eher geringe räumliche und zeitliche Ausdehnung auf. Die Situationsbestandteile (also die Faktoren der Konstellation) befinden sich in räumlicher Nähe zu dem oder den Akteuren in der Situation und die Situation währt auch nur eine begrenzte Zeit. Die räumliche Nähe resultiert daraus, dass ein beträchtlicher Teil der bedingenden oder ermöglichenden Faktoren des Handelns in räumlich und zeitlich gebundener Form vorliegen. Um faul in der Sonne am Strand liegen zu können, benötigt man einen sonnigen Strand, so wie man für das Holzhacken einen Ort mit einem Hackklotz und genügend Bewegungsfreiheit benötigt. Und wenn alles Holz gehackt oder die Sonne verschwunden ist, dann ist auch die jeweilige Situation vorbei. Sich in einer Situation zu befinden oder sich in eine Situation zu begeben, heißt deshalb häufig zugleich auch, sich zu einer bestimmten Zeit oder für eine bestimmte Zeit an einem bestimmten Ort zu befinden bzw. ihn aufzusuchen.

Soziale Situationen sind zudem häufig von der raum-zeitlichen Anwesenheit anderer Akteure abhängig. Denn in vielen sozialen Situationen sind Handlungen und Erwartungen ko-präsenter Anderer Situationsbestandteile. Erving Goffman hält diesen Aspekt für so zentral, dass seiner Definition zufolge soziale Situationen immer durch ko-präsente Individuen charakterisiert sind: „According to this definition, a social situation arises whenever two or more individuals find themselves in one another's immediate presence, and it lasts until the next-to-last person leaves" (Goffman, 1964: 135). Diese Definition ist ersichtlich zu eng. Sie kann bereits Situationen der medienvermittelten sozialen Interaktion nicht erfassen (vgl. Schütze, 1987: 157). Darüber hinaus entgehen ihr alle sozialen Situationen, in denen Akteure nicht direkt, sondern vermittels ihrer Handlungserzeugnisse und vermittels verfestigter Erwartungsmuster präsent sind. Auch wenn es also für viele soziale Situationen und insgesamt für viele Situationen charakteristisch ist, dass sich die wesentlichen Situationsbestandteile in raumzeitlicher-Nähe zum Akteur in der Situation befinden, ist dies kein konstitutives Merkmal von Situationen.

Situationen sind relationale Phänomene: Eine Situation existiert nur im Zusammenhang mit einem oder mehreren Akteuren, die sich „in" dieser Situation befinden bzw. befinden könnten. Der Umstand, dass bestimmte Faktoren vorhanden sind und zusammentreffen, macht daraus noch keine Situation. Eine Situation wird daraus erst, wenn eine solche Konstellation als bedeutsam für Akteure wahrgenommen wird. Erst dadurch entsteht die Situation, in der die betreffenden Akteure sich dann befinden. Anders als der Begriff der sozialen Lage bezeichnet der Begriff der sozialen Situation also nicht einen Komplex objektiver Gegebenheiten für sich genommen. „Die ‚soziale Situation' umfasst ebenfalls die objektiven Bestimmungen, aber nur insofern sie dem Subjekt gegeben sind" (Bahrdt, 1958: 5). „Der Situationsbegriff bezieht sich also auf die Art und Weise, in der dem handelnden Individuum die objektiven Bestimmungen eines sozialen Beziehungsgefüges subjektiv gegeben sind" (Dreitzel, 1972: 128).

Die Bedeutung für Akteure, die aus einer Ansammlung von Gegebenheiten eine Situation macht, wird in der Soziologie als Situationsdefinition bezeichnet. William I. Thomas (1863–1947), auf den diese Begriffsbildung zurückgeht, betont: „Die Situationsdefinition ist eine notwendige Voraussetzung für jeden Willensakt, denn unter gegebenen Bedingungen und mit einer gegebenen Kombination von Einstellungen wird eine unbegrenzte Vielzahl von Handlungen möglich, und eine bestimmte Handlung kann nur dann auftreten, wenn diese Bedingungen in einer bestimmten Weise ausgewählt, interpretiert und kombiniert werden" (Thomas & Znaniecki, 1965: 85). Die Situationsdefinition kann von den Akteuren in der Situation aktuell sinnhaft erzeugt werden. Sie kann aber auch in Gestalt vorgefertigter Sinnmuster des gesellschaftlichen Wissensvorrates vorliegen.

Bei typischen Situationen ist das zweite normalerweise der Fall. Typische Situationen sind Konstellationen von Faktoren, mit denen Akteure in hinreichend ähnlicher Form immer wieder konfrontiert werden, und die sie immer wieder vor hinreichend ähnliche Handlungsanforderungen stellen bzw. ihnen ähnliche Handlungsgelegenheiten eröffnen. Eine Begrüßungssituation ist ein gutes Beispiel für eine typische Situation. Wiederholt auftretende Ereignisse führen zur Habitualisierung des auf sie bezogenen menschlichen Wahrnehmens, Denkens und Handelns und zur Institutionalisierung der korrespondierenden Sinnstrukturen. Wiederholt auftretende Faktorenkonstellationen mit einer jeweils bestimmten Handlungsrelevanz führen zu einer entsprechenden Institutionalisierung von Situationsdefinitionen und zu einer entsprechenden Habitualisierung der Situationswahrnehmung und des situationsangemessenen Handelns.

Die Verfestigung von Situationsdefinitionen zu kulturellen Sinn- und Deutungsmustern und die korrespondierende Habitualisierung und Routinisierung der Situationswahrnehmung verändern den Charakter der Handlungsbedeutsamkeit von Situationen. Für Autoren wie Talcott Parsons (1968: 44), Alfred Schütz und Thomas Luckmann (1979: 148ff.) oder auch Jean-Paul Sartre (1987: 690f.) ist das Handlungsziel des Akteurs der Bezugspunkt für die Bestimmung der Situation. Die Situation wird als Konstellation der bedingenden und ermöglichenden Faktoren mit Blick auf dieses Handlungsziel gefasst. In dem Maße, in dem Akteure habituell auf gesellschaftlich vorgegebene Situationsdefinitionen zugreifen, kann sich dies aber auch umgekehrt darstellen: Das gesellschaftliche Sinnmuster gibt den Akteuren vor, welche der umgebenden Umstände als handlungsrelevant zu betrachten sind und welche Handlungsziele verfolgt werden könnten oder sollten. Es ist dann zwar immer noch so, dass die Situation eine Konstellation handlungsbedeutsamer Faktoren ist. Aber es sind nicht mehr vorgängige Handlungsziele, sondern vorgängige Sinnmuster, die die Situationswahrnehmung steuern.

Eine Besonderheit sozialer Situationen besteht darin, dass Situationsdefinitionen hier nicht nur die Situationswahrnehmung steuern, sondern darüber hinaus der Erzeugung von Situationen dienen können. Dies beruht auf dem Umstand, dass soziale Situationen wesentlich aus den Handlungen und Erwartungen der beteiligten Akteure bestehen, die sich aber ihrerseits an Situationsdefinitionen orientieren, um sich situationsangemessen verhalten zu können. Eine bestimmte Situationsdefinition zu etablieren, an der sich die Beteiligten dann orientieren, bedeutet in sozialen Situationen deshalb vielfach zugleich, die Situation herzustellen, die durch diese Situationsdefinition beschrieben wird. Die von Goffman herausgestellte strategisch-dramaturgische Inszenierung im sozialen Alltag zielt genau darauf: Als Darsteller streben die Akteure in der alltäglichen Interaktion mit anderen danach, einen Eindruck von sich selbst zu erzeugen, der zu einer für sie selbst vorteilhaften Definition der Situation führt; ein Eindruck, der die anderen Interaktionsteilnehmer überzeugen und dadurch zur Herstellung der betreffenden Situation führen soll (vgl. Goffman, 1983). Sofern die mit der betreffenden Situation verbundenen Handlungserfordernisse und Handlungsgelegenheiten unter den Akteuren in der Situation ungleich verteilt sind, sind mit Situationsdefinitionen sozialer Situationen dementsprechend immer auch Fragen von Macht, Einfluss und sozialer Ungleichheit verbunden.

▶ **Beziehung, soziale; Sinn; Verhalten, soziales**

📖 Bahrdt, H. P. (1958). *Industriebürokratie. Versuch einer Soziologie des industrialisierten Bürobetriebes und seiner Angestellten.* Stuttgart: Enke • Clarke, A. E. (2005). *Situational Analysis: Grounded Theory After the Postmodern Turn.* Thousand Oaks, CA: Sage Publications • Dreitzel, H. P. (1972). *Die gesellschaftlichen Leiden und das Leiden an der Gesellschaft. Vorstudien zu einer Pathologie des Alltagslebens.* Stuttgart: Enke • Esser, H. (1996). Die Definition der Situation. *Kölner Zeitschrift für Soziologie und Sozialpsychologie,* 48, 1-34 • Friedrichs, J. (1974). Situation als soziologische Erhebungseinheit. *Zeitschrift für Soziologie,* 3, 44-53 • Goffman, E. (1964). The Neglected Situation. *American Anthropologist,* 66(6, Part 2: The Ethnography of Communication), 133-136 • Goffman, E. (1983 [1959]). *Wir alle spielen Theater. Die Selbstdarstellung im Alltag.* München: Piper • Hitzler, R. & Honer, A. (1984). Lebenswelt - Milieu - Situation. Terminologische Vorschläge zur theoretischen Verständigung. *Kölner Zeitschrift für Soziologie und Sozialpsychologie,* 36, 56-74 • Markowitz, J. (1979). *Die soziale Situation. Entwurf eines Modells zur Analyse des Verhältnisses zwischen personalen Systemen und ihrer Umwelt.* Frankfurt a. M.: Suhrkamp • Parsons, T. (1968) (zuerst 1937). *The Structure of Social Action,* 2 Bde. New York: The Free Press • Sartre, J.-P. (1987) (zuerst 1943). *Das Sein und das Nichts. Versuch einer phänomenologischen Ontologie.* Reinbek bei Hamburg: Rowohlt • Schütz, A. & Luckmann, T. (1979). *Strukturen der Lebenswelt,* Bd. 1. Frankfurt a. M.: Suhrkamp • Schütze, F. (1987). Situation. In U. Ammon, N. Dittmar, & K. J. Mattheier (Eds.), *Soziolinguistik. Ein internationales Handbuch zur Wissenschaft und Gesellschaft* (S. 157-164). Berlin u. a.: de Gruyter • Thomas, W. I. (1965) (zuerst 1927). Verhaltensmuster und Situation. Präsidentschaftsansprache vor der Amerikanischen Soziologischen Gesellschaft. In W. I. Thomas (Hg.), *Person und Sozialverhalten,* Hg. von Edmund H. Volkert (S. 88-99). Neuwied am Rhein: Luchterhand • Thomas, W. I. & Znaniecki, F. (1965) (zuerst 1927). Methodologische Vorbemerkung aus „Der polnische Bauer in Europa und Amerika". In W. I. Thomas, *Person und Sozialverhalten,* Hg. von Edmund H. Volkert (S. 61-85). Neuwied am Rhein: Luchterhand

Ingo Schulz-Schaeffer

Sozialisation

Prozess, in dem der Mensch in die ihn umgebenden sozialen Kontexte hineinwächst, die dort gegebenen Sprache(n), Gewohnheiten, Regeln und Normen erwirbt und zugleich zu einem eigenverantwortlich und eigensinnig handlungsfähigen Individuum wird.

Die ältere Sozialisationsforschung richtet ihr Interesse auf die sozialen Einflüsse auf die individuelle Entwicklung, auf die soziale „Prägung des Einzelnen". Neuere Sozialisationstheorien betonen dagegen, dass unterschiedliche soziale Einflüsse und der Eigensinn des Individuums in komplexer Weise zusammenwirken. Denn im Unterschied zu Metallen, die durch einen Stempel zu Münzen geprägt werden, sind menschliche Individuen nicht beliebig formbar. Zudem erwerben Menschen im Sozialisationsprozess auch die Fähigkeit, Normen und Erwartungen zu hinterfragen sowie soziale Gewohnheiten kreativ zu überschreiten. Für den Prozess der Sozialisation sind deshalb drei zusammenhängende Dimensionen zu unterscheiden: die gesellschaftliche Einflussnahme auf die Einzelnen (Personalität), die Ausbildung ihrer sie als Individuen kennzeichnende Besonderheit (Individualität) und die Entwicklung ihrer mit allen anderen gemeinsame Sprach-, Handlungs- und Selbstbestimmungsfähigkeit (Subjektivität). Anthropologisch ist davon auszugehen, dass Menschen nur in einem geringen Maß mit instinktgesteuerten Mechanismen ausgestattet sind. Ihre Sprach- und Handlungsfähigkeit ist ihnen nicht einfach angeboren; sie erwerben Sprache und Handlungsmuster durch die Teilnahme an Kommunikation und sozialen Beziehungen. Auch der Aufbau psychischer Strukturen, der Erwerb von emotionalen Dispositionen und von Charaktermerkmalen geschieht aufgrund sozialer Erfahrungen. Aufgrund dieser zentralen Bedeutung wird der Sozialisationsprozess als eine „zweite sozio-kulturelle Geburt" (D. Claessens) bezeichnet.

In der Sozialisationsforschung werden primäre und sekundäre Sozialisation unterschieden: Primäre Sozialisation meint dabei den Erwerb von Sprach- und Handlungsfähigkeit sowie die Ausbildung grundlegender Persönlichkeitsmerkmale; sekundäre Sozialisation die Prozesse, durch die spezifische Kompetenzen und Normen erworben werden. Primäre und sekundäre Sozialisation sind keine klar getrennten Vorgänge, sondern überlagern sich in der kindlichen Entwicklung. Sozialisation ist jedoch kein abschließbarer Prozess; der Einfluss sozialer Erfahrungen auf die Persönlichkeitsentwicklung setzt sich in der Jugendphase und im Erwachsenenalter fort. Bereits angeeignete Dispositionen werden verfestigt, oder aber aufgebrochen und neue Entwicklung eingeleitet.

Die einflussreichsten Beiträge zur soziologischen Sozialisationsforschung stammen von den Vertretern der strukturell-funktionalen Theorie und des Symbolischen Interaktionismus. Nach der strukturell-funktionalen Sichtweise von Gesellschaft – Hauptvertreter war Talcott Parsons (1902–1979) – haben Sozialisationsprozesse eine gesellschaftsstabilisierende Funktion. Parsons bestimmte Sozialisation als den Prozess, durch den die Individuen die Dispositionen erwerben, die erforderlich sind, um die in der Gesellschaft vorgegebenen Rollen als Akteure spielen zu können. Die Rollen sind durch Normen definiert und in Interaktionssystemen reziprok aufeinander bezogen. Da jeder Rolle eine bestimmte Kombination von Bedürfnisdispositionen entspricht, kann Sozialisation als Entstehung der den verschiedenen gesellschaftlichen Rollen entsprechenden Bedürfnisdispositionen bezeichnet werden. Kritisch anzumerken ist, dass Parsons Sozialisation von vornherein unter dem Gesichtspunkt der Systemstabilität betrachtet und den Beitrag des Individuums, die autonome Stellungnahme und kritische Auseinandersetzung des Individuums mit seinen Rollen, weitgehend ausblendet. Während die strukturell-funktionale Theorie stark anpassungsmechanistisch argumentiert und ein sehr passives Menschenbild unterstellt, betonen alle neueren Konzepte, dass die individuellen Handlungskompetenzen in einem Prozess der aktiven Auseinandersetzung mit der sozialen und dinglichen Umwelt aufgebaut werden (Hurrelmann). Dies geschieht als Aneignung und mitgestaltende Teilnahme am Leben einer Gruppe, einer Institution oder Gesellschaft. Zentrale theoretische Grundlage dafür ist die vor allem von George Herbert Mead (1863–1931) entwickelte Theorie des Symbolischen Interaktionismus. Mead unterscheidet drei Aspekte der Persönlichkeit: das „I", die spontanen Impulse des Ich, das „me", die sozialen Zuschreibungen und Erwartungen, die sich Individuen zu eigen gemacht haben und das „self", das Selbst, das spontane Impulse und soziale Erwartungen zueinander ins Verhältnis setzt. Selbst und Identität begreift Mead als einen Prozess, indem immer wieder erneut eine Balance zwischen verinnerlichten Normen und Rollen einerseits, den Impulsen des „I" andererseits hergestellt wird. Bei Mead wird der Erwerb von Sprach- und Handlungsfähigkeit durch den Erwerb von sozialen Regeln und die Übernahme geteilter sprachlicher und nicht-sprachlicher Symbole analysiert. Die mit jeweils bestimmten Bedeutungen verbundenen Symbole (v. a. die Sprache) ermöglichen ein wechselseitig orientiertes soziales Handeln (Interaktion). Die sich im Rahmen von Interaktionen vollziehende Sozialisation des Individuums zu einer handlungsfähigen Person kann demnach als ein Prozess des Erwerbs von Symbolen und Rollen aufgefasst werden. Der Einzelne lernt, sich in die Rollen anderer zu versetzen (Rollenübernahme), die Erwartungen und denkbaren Reaktionen anderer zu antizipieren und bei der Steuerung des eigenen Handelns zu berücksichtigen. Auch lernt er, sich selbst aus der Perspektive anderer zu sehen, ein für den Aufbau des „Selbst" (self) unentbehrlicher Prozess. In konsequenter Abgrenzung gegen die einseitigen Beeinflussungsmodelle der älteren Sozialisationsforschung bestimmte Niklas Luhmann (1927–1998) Sozialisation als „Selbstsozialisation", d. h. als eine eigenaktive Leistung des Subjekts in Auseinandersetzung mit sozialen Vorgaben und Erwartungen. Damit ist, in Übereinstimmung mit den Sozialisationstheorien des Symbolischen Interaktionismus, darauf hingewiesen, dass eine Vorstellung von Sozialisation als Prägung passiver Individuen durch die Gesellschaft nicht tragfähig ist.

Erziehung als Unterbegriff von Sozialisation bezeichnet alle Vorgänge, bei denen bewusst ein Handeln mit dem Ziel in Gang gesetzt wird, die Persönlichkeitsentwicklung zu beeinflussen, d. h. bestimmte Eigenschaften und Fähigkeiten gezielt hervorzubringen. Durch Erziehung wird versucht, gesellschaftlichen Einfluss auf Kinder und Jugendliche auszuüben. Im Unterschied zum Erziehungsbegriff verweist der klassische Bildungsbegriff auf die Zielsetzung, die Entwicklung des Einzelnen zu einem eigenverantwortlich handlungsfähigen Individuum sowie die umfassende Entwicklung seiner Kenntnisse und Fähigkeiten in Auseinandersetzung mit Kultur und Gesellschaft zu fördern. In modernen Gesellschaften bleiben die Erziehung und Bildung von Kindern und Jugendlichen nicht den Familien überlassen. Das staatlich organisierte Schulsystem und die Schulpflicht sind Kerninstitutionen der modernen Gesellschaft. Sie sollen eine solche Erziehung gewährleisten, die politische Loyalität sichert und den Erfordernissen des Arbeitsmarktes gerecht wird. Zudem wird in Schulen, Hochschulen und der beruflichen Bildung eine Zuweisung von Karrierechancen vorgenommen und gerechtfertigt (Selektion und soziale Platzierung). Trotz des Anspruchs der Chancengleichheit stellt das Bildungswesen auch heute noch eine zentrale ‚soziale Dirigierungsstelle für Sozialchancen des Einzelnen in unserer Gesellschaft' (H. Schelsky) dar.

In Folge der Veränderungen der Geschlechter- und Familienverhältnisse gewinnt staatlich organisierte Sozialisation zunehmend auch im vorschulischen Bereich an Bedeutung. Die traditionelle patriarchalische Arbeitsteilung zwischen männlicher Erwerbsarbeit und weiblicher Haus- und Familienarbeit erodiert. An ihre Stelle tritt die gesellschaftliche Erwartung, dass Frauen und Männer gleichermaßen erwerbstätig sein sollen. Damit entsteht ein wachsender Bedarf an beruflicher Betreuung von Kleinkindern, durch die traditionelle familiale Sozialisation ergänzt bzw. zum Teil ersetzt werden soll. Die Sozialisationsforschung hat sich ausführlich mit dem Einfluss der wichtigsten Sozialisationsinstanzen (Familie, Gleichaltrigengruppe, Schule, Beruf, Medien u. a.) auf die Persönlichkeitsbildung und -entwicklung befasst. In der Kindheit ist nach zeitlicher Dauer und Intensität die Familie die wichtigste Sozialisationsinstanz, die auch maßgeblich die Weichen für die spätere soziale Platzierung des Individuums stellt. Ungleiche familiale Startchancen werden trotz gegenteiliger Ansprüche durch das Bildungssystem nur unzureichend ausgeglichen. Die Bedeutung der sozial ungleichen Lebensbedingungen (Wohnen, Einkommen, Erwerbsarbeit usw.) sowie der damit zusammenhängenden typischen Erfahrungen, Lebensstile, Werte und Normen von sozialen Klassen, Schichten und Milieus war und ist ein zentrales Thema der soziologischen Sozialisationsforschung. Die Grundannahme der traditionellen schichtspezifischen Sozialisationsforschung lautet, dass ein Zusammenhang besteht zwischen der sozialen Schichtzugehörigkeit, der familialen Sozialisation, der kindlichen Persönlichkeitsentwicklung sowie dem Schul- und Berufserfolg. Mit abnehmender Stellung im Schichtungssystem ist die Familie demnach zunehmenden ökonomischen, sozialen und kulturellen Benachteiligungen und Belastungen ausgesetzt, die die sozialisatorischen Prozesse auf der Familienebene (z. B. die Interaktions- und Kommunikationsstrukturen, die Erziehungsziele und -praktiken) derart strukturieren, dass die Entwicklung der kognitiven, motivationalen und sprachlichen Kompetenzen (z. B. Intelligenz, Leistungsmotivation) zunehmend beeinträchtigt wird.

Konzepte der sozialökologischen Sozialisationsforschung konzentrieren sich auf die Analyse der unmittelbar familienspezifischen Wohnumgebung. Die Familienumwelt wird nach ihrer sozialen und materiellen Beschaffenheit untersucht, die zusammen den Erfahrungsbereich der Kinder mit je unterschiedlichem Anregungs-, aber auch Belastungspotenzial herstellt. Mit dem einflussreichen Begriff des Habitus akzentuiert Pierre Bourdieu (1930–2002), dass grundlegende Wahrnehmungs-, Denk- und Handlungsmuster klassen- und milieuspezifisch, aber auch geschlechtsspezifisch ausgeprägt seien. Die zentrale Bedeutung von Geschlechterverhältnissen, Geschlechternormen und Geschlechteridealen für den Sozialisationsprozess war und ist ein zentrales Thema der Frauen- und Geschlechterforschung. Dort wird argumentiert, dass geschlechtsspezifische Sozialisation dazu führt, dass soziale Festlegungen als scheinbar natürliche Eigenschaften von Jungen und Mädchen, Frauen und Männern erlebt werden.

▶ **Anthropologie; Familie; Gesellschaft; Individuum; Norm, soziale; Rolle, soziale; Schicht, soziale**

📖 Bauer, U., Bittlingmayer, U. & Scherr, A. (Hg.) (2012). *Handbuch Bildungs- und Erziehungssoziologie*. Wiesbaden: Springer VS • Geulen, D., Veith, H. (Hg.) (2004). *Sozialisationstheorie interdisziplinär*. Stuttgart: Lucius & Lucius • Hurrelmann, K., Bauer, U., Grundmann, M. & Walper, S. (Hg.) (2015): *Handbuch Sozialisationsforschung*. Weinheim: Beltz • Tillmann, K.-J. (2010). *Sozialisationstheorien*. Reinbek: Rowohlt

Albert Scherr

Sozialstruktur

Wenn man „Gesellschaft" als die Gesamtheit der Interaktionen und des Handelns aller Gesellschaftsmitglieder versteht, dann beschreibt die Sozialstruktur Regelmäßigkeiten und Muster in den zwischenmenschlichen Interaktionen bzw. im menschlichen „Miteinander". Diese als Sozialstruktur zu beobachtenden Regelmäßigkeiten in den Handlungen von Menschen sind Ergebnis und Ausdruck wirksamer sozialer Regeln. Soziale Regeln manifestieren sich demnach in sozialen Strukturen. Soziale Regeln sind immer von Menschen gemacht; wie das menschliche Miteinander geregelt ist, beruht weder auf irgendeiner Art Naturgesetz noch auf göttlichem Willen. Hervorstechendes Merkmal sozialer Regeln ist demnach, dass sie prinzipiell veränderbar sind. Anders als bspw. bei Naturgesetzen können soziale Regeln per Definition keine Gültigkeit unabhängig von Raum und Zeit beanspruchen. Soziale Regeln sind folglich Regeln mit begrenzter räumlicher (kultureller) und zeitlicher (historischer) Reichweite und entsprechend zeigt auch die Sozialstruktur kulturelle Unterschiede und ist historisch wandelbar.

Menschliches Handeln ist aber nicht nur durch von außen vorgegebene Restriktionen in Form sozialer Regeln beschränkt, sondern die individuellen Handlungsmöglichkeiten hängen in entscheidender Weise von der Ressourcenausstattung des Einzelnen mit ökonomischem Kapital, Humankapital und Sozialkapital ab. Neben Restriktionen und Ressourcen tritt als dritte Dimension ferner der Lebensverlauf hinzu (Mayer, 2009). Hier ist von Interesse, ob sich bei der Betrachtung vieler individueller Lebensverläufe Regelmäßigkeiten oder Muster, z. B. im Hinblick auf die zeitliche Abfolge von Ereignissen oder Episoden, ergeben.

Im Zuge der fortschreitenden gesellschaftlichen Modernisierung seit Ende des Mittelalters erlangte die Analyse von Struktur und Ordnung der Gesellschaft zunehmend an Relevanz. Denn erst nachdem akzeptiert worden war, dass soziale Regeln prinzipiell veränderbar sind und keinem göttlich vorherbestimmten Plan unterworfen sind, eröffnete sich der Blick auf die durch diese wandelbaren Regeln erzeugte (und sich wandelnde und vor allem aktiv veränderbare) Sozialstruktur.

Unter dem Eindruck der enormen gesellschaftlichen und ökonomischen Umwälzungen im Zuge der Industrialisierung reifte die Erkenntnis, dass systematische Unterschiede im Verhalten von Menschen vor allem durch ihre unterschiedliche Ausstattung mit produktiv einsetzbarem Kapital bestimmt seien. Demnach ließen sich Menschen und damit die Gesellschaft insgesamt entsprechend der Verteilung von Produktionsmitteln in unterschiedliche Klassen einteilen (vgl. Marx, Weber). Im Zuge des enormen Wohlstandswachstums schienen allerdings ab den 1950er Jahren Klassenmodelle mit einem klaren „Oben" und „Unten" nicht mehr geeignet zu sein, die Sozialstruktur der Nachkriegsgesellschaft in der Bundesrepublik Deutschland abzubilden. Stattdessen wurden nun vermehrt Schichtmodelle zur Beschreibung der Sozialstruktur verwendet (z. B. Bolte, Dahrendorf), bei denen nicht nur die ökonomische Lage, sondern eben auch Mentalitäten oder auch Funktionen innerhalb einer zunehmend ausdifferenzierten Gesellschaft berücksichtigt werden; Schichtmodelle betonen zudem die Möglichkeit (zumindest eingeschränkter) individueller sozialer Auf- aber auch Abstiege.

Seit den 1970er Jahren wurden Klassen- und Schichtmodelle aus zwei Richtungen kritisiert. Erstens wurde bemängelt, dass Faktoren wie Geschlecht, Alter oder ethnische Herkunft kaum beachtet werden. Entsprechend versuchte der Lebenslagen-Ansatz, solche horizontalen Ungleichheitsdeterminanten zu berücksichtigen. Zweitens wurde die (alleinige) Relevanz objektiver Strukturmerkmale wie Einkommen und Geschlecht in Zweifel gezogen. Stattdessen wurde der Begriff des Lebensstils vorgeschlagen, um Gemeinsamkeiten oder Unterschiede in der subjektiven Bewertung und Deutung des Lebens im Vergleich sozial relevanter Gruppen zu identifizieren. Ein weiterer Ansatz versucht zudem soziale Strukturen durch die Verbindung objektiver Merkmale und subjektiver Wertorientierungen in Form spezifischer Milieus zu identifizieren.

Auch wenn Klassen-, Schicht-, Lebenslagen, Lebensstil- und Milieuansätze sich im Detail fundamental unterscheiden, so eint diese Ansätze einer „Traditionellen Sozialstrukturanalyse" (Erlinghagen & Hank, 2013) doch die Überzeugung, dass kollektives Handeln vor allem ein Produkt gesellschaftlicher Strukturen sei (vgl. Burzan, 2007, oder Schäfers, 2012, für einen Überblick). Soziale Strukturen (re)produzierten sich demnach immer wieder selbst. Demgegenüber hat sich in den letzten 30 Jahren insbesondere unter dem Eindruck neuer handlungstheoretischer Erkenntnisse (Coleman, Esser, Lindenberg) ein davon weitgehend abweichender Ansatz der Sozialstrukturanalyse etabliert (vgl. z. B. Klein, 2005; Huinink & Schröder, 2008). Die basale Prämisse dieser „Neuen Sozialstrukturanalyse" (Erlinghagen & Hank, 2013) lautet, dass kollektives Handeln ein Produkt strukturierten individuellen Handelns ist. Menschen sind immer (eingeschränkt und subjektiv) rationale Akteure, die Entscheidungen unter Unsicherheit fällen und agieren (können) („Methodologischer

Individualismus"; Menschenbild des „homo socio-oeconomicus"); dies gilt auch dann, wenn man versucht, Ansätze der traditionellen mit der Perspektive der neuen Sozialstrukturanalyse zu verbinden („Plurale Sozialstrukturanalyse"; vgl. Rössel, 2005). Die neue Sozialstrukturanalyse ist an der (theoretischen) Rekonstruktion und der (empirischen) Operationalisierung der individuellen Entscheidungssituation interessiert. Hierbei besteht eine enge Verbindung zu fortgeschrittenen Methoden der quantitativen empirischen Sozialforschung (Ereignisanalyse, Panelregression, Mehrebenen-Analyse usw.).

▶ **Armut; Bildung; Erklärung, soziologische; Geschlecht; Klasse, soziale; Lebenslauf; Lebensstil; Milieu, soziales; Mobilität, soziale; Schicht, soziale; Ungleichheit, soziale**

📖 Burzan, N. (2007): *Soziale Ungleichheit. Eine Einführung in die zentralen Theorien*, VS Verlag: Wiesbaden • Erlinghagen, M. & Hank, K. (2013): *Neue Sozialstrukturanalyse. Ein Kompass für Studienanfänger.* Paderborn: UTB • Huinink, J. & Schröder, T. (2008): *Sozialstruktur Deutschlands.* Stuttgart: UTB • Klein, T. (2005): *Sozialstrukturanalyse. Eine Einführung.* Reinbek: Rowohlt • Mayer, K.U. (2009). New Directions in Life Course Research. *Annual Review of Sociology*, 35, 413-433 • Rössel, J. (2005): *Plurale Sozialstrukturanalyse: Eine handlungstheoretische Rekonstruktion der Grundbegriffe der Sozialstrukturanalyse*, Wiesbaden: VS Verlag • Schäfers, B. (2012). *Sozialstruktur und sozialer Wandel in Deutschland*, Konstanz: UVK

Marcel Erlinghagen

Soziologie

Soziologie ist die Wissenschaft vom Sozialen, d. h. den verschiedenen Formen der Vergemeinschaftung (z. B. Familie, Verwandtschaft, Sippe, Nachbarschaft oder soziale Gruppe) und der Vergesellschaftung (Organisation, Gesellschaft, Staat) der Menschen; sie fragt nach den Strukturen des sozialen Handelns und der sozialen Gebilde und welchem sozialen Wandel diese unterliegen. Die Soziologie ist eine empirische Sozialwissenschaft; ihre Beziehungen zu den Geistes- und Kulturwissenschaften, aber auch zur Psychologie, sind evident. Die Soziologie hat die Aufgabe, das Soziale als eigene Realität herauszuarbeiten und in seinen Strukturen zu verdeutlichen. Die Strukturen des Sozialen reichen von den täglichen Umgangsformen, wie den Sitten und Bräuchen, bis zu komplexen sozialen Tatsachen, wie dem Recht oder bestimmten Institutionen und Organisationen.

Der Begriff Soziologie ist ein Kunstwort, das sich aus dem lateinischen socius (der Gefährte, i. w. S.: Mitmensch) und dem griechischen logos (Wort, Wahrheit, i. w. S.: Wissenschaft) zusammensetzt, und welches sich seit 1838 in Schriften von Auguste Comte (1798–1857) findet. Der Begriff Soziologie ersetzte nach und nach ältere Bezeichnungen, z. B. physique sociale („soziale Physik"), die davon ausging, das Soziale ließe sich in Analogie zur Physik untersuchen: exakt und mit der Möglichkeit der Prognose und Planung einzelner (sozialer) Elemente, Zustände und Verhaltensweisen.

Der Begriff Soziologie setzte sich seit den 1870er Jahren allgemein durch, v. a. seit den Arbeiten der „Gründergeneration" dieser neuen Wissenschaft: Émile Durkheim (1858–1917), Georg Simmel (1858–1918), Herbert Spencer (1820–1903), Max Weber (1864–1920), Ferdinand Tönnies (1855–1936) und Albion W. Small (1854–1926). Viele Fragen der Soziologie sind so alt wie das Nachdenken über die Bedingungen und Formen des menschlichen Zusammenlebens. Bereits in den Werken von Platon (427–347 v.Chr.) und Aristoteles (384–322 v.Chr.) finden sich grundlegende Einsichten über das Soziale, z. B. das Leben in der Polis.

Die Soziologie hat im Gegensatz zu diesen „Vorläufern" kein vorgegebenes Ordnungsbild, sei dieses philosophisch oder sozialphilosophisch, kosmologisch oder theologisch fundiert. Sie ist eine „nüchterne", strikt an der Erfahrung ausgerichtete Einzelwissenschaft. Vorbereitet wurde diese Einstellung bereits bei Niccolò Machiavelli (1469–1527) und seiner Analyse des politischen Handelns; bei den schottischen Moralphilosophen (Adam Ferguson, 1723–1816, Adam Smith, 1723–1790) und den Frühsozialisten (z. B. Claude Henri de Saint-Simon, 1760–1825). Der Beitrag des deutschen Idealismus (Kant, Hegel, Fichte, Schelling, Schleiermacher) für die Theorie des menschlichen Handelns und die Fundierung einer differenzierten Theorie der bürgerlichen Gesellschaft und des Staates ist bis heute Bestandteil soziologischer Argumentation.

Soziologie entstand als sich verselbstständigende, sich von der Philosophie, Ökonomie, der Allgemeinen Staatslehre und der Völkerkunde mehr und mehr lösende Einzeldisziplin im Zusammenhang des größten Umbruchs der Grundlagen und Formen menschlichen Zusammenlebens. Denn weder die Sesshaftwerdung des Menschen noch die Ausbildung erster städtischer Hochkulturen bedeuteten – auch in weltweiter Perspektive – einen vergleichbaren Umbruch, wie er sich seit Beginn der Doppelrevolution ereignete. Unter Doppelrevolution versteht der englische Sozialhistoriker Eric Hobsbawm das Zusammenwirken der bürgerlich-politischen Revolutionen (v. a. 1789ff.) und der von England und Schottland ausgehenden industriellen Revolution (1770ff.), deren Dynamik ein Land und einen Kontinent nach dem anderen erfasste.

Soziologie entstand als Wissenschaft, diesen generellen Umbruch zu erklären und handlungsorientierendes Wissen zur Verfügung zu stellen. Die Soziologie wurde und wird daher auch als Umbruchwissenschaft oder als Krisenwissenschaft bezeichnet. Indem Soziologie die Ursachen der Krisen und Umbrüche – sei es in der Familie oder am Arbeitsplatz, in den verschiedenen Institutionen und Organisationen – deutlich macht, lassen sich Wege aufzeigen, Krisen zu überwinden. Dies generell zu leisten, beanspruchte seit Mitte des 19. Jahrhunderts der Sozialismus. So überrascht nicht, dass die Soziologie von Anfang an – schon wegen des gleichen Wortursprungs – im Ruf stand, eine sozialistische Wissenschaft bzw. die wissenschaftliche Grundlage des praktischen Sozialismus zu sein (Kiss, 1981).

Die Soziologie als empirische Sozialwissenschaft untersucht die Strukturen des Zusammenlebens, sowohl aus der Perspektive des einzelnen Handelnden, seiner Motivation, seiner sozialen Position (z. B. als Lehrer im Schulsystem), als auch aus der Perspektive der Makrostrukturen der sozialen Gebilde und der allgemeinen gesellschaftlichen Grundtatbestände, z. B. Formen der Arbeitsteilung und des Tausches, der sozialen Differenzierung und Schichtung. Entsprechend werden ein mikro- und ein makrosoziologischer Ansatz unterschieden. Das Ideal der soziologischen Analyse besteht darin, beide Ansätze in allen Untersuchungsfragen zu verbinden. Nur so ist es möglich, das Soziale (im Sinne gesellschaftlicher Bedingtheit) im einzelnen Handeln aufzuzeigen sowie an den sozialen Gebilden und Prozessen nachzuweisen, wie diese ihrerseits durch die besondere Form individuellen Handelns mitbestimmt sind.

Die Fragestellungen der Soziologie hängen zwar eng mit den sich ändernden Lebensbedingungen und den allgemeinen Problemen des sozialen und kulturellen Wandels zusammen, gleichwohl lassen sich einige immer wieder auftauchende Grundfragen benennen:

- Was ermöglicht die wechselseitige Orientierung des sozialen Handelns verschiedener Individuen?
- Welche soziale Differenzierung zeigen einzelne soziale Gruppen, Institutionen und Organisationen bzw. Gesellschaften; welches sind Gründe zunehmender oder abnehmender sozialer Differenzierung?
- Wie wird diese soziale Differenzierung bewertet und wie entstehen daraus die unterschiedlichen Formen sozialer Ungleichheit (der Stände und Klassen, der Kasten und Schichten)?
- Wie wird in komplexen Gesellschaften der Gegenwart die soziale Integration gewährleistet?
- Wie entstehen soziale Konflikte und wie werden sie gelöst?
- Welchen Einfluss haben die jeweiligen Produktions- und Eigentumsstrukturen auf die Formen des menschlichen Zusammenlebens?
- Welche Bedeutung haben Symbole und Kommunikationssysteme für die Handlungsorientierung der Menschen?

Setzt man diese Fragen sehr breit und sehr differenziert fort, so würde dies zu einer Typologie der wichtigsten soziologischen Grundbegriffe führen: soziales Handeln, soziale Differenzierung, Macht und Herrschaft, soziale Integration, sozialer Konflikt usw. Und fragt man, wie wissenschaftlich begründete Aussagen auf diese Fragen möglich sind, so erhält man eine Aufzählung der wichtigsten soziologischen bzw. sozialwissenschaftlichen Methoden und der grundlegenden theoretischen Ansätze (Paradigmen) der Soziologie. Damit ist folgende Systematik der Soziologie angedeutet:

- Allgemeine Soziologie: Diese klärt und entwickelt die wichtigsten Grundbegriffe und verortet sie in begründeten Aussagezusammenhängen über einzelne Objektbereiche des Sozialen (Theorien); auch die Geschichte des Faches Sozio-

logie als Teil der Wissenschafts- und Gesellschaftsgeschichte ist Gegenstand der Allgemeinen Soziologie.
- Spezielle Soziologien, auch materielle oder Bindestrichsoziologien genannt: Diese werden nach dem jeweiligen Untersuchungsgegenstand benannt, z. B. Familiensoziologie, Literatursoziologie, Stadtsoziologie, Rechtssoziologie (Kneer & Schroer, 2010).
- Sozialwissenschaftliche bzw. soz. Forschungsmethoden, die es erlauben, kontrolliert und überprüfbar die für den Untersuchungsbereich wichtigsten Daten zu erheben, sozialstatistisch aufzubereiten und zu interpretieren; die bekanntesten Methoden sind: Interview, teilnehmende Beobachtung, Inhaltsanalyse, Experiment.

Der Streit um das „richtige" Paradigma der soziologischen Theorie kann theoretisch nicht entschieden werden. Gegenwärtig zeigt sich eine wachsende Pluralität sowohl der theoretischen Ansätze als auch der methodischen Vorgehensweisen, die entsprechend dem Untersuchungsgegenstand und dem Erkenntnisziel ausgewählt werden. Bei der konkreten Untersuchung sozialer Tatbestände – sozialer Strukturen und Prozesse, sozialer Gebilde, sozialer Normen und Handlungsmuster usw. – zeigt sich, dass es in der Soziologie nicht nur ein einziges verbindliches Paradigma der theoretischen Orientierung geben kann.

Die Soziologie hat sich zwar im sogenannten Werturteils- bzw. Positivismusstreit (Adorno, 1993) davon distanziert, eine normative Wissenschaft zu sein, aber sie bestreitet nicht, dass Wertgesichtspunkte die Auswahl des Gegenstandsbereichs wesentlich mitbestimmen. Unter diesen Voraussetzungen kann z. B. die sozialpolitisch motivierte Frage: „Was sind die Ursachen und die Auswirkungen der Jugendarbeitslosigkeit?" in eindeutig wissenschaftlicher Weise untersucht werden. Welche politischen und sonstigen normativen Folgerungen aus den Ergebnissen gezogen werden, ist eine Frage, die mehr mit der Qualität der Untersuchung als mit vorgängigen Standpunkten zusammenhängt.

Von einer Institutionalisierung der Soziologie als eigenständiger Wissenschaft kann man erst sprechen, seitdem sie an den wissenschaftlichen Hochschulen (also v. a. den Universitäten) mit eigenen Lehrstühlen und Instituten vertreten ist und über eigene Studiengänge (Diplom, Magister, Bachelor, Master) wie Fachzeitschriften verfügt. Den ersten Lehrstuhl für Soziologie gab es seit 1892 an der Universität Chicago, besetzt mit Albion W. Small (1854–1926; von ihm wurde auch mit dem American Journal of Sociology die erste soziologische Fachzeitschrift gegründet).

Bis zum Ersten Weltkrieg wurde Soziologie in Deutschland nur durch Lehraufträge (v. a. von Ökonomen und Philosophen) wahrgenommen. Nach dem Ersten Weltkrieg begann ein relativ rascher Ausbau (v. a. in Preußen), der jedoch durch die Entwicklung nach 1933 unterbrochen wurde (Lepsius, 1981). Nach dem Zweiten Weltkrieg wurden in Berlin, Frankfurt a. M. und München, in Hamburg und Köln, Kiel und Göttingen erste Lehrstühle und Institute eingerichtet bzw. wieder errichtet. Der breite Ausbau der Soziologie erfolgte aber erst mit der allgemeinen Bildungs- und Hochschulexpansion seit Beginn der 1950er Jahre (1960 gab es 25 Ordinariate, 1970 bereits 69). Die 1909 gegründete Deutsche Gesellschaft für Soziologie war zunächst eine reine Wissenschaftler-Gesellschaft, nunmehr werden auch Studierende aufgenommen. Der 1975 gegründete Berufsverband Deutscher Soziologen e. V. bemüht sich u. a. um eine Erweiterung des Berufsfeldes für Soziologieabsolventen (Schäfers, 1995).

▶ **Methoden der empirischen Sozialforschung; Erklärung, soziologische; Theorien, soziologische**

📖 Adorno, T.W., Albert, H. & Dahrendorf, R. (Hg.) (1993). *Der Positivismusstreit in der deutschen Soziologie*. München: dtv • Esser, H. (1999). *Soziologie. Allgemeine Grundlagen, 3.Aufl.* Frankfurt a. M.: Campus • Jonas, F. (1968–69). *Geschichte der Soziologie, 4 Bde.* Reinbek: Rowohlt.; Kiss, G. (1981). *Marxismus als Soziologie*. Reinbek: Rowohlt • Korte, H. (2011). *Einführung in die Geschichte der Soziologie, 9.Aufl.* Wiesbaden: VS • Kneer, G. & Schroer, M. (Hg.) (2010). *Handbuch Spezielle Soziologien*. Wiesbaden: VS • Lüschen, G. (Hg.) (1979). *Deutsche Soziologie seit 1945. Sonderheft 21 der Kölner Zeitschrift für Soziologie und Sozialpsychologie*. Opladen: Westdeutscher Verlag • Pankoke, E. (1994). Soziologie/Gesellschaftswissenschaften. In O. Brunner, W. Conze & R. Koselleck (Hg.), *Geschichtliche Grundbegriffe, Bd. 5* (S. 997-1032). Stuttgart: Klett-Cotta • Schäfers, B. (Hg.) (1995). *Soziologie in Deutschland: Entwicklung, Institutionalisierung und Berufsfelder. Theoretische Kontroversen*. Opladen: Leske & Budrich

Bernhard Schäfers

Sprache

Das soziologische Interesse an sprachlichen Strukturen, Sprachformen und Sprechweisen gilt ihren jeweiligen Funktionen für den Aufbau und für die Reproduktion sozialer Ordnung, oder es richtet sich spezieller auf die Rolle der Sprache in gesellschaftlichen Konflikten um die Verteilung und Legitimation von Wissen, Positionen und Ressourcen. Die Aufmerksamkeit der Soziologie teilt sich dabei in zwei Hauptrichtungen. Sprache wird hier entweder als soziales „Medium" oder als „Symptom" sozialer Strukturen zum Thema. Diese Überlegungen betonen den Status der Sprache als Medium für eine ganze Reihe von sozialtheoretisch elementaren Dynamiken, von der Sozialisation über die Integration sozio-kultureller Gruppen bis zur Koordination von Handlungskontexten, die je nach Abstraktionsgrad des sprachlichen Mediums unterschiedliche Formate, Reichweiten und Aufgaben haben können. Die Sprachsoziologie im engeren Sinne, deren Zugang zu empirischen Sprachformen zu großen Teilen in Nachbardisziplinen wie die Soziolinguistik hineinragen, widmet sich demgegenüber der Sprache als Symptom für die Effekte vertikaler Differenzierung zwischen Positionen und Strata (Klassen, Schichten, Milieus) im sozialen Raum. Sofern dabei jedoch auch soziale Kämpfe um die Legitimität partikularer Soziolekte oder um Chancen vertikaler Mobilität zum Thema werden, spielt die Betrachtung der Sprache als Medium in die Analyse ihres Symptomcharakters durchaus hinein.

Schon vor der fachübergreifend wirkungsvollen Zäsur des philosophischen „linguistic turn" (Rorty, 1967), durch den die Sprache überhaupt, als eine quasiapriorische Grundvoraussetzung jeglichen sinnhaften Geschehens, eine fundamentale konstitutive Rolle erhielt, ist die Sprache als Medium in der soziologischen Grundlagentheorie vor allem in der pragmatistischen Tradition, besonders bei George Herbert Mead (1863–1931), in den Vordergrund gerückt worden. Mead, dessen Arbeit die Brücke zwischen einer „sozial-behavioristischen" Position und dem „symbolischen Interaktionismus" (Blumer, 1973) bildet, hat in seiner grundlegenden und in der Tradition der „Intersubjektivitätstheorie" (Habermas, 1981) später weiter entfalteten Untersuchung der Sozialisation die Zeichenfunktion hervorgehoben: durch den Übergang von der vokalen Geste zum signifikanten Symbol wird die „Bedeutungsidentität" (zwischen dem „Subjekt" und dem signifikanten, dann generalisierten „anderen") zum elementaren Medium der „Perspektivenübernahme", damit des Ineinandergreifens von Sozialisation und Individuierung auf ontogenetischer Ebene. Eine Generation später, aber noch in der „Gründerzeit" der soziologischen Theorie, hat Alfred Schütz (1899–1959) aus phänomenologischer Perspektive ebenfalls die Bedeutung der Zeichen, besonders der symbolischen Typisierung von Sinnzuschreibungen, für die Abstimmung der jeweils subjektiven und darum wechselseitig intransparenten Handlungsinterpretationen von ego und alter unterstrichen (Schütz, 1955). Während die Meadsche Pionierarbeit ihre Spuren in der Analyse der Interaktion als sprachlicher Kooperation (Blumer, 1973) und in der sprechakttheoretischen (Austin, 1975) Erweiterung der Handlungstheorie zu einer Theorie des kommunikativen Handelns (Habermas, 1981) hinterlassen hat, ist die Schützsche Offensive einerseits von der wissenssoziologischen Analyse „kommunikativer Gattungen" als institutionalisierten Sprachformaten (Luckmann, 1986) aufgenommen worden und andererseits – im Zusammenhang mit der ethnomethodologischen Forschung (Garfinkel, 1967) – in der empirischen Konversationsanalyse (Psathas, 1979) aufgegangen.

Die sprachpragmatische Fassung einer theoretischen Sprachsoziologie repräsentiert prominent vor allem das Habermassche Projekt, die Kritische Theorie auf eine kommunikationstheoretische Grundlage umzustellen, aus den illokutionären Gehalten von Äußerungen Prinzipien sozialer Reziprozität zu rekonstruieren und damit Gesellschaftskritik auf die Analyse pathologischer Sprachformen entlang des normativen Kriteriums einer „idealen Sprechsituation" zu stützen (Habermas, 1981; Searle, 1992). Eine weitere, dezidiert gesellschaftstheoretische Variante der Analyse des Mediums der Sprache in seiner Bedeutung für den Aufbau sozialer Ordnung stellt die funktionalistische Interpretation „symbolisch generalisierter Kommunikationsmedien" bei Talcott Parsons (1980) dar. Die Bildung funktional spezialisierter Systeme mit großer Reichweite und gesteigertem Grad der Abstraktion des sprachlichen Austausches setzt die Institutionalisierung eines weitgehend „ent-indexikalisierten" Mediums der Handlungskoordination voraus, die Parsons z. B. durch den Hinweis auf die Sprachähnlichkeit des Geldes exemplifiziert. In einer radikalisierten kommunikationstheoretischen Abstraktion, die den analytischen Bezug zur lebensweltlichen Sprachform allmählich weitgehend abstreift, entwickelt Niklas Luhmann daraus eine Theorie der autopoetischen (d. h. ausschließlich selbstbezüglichen) Sinnsysteme, die ihre Umweltabgrenzung (operative Schließung) im Falle der Funktionssysteme durch binäre Codierung und Programme sicherstellen (Luhmann, 1984). Dabei betont Luhmann, früher als andere Sprachsoziologie, die hohe Ordnungsrelevanz des gesellschaftlichen Übergangs zum Medium der Schrift, das gegenüber unmittelbarer Interaktion durch Ablösung der Sprache von der

Bindung an den unmittelbaren „Ausdruck" (Ricoeur, 1978) eine ungleich höhere Strukturkomplexität sprachliche Reflexivität (Hermeneutik) erlaubt.

Eine mit der Luhmannschen Systemtheorie verwandte Betonung des konstruktivistischen Zuges sinnhafter/sprachlicher Großhorizonte, denen als subjekttranszendenten Ordnungen die Kraft der Begrenzung des sprachlich „Anschlussfähigen" nahezu exklusiv zugesprochen wird, stellt die diskursanalytische Sezession vom französischen Strukturalismus in der Sprachanalyse durch Michel Foucault (1974) dar. Diskurse gelten als Aussagensysteme, die ihre vernetzten Bedeutungen (das „Sagbare") unabhängig von subjektiver Sinnkonstitution und von der Funktion des Ausdrucks von Intentionen selbst organisieren.

Luhmann und Foucault tragen in die Diskussion um das sprachliche Medium, hierin wahlverwandt mit dem sprachtheoretischen Impuls der „Dekonstruktion" (Derrida, 1974), den „postmodernen" Zug einer „skeptischen" Bedeutungstheorie hinein: sowohl für intersubjektive wie für intersystemische Beziehungen kann die mediale Funktion der Sprache womöglich nicht länger an die Voraussetzung der Bedeutungsidentität (etwa zwischen alter und ego) gebunden werden. Auf unbequeme systematische Implikationen einer solchen „differenztheoretischen" Sprach-Funktions-Auffassung reagieren später u. a. Überarbeitungen der Diskurstheorie durch Akzentuierungen des „Performativen" oder übersetzungstheoretische Sprachkonzepte in der Gesellschaftstheorie (Renn, 2006).

Relativ unabhängig von solchen grundlagentheoretischen Erwägungen zum sprachlichen Medium hat sich die empirische Sprachsoziologie einerseits um die deskriptive Analyse faktischer Interaktions- und Konversationsregeln und Formate bemüht (Garfinkel, 1967; Psathas, 1979; Goffman, 1981); und sie hat dabei den Idealismus der theoretischen Unterstellung von Bedeutungsidentität als Grundlage der medialen Funktion der Sprache z. B. durch Hinweise auf „Indexikalisierungszwänge" (Garfinkel) auf empirische Weise entschärft (d. h. heißt: sprachliche Ambiguitäten des Zeichenmaterials müssen auch mit nicht-sprachlichen Mitteln auf praktisch hinreichende Weise „vereindeutigt" werden, und die „prosodischen" Charaktere des Sprechens, etwa Gesten, Tonfall und Sprach-"Melodie" sind für die situative Bestimmung sprachlicher Bedeutung einschlägig). Andererseits konzentriert sich die empirische Sprachsoziologie auf die „Symptom"-Funktion der Sprache und analysiert Sprechweisen, Soziolekte und gruppenspezifische „Codes", z. B. den Unterschied zwischen „elaborierten" und „restringierten" Codes (Bernstein, 1972), als Ausdruck von vertikal differenzierten sozialen Positionierung oder Klassenlagen bzw. von sozialen Kämpfen um Status und Legitimität. Die Differenz zwischen „Hoch-" oder „Schriftsprache" und „gegenkulturellen" Sprechweisen und Sprachformen gilt als zentrales Merkmal der umkämpften sozialen Ungleichheit (Hager, Haberland, & Paris, 1973). Sofern jedoch diese Parallelisierung von Sprachform und vermeintlich eindeutiger sozialer Lage mit der spätmodernen Pluralisierung von Lebenslagen, sozialen Milieus bzw. durch die strukturelle Entkopplung von sozialer Lage und subjektiven Orientierungen an Plausibilität einbüßt, stellen späte Erscheinungsformen einer Sprachsoziologie, die Sprachdifferenzen als Symptome vertikaler Ungleichheit entziffern mittlerweile eher die Ausnahme dar. So ist die Praxeologie Bourdieus (1979) zwar zweifellos die bedeutendste Grundlage für eine sprachsoziologische Wendung zur performativen Dimension des sprachlichen Mediums des sozialen Ordnungsaufbaus und -umbaus, aber Bourdieus eigener Ansatz zu einer empirischen Sprachsoziologie (Bourdieu, 2005) legt den Akzent doch höchst selektiv auf eine klassentheoretische Beschreibung des symbolischen Kampfes um legitime Sprechweisen. Demgegenüber bietet die Verteilung sprachlicher Differenzen im sozialen Raum gerade unter Bedingungen weltgesellschaftlicher Vernetzung gegenwärtig ein sicherlich bunteres Bild.

▶ **Integration; Konflikt, sozialer; Legitimation; Sinn; Sozialisation; Sozialstruktur; Theorie, soziologische**

Austin, J. L. (1975). *How to Do Things with Words*, Cambridge: Harvard UP • Bernstein, B. (1972). *Studien zur sprachlichen Sozialisation*, Düsseldorf: Schwan • Blumer, H. (1973). Der methodologische Standort des symbolischen Interaktionismus, in: Arbeitsgruppe Bielefelder Soziologen (Hg.), *Alltagswissen, Interaktion und gesellschaftliche Wirklichkeit (S. 80-146)*, Reinbek: Rowohlt • Bourdieu, P. (1979). *Entwurf einer Theorie der Praxis*, Frankfurt a. M.: Suhrkamp • Bourdieu, P. (2005). *Was heißt Sprechen*, Wien: Braumüller • Derrida, J. (1974). *Grammatologie*, Frankfurt a. M.: Suhrkamp • Foucault, M. (1974). *Die Ordnung der Dinge*, Frankfurt am Main: Suhrkamp • Garfinkel, H. (1967). *Studies in Ethnomethodology*, Englewood Cliffs, New Jersey: Prentice Hall • Goffman, E. (1981). *Forms of Talk*, Oxford: Blackwell • Habermas, J. (1981). *Theorie des kommunikativen Handelns*, Frankfurt a. M.: Suhrkamp • Hager, F.; Haberland, H; Paris, R. (1973) *Soziologie und Linguistik,* Stuttgart: Metzler • Luckmann T. (1986). Grundformen der gesellschaftlichen Vermittlung des Wissens: Kommunikative Gattungen, in F. Neidhardt, M. R. Lepsius & J. Weiß (Hg.): *Kultur und Gesellschaft. (S.191-211)*, Opladen Westdeutscher Verlag • Luhmann, N. (1984). Soziale Systeme, Frankfurt a. M.: Suhrkamp • Parsons, T. (1980). *Zur Theorie der sozialen Interaktionsmedien*, Opladen: Westdeutscher Verlag • Psathas G. (ed.) (1979). *Every Day Language*, New York: Irvington • Renn, J. (2006). Übersetzungsverhältnisse. Weilerswist: Velbrück • Ricoeur, P. (1978). Der Text als Modell, in H. G. Gadamer, G. Boehm (Hg.): *Seminar: Die Hermeneutik und die Wissenschaften (S.83-118)*, Frankfurt a. M.: Suhrkamp • Rorty, R. M. (1967). *The Linguistic Turn*, Chicago: Chicago UP • Schütz, A. (1955). Symbol, Reality and Society, in: L. Bryson, L. Finkelstein, H, Hoagland, R. Morrison MacIver (eds.), *From Symbols and Society (p. 135-202)*, New York: Harper • Searle John R. (1992): *Speech Acts*. Cambridge: Cambridge UP

Joachim Renn

Stadt

Die Stadt ist ein Siedlungsgebilde, das erstmals in der Zeit der Sesshaftwerdung der Menschen im Neolithikum vor ca. 6000 bis 8000 Jahren auftauchte, die bisherigen Siedlungsformen, zumal das Dorf in seinen vielfältigen Ausprägungen, ergänzte und seit dem Weltverstädterungsprozess im Zuge der Industrialisierung mehr und mehr verdrängte (über die Entwicklung der Stadt von ihren Anfängen bis ca. 1960, in weltweiter Perspektive, vgl. Mumford, 1979). Die ersten Stadtbildungsprozesse – im Zweistromland Mesopotamien, im Nildelta, im Pandschabgebiet (Indien) und in China – zeichneten sich durch folgende Merkmale aus, die bis heute als charakteristisch für die Stadt gelten können:

- Eine relativ dichte Bebauung und höhere Gebäude als im Umland führen zu höherer Bevölkerungsdichte als bei bisherigen Siedlungen;
- die Bebauung ist durch spezifische Gebäude und Plätze charakterisiert, die die Stadt zum religiösen, militärisch-herrschaftlichen, kulturellen und ökonomischen Zentrum, auch für ein weiteres Umland, machen;
- in der Stadt finden und entwickeln sich die für die jeweilige Gesellschaft differenziertesten Formen der Arbeitsteilung und des Güteraustausches über einen oder mehrere Märkte.

Über die längsten Phasen ihrer Entwicklung – in Europa bis ins frühe 19. Jahrhundert – waren Städte von einer Mauer umgeben und hoben sich hierdurch deutlich vom agrarisch geprägten Umland ab. Erst in so strukturierten Siedlungsgebilden entwickelten sich gegenüber den vorherigen Lebensformen der Jäger und Sammler und auf der Basis einer sesshaften Agrarbevölkerung neue Institutionen, Verhaltensmuster und Formen der Kulturtradierung. Mit der industriellen Großstadt im 19. Jahrhundert kommen als weitere Definitionsmerkmale von Stadt hinzu:

- Fabriken und eine ständig expandierende Marktökonomie, neue Versorgungstechniken und Verkehrssysteme führen zu neuen Mustern der Stadtgestalt;
- Städte werden zum eigentlichen „Laboratorium der Moderne" mit ihren Trends der Säkularisierung und des Vorherrschens anonymer Sozialbeziehungen und freiwilliger Assoziationen (wie Vereine);
- Urbanität wird ein Element typisch großstädtischer Verhaltensweisen, für die es erst nach 1800 die erforderlichen neuen städtischen Räume gibt: Passagen und Galerien, Boulevards und Cafés, Großkaufhäuser und Bahnhofshallen, Theater- und Konzertsäle; Museen sowie innerstädtische Grünanlagen und Parks (die die Stadtmauern und Festungswälle ersetzen).

Eine dritte Phase der Stadtentwicklung zeichnete sich nach 1960 ab: Sie ist geprägt durch die Entwicklung weit in die Landschaft ausufernder suburbaner Räume und die private Autonutzung, durch die Tertiärisierung der Berufs- und Produktionsverhältnisse, den Beginn der „digitalen Revolution" und einen Weltverstädterungsprozess ungeahnten Ausmaßes. Sieverts (1999) prägte für die neuen suburbanen und stadtähnlichen Muster an der Peripherie der Kernstädte den Begriff Zwischenstadt. Fragen ihrer weiteren Entwicklung, zumal im Hinblick auf die Innenstädte, sind gegenwärtig ein wichtiges Forschungsgebiet. Doch neben der Bildung immer neuer suburbaner Räume und städtischer Peripherien haben auch die „Metropolen des Weltmarkts" (Sassen, 2004) Einfluss auf die weitere Stadt- und Innenstadtentwicklung und die Einbindung der Städte auf immer mehr Gebieten in weltweite Netzwerke der Arbeitsteilung und Kommunikation (Castells, 2004).

Die genannten Definitionselemente für Städte in Geschichte und Gegenwart zeigen, dass sie als „Ergebnis" und bezüglich der sie hervorbringenden komplexen ökonomischen und sozialen Prozesse nicht in einer einzigen Erklärung erfasst werden kann. Bei Stadt handelt es sich vielmehr um ein phénomène social total (mit dem Ausdruck des frz. Soziologen und Ethnologen Marcel Mauss), um ein gesellschaftliches Totalphänomen, das seit nunmehr annähernd sechstausend Jahren eine conditio sine qua non der Menschheitsgeschichte und Kulturentwicklung darstellt.

Da v. a. – wie bei Wilhelm Heinrich Riehl (1823–1897) – die große Stadt als „Zentrum der Bewegung" (1861), als Ursache der sich verändernden Familien- und Sozialstrukturen gesehen wurde, verwundert es nicht, dass Deutungen der Stadt und Großstadt und relevanter Verhaltensweisen mit am Beginn der Soziologie überhaupt stehen. Die Großstadt war so etwas wie ein Laboratorium, in dem sich die Probleme der Familie und der Arbeit, der Gemeinschaft und der neuen Formen gesellschaftlich-anonymer Sozialbeziehungen in nuce zeigten. So lässt sich mit ein wenig Übertreibung sagen: Wie am Beginn der ersten bedeutenden Stufe der Stadtentwicklung in der Alten Welt, zumal in der griechischen und römischen

Antike, die Philosophie – namentlich von Platon und Aristoteles – mit der Frage nach dem Wesen der Polis die Frage nach der Natur des Menschen und den ihm adäquaten Formen der Gemeinschaftsbildung verknüpfte, so entwickelte sich die Soziologie am Beginn der zweiten, mit der Doppelrevolution (Eric Hobsbawm) seit Ende des 18. Jahrhunderts beginnenden Phase der Stadtentwicklung. In der Analyse der Entstehungsgründe und der Sozialbedeutung des modernen Kapitalismus und der industriellen Großstadt hatte die Soziologie einen zentralen, die Entwicklungsprozesse zentrierenden Gegenstandsbereich.

Wenn die Gründungsväter der Soziologie, Ferdinand Tönnies (1855–1936) und Émile Durkheim (1858–1917), Georg Simmel (1858–1918) und Max Weber (1864–1920), bestimmte Elemente der Stadt analysierten, so standen immer die Fragen nach den Entstehungsgründen und der Sozialbedeutung der modernen (bürgerlich-kapitalistischen) Gesellschaft dahinter. Hierbei spielten die Prozesse der Vergesellschaftung bisher gemeinschaftlicher Formen des Zusammenlebens (Tönnies), der neuen Formen arbeitsteiliger Produktion für die gesellschaftliche Solidarität (Durkheim), der umfassenden Rationalisierung und Bürokratisierung aller Daseinsbereiche (Weber, 1999) und der expandierenden Geldwirtschaft mit ihren das Verhalten verändernden Implikationen (Simmel) eine entscheidende Rolle. Ihre Analysen gehören zu den grundlegenden Texten der Stadtsoziologie als Gesellschaftstheorie.

Eine erste systematische Stadtsoziologie entstand mit den Arbeiten der sog. Chicagoer Schule der Soziologie. Als Begründer gelten Robert E. Park (1864–1944) und Ernst W. Burgess (1886–1966; vgl. Hamm, 1977). Die von ihnen entwickelten Grundbegriffe einer sozialräumlich orientierten Stadtsoziologie spielen in der stadtsoziologischen Forschung bis heute eine große Rolle, zumal der Begriff der Segregation.

Nach dem Zweiten Weltkrieg wurde die Stadtsoziologie von den Besatzungsmächten auch deshalb gefördert, weil Städte und Gemeinden als Basis der Demokratie angesehen wurden. Die theoretischen wie methodisch immer differenzierten stadtsoziologischen Forschungen haben u. a. herausgefunden:

- Die gesellschaftlich vorherrschenden Strukturen der Produktion und der Arbeitsteilung und die grundlegenden Muster sozialer Beziehungen – in Familien und weiteren Basisinstitutionen – sind primäre Einflussfaktoren für die Stadtgestalt.
- Die Muster der städtischen Expansion für Wohnen und Arbeiten, Erholung und Verkehr, Kultur und Kommunikation sind – wie es Burgess am Beispiel von Chicago erarbeitet hatte – für die Mehrzahl der Städte im Industrialisierungsprozess sehr ähnlich.
- Die Stadt war und ist weiterhin für die große Mehrzahl der Bürgerinnen und Bürger der Ort von sozialer Integration und lokaler Identifikation.

- Entwicklungen der Segregation, also der schichtspezifischen Verteilung von Personen im Sozialraum der Stadt, lassen sich für die oberen und die unteren Sozialschichten am eindeutigsten nachweisen, während bestimmte Lebensstile weniger eindeutig lokal fixierbar sind.

Der Suburbanisierungsprozess, zusammen mit der Tertiärisierung der Berufe, dem Verschwinden des alten Dorfes und der Stadt und Land umspannenden Infrastruktur, das ausgedehnte Pendlerverhalten und v. a. der Tatbestand, dass in Deutschland ca. 80 Prozent der Bevölkerung in Städten, Stadtregionen und verstädterten Zonen leben, ließ die Frage aufkommen, ob Stadt noch ein identifizierbarer Gegenstand sei und die Stadtsoziologie weiterhin Berechtigung habe. Die Frage ist deshalb zu bejahen, weil die zumeist alten und traditionsbewussten Städte ihr Image laufend verbessern wollen und die Mehrzahl der Bevölkerung sich mit ihrer jeweiligen Stadt als Lebensraum identifiziert.

Im bekanntesten städtebaulichen Manifest des 20. Jahrhunderts, der „Charta von Athen", waren die städtischen Funktionen auf Arbeiten und Wohnen, Erholung und Verkehr konzentriert worden und es wurde gefordert, diese Funktionen räumlich scharf zu trennen. Die Tertiärisierung der Arbeitswelt kann heute von ganz anderen Voraussetzungen ausgehen als die typische industrielle Großstadt bis Anfang der 1960er Jahre. Aus Sicht der Bürger ist die Wohnfunktion zentral; ihr galt auch seit Beginn des industriellen Zeitalters die besondere Aufmerksamkeit der Sozialreformer und der Stadtplaner. Aus soziologischer Sicht ist das Wohnen deshalb von besonderer Bedeutung, weil es den größten Teil des täglichen Zeitbudgets umfasst und es in besonderem Maße Standards der Verhäuslichung und Intimisierung, der Individualisierung und des gesamten Zivilisationsprozesses widerspiegelt (vgl. Weresch, 2005).

▶ **Öffentlichkeit; Segregation**

Castells, M. (2004). *Der Aufstieg der Netzwerkgesellschaft*. Opladen: Leske & Budrich • Hamm, B. (1977). *Die Organisation der städtischen Umwelt*. Frauenfeld: Huber • Häußermann, H. & Siebel, W. (2004). *Stadtsoziologie*. Frankfurt a. M.: Campus • Mumford, L. (1979). *Die Stadt. Geschichte und Ausblick, 2 Bde*. München: dtv • Schäfers, B. (2010). *Stadtsoziologie. Stadtentwicklung und Theorien – Grundlagen und Praxisfelder, 2. Aufl.* Wiesbaden: VS • Sassen, S. (2004). *Metropolen des Weltmarkts, 2. Aufl.* Frankfurt a. M.: Campus • Sieverts, T. (1999). *Zwischenstadt – Zwischen Ort und Welt, Raum und Zeit, Stadt und Land, 3. Aufl.* Braunschweig/Wiesbaden: Vieweg • Weber, M. (1999) (zuerst 1922). *Die Stadt*. Hg. von W. Nippel. Tübingen: Mohr • Weresch, K. (2005). *Wohnungsbau im Wandel der Wohnzivilisierung und Genderverhältnisse*. München: Dölling & Galitz

Bernhard Schäfers

Status, sozialer

Sozialer Status hat als Begriff in der Soziologie mehrere Bedeutungen. Die am weitesten verbreitete Verwendungsweise bezieht sich auf die vertikale sozio-ökonomische Verortung einer Person oder einer Personengruppe in einer Gesellschaft. Weiter gefasst meint sozialer Status die hierarchische Verortung einer Person oder Personengruppe in einem Sozialsystem (Betrieb, Gemeinde, Gesamtgesellschaft) auf Basis einer ihr entgegengebrachten Wertschätzung. Eine engere Verwendung findet der Begriff des Status als Synonym für eine soziale Position in der Rollentheorie.

Ein Teil der konzeptionellen Unschärfe des Begriffs stammt aus der englischen Übersetzung und Rückübersetzung des Weber'schen Begriffs des sozialen Standes. Für Weber ist die ständische Lage – im Gegensatz zur rein ökonomisch basierten Klassenlage – „jede Komponente des Lebensschicksals von Menschen, welche durch eine spezifische, positive oder negative, soziale Einschätzung der ‚Ehre' bedingt ist, die sich an irgendeine gemeinsame Eigenschaft vieler knüpft" (Weber, 1972: 534). Der Begriff des Standes wurde im Englischen mit status übersetzt, beinhaltet aber oft nur die subjektive Einordnung der (eigenen) Position entlang gesellschaftlich relevanter Ungleichheitsdimensionen (z. B. Einkommen, Bildung). Dieses Konzept des Status fand wiederum Eingang in die deutschsprachige Soziologie und dort insbesondere in die Sozialstrukturanalyse. Statusunterschiede bilden nach diesem Verständnis in erster Linie Verteilungsunterschiede ab.

Statusunterschiede können sich auf verschiedene Bereiche oder Dimensionen beziehen, zum Beispiel auf Bildung, Einkommen, Einfluss oder Prestige. Hat eine Person eine Position inne, die auf vielen Dimensionen hohe „Statuswerte" bereithält (hohes Bildung, hohes Einkommen, hohes Ansehen), spricht man von Statuskonsistenz oder Statuskristallisation (status crystallization). Gibt es in einigen Dimensionen hohe, in anderen niedrige Werte, wird dies als Statusinkonsistenz diagnostiziert.

Empirisch wird der soziale Status meist in Form einer Skala verwendet. Diese Statusskalen haben oft einen direkten Bezug zum Wirtschaftssystem, genauer gesagt zu den beruflichen Positionen, die Individuen innehaben. Die Eigenschaften von

Berufen werden als Grundlage für eine Gesamtstatus-Betrachtung herangezogen. Berufe mit hohen Eingangsvoraussetzungen (Bildung) und hohen Erträgen (Einkommen) bekommen hohe Statuswerte, Berufe mit geringen Voraussetzungen und geringer Entlohnung haben geringe Statuswerte.

Diese konzeptionelle Grundlage zeigt die enge Verwandtschaft zwischen Statusskalen und Prestigeskalen: Messungen zum Prestige eines bestimmten Berufes folgen einer generellen Attraktivität (desirability) dieses Berufs. Empirisch wird dies seit vielen Jahrzehnten gemessen, indem – vereinfacht gesagt – in großen Umfragen Personen zur Attraktivität bzw. zum Ansehen bestimmter Berufe befragt werden und die Befragten diese Berufe in einer Rangfolge entsprechend anordnen. Beispiele hierfür sind die Arbeiten des National Opinion Research Centers in den USA, das bereits seit den 1940er Jahren Prestigeskalen erstellt, oder die Magnitude-Prestige-Skala für Deutschland (Wegener, 1985).

Bei der Generierung der sehr oft verwendeten sozio-ökonomischen Statusskalen verzichtet man auf die subjektive Bewertung einzelner Berufe. Vielmehr nutzt man die berufstypischen Bildungsvoraussetzungen und Einkommensentlohnungen, um die Berufe auf einer Dimension zu skalieren. Für die Generierung des International Socio-Economic Index (ISEI, Ganzeboom et al., 1992), einer weit verbreiteten Statusskala, werden die Berufe so skaliert, dass sie möglichst gut diejenigen beruflichen Eigenschaften widerspiegeln, die die persönlichen Ressourcen (Bildung) in persönliche Erträge (Einkommen) umwandeln. Demnach haben Hilfsköche und Landarbeiter den geringsten Status, Richter hingegen den höchsten Status. Der jeweilige Status von Berufen weist interessanterweise international eine sehr hohe Ähnlichkeit auf.

Konzeptionell haben Prestigeskalen eine klare Interpretation. Statusskalen hingegen geben die sozio-ökonomische Lage bestimmter Berufe wieder, die exakte (operationale) Definition ist jedoch wenig handhabbar. Generell gilt: mehr Statuspunkte gleich mehr (sozio-ökonomische) Ressourcen. Statusskalen repräsentieren somit die Vertikalität der Sozialstruktur einer Gesellschaft.

Die metrische Eindimensionalität der Statusskalen (wie auch der Prestigeskalen) erleichtert die Anwendung in vielen empirischen Analysen. Besondere Verwendung fanden Statusskalen in den Statuszuweisungsmodellen (status attainment model) von Blau und Duncan (1967), die untersuchten, wie sich der Status der sozialen Herkunft – vermittelt durch die Bildung – auf die eigene (Status-)Position auswirkt (vgl. soziale Mobilität). Die empirischen Anwendungen zeigen, dass sozialer Status eine weitere Form der Messung von vertikalen sozialen Ungleichheiten in der Gesellschaft ist. Sie ist in der heute verbreiteten Form jedoch theoretisch deutlich weniger fundiert als gesellschaftliche Analysen, denen ein explizites Klassenmodell zugrunde liegt.

▶ **Klasse, soziale; Schicht, soziale; Sozialstruktur**

📖 Blau, P. M. & Duncan, O. D. (1967). *The American Occupational Structure*. New York: Wiley • Ganzeboom, H. B. G., De Graaf, P. & Treiman, D. J. (with De Leeuw, J.) (1992). A Standard International Socio-Economic Index of Occupational Status. *Social Science Research*, 21, 1-56 • Goldthorpe, J. H. (2007). *On Sociology (volume 2) (2nd edition)*; Stanford: Stanford UP • Weber, M. (1972) (zuerst 1921). *Wirtschaft und Gesellschaft. Grundriss der verstehenden Soziologie.* Tübingen: Mohr • Wegener, B. (1985). Gibt es Sozialprestige? *Zeitschrift für Soziologie*, 14, 209-235

Reinhard Pollak

Symbol

Unter einem Symbol versteht man im Allgemeinen einen Bedeutungsträger, dessen nur durch Deuten und Verstehen erfahrbarer Sinngehalt gesellschaftlich konventionalisiert ist.

Der Symbolbegriff ist in Philosophie, Anthropologie, Mathematik, Psychologie, Politikwissenschaft und insgesamt den Geistes- und Sozialwissenschaften auf vielfältige Weise von Bedeutung. Für die soziologischen Begriffsverwendungen entscheidend ist die anthropologische Feststellung, der Mensch sei als instinktreduziertes Wesen auf den Gebrauch bedeutsamer Zeichen angewiesen, um sich und seiner Umwelt Sinn zuzuschreiben. Etymologisch stammt ‚Symbol' vom griechischen ‚symbolon': Ein zerbrochener Gegenstand (etwa ein Ring) dient den getrennten Partnern als Erkennungszeichen ihrer unverbrüchlichen Zusammengehörigkeit. Diese paradoxe Struktur des Symbols ist für die soziologische Begriffsverwendung von zentraler Bedeutung.

In den speziellen Soziologien findet der Symbolbegriff insbesondere in der politischen Soziologie und in der Religionssoziologie rege Verwendung. Unter den verschiedenen soziologischen Theorietraditionen hat sich vor allem die phänomenologisch begründete Soziologie um eine grundbegriffliche Bestimmung des Symbols bemüht, während in strukturalistischen und interaktionistischen Ansätzen zwar Fragen der Symbolhaftigkeit prominent sind, der Symbolbegriff selbst jedoch kaum ins Zentrum des Interesses rückt.

Die phänomenologisch begründete Soziologie setzt analytisch bei der subjektiven Erfahrung des Menschen an, von der aus betrachtet die abstrakte Ordnung der Gesellschaft als selbstverständlich, soziologisch jedoch als erklärungsbedürftig erscheint. Symbolisch hergestellte Außeralltäglichkeit ist phänomenologisch gesehen eine lebensweltliche Erfahrung, die für das soziologische Verstehen von Gesellschaft von entscheidender Bedeutung ist. Strukturalistische Ansätze beschreiten den umgekehrten Weg: so bildet etwa bei Pierre Bourdieu die analytische Unterscheidung von Dominanten und Dominierten den Ausgangspunkt für die Frage, wie diese als universelle Struktur des Sozialen gedachte Ordnung zur subjektiven Wirklichkeit wird. Die Antwort lautet: Durch die Einverleibung symbolischer Herrschaft, die kollektiv geteilt und subjektiv zugleich anerkannt und verkannt wird (Bourdieu, 1998; Moebius, 2011). Interaktionistische Ansätze schließlich gehen von der symbolischen Interaktion selbst aus und fragen nach der Konstitution des Selbst im sozialen Austausch und nach der interaktiven Herstellung einer geteilten, eben symbolischen, d. h. bedeutsamen Wirklichkeit: „Das menschliche Zusammenleben auf der Ebene der symbolischen Interaktion ist ein unermeßlicher Prozeß, in dem die Menschen die Objekte ihrer Welt bilden, stützen und abändern, indem sie Objekten Bedeutung zuschreiben" (Blumer, 2004: 332). Gemeinsamer Nenner der verschiedenen soziologischen Zugänge zum Symbol ist, es als Element in Handlungsketten zu verstehen.

Das Symbol kann als ein Zeichentypus neben anderen verstanden werden: Demnach ermöglichen Merkzeichen die Vergegenwärtigung von Vergangenem, überwinden Anzeichen räumliche Grenzen und machen (einfache) Zeichen die Existenz von Mitmenschen erfahrbar. Symbole schließlich verweisen auf abwesende, außeralltägliche und damit dem Bewusstsein nicht direkt zugängliche Wirklichkeitsbereiche (Schütz, 1971: 353ff.). Dem Außeralltäglichen soll durch symbolische Repräsentation „die eigentliche Präsenz in der Erfahrung zukommen" (Soeffner, 2010: 27). Als Repräsentationen zielen Symbole „auf die direkte Erfahrung des Indirekten, auf die Unmittelbarkeit des Vermittelten" (Soeffner, 2010: 28). Zudem weisen Symbole und mit ihnen Rituale – als Handlungsformen des Symbols (Luckmann, 1985) – eine weitere wesentliche Besonderheit auf: Sie sind grundsätzlich ambivalente Zeichen. Sie bringen Widersprüche zum Ausdruck und harmonisieren sie, indem sie sie in einer geschlossenen Gestalt zum Ausdruck bringen. Statt Symbole lediglich dem Bereich der ‚großen Transzendenzen' (und damit der religiösen Erfahrung) zuzuordnen, schreibt Hans-Georg Soeffner ihnen auch Bedeutung für das (die direkten face-to-face Beziehungen überschreitende) gesellschaftliche Handeln und Wissen zu. Zu diesem Zweck unterscheidet er zwei Stufen des Symbolismus: Auf der ersten Stufe wird durch Symbole Gesellschaft als kollektiver Handlungsrahmen objektiviert und erfahrbar gemacht und werden soziale Gemeinsamkeiten sowie kollektiv verbindliche Wissensbestände hergestellt. Symbole dienen hier der Teilhabe des Einzelnen an der Gesellschaft, an ihren Normen und Werten. Auf der zweiten Stufe verweisen Symbole darauf, dass diese historisch lokalisierte Gruppe selbst eingebunden ist in den „Kosmos eines umfassenden Sinnzusammenhanges" (Soeffner, 2010: 31), der im Mythos ausformuliert wird. Auf dieser zweiten symbolischen Stufe des Mythos „konstituieren Kollektivsymbole das Gefühl der Gemeinschaft ebenso wie sie deren (Kollektiv-) Bewusstsein und Fortbestehen zu sichern helfen" (Soeffner, 2010: 36). Umgekehrt

„repräsentieren und stützen zentrale Kollektivsymbole konkrete historische Mythen" (Soeffner, 2010: 37) und machen diese für den Einzelnen erfahrbar und zu einem Bestandteil seiner Wirklichkeit. Der Begriff des Kollektivsymbols bezeichnet also nicht allein, dass Symbole kollektiv geteilt werden, sondern dass über sie ein Kollektiv mit geteiltem Wir-Gefühl überhaupt erst gebildet wird. Aus durch einzelne Symbole repräsentierten Normen und Werten werden – mythisch überhöht – ‚unsere' Normen und ‚unsere' Werte. In der symbolischen Vergegenwärtigung vollzieht sich eine eigentümliche Umkehrung des Realitätsempfindens: Das nicht Wahrnehmbare erscheint als wirklicher als das Wahrnehmbare, das Dargestellte wird wichtiger als das Darstellende.

Die Mehrdeutigkeit der Symbole verringert ihre Orientierungsleistung nicht, sondern ist Voraussetzung der spezifischen Ordnungsbildungsleistungen, die sie erbringen: die dauerhafte Stabilisierung eines Widerspruchs, der im Symbol zur Einheit verschmilzt. Die soziologische Pointe dieses Symbolbegriffes ist, dass das Symbol nicht allein als Träger eines abwesenden Bedeutungsgehaltes verstanden wird, sondern – da es subjektives Bewusstseinselement ist – in ihm gleichzeitig transzendenter Sinn sowie subjektive Reaktionen und Erfahrungen mit dem Abwesenden repräsentiert werden. Auf diese Weise verstanden ist das Symbol nicht Objekt, sondern Element subjektiven Handelns. So lässt sich handlungstheoretisch die Leistung von Symbolen erklären, „Gemeinschaftshandeln zu ermöglichen, kollektives Wissen zu speichern, zu tradieren und zu sichern" (Soeffner, 2010: 34).

📖 Blumer, H. (2004). Der methodologische Standpunkt des symbolischen Interaktionismus. In J. Strübing & B. Schnettler (Hg.), *Methodologie interpretativer Sozialforschung. Klassische Grundlagentexte* (S. 321-385). Konstanz: UVK/UTB • Bourdieu, P. (1998). *Praktische Vernunft. Zur Theorie des Handelns.* Frankfurt a. M.: Suhrkamp • Luckmann, T. (1985). Riten als Bewältigung lebensweltlicher Grenzen. *Schweizerische Zeitschrift für Soziologie*, 11, 535-550 • Moebius, St. (2011). Pierre Bourdieu: Zur Kultursoziologie und Kritik der symbolischen Gewalt. In S. Moebius & D. Quadflieg (Hg.), *Kultur. Theorien der Gegenwart* (S. 55-69). Wiesbaden: VS • Schütz, A. (1971). Symbol, Wirklichkeit und Gesellschaft. In A. Schütz, *Gesammelte Aufsätze, Bd. 1: Das Problem der sozialen Wirklichkeit* (S. 331-411). Den Haag: Nijhoff • Soeffner, H.-G. (2010). *Symbolische Formung.* Weilerswist: Velbrück

Dariuš Zifonun

System, soziales

Unter Systemen werden generell Einheiten mit drei Grundmerkmalen verstanden: Ein System besteht aus Elementen, die in Beziehungen zueinander stehen und sich gegenseitig beeinflussen (Relationen). Diese Relationen sind in einer für das jeweilige Systeme kennzeichnenden Weise ausgeprägt (Strukturbildung). Das jeweilige System grenzt sich von seiner Umwelt ab (Grenzziehung und Grenzerhaltung). Systemtheorien zielen in unterschiedlichen Wissenschaften darauf, komplexe Zusammenhänge zu analysieren, die sich nicht mit einem einfachen Ursache-Wirkungs-Modell begreifen lassen. Denn für Systeme gilt, dass sie nur auf bestimmte Ereignisse in ihrer Umwelt reagieren und dass dies in einer Weise geschieht, die von den Binnenstrukturen des Systems abhängt. Der Systembegriff wird in verschiedenen Wissenschaftsdisziplinen (z. B. Mathematik, Physik, Biologie, Psychologie, Soziologie) verwendet. Die Arbeiten von Ludwig v. Bertalanffy (1901–1972) sind Ausgangspunkt für den Versuch der Entwicklung einer Allgemeinen Systemtheorie. Dies zielt darauf, Eigenschaften zu bestimmen, die für alle Systeme – mechanische, biologische, psychische, soziale – kennzeichnend sind.

In der Soziologie sind zwei Varianten von Systemtheorien einflussreich: Die strukturell-funktionale Systemtheorie von Talcott Parsons (1902–1979) und die System-Umwelt-Theorie von Niklas Luhmann (1927–1998). Während Parsons zentrale Frage die nach den Bedingungen der Bestandserhaltung sozialer Systeme – z. B. von Familien oder von Gesellschaften – ist, richtet sich das Interesse bei Luhmann auf die Eigendynamik sozialer Prozesse. Seine Gesellschaftstheorie zielt darauf, die ungeplanten Veränderungen der modernen Weltgesellschaft verstehbar zu machen, die daraus resultiert, dass sich vielfältige Teilsysteme mit eigener Entwicklungsdynamik wechselseitig beeinflussen. Die Begriffe Gesellschaftssystem bzw. Gesellschaftssysteme werden in der Soziologie auch in marxistischen und neomarxistischen Theorien verwendet. In prominenter Weise ist dies bei Immanuel Wallerstein in seiner Theorie des modernen Weltsystems der Fall. Wallerstein untersucht die Folgen einer globalen Weltwirtschaft, wie sie sich seit dem 16. Jahrhundert herausgebildet und die zu strukturellen Abhängigkeiten und Ungleichheiten zwischen den ökonomischen und politischen Zentren und den Peripherien geführt hat.

Die soziologische Systemtheorie von Parsons und Luhmann wird gelegentlich als konservative Alternative zur kritischen Theorie gekennzeichnet; diese politische Charakterisierung ist wissenschaftlich nicht haltbar.

1. Soziale Systeme sind, im Unterschied zu biologischen und physikalischen Systemen, Sinnsysteme. Als ihre grundlegenden Elemente gelten Handlungen (Parsons) oder Kommunikationen (Luhmann). Strukturen sozialer Systeme sind folglich Sinnsysteme, und das heißt: Sie schränken ein, welche Handlungen oder Kommunikationen im jeweiligen System möglich sind, also welche sozial als verständlich und zulässig akzeptiert werden und welche nicht. Zur Verdeutlichung: Der Satz ‚Ich liebe Dich' gilt in Familiensystemen als akzeptable Äußerung der Zuneigung zwischen Eltern bzw. zwischen Eltern und ihren Kindern; beim Einkauf in einer Supermarkt würde dieser Satz dagegen gewöhnlich irritieren, da er im Rahmen der Rollenbeziehungen zwischen Kunden und Verkäufern nicht zulässig sind. Soziale Systeme legen also je spezifische Erwartungen (Regeln und Normen) fest und reagieren auf Missachtungen dieser Erwartungen mit Nicht-Beachtung oder mit Sanktionen. Systemtheoretische Soziologie untersucht die Sinnstrukturen, die für unterschiedliche Sozialsysteme (z. B. Zweierbeziehungen, Organisationen, Netzwerke) kennzeichnend sind. Es handelt sich dabei u. a. um typische Kommunikationsstrukturen (z. B. eher hierarchische oder eher egalitäre) sowie um Rollenerwartungen, die an die Inhaber bestimmter Positionen in sozialen Systemen gerichtet sind.
2. Die neuere Systemtheorie ist als System-Umwelt-Theorie angelegt. Sie betrachtet unterschiedliche Systeme als füreinander notwendige Umwelten, die in Austauschbeziehungen zueinander stehen. Dies gilt für das Verhältnis von biologischen und psychischen Systemen zu sozialen Systemen ebenso wie für das Verhältnis unterschiedlicher sozialer Systeme: Ohne Körper ist kein Bewusstsein möglich und ohne Bewusstsein keine soziale Kommunikation. Soziale Systeme setzen sich auch gegenseitig voraus: Zum Bespiel sind moderne Familien dadurch gekennzeichnet, dass sie Leistungen des Erziehungssystems, des Gesundheitssystems, des Wirtschaftssystem, des Systems der Massenmedien usw. in Anspruch nehmen. Notwenige Austauschbeziehungen, die zu einer wechselseitigen Ermöglichung und Begrenzung von Entwicklungen führen, bezeichnet die Systemtheorie als strukturelle Koppelungen. Im Unterschied zu sog. Trivialmaschinen, bei denen ein Ereignis in der Umwelt zu einer eindeutigen und vorhersehbaren Folge führt, stellen soziale Systeme nicht-triviale

Gebilde dar, die auf für sie bedeutsame Ereignisse in ihrer Umwelt über ein großes Repertoire an Reaktionsmöglichkeiten verfügen. Sie nehmen in höchst selektiver Weise wahr, was in ihrer Umwelt geschieht und reagieren darauf aufgrund ihrer je aktuellen Binnenstrukturen. Aus dieser Beobachtung folgt, dass soziale Systeme, wie z. B. Familien oder Industriebetriebe, von außen nicht einfach steuerbar sind. So können z. B. Familienpolitik oder Wirtschaftspolitik zwar Rahmenbedingungen ändern und Erwartungen formulieren, aber nicht festlegen, welche Konsequenzen Familien und Betriebe daraus ziehen. Es bedarf einer genauen Kenntnis systemischer Binnenstrukturen, um die Irrtumswahrscheinlichkeit von Prognosen zu reduzieren.

3. Ausgangspunkt der systemtheoretischen Gesellschaftstheorie ist ein Funktionalismus, der danach fragt, welche Funktionen erbracht werden müssen, damit bestehende Gesellschaftsstrukturen aufrechterhalten werden können. Talcott Parsons hat dazu das Konzept einer Steuerungshierarchie erarbeitet, das, grob vereinfacht formuliert, in der These mündet, dass die Stabilität einer Gesellschaft zentral durch ihr soziokulturelles Teilsystem gewährleistet ist, in dem kognitive Orientierungen, Werte und Normen verankert sind. Niklas Luhmanns Systemtheorie der modernen Gesellschaft grenzt sich gegen eine auf die Bedingungen der Bestandserhaltung ausgerichtete Perspektive ab. Im Zentrum seiner Gesellschaftstheorie steht die Annahme, dass das Grundmerkmal der modernen Gesellschaft in ihrer Untergliederung in Teilsysteme wie Wirtschaft, Politik, Recht, Wissenschaft, Erziehung, Massenmedien, Religion u. a. besteht, die füreinander Umwelten bilden, ohne dass es eine gesellschaftliche Spitze oder ein Steuerungszentrum gibt, das die Entwicklung der Teilsysteme regulieren und aufeinander abstimmen könnte. Die moderne Gesellschaft wird als eine funktional differenzierte Weltgesellschaft verstanden, deren Zukunft in hohem Maß ungewiss ist. Luhmann grenzt sich mit solchen Überlegungen sowohl gegen ein gängiges Verständnis von Politik als Leitsystem der Gesellschaft ab als auch gegen die marxistische These, dass die ökonomische Entwicklung letztlich entscheidend ist.

4. Betrachtet man die moderne Gesellschaft als funktional differenzierte, dann folgt daraus, dass die Gesellschaftsstruktur nicht mit der Sozialstruktur gleichzusetzen ist. Von der funktionalen Differenzierung in Teilsysteme wird deshalb die stratifikatorische Differenzierung der Sozialstruktur in Klassen und Schichten unterschieden. Hinzu kommen zwei weitere Formen der Systemdifferenzierung: die segmentäre Differenzierung in gleiche Einheiten wie z. B. Familien und Städte sowie die Differenzierung in einen Inklusions- und einen Exklusionsbereich der Weltgesellschaft. Damit wird darauf hingewiesen, dass der Zugang zu den Leistungen des modernen Gesellschaftssystems, zu Erwerbsarbeit, Krank-

heitsbehandlung im Gesundheitssystem, schulischer Erziehung usw. für einen erheblichen Teil der Weltbevölkerung nicht gewährleistet ist.

▶ **Differenzierung, gesellschaftliche; Gesellschaft; Handeln, soziales; Sozialstruktur**

Baecker, D. (Hg.) (2005). *Schlüsselwerke der Systemtheorie.* Wiesbaden: VS Verlag • Luhmann, N. (2009). *Die Gesellschaft der Gesellschaft.* Frankfurt: Suhrkamp • ders. (2009). *Einführung in die Systemtheorie.* Heidelberg: Auer Verlag • Münch, R. (1995). *Dynamik der Kommunikationsgesellschaft.* Frankfurt. Suhrkamp • Parsons, T. (1975). *Beiträge zur soziologischen Theorie.* Darmstadt/Neuwied: Luchterhand • ders. (1976). *Zur Theorie sozialer Systeme.* Opladen: Westdeutscher Verlag • Scherr, A. (Hg.) (2015): *Systemtheorie und Differenzierungstheorie als Kritik.* Weinheim: Beltz • Wallerstein, I. (2004). *Das moderne Weltsystem. 3 Bände.* Wien: Promedia

Albert Scherr

T

Tausch

Tausch beruht auf expliziter oder impliziter Wechselbeziehung des Gebens und Nehmens von Gütern und Dienstleistungen und kennzeichnet dabei zumeist den Prozess ihrer Weitergabe. Der Ausdruck Tausch tritt erstmals als Rückbildung des Verbs tauschen im 16. Jahrhundert auf und geht auf das mittelhochdeutsche „täschen" zurück. Es besagt zunächst „unwahr reden, lügnerisch versichern". Im engeren Sinn wird der Begriff Tausch entweder synonym für ökonomischen Warentausch, oder als Sammelbezeichnung für alle nicht-kommerziellen Weitergabeformen von Gütern oder Dienstleistungen, mit Ausnahme von Formen der Abgabe (Tribut, Spende, Entsorgung), verwendet.

Beim Warentausch leitet sich der Wert eines Gutes nicht vom Gebrauchs, sondern vom Tauschwert ab. Zwar ist der Warentausch ohne ein allgemeines Äquivalent (Geld) möglich, aber nicht ohne die Institution des Marktes. Die Freiheit des Marktverkehrs (Angebot/ Nachfrage) bestimmt den Tauschwert. Nach Max Weber kommt es dabei zu einem „Interessenskompromiss" der eigennützig handelnden Tauschbeteiligten. Die Kritische Theorie sieht in der Tauschwerterzeugung ein Organisationsprinzip der kapitalistischen Gesellschaft. Durch sie seien keine unmittelbaren, sondern nur noch sachlich über den Tausch vermittelte Beziehungen zwischen Menschen möglich.

Bei den nicht-kommerziellen Tauschformen wird folgende Typisierung vorgenommen:

- Reziprozität (K. Polanyi) als direkte Tauschform zwischen ‚Einheiten' derselben Art (z. B. Individuen, Haushalte, Verwandtschaftsgruppen); dieser Gabentausch dient nicht dem individuellen Nutzen, sondern der Bestätigung bereits bestehender Beziehungen; er baut ein Netz wechselseitiger Verpflichtungen und Anrechte zwischen den Tauschbeteiligten auf;

- Zusammenlegung von Gütern/Dienstleistungen zum Zweck der kollektiven Nutzung innerhalb einer Gebergemeinschaft; man denke hier zum Beispiel an die Zusammenlegung von individuellen Wissensbeständen zu Wissensarchiven;
- Redistribution besteht darin, Güter/Dienstleistungen bei einer zentralen Stelle abzuliefern, die sie wieder zurückverteilt; in modernen Gesellschaften ist an diese Stelle das staatliche Steuerwesen getreten.

Problematisch ist jedoch die übliche Zuordnung dieser Tauschtypen zu bestimmten Gesellschaftsformen (Redistribution zu Agrargesellschaften, Reziprozität zu Jäger- und Sammlergesellschaften); denn es können empirisch mehrere Typen in einer Gesellschaft gleichzeitig beobachtet werden. So haben beispielsweise durch das Internet Reziprozität in Form nicht-monetärer Tauschbörsen und Zusammenlegung durch uneigennützige Informationsdienste wieder an Bedeutung gewonnen.

Historisch ist der Tausch jedoch keine ursprüngliche Grundform menschlicher Interaktion; denn er entwickelte sich nicht in einer Gruppe (Austausch), sondern zwischen zwei Gruppen: einer in-group und einer out-group. Dazu waren größte Hemmungen zu überwinden (stummer Handel, Depothandel). Wie die Ethnologie zeigen konnte (E. Durkheim, R. Thurnwald, M. Mauss, B. Malinowski, C. Lévi-Strauss), können aus diesen Tauschsystemen wichtige Aussagen über die jeweilige Wirtschaftsweise und Sozialstruktur gefolgert werden. Besonders aufschlussreich dürfte sein, dass der Tausch primär von ahistorischer Natur war und die Frühformen von Vertrag, Kredit und Zins enthält.

Insbesondere die Ethnologie hat sich mit dem Problem des Tausches in so genannten archaischen Gesellschaften beschäftigt, wobei der Tausch von Frauen zwischen zwei Verwandtschaftsgruppen eine zentrale Rolle spielt. Der Sinn des Frauentausches liegt in der Stärkung von Beziehungen zwischen zwei Verwandtschaftsgruppen und der Kompensation für die Entlassung eines Mitglieds aus dem Verwandtschaftsverbund. Für die Soziologie hat insbesondere Marcel Mauss (1872–1950) diese ethnologischen Erkenntnisse (vor allem Malinowskis „Kula"-Tauschring) weiterführend interpretiert. Nach Mauss ist die erste Form des Tausches der zeremoniell vorgenommene Geschenktausch; er stellt eine dreifache Verpflichtung des Gebens, Nehmens und Erwiderns dar und dient der Förderung engerer Verbindungen zwischen den ansonsten unabhängigen Gruppen. Die Tauschbeteiligten begegnen sich dabei als moralische Personen und nicht als frei handelnde Individuen.

Ein weiter Tausch-Begriff kommt in der sozialwissenschaftlichen Tauschtheorie und im Rational-Choice-Ansatz zur Anwendung. Für George Caspar Homans (1910–1989) stellt jede soziale Beziehung eine Tauschbeziehung dar, da nicht nur Güter sondern alle als wertvoll und interessant erachteten Ressourcen, wozu auch Informationen, Aufmerksamkeit, Anerkennung und Vermeidung von Sanktionen zu rechnen sind, getauscht werden können. Wie Homans geht auch Peter Blau davon aus, dass nur getauscht wird, wenn beide Seiten sich Vorteile davon erhoffen. Gemäß des Rational-Choice-Ansatzes von James S. Coleman (1926–1995) kontrolliert ein Akteur nicht alle Ressourcen, die er braucht, um seine Bedürfnisse zu befriedigen. Interaktionen im Sinne einer Transaktion von Ressourcen beginnen in dem Moment, wenn der Akteur andere dazu bewegen kann, die Kontrollrechte über ihre Ressourcen abzutreten. Auf dieser Basis erarbeitet Coleman das Konzept eines allgemeinen Tauschsystems als vollkommener Markt. Peter Kappelhoff erweitert dieses Konzept um die Aspekte soziokultureller Tauschbarrieren sowie dynamischer Entwicklungen von Abhängigkeitsbeziehungen. Nach Hartmut Esser stellt der Tausch den Kern jeder Transaktion dar, die ihrerseits wiederum die wichtigste Form des sozialen Handelns bildet. Beim Tausch kommt es darauf an, das Tauschrisiko im Sinne eines Handlungsdilemmas zu reduzieren. Hierzu fungieren Konzepte des generalisierten Tausches, das Prinzip des Commitments und die Norm der Reziprozität als institutionelle, kulturelle und sogar moralische Organisation von Transaktionen.

▶ **Geld; Markt; Wirtschaft**

Adloff, F., Mau, S. (Hg.) (2005). *Vom Geben und Nehmen.* Frankfurt/M., New York: Campus • Blau, P.M. (1964): *Exchange and Power in Social Life.* New York: Wiley • Clausen, L. (1978). *Tausch.* München: Kösel • Cook, K.S. (Hg.) (1987). *Social Exchange Theory.* Newbury Park: Sage • Ekeh, P.P. (1974): *Social Exchange Theory.* Cambridge: Harvard UP • Emerson, R.M. (1976): Social Exchange Theory. *Annual Review of Sociology,* 2, 335-362 • Esser, H. (2000): *Soziologie. Spezielle Grundlagen. Band 3: Soziales Handeln,* Frankfurt/M.: Campus, 305-383 • Görlich, T. (1992).*Tausch als rationales Handeln.* Berlin: Reimer • Heath, A. (1976). *Rational Choice and Social Exchange.* New York, London: Cambridge UP • Hillebrandt, F. (2009). *Praktiken des Tauschens.* Wiesbaden: VS • Homans, G.C. (1958). Social Behavior as Exchange, *American Journal of Sociology,* 63, 597-606 • Kappelhoff, P. (1993). *Soziale Tauschsysteme.* München: Oldenbourg • Kreutz, H. (1997). *Leben und leben lassen.* Opladen: Leske + Budrich • Lévi-Strauss, C. (1993) (zuerst 1947). *Die elementaren Strukturen der Verwandtschaft.* Frankfurt a. M.: Suhrkamp • Malinowski, B. (2001) (zuerst 1922): *Argonauten des westlichen Pazifik.* Frankfurt a. M.: Syndikat • Mauss, M. (1999) (zuerst 1925). *Die Gabe.* Frankfurt a. M.: Suhrkamp • Polanyi, K. (1979). Ökonomie und Gesellschaft. Frankfurt a. M.: Suhrkamp • Thurnwald, R. (1932). *Economics in Primitive Communities.* London: Oxford UP • Vanberg, V. (1975) *Die zwei Soziologien.* Tübingen: Mohr

Roger Häußling

Technik

In Anlehnung an Werner Rammert (1993) werden unter den Begriff Technik alle künstlichen Gebilde und Verfahren subsumiert, die es ermöglichen, einen Ursache-Wirkungs-Zusammenhang zu vereinfachen und dauerhaft möglichst effizient zu beherrschen. Für eine soziologische Definition von Technik ist die instrumentelle Dimension also unverzichtbar (Weyer, 2008).

Die Techniksoziologie wendet soziologisches Denken auf den Gegenstandsbereich Technik an und befasst sich a) mit technisch induzierten gesellschaftlichen Transformationsprozessen, b) mit der Strukturanalyse sozio-technischer Systeme sowie c) mit den gesellschaftlichen Folgen von Technik. In soziologischer Perspektive wird Technik als die Verknüpfung eines Artefakts mit einer sozialen Handlungsform aufgefasst, die in dem materiellen Objekt vergegenständlicht ist und von den Nutzern angeeignet und – oftmals eigensinnig – verändert werden kann. Ein technisches Artefakt wie das Telefon wird beispielsweise erst dann soziologisch interessant, wenn es zum Zwecke der Kommunikation genutzt wird.

Die soziale Konstruktion des Telefon-Systems im 19. und 20. Jahrhundert, seine Durchsetzung gegen konkurrierende Systeme, seine gesellschaftsweite Diffusion sowie seine Transformation durch Innovationen wie das Mobiltelefon sind ebenfalls Gegenstände der Techniksoziologie. Schließlich befasst sich die Techniksoziologie mit den gesellschaftlichen Diskursen über Technik sowie mit Fragen der politischen Steuerung von Technik. Das Konzept des sozio-technischen Systems bezieht diese nicht-technischen Faktoren mit ein und postuliert, dass die Kunst des Technik-Konstrukteurs darin besteht, die Kopplung heterogener Komponenten derart zu bewerkstelligen, dass ein reibungsloses Funktionieren des Systems möglich wird (Hughes, 1979).

Die These der sozialen Konstruktion von Technik besagt, dass die Wahl zwischen alternativen sozio-technischen Systemen von sozialen Akteuren, deren Strategien sowie den sich daraus ergebenen Interessenkonstellationen geprägt wird. Warum der Verbrennungsmotor sich Anfang des 20. Jahrhunderts gegen technische Alternativen durchsetzte, ist nicht hinreichend durch innertechnische Faktoren zu klären, sondern nur durch Rekurs auf die dahinter stehende „soziale Logik". Pfadmodelle (Nelson & Winter, 1977) und Zyklenmodelle technischer Evolution (Tushman & Rosenkopf, 1992) stimmen darin überein, dass es Phasen der Unsicherheit und Offenheit gibt, in denen der weitere Kurs der Technikentwicklung von sozialen Aushandlungsprozessen abhängt. Nach erfolgreicher Schließung („Closure") folgen lang andauernde Phasen der Stabilität mit inkrementellem Wandel, in denen das dominante Design weiterentwickelt wird.

Die Technikgenese-Forschung interessiert sich insbesondere für die Akteur-Netzwerke, die derartige Innovationsprozesse anstoßen und tragen (Weyer, 2014). Die Actor-Network-Theory fordert zudem auf radikale Weise die Berücksichtigung auch nicht-menschlicher Wesen (z.B. technischer Artefakte) als Mitspieler und Interaktionspartner ein (Häußling, 2014; Latour, 1998).

Sozialwissenschaftliche Technikforschung soll auch einen Beitrag zur vorausschauenden Vermeidung unerwünschter Technikfolgen leisten. Die Abschätzung technischer Risiken kann in Form der expertengestützten Analyse erfolgen, aber auch mittels beteiligungsorientierter Konzepte, die neben dem wissenschaftlichen Sachverstand auch das Know-how potenzieller Techniknutzer in die Planung und Gestaltung von Technik einbeziehen und so versuchen, Risiken und Akzeptanzprobleme antizipativ zu vermeiden (Grunwald, 2010).

Inwieweit sich technische Risiken vermeiden oder beherrschen lassen, hängt in hohem Maße vom Design des sozio-technischen Systems ab. Charles Perrow (1987) hat darauf verwiesen, dass insbesondere eng gekoppelte Systeme, in denen komplexe Interaktionen ablaufen, im Störfall schwer zu beherrschen sind. Gene Rochlin und andere behaupten hingegen, dass es einen Typ von „High reliability organizations" gibt, die in der Lage sind, auch Hochrisikosysteme zu managen (LaPorte & Consolini, 1991). Die Kontroverse ist zwar bis heute ungelöst; sie verweist dennoch darauf, dass organisationale Faktoren wie die Sicherheitskultur einen wichtigen Beitrag zur Sicherheit sozio-technischer Systeme leisten (Weick & Sutcliffe, 2007).

Die Einführung und Verbreitung „intelligenter" bzw. „smarter" Technik markiert einen Umbruch im Verhältnis von Mensch und Technik, da Entscheidungen, die bislang dem Menschen vorbehalten waren (wie etwa das Steuern eines Flugzeuges), nunmehr auch von technischen Assistenzsystemen getroffen werden können. Aus einer instrumentellen wird nunmehr eine interaktive Beziehung: Die Technik wird zu einem (teil-)autonomen Partner in hybriden Systemen, in denen die Handlungsträgerschaft auf menschliche Akteure und technische Agenten verteilt ist (Rammert & Schulz-Schaeffer, 2002). Kontrovers diskutiert werden die Fragen, wie sich die Mensch-Maschine-Interaktion in hochautomatisierten Systemen reibungslos gestalten lässt (Manzey, 2008) und wie die Steuerung komplexer Systeme funktionieren könnte (Adelt, Weyer, & Fink, 2014).

Seit den beiden großen Technikprojekten der 1940er Jahre, dem Bau der V-2-Rakete in Deutschland sowie der Atombombe in den USA, greift der Staat steuernd in die Technikentwicklung ein, beispielsweise durch massive Förderung der Atom- bzw. Raumfahrttechnik, später auch anderer Technologien. Nach Fehlschlägen der Großtechnikförderung (z. B. Schneller Brüter) wurde in der Phase der Liberalisierung der 1980er Jahre ein Rückzug des Staates propagiert. Seitdem hat sich ein „Dritter Weg" etabliert, der dem Staat die Rolle des Moderators von Akteur-Netzwerken zuweist, die Innovationen wie beispielsweise die Energiewende vorantreiben und so die Transformation sozio-technischer Systeme in Richtung Nachhaltigkeit bewerkstelligen (Loorbach, 2007). Die „Multi-level perspective" (Geels & Schot, 2007) ist der am weitesten verbreitete Ansatz, der mit den drei Ebenen der Nische, des Regimes und der Landschaft versucht, diese Prozesse des Regime-Wechsels zu analysieren.

▶ **Netzwerk, soziales; Wandel, sozialer**

Adelt, Fabian, Weyer, Johannes, & Fink, Robin D. (2014). Steuerung komplexer Systeme. Ergebnisse einer experimentellen Simulationsstudie. *Soziale Welt, 65,* 91-116 • Geels, Frank W. & Schot, Johan. (2007). Typology of sociotechnical transition pathways. *Research Policy, 36,* 399-417 • Grunwald, Armin. (2010). *Technikfolgenabschätzung - eine Einführung (2. Aufl.).* Berlin: Edition sigma • Häußling, Roger. (2014). *Techniksoziologie.* Baden-Baden: Nomos • Hughes, Thomas P. (1979). The Electrification of America. The System Builders. *Technology and Culture, 20,* 124-161 • LaPorte, Todd R. & Consolini, Paula M. (1991). Working in Practice But Not in Theory: Theoretical Challenges of "High Reliability Organizations". *Journal of Public Administration Research and Theory, 1,* 19-47 • Latour, Bruno. (1998). Über technische Vermittlung. Philosophie, Soziologie, Genealogie. In W. Rammert (Hg.), *Technik und Sozialtheorie* (pp. 29-81). Frankfurt/M.: Campus • Loorbach, Derk. (2007). *Transition Management. New mode of governance for sustainable development.* Utrecht: International Books • Manzey, Dietrich. (2008). Systemgestaltung und Automatisierung. In P. Badke Schaub et al. (eds.), *Human Factors. Psychologie sicheren Handelns in Risikobranchen* (pp. 307-324). Heidelberg: Springer • Nelson, Richard R. & Winter, Sidney G. (1977). In search of useful theory of innovation. *Research Policy, 6,* 36-76 • Perrow, Charles. (1987). *Normale Katastrophen. Die unvermeidbaren Risiken der Großtechnik.* Frankfurt/M.: Campus • Rammert, Werner. (1993). *Technik aus soziologischer Perspektive. Forschungsstand - Theorieansätze - Fallbeispiele. Ein Überblick.* Opladen: Westdeutscher Verlag • Rammert, Werner, & Schulz-Schaeffer, Ingo (Eds.). (2002). *Können Maschinen handeln? Soziologische Beiträge zum Verhältnis von Mensch und Technik.* Frankfurt/M.: Campus • Tushman, Michael L. & Rosenkopf, Lori. (1992). Organizational Determinants of Technological Change. Toward a Sociology of Technological Evolution. *Research in Organizational Behavior, 14,* 311-347 • Weick, Karl E. & Sutcliffe, Kathleen M. (2007). *Managing the Unexpec-*

ted: Assuring High Performance in an Age of Complexity (2nd edition). New York: John Wiley & Sons • Weyer, Johannes. (2008). *Techniksoziologie. Genese, Gestaltung und Steuerung sozio-technischer Systeme (Grundlagentexte Soziologie)*. Weinheim: Juventa • Weyer, Johannes. (2014). Innovations-Netzwerke. In ders. (Hg.), *Soziale Netzwerke. Konzepte und Methoden der sozialwissenschaftlichen Netzwerkforschung (3. Aufl.)* (pp. 211-236). München: Oldenbourg

Johannes Weyer

Theorie, soziologische

Als soziologische Theorien gelten alle konzeptionellen Ansätze, die in begründeter Weise verallgemeinerte Aussagen über soziale Phänomene treffen. Die Art der Begründung der jeweiligen soziologischen Theorie und der mit ihr verbundene Erkenntnisanspruch können recht unterschiedlich sein. Weitgehende Einigkeit besteht darin, dass soziologische Theorien in der Lage sein sollen, die sie interessierenden sozialen Phänomene in einer methodisch kontrollierten Weise zu beschreiben und dadurch zu Aussagen zu gelangen, die den häufig ad hoc erzeugten Beschreibungen des Alltagsbewusstseins in ihrer Aussagekraft überlegen sind. Viele soziologische Theorien erheben darüber hinaus auch den Anspruch, soziale Phänomene zu erklären, das heißt sie enthalten Wenn-Dann-Aussagen, die einen zu erklärenden Sachverhalt auf einen oder mehrere erklärende Faktoren zurückführen. In diesem Sinne führt beispielsweise Emile Durkheim (1988) die steigende Arbeitsteilung auf die soziale Verdichtung der Bevölkerung zurück oder erklärt Norbert Elias (1995) das Vorrücken der Scham- und Peinlichkeitsschwelle mit der Veränderung der Verflechtungsordnung.

Einschränkend ist anzumerken, dass die wenigsten dieser erklärenden Wenn-Dann-Aussagen den Charakter universeller Gesetze haben. Zumeist sind es Aussagen, deren Gültigkeit zeitlich begrenzt und von bestimmten gesellschaftlichen oder kulturellen Rahmenbedingungen abhängig ist. Weil die Rahmenbedingungen, unter denen die entsprechenden Wenn-Dann-Aussagen Gültigkeit beanspruchen können, bekannt und konstant sein müssen, sind die allermeisten erklärenden Aussagen soziologischer Theorien retrospektive Erklärungen. Die Prognosefähigkeit soziologischer Theorien ist dementsprechend unter stabilen gesellschaftlichen Umständen besser als in Zeiten gesellschaftlichen Wandels. Insgesamt aber ist sie recht begrenzt (vgl. Mayntz, 1996).

Weitgehende Einigkeit besteht inzwischen vermutlich auch darin, dass soziologische Theorien empirisch gehaltvolle Aussagezusammenhänge sein sollen, also nicht nur aus Definitionen und analytisch wahren Aussagen (Tautologien) bestehen dürfen, und dass sie zumindest im Grundsatz der empirischen Überprüfung zugänglich sein sollen. Dieser Anspruch ist allerdings nicht für alle Formen soziologischer Theorie in gleicher Weise umsetzbar. Wir kommen darauf zurück. Hinzu kommt, dass soziologisches Denken sich der Einsicht nicht entziehen kann, dass alle Sinnproduktion – und damit auch wissenschaftliche Erkenntnisproduktion – von gesellschaftlich und kulturell vorgeprägten Denk- und Wahrnehmungsweisen abhängt. Diese Gesellschaftlichkeit des Standpunktes der Wissenschaftlerin und des Wissenschaftlers sowie der Verfahren der Erkenntnisproduktion sind auch bei der Frage nach dem empirischen Stellenwert wissenschaftlicher Aussagen mit zu bedenken. Dies ist ein Punkt, der insbesondere, aber nicht nur, von den kritischen Theorien in der Soziologie betont worden ist und wird.

Versuche der Typisierung soziologischer Theorien orientieren sich häufig an der Art der soziologischen Phänomene, für die sich die betreffenden Theorien interessieren oder die sie für die Beschreibung oder Erklärung sozialer Phänomene als besonders relevant erachten. Man unterscheidet dann etwa zwischen mikrosoziologischen und makrosoziologischen Theorien, zwischen Handlungs- und Strukturtheorien, zwischen Struktur- und Prozesstheorien, zwischen Struktur- und Konflikttheorien oder zwischen Theorien sozialer Differenzierung und Theorien sozialer Ungleichheit. Ein dazu alternativer Typisierungsvorschlag besteht darin, die Form der Theorien selbst, also ihre grundsätzliche Ausrichtung und das damit verbundene Erkenntnisziel, zum Unterscheidungsmerkmal zu machen. Wir werden uns im Folgenden an einer Typisierung dieser Art orientieren und zwischen Sozialtheorien, Theorien mittlerer Reichweite und Gesellschaftstheorien unterscheiden. Vorüberlegungen zu dieser Typisierung finden sich bei Georg Simmel (1992: 39f.) und bei Robert K. Merton (1995: 3ff.). In der aktuellen Fassung von Gesa Lindemann lautet sie wie folgt:

> „Sozialtheorien enthalten Annahmen darüber, was überhaupt unter sozialen Phänomenen verstanden werden soll und welche Konzepte zentral gestellt werden: z. B. Erwartung, Handlung, Wissen, Interaktion oder Kommunikation. Theorien begrenzter Reichweite sind solche über bestimmte soziale Phänomene. Sie können sich auf einen größeren oder kleineren Ausschnitt der sozialen Wirklichkeit beziehen. Entsprechend gibt es auf dieser Ebene Mikrotheorien über Interaktionen in kleinen Gruppen oder Makrotheorien, die aggregierte Phänomene in den Blick nehmen, wie etwa Märkte oder das Bildungssystem. Im Unterschied dazu handelt es sich bei Gesellschaftstheorien um solche Theorien, die sich auf dauerhafte historische Großformationen beziehen, wie etwa die moderne Gesellschaft, die kapitalistische Gesellschaft oder die funktional differenzierte Gesellschaft. Der Unterschied von Makrotheorien und Gesellschaftstheorien besteht darin, dass letztere eine einheitliche Charakteristik für historisch lang andauernde Formationen zu geben versuchen. Aufgrund dieser Eigenschaft sind Gesellschaftstheorien nicht mehr im Einzelnen empirisch durch-

Theorien begrenzter Reichweite abgedeckt, d. h., Gesellschaftstheorien sind empirisch unterdeterminiert" (Lindemann, 2011, S. 135).

Sozialtheorien

Jede Wissenschaft, die empirische Einzelforschung betreibt, beruht auf Annahmen, die nicht selbst aus der Empirie gewonnen sind, sondern der empirischen Forschung bereits vorausgesetzt sind und somit theoretische Prämissen darstellen. Es handelt sich dabei, mit Simmel gesprochen, um „die Bedingungen, Grundbegriffe, Voraussetzungen der Einzelforschung, die in dieser selbst keine Erledigung finden können, da sie ihr vielmehr schon zugrunde liegen" (Simmel, 1992: 39f.). In der Soziologie beginnt es sich zunehmend einzubürgern, Theorien, die dieser Vorverständigung über die empirischen Phänomene der Soziologie dienen, als Sozialtheorien zu bezeichnen.

Im Zentrum der Sozialtheorie steht die Frage danach, was das Grundelement des Sozialen ist, „die letzte Einheit, bei deren Auflösung das Soziale verschwinden würde" (Luhmann, 1984: 192). In der Beantwortung dieser Frage gibt es beim gegenwärtigen Entwicklungsstand der Soziologie keine Einigkeit. Von besonderem Gewicht sind vier sozialtheoretische Positionen: Handlungstheorie, Interaktionismus, Praxistheorie und – im deutschsprachigen Diskurs – systemtheoretische Kommunikationstheorie. Die handlungstheoretische Position lautet, die Soziologie habe „das Einzelindividuum und sein Handeln als unterste Einheit, als ihr ‚Atom'," (Weber, 1988: 439) zu behandeln. Der Interaktionismus argumentiert, dass die Einzelhandlung keine eigenständige Sinneinheit sei, sondern ihren Sinn daraus beziehe, dass sie Bestandteil von Interaktionen ist, weshalb die Interaktion als Grundelement des Sozialen zu betrachten sei (Strauss, 1993: 25). Der Praxistheorie zufolge beruht das Soziale viel eher auf den stillschweigenden Selbstverständlichkeiten inkorporierten Wissens und Könnens – auf Praktiken also – als auf ausdrücklich intentional gesteuerten Handlungen. Die Systemtheorie Luhmannscher Prägung schließlich hält dafür, dass alles Soziale aus Kommunikationen besteht. Das Soziale liegt demnach in Gestalt sozialer Systeme vor, die Kommunikationen als Elemente haben.

In den verschiedenen sozialtheoretischen Positionen spiegeln sich unterschiedliche Grundannahmen über das Verhältnis von Individuum und Gesellschaft wider. Grundlegend für die Handlungstheorie in der Tradition Max Webers ist die Auffassung, dass alle sozialen Gebilde „lediglich Abläufe und Zusammenhänge spezifischen Handelns einzelner Menschen" (Weber, 1972: 6) sind, also aus Einzelhandlungen und deren Zusammenwirken bestehen, und demzufolge „individualistisch', d. h.: aus dem Handeln der Einzelnen" (Weber, 1972: 9) zu erklären seien. Entsprechend gehen für die Handlungstheorie alle sozialen Phänomene auf ursprünglich subjektive Sinngebung durch individuelle Akteure zurück (vgl. Schütz & Luckmann, 1979: 314f.).

Niklas Luhmann lehnt den Weberschen Handlungsbegriff als Grundelement des Sozialen ab, weil er vorsozial ist: „Der Begriff der Handlung verweist primär auf das handelnde Individuum und seine körperliche und mentale Ausstattung. Er hat keine notwendig soziale Referenz." (Luhmann, 1990: 283, Anm. 214). Im Gegensatz dazu schlägt er als Grundelement des Sozialen ein Phänomen vor, das nicht schon auf der Ebene des individuellen Bewusstseins, sondern erst auf der Ebene sozialen Sinns entstehen kann: Kommunikation, begriffen als Einheit der drei Selektionen Information, Mitteilung und Verstehen (vgl. Luhmann, 1984: 193ff.). Das zentrale Merkmal der als Kommunikation bezeichneten Sinneinheiten besteht darin, dass sie emergente Phänomene des Sozialen sind: dass der Sinn, der auf der Ebene der Kommunikationsprozesse generiert und prozessiert wird, genuin sozialer Sinn ist und nicht auf den Sinn zurückgeführt werden kann, den die Kommunikationsteilnehmer auf der Ebene ihres Bewusstseins als psychischen Sinn generieren und prozessieren. Dementsprechend begreift Luhmann individuelle Handlungen als nachgeordnete Phänomene, nämlich als durch Kommunikation erzeugte Produkte der Zuschreibung von Selektionen (vgl. Luhmann, 1984: 225ff.).

Während die Handlungstheorie das bewusst sinnhafte Handeln zum Ausgangspunkt ihrer sozialtheoretischen Überlegungen macht, vollzieht sich die Sinnbildung, die für die Strukturierung des Sozialen verantwortlich ist, aus der Perspektive der Praxistheorie wesentlich hinter dem Rücken der Akteure. Grundlegend für das Verhalten der Individuen sind demnach Schemata des Wahrnehmens, Denkens und Handelns, die von den Individuen im sozialisatorischen Erfahrungsaufbau unbewusst erlernt werden, und zwar als Widerspiegelung der sie umgebenden Regelmäßigkeiten des sozialen Lebens (vgl. Bourdieu, 1979: 167ff.). Die stillschweigende Orientierung an implizitem Wissen und Können dieser Art führt zu den jeweiligen sozialen Praktiken. Dieser Modus der Verhaltensorientierung ist für die Praxistheorie der Normalfall. Vor allem in jüngerer Zeit wird die Praxistheorie häufig ausdrücklich als einen Gegenentwurf zur Handlungstheorie positioniert. In diesem Sinne betont Andreas Reckwitz: „Für die Praxistheorie ist es nicht die vorgebliche Intentionalität, sondern die wissensabhängige Routinisiertheit, die das einzelne ‚Handeln' ‚anleitet'; dies schließt teleologische Elemente nicht aus, die Praxistheorie betrachtet diese jedoch nicht als explizite und diskrete ‚Zwecke' oder ‚Interessen', sondern als sozial konventionalisierte, implizite Motiv/Emotions-Komplexe, die einer Praxis inhärent sind, in die die einzelnen Akteure ‚einrücken' und die sie möglicherweise als ‚individuelle Interessen' umdefinieren." (Reckwitz, 2003: 293)

Der Interaktionismus teilt mit der Praxistheorie die Auffassung, dass die Gesellschaft dem Individuum vorausgeht. Für den Interaktionismus in der Tradition George Herbert Meads ist die Einzelhandlung sinnhaft nicht eigenständig, sondern abhängig von dem Interaktionszusammenhang, in den sie eingebettet ist. In diesem Sinne hat bereits Mead betont: „Die signifikanten Gesten oder Symbole setzen für ihre Signifikanz immer den gesellschaftlichen Erfahrungs- und Verhaltensprozeß voraus, innerhalb dessen sie sich entwickeln. [...] sie sind sinnlos außerhalb der gesellschaftlichen Handlungen, in die sie eingebettet sind und aus denen sie ihre Signifikanz ableiten" (Mead, 1968: 129f.). Der gleiche Gedanke findet sich auch in der Praxistheorie: Eine Handlung, die im Rahmen einer sozialen Praxis durchgeführt wird – Gemüse putzen beim Kochen etwa – leitet ihre Bedeutung aus der Praxis ab, deren Bestandteil sie ist (vgl. Schatzki, 2002: 96). Das aber bedeutet, dass der Interaktionszusammenhang bzw. die soziale Praxis der Einzelhandlung vorausgeht und dementsprechend aus diesen sozialtheoretischen Perspektiven das Grundelement des Sozialen bildet.

Jegliche empirische sozialwissenschaftliche Forschung setzt sozialtheoretische Grundentscheidungen voraus – und zwar unabhängig davon, ob die Forscher dies wissen und wollen. Denn von sozialtheoretischen Grundannahmen hängt ja bereits ab, was als empirisches Datum sozialwissenschaftlicher Forschung in den Blick kommt. Wenn man beispielsweise erforscht, welche individuellen und gemeinsamen Interessen die Entscheidung von Paaren beeinflussen, Kinder zu bekommen, dann geht man unweigerlich von handlungstheoretischen Prämissen aus. Ebenso unweigerlich beruht die empirische Forschung auf praxistheoretischen Prämissen, wenn es etwa darum geht, den Einfluss schichtspezifischer habitueller Prägungen auf den Bildungserfolg zu untersuchen. Das Merkmal der Theoriegetränktheit der empirischen Forschung teilt die Soziologie mit allen anderen empirischen Wissenschaften (vgl. Popper, 1984: 72f.). Sie führt im Fall der Soziologie dazu, dass es nicht umstandslos möglich ist, auf der Grundlage der jeweiligen empirischen Befunde zu entscheiden, welche Sozialtheorie besser ist, d. h. die besseren, dem Erkenntnisfortschritt dienlicheren Erkenntnisse hervorbringt.

Vieles spricht dafür, dass es von den betrachteten sozialen Phänomenen abhängt, welches die jeweils angemessene sozialtheoretische Position ist. Die folgende Äußerung von Luhmann macht dies sehr schön deutlich. Er schreibt: „Beobachter können das Handeln sehr oft besser auf Grund von Situationskenntnis als auf Grund von Personenkenntnis voraussehen, und entsprechend gilt ihre Beobachtung von Handlungen oft, wenn nicht überwiegend, gar nicht dem Mentalzustand des Handelnden, sondern dem Mitvollzug der autopoietischen Reproduktion des sozialen Systems" (Luhmann, 1984: 229). Sehr oft ist dies so, oft genug ist es aber eben auch anders, und dann tappt man als Beobachter im Dunkeln, wenn man die bewussten oder stillschweigend wirksamen Beweggründe des Handelns der Akteure nicht kennt. Zu viele Soziologinnen und Soziologen neigen dazu, die Sozialtheorien als einander ausschließende Orientierungen zu betrachten. Die negative Konsequenz ist, dass die Wahl der präferierten Sozialtheorie dann zu einer Glaubensfrage wird. Fruchtbarer ist es, sie als ein Spektrum unterschiedlicher Beobachtungsinstrumente zu betrachten, als grundlegende Beobachtungs- und Erklärungsweisen des Sozialen, die einander im besten Fall ergänzen. Betrachtet man Sozialtheorien so, dann eröffnet sich die grundsätzliche Möglichkeit, zu einer integrativen Sozialtheorie vorzustoßen. Dies wäre eine Sozialtheorie, die erklärt, wann und warum welche der Prämissen der besonderen Sozialtheorien zum Zuge kommen, wann also beispielsweise ein bestimmtes Verhalten als bewusst sinnhaftes Handeln oder als stillschweigender Nachvollzug einer gegebenen Praxis interpretiert werden sollte. Ansätze in diese Richtung finden sich in den Dual-Process-Theorien der Sozialpsychologie sowie in Hartmut Essers Modell der Frame-Selektion (vgl. Esser, 2001: 261ff.), das in dieser Forschungstradition steht.

Theorien mittlerer Reichweite

Der Begriff der Theorien mittlerer Reichweite stammt von Robert K. Merton. Er bezeichnet damit Theorien, die zwischen detaillierten Beschreibungen von Einzelphänomenen und großer Theorie angesiedelt sind. Theorien mittlerer Reichweite sind demnach weniger allgemein als umfassende Gesellschaftstheorien, die zu weit entfernt sind von den konkreten empirischen Phänomenen, um diese im Einzelnen erklären zu können, aber allgemeiner als reine Beschreibungen sozialer Phänomene. Theorien mittlerer Reichweite enthalten Verallgemeinerungen, diese sind aber nahe genug an den empirischen Daten, um in empirisch überprüfbare Annahmen überführt zu werden. Theorien dieser Art richten sich auf begrenzte Bereiche der sozialen Welt. Die wichtigste Eigenschaft von Theorien mittlerer Reichweite ist für Merton, „daß sie spezifisch genug sind, um bei der Organisation von Daten zu bestimmten Bereichen des Sozialen wirkungsvoll angewendet zu werden, und allgemein genug, um sich zu immer umfassenderen Komplexen von Verallgemeinerungen zusammenfassen zu lassen." (Merton, 1995: 8, Anm. 5)

Theorien mittlerer Reichweite lassen sich für soziale Phänomene auf allen Ebenen formulieren. Von der Mikroebene individuellen Handelns oder der Interaktion, über die Mesoebene von Gruppen und Organisationen bis hin zu gesellschaftlichen Makrophänomenen wie etwa den Dynamiken zwischen einzelnen sachlich ausdifferenzierten Teilbereichen. Merton selbst hat Theorien mittlerer Reichweite zu Phänomenen wie Bezugsgruppen, abweichendem Verhalten und Bürokratie formuliert. Mit Blick auf Bezugsgruppen hat sich Merton dafür interessiert, wie Individuen Andere als Bezugsrahmen verwenden, um sich zu vergleichen und dadurch sich selbst und das eigene Verhalten zu bestimmen. So kann der Vergleich etwa zu einer Annahme der Normen der Eigengruppe (in-group) oder auch zur Abgrenzung von einer Außengruppe (out-group) führen (vgl. Merton, 1995, S.217ff.). Mit Blick auf abweichendes Verhalten hat Merton sich für das Phänomen der Anomie interessiert (vgl. ebd.: 127ff.). Anomie analysiert er durch die Verhältnisbestimmung von kulturell legitimen Handlungszielen und den institutionalisierten Mitteln, mit denen diese Ziele erreicht werden können. Liegen keine entsprechenden Mittel vor, entsteht Anomie. Je nachdem ob Anomie gegeben ist oder nicht, wird davon ausgegangen, dass Individuen unterschiedliche Handlungsweisen aufrufen, um die Ziele zu erreichen. Das Spektrum reicht von Konformität in nicht-anomischen Gesellschaften bis zu Rebellion in anomischen Gesellschaften. Bürokratie interessiert Merton vor allem im Hinblick darauf, wie Persönlichkeiten und bürokratische Strukturen sich wechselseitig beeinflussen. Gefragt wird danach, ob bestimmte bürokratische Strukturen – wie z. B. solche der Privatwirtschaft oder der öffentlichen Verwaltung – jeweils unterschiedliche Persönlichkeitstypen selektieren oder inwiefern sie Persönlichkeitsmerkmale verändern (vgl. Merton, 1995: 196).

In allen drei Beispielen werden die Charakteristika von Theorien mittlerer Reichweite sehr deutlich. Es handelt sich um allgemeine Aussagen und Hypothesen über die Orientierung von Individuen an Bezugsgruppen, kulturellen Zielen und institutionellen Mitteln sowie auch an bürokratischen Strukturen. Die Verhältnisbestimmungen zu den Gruppen oder Strukturen leiten Hypothesenbildungen an, wie etwa die, dass die Normen der Eigengruppe übernommen werden und die der Außengruppe nicht; oder die, dass im Falle von Anomie Rebellion eine wahrscheinliche Handlungsweise ist, gleichermaßen wie es wahrscheinlich ist, dass sich öffentliche und privatwirtschaftliche Bürokratien in Bezug auf die Selektion von Persönlichkeitstypen unterscheiden. Alle diese Hypothesen sind auf Basis allgemeiner theoretischer Überlegungen in Anbindung an empirische Untersuchungen entwickelt und ermöglichen die Bildung weiterer theoretisch kontrollierter Hypothesen für anschließende Forschung.

Gesellschaftstheorien

Mit Gesellschaftstheorien ist der Anspruch verbunden, den Zusammenhang aller sozialen Strukturen und Prozesse zu erfassen, wie sie in Sozialtheorien allgemein bestimmt und in Theorien mittlerer Reichweite empirisch erforscht werden. Im Hinblick auf ihren Bezug zur Empirie stellt Lindemann heraus, dass Gesellschaftstheorien auf Theorien mittlerer Reichweite aufbauen, aber nicht in gleicher Weise empirisch geprüft werden können wie diese. Gleichermaßen wie auch Sozialtheorien in einem gewissen Maß mit Plausibilitätsannahmen verbunden sind, wird der gesellschaftliche Zusammenhang sozialer Strukturen und Prozesse im Rekurs auf empirisch mehr oder minder gesichertes Wissen konstruiert, das das vorgeschlagene Modell plausibel macht. Eine Falsifikation ist im Gegensatz zu Theorien mittlerer Reichweite durch die verhältnismäßig geringe Deckung durch empirische Daten nicht möglich.

Neben der empirischen gibt es zudem eine (erkenntnis-)theoretische Begründung dafür, dass Gesellschaftstheorien nicht falsifizierbar sind: Die begriffliche Konstruktion zielt darauf, Gesellschaft als Totalität zu erfassen. Dies ist jedoch prinzipiell nicht möglich, weil Gesellschaft nicht von außen beobachtet werden kann. Soziologie als Wissenschaft ist gleichermaßen Teil der Gesellschaft wie die soziologischen Forscher. Der Gesamtzusammenhang wird dementsprechend von einem besonderen Standpunkt innerhalb der Gesellschaft bestimmt. Es ist ausgeschlossen, zugleich alle möglichen Standpunkte und Perspektiven auf Gesellschaft einzunehmen. Gesellschaftsbegriffe sind mithin notwendig perspektivisch. Aus diesem Grund findet sich als ein weiteres Merkmal von soziologischen Gesellschaftstheorien, dass sie ihren Standpunkt reflektieren und dadurch versuchen, die Perspektive, die sie einnehmen, zu kontrollieren.

Der Anspruch, Gesellschaft möglichst vollständig, vor dem Hintergrund der Kontrolle des eigenen Standpunktes zu erfassen, unterscheidet Gesellschaftstheorien von Gegenwartsdiagnosen. Gegenwartsdiagnosen heben einzelne Merkmale eines gegenwärtigen gesellschaftlichen Zustands heraus, interpretieren sie als besonders bedeutsam und versuchen, aus ihnen spezifische Entwicklungspfade des gesellschaftlichen Wandels abzuleiten (vgl. Schimank & Volkmann, 2002). In diesem Sinne ist dann etwa die Rede von einer Risikogesellschaft, einer Multioptionsgesellschaft, einer Erlebnisgesellschaft oder einer Wissensgesellschaft. Gesellschaftstheorien zielen hingegen darauf, allgemeine und historisch längerfristig stabile Strukturen zu erfassen, die den Zusammenhang der einzelnen gesellschaftlichen Teilbereiche verständlich und erklärbar machen.

Seit den Anfängen der Soziologie haben sich zwei Theorien weitgehend unabhängig voneinander etabliert (vgl. Schwinn, 2007: 5ff.), die den genannten Kriterien einer Gesellschaftstheorie genügen: Zum einen Theorien sozialer Ungleichheit und zum anderen Theorien sachlicher bzw. funktionaler Differenzierung.

Theorien sozialer Ungleichheit basieren auf dem Konzept der kapitalistischen Gesellschaft. Dieses Konzept ist dahingehend gesellschaftstheoretisch, dass es den Zusammenhang gesellschaftlicher Teilbereiche aus der Perspektive der ökonomischen Struktur begreift und diese Perspektive reflektiert. Aus der Perspektive der Ökonomie erscheint moderne Gesellschaft konstitutiv ungleich strukturiert. Die Möglichkeiten der Teilhabe an der Verteilung ökonomisch knapper Güter variieren für Personen und Personengruppen derart, dass diese in Relation zueinander in ein Verhältnis geraten, in dem die einen mehr und die anderen weniger besitzen.

In der soziologischen Ungleichheitsforschung werden die in Relation zueinander als ungleich bestimmten Gruppen entweder gesellschaftskritisch zu Klassen oder deskriptiv zu Schichten begrifflich verdichtet. Der Zusammenhang aller gesellschaftlichen Teilbereiche wird zudem über die Klassen- bzw. Schichtenstruktur hinaus erfasst, indem sachlich zu bestimmende gesellschaftliche Teilbereiche dem Primat der Ökonomie untergeordnet werden. Teilbereiche wie Recht, Politik oder Kultur werden als an ökonomischen Interessen ausgerichtet gefasst und erscheinen in diesem Sinne als ökonomisiert oder – um mit Marx und Engels zu sprechen – als Überbau der ökonomischen Basis (vgl. Marx & Engels, 1962: 25).

Die soziologisch gegenwärtig dominierenden gesellschaftstheoretischen Ansätze sind jedoch nicht die der sozialen Ungleichheit und der kapitalistischen Gesellschaften, sondern Theorien gesellschaftlicher Differenzierung. Seit den Gründungstexten zur Kreuzung sozialer Kreise von Georg Simmel (1992: 456ff.) und zur Arbeitsteilung von Emile Durkheim (1988) konstruieren Theorien gesellschaftlicher Differenzierung gesellschaftliche Formationen dadurch, dass sie die historisch etablierten Teilbereiche in ihren Verhältnissen zueinander bestimmen. Welche Teilbereiche berücksichtigt werden, hängt dabei von der historischen Entwicklung einer Gesellschaft ab. Es sind vor allem drei Differenzierungsformen, die an historischen Gesellschaftsformationen abgelesen worden sind (vgl. Luhmann, 1997: 634ff.):

1. Segmentär differenzierte Gesellschaften: In diesem Fall werden Segmente, wie z. B. Horden, Clans, Stämme oder Dörfer als primäre Teilbereiche identifiziert und zu einer Gesellschaft zusammengefasst. Die Segmente organisieren intern das Zusammenleben ihrer Mitglieder in vergleichbarer Art und Weise und stehen gleichrangig nebeneinander.
2. Stratifikatorisch differenzierte Gesellschaften: In diesem Fall werden Schichten, also Strata wie Adel, Klerus sowie Bauern und Bürger, als die primären Teilbereiche einer Gesellschaft identifiziert und in eine hierarchische Rangordnung gebracht. Die Strata stehen mithin grundsätzlich in einem Verhältnis der Ungleichheit zueinander. Die europäischen Ständegesellschaften liefern den Prototyp für diese Differenzierungsform.
3. Funktional bzw. sachlich differenzierte Gesellschaften: In diesem Fall werden sachlich ausdifferenzierte Handlungsbereiche wie Wirtschaft, Erziehung, Politik, Recht, Wissenschaft usw. als primäre Teilbereiche identifiziert. Die Teilbereiche stehen zugleich in einem Verhältnis der Gleichheit und Ungleichheit. Gleich sind sie dahingehend, dass sie alle in vergleichbarer Weise mit einer Sache befasst sind. Ungleich sind sie dahingehend, dass die Sache jeweils eine andere ist, also Recht oder Politik oder Wissenschaft usw. In Theorien funktionaler Differen-

zierung wird zudem davon ausgegangen, dass die einzelnen Teilbereiche für die Gesellschaft jeweils eine besondere Funktion erfüllen. Nach diesem Verständnis ist es z. B. die Funktion der Wissenschaft, fortwährend neue Erkenntnisse zu produzieren, die Funktion der Politik, kollektiv verbindliche Entscheidungen zu treffen und die Funktion der Wirtschaft knappe Güter zu produzieren und zu verteilen usw.

Der theoretische Anspruch einer Gesellschaftstheorie besteht letztlich nicht nur darin, den gesellschaftlichen Zusammenhang zu beschreiben, sondern zudem darin, das Zusammenspiel der gesellschaftlichen Teilbereiche zu erfassen und daraus Aussagen über Dynamiken auf der Ebene der Gesamtgesellschaft oder ihrer Teilbereiche abzuleiten. Um diesem Anspruch zu genügen, kann es fruchtbar sein, die Theorien sachlicher Differenzierung mit denen sozialer Ungleichheit zu kombinieren. Ob und wie eine solche theoretische Integration gelingen kann, ist zum gegenwärtigen Forschungsstand jedoch fraglich und durchaus umstritten (vgl. Kieserling, 2008; Petzke, 2009; Schwinn, 2007).

▶ **Erklärung, soziologische; Ungleichheit, soziale**

📖 Bourdieu, P. (1979). *Entwurf einer Theorie der Praxis auf der ethnologischen Grundlage der kabylischen Gesellschaft.* Frankfurt a. M.: Suhrkamp • Durkheim, E. (1988) (zuerst 1893). *Über soziale Arbeitsteilung. Studie über die Organisation höherer Gesellschaften* (2. Aufl.). Frankfurt a. M.: Suhrkamp • Elias, N. (1995) (zuerst 1939). *Über den Prozeß der Zivilisation. Soziogenetische und psychogenetische Untersuchungen,* 2 Bde., 19. Auf. Frankfurt a.M.: Suhrkamp • Esser, H. (2001). *Soziologie. Spezielle Grundlagen, Bd. 6: Sinn und Kultur.* Frankfurt a. M. u.a.: Campus • Kieserling, A. (2008). Felder und Klassen: Pierre Bourdieus Theorie der modernen Gesellschaft. *Zeitschrift für Soziologie, 37,* 3-24 • Lindemann, G. (2011). Differenzierung der modernen Gesellschaft. Eine grenzregimetheoretische Perspektive. In T. Schwinn, C. Kroneberg, & J. Greve (Eds.), *Soziale Differenzierung. Handlungstheoretische Zugänge in der Diskussion* (S. 135-156). Wiesbaden: VS Verlag • Luhmann, N. (1984). *Soziale Systeme. Grundriß einer allgemeinen Theorie.* Frankfurt a.M.: Suhrkamp • Luhmann, N. (1990). Über systemtheoretische Grundlagen der Gesellschaftstheorie. *Deutsche Zeitschrift für Philosophie, 38,* 277-284 • Luhmann, N. (1997): *Die Gesellschaft der Gesellschaft.* Frankfurt a. M.: Suhrkamp • Marx, K. & Engels, F. (1962). *Marx-Engels-Werke (MEW), Bd. 20.* Berlin: Dietz • Mayntz, R. (1996). Gesellschaftliche Umbrüche als Testfall soziologischer Theorie. In L. Clausen (Hrsgd.), *Gesellschaften im Umbruch. Verhandlungen des 27. Kongresses der Deutschen Gesellschaft für Soziologie in Halle an der Saale 1995* (S. 141-153). Frankfurt a.M. u.a.: Campus Verlag • Mead, G. H. (1968) (zuerst 1934). *Geist, Identität und Gesellschaft.* Frankfurt a.M.: Suhrkamp • Merton, R. K. (1995) (zuerst 1957). *Soziologische Theorie und soziale Struktur.* Berlin: de Gruyter • Petzke, M. (2009). Hat Bourdieu wirklich so wenig „Klasse"? Replik auf André Kieserlings Aufsatz „Felder und Klassen: Pierre Bourdieus Theorie der modernen Gesellschaft".

Zeitschrift für Soziologie, 38, 514-520 • Popper, K. R. (1984). *Objektive Erkenntnis. Ein evolutionärer Entwurf, 4. Aufl.* Hamburg: Hoffmann und Campe • Reckwitz, A. (2003). Grundelemente einer Theorie sozialer Praktiken. Eine sozialtheoretische Perspektive. *Zeitschrift für Soziologie, 32*, 282-301 • Schatzki, T. R. (2002). *The Site of the Social. A Philosophical Account of the Constitution of Social Life and Change.* University Park, Pa.: Pennsylvania State Univ. Press • Schimank, U. & Volkmann, U. (Hg.), 2002: *Soziologische Gegenwartsdiagnosen I. Eine Bestandsaufnahme.* Wiesbaden: VS Verlag für Sozialwissenschaften • Schütz, A. & Luckmann, T. (1979). *Strukturen der Lebenswelt, Bd. 1.* Frankfurt a. M.: Suhrkamp • Schwinn, Thomas (2007). *Soziale Ungleichheit.* Bielefeld: transcript • Simmel, G. (1992) (zuerst 1908). *Soziologie. Untersuchungen über die Formen der Vergesellschaftung, Gesamtausgabe Band 11.* Frankfurt a. M.: Suhrkamp • Strauss, A. L. (1993). *Continual Permutations of Action.* New York: de Gruyter • Weber, M. (1972) (zuerst 1922). *Wirtschaft und Gesellschaft. Grundriß der verstehenden Soziologie, 5., revidierte Auflage..* Tübingen: Mohr • Weber, M. (1988) (zuerst 1922). *Gesammelte Aufsätze zur Wissenschaftslehre.* Tübingen: Mohr

Gregor Bongaerts & Ingo Schulz-Schaeffer

U

Ungleichheit, soziale

Soziale Ungleichheit bezieht sich auf durch soziale Regeln erzeugte Ungleichheit hinsichtlich der Lebenschancen und Lebensrisiken der Gesellschaftsmitglieder. Lebenschancen und Lebensrisiken werden zwar auch durch natürliche Unterschiede zwischen den Individuen beeinflusst (z. B. genetische Dispositionen, Talente usw.), jedoch ist es Kennzeichen von Gesellschaften, dass der Mensch als vernunftbegabtes Wesen kollektive (soziale) Regeln (Normen, Gesetze usw.) aufstellt und durchsetzt, die natürliche Unterschiede überformen bzw. außer Kraft setzen (sollen) und dadurch eine gesellschaftliche Entwicklung und Fortschritt erst ermöglichen.

Soziale Regeln sind immer vom Menschen gemacht und gelten daher nicht unabhängig von Raum und Zeit, sondern sind stets historisch und kulturell geprägt und somit nur von begrenzter Reichweite. Durch das Aufstellen und Überwachen sozialer Regeln werden die Einzelinteressen der Gesellschaftsmitglieder gesteuert und geordnet und dadurch das Zusammenleben stabilisiert. Zwar wäre ein rudimentäres Zusammenleben von Menschen auch ohne die Aufstellung, Überwachung und Durchsetzung kollektiver Regeln möglich, jedoch würde sich dies kaum vom evolutionären Kampf von Tieren unterscheiden und einen „Krieg eines jeden gegen jeden" (Hobbes) zur Folge haben. Die Schaffung einer regulierenden Sozialordnung durch den Menschen setzt folglich natürliche Ungleichheitsprinzipien außer Kraft, jedoch werden diese nicht ersatzlos gestrichen, sondern ersetzt durch soziale Ungleichheitsprinzipien. Die dadurch erzeugten Ungleichheiten können ungewollt entstehen, sind jedoch häufig bewusst geplantes bzw. in Kauf genommenes Ergebnis der Sozialordnung.

Eine von Menschen geschaffene Sozialordnung hebt die Ungleichheiten zwischen den Menschen nicht auf, sondern legt kollektive Regeln fest, unter welchen Umständen Gesellschaftsmitglieder gleiche oder ungleiche Lebensbedingungen vorfinden (sollen). Es ist also basale Aufgabe jedweder Sozialordnung, soziale Ungleichheit zu erzeugen. Wichtig dabei ist, dass die zur sozialen Ungleichheit führende Sozialordnung von den Gesellschaftsmitgliedern als gerecht akzeptiert wird.

Welche Sozialordnung als gerecht bewertet wird, ist dabei historisch und kulturell wandelbar. In westlichen Gesellschaften hat man sich hier in einem langen Prozess auf Demokratie und Marktwirtschaft als gerechte Sozialordnungsprinzipien mit Chancengleichheit als leitendem Gerechtigkeitsgrundsatz verständigt.

Chancengleichheit als Gerechtigkeitsmaßstab ist dabei ein Phänomen der Moderne. Im Zuge des gesellschaftlichen Modernisierungsprozesses und der Aufklärung setzte sich allmählich die Idee durch, jeder einzelne Mensch sei von Natur aus gleich (universelle Menschenrechte). Verteilung von Gütern und die Verteilung von Reichtum ist in einer solchen Welt nur dann gerecht, wenn alle Menschen prinzipiell die gleichen Chancen haben, erfolgreich zu sein. Das heißt aber auf keinen Fall, dass das Recht auf gleiche Chancen mit dem Recht auf gleiche Verteilung verwechselt werden darf. Soziale Ungleichheit ist in demokratischen Marktwirtschaften daher solange gerecht, solange umfassende Chancengleichheit gewährleistet ist. Dabei bedeutet Chancengleichheit nicht nur Zugangschancengleichheit zu bestimmten Ressourcen oder Positionen. Es bedeutet gleichzeitig auch, dass Menschen ein Recht auf gleiche Bewertung ihrer Leistungen (Erfolgschancengleichheit) und gleiche Nutzung ihrer Ressourcen (Verwertungschancengleichheit) haben.

Es gibt zwei wesentliche, miteinander in Wechselwirkung stehende Begründungen, warum die Sicherstellung von Chancengleichheit für moderne Gesellschaften ein zentrales Anliegen ist. Zunächst einmal lässt sich ethisch argumentieren, dass die diskriminierungsfreie Teilhabe jedes Menschen ein hohes Gut ist; mangelnde Chancengleichheit wäre ein Verstoß gegen universelle Menschenrechte, würde daher als Ungerechtigkeit interpretiert und den Zusammenhalt einer Gesellschaft gefährden. Darüber hinaus lässt sich das Streben nach Chancengleichheit aber auch ökonomisch begründen. Denn fehlende Chancengleichheit hätte negative Auswirkungen auf die Motivation der Menschen. Dies hätte zur Folge, dass die Gesellschaft insgesamt unter ihren Leistungsmöglichkeiten bliebe. Produktives Potential wird bei nicht bestehender Chancengleichheit verschwendet.

In allen demokratischen Marktwirtschaften kommt vor allem dem Staat die Aufgabe zu, Chancengleichheit zu garantieren und Diskriminierung zu verhindern. Jedoch existieren unterschiedliche Auffassungen darüber, wie der Staat dies gewährleisten kann. Auf der einen Seite begnügen sich bestimmte Gesellschaften damit, dass der Staat lediglich rechtliche Gleichheit der Gesellschaftsmitglieder garantiert (Chancengleichheit im engeren Sinn). Anderen Gesellschaften reicht dies nicht aus, da juristisch garantierte Chancengleichheit nicht tatsächliche Chancengleichheit bedeuten muss. Die Frage, wie der Staat über die rechtliche Garantie von Chancengleichheit hinaus durch wirtschafts- und sozialpolitische Regulierungen von Märkten und Umverteilung die reale Chancengleichheit herstellen soll und darf, wird höchst unterschiedlich beantwortet, wobei sich einzelne Gesellschaften mit ähnlichen historisch und kulturell entstandenen sozial- und wirtschaftspolitischen Prinzipien zu Gruppen zusammenfassen lassen (Wohlfahrtsstaatsregime, „Varieties of Capitalism") (Ullrich, 2005). Die Stabilität bzw. Dynamik solcher Klassifizierungen insbesondere unter den Bedingungen einer zunehmend globalisierten Welt ist dabei umstritten (Konvergenz vs. Divergenz von Ordnungsprinzipien) (Beckert, 2010).

Soziale Ungleichheit ist elementare Voraussetzung für die Funktionsfähigkeit und Stabilität differenzierter Gesellschaften. Ungleichheit ist entsprechend nicht gleichzusetzen mit Ungerechtigkeit. Ob und wie bestimmte Ausprägungen sozialer Ungleichheit als gerecht akzeptiert oder als ungerecht empfunden werden, hängt von kulturell und historisch wandelbaren kollektiven Grundüberzeugungen ab. Es ist dabei Aufgabe der Politik, das Ausmaß und die Ursachen sozialer Ungleichheit zu identifizieren und mit Hilfe geeigneter Verfahren und Instrumente zu entscheiden, ob bzw. inwiefern Handlungsbedarf zur Verringerung oder Vergrößerung sozialer Ungleichheit besteht (Diewald, 2010). Hierbei sollten wissenschaftlich gesicherte Erkenntnisse u. a. der Sozialstrukturanalyse eine wesentliche Basis liefern (Erlinghagen & Hank, 2013).

▶ **Armut; Bildung; Gerechtigkeit, soziale; Geschlecht; Integration; Kapitalismus; Markt; Sozialstruktur; Wohlfahrtsstaat**

📖 Beckert, J. (2010). Institutional Isomorphism Revisited: Convergence and Divergence in Institutional Change. *Sociological Theory* 28, 150-166 • Diewald, M. (2010). Ungleiche Verteilungen und ungleiche Chancen. Zur Entwicklung sozialer Ungleichheiten in der Bundesrepublik. In: F. Faulbaum, & C. Wolf (Hg.), *Gesellschaftliche Entwicklungen im Spiegel der empirischen Sozialforschung* (11-37). Wiesbaden: VS-Verlag • Erlinghagen, M. & Hank, K. (2013). *Neue Sozialstrukturanalyse. Ein Kompass für Studienanfänger*. Paderborn: UTB • Ullrich, C.G. (2005). *Soziologie des Wohlfahrtsstaates. Eine Einführung*. Frankfurt: Campus

Marcel Erlinghagen

Universalien, soziale

Soziale Universalien (Kulturuniversalien, menschliche Universalien; engl. universals, cultural universals, human universals; frz. universeaux) sind Merkmale oder Phänomene, die in allen bekannten menschlichen Gesellschaften regelmäßig auftreten (Brown, 1991; Hejl, 2000; Messelken, 2002; Antweiler, 2018). Beispiele postulierter Universalien sind der Ödipuskomplex, die Dominanz von Männern in der öffentlichen Sphäre der Politik und besonders das sog. „Inzesttabu" (Turner & Maryansky, 2005). In einem anderen Verständnis sind Universalien Phänomene, die trans-historisch, also in sämtlichen bekannten Gesellschaften aller Räume und Zeiten nachweisbar sind. Die Anzahl solcher diachronen Universalien wird geringer sein als die von synchronen Universalien. Schon das ethnographische Wissen über rezente menschliche Kulturen ist lückenhaft.

Empirisch manifestieren sich Universalien in Lebensbedingungen, im Verhalten, Denken und Fühlen sowie im mimischen Ausdruck, sozialen Institutionen und in Gegenständen. Beispiele dieser Vielfalt sind Verwandtenbegünstigung, anthropomorphe Konzepte, Ethnizität, Ethnozentrismus, Hochzeitsriten, Alterskategorien-Termini, Verhütungstechniken, Magie-Konzepte, Konzept der Zeit als Pfeil (neben anderen Zeitvorstellungen), spezifische Genderrollen, -status, und -ideale, Methoden der Wettervorhersage, Musik, Tänze und andere Performanz-Formen. Kataloge von Universalien, die seit der ersten Liste von 73 Universalien (Murdock, 1945) veröffentlicht wurden, umfassen bis teilweise weit mehr als 200 Universalien.

Pankulturelle Muster sind nicht einfach durch eine Art „Meinungsumfrage" bei den Völkern feststellbar. Erst der breite ethnologische Vergleich bietet einen Zugang zu den Gemeinsamkeiten Die grundlegende Methode ist der systematische Kulturvergleich (interkultureller Vergleich, engl. cross-cultural comparision, Ember & Ember, 2001) quer durch die rund 7000 Kulturen (Indikator: Zahl der Sprachen). Die Basis für die Suche nach Universalien im Meer der Vielfalt bilden Kulturbeschreibungen aufgrund intensiver Feldforschung. Die Breite solcher

Vergleiche steuert dem notorischen Problem der empirisch auf westliche Kulturen fokussierten Sozialwissenschaften (Henrich et al., 2010) entgegen.

Proximate Ursachen könnten in der organismischen Struktur liegen, ultimate in der holozänen Umwelt des Menschen zu suchen sein. Aus der Ubiquität eines Phänomens lässt sich nicht automatisch auf eine biotische Basis schließen. Unsere Spezies-Ausstattung (biotische Universalien) ist nur eine von mehreren Ursachen für pankulturelle Gemeinsamkeiten. Global verbreitete Kulturphänomene können auf weltweite Kultur-Diffusion zurückgehen, die es ansatzweise schon lange vor der Globalisierung i. e. S. gab. Universalien können auch auf historisch sehr frühe Diffusion im Gefolge der Verbreitung des Homo Sapiens über den Globus zurückgehen (sog. „Archosen"). Schließlich können universale soziale Verhaltensweisen oder Institutionen darauf basieren, dass Gesellschaften überall auf ähnliche Umstände und Lebensprobleme stoßen.

Die Universalität bzw. räumliche Ubiquität bezieht sich auf kollektive Einheiten („Kulturen"), wie Gesellschaften, Nationen oder Ethnien. Eben deshalb (nicht wegen ausschließlich kultureller Ursachen) werden sie oft als „Kultur-Universalien" bezeichnet. Nicht gemeint ist die Universalität bei allen Individuen, wie sie etwa von Primatologen als „human universals" gefasst wird (Kappeler & Silk, 2010). Universalien sind – entgegen vielfachen Annahmen – nicht einfach mit der Natur des Menschen bzw. mit Homo sapiens-Merkmalen („Anthropologischen Konstante", „Psychische Einheit des Menschen") gleichzusetzen, auch wenn sie ursächlich teilweise mit ihnen zusammenhängen. Deshalb fasst die oben angeführte Definition solche pankulturellen Phänomene bewusst nur beschreibend. Universalien benennen einzelne Eigenschaften von Kollektiven oder Gesellschaften, nicht etwa die Summe der Merkmale des Kollektivs. Die Behauptung einer Gleichheit von Gesellschaften in einem Merkmal schließt also irgendwelche anderen Unterschiede in keiner Weise aus. Jede Kultur ist wie alle Kulturen, wie einige andere Kulturen und wie keine einzige andere Kultur. Die Feststellung einer Universalie betrifft also in keiner Weise die Einzigartigkeit einzelner Kulturen bzw. Gesellschaften.

Bei Homines sapientes haben Universalien einen anderen analytischen Status als Artmerkmale (anderer) Tiere. Bei anderen Säugetieren oder Vögeln etwa kann man eine einzelne Population der jeweiligen Spezies untersuchen und daraus (unter Berücksichtigung der Umweltparameter) allgemeine Aussagen über die Art machen. Die universale Aussage über die Art nähert sich auch dem Befund, den man als Ethogramm (Inventar der Verhaltensweisen) in irgendeiner Population erwartet. Schon bei einigen anderen Primaten gilt das aber nur in Grenzen, wie Verhaltensunterschiede in verschiedenen Freilandpopulationen von Schimpansen und Orang-Utans zeigen. Die Definition von Universalien als quer durch alle menschlichen Gesellschaften zu findende Charakteristika beinhaltet ausdrücklich nicht gleichzeitig die Aussage, dass sie bei nichtmenschlichen Primaten fehlen. Für Universalien makrosozialer Entwicklung wurde der spezielle Begriff „evolutionäre Universalien" von Talcott Parsons (1902–1979) eingeführt. Von diesen zivilisatorisch relevanten Erfindungen komplexer Gesellschaften sind sechs besonders langfristig anpassungsrelevant: soziale Schichtung, kulturelle Legitimation (z. B. gesellschaftliche Ideale und soziale Identität), Verwaltungsbürokratie, Märkte mit Geld, verallgemeinerte (universal geltende) Normen und demokratische Assoziationsformen (Parsons, 1979). Evolutionäre Universalien haben sich historisch unabhängig voneinander mehrfach entwickelt und über lange Zeiträume durchgesetzt. Seit den 1980er Jahren werden Entwicklungs-Universalien auch jenseits makrosoziologischer Forschung thematisiert. Den Großteil ihrer Geschichte lebten Menschen in kleinen gemeinschaftlichen Gruppen von einigen Hundert Individuen (Dunbar, 2014). Heutige Gesellschaften sind sie demographisch und räumlich extrem viel größer als alles, was wir von anderen Primaten und auch aus der Anthropogenese kennen („Ultrasozialität"). Sie müssen sowohl besondere Anpassungen an Probleme ihrer eigenen Komplexität als auch an die komplexe Umwelt (inklusive komplexer Nachbargesellschaften) entwickeln. Sie brauchen Institutionen, die über verwandtschaftliche Organisation hinausgehen und Medien. Dabei handelt es sich um Implikations-Universalien.

Universalien sind nicht als das Gegenteil von kulturellen Besonderheiten oder der gesamten menschlichen Diversität zu sehen. Universalien auf pankultureller Ebene sind aber auch nicht mit Absoluta gleichzusetzen (contra Gairdner, 2008, vgl. Adamopoulos & Lonner, 1994). Ein stark überzufälliges Auftreten eines Phänomens reicht, um universale Fragen aufzuwerfen. Eigenschaften, die eine Kultur auszeichnet, finden sich (mindestens ansatzweise) auch in den meisten anderen Kulturen findet, oft in nahezu allen. Kulturen unterscheiden sich also nicht durch spezifische Eigenschaften oder Merkmalsbündel, die ausschließlich ihnen eigen sind. Kulturen unterscheiden sich stattdessen durch den Rang bzw. Stellenwert, der bestimmten Eigenschaften in ihnen zukommt (Holenstein, 1985).

▶ **Ethnologie; Evolution, soziale; Gemeinschaft; Kultur; Methoden der empirischen Sozialforschung; Theorie, soziologische**

📖 Adamopoulos, J. & Lonner, W. J. (1994). Absolutism, Relativism and Universalism in the Study of Human Behavior. In: W. J. Lonner & R. S. Malpass (eds.): *Psychology and Culture* (129-134). Boston: Allyn & Bacon • Antweiler Ch. (2012). *Was ist den Menschen gemeinsam? Über Kultur und Kulturen*. Wissenschaftliche Buchgesellschaft, Darmstadt

(Sonderausgabe von ²2009) • Antweiler, Ch. (2018): *Our Common Denominator. Human Universals Revisited*. New York and Oxford: Berghahn Books (zuerst 2016) • Brown, D.E. (1991). *Human Universals*. New York u. a..: McGraw Hill, Inc • Dunbar, R. I. M. (2014). *Human Evolution*. London: Penguin Books (A Pelican Introduction) • Ember, C. R. & Ember, M. (2001). *Cross-Cultural Research Methods*. Lanham: Altamira Press • Gairdner, W. D. (2008). *The Book of Absolutes. A Critique of Relativism and a Defense of Universals*. Montreal & Kingston etc.: McGill-Queen´s UP • Hejl, P. M. (Hg.) (2000). *Universalien und Konstruktivismus*. Frankfurt am Main: Suhrkamp Verlag (Delfin 2000) • Holenstein, E. (1985). *Sprachliche Universalien. Eine Untersuchung zur Natur des menschliches Geistes*, Bochum: Brockmeyer • Henrich, J., Heine, St. J. & Norenzayan, A. (2010). The Weirdest People in the World? *Behavioral and Brain Sciences* 33:61-135 • Kappeler, P. M. & Silk, J. (eds.) (2010). *Mind the Gap. Tracing the Origins of Human Universals*. Berlin & Heidelberg: Springer • Messelken, K. (2002). „Universalien", in: G. Endruweit/ Trommsdorff, G. (Hg.): *Wörterbuch der Soziologie*. Stuttgart: Lucius & Lucius (S. 647-648) • Murdock, G. P. (1945). The Common Denominator of Cultures. In: R. Linton (ed.): *The Science of Man in the World Crisis* (S. 123-140) • Parsons, T. (1979). Evolutionäre Universalien der Gesellschaft. In: Zapf, W. (Hg.): *Theorien sozialen Wandels* (S. 55-74). 4. Auflage. Königstein: Athenäum • Turner, J. H./ Maryansky, A. (2005). *Incest. Origins of the Taboo*, Boulder/London: Paradigm Publishers

Christoph Antweiler

V

Verhalten, abweichendes

Abweichendes Verhalten ist der allgemeinste Begriff für sehr unterschiedliche Verhaltensweisen, die gegen gültige soziale Normen verstoßen und negative Reaktionen und Sanktionen hervorrufen können. Nach dem lateinischen Wortstamm spricht man auch von „deviantem Verhalten" oder „Devianz" (franz. déviance, engl. deviant behaviour). Delinquenz – abweichendes Verhalten von Kindern und Jugendlichen, das sozial- oder strafrechtliche Sanktionen auslösen kann – sowie Kriminalität – Handlungen, die nach dem Strafrecht geahndet werden – sind enger definierte Teilmengen abweichenden Verhaltens, die von der Gesellschaft als besonders störend wahrgenommen und daher von staatlichen Kontrollinstanzen sanktioniert werden können. Aus diesen Definitionen wird bereits deutlich, dass abweichendes Verhalten nicht ohne soziale Normen vorstellbar und damit ein sowohl allgegenwärtiges als auch wandelbares Phänomen ist.

Die Grunderkenntnis, dass eine Gesellschaft ohne Abweichung nicht denkbar ist, weil jede Norm auch ihre Brechung impliziert, verdankt die Soziologie Emile Durkheim (1858–1917), der das Themenfeld als erster für die soziologische Analyse erschlossen und die Abhängigkeit des abweichenden Verhaltens von den Normen klar benannt hat: „Man darf nicht sagen, dass eine Tat das gemeinsame Bewußtsein verletzt, weil sie kriminell ist, sondern sie ist kriminell, weil sie das gemeinsame Bewusstsein verletzt" (Durkheim, 1977: 130). Durkheim hat auch differenzierte Perspektiven auf die gesellschaftlichen Funktionen abweichenden Verhaltens eröffnet. Als ein Vordenker des Strukturfunktionalismus sah er positive Funktionen zum einen in der Gelegenheit, durch die Sanktionierung die Wertvorstellungen der Gemeinschaft zu bekräftigen, und zum anderen aber auch in der „Antizipation der zukünftigen Moral" (1984: 160) insofern, als abweichendes Verhalten den Wandel gesellschaftlicher Normen vorbereiten und vorantreiben könne.

Diese Perspektiven sind in der Soziologie abweichenden Verhaltens bis heute sehr lebendig geblieben. Vor allem der sog. Labeling Approach (dt. Etikettierungs-, Definitionsansatz) der 1960er und 1970er Jahre hat sich mit der sozialen Konstruktion abweichenden Verhaltens befasst und dabei eine gesellschaftskritische Haltung eingenommen (Frehsee, Löschper & Smaus, 1997). Howard S. Beckers (1963: 9) oft zitierter Satz „Abweichendes Verhalten ist Verhalten, welches Menschen als solches etikettieren" wurde sowohl auf die gesellschaftliche Ebene der Normdefinitionen als auch auf der Ebene der konkreten Normanwendung im Einzelfall bezogen. Nicht zufällig standen dabei Verhaltensbereiche wie etwa Sexualität und Drogenkonsum im Vordergrund, deren Bewertung einem starken historischen Wandel unterworfen ist. Während Homosexualität im Laufe der letzten Jahrzehnte nicht nur entkriminalisiert, sondern inzwischen auch deren zivilrechtliche Benachteiligung abgebaut wurde und soziale Stigmatisierungen nachlassen, gilt für pädophile sexuelle Verhaltensweisen das Gegenteil. Auch im Bereich der interpersonellen Gewalt wurden Definitionsprozesse verschärft, wie die Einführung der Strafbarkeit der körperlichen Züchtigung durch Eltern und des „Stalkings" sowie Strafverschärfungen bei sexueller Gewalt belegen. Neudefinitionen abweichenden Verhaltens sind häufig das Ergebnis erfolgreicher Kampagnen sog. „Moralunternehmer", die gesellschaftliche Aufmerksamkeit gegenüber sozialen Problemen wecken (Cohen, 1988). Welche Verhaltensweisen eine Gesellschaft als abweichend definiert ist also variabel, aber dennoch nicht völlig beliebig. Viele historisch sehr stabile Normen sollen die prosozialen Grundsätze der Fairness, Kooperation und Reziprozität schützen, die im menschlichen Sozialverhalten evolutionär sehr tief angelegt sind, den Kitt von Gesellschaften bilden und die Schwächeren und die Allgemeinheit vor den Stärkeren und Rücksichtslosen schützen (Fehr & Fischbacher, 2004). Die experimentelle Spieltheorie hat gezeigt, dass Verletzungen dieser prosozialen Verhaltensregeln, die zu konkreten Schädigungen führen, kulturübergreifend als störend wahrgenommen werden und ein Bedürfnis nach Bestrafung auslösen (Fehr & Gintis, 2007).

Die gesellschaftskritisch ausgerichtete Soziologie hat demgegenüber den Konflikt- und Herrschaftscharakter der Definitionen abweichenden Verhaltens hervorgehoben. Verhaltensformen ohnehin randständiger Gruppen werden eher stigmatisiert und verfolgt, während die Regelverletzungen der Mittelschichten und Mächtigen häufig als „Kavaliersdelikte" geduldet werden und ungeahndet bleiben (Frehsee, 1991). In seiner klassischen Studie „Wayward Puritans" über Hexenverfolgungen des 17. Jahrhunderts interpretierte Kai T. Erikson (1966) die soziale Ausgrenzung von Abweichlern als Strategie, der übrigen Bevölkerung die Grenzen des normkonformen Verhaltens aufzuzeigen. In Hinblick auf negative Konsequenzen von Etikettierungsprozessen für die Betroffenen prägte Edwin M. Lemert (1974) die Unterscheidung zwischen „primärer" und „sekundärer Devianz". Während die primäre Devianz solche Verhaltensweisen meint, die eine erstmalige Sanktionierung auslösen, bezeichnet die sekundäre Devianz die weitere „Karriere" von Abweichlern, die als Reaktion auf diese Stigmatisierungserfahrungen immer stärker in deviante Rollen und Selbstbilder hineingedrängt werden. Längsschnittstudien zu den Folgen strafrechtlicher Sanktionierung haben solche negative Effekte belegt (Ehret, 2007). Die Annahme jedoch, dass bei der Anwendung strafrechtlicher Sanktionen starke Selektionsprozesse auf der Basis sozialer oder ethnischer Ungleichheiten wirksam sind, konnte in empirischen Studien kaum gestützt werden.

Der Labeling Approach war nicht nur soziologisch, sondern auch gesellschaftspolitisch sehr erfolgreich, da seine Einsichten zu einer „Abrüstung" des staatlichen Sanktionsapparates insbesondere bei jugendlichen Delinquenten beigetragen haben, um eben diese Stigmatisierungsprozesse zu vermeiden. Eine ausschließliche Perspektive auf Etikettierungsprozesse, wie sie von Anhängern des sog. radikalen Definitionsansatzes gefordert wurde (Peters & Dellwing, 2011), verstellt jedoch den Blick auf die Handlungsmacht derer, die sich für oder gegen Normbrüche entscheiden, und damit auch auf sehr vielfältige Ursachen abweichenden Verhaltens. Diejenigen Theorien, die nach den Hintergründen abweichenden Verhaltens und den Motivationen der Abweichler fragen, werden insgesamt als „ätiologisch" bezeichnet. Trotz vielfacher Versuche gibt es keine allgemeingültige Theorie, die zur Erklärung abweichenden Verhaltens geeignet wäre (Oberwittler, 2012). Psychologie, Soziologie und weitere Disziplinen konkurrieren miteinander und verfolgen jeweils unterschiedliche Perspektiven. Soziologische Ansätze interessieren sich vor allem für soziale Bindungen und Handlungen im Kontext gesellschaftlicher Strukturen. Zu den „klassischen" soziologischen Erklärungsansätzen zählen die Anomie-, Lern-, Kontroll- und Desorganisationstheorien (Lamnek, 2007). Die Anomietheorie stellt die Auswirkungen struktureller Ungleichheiten in den Mittelpunkt, während die lerntheoretischen Ansätze von der Beeinflussbarkeit jedes Individuums in sozialen Gruppen und Netzwerken ausgehen. Auch die Kontrolltheorie nimmt an, dass Bindungen an sozial konforme Personen und Institutionen (wie z. B. Schulen) abweichendes Verhalten verhindern können. Die soziale Desorganisationstheorie, die aus der stadtsoziologischen „Chicago School" hervorgegangen ist, verbindet Elemente dieser drei Ansätze und untersucht die spezifischen delinquenzfördernden Bedingungen großstädtischer, sozial benachteiligter Wohnquartiere.

Während diese Theorien abweichendes Verhalten primär als Folge von Benachteiligungen und Sozialisationsdefiziten verstehen, konzentrieren sich einige neuere Erklärungsansätze – die jedoch ihre Wurzeln im Menschenbild der Aufklärung des 18. Jahrhunderts haben – stärker auf individuelle Handlungsentscheidungen und situative Bedingungen. Rational Choice-Ansätze betrachten abweichende ebenso wie normkonforme Handlungen als Ergebnis einer Kosten-Nutzen-Abwägung, beziehen dabei aber auch kulturelle und moralische Präferenzen mit ein (Eifler, 2009). Die einflussreiche und zugleich umstrittene Theorie der niedrigen Selbstkontrolle (Gottfredson & Hirschi, 1990) sieht die alleinige Ursache abweichenden Verhaltens in der mangelnden Fähigkeit, längerfristige negative Folgen von Handlungen einzukalkulieren. Die gegenwärtig wohl größte Herausforderung für die Soziologie stellen neurobiologische Ansätze dar, die Funktionsweisen bestimmter Hirnareale wie des präfrontalen Kortex und hormoneller Regelungskreisläufe mit sozialem Verhalten in Beziehung setzen (Böllinger et al., 2010). Jedoch zeichnet sich insgesamt eine Bereitschaft ab, unterschiedliche Theorieansätze in integrativen Erklärungsmodellen abweichenden Verhaltens zu verbinden, die auch Wechselwirkungen zwischen individuellen Verhaltensneigungen, strukturellen Ungleichheiten und situativen Bedingungen berücksichtigen.

▶ **Anomie; Norm, soziale**

Becker, H. S. (1963). *Outsiders. Studies in the Sociology of Deviance*, New York: Free Press • Böllinger, L., Jasch, M., Kramann, S., Pilgram, A., Prittwitz, C., Reinke, H. & Rzepka, D. (Hg.) (2010). *Gefährliche Menschenbilder*, Baden-Baden: Nomos • Cohen, S. (1988). *Against Criminology*, New Brunswick: Transaction Books • Durkheim, E. (1977). Über soziale Arbeitsteilung, Frankfurt a. M.: Suhrkamp • Durkheim, E. (1984). *Die Regeln der soziologischen Methode*, Frankfurt a. M.: Suhrkamp • Ehret, B. (2007). Strafen oder Erziehen? Münster: LIT-Verlag • Eifler, S. (2009). *Kriminalität im Alltag*, Wiesbaden: Springer VS • Erikson, K. (1966). *Wayward Puritans. A Study in the Sociology of Deviance*, New York: Wiley • Fehr, E. & Fischbacher, U. (2004). Social Norms and Human Cooperation, *Trends in Cognitive Sciences* 8, 185-190 • Fehr, E. & Gintis, H. (2007). Human Motivation and Social Cooperation: Experimental and Analytical Foundations, *Annual Review of Sociology* 33, 43-64 • Frehsee, D. (1991). Zur Abweichung der Angepassten, *Kriminologisches Journal* 23, 25-45 • Frehsee, D., Löschper, G. & Smaus, G. (Hg.) (1997). *Konstruktion der Wirklichkeit durch Kriminalität und Strafe*. Baden-Baden: Nomos • Gottfredson, M. R. & Hirschi, T. (1990). *General Theory of Crime*, Stanford: Stanford UP • Lamnek, S. (2007). *Theorien abweichenden Verhaltens I: „klassische" Ansätze*, Paderborn: Fink • Lemert, E. M. (1974). Beyond Mead: The Societal Reaction to Deviance. *Social Problems* 21, 457-468 • Oberwittler D. (2012). Delinquenz und Kriminalität als soziales Problem. In: G. Albrecht & A. Groenemeyer, *Handbuch Soziale Probleme* (S. 772-860), Wiesbaden: Springer VS

Dietrich Oberwittler

Verhalten, soziales

Soziales Verhalten wird seit Max Weber (1864–1920) allgemein als ein äußeres oder innerliches Tun, Dulden oder Unterlassen bezeichnet, das sich eben nicht durch expliziten Sinnbezug auszeichnet und damit auch nicht als Handeln bezeichnet werden kann. Schon Weber (2006) stellte jedoch fest, dass „die Grenze sinnhaften Handelns gegen ein bloß (…) reaktives, mit einem subjektiv gemeinten Sinn nicht verbundenes, Sich verhalten" durchaus unscharf sei. Dies wird vor allem dann deutlich, wenn man soziales Verhalten als wie auch immer geartete Aktivität von Menschen oder Tieren bezeichnet, das einen Bezug zu anderen aufweist. Entsprechende verhaltenstheoretische Ansätze haben ihren Ursprung eben auch in der Psychologie und Ethologie (Tierverhaltensforschung). Trotz der definitorischen Unterscheidung wird in der soziologischen Praxis soziales Verhalten und soziales Handeln häufig synonym verwendet, indem man beispielsweise von Verhaltenserwartung, Verhaltenskonformität, Verhaltensmuster, abweichendem Verhalten oder generativem Verhalten spricht, obwohl all diese Dinge meistens einen Sinnbezug besitzen.

Historisch finden sich die ersten Ansätze zu einer allein auf beobachtbarem Verhalten beruhenden Theorie im sogenannten Behaviorismus innerhalb der Psychologie, dessen Begründer James B. Watson (1878–1958) in Orientierung an naturwissenschaftlicher Forschung nur objektiv beobachtbare Aktionen und Reaktionen eines Organismus als Verhalten bezeichnete und alle inneren, der Beobachtung nicht zugänglichen Vorgänge ausdrücklich ausgeschlossen wissen wollte und sich damit auch von den seinerzeit vorherrschenden psychoanalytischen Orientierungen abgrenzen wollte. Im Anschluss daran wurde – u. a. von Burrhus Frederic Skinner (1904–1990) – versucht, soziale Verhaltensregelmäßigkeiten mit Hilfe einfacher Lern- und Verstärkungstheorien zu erklären.

Inzwischen differenzierte sich jedoch jener radikale Behaviorismus durch eine ganze Reihe von Zusatzannahmen in verschiedene Theorierichtungen, die vom operationalen und logischen bis zum kognitiven, sozialen oder gar subjektiven

Behaviorismus reichen. Entsprechend wurde auch der Verhaltensbegriff durch das Einbeziehen von Zeichengebrauch, symbolischen Reaktionen, Intentionalität, Antizipation, Motiven, Sozialorientiertheit oder Alltagstheorien in den Erklärungszusammenhang menschlichen Verhaltens erweitert.

In der Soziologie sind v. a. die Arbeiten von George Casper Homans (1910–1989) zu nennen, der mit Hilfe von fünf (Lern-)Hypothesen generell soziales Verhalten und daraus abgeleitet auch soziale Phänomene wie Intergruppenprozesse erklären wollte. Weiterreichende methodologische Arbeiten forderten teilweise sogar die Zurückführung der Soziologie auf die Psychologie (Hummell & Opp, 1971). Diese Versuche können heute in ihren einfachen Formen als gescheitert angesehen werden. In der neueren Diskussion lassen sich aber drei sehr heterogene Entwicklungen beobachten:

- Erstens ist eine radikale Abwendung von diesen erklärenden Ansätzen zu konstatieren, die sich einerseits in einer rein subjektorientierten, (re-)konstruktiven Forschungsorientierung und letztlich der Abwendung von soziologischen Forschungsfragen, andererseits in einer reinen Systemperspektive und der Abwendung von einer Handlungsorientierung äußern.
- Eine zweite Reaktion stellt das Festhalten am Erklärungsprinzip und einer akteurstheoretischen Perspektive dar, wobei hier jedoch versucht wird, auch subjektive Ziele und Orientierungen mit in die Handlungstheorie zu integrieren. Entsprechende Anwendungen dieser Theorieansätze finden sich in fast allen soziologischen Bereichen. Hier finden sich auch Ansätze, die – wie in der Rational-Choice-Theorie – Handlungsroutinen, Skripte und Schemata in die Erklärungsmodelle aufnehmen (Hill, 2002).
- Eine seit Mitte der 1970er Jahre beobachtbare dritte Reaktion ist eine weitere Radikalisierung der Reduktionsidee, indem man Verhaltensweisen nicht mehr auf Lernerfahrungen zurückführt, sondern als genetisch verankert sieht (Voland, 2013; Wilson, 2000). In der Zwischenzeit finden sich verschiedene – teilweise auch trivialisierende – Übertragungen dieser auch als Soziobiologie bekannten Ideen auf soziale Verhaltensweisen und Phänomene wie Untreue, Ehestabilität oder selbst Gewaltdelikte. Ob soziobiologische Erklärungen jedoch im Vergleich zu anderen Theorieorientierungen wirklich prognosefähig sind, ist eine offene Frage. Darüber hinaus sind die verbindenden sozialen Mechanismen meist unklar.

▶ **Handeln, soziales; Mechanismen, soziale; Theorie, soziologische; Verhalten, abweichendes**

📖 Bohnen, A. (2000). *Handlungsprinzipien oder Systemgesetze*. Tübingen: Mohr Siebeck • Schluchter, W. (Hg.) (1980). *Verhalten, Handeln und System*. Frankfurt: Suhrkamp • Hill, P. B. (2002). *Rational-Choice-Theorie*. Bielefeld: transcript • Homans, G. C. (1972). *Elementarformen sozialen Verhaltens*. Opladen: Westdeutscher Verlag • Humell, H.J. & Opp, K. D. (1971). *Die Reduzierbarkeit von Soziologie auf Psychologie*. Braunschweig: Vieweg • Voland, E. (2000). *Soziobiologie. Die Evolution von Kooperation und Konkurrenz*. Heidelberg/Heidelberg: Springer • Weber, M. (2006). *Wirtschaft und Gesellschaft*. Tübingen: Mohr Siebeck • Wilson, E. O. (2000). *Die Einheit des Wissens*. Berlin: Sieder

Johannes Kopp

Vertrauen

Ungeachtet einer langen, auf Georg Simmel (1858–1918) zurückgehenden Tradition der Beschäftigung mit Vertrauen in klassischen soziologischen Beiträgen ist der Aufstieg des Begriffs zu einem Grundbegriff der Soziologie jüngeren Datums: zunächst im Bereich der Organisationsanalyse seit den 1980er Jahren einsetzende Forschungen (vgl. Lane & Bachmann, 1998) nahmen insbesondere angesichts einer zunehmenden Beunruhigung über den internen Zusammenhang von Modernität und Barbarei, aufgrund von Diagnosen zunehmender Pluralisierungsprozesse sowie insbesondere durch die Anschläge vom 11. September 2001 und die Weltfinanzmarktkrise seit 2008 weiter an Fahrt auf. Allgemein lässt sich sagen, dass mit diesen Aspekten – durchaus paradox – im Kern abgestellt wird auf die Erosion vormals als stabil gedeuteter Sozialverhältnisse und routinisierter Handlungsgrundlagen auf der einen Seite sowie eines ausgeprägt reflexiven Vertrauensverständnisses mit Blick auf die Problemlösungskompetenz demokratischer Systeme, die Leistungsfähigkeit moderner Technologien oder die Produktivität und Innovationsfähigkeit moderner Ökonomien auf der anderen Seite.

Generell steht der Begriff des Vertrauens in der Soziologie für eine Beschreibung und Erklärung der Genese und der Form von sozialen Verhältnissen unter dem Blickwinkel der Ausgestaltung wechselseitigen Aufeinander-verlassen-Könnens. Typischerweise verweist Vertrauen aufgrund vergangener Erfahrungen in den Konstellationen einer Gegenwart auf Zukünftiges in Form mehr oder weniger realisierter, reflexiv verfügbarer Erwartungen. Vertrauen wird dabei theoretisch wie empirisch in dreierlei Hinsichten zum Thema: als zentrales Element sozialer Beziehungen, als Grundmoment professioneller und organisationaler Zusammenhänge und als gesamtgesellschaftliches Phänomen. Dominant wird dabei jeweils zum einen auf einen kognitiv bzw. reflexiv zugeschnittenen Vertrauensbegriff abgezielt. Das gilt für so unterschiedliche theoretisch-konzeptionelle Angebote wie die Theorien rationaler Wahl bspw. bei James S. Coleman (1926–1995) und die Theorie reflexiver Modernisierung von Ulrich Beck (1944–2015); aber auch für die

Systemtheorie von Niklas Luhmann (1927–1998) und die Strukturationstheorie von Anthony Giddens (*1938). Diese Theorien konzentrieren die Frage nach dem Verständnis von Vertrauen auf Entscheidungssituationen ebenso wie auf die Analyse möglicher Krisen- und Desintegrationserscheinungen in modernen Gesellschaften (aufgrund verschärfter Risikoszenarien, Nebenfolgendynamiken, der Dominanz von Expertenkulturen, eines institutionellen Vertrauensverlustes etc.). Zum anderen wird die soziologische Diskussion durch eine entwicklungsgeschichtliche Optik geprägt, derzufolge die Vertrauenssignatur in (fortgeschritten) modernen Gesellschaften durch eine Dominanz generalisierten, versachlichten Vertrauens in abstrakte Systeme gegenüber persönlichem Vertrauen gekennzeichnet ist – entweder aufgrund von Differenzierungsdynamiken (Luhmann), Integrationsproblematiken (Giddens), Nebenfolgendynamiken (Beck) oder aber politischen Strukturproblemen (Piotr Sztompka).

Unter Bezug auf Luhmanns frühe Studie aus dem Jahr 1968 zum Thema gilt diese Abgrenzung der Formen des persönlichen Vertrauens und des Systemvertrauens vielfach als analytischer Ausgangspunkt der Diskussion: Vertrauen wird von Luhmann (1989) als Mechanismus der Komplexitätsreduktion und Risikominimierung konzipiert und er vertritt insofern ein funktionales Vertrauensverständnis. Systemvertrauen gewinnt Luhmann zufolge im Gegensatz zum persönlichen Vertrauen seine Konturen durch den Umstand komplexer werdender sozialer Konstellationen in modernen Gesellschaften, die es unmöglich machen, lediglich über eine Orientierung an Personen soziales Vertrauen aufzubauen. Systemvertrauen entsteht danach durch sich laufend bestätigende Erfahrungen mit „generalisierten Kommunikationsmedien" wie bspw. Geld. Dieser Bezug des Vertrauens macht es sowohl diffuser als auch widerstandsfähiger gegen singuläre Enttäuschungen. Diese These eines evolutionären Wandels wird mit einer Veränderung der Kontrollproblematik sowie des Entstehens einer neuen Trägergruppe verbunden: die Kontrolle von Systemvertrauen erfordert „Fachwissen" und die Ausbildung dieser Wissensform wiederum führt zur Entstehung der Sozialfigur des „Experten". Die These sieht sich jedoch historischer Kritik ausgesetzt (Frevert, 2003; Hosking, 2014) und wäre – im Anschluss an Simmels Bestimmung des Vertrauens als eines mittleren Zustands zwischen Wissen und Nichtwissen – zudem einer wissenssoziologischen Analyse zu unterziehen.

Mit Blick auf gesamtgesellschaftliche Integrationspotentiale wird (generalisiertes) Vertrauen zudem – neben Reziprozitätsnormen, Bürgersinn und bürgerschaftlichem Engagement sowie Netzwerken – als Indikator sozialen Kapitals verstanden. Grundsätzlich ist hier jedoch die Ambivalenz von Vertrauen zu betonen: Vertrauen ist normativ nicht eindeutig bestimmbar. So sind soziale Nahverhältnisse empirisch sowohl besondere Schutz- als eben auch Risikokonstellationen. Entsprechend ist

Misstrauen auch nicht einfach als Gegenteil von Vertrauen zu verstehen. Denn dieses wird insbesondere in komplexen politischen Konstellationen wechselseitiger Kontrollinstanzen als institutionalisiertes Misstrauen selbst zu einem Vertrauensgenerator. Eine soziologische Vertrauensanalyse wird zudem über eine einseitig kognitive Bestimmung des Vertrauensbegriffs hinausgehen und Vertrauen vielschichtiger als ein Tun oder Unterlassen auf der Basis vorreflexiv (latenter, implizit bleibender) oder reflexiv realisierter Voraussetzungen in den Blick nehmen müssen.

▶ **Alltag; Beziehung, soziale; Differenzierung, gesellschaftliche; Integration; Krise**

📖 Bachmann, R. & Zaheer, A. (Hg.) (2006). *Handbook of Trust Research*. Cheltenham, UK/ Northampton (MA): Edward Elgar • Cook, K. S. (Hg.). (2001). *Trust in Society*. New York: Russell Sage Foundation • Endreß, M. (2001). *Vertrauen*. Bielefeld: transcript • Endreß, M. (2014). Vertrauenskonstellationen – Zur Relevanz und Tragfähigkeit der Unterscheidung von persönlichem und systemischem Vertrauen. In S. Bartmann et al. (Hg.), *Vertrauen in der erziehungswissenschaftlichen Forschung* (S. 31-47). Opladen: Barbara Budrich • Frevert, U. (Hg.) (2003). *Vertrauen – Historische Annäherungen*. Göttingen: Vandenhoeck & Ruprecht • Gambetta, D. (1988). *Trust. Making and Breaking of Cooperative Relations*. Oxford/Cambridge: Basil Blackwell • Giddens, A. (1995). *Die Konsequenzen der Moderne*. Frankfurt a. M.: Suhrkamp • Hosking, G. (2014). *Trust. A History*. Oxford: Oxford UP • Lane, C. & Bachmann, R. (Hg.) (1998), *Trust within and between Organizations*. Oxford: Oxford UP • Luhmann, N. (1989) (zuerst 1968). *Vertrauen. Ein Mechanismus der Reduktion sozialer Komplexität*. 3. Auflage. Stuttgart: Enke • Misztal, B. A. (1996). *Trust in Modern Societies*. Cambridge/Oxford: Polity Press • Sztompka, P. (1999). *Trust. A Sociological Theory*. Cambridge: Cambridge UP

Martin Endreß

Vorurteil

Vorteile umfassen zwei Elemente: Erstens eine Stereotype, das heißt starre, durch Informationen und Erfahrungen nur schwer veränderbare Annahmen über die angeblich typischen Eigenschaften von Menschen, die einer sozialen Gruppe (z. B. „die Muslime") oder einer Personenkategorie (z. B.: „Lernbehinderte") zugerechnet werden; zweitens negative Einstellungen und Affekte gegenüber der jeweiligen Gruppen oder Personenkategorie in der Spannweite von leichter Ablehnung bis zu offenem Hass. Vorurteile setzen sich also auch einer bestimmten Wirklichkeit (kognitive Komponente) und einer affektiven Komponente zusammen. Als wissenschaftlicher Begriff entstammt der Vorteilsbegriff der Sozialpsychologie. Dort wird nach dem Zusammenhang von Persönlichkeitsmerkmalen sowie von gruppendynamischen Prozessen mit der Verbreitung von Vorurteilen gefragt.

In einer der bekanntesten klassischen Untersuchungen der Vorurteilsforschung, den Ende der 1940er Jahre in den USA entstandenen „Studien über Autorität und Vorurteil" von Theodor W. Adorno (1903–1969), Max Horkheimer (1895–1973), Erich Fromm (1900–1980) u. a. werden psychische Grundmerkmale von Personen aufgezeigt, die in besonderer Weise für Vorurteile anfällig sind. Demnach zeichnet sich die vorurteilsbehaftete Persönlichkeit aufgrund ihrer Charakterstruktur (geringe Autonomie, rigide Verinnerlichung sozialer Normen) durch ein starkes Bedürfnis nach Unterwerfung unter etablierte Autoritäten einerseits und andererseits rigides und intolerantes Verhalten gegenüber denjenigen aus, die von gesellschaftlichen Normen abweichen oder sich in sozial benachteiligten Positionen befinden. Der Zusammenhang zwischen autoritären Persönlichkeitsstrukturen und Vorurteilsbereitschaft wurde in neueren Studien immer wieder bestätigt.

Eine mögliche gesellschaftliche Ursache ist die Sozialisation in strikten Hierarchien mit starken Autoritäten, so in Familien, Schulen oder in der Arbeitswelt, die keine Eigenständigkeit zulassen. Dort werden autoritäre Reaktionen eingeübt. Neuere Studien zeigen aber, dass gerade auch das Fehlen von Sicherheit und Orientierung zur Entstehung eines Bedürfnisses nach scheinbar verlässlichen Orientierungen und Autoritäten führen kann. In der gruppenpsychologischen Vorurteilsforschung, wie sie klassisch von Henri Tajfel (1919–1982) entwickelt wurde, wird aufgezeigt, wie Vorurteile in Konkurrenzkämpfen zwischen Gruppen, z. B. Schulklassen oder Jugendgruppen, entstehen. In Konkurrenzkämpfen entsteht ein starkes Gefühl der Gruppenzugehörigkeit. Die Abwertung der Fremdgruppe durch Vorurteile ermöglicht die Aufwertung der Eigengruppe und damit die Stabilisierung des Gruppenzusammenhaltes und die Stärkung des Selbstwertgefühls der Gruppenmitglieder.

Die soziologische Betrachtung von Vorurteilen fügt der sozialpsychologischen Forschung zwei zentrale Aspekte hinzu: Erstens werden, so klassisch bei Norbert Elias (1897–1990) Vorurteile als Bestandteil sozialer Konflikte zwischen ‚Etablierten' und ‚Außenseitern' analysiert, in denen es um Positionskämpfe in Machtverhältnissen und um die Verteidigung von Privilegien geht. Wie Elias nachweist, sind Vorurteile nicht die Ursache von Konflikten, sondern eine Folge von Machtasymmetrien und ein Mittel der Konfliktaustragung. Abstiegsängste sozialer Klassen und Schichten und die Abwehr von Aufstiegsbemühungen bislang Benachteiligter sind für eine soziologische Erklärung der Verbreitung von Vorurteilen von zentraler Bedeutung. Zweitens bedarf die Frage, welche Vorurteile jeweils einflussreich sind, einer soziologischen Erklärung. Denn Individuen erfinden sich ihre Vorurteile gewöhnlich nicht selbst, sondern entnehmen sie der gesellschaftlichen Kommunikation. Deshalb sind Vorurteile gewöhnlich rückgebunden an politische und religiöse Ideologien, die in den Massenmedien, in der politischen Kommunikation sowie in der familialen und schulischen Erziehung verbreitet werden. Vorurteile sind vielfach als Ausdruck von Ideologien zu verstehen (wie z. B. Nationalismus, Rassismus, Sexismus), mit denen Privilegien gerechtfertigt oder eingefordert werden. Herbert Blumer (1900–1987) hat auf die Funktion von Vorurteilen als soziale Platzanweiser hingewiesen, d. h. als Vorstellungen darüber, welche soziale Position denjenigen zukommen soll, auf die sich ein Vorurteil richtet. In der soziologischen Diskriminierungsforschung ist daran anschließend aufgezeigt worden, dass Vorurteile eng mit Strukturen sozialer Ungleichheit verknüpft sind: Damit Ungleichbehandlung, z. B. durch Schulen und Wirtschaftsunternehmen, gerechtfertigt werden kann, bedarf es negativer Eigenschaftszuschreibungen, welche die Benachteiligung der Benachteiligten aufgrund ihrer angeblichen Eigenschaften als zulässig, z. B. als naturgemäß oder als unüberwindbar, erscheinen lassen. In der neueren Forschung wird ein weiterer Aspekt aufgezeigt: Die sozialen Gruppen, auf die sich Vorurteile richten, bestehen nicht einfach unabhängig von diesen Vorurteilen. So gibt es keine ‚Rassen', auf die sich dann Vorurteile richten. Vielmehr gilt: Die Annahme, es gäbe Rassen, ist selbst Bestandteil rassistischer Ideologien, und erst diese ideologische Konstruktion ermöglich dann die Entwicklung und Verbreitung von Vorurteilen.

▶ **Einstellung, soziale; Ideologie; Minderheiten; Wahrnehmung, soziale**

📖 Aronson, E., Wilson, T. D. & Akert, R. M. (2008). *Sozialpsychologie*. München: Pearson • Horkheimer, M., Fromm, E. & Marcuse, H. u. a. (1987): *Studien über Autorität und Familie*. Lüneburg: Klampen • Oesterreich, D. (1996). *Flucht in die Sicherheit: Zur Theorie des Autoritarismus und der autoritären Reaktion*. Opladen: Leske + Budrich • Petersen, L. E. & Six, B. (Hg.) (2008). *Stereotype, Vorurteile und soziale Diskriminierung*. Weinheim: Beltz • Hormel, U. & Scherr, A. (Hg.) (2010). *Diskriminierung*. Wiesbaden: VS Verlag

Albert Scherr

W

Wahrnehmung, soziale

Soziale Wahrnehmung ist der u. a. durch Hypothesen, Erwartungen, Werte, Normen, Interessen und Emotionen, aber auch durch direkte Einflussnahme anderer Personen gesteuerte Prozess der subjektiven Repräsentation äußerer Gegebenheiten. Menschen sind aufgrund ihrer biophysischen Natur nicht in der Lage, alle Umweltreize aufzunehmen. Wahrnehmung ist deshalb bereits auf einer ersten Stufe – bedingt durch die Art, Kapazität und Funktionstüchtigkeit der Sinnesorgane – selektiv. Aus der Vielzahl von wahrnehmbaren Umweltreizen muss zudem kognitiv ausgewählt werden, um Orientierung und Verhaltenssicherheit zu geben. Dies bedingt eine fundamentale Weltoffenheit wie sie in der philosophischen Anthropologie von Arnold Gehlen (1904–1976) vertreten wird. Soziale Wahrnehmung umfasst die Urteilsbildung über sich selbst, über andere Personen oder über Gruppen als Ergebnis interner kognitiver Mechanismen und sozialer Interaktionen. Hierbei spielen soziale Faktoren wie Sozialisation und Selbstkonzept, Einstellungen, Motive und Emotionen, aber auch soziale Vergleichsprozesse eine wichtige Rolle. Klassische Experimente in dieser Tradition liefern Muzafer Sherif (1906–1988) und Solomon Asch (1907–1996) in den 1930er bis in die 1950er Jahre, die aufzeigen, wie einfache Wahrnehmungsaufgaben durch die Urteile anderer Personen verändert (und verfälscht) werden (Bless et al., 2004; Fiske & Taylor, 2008). Die Wahrnehmung kann durch eine Fülle sozialpsychologischer Prozesse beeinflusst und verzerrt werden (fundamental attribution error, minimal-group-paradigm, primacy vs. recency effect, etc.). Soziale Urteile werden dabei unter Zuhilfenahme von Schemata, Stereotypen, Prototypen oder Skripten gefällt. Diese Strukturen sind sozial verankert und Ergebnis interpersoneller Lernprozesse. Die aktivierten Schemata oder Skripte bestimmen, welche Informationen überhaupt aufgenommen und wie sie interpretiert werden. Sie sind an Rollen und Situationen geknüpft, werden erlernt und erleichtern generell soziale (Inter-)Aktionen, da sie eine Lösung des Problems der doppelten Kontingenz darstellen. Diese Selektion führt schließlich zu einer Vielzahl subjektiv wahrnehmbarer Wirklichkeiten. Ist die Differenz zwischen Schemainformationen und wahrgenommener Realität zu groß, werden Mechanismen der Wahrnehmungsabwehr beziehungsweise -uminterpretation eingesetzt (Balance-Theorie, Theorie der kognitiven Dissonanz). Erkenntnistheoretisch wird deutlich, dass Positionen des naiven Positivismus, wie sie in der Praxis der empirischen, aber vor allem auch der qualitativen Sozialforschung zu beobachten sind, ebenso jeder Grundlage entbehren wie radikal konstruktivistische Positionen.

▶ **Anthropologie; Normen, soziale; Rolle, soziale; Werte, soziale**

📖 Bless, H., Fiedler, K. & Strack, F. (2004). *Social Cognitions. How Individuals Construct Social Reality.* Hove: Psychology Press • Fiske, S. T. & Taylor, S. E. (2008): *Social Cognition. From Brains to Culture.* New York: McGraw

Johannes Kopp

Wandel, sozialer

Sozialer Wandel kann als die prozessuale Veränderung der Sozialstruktur einer Gesellschaft in ihren grundlegenden Institutionen, Kulturmustern, zugehörigen sozialen Handlungen und Bewusstseinsinhalten verstanden werden.

Sozialer Wandel ist einer der allgemeinsten Grundbegriffe der Soziologie; er wurde erstmalig von William F. Ogburn (1886–1959) im Jahr 1922 geprägt. Sozialer Wandel ist die Veränderung sozialer Strukturen. Unter sozialen Strukturen versteht man die (relativ) stabilen Regelmäßigkeiten des sozialen Lebens, z. B. Rollenverhalten, Organisationsmuster und soziale Schichtung. Das soziale Leben ist geordnet; Gesellschaft bedeutet in einer Hinsicht Ordnung, und sozialer Wandel bedeutet die zumeist schwierige Veränderung solcher Ordnungen. Daraus folgt für eine Reihe von Theoretikern, dass Ordnung primär sei und dass ihre Veränderung besonderer äußerer oder innerer Wandlungskräfte bedürfe.

Ein Klassiker der Soziologie, Emile Durkheim (1858–1917), war dieser Auffassung: Gesellschaft war für ihn die Grundtatsache der Solidarität, d. h. des Zusammenhalts der Gesellschaftsmitglieder aufgrund gemeinsamer Orientierungen. Durch äußere Störungen (z. B. Bevölkerungszuwachs) und durch innere Störungen (Anomie als ein gewisses Maß an Unvollkommenheit der Solidarität) gerät die Ordnung unter Wandlungsdruck. Durch Differenzierung bildet sich die moderne, arbeitsteilige Gesellschaft heraus. Ein anderer Klassiker, Max Weber (1864–1920), sah die Ordnung durch die jeweilige Organisation und Legitimation der Herrschaft garantiert. Für die verschiedenen historischen Epochen fand er unterschiedliche „Herrschaftstypen", die jeweils durch innere und äußere Kräfte verändert werden. Max Weber zögerte, von einem generellen Entwicklungstrend zu sprechen, aber er hat den Weg zur modernen Welt schließlich doch – am Idealtyp des Kapitalismus – als die fortschreitende Rationalisierung aller Lebensbereiche interpretiert.

Andere Klassiker haben den Wandel als primär angesetzt. Für Karl Marx (1818–1883) waren bekanntlich die „Geschichte aller bisherigen Gesellschaft (…) die Geschichte von Klassenkämpfen" und Ordnung jeweils nur eine Übergangsphase, jedenfalls bis zum Endstadium des Kommunismus. Und Vilfredo Pareto (1848–1923) stellte die Marxsche Formel auf den Kopf: „Die Geschichte ist ein Friedhof von Eliten", d. h. ein ständiger Wechsel von Regimes, die der Gesellschaft eine Zeit lang ihre Ordnung aufprägen, dann aber von ihren Konkurrenten abgelöst werden.

Auch in der modernen Soziologie gibt es – auf der Ebene von Grundsatzfragen – nach wie vor eine Debatte, ob es fruchtbarer ist, von Ordnung oder Wandel als Einstieg in die gesellschaftliche Analyse auszugehen. Die erste Ansicht wird etwa vom Strukturfunktionalismus (Talcott Parsons, 1902–1979) vertreten, die zweite von der Konflikttheorie (Ralf Dahrendorf, 1929–2009). Es hat sich aber die Ansicht durchgesetzt, dass solche Grundsatzfragen nicht endgültig entschieden werden können. Anders als vielleicht in den Naturwissenschaften gibt es in den Sozialwissenschaften keine einzig gültigen Ansätze, sondern sozusagen mehrere „Sprachen". Stabilität und Wandel sind also am besten als zwei komplementäre Perspektiven anzusehen. Schon für Auguste Comte (1798–1857), von dem die Soziologie ihren Namen hat, war das Verhältnis von „Statik und Dynamik", von „Ordnung und Fortschritt" das Grundproblem der Soziologie, und seine Perspektive war die des geordneten Fortschritts auf der Grundlage wachsenden „positiven" Steuerungswissens.

Was die Ebenen des sozialen Wandels betrifft, so ist die Unterscheidung in die Mikroebene des sozialen Handelns, die intermediäre Ebene der Gruppen und Organisationen und die Makroebene der Gesamtgesellschaft leicht nachzuvollziehen. Aber auch auf der Ebene von Einstellungen gibt es soziale Regelmäßigkeiten und Wandlungsprozesse, wie z. B. die Diskussion über den Wertewandel deutlich macht. Und die für die Klassiker zentrale Ebene der Zivilisationen ist heute in der Modernisierungstheorie, in den Konvergenztheorien und in der Theorie der Weltgesellschaft aktuell. Auf allen Ebenen wollen wir die Dimensionen des sozialen Wandels beschreiben, messen und erklären: Tempo, Tiefgang, Richtung und Steuerbarkeit. Tempo wird in chronologischen Zeiteinheiten gemessen, aber es macht Sinn, nicht nur vom individuellen Lebensverlauf, sondern auch vom Lebenszyklus von Organisationen, Regimen oder Zivilisationen zu sprechen. Die Diffusion, d. h. Muster und Geschwindigkeit der Verbreitung von Innovationen, ist ein zentrales Problem in dieser Dimension. Der Tiefgang des sozialen Wandels bemisst sich zunächst nach der Quantität bzw. der Proportion der von einer Veränderung betroffenen Einheiten (z. B. bei den Prozessen der Urbanisierung, Elementarbildung, Wahlrechtsausdehnung), sodann nach dem Umfang der betroffenen Bereiche (Wirtschaft, Politik, Kultur usw.), im Wortsinn jedoch nach der Art und Anzahl der betroffenen Ebenen. Nach der marxistischen Theorie sind deshalb diejenigen Wandlungsprozesse die entscheidenden, die die ökonomische Struktur verändern. Nach der Hierarchie des Strukturfunktionalismus (Rollen, Kollektive, Normen,

Werte) sind Wertveränderungen die gewichtigsten Wandlungsprozesse; nach der Konflikttheorie solche Veränderungen, die nicht nur Personal oder Organisation, sondern das Regime eines Herrschaftsverbandes umformen. Revolutionen sind Prozesse des sozialen Wandels von großem Tempo und Tiefgang. Die „Industrielle Revolution" ist danach zunächst eine Metapher; sie entspricht im Tiefgang, nicht aber im Tempo den großen politischen Revolutionen. Aber in den verschiedenen Ländern können wir Schlüsselphasen (take-off) des Durchbruchs der Industrialisierung identifizieren, so in Deutschland zwischen 1850 und 1870, siebzig Jahre später als in England.

An dieser Stelle lässt sich die Frage nach den Antriebskräften des sozialen Wandels kurz behandeln. Die Unterscheidungen in exogene und endogene, dominante und multifaktorielle Ursachen zeigen, dass die Erklärungen des sozialen Wandels dieselbe Vielfalt aufweisen wie die Erklärungen der sozialen Ordnung. In der modernen Soziologie ist man von den alten Ein-Faktor-Theorien weitgehend abgekommen. Exogene Einflüsse, z. B. ökologische Belastungen oder wissenschaftliche Entdeckungen, sind ebenso Wandlungskräfte wie endogene Störungen, z. B. die Konflikte innerhalb der ökonomischen Struktur oder der Herrschaftsordnung, die Widersprüche in Wertsystemen, die Spannungen zwischen gesellschaftlichen Teilbereichen (etwa der cultural lag gegenüber der Technik) oder die Dissonanzen von Ansprüchen und Erfahrungen. Schwere Naturkatastrophen und große Kriege, kleine Minderheiten und charismatische Propheten, geplante Steuerung und ungeplante Nebenfolgen haben weitreichende Wandlungsprozesse in Gang gesetzt. Unser heutiges Denken in Kategorien von Rückkoppelungen und paradoxen Effekten relativiert die Klassifikationen von Wandlungskräften.

Bezüglich der Richtung des sozialen Wandels können wir eine Reihe von typischen Verlaufsmustern unterscheiden: lineare, exponentielle und limitationale Trends; Stufen- und Stadienmodelle, mit und ohne Schwellen; Differenzierungsprozesse der Verzweigung und der Ausgrenzung (Segmentierung); zyklische Schwankungen und Kreisläufe sowie Kombinationen dieser Musters mit positiven und negativen Rückkoppelungen, Multiplikator- und Akzeleratoreffekten.

Bezüglich der Steuerbarkeit des sozialen Wandels hat sich in den bis auf den Comteschen Positivismus zurückgehenden Optimismus der Soziologie heute Skepsis gemischt. Ungeplanter Wandel, paradoxe Folgen des Handelns, Nebenwirkungen oder konterintuitive Effekte gehören zu den aktuellen Forschungsthemen ebenso wie die inhärenten Probleme der Planung, Entscheidung, Implementierung und Akzeptanz. Der Zivilisationsprozess selbst wird von einigen Autoren (Nobert Elias, 1897–1990) als ungeplante „Verflechtungsordnung" begriffen. Dennoch bleibt die Planbarkeit und Steuerbarkeit wenigstens von begrenzten Prozessen des sozialen Wandels eines der konstitutiven Projekte der Soziologie.

Bei der Analyse der Entwicklungsrichtung der heutigen Gesellschaften hat sich der Begriff der Modernisierung gegenüber den älteren Begriffen (Fortschritt, Rationalisierung usw.) durchgesetzt. Unter Modernisierung verstehen wir die sich wechselseitig beeinflussenden Strukturveränderungen in den verschiedenen Bereichen (Subsystemen) der Gesellschaft: Staaten- und Nationenbildung, Demokratisierung im politischen Bereich; Industrialisierung und Tertiärisierung, d.h. Ausbau der Dienstleistungen, im wirtschaftlichen Bereich; Urbanisierung, Bildungsentwicklung, steigende Mobilität (soziale Mobilisierung) im sozialen Bereich; Säkularisierung, Rationalismus und Universalismus, u.a. mit der Folge des wissenschaftlichen und technischen Fortschritts, im kulturellen Bereich; Individualisierung und Leistungsorientierung im personalen Bereich.

In systematischer Betrachtung gilt Modernisierung als Steigerung der gesamtgesellschaftlichen Anpassungs- und Selbststeuerungskapazitäten, d.h. als positive Bilanz von steigenden Ressourcen und steigenden Belastungen. In hist. Betrachtung gilt Modernisierung als die langfristige Folge der Industriellen Revolution und der politischen Revolutionen seit Ende des 18. Jahrhunderts, die einige Länder in internationale Führungsrollen gebracht und weltweite Nachahmungs- und Aufholprozesse in Gang gesetzt haben.

Die Modernisierungstheorien wurden nach dem Zweiten Weltkrieg v.a. in den Vereinigten Staaten ausgearbeitet. Die unterentwickelten Gesellschaften sollten die westliche Entwicklung in einer beschleunigten, geplanten und gesteuerten Weise nachvollziehen. Inzwischen sind diese Theorien unter mehrfache Kritik geraten. Die marxistischen Entwicklungstheorien argumentieren, dass die westliche Entwicklung wesentlich auf der Ausbeutung der Dritten Welt (Imperialismus) beruht. Die lateinamerikanischen Dependencia-Theorien sprechen von der „Entwicklung der Unterentwicklung" durch die Abhängigkeit der „Peripherien" von den kapitalistischen „Zentren", und sie fordern die Durchbrechung dieser Dependenz. Im Maoismus, Fidelismus, afrikanischen Sozialismus usw. werden eigene Entwicklungsmodelle propagiert, die den Umweg über den Kapitalismus vermeiden wollen und sich häufig die sowjetische Entwicklung zum Vorbild nehmen. Im Ost-West-Konflikt wie im Nord-Süd-Konflikt spielen diese theoretischen Gegensätze eine sehr praktische Rolle.

In den westlichen („modernen") Gesellschaften selbst hat etwa seit 1970 eine heftige Debatte um die „Grenzen des Wachstums" eingesetzt. Danach ist als Folge der Modernisierung die Ressourcen/Belastungs-Bilanz negativ geworden: Das ökologische Gleichgewicht ist zerstört, die Hochrüstung treibt auf die Selbstzerstörung der Menschheit hin. Während noch in den 1960er Jahren optimistisch der Weg in die post-industrielle Dienstleistungsgesellschaft und die post-materialistische Kultur prognostiziert wurde, wird heute von tiefgreifenden Krisen in den westlichen

Gesellschaften gesprochen: Fiskalkrise des Wohlfahrtsstaates, Wachstumskrise der kapitalistischen Wirtschaften, Legitimationskrise der Konkurrenzdemokratien. In der jüngsten Diskussion um die „Postmoderne" wird heute sogar vom Scheitern der Modernisierung gesprochen und eine Abhilfe nur von den Rändern der Gesellschaft her, von den Neuen Sozialen Bewegungen, erwartet.

Gegen diese neueste Version des „Kulturpessimismus" steht die Innovationstheorie, die auch der Fachdiskussion des sozialen Wandels neue Impulse geben könnte. Diese Position erinnert daran, dass der soziale Wandel und die Modernisierung nie als konfliktfreie Evolution oder rationale Planung, sondern immer als der von Krisen begleitete Kampf um die Durchsetzung von Neuerungen verlaufen sind. Im Modell der langen Wellen (Joseph A. Schumpeter, 1883–1950) wird gezeigt, dass alle bisherigen, langfristigen Entwicklungsschübe in einer Krise mündeten, wenn die Leitindustrien und Leitinstitutionen sich erschöpften. Gleichzeitig wurden jedoch die Hindernisse für eine neue Welle von Innovationen („neue Kombinationen" von Ressourcen, neue Produktionsfunktionen) weggeräumt. Diese Zyklen auf der Makroebene werden von vielfältigen „Lebenszyklen" einzelner Produkte, Firmen, Organisationen, aber auch Lebensformen und Werteinstellungen getragen. Analog zum Gedanken, den sozialen Wandel durch die Abfolge von Generationen zu erklären (Karl Mannheim, 1893–1947), begreift die Innovationstheorie den sozialen Wandel als das Ergebnis von Mikro- Lebenszyklen. In dieser Perspektive gibt es keine langfristige Stagnation und keine immanenten Grenzen des sozialen Wandels. In dieser Perspektive können die modernen Gesellschaften durch „neue Kombinationen" innerhalb ihrer Basisinstitutionen – durch technologische Innovationen und Sozialinnovationen – ihre Krisen bewältigen und ihre Vitalität wiederfinden.

Die Innovationsforschung erlaubt, die Individualebene einerseits und die Gruppen- und Gesellschaftsebene andererseits zusammenzubringen („Mikro-Makro-Problem"). Auf beiden Ebenen sind in den letzten Jahrzehnten bedeutsame Beiträge zum sozialen Wandel entstanden. Auf der mikrosozialen Ebene sind v. a. die Lebenslaufforschung, Biografieforschung und Generationenforschung zu nennen (Weymann, 1998). Auf der makrosozialen Ebene sind die jüngsten Debatten um Modernisierung, Transformation und Globalisierung zu beachten. In der Modernisierungsforschung scheint der Streit mit Dependencia- und Weltsystem-Ansätzen aufgehoben zu sein (So, 1990). Es gibt mehrere Wege der Modernisierung, die einen gemeinsamen Kern haben, aber ansonsten durch „Pfadabhängigkeit" (d. h. durch länderspezifische Erfahrungen) geprägt sind (Zapf, 1996). Dies kann man besonders deutlich bei den unterschiedlichen Verläufen der Transformation von Diktaturen und Planwirtschaften zu Demokratien und Marktwirtschaften studieren (Schelkle, Krauth, Kohli, & Elwert, 2000). Die Debatten um Globalisierung (Guillén, 2001) gehen von globalen Ausweitungen von (Finanz-) Märkten und

Kommunikationsnetzwerken aus, führen aber bisher nicht zu einer Konvergenz in der Frage, ob diese Entwicklungen zu einer Unterminierung der Nationalstaaten, zu einer anderen Moderne (Beck, Giddens, & Lash, 2014) oder zu einem weltweiten Kulturkonflikt („Clash of Civilizations", Huntington, 1993) führen.

In den letzten Jahren sind nur noch wenige Arbeiten mit dem expliziten Titel „Sozialer Wandel" erschienen (z. B. Scheuch, 2003; Heath, Ermisch & Gallie, 2005; Wimmer & Kössler, 2006), dafür aber zahlreiche Datensammlungen mit langen Zeitreihen auf nationaler und internationaler Ebene. Die wichtigsten Beiträge zu den tiefgreifenden Veränderungen von modernen Gesellschaften und Entwicklungsgesellschaften muss man unter anderen Überschriften suchen: Globalisierung, demographischer Wandel, Pluralisierung der Lebensstile und Familienformen, Individualisierung und Identität, Integration und Exklusion, Krieg, „neue Kriege" und Terror. Ein eigenes Feld ist die Transformationsforschung, die den (häufig prekären Übergang) von Diktaturen und Planwirtschaften zu Demokratien und Marktwirtschaften untersucht (vgl. Adamski, Machoni, Zapf & Delhey, 2003; Guillén, 2001).

Auf zwei Gruppen von Arbeiten ist abschließend hinzuweisen. Das sind einmal die nationalen und internationalen Beiträge zur Sozialberichterstattung; in letztere wird der Übergang vom Fordismus zum Post-Fordismus zur Leitfigur eines „Formationswandels" gemacht. Das sind zum anderen nach wie vor die Auseinandersetzungen um die Modernisierungstheorie, insbesondere die Kontroverse darüber, ob es eine Vielfalt von Moderne(n) gibt (Eisenstadt, 2011; Schelkle et al., 2000), oder ob nicht auch zahlreiche Entwicklungsländer inzwischen trotz aller Widerstände dem zentralen Modernisierungspfad folgen, den die westlichen Gesellschaften genommen haben (Zapf, 2004).

▶ **Differenzierung, gesellschaftliche; Evolution, soziale; Prozesse, soziale**

Adamski W., Machonin, P., Zapf, W. & Delhey, J. (2003). *Structural Change and Modernization in Post-Socialist Societies*. Hamburg: Krämer • Beck, U., Giddens, A. & Lash, S. (2014) (zuerst 1994). *Reflexive Modernisierung. Eine Kontroverse*. 6. Auflage. Frankfurt: Suhrkamp • Eisenstadt, S. N. (2011). *Die Vielfalt der Moderne*. 3. Auflage. Weilerswist: Velbruck • Heath, A. F., Ermisch, J. & Gallie, D. (Hg.) (2005). *Understanding Social Change*. Oxford: Oxford UP • Huntington, S. (1993). The Clash of Civilizations? *Foreign Affairs*, 72, 22-49 • Guillén, M. F. (2001). Is Globalization Civilizing, Destructive of Feeble? A Critique of Five Key Debates in the Social Science Literature. *Annual Review of Sociology*, 27, 235-260 • Schelkle, W., Krauth, W., Kohli, M. & Elwert, G. (Hg.) (2000). *Paradigms of Social Change: Modernization, Development, Transformation, Evolution*. Frankfurt: Campus • Scheuch, E. K. (2003). *Sozialer Wandel. 2 Bände*. Wiesbaden: Westdeutscher Verlag • So, A. Y. (1990): *Social Change and Development. Modernization, Dependency, and World-System Theories.* Newbury Park: Sage • Weymann, A. (1998). *Sozialer Wandel. Theorien zur Dynamik der modernen Gesellschaft.* Weinheim/München: Juventa • A. Wimmer, A. & Kössler, R. (Hg.) (2006). *Understanding Change. Models, Methodologies and Metaphors.* Houndsmills: Palgrave • Zapf, W. (Hg.) (1979): *Theorien des sozialen Wandels. 4. Auflage.* Königstein/Ts.: Athenäum • Zapf, W. (1996): Die Modernisierungstheorie und unterschiedliche Pfade der gesellschaftlichen Entwicklung. *Leviathan,* 24, 63-77 • Zapf, W., (2004): Modernization Theory – in the Non-Western World. *WeltTrends,* 44, 100-107

Wolfgang Zapf

Werte

Werte (auch Wertorientierungen, Werthaltungen) werden in der Soziologie als Zielmaßstäbe oder „abstrakte Vorstellungen des Wünschenswerten" betrachtet („concepts of the desirable"). Diese Definition (1951) von Clyde Kluckhohn (1905–1960) ist prägend für die Soziologie. Werte können danach explizit oder implizit sein und beeinflussen die Auswahl der zugänglichen Weisen, Mittel oder Ziele des Handelns (vgl. Klages, 1984). Werte sind anthropologisch betrachtet ein zentrales Kennzeichen der menschlichen Spezies und befähigen sie geplant abstrakte Ziele zu verfolgen (Welzel, 2009). Die soziologische Wertedefinition ist im Unterschied zur Alltagssprache moralisch neutral, so dass z. B. Altruismus ebenso wie Selbstorientierung als Wert gelten kann.

Anders als Normen sind Werte keine Sollens-Erwartungen und zeichnen sich durch das Fehlen äußerer Sanktionen durch geringere Grade der Verbindlichkeit, Institutionalisierung und Durchsetzbarkeit aus. Durch Normen werden Werte in konkrete Handlungsanweisungen übersetzt. Im Unterschied zu Normen werden Werte zudem weniger als von außen oktroyiert, sondern als selbst frei gewählt betrachtet. Werte haben im Gegensatz zu Normen eine stärkere motivationale Eigenwirkung (Joas, 1997; Welzel, 2009). Sie rechtfertigen und erklären neben Normen auch Einstellungen, Meinungen und Handlungen (Davidov, Schmidt & Schwartz, 2008). Über den Wert der Selbstbestimmung lassen sich bspw. die Rechtsnorm und die moralische Einstellung begründen, die eine Zulassung der ärztlichen Beihilfe zum Suizid befürworten. Seit Max Weber (1864–1920) haben Werte einen expliziten Handlungsbezug durch den Typus der Wertrationalität als zweitem rationalem Bestimmungsgrund neben der Zweckrationalität (1922). Als Grundbegriff der Soziologie finden sich Werte zudem bei den soziologischen Klassikern Emile Durkheim (1858–1917) und Talcott Parsons (1902–1977). Zudem sind sie Gegenstand in zahlreichen speziellen Soziologien wie der politischen, der Bildungs-, der Familien-, der Migrations-, der Arbeits-, der Organisations-, der Sexual- und der Moralsoziologie.

Verbreitet ist die Vorstellung von Gegenwerten (z. B. Freiheit vs. Gleichheit, Patientenautonomie vs. ärztlicher Paternalismus), die konkurrieren und abzuwägen sind. Bereits Milton Rokeach (1918–1988) hat in seiner umfassenden Untersuchung „The Nature of Human Values" (1973) Werte als lang anhaltende Überzeugungen definiert und dabei hervorgehoben, dass bestimmte Handlungsmodi oder Zielzustände persönlich oder sozial diesen entgegengesetzten vorzuziehen seien. An solchen Widersprüchen entzünden sich so genannte Wertekonflikte, die nicht nur populistisch in Teilen der Medien, sondern auch in zentralen sozialwissenschaftlichen Wertkonzepten analytisch und begrifflich Berücksichtigung finden: so etwa bei Harry C. Triandis (1995, Kollektivismus vs. Individualismus), Ronald Inglehart (1982, Materialismus vs. Postmaterialismus) und – jeweils mit zwei theoretischen Dimensionen – bei Inglehart und Christian Welzel (2005, Überlebens- vs. Selbstentfaltungswerte und traditional-religiöse vs. säkular-rationale Werte) sowie Shalom H. Schwartz (1992, Selbsttranszendierung vs. Selbstzentrierung und Erhaltung vs. Offenheit für Wandel). Abweichend von diesen Ansätzen hat Helmut Klages für Deutschland im Konzept der Wertsynthese (1984) vier Wertetypen identifiziert, bei denen auch scheinbar entgegengesetzte Werte gemeinsam durch eine Person vertreten werden können (Pflicht-, Akzeptanz- und Sicherheitswerte sowie Selbstentfaltungs- und Engagementwerte). Schwartz' Konzept des Wertekreises vereint theoretisch wie empirisch Nachbarschaften *und* Gegenüberstellungen von zunächst zehn, nun 19 Werten zu den vier o. g. Werten höherer Ordnung. In den meisten Theorien können Werte sowohl kennzeichnend sein für Individuen und ihre Identität (personale Werte), als auch für Gruppen und Gesellschaften und deren kulturelle Identität (kollektive Werte). Auch Wertesysteme finden sich auf beiden Ebenen. Eine offene soziologische Frage ist, inwieweit, in welcher Weise und durch welche Mechanismen kulturelle Werte auf individuelle Wertorientierungen wirken.

Raymond Boudon (1934–2013) betrachtet Werte als (in einem institutionellen Kontext auftretende kollektive) Präferenzen (1992). Es erscheint sinnvoll, Werte nicht als tatsächlich Gewünschtes („desired"), wie z. B. das Überleben eines todkranken Patienten, zu betrachten, sondern – wie schon bei John Dewey (1859–1952) und bei Kluckhohn – als abstrakte Vorstellung des Wünschenswerten („desirable"), also im Beispiel: der abstrakte Wert des Lebens. Werte sollen hier zur Anbindung an handlungstheoretische Konzepte als relativ stabile Superpräferenzen definiert werden, die in impliziter oder expliziter Weise abstrakte, transsituationale, wünschenswerte Ziele bezeichnen und anderen Handlungsmotiven entweder vorangestellt sind oder diese moderieren, also vermittelt beeinflussen, z. B. indem der Wert der Patientenautonomie das Handlungsmotiv Lebensverlängerung direkt oder indirekt beeinflusst. In letzterem Sinne gewichten Werte analytisch (und auch statistisch) Handlungsmotive und -ziele. Für die Wertaktivierung wird angenommen, dass individuelle (oder kollektive) Akteure die Inhalte der abstrakten Werte für die Erfordernisse konkreter Situationen zur Geltung bringen.

Eine noch schwierigere Frage betrifft die Entstehung der Werte selbst. Auf einer theoretischen Ebene konkurrieren soziobiologische (auf Basis der geteilten „menschlichen Natur"), psychologische (wie die universelle Wertestruktur bei Schwartz) sowie soziokulturelle Begründungen (etwa Erfahrungen der Selbstbildung und -transzendenz bei Joas, 1997). Ingleharts Theorie des Wertewandels integriert mehrere Aspekte: Sie basiert auf der Mangelhypothese, nämlich der Annahme, dass knappe Güter für Menschen einen höheren Wert haben und insofern wertbestimmende Bedürfnisse abhängig vom Wohlstandsniveau variieren, je nachdem welche bereits befriedigt wurden. Dabei wird Abraham H. Maslow folgend eine Hierarchie unterstellt, die die Befriedigung basaler menschlicher Grundbedürfnisse (Durst, Hunger, Liebe, Sexualität) an erster Stelle vor Sicherheit und Ordnung (materialistische Werte) sowie Freiheit und Selbstverwirklichung (postmaterialistische Werte) sieht. Entgegen einer hierarchischen Präferenzrangfolge von Werten (Ranking) wie bei Inglehart nutzt Schwartz (1992) ein separates Rating von Wertindikatoren. Unabhängig von der Messmethode sind Werte kulturelle Antworten auf bestimmte biologische, psychologische, soziale und ökonomische Bedürfnisse und Ressourcenausstattungen.

An der Frage der Wertstabilität entzündet sich eine weitere Kontroverse. Welzel macht die dauerhafte Verinnerlichung zu einem Definitionsmerkmal (2009: 109). Bereits Rokeach hat in seiner umfassenden Untersuchung „The Nature of Human Values" (1973) Werte als lang anhaltende Überzeugungen definiert. Diese Idee der Wertstabilität ist insbesondere in der empirischen Forschung zum Wertewandel umstritten. Inglehart zeigt seit seiner einflussreichen Untersuchung „The Silent Revolution" (1982), dass sich Wertewandel vornehmlich durch die Generationenfolge, also die allmähliche Ersetzung von älteren durch jüngere Geburtskohorten mit den jeweils prägenden und voneinander häufig unterschiedlichen Werthaltungen, vollzieht (Kohortensukzession), z. B. eine veränderte Haltung später geborener Menschen zur sexuellen Selbstbestimmung (etwa Homosexualität). Demgegenüber zeigen andere Untersuchungen aus der psychologischen Werteforschung, dass Werte bzw. individuelle Werthaltungen sehr wohl wandelbar sind: als Alterseffekt (z. B. zunehmender Konservatismus) oder als Periodeneffekt, etwa in Folge der medialen Repräsentation und rechtlichen Akzeptanz gleichgeschlechtlicher Partnerschaften und Eltern. Ausgehend von einem allein positiv besetzten, nicht wissenschaftlichen Wertebegriff wird in öffentlichen Debatten politisch oder moralisch motiviert anstelle von Wandel auch von einem Werteverfall oder Werteverlust mit Referenz auf eine idealisierte Werteordnung gesprochen, bspw. auf der Basis eines bestimmten Familienideals, das allein Mann und Frau gemeinsam in der Elternrolle für geeignet hält.

Empirisch werden Werte überwiegend in Querschnittsbefragungen erhoben, mit denen nicht der intra-individuelle, sondern nur der soziale Wertewandel untersucht werden kann: so mit der European Values Study (EVS) und dem World Values Survey (WVS) (beide seit 1981), sowie dem European Social Survey (ESS) (seit 2002). Diese Befragungen bieten umfassende Möglichkeiten des interkulturellen Wertevergleichs, die zusammen mit Analysen zu Effekten von Wertorientierungen auf Handlungsdispositionen einen Schwerpunkt der empirischen Werteforschung darstellen. Daneben ist auch der innerdeutsche Vergleich Gegenstand der Werteforschung (Meulemann, 1996).

Ebenso wie beim Begriff und der Messung herrscht auch keine Einigkeit darüber, in welcher Weise Werte die Forschung prägen dürfen. Max Webers Wertfreiheitspostulat (1904) folgend sind Werte zwar Forschungsgegenstand, sollen aber nicht Leitlinie des eigenen Forschens sein. In anderen Positionen wird hervorgehoben, wertfreie Forschung sei nicht möglich und die Werte müssten offengelegt werden, oder Wertfreiheit sei nicht erwünscht, da die Soziologie als Wissenschaft kritisch intervenieren solle. Im sog. Werturteilsstreit der 1910er und im Positivismusstreit der 1960er Jahre trafen diese Positionen aufeinander. Werte als relativ stabile, situationsübergreifende, abstrakte Superpräferenzen lassen sich auch für Soziologinnen und Soziologen nicht umgehen. Paradigmenunabhängig ist es daher notwendig, die Abhängigkeit ihrer Forschungsinteressen, -fragen, -methoden und -analysen von den eigenen individuellen oder kollektiv (in einem Institut oder einem Land) geteilten Werten zu hinterfragen.

▶ **Anthropologie; Einstellung, soziale; Norm, soziale**

📖 Davidov, E., Schmidt, P. & Schwartz S.H. (2008). Bringing values back in: the adequacy of the European Social Survey to measure values in 20 countries. *Public Opinion Quarterly*, 72, 420-445 • Inglehart, R. (1982). *Die stille Revolution. Vom Wandel der Werte*. Bodenheim: Athenaeum • Inglehart, R. & Welzel, C. (2005). *Modernization, Cultural Change and Democracy. The Human Development Sequence*. New York: Cambridge UP • Joas, H. (1997). *Die Entstehung der Werte*. Frankfurt am Main: Suhrkamp • Klages, H. (1984). *Wertorientierungen im Wandel. Rückblick, Gegenwartsanalyse, Prognosen*. Frankfurt/ New York: Campus Verlag • Kluckhohn, C. (1951). Value and Value Orientation in the Theory of Action. In T. Parsons, & E. Shils, (Hg.). *Towards a General Theory of Action* (S. 388-433). Cambridge, MA: Harvard UP • Meulemann, H. (1996). *Werte und Wertewandel. Zur Identität einer geteilten und wieder vereinten Nation*. München: Juventa • Rokeach, M. (1973). *The Nature of Human Values*. New York: Free Press • Schwartz, S.H. (1992). Universals in the Content and Structure of Values. In

M. P. Zanna (Hg.): *Advances in Social Psychology* (S. 1-65). New York: Academic Press
• Seligman, C. & Katz, A.N. (1996). The Dynamics of Value Systems. In C. Seligman,
J. M. Olson, & M. P. Zanna (Hg.). *The Psychology of Values.* The Ontario Symposium.
Volume 8 (S. 53-76). Mahwah, NJ: Lawrence Erlbaum Associates • Triandis, H.C. (1995):
Individualism and Collectivism. New York: Westview Press • Welzel, C. (2009): Werte
und Wertewandelforschung. In: V. Kaina, & A. Römmele (Hg.). *Politische Soziologie.
Ein Studienbuch* (S. 109-139). VS Verlag für Sozialwissenschaften

Tilo Beckers

Wirtschaft

Wirtschaft bezeichnet in modernen Gesellschaften einen eigenständigen Handlungsbereich, der auf die Bereitstellung von begehrten Gütern und Leistungen angesichts von Knappheit ausgerichtet ist. Zwar wurden auch in der Antike und im Mittelalter Güter produziert, verteilt und konsumiert, die dafür notwendigen Handlungen waren jedoch in komplexe soziale Verhältnisse und moralisch-ethische Vorstellungen eingebunden. Das Wirtschaften in privaten Haushalten sowie auch das des Staates war daher Gegenstand moral- und staatsphilosophischer bzw. theologischer Abhandlungen. In den Werken von Aristoteles oder Platon finden sich die Prinzipien einer guten Staats- und Haushaltsführung erläutert (Kurz, 2008/9).

Dies änderte sich mit Beginn der Neuzeit in der westlichen Welt. Nicht nur tritt die Wirtschaft zunehmend als ein eigenständiger Handlungsbereich aus der politischen und gesellschaftlichen Sphäre heraus, vielmehr noch werden in den Schriften von Adam Smith (1723–1790), John Locke (1623–1704), Karl Marx (1818–1883) u. a. die Grundlagen und Funktionsweisen der modernen Wirtschaft dargelegt. Zu den zentralen Thesen gehört fortan die Einsicht, dass formal freie, arbeitende und wirtschaftende Bürger aufgrund ihrer privaten Erwerbsinteressen produzieren, handeln und konsumieren und so die Wirtschaft als eine eigenständige Sphäre schaffen, in der durch die (effiziente) Allokation von Boden, Arbeit und Kapital Güter produziert werden, um auf Märkten angeboten und verkauft zu werden. Gesellschaftlicher Wohlstand, darin waren sich die frühen Sozialtheoretiker einig, wird nicht durch den Feudaladel sondern ausschließlich durch die Arbeit der Produzenten geschaffen. Der Kapitalismus – so Karl Marx und Friedrich Engels (Engels, 1969) – sprengt daher die Fesseln des Feudalismus und schafft die Klasse des besitzenden Bürgertums und die der produktionsmittellosen Arbeiterschaft. Karl Marx hat als politischer Ökonom die Entwicklung von Wirtschaft und Gesellschaft als einen dialektischen Entwicklungsprozess dargestellt, der durch die Entwicklung der Produktivkräfte angetrieben wird, in deren Folge sich auch die Produktionsverhältnisse ändern. Der Schwerpunkt seiner Analyse lag daher auch auf der Funktionsweise des Kapitalismus, die nach seiner objektiven Arbeitswertlehre in der Aneignung des von der Arbeit geschaffenen Mehrwerts durch die Kapitalisten besteht (Marx, 1980). Dies führt aber gleichzeitig zur Überwindung des Kapitalismus und den Übergang zum Sozialismus und Kommunismus durch die erfolgreiche Revolution der Arbeiterschaft.

In Konkurrenz zu Karl Marx' Arbeitswertlehre bildete sich Ende des 19., Anfang des 20. Jahrhunderts die ökonomische Theorie bzw. Nationalökonomie auf Basis einer subjektiven Wertlehre aus, die im Markt die effizienteste Form einer Ressourcenallokation sieht. Diese These wird bis heute untermauert durch die empirische Beobachtung, dass sich erstmals mit dem Siegeszug des Industriekapitalismus kontinuierliche Wachstumsraten – gemessen als Bruttosozialprodukt pro Jahr – eingestellt haben (Pierenkemper, 2009). Demgegenüber werden von der Soziologie vor allem die Entstehungsbedingungen des modernen Kapitalismus und dessen Wechselverbindung mit anderen gesellschaftlichen Institutionen wie z. B. Ideen, Herrschaft und Macht, Recht und Wissenschaft usw. untersucht (Weber, 1985). Nicht zuletzt haben sich Soziologinnen und Soziologen auch immer schon mit dem Zusammenhang von Wirtschaft und sozialer Ungleichheit bzw. der Sozialstruktur einer Gesellschaft beschäftigt.

Wirtschaften wird in der Soziologie mit Hilfe soziologischer Begriffe und Modelle analysiert und es wird dabei nach den sozialen Grundlagen und den gesellschaftlichen Folgen wirtschaftlichen Handelns gefragt. Entsprechend werden in der Soziologie unterschiedliche Organisationsformen von „Wirtschaft" entlang dominanter gesellschaftlichen Institutionen unterschieden (Swedberg, 2009). Auf der einen Seite werden daher bis heute in der Soziologie etwa in Anlehnung an Ferdinand Tönnies, Georg Simmel und Emile Durkheim Auflösungsprozesse beschrieben, die durch den Markttausch bzw. die kapitalistische Wirtschaftsform hervorgerufen werden und sich als Verfall von Gemeinschaften und Moral auswirken (Maurer & Mikl-Horke, 2015). Auf der anderen Seite hat Max Weber einen nachhaltigen, soziologisch angelegten Vorschlag zur Erklärung der Institutionen des Kapitalismus vorgelegt, der heute wieder aufgegriffen wird. Weber hat dabei zum einen auf außerökonomischen Grundlagen (religiöse Ideen) von Wirtschaftssystemen insbesondere des modernen Kapitalismus aufmerksam gemacht und er hat zum anderen die Wechselbeziehungen zwischen Wirtschaft und Gesellschaft thematisiert. Der von Weber betonte hohe Rationalisierungsgrad der modernen Verkehrswirtschaften erklärt sich ihm zufolge nur mit Bezug auf den spezifischen „kapitalistischen Geist" und die parallele Ausbildung rationaler Institutionen wie der modernen Wissenschaft, der Verwaltung, des Nationalstaates usw.

In der neuen Wirtschaftssoziologie sowie auch in den neuen Institutionentheorien wird heute wieder das Grundargument soziologischer Analyse aufgegriffen, wonach sich die Entstehung, die Form und die Funktionsweise von Wirtschaftssystemen nur mit Blick auf rahmende soziale Institutionen (formale und informale) erklären lässt. Zu den wichtigen neueren empirischen Einsichten zählt, dass neben Eigentumsrechten auch die Einbettung in soziale Netzwerke das unternehmerische Handeln befördern, dass soziale Institutionen und Beziehungen auch prekäre Markttransaktionen ermöglichen und dass nicht zuletzt auch die Vorstellungen der Menschen darüber, was richtig ist, das wirtschaftliche Handeln leiten und für das Funktionieren von Unternehmen, Märkten, Wirtschaftsregionen und Wirtschaftssystemen wichtig sind.

▶ **Arbeit; Kapitalismus**

📖 Engels, F. (1969). Der Ursprung der Familie, des Privateigentums und des Staates. In: K. Marx & F. Engels (Hg.), *MEW 21* (S. 30-173). Berlin: Dietz • Kurz, H. D. (Hg.). (2008–09). *Klassiker des ökonomischen Denkens. 2 Bde.* München: Beck • Marx, K. (1980). *Das Kapital. Kritik der politischen Ökonomie, Bd. 1 MEW 23*, 24. Auflage. Berlin: Dietz • Maurer, A. & Mikl-Horke, G. (2015). *Wirtschaftssoziologie.* Baden-Baden: UTB (Nomos) • Pierenkemper, T. (2009). *Wirtschaftsgeschichte. Die Entstehung der modernen Volkswirtschaft.* Berlin: Akademie Verlag • Weber, M. (1985). *Wirtschaft und Gesellschaft. Grundriß der verstehenden Soziologie.* 5., Auflage. Tübingen: Mohr Siebeck

Andrea Maurer

Wissen

Während sich Wissen gemeinhin auf die Gewissheit von Erfahrungen des Einzelnen bezieht, bezeichnet es soziologisch die Abhängigkeit des Wissens von den jeweilig Erfahrenden. Wissen variiert deswegen mit dem sozialen Standort. Wissen orientiert das Handeln der Einzelnen. Weil das meiste Wissen von anderen erworben wird, sind auch deswegen unsere Handlungen in einem Ausmaß von der sozialen Ordnung abhängig, die in manchen Theorien als begrenzt und vom Einzelnen beeinflussbar, in anderen als determiniert angesehen wird. Wissen bezeichnet damit die soziale Seite des Sinns.

Wissen umfasst nicht nur explizite und sprachliche Formen, sondern auch „implizite" leibliche (z. B. „Sehgemeinschaften"), habitualisierte („Körpertechniken") und routinisierte („Communities of Practice") Formen bis hin zu den basalen lebensweltlichen Kategorien von Zeit und Raum. Wissen wird in Zeichen, Sprache, Artefakten und Technologien objektiviert, die im Handeln jeweils situativ realisiert werden. Diese Objektivationen bilden die Grundlage für dauerhafte Wissensordnungen, die von sozialen Institutionen getragen und durch deren Macht gestützt oder gestürzt werden. Wissen ist damit Teil großflächiger sozialer Prozesse, in dem die gesellschaftliche Wirklichkeit konstruiert wird. Welche Wirklichkeit konstruiert wird, hängt deswegen sehr wesentlich von der jeweiligen sozialen Verteilung und den Arten der kommunikativen Vermittlung des Wissens ab. Daher stellt Wissen bzw. die Macht, Wissen zu definieren, eine zentrale Säule jeder gesellschaftlichen Ordnung dar. In der gegenwärtigen Debatte um die „Wissensgesellschaft" wird Wissen auch normativ als gesellschaftliche Ressource betrachtet, mit der die Verbreitung und Produktion von zumeist wissenschaftlich legitimiertem Wissen vorangetrieben wird. In der Soziologie hat sich eine Teildisziplin etabliert, die das Wissen auf all seinen unterschiedlichen Ebenen in den Mittelpunkt der Forschung stellt: Die Wissenssoziologie.

In der Philosophie wird unter Wissen klassisch die (relativ) vollendete, abgeschlossene und sichere Erkenntnis eines Subjekts in Relation auf ein Objekt betrachtet.

Die Soziologie bricht mit der Vorstellung eines vereinzelten Subjekts und sieht das Wissen des Erkenntnissubjekts als zudem abhängig von seiner Relation zu anderen Subjekten. Sie hebt einerseits die Rolle der Handlungen der Subjekte untereinander wie auch ihrer Stellung zueinander hervor und untersucht, wie spezifische Wissensbestände sozial verteilt sind als auch wie Wissen gesellschaftlich produziert, kommuniziert und institutionell (als wissenschaftliches, religiöses, künstlerisches etc. Wissen) verfestigt wird.

Die unterschiedliche Verteilung von Wissen wurde bereits von den Klassikern beschrieben, wie etwa Marx (1818–1883), der die Trennung von Basis und Überbau betont, sowie von Weber (1864–1920), der die Sinndimension des Handelns betont. Zugespitzt findet sich die soziologische Konzeption des Wissens bei Mannheim (1893–1947), der die „Seinsverbundenheit" des Wissens hervorhebt. Jede Art der sozialen Gruppierungen bildet ein eigenes Wissen aus, das ihr eine besondere Perspektivität verleiht und zur Ideologie neigt. Besonders moderne Gesellschaften sind durch plurale Perspektiven gekennzeichnet. Die jüngere Wissenssoziologie im Gefolge von Schütz (1899–1959) bindet Wissen systematisch an die Vorstellung, dass die Wirklichkeit insgesamt im Handeln geschaffen wird, das von sozial geprägtem Wissen geleitet ist. Diese Vorstellung findet im wissenssoziologischen Paradigma des Sozialkonstruktivismus einen Ausdruck, der von Peter L. Berger und Thomas Luckmann geprägt wird. Im Anschluss an diese Theorien hat sich die Wissenssoziologie insbesondere im deutschsprachigen Raum dynamisch entwickelt und ausdifferenziert. Wissenssoziologische Gedanken finden sich aber nicht nur innerhalb dieser, sondern sie erlangen breiten Niederschlag in nahezu allen Theorien und Methodologien auch außerhalb der Soziologie.

Die für die Wissenssoziologie betonte Verknüpfung von Wissen mit Handeln findet ihren Nachhall in nahezu allen jüngeren Theorielinien innerhalb der Soziologie, auch wenn sie jeweils mit unterschiedlichen Begriffen gefasst wird (etwa thematisiert im „praktischen" und „diskursiven Bewusstsein" in Giddens' Strukturationstheorie oder als „Semantik" in Luhmanns Systemtheorie). Auch die Praxistheorien und der (Post-)Strukturalismus betonen die Bedeutung des Wissens und untersuchen seine Verbindung mit Macht (Diskurs und Dispositiv bei Foucault), Verkörperung und sozialer Ungleichheit (Habitus bei Bourdieu). Die von der jüngeren Wissenssoziologie getragene interpretative Wende der Sozialwissenschaften (Symbolischer Interaktionismus, Ethnomethodologie, Sozialkonstruktivismus) trägt entscheidend zur Ausbildung der qualitativen Methoden bei, die auf das subjektive Wissen der Akteure beziehungsweise die Kommunikationsprozesse abzielen, in welchen diese sichtbar werden. In ihrem Mittelpunkt stehen die Rekonstruktion dieses Wissens und die Beobachtung des von diesem Wissen geleiteten Handelns. Besonders deutlich wird das in der wissenssoziologischen Hermeneutik, die sich auf die Verstehensprozesse richtet. Die jüngere Wissenssoziologie hatte Konsequenzen auch in vielen anderen wissenschaftlichen Disziplinen. So trug die sozialkonstruktivistische Betrachtungsweise etwa zur Ausbildung der Gender Studies, der Erforschung sozialer Probleme und sich international und interdisziplinär ausbreitenden „Science and Technology Studies" (STS) bei, die die Konstruktionsprozesse des wissenschaftlichen und technischen Wissens in den Laboren („Laborstudien") untersuchen und die soziale Einbettung in bestimmte epistemische Kulturen betonen.

Der Begriff der Wissensgesellschaft bezeichnet eine mit der Wissenssoziologie verbundene Diagnose der gegenwärtigen Gesellschaft, in der Wissen zur zentralen Ressource wird. Diese zeichnet sich einerseits durch eine starke Orientierung am wissenschaftlichen, „positiven" und „objektiven" Wissen aus. Hierbei spielt die Wissenschaft eine große Rolle zur Bestimmung und Legitimation des Wissens; sie hat auch gewissen Einfluss auf den Zugang zu zunehmend professionalisierten (keineswegs notwendig „wissenschaftlichen") Berufskarrieren und sie ist ein wesentliches Instrument der gesellschaftlichen Veränderungen, die in diesem Zusammenhang als „Innovation" verfolgt wird. Andererseits wird etwa im Management auch auf die „implizite" und verkörperte Seite des Wissens und die „Kreativität" der Handelnden geachtet. „Wissensgesellschaft" bildet zu guten Teilen eine normative Selbstbeschreibung, die sich auf die funktionalen Aspekte des Wissens beschränkt. Sie geht einher mit der Ausbreitung der Informations- und Kommunikationstechnologien und entsprechenden Veränderungen der Formen, Vermittlung und Strukturen der Kommunikation. Wissensgesellschaft zeichnet sich jedoch nicht durch eine bloße Vermehrung des Wissens aus, sondern durch basiert auf einer ganz besonderen Verteilung besonderer Formen des Wissens.

▶ **Handeln, soziales; Interaktion; Theorie, soziologische**

📖 Berger, P. L. & Luckmann, T. (1969). *Die gesellschaftliche Konstruktion der Wirklichkeit: eine Theorie der Wissenssoziologie*. Frankfurt am Main: S. Fischer • Knoblauch, H. (2005). *Wissenssoziologie*. Konstanz: UTB • Mannheim, K. (1929). *Ideologie und Utopie*. Bonn: Cohen

Hubert Knoblauch & René Tuma

Wohlfahrtsstaat

Als Wohlfahrtsstaat werden zum einen ein spezifischer politischer Bereich und ein institutionelles Setting bezeichnet, die durch Zielsetzungen wie soziale Sicherheit und Verringerung sozialer Ungleichheit definiert sind. Zum anderen wird der Begriff zur Abgrenzung einer bestimmten staatlichen Entwicklungsform verwendet.

Im Sinne der ersten Bedeutung lässt sich der Begriff Wohlfahrtsstaat nur schwer von oft synonym verwendeten Begriffen wie Sozialstaat, Sozialpolitik oder soziale Sicherung unterscheiden. Als besonders schwierig erweist sich vor allem die genaue Bestimmung der zentralen Ziele und relevanten Politikfelder. Ein wesentlicher Unterschied zur Sozialpolitik besteht darin, dass mit Wohlfahrtsstaatlichkeit meist eine umfassende Anerkennung sozialer Rechte und eine staatliche Verantwortung für deren Gewährung verbunden wird, während Sozialpolitik allgemeiner als staatliche Eingriffe zur Verbesserung der Lebensverhältnisse spezifischer Personengruppen definiert werden kann. In diesem Sinne wäre also kein Wohlfahrtsstaat ohne Sozialpolitik möglich, aber sehr wohl Sozialpolitik ohne den Anspruch auf Wohlfahrtsstaatlichkeit.

Hinsichtlich der zweiten Begriffsverwendung findet sich in der älteren Literatur oft die Unterscheidung zwischen Wohlfahrtsstaat und Sozialstaat (in Deutschland etwa in Form der sog. Sozialstaatsklausel des Grundgesetzes [Art. 20, Abs. 1]). Mit Sozialstaat ist dabei oft die Vorstellung einer auf Kernfunktionen der sozialen Sicherung beschränkten Sozialpolitik verbunden, während Wohlfahrtsstaaten (insb. skandinavischer Prägung) zudem weitreichende staatliche Eingriffe (u.a. in der Arbeitsmarktpolitik, der Steuerpolitik und bei der Marktreglementierung) vorsehen. In Folge der Internationalisierung der Diskussion (hier gibt es nur die Bezeichnung „welfare state") sowie der Entwicklung differenzierterer Wohlfahrtsstaatsmodelle (s. u.) ist diese begriffliche Abgrenzung jedoch als überholt anzusehen.

Die Anfänge staatlicher Sozialpolitik können in der frühneuzeitlichen Armengesetzgebung gesehen werden, die als neues Element zu privaten und kirchlich-karitativen Einrichtungen trat, ohne diese zu ersetzen. Denn erst im späten 19.

Jahrhundert wird die Verbesserung der Lebenslage größerer Bevölkerungsteile als explizit staatliche Aufgabe angesehen. Wohlfahrtsstaaten im Sinne der Gewährung umfassender sozialer Rechte bestehen sogar erst seit der zweiten Hälfte des 20. Jahrhunderts.

Die staatliche Sozialpolitik knüpfte dabei an bestehende Selbsthilfe- und Fürsorgeeinrichtungen an (u. a. freie Handwerkerkassen). Im Fokus stand dabei schon bald die neue Industriearbeiterschaft, was im Deutschen Reich insb. durch die Bismarckschen Reformen der 1880er Jahre zum Ausdruck kam (Einführung „gesetzlicher" Renten-, Kranken- und Unfallversicherung, zunächst nur für Industriearbeiter). Neben finanziellen Mitteln (Transferzahlungen) sind dabei rechtliche Besserstellungen (u. a. Kündigungsschutz) zentrale Instrumente wohlfahrtsstaatlicher Steuerung.

Eine *funktionale Notwendigkeit von Sozialpolitik* ergab sich aus dem radikalen wirtschaftlichen und sozialen Wandel des 19. Jahrhunderts, der die Menschen neuen Risiken (Arbeitsunfälle, Arbeitslosigkeit) aussetzte, während gleichzeitig traditionale Sicherungsformen wegbrachen, und die „soziale Frage" aufwarf, wie die damit verbundenen Missstände (Verelendung, soziale Unruhen) zu beheben seien. Als wichtige politische Voraussetzung gelten zudem der Machtzuwachs von Gewerkschaften und Arbeiterparteien, von denen die stärksten Impulse für die Ausweitung staatlicher Sozialpolitik in Richtung einer umfassenden Wohlfahrtsstaatlichkeit ausgingen. Hierfür war schließlich auch eine grundlegende Veränderung des sozialen Bewusstseins erforderlich: Dies betraf zum einen eine veränderte Sicht auf die Hilfsbedürftigen„ denen nicht länger die alleinige Schuld für ihre Lage zugeschrieben wurde, und zum anderen die Auffassung, dass es Aufgabe des Staates sei, die „soziale Frage" zu lösen.

Die Geschichte des Wohlfahrtsstaates lässt sich insgesamt durch zwei zentrale Entwicklungen beschreiben: Zum einen durch die bis weit in das 20. Jahrhundert anhaltende Expansion, die zu einem Prozess der „doppelten Inklusion" (Alber, 1992: 25) geführt hat: Immer größere Bevölkerungsteile wurden in immer mehr soziale Sicherungssysteme einbezogen. Zum anderen ist zumindest für Deutschland eine hohe Strukturkontinuität festzustellen. So sind etwa die ältesten Sozialversicherungen in vielen grundlegenden Strukturen (u. a. Selbstverwaltung) bis heute unverändert.

Wohlfahrtsstaat und Sozialpolitik sind originär interdisziplinäre Gegenstände, für die sich u. a. auch die Wirtschafts-, die Politik- und die Rechtswissenschaft interessieren. Die Soziologie hat sich schon früh mit wohlfahrtsstaatlichen Fragen befasst und oft auch zur Durchsetzung und theoretischen Fundierung staatlicher Sozialpolitik beigetragen. Doch schon bald hat die (deutsche) Soziologie das Interesse, wenn nicht an einzelnen sozialpolitischen Fragen, so doch am Phänomen Wohlfahrtsstaat weitgehend verloren (vgl. Kaufmann, 2003). Eine allgemeine

soziologische Theorie des Wohlfahrtsstaates existiert bis heute nicht, wohl aber unterschiedliche Erklärungsansätze zur Entstehung und Entwicklung von Wohlfahrtsstaaten (vgl. Ullrich, 2005: 28ff.).
Die neuere Wohlfahrtsstaatsforschung ist vor allem durch vergleichende Ansätze geprägt. Als besonders einflussreich erwies sich Esping-Andersens (1990) Typologie von Wohlfahrtsstaaten, die er aus zwei Kriterien, der Dekommodifizierung (Ausmaß, in dem der Wohlfahrtsstaat dem Einzelnen ein Leben unabhängig vom Arbeitsmarkt ermöglicht) und der Stratifizierung (Auswirkung auf soziale Ungleichheit), entwickelte. Auf dieser Basis unterscheidet er einen liberalen (gering dekommodifizierend), einen konservativen (stärker dekommodifizierend und stratifizierend) und einen sozialdemokratischen Wohlfahrtsstaatstyp (stark dekommodifizierend und redistributiv).

Der deutsche Wohlfahrtsstaat gilt dabei als typischer Vertreter des konservativen Wohlfahrtsstaatsmodells. Dies liegt insbesondere an der Zentralität der Sozialversicherungen (Renten-, Kranken-, Arbeitslosen-, Unfall- und Pflegeversicherung), deren Lohnersatzleistungen (Rente, Krankengeld usw.) sowohl von vorheriger Erwerbstätigkeit als auch von der Beitragshöhe bestimmt werden. Dies bewirkt eine Besserstellung von Erwerbstätigen gegenüber Nicht-Erwerbstätigen und verstärkt (bzw. „verlängert") bestehende soziale Ungleichheiten.

▶ **Wandel, sozialer**

Alber, J. (1982). *Vom Armenhaus zum Wohlfahrtsstaat*. Frankfurt a.M.: Campus • Esping-Andersen, G. (1990). *The Three Worlds of Welfare Capitalism*. London: Polity Press • Kaufmann, F.-X. (2003). *Sozialpolitisches Denken. Die deutsche Tradition*. Frankfurt a.M.: Suhrkamp • Ullrich, C. G. (2005). *Soziologie des Wohlfahrtsstaates*. Frankfurt a.M.: Campus

Carsten G. Ullrich

z

Zivilgesellschaft

Mit dem Begriff der Zivilgesellschaft wird zumeist ein Konglomerat von Akteuren bezeichnet, die sich auf eigene Initiative hin zu außerstaatlichen Vereinigungen zusammenschließen, um ihre Interessen zu vertreten. Abhängig von der genauen Definition des Interessensbegriffs lassen sich eine enge und eine weite Variante dieses Konzeptes unterscheiden. Ein enger, normativer Ansatz von Zivilgesellschaft konzentriert sich auf Vereinigungen, die öffentliche Interessen verfolgen. Als öffentliche Interessen gelten dabei all jene Handlungsziele, die darauf abheben, indirekte Effekte für Dritte zu regulieren (Dewey, 1927). Bei der weiten Variante des Begriffs wird diese Einschränkung nicht gemacht. Bei diesem Ansatz werden auch private Interessensvertretungen als Phänomene der Zivilgesellschaft angesehen. Die wichtigsten Organisationsformen der Zivilgesellschaft sind Vereine, Verbände, Stiftungen, soziale Bewegungsorganisationen und andere Nichtregierungsorganisationen sowie – in der weiten Fassung – private Initiativen und Gruppen. Zivilgesellschaftliches Engagement gilt als wesentliches Element demokratischer Gesellschaften, da es ein Regulativ zu institutionalisierten Entscheidungsstrukturen des Staates und der Ökonomie darstellt. Man spricht deshalb auch vom „dritten Sektor". Zivilgesellschaftliche Akteure konkurrieren dementsprechend mit offiziellen Vertretern und Vertreterinnen staatlicher Politik und von Wirtschaftsunternehmen um hegemoniale Diskurspositionen im öffentlichen Raum (Gramsci, 2012). Die kommunikative Reichweite des öffentlichen Raums konstituiert dabei gleichzeitig die Grenzen der jeweiligen Zivilgesellschaft: Während der Begriff klassischerweise auf kleinere politische Gebilde wie Stadtstaaten bzw. im weiteren historischen Verlauf auf nationale Gemeinschaften angewendet wurde, wird inzwischen aufgrund der zunehmenden globalen Vernetzung mittels neuer Kommunikationsmedien von einer „globalen Zivilgesellschaft" (Castells, 2008; Keane, 2003) mit einer „transnationalen Öffentlichkeit" (Fraser, 2008) gesprochen.

Historisch geht der Begriff der Zivilgesellschaft auf die lateinische Übersetzung („societas civilis") des Begriffes „politiké koinonia" bei Aristoteles (384-322 v. Chr.)

zurück. Die politiké koinonia ist jener Bereich, in dem die freien Bürger der Polis zusammenkommen, um öffentliche Belange zu diskutieren und verbindliche Entscheidungen zu fällen. Der Begriff ist letztlich identisch mit dem des Politischen und der analytische Gegenpol zur ökonomisch-familiären Sphäre des oikos (Haushalt).

Die frühesten modernen Ansätze der Zivilgesellschaft finden sich bei Denkern des Liberalismus (v. a. John Locke, 1632–1704) und der schottische Moralphilosophie (v. a. Adam Ferguson 1723–1816 und Adam Smith 1723–1790) sowie bei Montesquieu (1689–1755), Jean-Jacques Rousseau (1712–1778) und Georg Wilhelm Friedrich Hegel (1770–1831). Während die britische Tradition sich gegen die Identifizierung von Zivilgesellschaft und Staat ausspricht, wie sie bei Aristoteles aber auch bei Thomas Hobbes (1588–1679) zu finden ist, und die Bedeutung zivilgesellschaftlicher Assoziationsfreiheit von Handelspartnern hervorhebt, verteidigen vor allem Montesquieu und Hegel den Primat des (absolutistischen) Staates als ethische Instanz, die das „überbordende" Eigeninteresse eindämmt. Bezugnehmend auf Hegels Begriff der „bürgerlichen Gesellschaft" (im englischen Sprachraum meist als „civil society" übersetzt) diskreditiert Karl Marx (1818–1883) schließlich die Zivilgesellschaft als bloße Sphäre ökonomischer Interessen und kritisiert den demokratischen Anspruch der bürgerlichen Gesellschaft als ideologischen Schein.

Zunächst Antonio Gramsci (1891–1937) sowie Hannah Arendt (1906–1975), später dann vor allem der an Jürgen Habermas anknüpfende Post-Marxismus haben versucht, den sogenannten Marxschen „Ökonomismus" zu korrigieren und das Konzept der Zivilgesellschaft für ihre jeweilige Gesellschaftstheorie zu rehabilitieren. All diese Ansätze haben gemeinsam, dass sie das Augenmerk auf die Sphäre der Öffentlichkeit legen: Gramsci versteht Zivilgesellschaft als „Schlachtfeld" unterschiedlicher Interessen, auf dem ein Kampf um kulturelle Hegemonie ausgefochten wird. Der sich auf Arendt und Habermas beziehende Ansatz deliberativer Demokratie (z. B. Jean Cohen, Andrew Arato, John Keane) sieht in der Zivilgesellschaft hingegen einen zu schützenden öffentlichen Raum, in dem die regulative Idee der kommunikativen Vernunft gilt und dafür Sorge trägt, dass im Konfliktfall allein der „zwanglose Zwang des besseren Arguments" zählt.

Parallel zu dieser marxistisch und post-marxistischen Konzeption von Zivilgesellschaft taucht der Begriff in der amerikanischen Kommunitarismus-Debatte auf. In Anknüpfung an Alexis de Tocqueville (1805–1859) bezeichnet er dort Organisationen, Assoziationen und Netzwerke, deren Leistung es ist, politische Partizipation zu ermöglichen und dadurch soziale Kohäsion zu befördern. So argumentiert z. B. Putnam, (1995, ähnlich: Etzioni, 1998 und Fukuyama, 2001), dass das Engagement in zivilgesellschaftlichen Organisationen personales und generelles Vertrauen fördere und kooperatives Handeln stärke. Die Zivilgesellschaft generiert in diesem Sinne „Sozialkapital" und soll politische und soziale gesellschaftliche Spaltungen jenseits politischer Institutionen überbrücken helfen.

Die allgemeine positive Aufladung des Zivilgesellschafts-Begriffes wird inzwischen durchaus auch kritisch hinterfragt. So hat z. B. Jeffrey Alexander auf die „dunklen Seiten" derartiger Inklusion hingewiesen. Zwar sei die Konstruktion von Solidaritätsgemeinschaften eine der grundlegenden Funktionen von Zivilgesellschaft, sie impliziere jedoch auch, dass bestimmte Gruppen ausgeschlossen werden können. Zivilgesellschaft im Sinne einer Solidargemeinschaft sei in der Vergangenheit sogar fast immer exklusiv gewesen und erst der Kampf um Gleichberechtigung habe zu einer schrittweisen Ausdehnung ziviler Rechte für Minderheiten (Juden, Frauen, Schwarze) geführt. Darüber hinaus wurde von einzelnen Autor und Autorinnen (z. B. Foley & Edwards, 1996) angemerkt, dass Zivilgesellschaft auch dazu in der Lage ist, politische Strukturen, inkl. die demokratischer Systeme, zu de-legitimieren.

Für eine genuin soziologische Beschäftigung mit dem Phänomen der Zivilgesellschaft ergeben sich vor dem Hintergrund der bisherigen Geschichte des Konzeptes mindestens drei thematische Komplexe: Aus Sicht der Theorien deliberativer Demokratie drängt sich vor allem die handlungstheoretische Frage nach den Voraussetzungen und Grenzen kommunikativer Rationalität und deren Verhältnis zu anderen Typen sozialen Handelns und anderen gesellschaftlichen Teilsystemen auf. Die kommunitaristischen Debatten wiederum verweisen auf die Problematik sozialer Ordnung und das Verhältnis von Individualisierung, sozialer Desintegration, sozialer Kohäsion und damit letztlich auch auf die Frage nach den normativen Hintergründen und Legitimationsnarrativen moderner demokratischer Gesellschaftsordnungen. Alexander hat schließlich jüngst durch seine kultursoziologische Reinterpretation des Zivilgesellschaft-Begriffs Anknüpfungspunkte für aktuelle Debatten um Solidarität, Werte und Ungleichheit gelegt. Angesichts dieser Anschlussfähigkeit des Konzeptes für die Disziplin der Soziologie ist zu erwarten, dass das soziologische Interesse für Theorien der Zivilgesellschaft zukünftig weiter steigen wird.

▶ **Gesellschaft; Gruppe; Handeln, soziales; Öffentlichkeit; Organisation**

📖 Alexander, J. C. (2008). *The Civil Sphere*. New York: Oxford UP • Arendt, H. (2007). *Vita activa oder: Vom tätigen Leben*. München: Piper Taschenbuch • Aristoteles. (2012). *Politik*. Hamburg: Meiner Verlag • Castells, M. (2008). The New Public Sphere: Global Civil Society, Communication Networks, and Global Governance. *The ANNALS of the American Academy of Political and Social Science*, 616, 78-93 • Cohen, J. L. & Arato, A. (1994). *Civil Society and Political Theory*. MIT Press • Dewey, J. (2012). *The Public and Its Problems: An Essay in Political Inquiry*. University Park: Penn State Press • Etzioni,

A. (1998). *The New Golden Rule: Community and Morality in a Democratic Society.* New York: Basic Books • Foley, M. W., and B. Edwards (1996). The Paradox of Civil Society. *Journal of Democracy* 7: 38-52 • Fraser, N. (2008). Die Transnationalisierung der Öffentlichkeit. In J. Dorer, B. Geiger, & R. Köpl (Eds.), *Medien — Politik — Geschlecht* (pp. 18–34). VS Verlag für Sozialwissenschaften • Fukuyama, Francis (2001). Social Capital, Civil Society and Development. *Third World Quarterly,* 22, 7-20 • Gramsci, A. (2012). *Gefängnishefte: Kritische Gesamtausgabe in 10 Bänden.* (K. Bochmann, W. F. Haug, & P. Jehle, Eds.) (1., Auflage), Bd. 4 & Bd. 6. Hamburg: Argument Verlag • Habermas, J. (2011). *Theorie des kommunikativen Handelns.* 2 Bde. Frankfurt a. M.: Suhrkamp Verlag • Keane, J. (2003). *Global Civil Society?* Cambridge UP • Marx, K. (1974). *Das Kapital. Kritik der politischen Ökonomie.* MEW Bd. 23, Bd 24, & Bd. 25. In K. Marx, & F. Engels, Werke. Berlin: Dietz Verlag • Putnam, R. D. (1995). Bowling Alone: America's Declining Social Capital. *Journal of Democracy,* 6, 65-78 • Tocqueville, A. de. (2010). *Democracy in America: In Four Volumes* (Bilingual edition edition). Indianapolis: Liberty Fund Inc

Heiko Beyer & Annette Schnabel

Register

A

Adoleszenz 178
Aggression 152
Agrargesellschaft 100
Akkulturation 3, 4, 316
Akzeptanzproblem 452
Alltag 7, 122, 201, 210, 270, 489
Alter 45, 137, 210, 224, 261, 264, 416
Ambivalenz 488
Amtscharisma 63
Andere, signifikante 178
Anomie 5, 13, 88, 89, 195, 343, 461, 482
Anomietheorie 481
Ansehen 393
Anthropologie 17, 77, 89, 127, 138, 142, 156, 179, 193, 252, 297, 299, 331, 385, 497, 510
Apathie 14
Arbeit 21, 31, 41, 54, 89, 122, 136, 357, 513, 515
Arbeiterbewegung 47
Arbeiterklasse 83, 329
Arbeitsteilung 13, 26, 35, 68, 69, 196, 206, 289, 420, 429
Armut 29, 417, 471
Assimilation 4, 198, 323
Assoziation 161
Asyl 314
Aufklärung 37, 470
Auswahlverfahren 302
Autorität 154, 241, 281

B

Balance-Theorie 80, 498
Basissatz 302
Behaviorismus 483
Beobachtung 308
Beruf 143, 357, 376, 393
Besitzklasse 226
Bevölkerung 43, 77, 83, 131, 137, 210, 259, 316
Bevölkerungssoziologie 44
Bewegungen, neue soziale 208, 322
Bewegungen, soziale 47
Beziehung, soziale 47, 51, 172, 291, 337, 340, 408, 487, 489
Beziehung, intergenerationale 222
Bezugsgruppe 460
Bildung 31, 53, 76, 84, 86, 210, 222, 225, 267, 329, 393, 411, 417, 433, 471
Bildungsungleichheit 205
Bildungswesen 245

Biografie 261
Biografieforschung 189
Blockupy 208
Bourgeoisie 225
Bürgertum 83
Bürokratie 59, 373, 377

C

Calvinismus 216
Cargo-Kult 5
Chancengleichheit 327, 470
Charisma 59, 272, 288
Chicagoer Schule (Chicago School) 324, 333, 397, 481
Clash of Civilizations 504
Code, elaborierter 427
Code, restringierter 427
Codierung, binäre 426
collective action 49
Commitment 110, 449
cultural goals 14
cultural lag 501
cultural turn 8, 250

D

Datenanalyse 302
Datenaufbereitung 302
De-Institutionalisierung 264
Delinquenz 479
Demokratie 85, 219
Deprivationstheorie 49
Desorganisation, soziale 243
De-Standardisierung 264
Devianzsoziologie 239
Dichte, soziale 70
Differenzierung 35, 112, 144
Differenzierung, funktionale 443

Differenzierung, gesellschaftliche 67, 136, 158, 237, 366, 381, 489, 504
Differenzierung, soziale 420, 456
Diffusion 500
Diffusionsprozess 4, 295
Diskriminierung 323, 375
Diskurs, herrschaftsfreier 273
Diskursforschung 133
Distanzierung 361
doing gender 138
Dorf 126, 429
Dorfsoziologie 241
Dreistadiengesetz 100
Drohung 151

E

EGP Klassenschema 227
Ehe 75, 113, 126, 191, 259, 383
Ehescheidung 109
Eheschließung 108
Eigentumsrechte 515
Einkommen 225, 393
Einstellung, soziale 79, 510
Elend 134
Elite 83, 272, 288, 375
Emotionsforschung 81
Empirismus, logischer 301
Ende der Geschichte 219
Engagement 361
Enkulturation 249
Entfremdung 87, 184
Entwicklungspsychologie 80
Ereignisanalyse 417
Erklärung, soziologische 91, 172, 252, 273, 296, 417, 464
Erklärungsmodell, deduktiv-nomologisches 294
Erlebnisgesellschaft 462

Erwachsene 221
Erwerbsklasse 226
Erwünschtheit, soziale 80
Erziehung 53, 240, 411
Ethik, protestantische 216
Ethnie 223
Ethnologie 77, 95, 252, 331, 475
Ethnomethodologie 7, 200, 230, 518
Evolution 69, 143, 195
Evolution, soziale 72, 99, 144, 198, 215, 366, 475, 504
Evolutionstheorie 99
Exklusion 195, 197
Experiment 303
Externalitäten 345

F

Falsifikation 302
Familie 22, 31, 45, 54, 77, 107, 115, 126, 130, 137, 141, 159, 166, 191, 224, 242, 259, 271, 419
Familienstand 257
Faulheit 27
Feldtheorie 79
Fertilität 43
Feudalismus 215
Figuration 51, 52, 115, 161, 166, 283, 288, 296, 340, 361, 366, 455
Finanzmarktkapitalismus 217
Fordismus 504
Forschungsdesign 302
Frage, soziale 217
Frankfurter Schule 182, 187, 192
Frauenbewegung 47
Frauenbewegung, neue 138
Freizeit 27
Freundschaft 125, 159
Führungsstile 164

fundamental attribution error 497
Funktionalismus 443

G

Gabe 447
Gebrauchswert 22
Geld 121, 298, 447, 449
Gemeinschaft 117, 125, 142, 161, 166, 385, 475
gender 411
Generation 45, 129, 224, 264, 267
Generationenzusammenhang 129
Gentrification 398
Gerechtigkeit, soziale 133, 471
Gesamtnetzwerk 338
Geschichtswissenschaft 92
Geschlecht 43, 137, 179, 205, 223, 376, 416, 417, 471, 519
Gesellschaft 6, 72, 117, 125, 127, 159, 161, 331, 333, 374, 383, 431
Gesellschaft, industrielle 100
Gesellschaft, offene 349
Gesellschaftstheorien 456
Gesundheit 29, 147
Gesundheitssystem 147
Gesundheitswissenschaft 147
Gewalt 83, 112, 151, 236, 237, 243, 271, 276, 283, 288
Gewalt, häusliche 152
Gewalt, strukturelle 151
Gewaltenteilung 374
Ghetto 397
Gini-Koeffizient 135
Gleichheit 134
Global Cities 157
Globalisierung 25, 72, 155, 251, 376
golden age of marriage 76, 257
great depression 262

Grundgebilde, soziale 117, 127, 159, 166, 193
Gruppe 117, 126, 127, 141, 161, 163, 210, 271, 319, 419
Gruppe, soziale 160, 191, 222, 237

H

Habitualisierung 407
Habitus 85, 171, 189
Habitustheorie 268
Handeln 517
Handeln, affektuelles 169
Handeln, kommunikatives 26
Handeln, soziales 50, 52, 82, 169, 193, 364, 390, 421, 483, 484, 519
Handeln, traditionales 169
Handeln, wertrationales 169
Handeln, zweckrationales 169
Handlungstheorie 457
Handwerk 362
hate speech 152
Häuptlingstum 100
Hausarbeit 22
Hempel-Oppenheim-Schema 91
Herkunft, soziale 223
Hermeneutik 175, 233, 427, 518
Hermeneutik, sozialwissenschaftliche 7
Herrschaft 64, 151, 154, 186, 243, 272, 276, 281, 421, 514
Herrschaft, charismatische 281
Herrschaftssoziologie 59
Homophilie 339
Homosexualität 107
Humankapital 223, 415
Human-Relations-Ansatz 353

I

Idealtyp(us) 117, 169
Ideencharisma 63
Identität 175, 230, 252, 385
Identität, kollektive 179
Identitätsentwicklung 206
Ideologie 89, 181
Imperialismus 502
Individualisierung 179, 206, 380
Individualismus, methodologischer 417
Individualität 185, 409
Individuum 6, 9, 185
Industrialisierung 25, 36, 362, 416, 429
Industrialismus 155
Industriekapitalismus 13
in-group 166
Inhaltsanalyse 307
Inklusion 195, 197
inkorporierter Sinn 401
Institution 3, 160, 161, 191, 224, 377, 402, 429, 517
Institution, totale 192
Institutionalisierung 407
institutional norms 14
Integration 4, 195, 239, 361, 364, 366, 398, 400, 471, 489
Integration, normative 343
Interaktion 50, 199, 346, 415, 519
Interaktionismus 457
Interaktionismus, symbolischer 7, 177, 199, 346, 389, 410, 425, 518
Interaktionsrituale 383
Interview 308
Inzesttabu 75, 473

J

Jäger- und Sammlergesellschaft 100, 448
Jugend 205, 261, 264
Jugendbewegungen 47
Jugendschutzgesetz 207
Jugendszene 207

K

Kapital 85, 513
Kapital, soziales 160
Kapitalismus 25, 88, 89, 137, 157, 158, 184, 215, 225, 227, 291, 431, 471, 514, 515
Kapitalismus, kooperativer 217
Kausalerklärung 91
Kernfamilie 222
Kindersterblichkeit 135
Kindheit 11, 210, 221
Klasse 215, 319, 416
Klasse an sich 226
Klasse für sich 226
Klassenlage 226
Klasse, soziale 30, 53, 86, 184, 225, 226, 322, 327, 330, 395, 402, 417, 435
Kleidung 206
Kleingruppenforschung 51
Kohorte 43, 129, 262
Kommunikation 229, 299, 451
Kommunikationsmedien 426
Kommunitarismus 528
Konflikt 281, 363
Konflikt, sozialer 154, 184, 235, 247, 346, 366, 492
Konflikttheorie 456
Konformität 241
Konstruktion, soziale 148
Konstruktivismus, radikaler 498
Kontingenz 249
Kontingenz, doppelte 497
Kontrolle, soziale 126, 239, 346, 377
Konversationsanalyse 199, 200
Krankheit 147
Kriminalität 14
Kriminologie 239
Krise 245, 385, 420, 489
Kritische Theorie 87, 182, 447
Kula-Tauschring 448
Kultur 6, 17, 95, 97, 138, 191, 249, 366, 475
Kulturanthropologie 3
Kultursoziologie 96

L

labeling approach 148, 479
Lebenschance 226, 469
Lebensformen 45, 54, 77, 107, 113, 252, 257
Lebensführung 393
Lebensgemeinschaft, nichteheliche 75
Lebenslage 8
Lebenslauf 9, 11, 53, 179, 210, 261, 417
Lebenslaufforschung 44, 503
Lebensstil 8, 9, 40, 227, 267, 319, 322, 402, 416, 417
Lebenswelt 7, 155, 232
Lebenszyklus 261
Legitimation 64, 236, 271, 374, 376, 475, 499
Legitimation durch Verfahren 272
Legitimität 60, 285
life course perspective 110
linguistic turn 425

Living Apart Together 259
Logik der Aggregation 94
Logik der Selektion 94
Logik der Situation 94

M

Macht 29, 35, 64, 112, 154, 184, 225, 229, 237, 241, 243, 257, 281, 366, 421, 514, 518
Makrosoziologie 456
Markt 373, 449, 471
Marxismus 89, 184
Masse 83, 159
Massenmedien 8, 297, 350
Matriarchat 108
Mechanismen, soziale 102, 293, 346, 484
Medien 275, 297, 375
Mehrebenen-Analyse 417
Mehrwert 122
Meinung, öffentliche 240
Meme 50
Menge 159
Menschenbilder 18
Meritokratie 85
Messung 80, 302, 305
Methoden der empirischen Sozialforschung 340, 475
Methodendualismus 92
Methodenmonismus 92
Migration 3, 6, 45, 157, 236, 313, 400
Mikro-Makro-Problem 503
Milieu 8, 9, 267, 270
Milieu, soziales 210, 319, 416, 417
Minderheiten 6, 323, 400
Mobilität 313
Mobilität, horizontale soziale 328

Mobilität, soziale 135, 227, 316, 327, 417, 434
Mobilität, vertikale soziale 327
Modell der Frame-Selektion 346
Moderne 155, 383
Modernisierung 13, 112, 205, 380, 383, 415
Modernisierungstheorie 500
Moral 289
Morphologie, soziale 331
Mortalität 44
Musik 206, 473

N

Nachbarschaft 125, 242
Nationalstaat 155
Natur 249
Netzwerk 17, 160, 161, 236, 290, 452, 488, 528
Netzwerkgeneratoren 338
Netzwerk, egozentriertes 337
Netzwerk, soziales 48, 95, 117, 165, 166, 237, 337, 453, 515
Nichtregierungsorganisationen (NGO) 527
Norm 3, 35, 138, 274, 371, 373, 401, 475, 479, 507
Norm, soziale 30, 243, 343, 377, 510

O

Ödipuskomplex 473
Öffentlichkeit 29, 143, 297, 299, 349, 432, 527
Operationalisierung 302
Ordnung, rational-legale 273
Ordnung, soziale 35, 239, 271, 343, 383, 389, 425, 517, 529

Organisation 160, 161, 236, 283, 291, 351, 419
out-group 166

P

Pädagogik 221
Panelregression 417
Partei 161
Partnerschaft 257
Patriarchat 108
pattern variables 127
pay-gap 135
peer group 163, 411
Person 185
Personalität 409
Persönlichkeit 206
Pfadmodelle 452
Phänomenologie 92, 175, 230
Physiologie, soziale 331
physique sociale 419
Pluralisierung 258, 487
Polygamie 108
Position 387
Positivismusstreit 510
Postadoleszenz 207
Postfordismus 217
Postmoderne 155, 503
Prädestination 36
Prestige 35
Prestigeskala 434
Primärgruppe 126, 240
Primat, analytisches 93
Primaten 475
Produktionsmittel 215
Prognose 91
Prognosefähigkeit soziologischer Theorien 455
Projekt der Moderne 155

Proletariat 37, 225
Prophezeiung, selbsterfüllende 293
Prozess 115
Prozesse, soziale 72, 117, 361, 504
Psychoanalyse 176, 233
Psychologie 176, 221

R

Randomisierung 303
random sampling 307
Rang 475
Rational Choice 481
Rational-Choice-Ansatz/-Theorie 192, 346, 449, 484
Rationalisierung 156
Rationalismus, kritischer 301
Rationalität 290
Raum 333, 400
Rebellion 14
Recht 373, 514
Reduktion 484
Religion 152, 242, 379
Resilienz 149
Revolution 84, 245
Revolution, industrielle 351, 420
Revolution, politische 420
Reziprozität 447
Reziprozität, soziale 426
Reziprozitätsnorm 488
Risikogesellschaft 156, 247, 462
Ritual 200, 201, 381, 383
Ritualismus 14
role-taking 389
Rolle 261, 379, 383
Rolle, soziale 11, 179, 387, 410
Rollentheorie 433
Routinehandeln 171
Routinen 171

S

Säkularisierung 71, 380
Sanktionierung 344
Scham 346
Schema 497
Schicht 76, 138
Schicht, soziale 227, 268, 319, 322, 330, 393, 397, 400, 416, 417
Schichtung, ethnische 5
Schichtung, soziale 475, 499
Schnittpunkt sozialer Kreise 187
Schrift 426
Schwellenwertmodelle 295
Segmentation 195
Segmentierung 501
Segregation 397, 431, 432
Selbst 176
Selektion 365
Sexualität 11, 68, 75, 480
sex versus gender 138
Sinn 169, 172, 401, 408, 483, 517
Sinn, objektiver 401
Sinn, subjektiver 401
Sinnstrukturen 442
Situation, soziale 201, 405
Skript 497
Solidarität 126, 130, 499
Sozialepidemiologie 149
Sozialforschung 294, 498
Sozialforschung, qualitative 311
Sozialintegration 71, 196
Sozialisation 3, 6, 53, 80, 164, 221, 249, 345, 375, 409, 425, 497
Sozialkapital 415, 529
Sozialkonstruktivismus 192, 518
Sozialökologie 333, 397
Sozialpolitik 138, 242, 521
Sozialstaat 245, 521
Sozialstruktur 45, 86, 259, 316, 327, 415, 434, 435, 471
Sozialstrukturanalyse 433, 471
Sozialstrukturanalyse, neue 416
Sozialtheorien 456
Soziobiologie 19, 100, 484
Soziologie 247, 390
Soziologie, analytische 295
Spieltheorie 480
Sprache 3, 115, 298, 402, 410, 425, 517
Sprechakt, illokutionärer 426
Staat 159, 161, 290, 419
Stadt 126, 243, 333, 372, 400, 429
Stadtsoziologie 241
Stammesgesellschaft 67
Statistik, amtliche 108
Statusinkonsistenz 393, 433
Status, sozialer 11, 137, 433
Stereotype 491
Steuerung 451
Strukturalismus 427
Strukturfunktionalismus 192, 196, 243, 246, 387, 500
Strukturtheorie 456
Subjekt 186
Subjektivität 409
Subkultur 208
Symbol 115, 117, 375, 383, 402, 437
System, soziales 441
Systemintegration 196
Systemtheorie 246

T

take-off 501
Tatbestände, soziale 331
Tausch 447
Tauschwert 22
Technik 39, 89, 451

Testtheorie 306
Theoriebildung 302
Theorie der kognitiven Dissonanz 80, 498
Theorien funktionaler Differenzierung 462
Theorien mittlerer Reichweite 295, 456
Theorien sozialer Ungleichheit 462
Theorien, soziologische 9, 296, 299, 390, 475, 484, 519
Theorie sozialer Rationalität 346
Theorie, soziologische 102, 455
Tiersoziologie 19
Tod 148
Tradition 272
Transformation 451
Transformationsprozess 451
Transnationalisierung 158
Transnationalmannschaft 158
Triadenforschung 339
Typen legitimer Herrschaft 272

U

Übergang, demografischer 44
Übergangsrituale 383
Ungerechtigkeit, soziale 151
Ungleichheit 135, 514
Ungleichheit, soziale 15, 29, 35, 86, 131, 136, 138, 151, 224, 400, 417, 456, 464, 469, 492, 521
Universalie 75, 109, 179
Universalien, evolutionäre 101
Universalien, soziale 123, 473
Urbanisierung 112, 502
Ursprung der Familie 108

V

Verband 160
Verbände 527
Verdinglichung 182
Verein 160
Vereine 527
Vergemeinschaftung 419
Vergesellschaftung 235, 370
Verhalten, abweichendes 13, 15, 154, 344, 479, 484
Verhalten, soziales 3, 52, 82, 172, 252, 408, 483
Verpartnerung 259
Verselbständigung 195
Verstehen 92, 311
Vertrauen 275, 487
Verwandtschaft 125, 419, 447
Verwandtschaftssystem 107
Verwandtschaftsverband 191
Volkszählung 43
Vorurteil 323, 491

W

Wahrnehmung, soziale 497
Wandel, historischer 21
Wandel, sozialer 41, 50, 102, 144, 156, 158, 159, 215, 219, 223, 264, 366, 381, 419, 453, 499, 522, 523
Wanderung 313
weak ties 339
Wechselwirkung 199
welfare state 521
Wenn-Dann-Aussagen 455
Werte 3, 237, 274, 291, 401, 507
Wertekonflikte 508

Wertewandel 246, 500
Wertfreiheitspostulat 510
Wertrationalität 272, 507
Wertsphäre 70
Werturteilsstreit 510
Wettbewerb 289
Wirtschaft 67, 123, 141, 245, 449, 513
Wissen 517
Wissensgesellschaft 519
Wissenssoziologie 517
Wohlfahrtsstaat 131, 263, 471

Z

Zeichen 402
Zeit 405
Zivilgesellschaft 527
Zivilisation 95, 361, 500
Zivilisationsprozess 432
Zusammenhang zwischen Einstellung
 und Verhalten 81
Zwang 151
Zweckrationalität 507

Verzeichnis der Autorinnen und Autoren

Albert, Gert, Prof. Dr., Vertretungs-Professor für Soziologie mit einem Schwerpunkt in Bildungssoziologie an der Universität der Bundeswehr München

Amlinger, Carolin, M.A., Wissenschaftliche Mitarbeiterin an der Professur für Organisations- und Arbeitssoziologie an der Technischen Universität Darmstadt

Antweiler, Christoph, Prof. Dr., Professor für Südostasienwissenschaft an der Universität Bonn

Becker, Dominik, Dr., Akademischer Rat am Lehrstuhl für Methoden der empirischen Sozialforschung und Sozialstrukturanalyse an der Universität Tübingen

Becker, Karina, Dr., wissenschaftliche Leitung am Kolleg Postwachstumsgesellschaften der Friedrich-Schiller-Universität Jena

Becker, Rolf, Prof. Dr., Professor für Bildungssoziologie an der Universität Bern

Beckers, Tilo, Dr., Akademischer Rat am Lehrstuhl für Soziologie an der Universität Düsseldorf

Beyer, Heiko, Dr. Akademischer Oberrat am Lehrstuhl für Soziologie an der Universität Düsseldorf

Bongaerts, Gregor, Prof. Dr., Professor für Allgemeine Soziologie und Soziologische Theorie an der Universität Duisburg-Essen

Bonacker, Thorsten, Prof. Dr., Professor für Friedens- und Konfliktforschung an der Universität Marburg

© Springer Fachmedien Wiesbaden GmbH, ein Teil von Springer Nature 2018
J. Kopp und A. Steinbach (Hrsg.), *Grundbegriffe der Soziologie*,
https://doi.org/10.1007/978-3-658-20978-0

Bosch, Aida, Prof. Dr., Wissenschaftliche Mitarbeiterin am Institut für Soziologie der Universität Erlangen-Nürnberg

Brinkmann, Ulrich, Prof. Dr., Professor für Organisations- und Arbeitssoziologie an der Technischen Universität Darmstadt

Butterwegge, Christoph, Prof. em. Dr., Professor für Politikwissenschaft, zuletzt an der Universität zu Köln

Dürrschmidt, Jörg, Prof. Dr., Professor für Soziologie an der Hochschule für öffentliche Verwaltung und Finanzen Ludwigsburg

Elias, Norbert, Prof. Dr., zuletzt an der Universität Amsterdam

Endreß, Martin, Prof. Dr., Professor für Allgemeine Soziologie an der Universität Trier

Erlinghagen, Marcel, Prof. Dr., Professor für Soziologie insbesondere Empirische Sozialstrukturanalyse an der Universität Duisburg-Essen

Esser, Hartmut, Prof. Dr., zuletzt an der Universität Mannheim

Gordt, Simon, Dipl. Soz., Wissenschaftlicher Mitarbeiter an der Universität Bamberg

Greve, Jens, PD Dr., Vertretungsprofessor für Religionssoziologie an der Universität Münster

Groenemeyer, Axel, Prof. Dr., Professor für Theorie und Empirie der Sozialen Arbeit an der Technischen Universität Dortmund

Häußling, Roger, Prof. Dr., Professor für Soziologie an der RWTH Aachen

Hank, Karsten, Prof. Dr., Professor für Soziologie an der Universität zu Köln

Hartmann, Michael, Prof. i. R. Dr., zuletzt an der Technischen Universität Darmstadt

Heidenreich, Felix, Dr., Wissenschaftlicher Koordinator am Internationalen Zentrum für Kultur- und Technikforschung der Universität Stuttgart

Verzeichnis der Autorinnen und Autoren

Hill, Paul B., Prof. Dr., Professor für Soziologie an der RWTH Aachen

Hradil, Stefan, Prof. em. Dr. Dr. h.c., zuletzt an der Universität Mainz

Hungerland, Beatrice, Prof. Dr., Professorin für Angewandte Kindheitswissenschaften an der Hochschule Magdeburg - Stendal

Imbusch, Peter, Prof. Dr., Professor für Politische Soziologie an der Bergischen Universität Wuppertal

Jacob, Rüdiger, Außerplanmäßiger Professor an der Universität Trier

Kalter, Frank, Prof. Dr., Professor für Soziologie an der Universität Mannheim

Kley, Stefanie, Prof. Dr., an der Universität Hamburg, Professorin für Soziologie, insbesondere Ökologisierung und quantitative Methoden der Sozialforschung

Knoblauch, Hubert, Prof. Dr., Professor für Allgemeine Soziologie an der Technischen Universität Berlin

Kohli, Martin, Prof. em. Dr., zuletzt am European University Institute, Florenz

Kopp, Johannes, Prof. Dr., Professor für Soziologie und empirische Sozialforschung an der Universität Trier

Kuhnt, Anne-Kristin, Dr., Wissenschaftliche Mitarbeiterin an der Professur für Soziologie der Universität Duisburg-Essen

Lehmann, Bianca, Dr., zuletzt an der Universität Karlsruhe

Luedtke, Jens, Prof. Dr., Professor für Soziologie und empirische Sozialforschung an der Universität Augsburg

Machura, Stefan, Dr., Professor of Criminology and Criminal Justice an der Universität Bangor, Wales

Maurer, Andrea, Prof. Dr., Professorin für Wirtschaftssoziologie an der Universität Trier

Minkyung, Kim, Jun.-Prof. Dr., Juniorprofessorin für Grundschuldidaktik Philosophieren mit Kindern an der Technischen Universität Chemnitz

Nachtwey, Oliver, Prof. Dr., Professor für Sozialstrukturanalyse an der Universität Basel

Niedenzu, Heinz-Jürgen, Prof. Dr., Professor am Institut für Soziologie der Universität Innsbruck

Oberwittler, Dietrich, PD Dr., Senior Researcher am Max-Planck-Institut für ausländisches und internationales Strafrecht in Freiburg

Ostner, Ilona, Prof. i. R. Dr., Professorin für Sozialpolitik an der Universität Göttingen

Pickel, Gert, Prof. Dr., Professor für Religions- und Kirchensoziologie an der Universität Leipzig

Pollak, Reinhard, Prof. Dr., Wissenschaftszentrum Berlin für Sozialforschung und Professor für Soziologie an der Freien Universität Berlin

Renn, Joachim, Prof. Dr., Professor für Theoriebildung an der Universität Münster

Rudolph, Udo, Prof. Dr., Professor für Allgemeine und Biopsychologie an der Technischen Universität Chemnitz

Schäfers, Bernhard, Prof. em. Dr., zuletzt an der Universität Karlsruhe

Scherr, Albert, Prof. Dr., Professor für Soziologie an der Pädagogischen Hochschule Freiburg

Schimank, Uwe, Prof. Dr., Professor für Soziologische Theorie an der Universität Bremen

Schnabel, Annette, Prof. Dr., Professorin für Soziologie an der Universität Düsseldorf

Schroer, Markus, Prof. Dr., Professor für Allgemeine Soziologie an der Universität Marburg

Schönhuth, Michael, Prof. Dr., Professor für Ethnologie an der Universität Trier

Schützeichel, Rainer, Prof. Dr., Professor für Soziologie an der Universität Bielefeld

Schulz-Schaeffer, Ingo, Prof. Dr., Professor für Technik- und Innovationssoziologie an der Technischen Universität Berlin

Stegbauer, Christian, Prof. Dr., Außerplanmäßiger Professor im Fachbereich Gesellschaftswissenschaften an der Universität Frankfurt

Steinbach, Anja, Prof. Dr., Professorin für Soziologie an der Universität Duisburg-Essen

Straub, Jürgen, Prof. Dr., Professor für Sozialtheorie und Sozialpsychologie an der Ruhr-Universität Bochum

Tranow, Ulf, Jun.-Prof. Dr., Juniorprofessor für Soziologie mit Schwerpunkt Soziologische Theorie an der Universität Düsseldorf

Tuma, René, M.Sc., Wissenschaftlicher Mitarbeiter am Institut für Soziologie der Technischen Universität Berlin

Ullrich, Carsten G., Prof. Dr., Professor für Methoden der qualitativen Sozialforschung an der Universität Duisburg-Essen

Voß, G. Günter, Prof. Dr., Professor i.R. für Industrie- und Techniksoziologie an der Technischen Universität Chemnitz

Wehrheim, Jan, Prof. Dr., Professor für Soziologie an der Universität Duisburg-Essen

Weyer, Johannes, Prof. Dr., Professor für Techniksoziologie an der Technischen Universität Dortmund

Zapf, Wolfgang, Prof. em. Dr., zuletzt an der Freien Universität Berlin

Ziemann, Andreas, Prof. Dr., Professor für Mediensoziologie an der Bauhaus-Universität Weimar

Zifonun, Darius, Prof. Dr., Professor für Soziologie an der Philipps-Universität Marburg